Morn...
He...
et H...

Central
Park

Upper
West
Side

Upper
East
Side

Upper
Midtown

Lower
Midtown

EAST RIVER

PAGES 220-231
plans
19-20

PAGES 166-181
plans
12, 13-14

0   1 km

0   0.5 mi

PAGES 150-165
plans
9, 12, 13

PAGES 210-219
plans
11-12, 15-16

PAGES 122-129
plans
8, 9

PAGES 182-203
plans
12-13, 16-17

PAGES 204-209
plans
12, 16

PAGES 116-121
plans
4, 5

GUIDES ◉ VOIR

NEW YORK

EMPIRE STATE

GUIDES ◉ VOIR

NEW YORK

Une compagnie de Quebecor Media

Libre Expression

Une compagnie de Quebecor Media

DIRECTION
Nathalie Pujo

DIRECTION ÉDITORIALE
Cécile Petiau

RESPONSABLE DE COLLECTION
Catherine Laussucq

ÉDITION
Émilie Lézénès et Adam Stambul

TRADUIT ET ADAPTÉ DE L'ANGLAIS PAR

Nicolas Serpette, Christophe Watkins et Florence Paban
avec la collaboration de Virginie Mahieux

MISE EN PAGES (PAO)
Maogani

CRÉATION GRAPHIQUE DE COUVERTURE
Laurent Muller

CE GUIDE VOIR A ÉTÉ ÉTABLI PAR
Eleanor Berman.

Publié pour la première fois en Grande-Bretagne
en 1993, sous le titre :
Eyewitness Travel Guides : New York
© Dorling Kindersley Limited, Londres 2010
© Hachette Livre (Hachette Tourisme) 2010
pour la traduction et l'édition française.
Cartographie © Dorling Kindersley 2010

© Éditions Libre Expression, 2010
pour l'édition française au Canada

Tous droits de traduction, d'adaptation
et de reproduction réservés pour tous pays.
La marque Voir est une marque déposée.

Aussi soigneusement qu'il ait été établi, ce guide
n'est pas à l'abri des changements de dernière heure.
Faites-nous part de vos remarques, informez-nous de vos
découvertes personnelles : nous accordons la plus grande
attention au courrier de nos lecteurs.

IMPRIMÉ ET RELIÉ EN CHINE

Les Éditions Libre Expression
Groupe Librex inc.
Une compagnie de Quebecor Media
La Tourelle
1055, boul. René-Lévesque Est, Bureau 800
Montréal (Québec) H2L 4S5
www.edlibreexpression.com

DÉPÔT LÉGAL : Bibliothèque et Archives nationales du Québec
et Bibliothèque et Archives Canada, 2010

ISBN 978-2-7648-0494-0

SOMMAIRE

La star du base-
ball, Babe Ruth
(1895-1948)

La pointe sud de Manhattan

◁ **Les gigantesques gratte-ciel de Manhattan**

Solomon R. Guggenheim Museum, Upper East Side

COMMENT UTILISER CE GUIDE

Ce guide a pour but de vous aider à profiter au mieux de votre séjour à New York. L'introduction, *Présentation de New York,* situe la ville dans son contexte géographique et historique, et explique comment la vie y évolue au fil des saisons. *New York d'un coup d'œil* offre un condensé de ses merveilles. *New York quartier par quartier* est la partie la plus importante de ce livre. Elle présente en détail tous les principaux sites et monuments. Enfin, le chapitre proposant *Sept promenades à pied* vous guident dans des endroits que vous auriez pu manquer. *Les bonnes adresses* vous fourniront des informations sur les hôtels, les marchés, les bars ou les théâtres, et les *Renseignements pratiques* vous donneront des conseils utiles, que ce soit pour poster une lettre ou prendre le métro.

NEW YORK QUARTIER PAR QUARTIER

Nous avons divisé la cité en 15 quartiers. Chaque chapitre débute par un portrait du quartier, de sa personnalité et de son histoire. Sur le *plan du quartier*, des numéros situent clairement les sites et monuments à découvrir. Un *plan pas à pas* développe ensuite la zone la plus intéressante. Le système de numérotation des monuments, constant tout au long de cette section, permet de se repérer facilement de page en page. Il correspond à l'ordre dans lequel les sites sont décrits en détail.

1 Plan général du quartier
Un numéro signale les monuments du quartier. Sur ce plan figurent aussi les stations de métro, les héliports et les embarcadères de ferry.

2 Plan pas à pas
Il offre une vue aérienne du cœur de chaque quartier. Pour vous aider à les identifier en vous promenant, les bâtiments les plus intéressants ont une couleur plus vive.

Des photos d'ensemble ou de détail, permettent de reconnaître les monuments.

Une carte de situation indique où se trouve le quartier dans la ville.

Des repères colorés aident à trouver le quartier dans le guide.

La Trump Tower ❷ est aussi représentée sur ce plan.

Le quartier d'un coup d'œil classe par catégorie les centres d'intérêt du quartier : rues et bâtiments historiques, églises, musées, parcs et jardins.

La zone détaillée dans le *plan pas à pas* est ombrée de rouge.

Des numéros situent les monuments sur le plan. La Trump Tower, par exemple, est en ❷.

Vous savez comment atteindre le quartier rapidement.

Un itinéraire de promenade emprunte les rues les plus intéressantes.

Des étoiles indiquent les sites à ne pas manquer.

NEW YORK D'UN COUP D'ŒIL
Chaque plan de cette partie du guide est consacré à un thème : *Musées, Architecture, Diversité culturelle, Hôtes célèbres.* Les lieux les plus intéressants sont indiqués sur le plan ; d'autres sont décrits dans les deux pages suivantes.

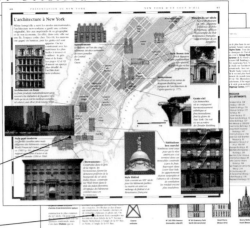

Chaque quartier
a sa couleur.

Le thème est développé
dans les pages suivantes.

3 Renseignements détaillés
Cette rubrique donne des informations détaillées et des renseignements pratiques sur tous les monuments intéressants. Leur numérotation est celle du plan du quartier.

4 Principaux monuments à New York
Deux pleines pages, ou plus, leur sont réservées. La représentation des bâtiments historiques en dévoile l'intérieur. Les plans des musées, par étage, vous aident à y localiser les plus belles expositions.

INFORMATIONS PRATIQUES
Chaque rubrique donne les informations nécessaires à l'organisation d'une visite. Une table des symboles se trouve sur le rabat de la dernière page.

Adresse

Report au plan de l'atlas des rues

Numéro du site

Trump Tower ❷

725 5th Ave. **Plan** 12 F3.
Tél. 832-2000. **M** *5th Ave-53rd St.*
Niveau jardin, boutique ouv. lun.-sam. 10h-18h. **Bât. ouv.** *t.l.j. 8h-22h.*
Entrée libre. Voir **Boutiques et marchés** *p. 311.* **Concerts.**

Heures

Numéros de téléphone

Services et équipements

Station de métro

Le mode d'emploi
vous aide à organiser ou simplifier votre visite.

Une photo de la façade de chaque lieu important vous permet un repérage rapide.

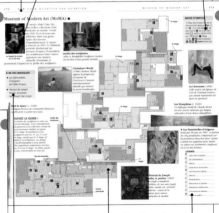

Des étoiles
signalent les détails architecturaux les plus intéressants et les œuvres d'art les plus remarquables.

Une légende vous aide à trouver votre chemin parmi les collections.

Les étages sont indiqués « à l'européenne ». Notre rez-de-chaussée correspond au premier étage aux États-Unis.

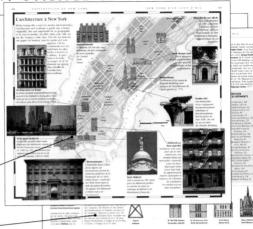

NEW YORK D'UN COUP D'ŒIL

Chaque plan de cette partie du guide est consacré à un thème : *Musées, Architecture, Diversité culturelle, Hôtes célèbres*. Les lieux les plus intéressants sont indiqués sur le plan ; d'autres sont décrits dans les deux pages suivantes.

Chaque quartier a sa couleur.

Le thème est développé dans les pages suivantes.

3 Renseignements détaillés

Cette rubrique donne des informations détaillées et des renseignements pratiques sur tous les monuments intéressants. Leur numérotation est celle du plan du quartier.

4 Principaux monuments à New York

Deux pleines pages, ou plus, leur sont réservées. La représentation des bâtiments historiques en dévoile l'intérieur. Les plans des musées, par étage, vous aident à y localiser les plus belles expositions.

INFORMATIONS PRATIQUES

Chaque rubrique donne les informations nécessaires à l'organisation d'une visite. Une table des symboles se trouve sur le rabat de la dernière page.

Adresse
Report au plan de l'atlas des rues
Numéro du site

Trump Tower ❷

725 5th Ave. **Plan** 12 F3.
Tél. 832-2000. **M** *5th Ave-53rd St.*
Niveau jardin, boutique ouv. lun.-sam. 10h-18h. Bât. ouv. t.l.j. 8h-22h. Entrée libre. Voir **Boutiques et marchés** p. 311. **Concerts.**

Heures
Services et équipements
Numéros de téléphone
Station de métro

Le mode d'emploi vous aide à organiser ou simplifier votre visite.

Une photo de la façade de chaque lieu important vous permet un repérage rapide.

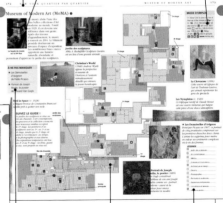

Des étoiles signalent les détails architecturaux les plus intéressants et les œuvres d'art les plus remarquables.

Une légende vous aide à trouver votre chemin parmi les collections.

Les étages sont indiqués « à l'européenne ». Notre rez-de-chaussée correspond au premier étage aux États-Unis.

PRÉSENTATION
DE NEW YORK

QUATRE JOURS À NEW YORK

Flèche du
Chrysler

Au premier abord, New York peut paraître un peu étouffante, mais ces quatre belles journées vous feront goûter aux joies de « Big Apple », à son architecture, à ses musées, à ses commerces et à ses distractions. Chaque programme est varié et assez souple pour vous laisser le temps de prolonger certaines visites à votre guise. À chaque site, de nombreux renvois vous permettront d'obtenir plus d'informations, notamment sur le quartier où vous vous trouvez. Les prix sont prévus pour deux adultes ou pour une famille de deux adultes et deux enfants, déjeuner compris.

HAUTS LIEUX

- **Les Nations unies**
- **Les bâtiments de style moderne, Art déco et Beaux-Arts**
- **Les néons de Times Square**
- **L'Empire State Building**

POUR DEUX ADULTES, prévoir au moins 120 $

Le matin

Commencez par une visite guidée du siège des **Nations unies** *(p. 160-163)*, au bord de l'East River. Remontez la 42e Rue en faisant un détour par l'enclave résidentielle de **Tudor City** *(p. 158)* et, en entrant, admirez l'intérieur Art déco du **Chrysler Building** *(p. 155)*. Poursuivez jusqu'à **Grand Central Terminal,** chef-d'œuvre de style Beaux-Arts *(p. 156-157, vis. guid. gratuites mer. et ven. à 12 h 30)*. Admirez le hall principal et explorez les galeries commerciales et le marché alimentaire. Pour déjeuner, faites votre choix au *food court* – sushis, cuisine sudiste ou

cheesecake. À moins que vous préfériez une soupe de palourdes ou un plateau d'huîtres au **Grand Central Oyster Bar** *(p. 306)*.

L'après-midi

De retour sur la 42e Rue, la **New York Public Library** *(p. 146, vis. guid. gratuites mar.-jeu. à 11 h et 14 h)* est un autre exemple de style Beaux-Arts. Ne manquez pas les voûtes de marbre, les escaliers, la grande salle de lecture et la salle des périodiques. Renseignez-vous sur les expositions. Derrière la bibliothèque, **Bryant Park** *(p. 145)* est une oasis de verdure. Un peu plus loin, **Times Square** *(p. 147)*, le plus célèbre carrefour de New York, marque l'entrée de Broadway. De l'autre côté, la 42e Rue s'est offert une nouvelle jeunesse : théâtres restaurés et cinémas géants. Prenez un taxi pour l'**Empire State Building** *(p. 136-137)* et terminez la journée en admirant le coucher de soleil sur la ville depuis l'observatoire du 86e étage.

Statue de Prométhée et Lower Plaza, Rockefeller Center

ART ET SHOPPING

- **Une matinée art moderne**
- **Déjeuner au Rockefeller Center**
- **Shopping sur la 5e Ave**
- **Thé à l'hôtel Pierre**

POUR DEUX ADULTES, prévoir au moins 135 $

Le matin

Le spectaculaire **Museum of Modern Art** (MoMA, *p. 172-175*) a été récemment agrandi. Il vous faudra certainement toute une matinée pour admirer ses chefs-d'œuvre – notamment *La Nuit étoilée* de Van Gogh, *Les Nymphéas* de Monet ou encore *Les Demoiselles d'Avignon* de Picasso – et l'exposition de design du 3e étage, qui est l'une des facettes les plus connues du MoMA. En quittant le musée, marchez jusqu'au **Rockefeller Center** *(p. 144)* et déjeunez au Rock Center Café, d'où vous pourrez regarder les

Les néons de Times Square, le célèbre carrefour de la ville

◁ Le port de New York et la 42e Rue en 1946

PRÉSENTATION
DE NEW YORK

QUATRE JOURS À NEW YORK

Flèche du
Chrysler

Au premier abord, New York peut paraître un peu étouffante, mais ces quatre belles journées vous feront goûter aux joies de « Big Apple », à son architecture, à ses musées, à ses commerces et à ses distractions. Chaque programme est varié et assez souple pour vous laisser le temps de prolonger certaines visites à votre guise. À chaque site, de nombreux renvois vous permettront d'obtenir plus d'informations, notamment sur le quartier où vous vous trouvez. Les prix sont prévus pour deux adultes ou pour une famille de deux adultes et deux enfants, déjeuner compris.

HAUTS LIEUX

- **Les Nations unies**
- **Les bâtiments de style moderne, Art déco et Beaux-Arts**
- **Les néons de Times Square**
- **L'Empire State Building**

POUR DEUX ADULTES, prévoir au moins 120 $

Le matin
Commencez par une visite guidée du siège des **Nations unies** *(p. 160-163)*, au bord de l'East River. Remontez la 42e Rue en faisant un détour par l'enclave résidentielle de **Tudor City** *(p. 158)* et, en entrant, admirez l'intérieur Art déco du **Chrysler Building** *(p. 155)*. Poursuivez jusqu'à **Grand Central Terminal,** chef-d'œuvre de style Beaux-Arts *(p. 156-157,* vis. guid. gratuites mer. et ven. à 12 h 30). Admirez le hall principal et explorez les galeries commerciales et le marché alimentaire. Pour déjeuner, faites votre choix au *food court* – sushis, cuisine sudiste ou

cheesecake. À moins que vous préfériez une soupe de palourdes ou un plateau d'huîtres au **Grand Central Oyster Bar** *(p. 306)*.

L'après-midi
De retour sur la 42e Rue, la **New York Public Library** *(p. 146,* vis. guid. gratuites mar.-jeu. à 11 h et 14 h) est un autre exemple de style Beaux-Arts. Ne manquez pas les voûtes de marbre, les escaliers, la grande salle de lecture et la salle des périodiques. Renseignez-vous sur les expositions. Derrière la bibliothèque, **Bryant Park** *(p. 145)* est une oasis de verdure. Un peu plus loin, **Times Square** *(p. 147)*, le plus célèbre carrefour de New York, marque l'entrée de Broadway. De l'autre côté, la 42e Rue s'est offert une nouvelle jeunesse : théâtres restaurés et cinémas géants. Prenez un taxi pour l'**Empire State Building** *(p. 136-137)* et terminez la journée en admirant le coucher de soleil sur la ville depuis l'observatoire du 86e étage.

Statue de Prométhée et Lower
Plaza, Rockefeller Center

ART ET SHOPPING

- **Une matinée art moderne**
- **Déjeuner au Rockefeller Center**
- **Shopping sur la 5e Ave**
- **Thé à l'hôtel Pierre**

POUR DEUX ADULTES, prévoir au moins 135 $

Le matin
Le spectaculaire **Museum of Modern Art** (MoMA, *p. 172-175*) a été récemment agrandi. Il vous faudra certainement toute une matinée pour admirer ses chefs-d'œuvre – notamment *La Nuit étoilée* de Van Gogh, *Les Nymphéas* de Monet ou encore *Les Demoiselles d'Avignon* de Picasso – et l'exposition de design du 3e étage, qui est l'une des facettes les plus connues du MoMA. En quittant le musée, marchez jusqu'au **Rockefeller Center** *(p. 144)* et déjeunez au Rock Center Café, d'où vous pourrez regarder les

Les néons de Times Square, le célèbre carrefour de la ville

◁ Le port de New York et la 42e Rue en 1946

patineurs en hiver. En été, la patinoire se transforme en jardin et le Rink Bar vous accueille pour dîner.

L'après-midi

Rendez-vous à **St Patrick's Cathedral** *(p. 178-179)*. La plus grande cathédrale catholique des États-Unis est aussi l'un des plus beaux lieux de culte de la ville. Pour un après-midi de lèche-vitrine très chic, continuez sur la **5e Ave**. En face de St Patrick, à l'angle de la 50e Rue, vous trouverez Saks Fifth Avenue, puis, en remontant la 5e Ave, Cartier (52e Rue), Henri Bendel (55e-56e Rues), Prada, Fendi et Trump Tower (56e-57e Rues), Tiffany (57e Rue) et Bergdorf Goodman (57e-58e Rues). Terminez la journée par une dernière folie sur la 61e Rue : prenez un luxueux thé à l'anglaise au milieu des fresques du **Pierre** *(p. 289)*.

Central Park, ses promenades, ses animaux et ses aires de jeux

Statue de la Liberté

NEW YORK HISTORIQUE

- Excursions à Ellis Island et à la statue de la Liberté
- Déjeuner à la Fraunces Tavern
- Visite du vieux New York

POUR DEUX ADULTES, prévoir au moins 120 $

Le matin

À Battery Park, embarquez sur le ferry pour la **statue de la Liberté** *(p. 74-75)* et **Ellis Island** *(p. 78-79)*, où débarquèrent les premiers immigrants. Au retour, passez par **Bowling Green,** le plus vieux parc de la ville *(p. 73)*, et marchez vers **Fraunces Tavern Block Historic District** *(p. 76)*, l'unique pâté de maisons du XVIIIe siècle. La Fraunces Tavern a été reconstituée et abrite un musée de la

période révolutionnaire et un restaurant plein de charme.

L'après-midi

À un pâté de maisons de là, Stone Street Historic District a été reconstruit après un incendie en 1835. L'**India House** *(p. 56)*, l'ancienne Bourse du coton, abrite le **Harry's Café**. Prenez William Street jusqu'à Wall Street, où le **Federal Hall** *(p. 68)* est consacré à la Constitution américaine. Poursuivez jusqu'à la **New York Stock Exchange** *(p. 70-71)* et **Trinity Church** *(p. 68)*, de 1839. Remontez Broadway jusqu'à **St Paul's Chapel** *(p. 91)*. En face se trouve **City Hall** *(p. 90)*. Depuis **South Street Seaport Historic District,** l'ancien port du XIXe siècle *(p. 82-83)*, on peut admirer **Brooklyn Bridge** *(p. 86-89)*.

EN FAMILLE

- **Une matinée à Central Park**
- **Déjeuner au Boat House**
- **Dinosaures de l'American Museum of Natural History**

POUR UNE FAMILLE DE 4, prévoir au moins 175 $

Le matin

Central Park *(p. 205-209)* ravit les familles. Faites un tour de carrousel, regardez évoluer les maquettes de bateaux sur Conservatory Pond, visitez le zoo et assistez à la parade des animaux de l'horloge Delacorte. À chaque âge, son aire de jeux à thème : « Safari » à hauteur de la 91e Rue Ouest (2-5 ans), et « Aventure », à hauteur de la 67e Rue Ouest (6-12 ans). Le Swedish Cottage Marionette Theater, à la hauteur de la 79e Rue Ouest, joue des contes traditionnels (mar.-ven. 10 h 30 et 12 h, sam. 13 h). Louez un vélo ou faites un tour en barque, puis déjeunez avec vue sur le lac au Boat House. En hiver, chaussez vos patins à sur la patinoire Wollman.

L'après-midi

Selon l'âge et les goûts, choisissez entre l'interactif **Children's Museum** *(p. 219)* et les célèbres dinosaures et dioramas de l'**American Museum of Natural History** *(p. 216-217)*.

Ellis Island accueillit les premiers immigrants à New York

New York dans son environnement

New York est une ville de huit millions d'habitants qui s'étend sur 780 km². Elle donne son nom à l'État de New York, dont la capitale est Albany, à 250 km au nord. New York est aussi une bonne base de départ pour aller visiter Boston, ou Washington, D.C, la capitale du pays.

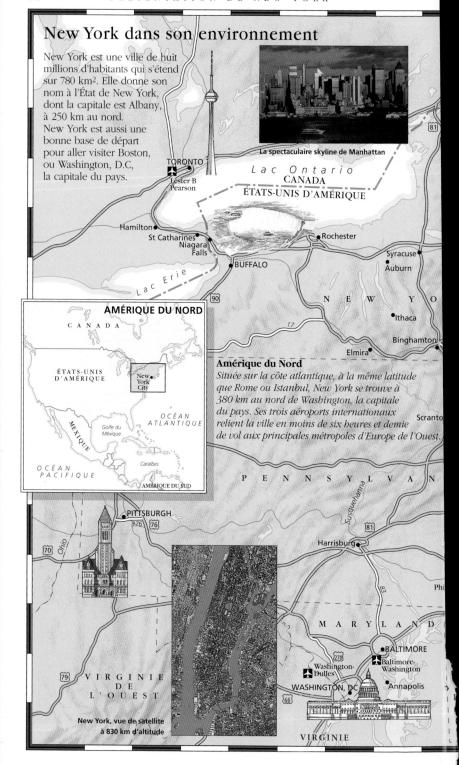

La spectaculaire skyline de Manhattan

Lac Ontario

CANADA
ÉTATS-UNIS D'AMÉRIQUE

TORONTO
Lester B Pearson

Hamilton
St Catharines
Niagara Falls
BUFFALO

Rochester
Syracuse
Auburn

Lac Erie

90

N E W Y O

Ithaca

17

Binghamton

Elmira

AMÉRIQUE DU NORD

CANADA

ÉTATS-UNIS D'AMÉRIQUE

New York City

OCÉAN ATLANTIQUE

MEXIQUE

Golfe du Mexique

OCÉAN PACIFIQUE

Caraïbes

AMÉRIQUE DU SUD

Amérique du Nord

Située sur la côte atlantique, à la même latitude que Rome ou Istanbul, New York se trouve à 380 km au nord de Washington, la capitale du pays. Ses trois aéroports internationaux relient la ville en moins de six heures et demie de vol aux principales métropoles d'Europe de l'Ouest.

Scranto

PITTSBURGH

376 76

70

Ohio

P E N N S Y L V A N

Susquehanna

81

Harrisburg

83

Phi

M A R Y L A N

79

VIRGINIE
DE
L'OUEST

New York, vue de satellite
à 830 km d'altitude

BALTIMORE

270

Washington-
Dulles

Baltimore-
Washington

WASHINGTON, DC

Annapolis

66

V I R G I N I E

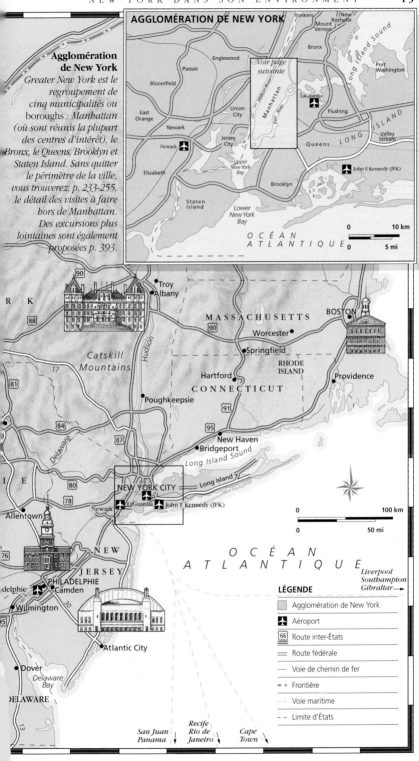

AGGLOMÉRATION DE NEW YORK

Yonkers · Mount Vernon · New Rochelle

Bronx

Englewood

Passaic

Bloomfield

East Orange

Newark

Union City

Manhattan

Port Washington

LaGuardia

Flushing

Queens

Valley Stream

LONG ISLAND

Newark

Jersey City

Elizabeth

Upper New York Bay

Staten Island

Brooklyn

Lower New York Bay

John F. Kennedy (JFK)

OCÉAN ATLANTIQUE

Voir page suivante

0   10 km
0   5 mi

Agglomération de New York

Greater New York est le regroupement de cinq municipalités ou boroughs : Manhattan (où sont réunis la plupart des centres d'intérêt), le Bronx, le Queens, Brooklyn et Staten Island. Sans quitter le périmètre de la ville, vous trouverez, p. 233-255, le détail des visites à faire hors de Manhattan. Des excursions plus lointaines sont également proposées p. 393.

Troy
Albany

MASSACHUSETTS   BOSTON

Worcester

Springfield

Catskill Mountains

Hudson

Hartford

RHODE ISLAND

Providence

CONNECTICUT

Poughkeepsie

New Haven

Bridgeport

Long Island Sound

Delaware

NEW YORK CITY   Long Island

Newark   LaGuardia   John F. Kennedy (JFK)

Allentown

0   100 km
0   50 mi

NEW JERSEY

OCÉAN ATLANTIQUE

PHILADELPHIE
Camden

delphie

Wilmington

Liverpool
Southampton
Gibraltar →

LÉGENDE

Agglomération de New York

Atlantic City

Aéroport

66   Route inter-États

Dover

Delaware Bay

Route fédérale

Voie de chemin de fer

DELAWARE

Frontière

Voie maritime

Limite d'États

San Juan
Panama

Recife
Rio de
Janeiro

Cape
Town

Se repérer à Manhattan

Ce guide a divisé Manhattan en quinze quartiers faisant chacun l'objet d'un chapitre. Dans Lower Manhattan, les plus vieux bâtiments côtoient les plus modernes. De là, vous pourrez embarquer pour Staten Island et la statue de la Liberté, et jouir des plus belles vues sur les gratte-ciel. Dans Midtown, le quartier des théâtres côtoie la 5e Ave. Le long de Central Park, sur Upper East Side, le Museum Mile est un paradis culturel. Au nord, Harlem accueille la plus célèbre communauté noire d'Amérique.

Grand Central Terminal
Cette gare de la période Beaux-Arts accueille les passagers depuis 1913. Son hall voûté est une vaste zone piétonne (p. 156-157).

Morgan Library & Museum
Ce bâtiment de style Renaissance présente l'une des plus belles collections du monde de manuscrits, affiches et ouvrages rares (p. 164-165).

Statue de la Liberté
Cette imposante statue offerte en 1886 par le peuple français au peuple américain est devenue un symbole de la liberté dans le monde entier (p. 74-75).

Cathedral of St John the Divine
À son achèvement, vers le milieu du XXIe siècle, cette cathédrale sera la plus grande du monde. Elle héberge déjà des spectacles de théâtre et de musique (p. 226-227).

Nations unies
New York est le siège de l'organisation mondiale chargée de faire régner la paix et la sécurité dans le monde (p. 160-163).

Empire State Building
Le plus haut gratte-ciel de New York est un symbole de la ville. Depuis sa construction dans les années 1930, il a vu défiler plus de 110 millions de visiteurs (p. 136-137).

LÉGENDE

☐ Principaux sites

Metropolitan Museum
L'un des plus grands musées du monde qui présente une formidable collection d'objets allant de la préhistoire à nos jours (p. 190-197).

Brooklyn Bridge
Ce pont enjambe l'East River, reliant Manhattan et Brooklyn. À sa construction en 1883, c'était le plus grand pont suspendu et le premier pont en acier du monde (p. 86-89).

Solomon R. Guggenheim Museum
Ce chef-d'œuvre de l'architecte Frank Lloyd Wright abrite une belle collection de peintures des XIXe et XXe siècles (p. 188-189).

HISTOIRE DE NEW YORK

Depuis sa découverte il y a près de 500 ans par l'Italien Giovanni da Verrazano, le port de New York excite la convoitise de l'Europe entière. Les Hollandais commencent par y envoyer des trappeurs en 1621, mais leur comptoir, baptisé Nouvelle Amsterdam, passe aux Anglais en 1664. Le site est alors rebaptisé New York, nom qui a subsisté depuis, bien que l'Angleterre ait perdu la guerre d'Indépendance.

Manteau porté par un chef indien

UNE VILLE EN PLEINE EXPANSION

Au XIXe siècle, New York grandit rapidement et devient un port important. Les industries s'y développent et des fortunes colossales sont constituées. En 1898, la réunion de Manhattan et des cinq municipalités de la périphérie en font la deuxième ville du monde. De 1800 à 1900, la population passe de 79 000 à trois millions d'habitants, faisant de la ville la capitale des loisirs et le centre des affaires du pays.

LE « MELTING POT »

L'arrivée massive de milliers d'immigrants entraîne une forte surpopulation et nombre d'entre eux s'entassent dans des taudis. C'est cependant ce brassage culturel qui a enrichi la ville en lui apportant sa spécificité. Aujourd'hui, les huit millions de New-Yorkais ne parlent pas moins de 100 langues ! Le paysage de Manhattan s'est formé lorsque la cité, faute de place, a dû se développer verticalement pour abriter une population toujours plus nombreuse. L'histoire de New York est faite d'une alternance de périodes de croissance et de déclin, mais dans l'euphorie comme dans l'adversité, la ville est restée une des plus dynamiques du monde.

Acte notarié signé par le dernier gouverneur hollandais, Peter Stuyvesant, en 1664

◁ La pointe sud de l'île de Manhattan et le nord de Brooklyn en 1767

New York à ses débuts

Masque indien

En 1625, lorsque des trappeurs hollandais s'installent dans un comptoir baptisé Nouvelle Amsterdam, Manhattan est un terrain boisé peuplé d'Indiens algonquins. Les premiers colons construisent leurs maisons un peu au hasard, si bien que, même aujourd'hui, les rues de Lower Manhattan sont encore sinueuses. La colonie, gouvernée d'une main de fer par Peter Stuyvesant, produit des revenus insuffisants. En 1664, les Hollandais la cèdent aux Anglais qui la rebaptisent New York. Mais comme dans Harlem ou Broadway, (« Breede Wegh » en néerlandais), la toponymie actuelle conserve beaucoup de souvenirs de la période hollandaise.

CROISSANCE DE LA MÉTROPOLE

▨ En 1664   ☐ Aujourd'hui

Sceau de la Nouvelle Hollande
La fourrure de castor et les ceintures faites de coquillages que l'on voit sur ce sceau étaient la monnaie de la Nouvelle Hollande.

PREMIER PANORAMA DE MANHATTAN (1626)
Avec son moulin à vent, la pointe sud de Manhattan ressemblait à un village de Hollande. Le fort dessiné ici n'était pas encore construit.

Premiers New-Yorkais
Les Indiens algonquins étaient les premiers habitants de Manhattan.

Navires au mouillage

Pot iroquois
Les Iroquois se rendaient fréquemment à Manhattan.

Village indien
Avant l'arrivée des Hollandais, les Algonquins vivaient à Manhattan dans ces huttes tout en longueur.

Canoë indien

CHRONOLOGIE

1524 Giovanni da Verrazano débarque à New York

1625 Les Hollandais établissent le premier comptoir d'échange permanent

1626 Peter Minuit achète Manhattan aux Indiens

1653 Construction d'un mur d'enceinte ; la rue adjacente est baptisée Wall Street

1600	1620	1640

1609 Henry Hudson remonte Hudson River en quête d'un passage vers le nord-ouest

1625 Les premiers esclaves noirs arrivent d'Afrique

1643-1645 Des escarmouches avec les Indiens se terminent par un traité de paix

1647 Peter Stuyvesant devient gouverneur de la colonie

1654 Les premiers colons juifs arrivent

Faïence de Delft
Les colons apportèrent avec eux ces céramiques vernissées.

Manhattan
C'est sur le Strand (aujourd'hui Whitehall Street) que fut bâtie la première maison de briques.

Les membrures du *Tigre*

OÙ VOIR LE NEW YORK HOLLANDAIS

Exhumés en 1916, ces restes d'un bateau hollandais, brûlé en 1613, constituent les plus vieux témoignages de cette période et sont maintenant exposés au Museum of the City of New York *(p. 199)*. Plusieurs salles de ce musée ainsi que de la Morris-Jumel Mansion *(p. 235)* et du Van Cortland House Museum *(p. 240)*, présentent aussi des poteries et du mobilier.

Achat de Manhattan
En 1626, Peter Minuit acheta l'île aux Indiens contre des colifichets d'une valeur de 24 dollars.

Moulin à vent

Fort Amsterdam

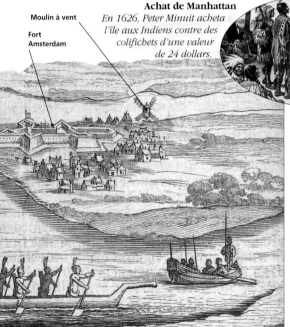

Peter Stuyvesant
Le dernier gouverneur hollandais était un tyran qui imposa des lois sévères comme la fermeture des tavernes à 21 h.

1660 Premier hôpital de la ville

1664 Les forces britanniques expulsent les Hollandais sans rencontrer de résistance. La ville est rebaptisée New York

1676 Construction du grand dock sur East River

1698 Consécration de Trinity Church

1660

1680

1700

La Nouvelle Amsterdam se rend aux Britanniques

Vers **1680**, des lois donnent à New York l'exclusivité de la minoterie

1683 Établissement de la première charte de la ville

1689 Le marchand Jacob Leisler conduit une révolte contre les impôts et dirige la ville pendant deux ans

1693 Quatre-vingt-douze canons sont installés pour défendre la ville ; l'endroit est nommé la Battery

1691 Leisler est condamné à mort pour trahison

Le New York colonial

Sous pavillon anglais, New York connaît la prospérité et se développe rapidement. Avec ses 20 000 habitants c'est, avant la Révolution, la seconde ville des 13 colonies américaines. La minoterie est sa principale activité commerciale, mais la construction navale prospère également, favorisant la naissance d'une bourgeoisie pour laquelle on crée mobilier et objets d'art appliqué. Durant plus d'un siècle, les Anglais qui gouvernent New York se soucient davantage des revenus qu'elle engendre que du bien-être et de la prospérité de la colonie. Le prélèvement de nouveaux impôts soulève l'hostilité de la population et l'idée d'indépendance commence à faire son chemin.

Riche colon

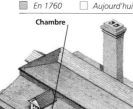

Monnaie coloniale

CROISSANCE DE LA MÉTROPOLE

▨ *En 1760*   ☐ *Aujourd'hui*

Chambre

Salle à manger

Rue de New York à l'époque coloniale
Les chiens ou les cochons se promenaient en liberté dans les rues de New York.

Mobilier
Cette armoire en pin, de style hollandais, a été réalisée dans la vallée de l'Hudson vers 1720.

Commerce maritime
Le commerce maritime avec les Caraïbes et la Grande-Bretagne fit la prospérité de New York.

CHRONOLOGIE

1702 Lord Cornbury, nommé gouverneur colonial, s'habillait souvent en femme

1711 Le marché aux esclaves s'établit dans le bas de Wall Street

1720 Ouverture du premier chantier naval

| 1700 | 1710 | 1720 | 1730 |

1710 Le chef iroquois Hendrick en visite en Angleterre

1732 Inauguration du premier théâtre de la ville

1725 Lancement de la *New York Gazette*, premier journal de la ville

Capitaine Kidd
Ce célèbre pirate écossais fut un citoyen respecté qui contribua à la construction de Trinity Church (p. 68).

MAISON VAN CORTLANDT
En 1748, Frederick Van Cortlandt construisit cette maison de style classique dans un champ de blé où se trouve aujourd'hui le quartier du Bronx. Transformée en musée (p. 240), elle évoque la vie quotidienne d'une famille de colons aisés.

Salon

OÙ VOIR LE NEW YORK COLONIAL
On peut visiter des bâtiments coloniaux dans Richmond Town, sur Staten Island *(p. 254)*. De belles pièces d'argenterie et de mobilier sont exposées au Museum of the City of New York *(p. 199).*

Le magasin de Richmond Town

Cuisine coloniale
On servait souvent un fromage blanc appelé white meat *à la place de la viande. Les gaufres, introduites par les Hollandais, étaient très appréciées. On mangeait aussi des fruits au sirop.*

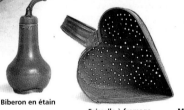

Biberon en étain

Faisselle à fromage

Moule à gaufres

Sculptures décoratives
Un visage gravé dans la pierre guette au-dessus de chaque fenêtre.

Cuiller à fruit

1734 Le procès en diffamation de J. P. Zenger permet d'instaurer la liberté de la presse

1741 Une révolte d'esclaves est matée dans le sang : 30 seront exécutés et 150 emprisonnés

1754 Début des guerres française et indienne ; fondation de King's College (Columbia University)

Soldat britannique

1759 Construction de la première prison

1740 **1750** **1760**

1733 Bowling Green devient le premier parc municipal ; lancement du premier bac pour Brooklyn

King's College

1762 Création du premier corps de police

1763 Fin de la guerre : les Britanniques contrôlent l'Amérique du Nord

Le New York révolutionnaire

George Washington, général révolutionnaire

Protégée derrière ses tranchées, bombardée par les troupes britanniques et sous le feu des canons, New York souffre de la guerre d'Indépendance. Mais les New-Yorkais continuent d'assister aux matches de cricket et aux bals. La ville était depuis longtemps un bastion loyaliste mais, après que les Britanniques s'en soient emparé en 1776, les loyalistes des autres États viennent s'y réfugier et les troupes américaines n'entrent dans Manhattan qu'après la signature du traité de paix, en 1783.

CROISSANCE DE LA MÉTROPOLE

☐ En 1776   ☐ Aujourd'hui

Havresac du soldat

Les soldats américains portaient leurs provisions dans des musettes comme celle-ci.

Tenue de combat

Les soldats américains étaient en habit bleu, et les Britanniques en habit rouge.

Soldat britannique

Soldat américain

RENVERSEMENT DU ROI

Les New-Yorkais mirent à bas la statue du roi George III dans Bowling Green et la fondirent pour en faire des munitions.

Bataille de Harlem Heights

Washington remporta cette bataille le 16 septembre 1776 mais, disposant de trop peu d'hommes, il dut abandonner la ville aux Anglais.

Émeutier

Mort d'un patriote

Alors qu'il travaillait derrière les lignes anglaises en 1776, Nathan Hale fut pendu pour espionnage sans autre forme de procès.

CHRONOLOGIE

1765 Les New-Yorkais protestent à la suite du Stamp Act, qui impose l'usage de timbres officiels pour toute transaction

1767 Le Townshend Act impose de nouvelles taxes, il est abrogé après force protestations

1770 Les Fils de la Liberté se battent contre les Britanniques dans la bataille de Golden Hill

1774 Pour protester contre les impôts, les rebelles jettent du thé dans le port

1760   1770   1780

St Paul's Chapel

1766 Achèvement de St Paul's Chapel ; abrogation du Stamp Act ; érection de la statue de George III dans Bowling Green

Le général William Howe, commandant en chef des troupes britanniques

1776 Début de la guerre. 500 navires aux ordres du général Howe mouillent dans le port de New York

Soldats du feu

Les incendies étaient courants à New York mais, pendant la guerre, plusieurs d'entre eux faillirent détruire la ville. Après la retraite des indépendantistes, le 21 septembre 1776, un incendie détruisit Trinity Church et un millier de maisons.

Seau à eau en cuir

Drapeaux de la révolution

L'armée de Washington arborait un drapeau portant une rayure pour chacune des treize colonies et un Union Jack dans un coin. La bannière étoilée ne fut officialisée qu'en 1777.

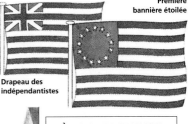

Première bannière étoilée

Drapeau des indépendantistes

Statue de George III

Retour de George Washington

À son retour à New York, le 25 novembre 1783, après le départ des troupes britanniques, Washington est accueilli en héros.

Patriotes en liesse

OÙ VOIR LE NEW YORK RÉVOLUTIONNAIRE

En 1776, George Washington établit son quartier général dans la maison Morris-Jumel (*p. 235*). Il dormit aussi dans la maison Van Cortland (*p. 21 et 240*). Après la guerre, il fit ses adieux à ses officiers à la taverne Fraunces (*p. 76*).

La maison Morris-Jumel

1783 La signature du traité de Paris accorde leur indépendance aux États-Unis

1784 Création de la Banque de New York

1785 New York devient capitale des États-Unis

1789 George Washington devient officiellement le premier président fédéral

1790 Philadelphie devient capitale des États-Unis

1790

1791 Inauguration du New York Hospital

1792 Construction de la Tontine Coffee House, premier siège de la Bourse

1794 Ouverture de l'hôpital Bellevue, sur les rives de East River

L'investiture de Washington

1800

1801 Alexander Hamilton fonde le *New York Post*

1804 Le vice-président Aaron Burr tue en duel son rival politique, Alexander Hamilton

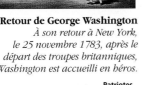

New York au XIXe siècle

Le gouverneur De Witt Clinton

Plus grande ville et premier port du pays, New York voit s'accroître sa richesse. L'industrie se développe grâce au commerce maritime favorisant la prospérité d'une grande bourgeoisie d'affaires. La haute société se déplace vers le nord de la ville et les transports publics suivent le mouvement. Mais cette croissance rapide multiplie les risques d'incendie et les problèmes d'insalubrité. L'arrivée d'un grand nombre d'immigrants entraîne une surpopulation et un développement des taudis. En 1846, un New-Yorkais sur sept est un pauvre.

CROISSANCE DE LA MÉTROPOLE

▨ *En 1840*   ☐ *Aujourd'hui*

Musique
Le New-Yorkais Stephen Foster écrivit de nombreuses ballades très populaires.

Le réservoir Croton fut construit en 1842 ; jusque-là les New-Yorkais n'avaient pas l'eau potable et devaient se contenter d'eau en bouteille.

Omnibus
C'est en 1832 que fut introduit l'omnibus hippomobile qui allait sillonner les rues de New York jusqu'à la Première Guerre mondiale.

Forme
Des gymnases, comme celui du Dr Rich, font leur apparition dans les années 1830 et 1840.

CHRONOLOGIE

1805 Ouverture des premières écoles publiques de New York

1811 Le plan Randel établit le quadrillage des rues de Manhattan au nord de la 14e Rue

1812-1814 Guerre de 1812 ; les Britanniques font le blocus du port

Le Constitution, le plus célèbre bateau de la guerre de 1812

1835 Un grand incendie détruit la vieille ville

1810   **1820**   **1830**

1807 Robert Fulton lance son premier bateau à vapeur sur Hudson River

1822 Une épidémie de fièvre jaune oblige à évacuer Greenwich Village

1823 New York dépasse Boston et Philadelphie, et devient la plus grande ville américaine

1827 New York abolit l'esclavage

1837 Samuel Morse envoie son premier message télégraphique

« Brownstones »

Ces maisons de grès brun furent construites dans la première moitié du siècle. L'entrée en était surélevée pour distinguer l'accès des maîtres de l'accès des domestiques, à l'entresol.

Crystal Palace, un bâtiment de fer et de verre, fut construit pour l'Exposition universelle de 1853.

LE PORT DE NEW YORK

L'importance du port de New York s'accroît par à-coups au début du XIXe siècle. Robert Fulton y lance son premier bateau à vapeur, le *Clermont,* en 1807. Les navires à vapeur raccourcissent les distances : il ne faut plus que 72 heures pour rejoindre Albany, capitale de l'État et lieu de passage pour l'Ouest. Désormais, les bateaux à vapeur, les clippers ou les péniches relient New York au reste du monde.

NEW YORK EN 1855

En regardant vers le sud depuis la 42e Rue, on voyait Crystal Palace et le réservoir Croton là où se trouvent aujourd'hui la Main Public Library et Bryant Park.

Le *Clermont*

Crystal Palace en flammes
Le 5 octobre 1858, Crystal Palace fut détruit par les flammes.

Fêtes du grand canal

Les bateaux du port paradent à l'occasion de l'inauguration du canal de l'Érié, en 1852. En reliant les grands lacs avec Albany, ce canal ouvrait une voie navigable entre le Midwest et New York. La ville en tira d'énormes bénéfices.

1849 Émeutes d'Astor Place ; des navires se lancent vers la Californie : c'est la ruée vers l'or

1851 Première parution du *New York Times*

1853 Première exposition Universelle

1857 Panique financière et dépression économique

1861 Début de la guerre de Sécession

1863 Violentes émeutes contre la conscription

1865 Assassinat d'Abraham Lincoln

1840 — **1850** — **1860**

Joueur de base-ball

1845 Première équipe de baseball officielle, The New York Knickerbockers

Publicité pour un clipper

FOR SAN FRANCISCO

FREE TRADE

1842 Construction du réservoir Croton

1858 Vaux et Olmsted dessinent Central Park ; ouverture de Macy's

La foule dans Central Park

Les années fastes

L'industriel Andrew Carnegie

Avec l'enrichissement des rois du commerce new-yorkais, la ville entre dans un âge d'or. On construit des buildings fastueux et des millions sont investis dans la fondation d'institutions culturelles telles que le Metropolitan Museum, la Public Library ou Carnegie Hall. Des palaces comme le Plaza et le premier Waldorf-Astoria sont bâtis et de somptueux grands magasins ouvrent leurs portes à une riche clientèle. Cette période d'excès génère aussi ses personnages excentriques comme le politicien véreux William Tweed, ou le patron de cirque Phineas Barnum.

CROISSANCE DE LA MÉTROPOLE

▨ *En 1890*   ☐ *Aujourd'hui*

Vue sur le parc
Le Dakota (1880) fut le premier immeuble d'appartements de luxe dans Upper West Side (p. 218).

Vie de château
Des hôtels particuliers bordaient la 5e Avenue. Lors de sa construction en 1883, le palais à l'italienne de Vanderbilt (n° 660) était l'un des plus éloignés du centre.

Ville de la mode
Lord & Taylor ouvrirent un nouveau magasin sur le « Ladies' Mile » de Broadway ; la 6e Avenue était surnommée la « rue de la mode ».

MÉTRO AÉRIEN
Vers 1875, le viaduc des voies ferrées court le long de plusieurs avenues. Pratiques, les transports urbains n'en sont pas moins source de nuisances.

CHRONOLOGIE

1870 John D. Rockefeller fonde la Standard Oil

1867 Ouverture de Prospect Park, à Brooklyn

1868 Construction du premier métro aérien dans Greenwich Street

1871 Ouverture du premier dépôt de Grand Central, sur la 42e Rue ; arrestation de W. Tweed

1877 A.G. Bell fait une démonstration de son téléphone

1865   **1870**   **1875**

1869 Premier immeuble divisé en appartements sur la 18e Rue ; crise financière du Vendredi Noir à Wall Street

Intérieur de la Bourse

1873 Faillites bancaires et panique à Wall Street

1872 Ouverture de Bloomingdale's

1879 Achèvement de St Patrick's Cathedral ; ouverture du premier standard téléphonique sur Nassau Street

Anniversaire de Mark Twain
Mark Twain, dont le roman L'Âge doré *stigmatisait le mode de vie décadent des New-Yorkais, fêta en 1873 son anniversaire chez Delmonico.*

NEW YORK DES EXTRAVAGANCES

La Gold Room des Henry Villard Houses *(p. 176)* évoque cette période. Jadis salle de concert, elle abrite de nos jours un restaurant, le Gilt. Vous pourrez visiter deux salles d'époque au Museum of the City of New York *(p. 199).*

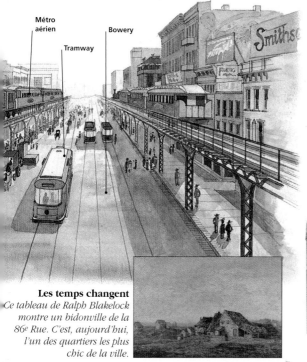

Métro aérien

Tramway

Bowery

Réseau de Tweed
William Tweed domina longtemps la vie politique de la ville et détourna des millions de dollars de fonds publics.

Caricature de Tweed par Nast

Tigre des Tammany
La canne de William Tweed est conservée au Museum of the City of New York. Son pommeau est une tête de tigre en or, emblème des Tammany.

Les temps changent
Ce tableau de Ralph Blakelock montre un bidonville de la 86e Rue. C'est, aujourd'hui, l'un des quartiers les plus chic de la ville.

1880 Premières conserves d'alimentation en vente dans les boutiques ; ouverture du Metropolitan Museum of Art ; éclairage public électrique

1883 Ouverture du Metropolitan Opera sur Broadway ; inauguration du pont de Brooklyn

1886 Inauguration de la statue de la Liberté

1891 Ouverture de Carnegie Hall

1880

1885

1890

1888 Le Grand Blizzard recouvre New York de 56 cm de neige

1890 Premiers spectacles d'images animées à New York

Feux d'artifice pour l'inauguration du pont de Brooklyn (1883)

1892 Début des travaux de la Cathedral of St John the Divine ; ouverture d'Ellis Island

New York au début du XXᵉ siècle

Voiture à cheval

Dès 1900, New York est devenue le centre industriel du pays : 70 % des entreprises américaines y ont leur siège social et le port voit transiter les deux tiers des marchandises importées. Les disparités entre riches et pauvres s'accroissent. Les épidémies gagnent les taudis surpeuplés, mais les immigrants continuent à s'y entasser. En 1900, le Syndicat international des femmes de l'industrie textile est fondé. Il défend les femmes et les enfants qui travaillent dans des conditions dangereuses pour des salaires de misère.

CROISSANCE DE LA MÉTROPOLE

■ *En 1914*   □ *Aujourd'hui*

Surpopulation
Insalubres et surpeuplés, les taudis étaient souvent dépourvus de fenêtres, d'aération ou d'installations sanitaires.

Image de la pauvreté
Cinq fois plus peuplé que le reste de New York, Lower East Side avait la densité de population la plus élevée du monde.

NEW YORK AU TOURNANT DU SIÈCLE

Le musée de Lower East Side Tenement (p. 97), évoque la vie quotidienne dans ce quartier déshérité.

Baignoire sabot

Ciseaux de tailleur

Dans un atelier
Dans les ateliers du quartier du textile, les ouvriers travaillaient de longues journées pour des salaires très bas. Cette vue de l'atelier de Moe Levy date de 1912.

Tramways sur Broadway

CHRONOLOGIE

1895 L'Olympia est le premier théâtre à ouvrir dans le quartier de Broadway

1898 Cinq arrondissements se rassemblent, formant ainsi la seconde plus grande ville du monde

1901 Macy ouvre son magasin de Broadway

1895

1900

1896 Vente des premiers bagels dans une boulangerie de Clinton Street

1900 Avec une pelle en argent le maire Robert Van Wyck donne le coup d'envoi des travaux du métro

1903 Ouverture du Lyceum, le plus vieux théâtre de Broadway encore utilisé de nos jours

1897 Ouverture du Waldorf-Astoria, le plus grand hôtel du monde

FLATIRON BUILDING

Dominant Madison Square à la jonction de Broadway, de la 5e Avenue et de la 23e Rue, se dresse l'un des premiers gratte-ciel de la ville (1902). Sa forme de triangle aplati lui valut le surnom de Flatiron Building ou « fer à repasser » (p. 127).

Structure métallique

Façade en pierre de taille

La pointe du triangle ne mesure que 1,85 m de large

Soupers équestres

Les fêtes un peu folles étaient très à la mode. Le dîner à cheval donné par C.K.G. Billing au restaurant Sherry (1903) fit jaser toute la ville.

Promenade du Plaza

Le tronçon de la 5e Ave devant l'hôtel Plaza était l'endroit le plus élégant de la ville.

Perruque ventilée

Haute couture

Au début du siècle, la mode était aux robes soutenues par des tournures et les arceaux des crinolines.

Crinoline

Tournure

1906 L'architecte Stanford White est abattu dans Madison Square Garden, qu'il avait dessiné en 1890

1909 Wilbur Wright est le premier à survoler New York

1910 Ouverture de la gare de Pennsylvania

1913 Woolworth Building est le plus haut bâtiment du monde ; ouverture du nouveau Grand Central et de l'Apollo à Harlem

1905

1910

1905 Voyage inaugural du bac de Staten Island

1907 Premiers taxis à compteurs ; premières Ziegfeld Follies

1911 146 morts dans l'incendie de l'usine Triangle Shirtwaist ; fin des travaux de la Public Library

Woolworth Building

New York entre les deux guerres

**Carte d'entrée
au Cotton Club**

Les années 1920 sont une époque faste pour les New-Yorkais. Jimmy Walker, le maire, s'affiche avec des danseuses, en buvant dans des *speakeasies* ou en assistant à des matches de base-ball. Mais les années folles prennent fin en 1929 avec le krach de Wall Street.
En 1932, J. Walker, accusé de corruption, démissionne ; le chômage touche un New-Yorkais sur quatre. Après l'élection du maire Fiorello La Guardia, en 1933, la ville commence à renaître.

CROISSANCE DE LA MÉTROPOLE

  🟦 *En 1933*   ⬜ *Aujourd'hui*

En petite tenue
*Les danseuses du Cotton Club
étaient une attraction de choix.*

COTTON CLUB
*Cette boîte de Harlem reçut
les meilleurs musiciens de jazz,
comme Duke Ellington et Cab
Calloway. On venait de toute
la ville pour les entendre.*

Prohibition
*L'interdiction de l'alcool entraîna
la multiplication des speakeasies,
bars illégaux semi-clandestins.*

Champion de base-ball
*En 1927, Babe Ruth réussit à faire
60 home runs pour les Yankees,
une performance record. Yankee
Stadium (p. 241) fut surnommé
« la maison de Ruth ».*

**Fusil caché
dans un étui
à violon**

Gangsters
*Dutch Schultz était le chef
d'un réseau clandestin
de distribution d'alcool.*

CHRONOLOGIE

1918 Fin de la Première Guerre mondiale

1919 Interdiction de l'alcool par le
18ᵉ Amendement ; début de la prohibition

1920 Droit de vote des femmes

*Ouverture de
Holland Tunnel*

1926 Jimmy Walker
est élu maire

1931 L'Empire
State Building
est le gratte-ciel
le plus haut
du monde

1920

1925

1930

1924 Naissance à
Harlem du
romancier
James Baldwin

1925 Lancement
du *New Yorker*

1927 Lindbergh
traverse l'Atlantique ;
sortie du premier
film parlant :
*Le Chanteur
de jazz* ; ouverture
de Holland Tunnel

1929 Le krach de
Wall Street marque
le début de la crise

1930 Achèvement
de Chrysler Building

FLATIRON BUILDING

Dominant Madison Square à la jonction de Broadway, de la 5e Avenue et de la 23e Rue, se dresse l'un des premiers gratte-ciel de la ville (1902). Sa forme de triangle aplati lui valut le surnom de Flatiron Building ou « fer à repasser » (p. 127).

Structure métallique

Façade en pierre de taille

La pointe du triangle ne mesure que 1,85 m de large

Soupers équestres

Les fêtes un peu folles étaient très à la mode. Le dîner à cheval donné par C.K.G. Billing au restaurant Sherry (1903) fit jaser toute la ville.

Promenade du Plaza

Le tronçon de la 5e Ave devant l'hôtel Plaza était l'endroit le plus élégant de la ville.

Perruque ventilée

Haute couture

Au début du siècle, la mode était aux robes soutenues par des tournures et les arceaux des crinolines.

Crinoline

Tournure

1906 L'architecte Stanford White est abattu dans Madison Square Garden, qu'il avait dessiné en 1890

1909 Wilbur Wright est le premier à survoler New York

1910 Ouverture de la gare de Pennsylvania

1913 Woolworth Building est le plus haut bâtiment du monde ; ouverture du nouveau Grand Central et de l'Apollo à Harlem

1905

1910

1905 Voyage inaugural du bac de Staten Island

1907 Premiers taxis à compteurs ; premières Ziegfeld Follies

1911 146 morts dans l'incendie de l'usine Triangle Shirtwaist ; fin des travaux de la Public Library

Woolworth Building

New York entre les deux guerres

Carte d'entrée
au Cotton Club

Les années 1920 sont une époque faste pour les New-Yorkais. Jimmy Walker, le maire, s'affiche avec des danseuses, en buvant dans des *speakeasies* ou en assistant à des matches de base-ball. Mais les années folles prennent fin en 1929 avec le krach de Wall Street.

En 1932, J. Walker, accusé de corruption, démissionne ; le chômage touche un New-Yorkais sur quatre. Après l'élection du maire Fiorello La Guardia, en 1933, la ville commence à renaître.

CROISSANCE DE LA MÉTROPOLE

■ En 1933   ☐ Aujourd'hui

En petite tenue
*Les danseuses du Cotton Club
étaient une attraction de choix.*

COTTON CLUB
*Cette boîte de Harlem reçut
les meilleurs musiciens de jazz,
comme Duke Ellington et Cab
Calloway. On venait de toute
la ville pour les entendre.*

Prohibition
*L'interdiction de l'alcool entraîna
la multiplication des speakeasies,
bars illégaux semi-clandestins.*

Champion de base-ball
*En 1927, Babe Ruth réussit à faire
60 home runs pour les Yankees,
une performance record. Yankee
Stadium (p. 241) fut surnommé
« la maison de Ruth ».*

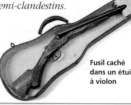

Fusil caché
dans un étui
à violon

Gangsters
*Dutch Schultz était le chef
d'un réseau clandestin
de distribution d'alcool.*

CHRONOLOGIE

1918 Fin de la Première Guerre mondiale

1919 Interdiction de l'alcool par le 18e Amendement ; début de la prohibition

1920 Droit de vote des femmes

*Ouverture de
Holland Tunnel*

1926 Jimmy Walker
est élu maire

1931 L'Empire State Building est le gratte-ciel le plus haut du monde

1920

1925

1930

1924 Naissance à Harlem du romancier James Baldwin

1925 Lancement du *New Yorker*

1927 Lindbergh traverse l'Atlantique ; sortie du premier film parlant : *Le Chanteur de jazz* ; ouverture de Holland Tunnel

1929 Le krach de Wall Street marque le début de la crise

1930 Achèvement de Chrysler Building

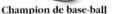

Folles nuits de Harlem

Interdits de scène dans de nombreux clubs du centre-ville, les artistes noirs comme Calloway sont les vedettes du Cotton Club.

LA GRANDE DÉPRESSION

Les années folles sombrent dans l'effondrement boursier du 29 octobre 1929 qui marque le début de la crise. New York est durement frappée : un bidonville de sans-logis s'installe dans Central Park. Dans ce contexte, les arts sont pourtant florissants grâce à la Works Projects Administration qui finance la réalisation de murs peints dans la ville.

1931 : en attendant l'aide sociale

Broadway

Les années 1920 furent la grande époque des comédies musicales de Broadway.

L'avion de Lindbergh, *Spirit of St Louis*

Menu de gala

Traversée de Lindbergh

Les New-Yorkais célébrèrent la traversée de l'Atlantique sans escale par Lindbergh, entre autres en donnant des repas de gala en son honneur.

Rockefeller Center

Le millionnaire John D. Rockefeller enfonce le dernier rivet avant l'ouverture du Rockefeller Center, le 1er mai 1939.

Grand succès

L'Exposition universelle de 1939 attira 45 millions de visiteurs !

1933 Fin de la prohibition ; Fiorello La Guardia entame le premier de ses trois mandats de maire

1940 Ouverture du tunnel Queens-Midtown

1942 *Black out* sur Times Square ; ouverture de l'aéroport Idlewild (aujourd'hui JFK)

1935

1940

1945

1936 Robert Moses prend la direction du service des Parcs

1939 Ouverture du Rockefeller Center

1941 Entrée en guerre des États-Unis

1944 Élection au Congrès du leader noir Adam Clayton Powell

New York après-guerre

Depuis la fin de la guerre, New York connaît le meilleur comme le pire. Capitale financière de la planète, la ville elle-même frôle la faillite dans les années 1970.
En 2008, le dépôt de bilan de la banque Lehman Brothers a entraîné la pire crise financière depuis celle de 1929.
Depuis le début des années 1990, non seulement le taux de criminalité à New York a fortement baissé, mais la ville connaît aussi une importante campagne de restauration et de rénovation de ses bâtiments historiques, tels que Grand Central Terminal et le « nouveau » Times Square.
Sa constante reconstruction est emblématique de sa position comme centre culturel et commercial des États-Unis.

BILTMORE THEATER

1967 Première de la comédie musicale *Hair*. 1836 représentations seront données

1971 Rétrospective des œuvres d'Andy Warhol au Whitney Museum

1975 Un prêt fédéral sauve New York de la faillite

1953 Merce Cunningham fonde sa troupe de danse

1945 Fin de la Seconde Guerre mondiale

1946 L'ONU s'installe à New York

1954 Fermeture d'Ellis Island

1959 Ouverture du musée Guggenheim

1966 Grève des transports et de la presse

1981 La municipalité redevient solvable

1945	1950	1955	1960	1965	1970	1975	1980
MAIRES :	IMPELLITERI WAGNER			LINDSAY		BEAME	KOCH
1945	1950	1955	1960	1965	1970	1975	1980

1947 Jackie Robinson, premier joueur noir dans les équipes de première division, signe chez les Brooklyn Dodgers

1963 On rase la gare de Pennsylvania

1973 Achèvement du World Trade Center

1964 Exposition universelle ; émeutes raciales à Harlem et Bedford-Stuyvesant ; le pont Verrazano Narrows relie Brooklyn et Staten Island ; les Beatles jouent à Shea Stadium

Foulard souvenir

1968 20 000 hippies manifestent à Central Park ; *sit-in* d'étudiants à Columbia University

Folles nuits de Harlem

Interdits de scène dans de nombreux clubs du centre-ville, les artistes noirs comme Calloway sont les vedettes du Cotton Club.

Broadway

Les années 1920 furent la grande époque des comédies musicales de Broadway.

Menu de gala

LA GRANDE DÉPRESSION

Les années folles sombrent dans l'effondrement boursier du 29 octobre 1929 qui marque le début de la crise. New York est durement frappée : un bidonville de sans-logis s'installe dans Central Park. Dans ce contexte, les arts sont pourtant florissants grâce à la Works Projects Administration qui finance la réalisation de murs peints dans la ville.

1931 : en attendant l'aide sociale

L'avion de Lindbergh, *Spirit of St Louis*

Traversée de Lindbergh

Les New-Yorkais célébrèrent la traversée de l'Atlantique sans escale par Lindbergh, entre autres en donnant des repas de gala en son honneur.

Rockefeller Center

Le millionnaire John D. Rockefeller enfonce le dernier rivet avant l'ouverture du Rockefeller Center, le 1er mai 1939.

Grand succès

L'Exposition universelle de 1939 attira 45 millions de visiteurs !

NEW YORK WORLD'S FAIR
1939

1933 Fin de la prohibition ; Fiorello La Guardia entame le premier de ses trois mandats de maire

1936 Robert Moses prend la direction du service des Parcs

1939 Ouverture du Rockefeller Center

1940 Ouverture du tunnel Queens-Midtown

1941 Entrée en guerre des États-Unis

1942 *Black out* sur Times Square ; ouverture de l'aéroport Idlewild (aujourd'hui JFK)

1944 Élection au Congrès du leader noir Adam Clayton Powell

1935   1940   1945

New York après-guerre

Depuis la fin de la guerre, New York connaît le meilleur comme le pire. Capitale financière de la planète, la ville elle-même frôle la faillite dans les années 1970.
En 2008, le dépôt de bilan de la banque Lehman Brothers a entraîné la pire crise financière depuis celle de 1929.
Depuis le début des années 1990, non seulement le taux de criminalité à New York a fortement baissé, mais la ville connaît aussi une importante campagne de restauration et de rénovation de ses bâtiments historiques, tels que Grand Central Terminal et le « nouveau » Times Square.
Sa constante reconstruction est emblématique de sa position comme centre culturel et commercial des États-Unis.

BILTMORE THEATER

1967 Première de la comédie musicale *Hair*. 1836 représentations seront données

1971 Rétrospective des œuvres d'Andy Warhol au Whitney Museum

1975 Un prêt fédéral sauve New York de la faillite

1953 Merce Cunningham fonde sa troupe de danse

1945 Fin de la Seconde Guerre mondiale

1946 L'ONU s'installe à New York

1954 Fermeture d'Ellis Island

1966 Grève des transports et de la presse

1959 Ouverture du musée Guggenheim

1981 La municipalité redevient solvable

1945	1950	1955	1960	1965	1970	1975	1980
MAIRES :	IMPELLITERI WAGNER			LINDSAY		BEAME	KOCH
1945	1950	1955	1960	1965	1970	1975	1980

1947 Jackie Robinson, premier joueur noir dans les équipes de première division, signe chez les Brooklyn Dodgers

1963 On rase la gare de Pennsylvania

1973 Achèvement du World Trade Center

1964 Exposition universelle ; émeutes raciales à Harlem et Bedford-Stuyvesant ; le pont Verrazano Narrows relie Brooklyn et Staten Island ; les Beatles jouent à Shea Stadium

Foulard souvenir

1968 20 000 hippies manifestent à Central Park ; *sit-in* d'étudiants à Columbia University

Andy Warhol avec les comédiennes Candy Darling et Ultra Violet

1983 Boom économique : l'immobilier s'envole et Donald Trump, symbole de la réussite des yuppies des années 1980, fait construire la Trump Tower

1988 Un New-Yorkais sur quatre vit en-dessous du seuil de la pauvreté

1990 David Dinkins devient le premier maire noir de New York ; Ellis Island devient un musée de l'immigration

2001 Attaque terroriste sur le World Trade Center ; le maire R. Giuliani apporte un grand soutien aux New-Yorkais. Le président George W. Bush déclare la guerre au terrorisme

2009 Amerrissage d'urgence du vol US Airways 1549 dans le fleuve Hudson. Les 155 passagers sont vivants

1987 Effondrement

1994 Rudolph Giuliani devient maire

1985	1990	1995	2000	2005	2010	2015

DINKINS   GIULIANI   BLOOMBERG

1985	1990	1995	2000	2005	2010	2015

1986 Les scandales et la corruption ébranlent l'administration du maire Koch ; centenaire de la statue de la Liberté

2000 Le nombre d'habitants atteint 8 millions

2003 Le 14 août, une gigantesque panne de courant, touchant notamment New York, laisse 50 millions de personnes sans électricité pendant 24 heures

2002 Les lumières se rallument dans la 42e Rue rénovée qui croise Broadway à Times Square. Avec sa voisine Chelsea et ses galeries d'avant-garde, Broadway a dépassé SoHo et est devenu le nouveau quartier branché de la ville

1995 Les digues abandonnées de Chelsea sont rénovées et ouvertes sous la forme d'un gigantesque complexe sportif et de divertissements *(p. 138)*

NEW YORK D'UN COUP D'ŒIL

Le chapitre *quartier par quartier* décrit près de 300 lieux à visiter : des synagogues historiques aux gratte-ciel impressionnants, et de la fiévreuse Bourse de New York *(p. 70-71)* aux paisibles « Strawberry Fields » de Central Park *(p. 208)*. Les 14 pages qui suivent vous guideront efficacement vers les sites les plus intéressants. Les musées et l'architecture font chacun l'objet d'un chapitre indépendant, et vous trouverez aussi des informations sur un des aspects les plus caractéristiques de Big Apple : la diversité ethnique de ses habitants. Chacun des sites ci-dessous est traité individuellement.

LES DIX PRINCIPAUX SITES DE NEW YORK

Ellis Island
p. 78-79.

Empire State Building
p. 136-137.

South Street Seaport
p. 82-84.

Museum of Modern Art
p. 172-175.

Rockefeller Center
p. 144.

Central Park
p. 204-209.

Statue de la Liberté
p. 74-75.

Metropolitan Museum of Art
p. 190-197.

Brooklyn Bridge
p. 86-89.

Chinatown
p. 96-97.

◁ Sur Park Avenue, le trafic est toujours intense

Les plus beaux musées de New York

On trouve à New York des musées aussi divers que le Metropolitan ou les collections du financier J. Pierpont Morgan. Plusieurs d'entre eux mettent en valeur le patrimoine de la cité et font découvrir au visiteur les hommes ou les événements qui ont fait l'histoire de la ville. La carte ci-contre situe les musées les plus célèbres ; elle est suivie d'une présentation plus détaillée *(p. 38-39).*

Museum of Modern Art
La Chèvre *de Picasso (1950)* fait partie de l'impressionnante collection exposée dans le musée d'Art moderne.

Intrepid, musée de la Mer, de l'Air et de l'Espace
Ce musée naval retrace les progrès de l'aéronautique. En 2008, le porte-avions a retrouvé le Pier 86 après deux ans de rénovation.

Morgan Library & Museum
Cette collection de manuscrits, gravures et livres, l'une des plus belles du monde, comprend cette Bible française de 1230.

Merchant's House Museum
Cette demeure parfaitement conservée (1832) appartenait à un riche commerçant.

Ellis Island
Ce musée nous fait revivre l'expérience de plusieurs millions de familles immigrantes.

Upper West Side

Le quartier des théâtres

Chelsea et le quartier du vêtement

Lower Midtown

Gramercy et le quartier du Flatiron

Greenwich Village

Soho et TriBeCa

East Village

Lower East Side

Ellis Island

Lower Manhattan

Seaport et le Civic Center

H U D S O N   R I V E R

E A S T   R I V E R

| 0 | | 2 km |

| 0 | | 1mi |

American Museum of Natural History

Ses dinosaures, ses météorites et bien d'autres curiosités ont fasciné des générations de visiteurs.

Morningside Heights et Harlem

Museum of the City of New York

Costumes, œuvres d'art et ustensiles ménagers (tel ce plat en argent de 1725) évoquent l'histoire de New York.

Central Park

Cooper-Hewitt Museum

L'hôtel particulier d'Andrew Carnegie, dans Upper East Side, abrite une multitude d'objets d'art décoratif.

Upper East Side

Solomon R. Guggenheim Museum

Peintures et sculptures de presque tous les grands artistes d'avant-garde de la fin du XIXe siècle et du XXe siècle ornent ce bâtiment exceptionnel de Frank Lloyd Wright.

Upper Midtown

Metropolitan Museum of Art

Parmi les millions d'œuvres exposées, cet hippopotame égyptien en faïence de la XIIe dynastie est la mascotte du musée.

Frick Collection

La collection particulière du magnat du rail Henry Clay Frick est exposée dans son ancienne demeure. On y voit, entre autres, un Saint François dans le désert de Giovanni Bellini (vers 1480).

Whitney Museum of American Art

Cette collection exceptionnelle comprend de nombreux paysages new-yorkais. Le Brooklyn Bridge : variation sur un vieux thème, de Joseph Stella (1939), est l'un des plus réussis.

À la découverte des musées de New York

Boîte à tabac de Richmond Town

Si vous vouliez visiter tous les musées de New York, un mois entier ne suffirait pas. On en compte 60 rien que dans Manhattan, et une trentaine de plus dans les autres *boroughs*. Les œuvres exposées ont toutes un intérêt comparable à celles qui se trouvent dans les plus grands musées du monde, des peintures de maîtres aux vieilles voitures de pompiers, des dinosaures aux poupées, des tapisseries tibétaines aux masques africains. Renseignez-vous sur les jours de fermeture. Beaucoup de ces musées restent ouverts en nocturne une ou deux fois par semaine. Certains sont gratuits un soir par semaine.

PEINTURE ET SCULPTURE

Les musées d'art de New York sont célébrissimes. Le **Metropolitan Museum of Art** (le « Met ») abrite une vaste collection d'art américain et de chefs-d'œuvre du monde entier. The **Cloisters** (les « Cloîtres », une section du « Met » dans Upper Manhattan) renferment des trésors d'art et d'architecture du Moyen Âge. La **Frick Collection** rassemble des toiles de maîtres, tandis que les plus célèbres tableaux impressionnistes et modernes sont exposés au **Museum of Modern Art (MoMA)**. Le **Whitney Museum of American Art** et le **Solomon Guggenheim Museum** sont aussi spécialisés dans l'art moderne et la biennale du Whitney est l'une des meilleures expositions d'artistes contemporains. Les œuvres d'avant-garde sont exposées au **New Museum of Contemporary Art** tandis que l'**American Folk Art Museum**

(musée de l'Art populaire américain) présente des œuvres d'artistes autodidactes. La **National Academy Museum** abrite une collection des XIXᵉ et XXᵉ siècles. À Harlem, le **Studio Museum** est consacré aux œuvres d'artistes noirs.

ARTS DÉCORATIFS

Si vous vous intéressez à la porcelaine, aux tissus, à la broderie, à la dentelle, au papier peint ou à la gravure, allez visiter le **Cooper-Hewitt Museum,** qui est la section new-yorkaise de la **Smithsonian Institution** de Washington. Les collections d'art appliqué du **MoMA** sont aussi réputées que ses salles de peinture et retracent l'histoire du design. Le **Museum of Arts and Design** conserve les réalisations d'artisans contemporains sur des supports différents. L'**American Folk Art Museum** présente de l'artisanat plus traditionnel. Belles collections d'argenterie au **Museum of the City of New York,** quant au **National Museum of the American Indian,** il expose de beaux objets : tapis, bijoux, poteries.

GRAVURE ET PHOTOGRAPHIE

L'**International Center of Photography,** petit mais très riche, est le seul musée de New York consacré à cet art. Par ailleurs, d'intéressantes collections sont exposées au **Metropolitan Museum of Art** et au **MoMA**. Des spécimens de la photo à ses débuts se trouvent au **Museum of the City of New York** (musée de la Ville) et sur **Ellis Island**. La **Morgan Library** expose les œuvres de grands illustrateurs tels que Kate Greenaway et Sir John Tenniel. Le **Cooper-Hewitt Museum** illustre l'emploi de la gravure dans les arts décoratifs.

MOBILIER ET VÊTEMENTS

L'exposition annuelle de l'Institut du vêtement au **Metropolitan** vaut toujours une visite. Les 24 salles de l'aile américaine du « Met », avec leur mobilier d'époque reconstituant la vie quotidienne de 1640 à nos jours sont également intéressantes.
Au **Museum of the City of New York** (musée de la Ville), les salles évoquent l'histoire de la ville, depuis la période hollandaise. Le **Merchant's House Museum,** une résidence bien conservée de 1832, fut habitée par la même famille pendant 98 ans. **Gracie Mansion** était la résidence du maire Archibald Gracie ; il l'avait achetée en 1798 à un commerçant de la marine marchande. Elle est parfois ouverte à la visite.
On peut aussi voir la **maison natale de Théodore Roosevelt,** le 26ᵉ président des États-Unis, et le **Mount Vernon Hotel Museum,** une demeure du début du XIXᵉ siècle.

Poupée de son, American Museum of Natural History

Le Royaume de la paix (v. 1840-1845) d'Edward Hicks, au Brooklyn Museum

HISTOIRE

Pistolet de paume, NYC Police Museum

Au **Federal Hall,** vous verrez se dérouler l'histoire du pays depuis son indépendance : c'est de son balcon que George Washington prêta serment en avril 1789. Pour un aperçu du New York colonial, visitez le **Fraunces Tavern Museum**. **Ellis Island** et le **Lower East Side Tenement Museum**. Le nouveau **Museum of Jewish Heritage** dans Battery City est un mémorial de l'Holocauste. Le **NYC Fire Museum** et le **New York City Police Museum** enregistrent les actes héroïques des pompiers et de la police, tandis que le **South Street Seaport Museum** retrace l'histoire navale depuis ses débuts.

TECHNOLOGIE ET HISTOIRE NATURELLE

Antilope des bois, American Museum of Natural History

Dans les musées scientifiques, la nature comme la technologie spatiale ont leur place. L'**American Museum of Natural History** (musée américain d'Histoire naturelle) abrite de vastes collections sur la faune, la flore et les cultures du monde entier. Le Rose Center/Hayden Planetarium offre une vision unique de l'espace. L'**Intrepid Sea-Air-Space Museum** est le sanctuaire du progrès de la technologie militaire. Si vous avez manqué un épisode d'un feuilleton classique ou les premiers pas de l'homme sur la Lune, au **Paley Center for Media,** vous pourrez accéder aux archives.

CIVILISATIONS EXTRA-OCCIDENTALES

Momie égyptienne, Brooklyn Museum

Plusieurs musées présentent des objets appartenant à d'autres cultures. L'art oriental est la spécialité de l'**Asia Society** et de la **Japan Society**. Le **Jewish Museum** (Musée juif) présente une collection d'art ainsi que des expositions temporaires. **El Museo del Barrio**, consacré à l'art portoricain, expose des œuvres précolombiennes. Le **Schomburg Center for Research in Black Culture** offre un panorama de l'art et de l'histoire des Noirs américains. Enfin, le **Metropolitan Museum** possède de superbes témoignages de cultures aussi différentes que l'Égypte ancienne ou l'Afrique contemporaine.

BIBLIOTHÈQUES

Les grandes bibliothèques new-yorkaises, telles que la **Morgan Library & Museum**, renferment livres rares, collections d'art et manuscrits anciens. La **New York Public Library** possède une collection comprenant de nombreux manuscrits d'œuvres célèbres.

EN DEHORS DE MANHATTAN

À Brooklyn, visitez le **musée de Brooklyn** (plus d'un million d'œuvres) et dans le Queens l'**American Museum of the Moving Image** et son exceptionnelle collection cinématographique. Le **Jacques Marchais Center of Tibetan Art** est l'une des perles de Staten Island, où se trouve aussi l'**Historic Richmond Town,** un village restauré datant du XVIIᵉ siècle.

L'architecture à New York

Même lorsqu'elle a suivi les modes internationales, l'architecture new-yorkaise a gardé une certaine originalité, liée aux impératifs de sa géographie et de son économie. En effet, dans cette ville sur une île, l'espace coûte cher. Très tôt, les maisons ont gagné en hauteur, puis les gratte-ciel sont apparus. On les construisait avec les matériaux les plus faciles à trouver et à utiliser : le grès brun et la fonte. Les pages 42 et 43 donnent un aperçu plus détaillé de l'architecture new-yorkaise.

Appartements
Le Majestic est l'un des cinq bâtiments Art déco surmontés de tours jumelles de Central Park

Le quartier des théâtres

Chelsea et le quartier du vêtement

Greenwich Village

Gramercy et le quartier du Flatiron

Architecture en fonte
La fonte produite industriellement servit souvent à la réalisation de façades. C'est à SoHo qu'on en voit les meilleurs exemples, tel celui-ci, aux 28 et 30 de Greene Street.

SoHo et TriBeCa

East Village

Lower East Side

Lower Manhattan

Style post-moderne
Les formes tarabiscotées mais élégantes des bâtiments comme le World Financial Center, construits en 1985 (p. 69), innovaient par rapport aux cubes d'acier et de verre des années 1950 et 1960.

Brownstones
Construites dans le grès de la région, les brownstones furent les demeures préférées de la bourgeoisie du XIXe siècle. India House, construite sur Wall Street dans le style des palais florentins, est typique des bâtiments commerciaux en brownstones.

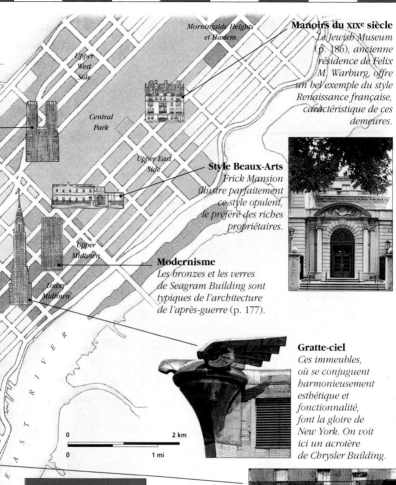

Manoirs du XIXᵉ siècle
Le Jewish Museum (p. 186), ancienne résidence de Felix M. Warburg, offre un bel exemple du style Renaissance française, caractéristique de ces demeures.

Style Beaux-Arts
Frick Mansion illustre parfaitement ce style opulent, le préféré des riches propriétaires.

Modernisme
Les bronzes et les verres de Seagram Building sont typiques de l'architecture de l'après-guerre (p. 177).

Gratte-ciel
Ces immeubles, où se conjuguent harmonieusement esthétique et fonctionnalité, font la gloire de New York. On voit ici un acrotère de Chrysler Building.

Style fédéral
Style courant au XIXᵉ siècle pour les bâtiments publics. La mairie est ainsi un mélange de fédéral et de Renaissance française.

Habitations bon marché
Nombreux sont ceux pour qui le rêve américain s'est terminé dans ces immeubles construits à peu de frais. Regroupés dans Lower East Side, les appartements étaient surpeuplés et l'absence de colonnes de ventilation les rendait encore plus insalubres.

À la découverte de l'architecture new-yorkaise

Porte de style fédéral

Pendant ses deux premiers siècles d'existence, New York a cherché son inspiration du côté de l'Europe. Aucun immeuble hollandais ne subsiste aujourd'hui dans Manhattan : la plupart furent détruits dans l'incendie de 1776 ou abattus au début du XIXᵉ siècle pour faire place à de nouveaux édifices. C'est à partir des années 1850, avec les premières constructions en fonte, que New York commença à développer sa propre architecture. L'Art déco, puis le développement des gratte-ciel allaient ensuite affirmer cette originalité.

ARCHITECTURE FÉDÉRALE

Cette adaptation du néoclassicisme fleurit dans les premières décennies suivant l'indépendance. Elle se caractérise par des immeubles offrant un équilibre harmonieux entre leurs toits aux arêtes basses, leurs balustrades et leurs décorations. La mairie (**City Hall**), construite en 1811 par J. McComb et J.-F. Mangin, est un mélange de style fédéral et Renaissance. Les entrepôts de **Schermerhorn Row,** rénovés, sont aussi de style fédéral.

BROWNSTONES

L'abondance du grès brun dans la vallée du Connecticut et sur les rives de la Hackensack, dans le New Jersey, en fait le matériau de

Un perron conduit à la porte d'entrée d'une *brownstone* typique

construction le plus commun du XIXᵉ siècle. On peut voir des *brownstones* dans tous les quartiers résidentiels, mais c'est dans **Chelsea** que se

trouvent les meilleurs exemples de ces maisons. Les contraintes d'espace en font des immeubles profonds, mais de faible largeur. On y accède généralement par un perron qui conduit au logement des maîtres, tandis que des escaliers séparés descendent à l'entresol, autrefois réservé aux domestiques.

HABITATIONS BON MARCHÉ

Ces immeubles de six étages furent construits pour loger les immigrants qui arrivèrent entre les années 1840 et la Première Guerre mondiale. Ils recevaient air et lumière par les conduits de ventilation et les fenêtres des murs latéraux, de sorte que les pièces du milieu étaient mal aérées et plongées dans l'obscurité. Ces minuscules appartements étaient surnommés *railroad* en raison de leur ressemblance avec des compartiments de train. On peut en voir des maquettes au **Lower East Side Tenement Museum**.

ARCHITECTURE EN FONTE

Innovation américaine en architecture, la fonte, moins chère que la pierre ou la brique, permettait la préfabrication industrielle des décorations des façades. C'est à New York que l'on trouve le plus de façades entièrement ou partiellement réalisées en fonte. Les plus beaux spécimens, construits dans les années 1870, se trouvent dans le **SoHo Cast-Iron Historic District**.

Façade en fonte des 72-76 Greene Street dans SoHo

STYLE BEAUX-ARTS

Cette école d'architecture française influença la construction des bâtiments publics et des demeures bourgeoises de l'âge d'or new-yorkais (1880-1920). Beaucoup des plus importants architectes de la ville vécurent à cette période, parmi lesquels Richard Morris Hunt (**Carnegie Hall**, 1891 ; **Metropolitan Museum**, 1895) qui, en 1845, fut le premier architecte américain à étudier à Paris ; Cass Gilbert (**Custom House**, 1907 ; **New York Life Insurance**

DÉGUISEMENTS ARCHITECTURAUX

Certaines des réalisations les plus originales sont dues à d'habiles architectes qui tentèrent de dissimuler les réservoirs d'eau, utiles mais disgracieux, placés sur les toits. En regardant en l'air, vous verrez des coupoles, des flèches et des dômes qui transforment ces banales citernes en de véritables châteaux en plein ciel. On en aperçoit facilement deux exemples sur les toits de deux hôtels de la 5ᵉ Avenue : Sherry Netherland, à l'angle de la 60ᵉ Rue, et Pierre, à l'angle de la 61ᵉ Rue.

Citerne ordinaire

Le Dakota Building (1880-1884), dans Upper West Side, en face de Central Park

marqua le début de la vague de construction du début du XXe siècle dans Upper West Side. Les cinq **Twin Towers** (tours jumelles) construites à Central Park à la grande époque de l'Art déco (de 1929 à 1931), l'Eldorado, le Century, le San Remo et le Majestic qui dessinent l'horizon caractéristique de Central Park, comptent parmi les plus célèbres.

alors le plus haut du monde supplanté l'année suivante par l'**Empire State**. Tous deux sont des classiques de l'Art déco, mais c'est le **Group Health Insurance** de R. Hood (ancien McGraw-Hill Building), qui, en 1932, représenta New York dans une étude sur l'architecture internationale. Avec ses 411 m, le World Trade Center *(p. 72)* était le second plus haut bâtiment du monde jusqu'en 2001 *(p. 54)*. Illustration du modernisme, il fut supplanté par le style post-moderne (**Citigroup Center,** 1977).

Building, 1928 ; **US Courthouse,** 1936), les cabinets de Warren & Westmore (**Grand Central Terminal,** 1913 ; **Helmsley Building,** 1929) ; Carrère & Hastings (**New York Public Library,** 1911 ; **Frick Mansion,** 1914) ; et McKim, Mead & White, qui formèrent le plus célèbre cabinet d'architectes de la ville (**Villard Houses,** 1884 ; **United States General Post Office,** 1913 ; **Municipal Building,** 1914).

IMMEUBLES COLLECTIFS

La population s'accroissant, l'espace devint un luxe et les maisons particulières furent trop chères pour la plupart des New-Yorkais. Même les plus aisés finirent par s'installer dans des immeubles collectifs. Souvent construits autour d'arrière-cours invisibles de la rue, ils ressemblaient à des châteaux. En 1884, l'édification du Dakota *(p. 218)*, l'un des premiers immeubles de luxe,

GRATTE-CIEL

Si Chicago vit naître le gratte-ciel, New York apporta à ce type de construction des innovations significatives. En 1902, l'architecte de Chicago, Daniel Burnham, construisit le **Flatiron,** un immeuble si haut (91 m) qu'il allait s'effondrer alors qu'il allait s'effondrer. Dès 1913, le **Woolworth** se dressait à 241 m et très vite des règles d'urbanisme imposèrent que les derniers étages soient construits en retrait pour permettre au soleil d'atteindre la chaussée, ce qui convenait parfaitement au style Art déco. En 1930, fut édifié le **Chrysler,**

Motif Art déco sur la flèche du Chrysler Building

N° 245 5e Ave (immeuble collectif)

N° 60 Gramercy Park North *(brownstone)*

Hotel Pierre (Beaux-Arts)

Sherry Netherland Hotel (Beaux-Arts)

Le New York multiculturel

Le caractère multiculturel de New York est très
sensible, même dans les quartiers les plus animés
du centre : avec un seul ticket d'autobus on va de
Madras à Moscou ou de Haïti à Hong-Kong !
New York continue à recevoir des immigrants, mais
ils sont peu nombreux comparés aux 17 millions
de personnes qui arrivèrent entre 1880 et 1910.
Dans les années 1980, un million d'étrangers, en
majorité antillais et asiatiques, débarquèrent et
fondèrent leurs propres petites colonies. Tout
au long de l'année, chaque ethnie continue
à célébrer ses fêtes traditionnelles. Pour
en savoir plus sur ces manifestations,
reportez-vous aux
pages 50 à 53.

Hell's Kitchen
*Un temps rebaptisé « Clinton »
pour illustrer le récent
brassage social de ses
résidents, c'est le quartier
où s'établirent les premiers
immigrants italiens.*

Little Ukraine
*À T. Shevchenko Place,
les cérémonies du
17 mai commémorent
la conversion des
Ukrainiens au
christianisme.*

Little Korea
*Non loin de Times
Square s'est regroupée
une petite
communauté
coréenne.*

Le quartier
des théât.

*Chelsea et le
quartier du
vêtement*

*Greenwich
Village*

*Gramercy
et le
quartier
du Flatiron*

Little Italy
*En septembre, pendant dix jours, la
communauté italienne se rassemble
dans les rues autour de Mulberry Street
pour la Festa di San Gennaro.*

*SoHo et
TriBeCa*

East Village

Chinatown
*Tous les ans, à
la fin du mois
de janvier, une
foule de fêtards
envahit les rues
de Chinatown
pour célébrer
le Nouvel An
chinois.*

*Seaport
et le Civic
Center*

*Lower East
Side*

*Lower
Manhattan*

Lower East Side
*Les synagogues du
quartier de Rivington
et d'Eldridge Streets
témoignent des
traditions de
ce vieux quartier juif.*

0   2 km
0   1 mi

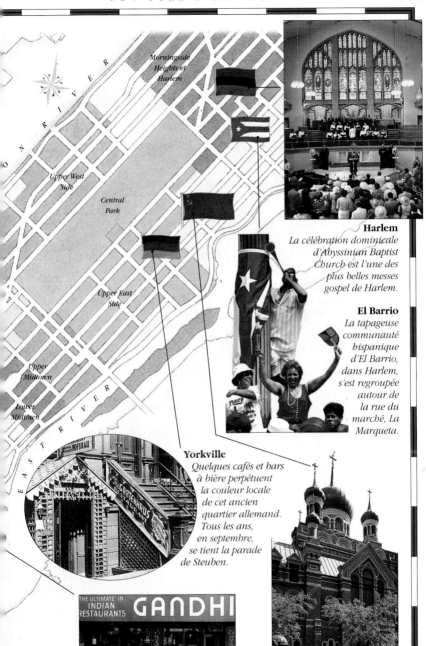

Harlem
La célébration dominicale d'Abyssinian Baptist Church est l'une des plus belles messes gospel de Harlem.

El Barrio
La tapageuse communauté hispanique d'El Barrio, dans Harlem, s'est regroupée autour de la rue du marché, La Marqueta.

Yorkville
Quelques cafés et bars à bière perpétuent la couleur locale de cet ancien quartier allemand. Tous les ans, en septembre, se tient la parade de Steuben.

Little Odessa
La magnifique St Nicholas Russian Orthodox Cathedral, sur la 79e Rue Est, témoigne de l'émigration des anciens États soviétiques. Une messe en russe y est célébrée chaque dimanche.

Little India
Vous trouverez dans la 6e Rue Est une ambiance orientale et des prix abordables.

À la découverte du New York multiculturel

**Vitrail
au Cotton Club**

Tous les New-Yorkais « de souche » ont des racines dans d'autres pays. Au cours du XVIIᵉ siècle, les Hollandais et les Anglais viennent s'installer à New York, et la ville devient un symbole d'espoir pour les Européens les plus pauvres. Ils traversent l'océan par bateaux entiers, les poches vides, sans connaître un mot d'anglais. La famine des années 1840 lance sur les mers la première vague d'immigrants irlandais, bientôt suivie par des ouvriers allemands victimes de la révolution industrielle. Depuis lors, de nombreux immigrants ont quitté leur quartier d'origine pour se répandre dans toute la ville, où l'on parle aujourd'hui environ 100 langues différentes !

**Immigrants turcs arrivant
à Idlewild Airport en 1963**

LES JUIFS

Il y a une communauté juive à New York depuis 1654. La première synagogue, Shearith Israël, toujours utilisée, a été construite par des réfugiés venus d'une colonie hollandaise du Brésil. Ces premiers immigrants, des séfarades d'origine espagnole, comptaient des familles importantes, telles que les Baruch. Puis vinrent des juifs allemands, comme les frères Strauss, qui ouvrirent des commerces florissants. Les persécutions russes de la fin du XIXᵉ siècle aboutirent aussi à une immigration massive. En 1914, environ 600 000 juifs vivaient dans Lower East Side. Aujourd'hui plus hispanique et asiatique, ce quartier témoigne de l'époque où il était le refuge des immigrants.

LES ALLEMANDS

Les Allemands commencèrent à s'installer à New York au XVIIIᵉ siècle. Depuis l'époque de John Peter Zenger *(p. 21)*, la communauté allemande a toujours défendu la liberté d'opinion. Elle a aussi produit des magnats de l'industrie, tels John Jacob Astor, premier millionnaire new-yorkais.

LES ITALIENS

Les Italiens commencèrent à arriver entre 1830 et 1840. Ils fuyaient l'échec de la révolution. Dans les années 1870, certains émigrèrent pour échapper à la pauvreté du Mezzogiorno. Ils constituèrent à New York une considérable force politique, comme en atteste le succès de F. La Guardia, l'un des meilleurs maires de la ville.

LES CHINOIS

Les Chinois n'arrivèrent que dans les années 1880 et ils n'étaient que 700 à vivre à Mott Street. Dès les années

**Temple chinois dans Chinatown
*(p. 96-97)***

1940, ils représentaient une population en rapide expansion et à forte mobilité sociale. Ils dépassèrent les limites de Chinatown pour aller s'établir à Brooklyn et dans le Queens. Ils formaient une communauté fermée mais aujourd'hui Chinatown est envahie de touristes qui viennent explorer rues et marchés.

LES HISPANO-AMÉRICAINS

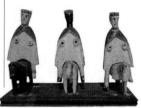

**Sculptures religieuses au
Museo del Barrio *(p. 231)***

Les Portoricains arrivèrent dès 1838, puis plus massivement après la Première Guerre mondiale, en quête d'emplois. La plupart vivent dans El Barrio, autrefois appelé Spanish Harlem. Les Cubains des classes aisées qui avaient fui le régime castriste ont quitté la ville mais conservent une grande influence sur le commerce et la culture hispaniques. Washington Heights est le foyer dominicain et colombien.

LES IRLANDAIS

Les Irlandais arrivèrent au début des années 1840 et rencontrèrent beaucoup de difficultés. Pauvres et affamés, ils ont travaillé dur pour fuir les taudis de Five Points et Hell's Kitchen, contribuant à la modernisation de New York. Ils ont souvent rejoint la police ou les pompiers où ils ont fait de brillantes carrières. D'autres ont ouvert des commerces prospères, notamment les fameux pubs, qui servent de points de rencontre aux membres d'une communauté dispersée.

LES AFRO-AMÉRICAINS

Les ancêtres de beaucoup d'Afro-Américains sont arrivés en Amérique comme esclaves dans les plantations du Sud. Ils ont commencé à émigrer vers les grandes villes du Nord après l'abolition de l'esclavage, dans les années 1860. Dans les années 1920, la population de Harlem est passée de 83 000 à 204 000 habitants et la municipalité s'est affirmée comme le centre d'une certaine renaissance noire *(p. 30-31)*. Aujourd'hui le ghetto noir le plus connu du monde, Harlem, attire des visiteurs qui viennent écouter des chants religieux, le gospel.

LE « MELTING POT »

D'autres cultures new-yorkaises, moins bien représentées que les précédentes, n'en sont pas moins faciles à repérer. Les Ukrainiens sont rassemblés dans East Village, autour de St George's Ukrainian Catholic Church. Les restaurants indiens sont concentrés le long de la 6e Rue. Les Coréens tiennent de nombreuses épiceries dans Manhattan mais vivent surtout dans le quartier de Flushing. Le centre islamique de Riverside Drive, la cathédrale orthodoxe

Femme participant à la parade de la fête de l'indépendance grecque

de la 97e Rue Est *(p. 199)* et le nouveau centre culturel islamique de la 96e Rue attestent tous de la diversité religieuse de la ville.

AUTRES MUNICIPALITÉS

Brooklyn est de loin le plus international des *boroughs*. Les arrivants de la Jamaïque et d'Haïti y représentent l'un

La police de New York, refuge des Irlando-Américains

des groupes à l'expansion la plus rapide. Les Antillais vivent le long d'East Parkway entre Grand Army Plaza et Utica Avenue. Les juifs russes récemment arrivés vivent à Brighton Beach, qu'ils ont transformé en un petit « Odessa-sur-mer », tandis que Libanais et Scandinaves se sont installés dans Bay Ridge et les Finlandais dans Sunset Park. Les juifs orthodoxes vivent dans Borough Park et Williamsburg alors que Midwood accueille des juifs du Moyen-Orient. Les Italiens sont installés dans le quartier de Bensonhurst. Greenpoint est une petite Pologne et Atlantic Avenue abrite la plus importante communauté arabe d'Amérique. Les Irlandais furent parmi les premiers à franchir Harlem River pour aller dans le Bronx. Les cadres japonais préfèrent le quartier plus chic de Riverdale. Astoria, dans le Queens, est l'un des quartiers les plus typés et abrite la plus vaste communauté grecque en dehors de la Grèce. Jackson Heights comprend un grand quartier de Latino-Américains, parmi lesquels on compte 300 000 Colombiens. Les Indiens aussi affectionnent cet endroit ainsi que Flushing. Mais ce sont les Orientaux qui ont si bien transformé Flushing que le train local a été surnommé l'*Orient Express*.

QUELQUES IMMIGRANTS CÉLÈBRES *Voir aussi p. 48-49.*

Les dates indiquent l'année d'arrivée de ces immigrants aux États-Unis via New York.

1893 Irving Berlin (Russie), musicien

1894 Al Jolson (Lituanie), chanteur

1906 « Lucky » Luciano (Italie), gangster (déporté en 1946)

1908 Bob Hope (Angleterre), comédien

1909 Lee Strasberg (Autriche), metteur en scène de théâtre

1921 Bela Lugosi (Hongrie), acteur dans *Dracula*

1932 George Balanchine (Russie), chorégraphe

1933 Albert Einstein (Allemagne), scientifique

1890	1895	1900	1905	1910	1915	1920	1925	1930	1935	1940

1896 Samuel Goldwyn (Pologne), magnat du cinéma

1902 Joe Hill (Suède), syndicaliste

1903 Frank Capra (Italie), cinéaste

1904 Hyman Rickover (Russie), inventeur du sous-marin nucléaire

1912 Claudette Colbert (France), actrice

1913 Rudolph Valentino (Italie), acteur

1923 Isaac Asimov (Russie), scientifique et écrivain

1938 Famille von Trapp (Autriche), chanteurs

Quelques New-Yorkais d'exception

New York a porté certains des plus grands créateurs de ce siècle. Le Pop Art y a vu le jour et Manhattan est toujours un des centres mondiaux de l'art moderne. Les écrivains alternatifs des années 1950 et 1960, connus sous le nom de Beat Generation, puisaient leur inspiration dans les clubs de jazz de la ville. Capitale financière, elle a attiré les grands capitaines d'industrie.

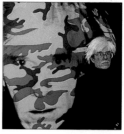

Andy Warhol, inventeur du Pop Art

ÉCRIVAINS

Le romancier James Baldwin

La littérature américaine est née à New York. En 1791, Suzanna Rowson publia *Charlotte Temple, A tale of Truth,* un roman retraçant l'histoire d'une rencontre dans le décor de New York, qui devait rester un best-seller pendant 50 ans.

Le premier écrivain professionnel américain fut Charles Brockden Brown (1771-1810), qui arriva à New York en 1791. Les romans d'Edgar Allan Poe (1809-1849), pionnier des histoires policières modernes, virent le développement des thrillers. Henry James (1843-1916) publia *Les Bostoniennes* en 1886 et devint le maître du roman psychologique, tandis que Edith Wharton (1861-1937) se fit connaître pour ses romans satiriques. La littérature américaine reçut enfin une reconnaissance internationale grâce à l'*Histoire de New York,* une satire de Washington Irving publiée en 1809. C'est lui qui trouva le surnom de « Gotham » pour New York et de « Knickerbockers » pour les New-Yorkais. Avec Fenimore Cooper (1789-1851), il forma l'école de roman new-yorkaise. Greenwich Village a toujours attiré les écrivains, comme Herman Melville (1819-1891). Son chef-d'œuvre, *Moby Dick,* reçut d'abord un accueil mitigé. Jack Kerouac (1922-1969), Allen Ginsberg et William Burroughs, qui étudièrent à Columbia University, fréquentaient le San Remo Café de Greenwich Village avec d'autres hommes de lettres. Dylan Thomas (1914-1953) finit ses jours à l'hôtel Chelsea *(p. 139).* Nathanael West (1902-1940) travailla à Gramercy Park et Dashiell Hammett (1894-1961) écrivit *Le Faucon Maltais* alors qu'il résidait là-bas. James Baldwin (1924-1987), né à Harlem, écrivit *Un autre pays* en 1963 à son retour d'Europe.

ARTISTES

L'expressionnisme abstrait fut le premier mouvement artistique américain d'importance internationale. Il fut lancé par Hans Hofmann (1880-1966), Franz Kline et Willem de Kooning qui débuta aux États-unis comme peintre en bâtiment. Adolph Gottlieb, Mark Rothko (1903-1970) et Jackson Pollock (1912-1956) contribuèrent beaucoup à la popularité de ce style. Les ateliers de Pollock, Kooning et Kline étaient situés dans Lower East Side. Le Pop Art vit le jour à New York dans les années 1960 avec les travaux de Roy Lichtenstein et Andy Warhol (1926-1987), qui réalisa certains de ses films cultes au 33 Union Square. Keith Haring (1958-1990) fut un artiste prolifique. Robert Mapplethorpe (1946-1989) fut rendu célèbre par ses photos de jeunes homosexuels nus. Il n'est plus la bête noire de l'establishment artistique, remplacé par Jeff Koons. Les peintures en trompe l'œil de Richard Haas ornent de nombreux murs de la ville.

ACTEURS

En 1849, l'acteur britannique Charles Macready déclencha une émeute en affirmant que les Américains étaient vulgaires. Une foule fit irruption dans Astor Place Opera House, où Macready jouait *Macbeth,* la police ouvrit le feu et 22 émeutiers furent tués. En 1927, Mae West (1893-1980) passa dix jours en prison et acquitta une amende pour avoir donné à Broadway un spectacle appelé *Sexe.* Plus tard, un opéra de Marc Blitzstein, prenant fait et cause pour la classe ouvrière, monté par Orson Welles (1915-1985), fut interdit et le spectacle

L'actrice Mae West

dut être produit dans une autre salle. Les acteurs contournèrent l'interdiction en chantant leurs rôles depuis la salle. Les comédies musicales sont depuis longtemps une spécialité new-yorkaise. Les *Follies* de Florenz Ziegfeld (1869-1932) furent jouées de 1907 à 1931. La première d'*Oklahoma !* en 1943, marqua le début du règne de Richard Rogers (1902-1979) et Oscar Hammerstein (1895-1960). Les Provincetown Players, au 33 McDougal Street, furent les premiers à jouer *Beyond the Horizon,* de Eugene O'Neill (1888-1953). Le deuxième grand innovateur du théâtre américain fut Edward Albee, l'auteur de *Qui a peur de Virginia Woolf ?* (1962).

MUSICIENS ET DANSEURS

Leonard Bernstein (1918-1990) appartient à une longue lignée de chefs d'orchestre du New York Philharmonic, parmi lesquels on compte Bruno Walter (1876-1962), Arturo Toscanini (1867-1957) et Leopold Stokowski (1882-1977). Maria Callas (1923-1977) naquit à New York mais émigra en Europe. Carnegie Hall *(p.148)* a reçu Enrico Caruso (1873-1921), Bob Dylan et les Beatles. Le record du nombre de spectateurs appartient à Paul Simon qui, à Central Park, donna un concert gratuit devant un million de personnes. Les clubs de jazz légendaires des années 1930 et 1940 ont disparu de la 52e Rue, mais des plaques sur Jazz Walk à l'extérieur du CBS Building

Joséphine Baker

rendent hommage à des artistes comme Charlie Parker (1920-1955) ou Joséphine Baker (1906-1975).

Entre 1940 et 1965, New York devint la capitale de la danse grâce au New York City Ballet de Georges Balanchine (1904-1983) et à l'American Ballet Theater. En 1958, le chorégraphe Alvin Ailey (1931-1989) lança l'American Dance Theater, où s'illustra une troupe aux danseurs de multiples origines.

INDUSTRIELS ET ENTREPRENEURS

Cornelius Vanderbilt

Le mythe du *self-made-man* fait partie du rêve américain. Andrew Carnegie, le « baron de l'acier au cœur d'or », parti de rien, avait distribué plus de 350 millions de dollars lorsqu'il mourut. Parmi ses œuvres, on compte des universités et des bibliothèques et dans tout le pays. De nombreuses fondations doivent beaucoup à d'autres philanthropes. Pour certains, tels Cornelius Vanderbilt (1794-1877), le mécénat était un moyen d'oublier leurs

origines modestes. Dans le monde des affaires, certains « barons voleurs » trafiquaient en toute impunité. Ainsi les financiers Jay Gould (1836-1892) et James Fisk (1834-1872) battirent Vanderbilt, en manipulant Wall Street, pendant la guerre pour le contrôle du chemin de fer de l'Érié. En septembre 1869, ils furent responsables du premier Vendredi noir en tentant d'accaparer le marché de l'or. Gould mourut milliardaire tandis que Fisk fut tué. Parmi les entrepreneurs modernes, citons Donald Trump *(p. 33)*, Leona et Harry Helmsley, tous deux décédés. À la mort de Leona, en août 2007, l'essentiel du patrimoine Helmsley, pesant 4 milliards de dollars, est allé à un fond caritatif.

ARCHITECTES

Cass Gilbert (1858-1934), qui construisit des immeubles néogothiques comme le Woolworth Building *(p. 91)* fut l'un de ceux qui façonnèrent New York. On peut voir son portrait dans le hall. Stanford White fut aussi célèbre pour les scandales de sa vie privée que pour la qualité de ses constructions de style Beaux-Arts, tel le Players Club *(p. 128)*. Pendant la majeure partie de sa carrière, Frank Lloyd Wright dénigra l'architecture urbaine. Lorsqu'on parvint enfin à le convaincre d'apposer sa griffe à New York, il dessina le musée Guggenheim *(p. 188-189)*. Né en Allemagne, Mies van der Rohe (1886-1969), père du Seagram Building *(p. 177)*, recherchait une architecture pure, équilibrée et défiant le temps. Certains considèrent ses œuvres comme les plus réussies de la ville.

Florenz Ziegfeld, directeur des Ziegfeld Follies

NEW YORK AU JOUR LE JOUR

Au printemps, Park Avenue est fleurie tandis que pour la Saint-Patrick, la première des grandes fêtes de l'année, la 5e Ave se pare de vert. L'été à New York est chaud et humide, mais il ne faut pas hésiter à quitter les intérieurs climatisés pour descendre dans les parcs où l'on peut assister à des concerts en plein air. Le premier lundi de septembre est le jour de la fête du travail ; les températures se radoucissent et les arbres s'habillent des couleurs de l'automne. Puis, à l'approche de Noël, les rues et les boutiques commencent à étinceler de tous leurs feux. Les dates des événements cités dans les pages suivantes peuvent varier et il est bon de se reporter à la presse locale *(p. 369)*. NYC & Co., ancien New York Convention and Visitors Bureau *(p. 368)* publie un calendrier trimestriel des principales fêtes.

PRINTEMPS

Chaque saison modifie le caractère et l'atmosphère de la ville. New York sort de l'hiver au milieu des tulipes, des cerisiers en fleurs et des collections de printemps des magasins de mode. Tout le monde fait du lèche-vitrines. La Saint-Patrick est l'occasion de grandes réjouissances et des milliers de personnes se préparent pour descendre dans la 5e Avenue.

La créativité des New-Yorkais se manifeste pendant le défilé de Pâques

MARS

Parade de la Saint-Patrick *(17 mars)*, 5e Ave, de la 44e à la 86e Rue. Vêtements verts, bière, fleurs et cornemuses.
Fête de l'Indépendance grecque *(25 mars)*, 5e Ave, de la 49e à la 59e Rue. Danses et buffets grecs.
Saison de printemps du New York City Opera *(mars-avr.)*, Lincoln Center *(p. 350)*.
Cirque Ringling Bros and Barnum & Bailey *(mars-avr.)*, Madison Square Garden *(p. 135)*.

PÂQUES

Exposition florale *(semaine avant Pâques)*, chez Macy's *(p. 134-135)*.
Easter Parade *(dim. de Pâques)*, 5e Ave, de la 44e à la 59e Rue. Déguisements extravagants autour de St Patrick's Cathedral.

AVRIL

Cherry Blossom Festival (fête des Cerisiers ; *fin mars-avr.*), jardin botanique de Brooklyn. Célèbre pour la beauté de ses cerisiers du Japon. Activités du **Earth Day Festival** *(variable)*.
Base-ball *(avr.-mai)* début de la saison des Yankees et des Mets *(p. 360)*.
Saison de printemps du New York City Ballet *(avr.-juin)*, New York State Theater et Metropolitan Opera House, au Lincoln Center *(p. 212)*.

MAI

Five Boro Bike Tour *(déb. mai)*. Course de bicyclette sur 68 km suivie d'un festival avec concerts et expositions.
Cuban Day Parade *(déb. mai)*. Carnaval sur la 5e Ave entre la 44e Rue et Central Park Sud.

Défilé en costume folklorique pour la fête nationale grecque

Ninth Avenue Street Festival *(mi-mai)* de la 37e Rue Ouest à la 57e Ouest. Cuisines, musiques et danses de toutes origines. **Washington Square Outdoor Art Exhibit** *(généralement 2 dern. w.-e. de mai et en sept.)*. **Memorial Day** *(dern. w.-e.)* parade sur la 5e Ave et festivités à South Street Seaport.

Tulipes et taxis jaunes dans Park Avenue

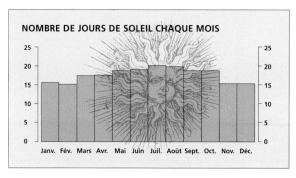

NOMBRE DE JOURS DE SOLEIL CHAQUE MOIS

Janv. Fév. Mars Avr. Mai Juin Juil. Août Sept. Oct. Nov. Déc.

Ensoleillement à New York

New York bénéficie de longues journées de soleil de juin à août, particulièrement en juillet. Les journées d'hiver sont plus courtes, mais souvent claires. Le printemps et l'automne sont agréables, même si ce dernier est moins ensoleillé.

ÉTÉ

Les New-Yorkais aiment pique-niquer ou se promener sur les plages. Le feu d'artifice de Macy's illumine la nuit du 4 juillet et lorsque les Yankees ou les Mets jouent en ville. L'été est la saison des fêtes de rue, des concerts de plein air, des pièces de Shakespeare et des opéras gratuits dans Central Park.

Policier dansant au cours d'un défilé portoricain

JUIN

Parade du Puerto Rican Day *(déb. juin)*, 5e Ave, de la 44e à la 86e Rue. Chars et fanfares. **Museum Mile Festival** *(2e mar.)*, 5e Ave, de la 82e à la 105e Rue. Entrée gratuite dans les musées.
Central Park Summerstage *(juin-août)*, Central Park. Musiques et danses en tout genre, presque tous les jours, par tous les temps.
Concerts du Metropolitan Opera dans les parcs. Concerts gratuits dans les parcs de la ville *(p. 350-351)*. **Goldman Memorial Band Concerts** *(juin-août)*, Lincoln Center *(p. 214)*. Concerts traditionnels.

Shakespeare au parc *(juin-sept.)*. Des acteurs célèbres se produisent au théâtre Delacorte, dans Central Park *(p. 347)*.
La parade de la Lesbian and Gay Pride *(juin)*, remonte la 5e Ave depuis Colombus Circle *(p. 115)*.
JVC Jazz Festival *(mi-juin-fin juin)*. De grands musiciens de jazz jouent dans les salles de la ville *(p. 353)*.

JUILLET

Feux d'artifice de Macy's *(4 juil.)*, East River. Bouquet des célébrations de la fête de l'Indépendance.
Festival de l'Artisanat *(mi-juin à déb. juil.)*, Lincoln Center *(p. 214)*. Artisanat de qualité.
Mostly Mozart Festival *(fin juil.-fin août)*. Avery Fisher Hall, Lincoln Center *(p. 350-351)*.
NY Philharmonic Parks Concerts *(fin juil.-déb. août)*.

Festivités estivales à Greenwich Village

Concerts gratuits dans les parcs de la ville *(p. 351)*.
Lincoln Center Festival *(juil.)*. Danse, opéra et autres spectacles du monde entier.

AOÛT

Semaine de Harlem *(mi-août)*. Films, peinture, musique, danse, mode, sports et visites.
Out-of-Doors Festival *(août)*, Lincoln Center. Pièces de théâtre et ballets gratuits *(p. 346)*.
US Open de tennis *(fin août-déb. sept.)*, Flushing Meadows *(p. 360)*.

L'Open de Flushing Meadows attire les foules

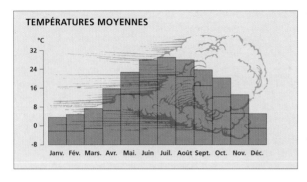

TEMPÉRATURES MOYENNES

°C

32 — 24 — 16 — 8 — 0 — -8

Janv. Fév. Mars. Avr. Mai. Juin Juil. Août Sept. Oct. Nov. Déc.

Températures
Ce graphique indique les minima et maxima moyens pour chaque mois. Avec une moyenne maximum de 29°C, on voit que l'été peut être chaud et humide. En revanche, bien qu'il gèle rarement pendant les mois d'hiver, le froid peut alors sembler mordant.

AUTOMNE

La fête du Travail marque la fin de l'été. Les Giants et les Jets attaquent la saison de football tandis que la saison théâtrale commence. La Festa di San Gennaro est le point culminant d'une suite de fêtes de quartier hautes en couleur. La Thanksgiving Day Parade de Macy's donne à tout le pays le signal de départ des fêtes de fin d'année.

SEPTEMBRE

Richmond County Fair *(w.-e. de Labor Day)*, Richmond Town *(p. 254)*. La seule vraie foire de New York.
Carnaval antillais *(w.-e. de Labor Day)*, Brooklyn. Défilé, chars, musique, cuisine.
Brazilian Festival *(déb. sept.)*, 46e Rue Est, entre Times Square et Madison Ave. Musique, nourriture et artisanat brésiliens.

Costume de carnaval antillais dans les rues de Brooklyn

New York is Book Country *(mi-sept- fin sept.)*, 5e Ave, de la 48e à la 59e Rue. Foire du livre. **Festa di San Gennaro** *(3e sem.)*, Little Italy *(p. 96)*. Dix jours de fêtes et de processions. **Festival du film de New York** *(mi-sept.-déb. oct.)*, Lincoln Center *(p. 214)*. Films d'art internationaux.
Von Steuben Day Parade *(3e sem.)*, en haut de la 5e Ave. Fêtes germano-américaines.
Football américain *(début de saison)*, Giants Stadium, territoire des Giants et des Jets *(p. 360)*.

OCTOBRE

Columbus Day Parade *(2e lun.)*, 5e Ave, de la 44e à la 86e Rue. Défilés et concerts pour fêter la découverte de l'Amérique par Christophe Colomb. **Pulaski Day Parade** *(plus proche dim. du 5 oct.)* 5e Ave, de la 26e à la 52e Rue. Fête du héros américano-polonais Casimir Pulaski.
Parade d'Halloween *(31 oct.)*, Greenwich Village. Fête et déguisements extraordinaires.
Big Apple Circus *(oct.-janv.)*, Damrosch Park, Lincoln Center. Un thème nouveau chaque année *(p. 365)*.
Basket-ball *(déb. de la saison)*, Madison Square Garden. L'équipe new-yorkaise est celle des Knicks *(p. 360-361)*.
Marathon de New York *(déb. nov.)*. Il traverse tous les *boroughs* au départ de Staten Island.

Un Superman géant flotte au-dessus du défilé de Thanksgiving de Macy's

NOVEMBRE

Thanksgiving de Macy's *(4e jeu.)*, de l'angle de Central Park Ouest et de la 79e Rue Ouest à celui de Broadway et de la 34e Rue Ouest. Un régal pour les enfants : chars, énormes ballons et Père Noël.
Rockefeller Center Ice Skating Rink *(oct.-mars)*. Ouvert au public. On patine sous le célèbre arbre de Noël.
Christmas Spectacular *(nov.-déc.)*, Radio City Music Hall. Spectacles de variété.

Greenwich Village est le haut lieu de Halloween

PRÉCIPITATIONS MOYENNES

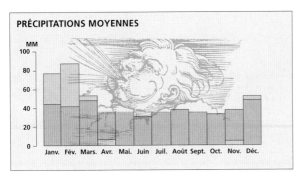

MM
100
80
60
40
20
0

Janv. Fév. Mars. Avr. Mai. Juin Juil. Août Sept. Oct. Nov. Déc.

Précipitations

Mars et août sont les mois les plus pluvieux. Les pluies de printemps sont soudaines : prenez vos précautions. Les importantes chutes de neige hivernales peuvent paralyser la ville.

■ Pluie

■ Neige

HIVER

À Noël, New York est merveilleux et même les lions de pierre de la Public Library se parent de couronnes tandis que les vitrines se transforment en œuvres d'art. De Times Square à Chinatown, la ville s'anime et Central Park devient le théâtre de multiples jeux d'hiver.

Statue d'*Alice au Pays des Merveilles* dans Central Park

DÉCEMBRE

Tree-Lighting Ceremony *(déb. déc.)*, Rockefeller Center. Illumination de l'immense sapin devant le RCA Building. **Concert du Messie** *(mi-déc.)*, Lincoln Center *(p. 214)*. Le public répète et chante sous la direction de plusieurs chefs d'orchestre. **Hannukah Menorah** *(mi-fin déc.)*, Grand Army Plaza, Brooklyn. Illumination de l'immense menorah (chandelier) tous les soirs durant les huit jours de la fête. **31 décembre.** Feux d'artifice à Central Park *(p. 206-207)*, fête à Times Square *(p. 147)*, course de 8 km dans Central Park et lecture de poésie à St Mark's Church.

JANVIER

National Boat Show *(janv.)*, Jacob K. Javits Convention Center *(p. 138)*. **Nouvel An chinois** *(fin janv.-fév.)*, Chinatown *(p. 96-97)*. **Winter Antiques Show** *(janv.)*, Seventh Regiment Armory *(p.187)*. La plus prestigieuse foire aux antiquités de New York.

FÉVRIER

Mois de l'Histoire noire. Événements afro-américains dans toute la ville. **Empire State Building Run-Up** *(déb. fév.)*. Des coureurs montent jusqu'au 102e étage *(p. 136-137)*. **Anniversaires de Lincoln et Washington** *(12-22 fév.)*. Soldes dans les grands magasins. **Exposition canine du Westminster Kennel Club** *(mi-fév.)*, Madison Square Garden *(p. 135)*.

Le Nouvel An chinois dans Chinatown

JOURS FÉRIÉS

Nouvel An (1er janv.) **Martin Luther King Day** (3e lun. de janv.) **President's Day** (mi-fév.) **Memorial Day** (dernier lun. de mai) **Indépendance** (4 juil.) **Labor Day** (fête du Travail, 1er lun.de sept.) **Columbus Day** (2e lun. d'oct.) **Election Day** (1er mar. de nov.) **Veterans Day** (11 nov.) **Thanksgiving Day** (4e jeu. de nov.) **Noël** (25 déc.)

Arbre et décorations de Noël à Rockefeller Center

La pointe sud de Manhattan

Depuis Hudson River, la vue sur le sud de Manhattan embrasse plusieurs des plus spectaculaires bâtiments du paysage new-yorkais, comme le World Financial Center. Vous pourrez aussi apercevoir des vestiges du vieux Manhattan : Castle Clinton, devant Battery Park et, derrière, l'ancien bâtiment de la Douane. De 1973 à 2001, la zone était marquée par les tours jumelles du World Trade Center, à l'époque les plus hauts bâtiments de la ville. La Freedom Tower, en cours de construction à l'angle nord-ouest du site du WTC, devrait être achevée en 2013.

CARTE DE SITUATION

◼ *La pointe sud*

RECONSTRUCTION DU SITE DU WTC

Le 11 septembre 2001, deux avions à destination de Los Angeles sont détournés et précipités chacun contre l'une des tours du World Trade Center. Des centaines de personnes sont tuées lors de l'impact et des milliers par l'effondrement des tours. Deux autres avions sont détournés le même jour ; l'un s'écrase sur le Pentagone, l'autre non loin de Pittsburgh. Cette page dramatique de l'histoire américaine a été comparée à l'attaque de Pearl Harbour. Les images du désastre ont été diffusées à travers le monde, suscitant un vaste élan de révolte contre le terrorisme. La Freedom Tower, en verre et en acier, est en construction sur le site. Elle mesurera une hauteur symbolique de 1776 pieds (541 m), chiffre qui renvoie à la date de la Déclaration d'indépendance.

World Financial Center
*Au cœur de ce complexe
se trouve le jardin d'hiver
(Winter Garden), un endroit
où manger, faire des courses,
se distraire ou admirer
Hudson River (p. 69).*

Freedom Tower Complex
*La Freedom Tower ainsi que
d'autres tours verront le
jour sur le site du WTC.*

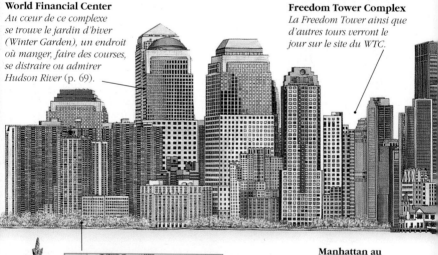

Upper Room
*Cette sculpture
environnementale
de Ned Smyth
est l'une des
nombreuses
œuvres d'art
exposées dans
Battery Park
(p. 72).*

**Manhattan au
siècle dernier**
*Cette photo de 1898
montre à quel point
le paysage a changé.*

Détail de la *Upper Room*

Skyscraper Museum
Situé à la pointe sud de Battery Park City, le musée du Gratte-Ciel rend hommage à l'héritage architectural de la ville.

US Custom House (la douane)
Ce remarquable bâtiment Beaux-Arts (1907) abrite le National Museum of the American Indian (p. 73).

East Coast War Memorial
Dans Battery Park, un aigle de bronze d'Albino Manca honore les morts de la Seconde Guerre mondiale.

N° 26 Broadway
L'ancien building de la Standard Oil ressemble à une lampe à pétrole. L'intérieur est encore décoré des insignes de l'entreprise.

Banque de New York

N° 17 State Street

N° 26 Broadway

N° 1 Liberty Plaza

Liberty View

Castle Clinton   US Custom House

Monument à la marine marchande *(1991)*
Cette sculpture de Marisol se dresse sur le dernier des anciens quais de Manhattan. On y voit aussi une horloge qui sonne les heures sur des cloches de bateau.

Sanctuaire de mère Seton
La première sainte née aux États-Unis vécut ici (p. 76).

Lower Manhattan depuis East River

À première vue, la partie de la berge de East River qui remonte depuis le sud de Manhattan n'est qu'une suite ininterrompue d'immeubles de bureaux sans attrait. Depuis la mer, on aperçoit cependant encore des rues et des vestiges du vieux New York, ainsi que le quartier de la finance à l'ouest. Certains gratte-ciel historiques dépassent encore des immeubles plus récents mais plus anonymes.

CARTE DE SITUATION

Vue depuis East River

India House
Cette brownstone *du 1 Hanover Square est l'un des plus beaux exemples de ce style.*

Vietnam Veterans Plaza
Ce monument aux morts, en verre, de couleur verte, domine l'ancien Coenties Slip, un bassin remblayé pour faire place à un parc (p. 76).

Hanover Square
La statue d'un des maires hollandais, Abraham de Peyster, près de la maison où il naquit en 1657.

N° 1 New York Plaza

N° 55 Water Street

Barclay's Bank Building

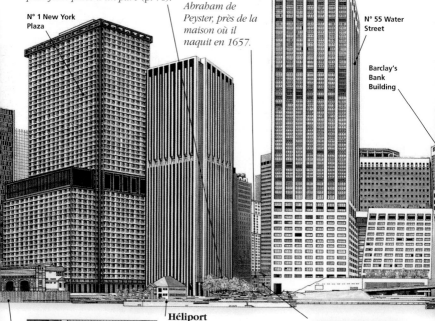

Héliport
C'est le point de départ des sauvetages en mer et des excursions aériennes.

Battery Maritime Building
Cet embarcadère ne dessert plus que Governors Island (p. 77).

Delmonico's
Autrefois, la haute société y dînait.

New York Stock Exchange
*Ce bâtiment, dissimulé
aux regards, est toujours
le centre du fiévreux
quartier de la finance
(p. 70-71).*

N° 40 Wall Sreet
*Dans les années 1940,
un avion de tourisme
heurta la toiture
pyramidale de
l'ancienne banque
de Manhattan.*

**N° 70
Pine Street**
*Près des entrées
de Pine et
Cedar Streets,
on peut voir
des copies de
cette élégante
tour de style
néogothique.*

Bank of New York
*Cet intérieur lumineux de style
Art déco se trouve dans la
banque fondée par Alexandre
Hamilton en 1784 (p. 23).*

N° 1 Financial Square

New York
Stock
Exchange
(bourse)

Morgan Bank
*Ce bâtiment moderne
se distingue par ses
colonnes qui montent
du hall au toit.*

Tour de la Chase
Manhattan Bank

N° 120
Wall
Street

N° 100 Old Slip
*Quand il fut
inauguré en
1911, ce petit
commissariat de
style florentin était
le plus moderne de
la ville. Il se tient
aujourd'hui dans
l'ombre du n°1
Financial Square.*

Citibank Building

Médaillon
sculpté du
n° 100 Old Slip

Queen Elizabeth Monument
*Plaque commémorative du
paquebot qui coula en 1972.*

South Street Seaport

Le panorama change du tout au tout quand se termine
le quartier de la finance. Les bureaux sont alors remplacés
par des quais, des immeubles peu élevés et les
entrepôts de South Street Seaport *(p. 82-83)*.
Le Civic Center n'est pas loin et l'on peut
apercevoir certains de ses impressionnants
édifices. Le pont de Brooklyn marque la fin de
ce quartier. De là jusqu'au centre-ville, se
succèdent ensuite des immeubles résidentiels.

CARTE DE SITUATION
◻ *Zone de South Street*

Sculpture sur Woolworth Building

Pier 17
*S'élevant sur un môle, ce pavillon
traditionnel abrite boutiques et
restaurants. Il est le centre
d'attraction du port.*

Woolworth Building
*Ce bâtiment, dont la
flèche ouvragée domine
le siège de l'empire de
F.W. Woolworth, est
toujours la plus belle
« cathédrale commerciale »
jamais construite (p. 91).*

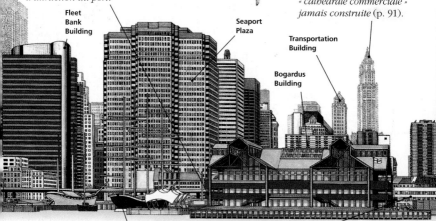

Fleet Bank Building — Seaport Plaza — Transportation Building — Bogardus Building

Maritime Crafts Center
*Sur le quai 15, des artisans montrent
d'anciennes techniques artisanales
maritimes comme la sculpture
sur bois ou la
fabrication de
maquettes.*

Titanic Memorial
*Le phare sur Fulton Street commémore le naufrage
du Titanic, le plus grand paquebot de l'époque.*

Police Plaza
Five in One (1971-1974), sur Police Plaza, est une sculpture de Bernard Rosenthal qui représente les cinq boroughs de New York.

United States Courthouse
Le Civic Center se distingue par la pyramide dorée due à l'architecte Cass Gilbert (p. 85).

Municipal Building
Parmi les salles de ce vaste bâtiment se trouve la chapelle des Mariages. La statue qui domine le paysage est le Civic Frame, œuvre d'Adolph Weinman (p. 85).

Surrogate's Court et Hall of Records
Ici sont entreposées et exposées les archives de la ville depuis 1664 (p. 85).

Verizon Telephone Company

Police Plaza

Pace University

Southbridge Towers

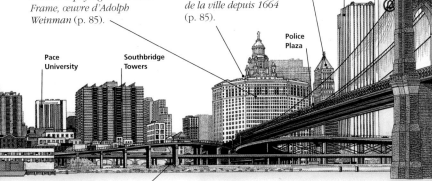

Mural Con Edison
En 1975, l'artiste Richard Haas a peint le pont de Brooklyn sur les murs d'un ancien transformateur électrique.

Brooklyn Bridge
La vue de ce pont est l'une des images les plus typiques de New York (p. 86-89).

Midtown Manhattan

On peut voir dans cette partie de la ville certaines de ses plus belles tours et des plus belles flèches, depuis l'Empire State Building et son sommet Art déco jusqu'aux angles aigus du Citigroup. En remontant vers le nord on passe ensuite dans des quartiers plus chic. Le siège des Nations unies occupe une bonne partie du paysage avant que ne commencent les îlots résidentiels à partir de Beekman Place, où personnalités riches et célèbres peuvent se soustraire à l'agitation ambiante.

CARTE DE SITUATION

◼ *Midtown*

Chrysler Building
Qu'elle scintille au soleil ou brille de tous ses feux pendant la nuit, sa flèche en acier inoxydable est sans doute la plus réussie (p. 155).

Empire State Building
Ses 449 m de hauteur lui valurent longtemps d'être le plus haut bâtiment du monde (p. 136-137).

Grand Central Terminal
Maintenant écrasé par ses voisins, ce bâtiment historique contient de remarquables décorations d'époque, comme cette horloge (p. 156-157).

The Highpoint

MetLife Building

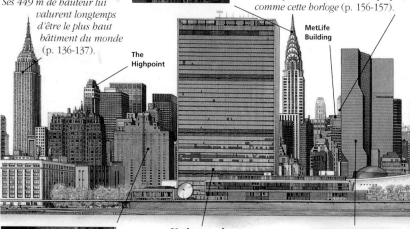

Tudor City
Construit dans les années 1920, ce complexe néo-Tudor comprend plus de 3 000 appartements (p. 158).

Nations unies
Parmi les œuvres d'art exposées figure cette sculpture de Barbara Hepworth, donnée par la Grande-Bretagne (p. 160-163).

N° 1 et 2 U.N. Plaza
Les tours de verre de ce bâtiment abritent des bureaux et l'U.N. Millenium Plaza Hotel (p. 158).

General Electric Building
*Ce bâtiment Art déco
en briques (1931) est
surmonté d'une haute
couronne de béton dont
les flèches pointues
font penser à des
ondes* (p. 176).

Waldorf-Astoria
*L'intérieur, splendide, de
l'un des plus prestigieux
hôtel new-yorkais s'abrite
derrière ces tours jumelles
couvertes de cuivre* (p. 177).

Citigroup Center
*St Peter's Church est nichée
dans un des angles du
Citigroup Center* (p. 177).

Rockefeller Center
*Les galeries et la
patinoire extérieures de
ce gigantesque ensemble
d'immeubles sont un
excellent endroit pour
observer les
New-Yorkais*
(p. 144).

Trump World
Tower

N° 100
U.N. Plaza

General
Electric
Building

N° 866 U.N.
Plaza

The Nail,
d'Arnaldo
Pomodoro,
St Peter's
Church,
Citigroup
Center

Japan Society
*La culture japonaise :
de l'art ancien à l'avant-
garde* (p. 158-159).

Beekman Tower
*La tour de cet hôtel
Art déco, qui n'offre
que des suites,
fut construite
en 1928 à
l'intention
de femmes
membres
des sociétés
universitaires.*

St Mary's Garden
*Le jardin de Holy
Family Church est
un havre de paix.*

Manhattan illuminé ▷

NEW YORK
QUARTIER PAR QUARTIER

LOWER MANHATTAN

L e moderne et l'ancien se côtoient à la pointe sud de Manhattan, où églises coloniales et vieux bâtiments américains sont tapis à l'ombre des gratte-ciel. C'est là que naquit New York et que se tenait la première assemblée du pays. Le commerce y fleurit aussi dès 1626, lorsque Peter Minuit fit une très bonne affaire en achetant l'île de *Man-a-hat-ta* aux Algonquins contre 24 \$ de colifichets *(p. 19)*. Au moment où nous rédigeons ce guide, beaucoup d'édifices sont en cours de développement sur le site du World Trade Center *(p. 54)*. Parmi eux, la Freedom Tower sera haute de 1776 pieds (541 m). L'ensemble du site devrait être achevé en 2012 ou 2013.

Le monument à Peter Minuit

La flèche néogothique de Trinity Church, à l'extrémité de Wall Street

LE QUARTIER D'UN COUP D' ŒIL

**Bâtiments historiques
et sites importants**
Battery Maritime Building **16**
Federal Hall **2**
Federal Reserve Bank **1**
Fraunces Tavern Museum **13**
*New York Stock Exchange
   p. 70-71* **3**
Site du World Trade Center **6**

Musées et galeries
Castle Clinton National
   Monument **20**
Ellis Island p. 78-79 **18**
Museum of Jewish Heritage **21**

Skyscraper Museum **8**
US Custom House **11**

Monuments et statues
Charging Bull **9**
Statue de la Liberté p. 74-75 **17**

Parcs et squares
Battery Park **19**
Bowling Green **10**
Vietnam Veterans' Plaza **14**

Visites en bateau
Staten Island Ferry **15**

Églises
Shrine of Saint
   Elizabeth Ann Seton **12**
Trinity Church **4**

Architecture moderne
Battery Park City **7**
World Financial Center **5**

COMMENT Y ALLER ?
Métro : lignes 4 et 5 de Lexington
Ave vers Bowling Green ;
R ou W vers Whitehall St ;
1 de la 7th Ave vers South Ferry.
Pour Wall St, métro lignes 2, 3, 4
ou 5 vers Wall St, ou bien
R ou W vers Rector St.
Bus : M1, M6, M15 et
le transversal M22
desservent aussi
ce quartier.

VOIR ÉGALEMENT

• *Atlas des rues* plans 1, 2

• *Hébergement* p. 280

• *Restaurants* p. 296

| 0 | 500 m |
| 0 | 500 yds |

LÉGENDE

▨ Plan du quartier pas à pas

Ⓜ Station de métro

⚓ Embarcadère de ferry

🚁 Héliport

Wall Street pas à pas

Aucun carrefour n'a eu plus d'importance dans l'histoire de la ville que celui de Wall et Broad Streets. On y trouve trois sites importants. Le monument du Federal Hall est l'endroit où Washington prêta serment lors de son investiture, Trinity Church est l'une des plus anciennes églises anglicanes du pays, enfin New York Stock Exchange (la Bourse), fondé en 1817, est toujours le centre nerveux de la finance, dont les fluctuations font trembler le monde entier. Les bâtiments des alentours forment le cœur même du quartier financier de New York.

Marine Midland Bank dresse fièrement ses 55 étages. Cette sombre tour de verre n'occupe que 40 % de la surface de son terrain, le reste du parvis est occupé par une grosse sculpture rouge d'Isamu Noguchi, *Cube*, qui se dresse sur une pointe.

Trinity Building, un gratte-ciel néogothique du début du XXe siècle, fut dessiné pour faire pendant à Trinity Church.

Equitable Building (1915) priva ses voisins de lumière et fut à l'origine d'une nouvelle loi : les gratte-ciel durent ensuite être construits en retrait de la rue.

★ **Trinity Church**
Construite en 1846, de style gothique, elle fut la troisième église de ce quartier. Son clocher, jadis l'un des plus hauts de New York, est aujourd'hui écrasé par les gratte-ciel avoisinants. De nombreux New-Yorkais célèbres sont enterrés dans le cimetière attenant ❹

Métro Wall Street (lignes 4 et 5)

Irving Trust Company Building fut construit en 1932. L'un de ses murs extérieurs imite la texture d'un morceau de tissu. Belle mosaïque Art déco dans le hall.

Le n° 26 de Broadway fut construit pour abriter le Standard Oil Trust. Une lampe à pétrole orne son sommet.

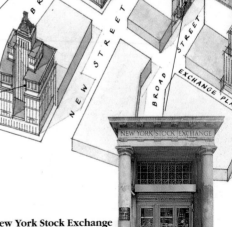

★ **New York Stock Exchange**
Le cœur des marchés financiers mondiaux bat dans un bâtiment de 17 étages, construit en 1903 ❸

Liberty Tower, de style gothique, est revêtue de terre cuite blanche. On y a aménagé des appartements.

La chambre de commerce, de style Beaux-Arts, date de 1901.

À NE PAS MANQUER

★ Federal Hall National Monument

★ Federal Reserve Bank

★ New York Stock Exchange

★ Trinity Church

CARTE DE SITUATION
Voir carte de Manhattan p. 14-15

LÉGENDE

— — — Itinéraire conseillé

```
0                      100 m
0                      100 yds
```

Chase Manhattan Bank
On peut y voir une sculpture de Jean Dubuffet, *Quatre Arbres,* sur la Plaza.

★ Federal Reserve Bank
De style Renaissance, c'est la banque des banques. On y émet la monnaie américaine ❶

Louise Nevelson Plaza est un parc où l'on voit une sculpture de Nevelson, *Shadows and Flags.*

Wall Street, la « rue du Mur » porte le nom de l'enceinte qui protégeait Manhattan contre les Indiens algonquins. C'est aujourd'hui le centre des affaires.

Wall Street en 1920

★ Federal Hall National Monument
Autrefois siège des douanes, ce bâtiment classique rénové en 2006 présente d'ordinaire une exposition sur la Constitution ❷

Federal Reserve Bank ❶

33 Liberty St. **Plan** 1 C2. **Tél.** (212) 720-6130. Ⓜ Fulton St-Broadway Nassau. ◯ lun.-ven. 8h30-17h. ◑ j.f. ⦸ ♿ 🎦 gratuite (sur rés. seul.). www.newyork.fed.org

Entrée de Federal Reserve Bank

Dessiné par York & Sawyer, le bâtiment fut achevé en 1924. Il occupe tout un pâté de maisons et s'inspire des palais florentins de la Renaissance. À l'intérieur se trouve la « banque des banques », l'une des douze réserves fédérales du pays. Ses billets sont identifiables grâce à la lettre B portée dans le sceau fédéral. Les cinq niveaux du sous-sol abritent l'une des plus importantes réserves d'or internationales. L'or de chaque État est entreposé dans son propre compartiment, le tout est protégé par des portes de 90 tonnes. Les échanges entre États se faisaient jadis par de véritables transferts. De 10 h à 16 h, on peut voir l'exposition « L'histoire de la monnaie » avec plus de 800 pièces.

Federal Hall ❷

26 Wall St. **Plan** 1 C3. **Tél.** (212) 825-6888. Ⓜ Wall St. ◯ lun.-ven. 9h-17h. ◑ j.f. 📷 ♿ 🎦 10h, 13h, 15h. 🌐 www.nps.gov/feha

Sur les marches, une statue de George Washington rappelle que c'est ici qu'il fit son serment d'investiture en 1789. Des milliers de New-Yorkais étaient venus ce jour-là (ce qui bloqua Wall Street et Broad Street) pour acclamer le chancelier de l'État de New York lorsque celui-ci déclara : « Longue vie à George Washington, président des États-Unis ! »
L'édifice actuel, rénové en 2006, fût bâti entre 1834 et 1842 pour abriter la douane. C'est l'un des plus beaux bâtiments de style classique de New York. Parmi les salles d'exposition, on peut voir celle de la Bill of Rights et celle où une présentation interactive explique le fonctionnement de la Constitution.

Rotonde aux colonnes de marbre dans Federal Hall

New York Stock Exchange ❸

Voir p. 70-71.

Le cimetière de Trinity Church

Trinity Church ❹

À l'angle de Broadway et Wall St. **Plan** 1 C3. **Tél.** (212) 602-0800. Ⓜ Wall St, Rector St. ◯ église : lun.-ven. 7h-18h, sam. 8h-16h, dim. 7h-16h ; cimetière : lun.-ven. 7h-16h (17h en été), sam. et j.f. 8h-15h, dim. 7h-15h. ✝ lun.-ven. 12h05, dim. 9h et 11h15. 📷 sf pendant les offices. 🎦 t.l.j. 14h, dim. après la messe de 11h15. **Concerts** jeu.13h. 📱 🖥 www.trinitywallstreet.org

À l'extrémité de Wall Street, cette église anglicane est la troisième à avoir été construite sur ce site. Conçue en 1846 par Richard Upjohn, elle annonça le renouveau de l'architecture néogothique en Amérique. Les portes sculptées de Richard Morris Hunt s'inspirent des *Portes du Paradis* de Ghiberti, à Florence.
La restauration a mis au jour le grès rose des murs, depuis longtemps recouvert par la crasse. Son clocher de 86 m, qui resta le plus haut édifice de New York jusque dans les années 1860, est encore très imposant en dépit des gratte-ciel voisins. De grands New-Yorkais sont enterrés dans le cimetière qui jouxte l'église : l'homme d'État Alexander Hamilton, l'inventeur du bateau à vapeur Robert Fulton et le fondateur du premier journal de New York en 1725, William Bradford.

World Financial Center ❺

West St. **Plan** 1 A2. **Tél.** (212) 945-2600. Ⓜ A, C et J, M, Z, 2, 3, 4, 5 vers Fulton St ; E vers WTC Station ; R et W vers Cortlandt St ; 1 vers Rector St. 🔲 ♿ 🍴 🖥 🔒 www.worldfinancialcenter.com

Ce modèle d'architecture civile dû à Cesar Pelli & Associates a largement contribué à la réhabilitation de Lower Manhattan. Aussi fut-il rapidement remis en état après les dégâts causés par l'attentat du World Trade Center. Quatre tours de bureaux se dressent vers le ciel. Certaines des plus importantes entreprises mondiales y ont leur siège. Au cœur du complexe, un extraordinaire jardin d'hiver (Winter Garden), vaste espace de verre et d'acier (2 000 carreaux ont été remplacés) bordé de 45 restaurants et de boutiques, s'ouvre sur la marina de Hudson River. L'escalier de marbre qui descend vers le jardin d'hiver sert souvent de gradins aux spectateurs des concerts

Étage principal du jardin d'hiver

L'atrium est une étincelante voûte d'acier et de verre de 36 m de haut.

L'escalier du « sablier » sert de siège aux spectateurs des concerts du jardin d'hiver.

Une esplanade longe l'Hudson.

Des cafés et des boutiques bordent l'atrium.

et spectacles gratuits qui s'y jouent. Soixante palmiers *Washingtonia robusta*, d'une hauteur de 60 m, ont été remplacés.

Inauguré en 1988 et toujours en évolution, le World Financial Center, conçu pour l'agrément du public, est considéré comme le Rockefeller Center du XXIe siècle.

World Financial Center vu de Hudson River

New York Stock Exchange (la Bourse) ❸

En 1790, les titres s'échangeaient – de manière anarchique – aux alentours de Wall Street. En 1792, 24 courtiers qui traitaient leurs affaires au 68 Wall Street s'engagèrent à n'échanger des titres qu'entre eux : les bases du New York Stock Exchange (NYSE) étaient jetées. Place financière locale, le NYSE a peu à peu pris une dimension internationale. Son histoire est marquée par une succession de booms et de krachs. Le nombre des membres du conseil est limité. En 1817, un « siège » coûtait 25 $. Pendant les années de prospérité, ce chiffre a atteint 4 millions. En 2006, le NYSE est devenu une société à but lucratif et tous ses sièges ont été échangés en numéraire et en actions. Aujourd'hui, les courtiers achètent une licence à l'année.

Téléscripteur
Introduites en 1870, ces machines imprimaient le détail des dernières cotes à l'achat sur des rubans de papier.

Des téléscripteurs informatisés affichent un flux continu de cotations qui défile à la vitesse maximum supportée par l'œil humain.

QU'EST-CE QU'UN COMPTOIR ?

Les 17 comptoirs sont constitués chacun de 22 groupes ou *sections* de courtiers s'occupant des actions de sociétés. Les agents de change, qui travaillent pour des sociétés de courtage, vont et viennent entre leur cabine et les comptoirs, et effectuent des transactions pour le public. Les offres sont cotées pour eux par des « spécialistes » ; ils traitent un titre à la fois et disposent d'écrans articulés affichant les cotes. Agents et spécialistes sont aidés de « flasheurs », qui leur apportent les ordres et assurent la liaison avec le comptoir. Les négociateurs indépendants passent des ordres pour des sociétés de courtage à forte activité. Quant aux « coteurs », ils traitent les ordres arrivant *via* l'ordinateur SuperDOT et enregistrent les transactions sur le système de données de la Bourse de New York. Depuis le 24 janvier 2007, les actions s'échangent aussi *via* un marché hybride électronique.

Comptoir

Journée de 48 heures

Lors du krach de 1929, les coteurs de la Bourse travaillèrent 48 heures d'affilée. La bonne humeur était de mise malgré la panique.

MODE D'EMPLOI

20 Broad St. **Plan** 1 C3. ***Tél.*** *(212) 656-3000.* Ⓜ *2, 3, 4 et 5 vers Wall St ; R et W vers Rector St.* 🚌 *M1, M6, M15.* 📷 *galerie d'observation fermée au public pour raisons de sécurité.* 📷 *dans un but éducatif seul. et à titre exceptionnel.* ♿ *www.nyse.com*

Galerie
d'observation
du public

Comptoir

Parterre

Dans l'atmosphère trépidante du parterre, 200 millions de titres sont échangés chaque jour pour le compte de plus de 2 000 sociétés. Au plafond, une myriade de câbles et d'électronique alimente l'ordinateur SuperDOT.

Grand krach de 1929

Mardi 29 octobre : plus de 16 millions de titres changent de mains tandis que le marché s'effondre. Hagards, les investisseurs ruinés errent dans Wall Street, mais contrairement au mythe, les courtiers ne se jetèrent pas par les fenêtres.

Entrée des membres,
Wall Street

CHRONOLOGIE

1792 17 mai : accord du Platane

1867 Introduction des téléscripteurs

1844 Invention du télégraphe : traitement des titres à l'échelle du pays

1903 Ouverture des locaux actuels

1976 Le système DOT remplace les téléscripteurs

1981 Les comptoirs se dotent de terminaux informatiques

1987 Lundi noir : le 19 octobre, l'indice Dow Jones perd 508 points

1750	1800	1850	1900	1950	2000	2010

1817 Création de la Commission des échanges de titres de New York

1863 Naissance de la Bourse de New York

La foule devant la Bourse lors du krach de 1929

1869 Vendredi noir : le 24 septembre, le cours de l'or s'effondre

1865 La Bourse emménage à l'angle de Wall St et Broad St

1929 Krach de Wall Street, 29 octobre

2001 Le marché, prospère pendant 8 ans, puis chute après les attentats du 11-septembre

2006 Le NYSE fusionne avec Archipelago Holdings et devient une société à but lucratif

Site du World Trade Center ❻

Plan 1 B2. Ⓜ *Chambers St, Rector St.* ◯ *mur d'observation sur Church St.* **www**.panynj.gov/wtcprogress **www**.renewnyc.org

Immortalisées par les cinéastes et les photographes, les tours jumelles du World Trade Center ont dominé le sud de Manhattan de leurs 110 étages pendant 27 ans. Le 11 septembre 2001, elles s'écroulent suite à une attaque terroriste (*p. 54*). Leur poids énorme était supporté par un grillage métallique qui fondit quand deux avions de ligne détournés vinrent les frapper de plein fouet.

Elles faisaient partie d'un vaste ensemble d'immeubles couvrant six blocs, reliés par des galeries marchandes en sous-sol. Un pont menait au World Financial Center (*p. 69*), qui a résisté au désastre.

Le World Trade Center abritait 450 sociétés, et 50 000 personnes y travaillaient chaque jour. De nombreux visiteurs venaient admirer la vue du haut de la galerie d'observation, au 107e étage de la tour 2. Un ascenseur y montait en moins de 58 secondes ! Dans la tour 1, la même vertigineuse ascension transportait les visiteurs jusqu'au restaurant Windows of the World.

Le 7 août 1974 est resté dans les annales. Ce jour-là, le funambule Philippe Petit effectua la traversée d'une tour à l'autre sur un filin d'acier. L'acte de bravoure dura

Sur la corde raide...

près d'une heure.

Le périmètre « Ground Zero » rétrécit au fur et à mesure que les immeubles reprennent leurs activités. Les plans de construction d'un nouveau gratte-ciel conçu par l'architecte Daniel Libeskind sont controversés. Plusieurs mémoriaux et musées consacrés aux milliers de victimes de l'attentat sont en cours de construction. Leur ouverture est prévue pour 2012 ou 2013.

Philippe Petit en 1974 sur le point de se lancer dans sa périlleuse traversée

Battery Park City ❼

Plan 1 A3. Ⓜ *1 vers Rector St.* ⓞ ♿ 🍴 🅿 **www**.batteryparkcity.org

C'est en 1983 que le gouverneur de New York,

La promenade de Battery City Park

Mario Cuomo, lance la construction de ce quartier, le plus récent de New York. Ce site ambitieux (son coût total est estimé à 4 milliards de dollars) s'étend sur 37 ha le long de Hudson River. Ses bureaux, restaurants, appartements, sculptures et jardins sont remarquables par leur dimension humaine.

À terme, plus de 25 000 personnes vivront à Battery Park City. Le World Financial Center (*p. 69*) est l'élément le plus visible de l'ensemble.

Parmi les nouveautés, se trouve le Skyscraper Museum (*p. 268*), situé à côté de l'hôtel Ritz-Carlton.

Skyscraper Museum ❽

39 Battery Pl. **Plan** 1 A3. *Tél. (212) 968-1961.* Ⓜ *4, 5 vers Bowling Green ; 1, R, W vers Rector St.* ◯ *mer.-dim. 12h-18h.* 🎦 ♿ **www**.skyscraper.org

Jouxtant le Ritz Carlton, ce musée est consacré à l'architecture de New York, au contexte historique et aux hommes qui ont dessiné le paysage new-yorkais. Il abrite une exposition permanente sur le World Trade Center et propose des reconstitutions numériques de Manhattan au fil de son histoire. Des expositions analysent les gratte-ciel sous tous les angles : objets de design, produits de technologie ou encore lieux de travail...

Le lumineux Skyscraper Museum

Le taureau de bronze d'Arturo Di Modica, au nord de Bowling Green

Charging Bull ❾

Broadway at Bowling Green.
Plan 1 C4. Ⓜ Bowling Green.

15 décembre 1989, 1 h du matin : le sculpteur Arturo di Modica et 30 de ses amis déposent devant la Bourse de New York le *Charging Bull*, une statue de bronze pesant 3 200 kg et représentant un taureau. Le groupe, qui ne dispose que de 8 minutes entre deux patrouilles de police, réussit l'exploit de l'installer en 5 minutes. Déposé sans autorisation et bloquant la circulation, le taureau fut alors enlevé. Devant le tollé général, le Parks Department lui offrit un emplacement « temporaire » sur Broadway, au nord de Bowling Green, où il se trouve encore aujourd'hui.

Di Modica créa cette sculpture suite au krach boursier de 1987 pour symboliser la « force, la puissance et l'espoir du peuple américain dans son avenir ».

Bowling Green ❿

Plan 1 C4. Ⓜ Bowling Green.

Ce lopin de terre triangulaire, au nord de Battery Park, fut l'un des premiers jardins de la ville. Il a d'abord servi de marché aux bestiaux, puis de terrain de bowling. Une statue du roi George III, symbole de la domination britannique, se dressait là avant d'être fondue lors de la déclaration d'Indépendance pour fournir des munitions *(p. 22-23)*. La clôture, dressée en 1771, est toujours là ; il ne lui manque que les couronnes qui l'ornaient jadis, et qui ont connu le même sort que la statue royale. La pelouse, autrefois bordée de demeures élégantes, marque le début de Broadway, avenue qui traverse Manhattan en longueur avant de rejoindre, sous son nom officiel de « Route nationale 9 », la capitale de l'État de New York, Albany.

Détail d'un chapiteau de l'US Custom House

La fontaine de Bowling Green

US Custom House ⓫

1 Bowling Green. **Plan** 1 C4.
Ⓜ Bowling Green. **National Museum of the American Indian. Tél.** *(212) 514-3700.*
◻ *t.l.j.10h-17h (jeu. 20h).*
⬤ *25 déc.* 🅰 *sauf jeu.*
🖥 **www**.nmai.si.edu

Ce palais de granit bâti en 1907 par Cass Gilbert illustre le rôle historique prépondérant de New York en tant que port maritime. Il est décoré par les meilleurs sculpteurs et artistes de l'époque. Quarante-quatre colonnes ioniques, ornées d'une frise richement décorée, montent majestueusement la garde. Des sculptures de Daniel Chester French représentent des femmes assises symbolisent quatre continents : l'Asie (contemplative), l'Amérique (qui regarde vers l'avenir avec optimisme), l'Europe (entourée des symboles de son passé glorieux) et l'Afrique (encore endormie). À l'intérieur, des peintures murales de Reginald Marsh décorent la rotonde en marbre, illustrant l'entrée de navires dans le port de la ville. Abandonnée en 1973 par le service des douanes américaines, Custom House abrite depuis 1994, sur trois étages, le George Gustav Heyes Center, dépendant du **Smithsonian National Museum of the American Indian**. On peut y admirer près d'un million d'objets artisanaux et plusieurs milliers de photographies relatant l'histoire de la culture indienne des Amériques. Les expositions comprennent des œuvres réalisées par des Indiens. Les pièces de la collection permanente sont exposées par roulement.

La statue de la Liberté ❼

Cette statue, conçue par Frédéric-Auguste Bartholdi et offerte par la France aux Américains, est devenue le symbole de la liberté à travers le monde. Le poème d'Emma Lazarus gravé sur le socle le rappelle : « Donnez-moi vos peuples fatigués, pauvres et opprimés qui aspirent à la liberté. » La statue, installée sur Liberty Island (autrefois Bedloe's Island), fut inaugurée par le président Cleveland le 28 octobre 1886 et restaurée à l'occasion de son centenaire. Après les attentats du 11 septembre 2001, la couronne fut fermée au public. Depuis 2009, on peut à nouveau y accéder par groupe de dix visiteurs.

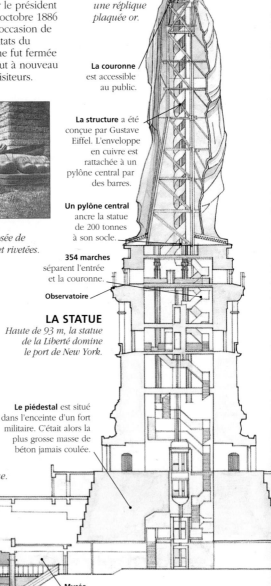

★ Torche dorée
L'ancienne torche corrodée a été remplacée en 1986 par une réplique plaquée or.

La couronne est accessible au public.

La structure a été conçue par Gustave Eiffel. L'enveloppe en cuivre est rattachée à un pylône central par des barres.

Un pylône central ancre la statue de 200 tonnes à son socle.

354 marches séparent l'entrée et la couronne.

Observatoire

LA STATUE
Haute de 93 m, la statue de la Liberté domine le port de New York.

Le piédestal est situé dans l'enceinte d'un fort militaire. C'était alors la plus grosse masse de béton jamais coulée.

De la tête aux pieds
La statue de la Liberté est composée de 300 plaques de cuivre moulées et rivetées.

★ Musée de la Statue
Parmi les objets en vente, des affiches à l'effigie de la statue.

La torche d'origine est désormais exposée dans le hall d'entrée.

Musée

★ **Ferry pour Liberty Island**
De Liberty Island s'offrent quelques-unes des plus belles vues de la ville.

Visage de la liberté
C'est la propre mère de Bartholdi qui servit de modèle à la statue. Les sept rayons de sa couronne symbolisent les sept mers et continents.

Fabrication de la main
Elle a d'abord été réalisée en plâtre puis en bois avant le moulage définitif en cuivre.

Maquettes
Une série de modèles réduits à différentes échelles a permis à Bartholdi de concevoir la plus grande statue métallique jamais construite.

FRÉDÉRIC-AUGUSTE BARTHOLDI

Sa statue est un hymne à la liberté dont manquait la France de l'époque. Il a consacré 21 ans de sa vie à ce projet. Il s'est même rendu en Amérique en 1871 afin de s'entretenir avec le président Grant du financement et de l'installation de la statue dans le port de New York : « Je veux glorifier la république et la liberté ici, dans l'espoir de la retrouver un jour dans mon pays. »

À NE PAS MANQUER

★ Ferry pour Liberty Island

★ Musée de la Statue

★ Torche dorée

Célébration du centenaire
Le 3 juillet 1986, après 100 millions de dollars de travaux, la statue fut rouverte au public. Un extraordinaire feu d'artifice fut tiré pour l'occasion.

St Elizabeth Ann Seton Shrine ⑫

7 State St. **Plan** 1 C4. **Tél.** *(212) 269-6865.* Ⓜ *Whitehall, South Ferry.* 🕐 *lun.-ven. 6h30-17h.* ✝ *lun.-ven. 8h05, 12h15, 13h05, dim. 11h.* 📷

Elizabeth Ann Seton

Elizabeth Ann Seton (1774-1821) est la première Américaine canonisée par l'Église catholique. Elle a vécu ici de 1801 à 1803 et elle a fondé les sœurs américaines de la Charité, la première communauté de religieuses aux États-Unis.

Après la guerre de Sécession, la mission Notre-Dame-du-Rosaire transforma ce bâtiment en refuge pour les femmes irlandaises immigrées – 170 000 d'entre elles y séjournèrent. Cette mission entretient de nos jours le mémorial.

Fraunces Tavern Museum ⑬

54 Pearl St. **Plan** 1 C4. **Tél.** *(212) 425-1778.* Ⓜ *Wall St, Broad St, Bowling Green.* 🕐 *lun.-sam. 12h-17h.* ⬤ *j.f. et lendemain de Thanksgiving.* 📷 🎥 *pour groupes seul.* **Conférences, films.** 🍴 ♿
www.frauncestavernmuseum.org

NYC Police Museum 100 Old Slip, South Street. **Plan** 1 D3. **Tél.** *(212) 480-3100.* 🕐 *lun.-sam. 10h-17h, dim. 11h-17h, donation bienvenue.* 🎥 *pour les groupes seul.*
www.nycpolicemuseum.org

L'unique pâté de maisons de New York datant du XVIIIe siècle contient une réplique fidèle de la Fraunces Tavern (1719), qui a connu les premisces de la guerre d'Indépendance. En 1775, un boulet tiré du navire britannique *Asia* transperça sa toiture. C'est également ici que George Washington fit ses adieux à ses officiers en 1783. La restauration en 1907 est l'un des premiers efforts du pays pour la conservation de son patrimoine.
Le restaurant du rez-de-chaussée est plein de charme. À l'étage, un musée propose des expositions tournantes de peintures, gravures et objets décoratifs traditionnels. Le **NYC Police Museum** *(p. 84)* contient des objets provenant de la police new-yorkaise et propose des animations interactives. Les visiteurs peuvent notamment simuler un exercice de tir.

Vietnam Veterans' Plaza ⑭

Entre Water St et South St. **Plan** 2 D4. Ⓜ *Whitehall, South Ferry.*

Au centre de cette place en briques au style dépouillé, s'élève un énorme mur en verre transparent, sur lequel sont gravés des extraits de discours, de reportages et des lettres émouvantes envoyées aux familles des victimes de la guerre.

Le ferry de Staten Island : la balade en bateau la moins chère de la ville

Staten Island Ferry ⑮

Whitehall St. **Plan** 2 D5. **Tél.** *311 BOAT.* Ⓜ *South Ferry.* 🕐 *t.l.j. 24h/24.* **Gratuit.** 📷 ♿
www.siferry.com

Créé par un jeune habitant de Staten Island, Cornelius Vanderbilt, futur magnat du chemin de fer, ce ferry fonctionne depuis 1810. Il est le moyen de transport quotidien des habitants des

Fraunces Tavern Museum et son restaurant

îles voisines et offre au visiteur un panorama inoubliable sur le port, la statue de la Liberté, Ellis Island et le sud de Manhattan. Le prix du billet est la meilleure affaire de la ville : c'est gratuit !

Battery Maritime Building ⑯

11 South St. **Plan** 2 D4. Ⓜ *South Ferry.* Ⓖ *au public.*

De 1909 à 1938, le terminal des ferries à destination de Brooklyn se trouvait sur un quai appelé Schreijers Hoek, nom qui remonte à l'époque coloniale hollandaise. Au temps glorieux des ferries, 17 lignes assuraient les traversées.

Aujourd'hui, ce bâtiment, construit en 1907 et dont l'extérieur fut rénové en 2006, n'est utilisé que par les garde-côtes. En arrivant, les navires traversaient d'énormes arches de 91 m de hauteur flanquées de colonnes ornées de moulures et de cocardes.

L'ensemble a été peint en vert pour imiter le cuivre, mais le revêtement est en réalité composé de plaques d'acier. L'intérieur est en rénovation depuis 2009.

Rambarde en fer forgé du Battery Maritime Building

Statue de la Liberté ⑰

Voir p. 74-75

Ellis Island ⑱

Voir p. 78-79

Le monument national de Castle Clinton au cœur de Battery Park

Battery Park ⑲

Plan 1 B4. Ⓜ *South Ferry, Bowling Green.*

Ce parc, qui doit son nom aux canons qui protégeaient jadis le port, offre une vue dégagée sur la baie de New York. Au fil des années, des travaux de terrassement ont étendu Battery Park au-delà de State Street (ancienne limite). Au milieu du parc se dressent monuments et statues : mémoriaux des

Bouche de métro de style Beaux-Arts aux abords de Battery Park

Pays-Bas, des premiers immigrés juifs new-yorkais, des pionniers wallons, de l'Armée du Salut et des garde-côtes. *The Sphere*, le monumental globe de cuivre qui se trouvait sur la plaza au pied du World Trade Center, a été placé dans le parc. Il avait été retrouvé intact.

Castle Clinton National Monument ⑳

Battery Park. **Plan** 1 B4. **Tél.** *(212) 344-7220.* Ⓜ *Bowling Green, South Ferry.* Ⓖ *t.l.j. 8h30-17h.* Ⓖ *25 déc.* Ⓖ Ⓖ Ⓖ *Concerts.* Ⓖ *www.nps.gov/cacl*

Castle Clinton est un fort construit en 1811. À l'époque, il est situé à 91 m de la rive et

relié à Battery Park par une chaussée surélevée. Des travaux de terrassement l'ont depuis intégré à la côte. Ses 28 canons n'ont jamais servi à des fins militaires. Le fort, fermé en 1824, est devenu un théâtre à la mode. En 1850, Phineas T. Barnum y produit Jenny Lind, le rossignol suédois. À partir de 1855, il sert de centre de transit à plus de huit millions d'immigrants.

L'édifice est remodelé en 1896 pour accueillir l'aquarium de New York, qui déménage en 1941 à Coney Island *(p. 249)*. Castle Clinton sert désormais de centre d'information des parcs de Manhattan et expose une rétrospective historique de New York. C'est également de là que partent les ferries pour la statue de la Liberté et Ellis Island *(p. 369)*.

Museum of Jewish Heritage ㉑

36 Battery Place. **Plan** 1 B4. **Tél.** *(646) 437-4200.* Ⓜ *Bowling Green, South Ferry.* Ⓖ *M1, 6, 9, 15 et 20.* Ⓖ *dim.-mar. et jeu. 10h-17h45, mer. 10h-20h, ven. et veille de fêtes juives 10h-15h.* Ⓖ *sam., fêtes juives, Thanksgiving.* Ⓖ Ⓖ Ⓖ Ⓖ Ⓖ **Conférences. www.**mjhnyc.org

L'exposition permanente comprend 2 000 photos, 800 objets et 24 films documentaires sur la vie juive avant, pendant et après l'Holocauste. Agrandi, le musée possède des salles de cinéma, de conférence et de spectacle, un jardin, des salles de classe, une bibliothèque, un centre sur l'histoire de familles, un espace d'exposition agrandi, des bureaux et un café.

Ellis Island ⑱

Près de la moitié de la population américaine a ses racines sur cette île, qui accueillit entre 1892 et 1954 environ 12 millions d'immigrants. Centré autour du hall principal, le site abrite aujourd'hui sur trois étages l'Ellis Island Immigration Museum. Les expositions retracent quatre siècles d'immigration à l'aide de photos, d'enregistrements d'immigrants actuels, d'une base de données permettant de retrouver ses ancêtres.

À l'extérieur, l'*American Immigrant Wall of Honour* est le plus vaste mur de noms au monde. Le musée est le meilleur endroit pour comprendre le *melting pot* à l'origine de la nation américaine. Pour éviter la foule, visitez Ellis Island tôt le matin.

Bâtiment principal

Des tarifs spéciaux *incitèrent les immigrants à partir en Californie.*

Bâtiment principal
Un bureau vendait des billets de train pour la suite du voyage.

★ **Dortoir**
Hommes et femmes avaient leurs quartiers respectifs.

LA RESTAURATION

En 1990, des travaux pour un montant de 156 millions de dollars ont permis de restaurer des bâtiments, de remplacer les dômes de cuivre et de rénover l'intérieur d'Ellis Island.

Ce bureau vendait des billets de ferry pour le New Jersey.

★ **Salle des bagages**
Les maigres bagages des immigrants étaient contrôlés dès leur arrivée.

★ **Hall principal**
Les familles devaient y attendre l'accomplissement des formalités. Les barrières métalliques furent remplacées par des bancs en bois en 1911.

L'auvent de métal et de verre est une copie conforme de l'original.

À l'approche d'Ellis Island, *les passagers anxieux se réunissaient sur les ponts.*

Entrée principale

Famille immigrée
Une mère italienne et ses enfants, 1905.

Salles d'examen médical
Les immigrants atteints de maladies contagieuses pouvaient être refoulés.

À NE PAS MANQUER

★ Dortoir

★ Hall principal

★ Salle des bagages

SEAPORT ET LE CIVIC CENTER

Situé à Manhattan, le Civic Center comprend un ensemble de tribunaux (de la ville, de l'État de New York et de l'État fédéral), ainsi que le siège de la police de New York. Dans les années 1880, de grands journaux y avaient leur adresse. Ce quartier se caractérise par l'élégance de ses constructions, comme Woolworth Building (XXe siècle), City Hall (XIXe siècle) ou St Paul's Chapel (XVIIIe siècle). À proximité se trouve South Street Seaport, baptisé « la rue de la Voile » au XIXe siècle, en raison du grand nombre de navires qui y étaient amarrés. Ce port déclina à mesure que progressait la marine à vapeur. Aujourd'hui réhabilité, le quartier abrite un musée, des boutiques et des restaurants. Le pont suspendu de Brooklyn, autrefois le plus grand du monde, s'élance vers le sud.

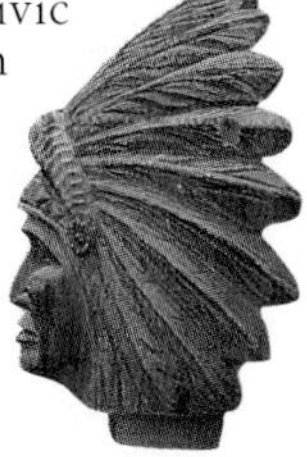

Figure de proue, South Street Seaport

LE QUARTIER D'UN COUP D'ŒIL

Rues et bâtiments historiques

AT&T Building 14
Brooklyn Bridge p. 86-89 3
City Hall 10
Criminal Courts Building 4
Municipal Building 7
New York County Courthouse 5
Old New York County Courthouse 9
Schermerhorn Row 2
South Street Seaport 1
Surrogate's Court, Hall of Records 8
United States Courthouse 6
Woolworth Building 12

Églises

St Paul's Chapel 13

Parcs et squares

City Hall Park et Park Row 11

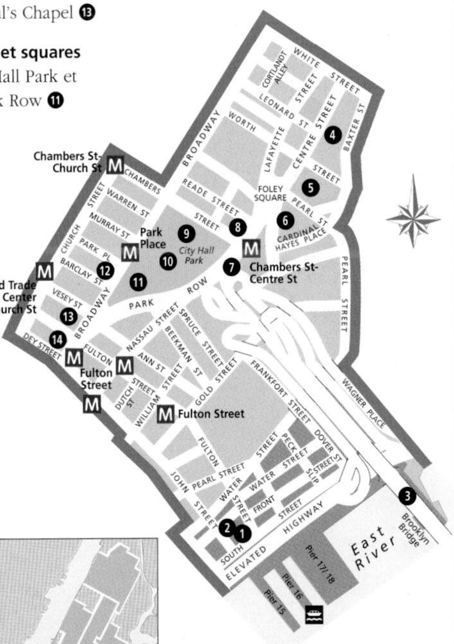

0 500 m

0 500 yds

COMMENT Y ALLER ?

Le quartier est desservi par de nombreuses lignes de métro : lignes 2 et 3 (7th Ave/Broadway) vers Park Place ou Fulton St ; lignes 4, 5 et 6 (Lexington Ave) vers Brooklyn Bridge ; lignes A et C (8th Ave), vers Chambers St ; lignes R ou W vers City Hall. Bus : M1, M6, M9, M15, M101/102, M109 ou M22 (transversal).

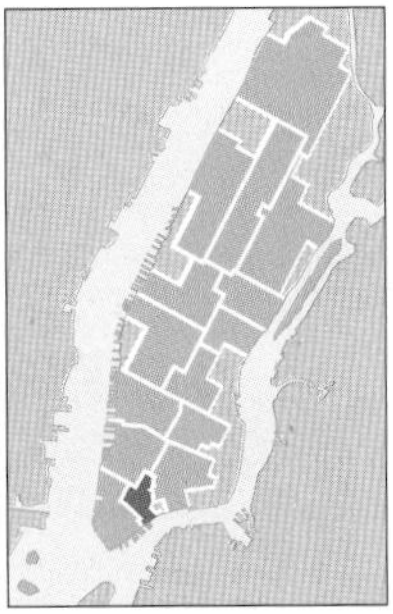

LÉGENDE

- Plan du quartier pas à pas
- [M] Station de métro
- Embarcadère

VOIR ÉGALEMENT

- ***Atlas des rues*** plans 1-2, 4
- ***Restaurants*** p. 296

South Street Seaport pas à pas

Le développement de South Street Seaport a fait de ce qui était au XIXe siècle le haut lieu portuaire de New York un quartier animé, avec des boutiques et des cafés, où mouillent à nouveau de grands navires. South Street Seaport Museum, qui occupe des bâtiments historiques restaurés et une partie de l'ancien port, s'attache à retracer le passé maritime de New York au travers de reconstitutions, d'expositions et de visites de bateaux.

★ **South Street Seaport**
Jadis fréquenté par les marins des voiliers à quai, le port est devenu un ensemble de boutiques, de cafés et de musées ❶

Cannon's Walk, un ensemble de maisons des XIXe et XXe siècles, comprend un café en plein air, des boutiques et un marché animé.

Le mémorial du Titanic, phare élevé en 1913 à la mémoire des disparus du naufrage, se dresse sur Fulton Street vers la station de métro.

**Vers le métro
Fulton Street (à 4 *blocks*)**

Schermerhorn Row
Ces anciens entrepôts construits de 1811 à 1813 pour y accueillir l'exposition World Port abritent le South Street Seaport Museum et Brookstone ❷

Boat Building Shop, on y voit des artisans construire et restaurer des maquettes de navires en bois.

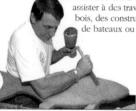

Au Maritime Crafts Center, l'on peut assister à des travaux de sculpture sur bois, des constructions de maquettes de bateaux ou de figures de proue.

Bateau dans une bouteille

Pilothouse est l'ancienne timonerie d'un remorqueur construit en 1923 par la New York Central. Elle abrite aujourd'hui le bureau de renseignements du Seaport.

À NE PAS MANQUER

★ Brooklyn Bridge

★ South Street Seaport

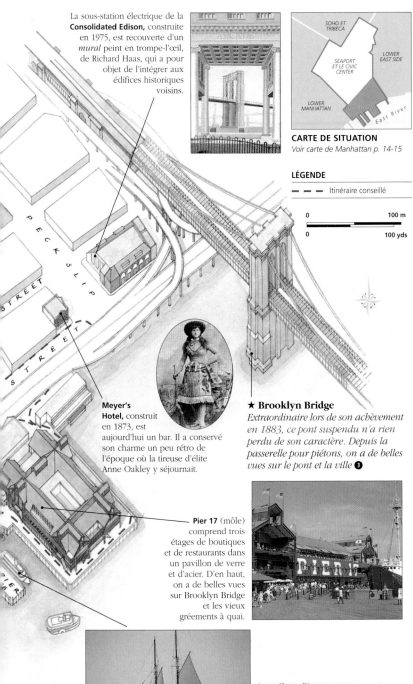

La sous-station électrique de la **Consolidated Edison,** construite en 1975, est recouverte d'un *mural* peint en trompe-l'œil, de Richard Haas, qui a pour objet de l'intégrer aux édifices historiques voisins.

CARTE DE SITUATION
Voir carte de Manhattan p. 14-15

LÉGENDE

– – – Itinéraire conseillé

0   100 m

0   100 yds

Meyer's Hotel, construit en 1873, est aujourd'hui un bar. Il a conservé son charme un peu rétro de l'époque où la tireuse d'élite Anne Oakley y séjournait.

★ **Brooklyn Bridge**
Extraordinaire lors de son achèvement en 1883, ce pont suspendu n'a rien perdu de son caractère. Depuis la passerelle pour piétons, on a de belles vues sur le pont et la ville ❸

Pier 17 (môle) comprend trois étages de boutiques et de restaurants dans un pavillon de verre et d'acier. D'en haut, on a de belles vues sur Brooklyn Bridge et les vieux gréements à quai.

La goélette *Pioneer* assure des croisières sur le fleuve ; l'*Ambrose*, bateau-phare de 1908 est également amarré ici.

Le bateau-phare l'*Ambrose*, est amarré dans le port d'East River

South Street Seaport ❶

Fulton St. **Plan** 2 E2. **Tél.** (212) SEA-PORT. Ⓜ *Fulton St.* ⭕ *nov.-mars : lun.-ven.10h-19h, dim. 11h-18h.*
⬚⬚⬚ *Concerts.* ⬚⬚
South Street Seaport Museum
12 Fulton St. ⬚ *(212) 748-8600.*
⭕ *avr.-déc. : mar.-dim. 10h-18h ; jan.-mars : ven.-lun. 10h-17h.*
⬚ *1er janv., Thanksgiving, 25 déc.*
⬚⬚⬚⬚ *Conférences, expositions, films.* ⬚⬚
www.southseaport.org

Le cœur du port du XIXe siècle recommence à battre : boutiques et cafés y côtoient ateliers d'artisans, bâtiments historiques ou musées. Les navires anciens ancrés au long des môles vont le petit remorqueur *W.O. Decker* au grand quatre-mâts *Peking*. Les mini-croisières à bord de la goélette *Pioneer* sont un excellent moyen pour admirer le port depuis le fleuve.

Le marché aux poissons, installé depuis 2006 dans le Bronx, s'y tenait depuis 1821. **South Street Seaport Museum** couvre les 12 *blocks* de ce qui fut jadis le plus

grand port américain. Il abrite la plus grande collection de navires historiques entretenus grâce à des subventions privées des États-Unis et il possède plus de 20 000 pièces, dont des documents et des œuvres d'art sur l'histoire maritime des XIXe et XXe siècles.

Le **New York City Police Museum** (*p. 76*) relate l'histoire de la mise en application de la loi à travers des expositions sur les armes, la médecine légale et les arrestations de criminels célèbres.

Schermerhorn Row ❷

Fulton St and South St. **Plan** 2 D3. Ⓜ *Fulton St.*

Le plus bel ensemble architectural du Seaport fut construit en 1811 par l'armateur et marchand de fournitures pour bateaux Peter Schermerhorn sur un terrain gagné sur le fleuve. Il comprenait des entrepôts et des immeubles de bureaux. L'ouverture du débarcadère du bac de Brooklyn en 1814, puis du marché aux poissons en 1822, en accrut la valeur.

Entièrement restaurés dans le cadre du South Street Seaport, les bâtiments abritent 24 galeries, des boutiques et des restaurants.

Bâtiments restaurés Schermerhorn Row

Brooklyn Bridge ❸

Voir p. 86-89.

Criminal Courts Building ❹

100 Centre St. **Plan** 4 F5.
Ⓜ *Canal St.* ⭕ *lun.-ven. 9h-17h.*
⬚ *j.f.* ⬚

Cet édifice de 1939, de style Art déco, évoque un temple babylonien. L'entrée, haute de trois étages, est en retrait dans une cour, derrière deux énormes colonnes de granite : les accusés ne manquent pas d'en être impressionnés. Le bâtiment abrite aussi une prison pour hommes, qui se trouvait jadis de l'autre côté de la rue, dans un immeuble baptisé The Tombs (« Les Tombeaux ») en raison de son architecture de style égyptien. L'immeuble a disparu, mais l'appellation est restée. Un « pont des Soupirs » relie le building au tribunal correctionnel situé de l'autre côté de la rue.

Cet immeuble abrite également les tribunaux nocturnes, où les affaires sont généralement jugées en semaine de 17 h à 1 h.

L'entrée de Criminal Courts Building

New York County Courthouse ❺

60 Centre St. **Plan** 2 D1.
Ⓜ *Brooklyn Bridge-City Hall.*
⭕ *lun.-ven. 9h-17h* ⬚ *j.f.* ⬚

Cette cour suprême de justice du comté, construite en remplacement de Tweed Courthouse (*p. 90*), fut achevée en 1926. Le portique corinthien au sommet d'un large escalier est la caractéristique majeure de cet édifice de plan hexagonal. L'austérité de l'extérieur contraste avec la rotonde à colonnade intérieure, éclairée de lustres de Tiffany, et dont le plafond peint par Attilio Pusterla illustre les thèmes de la loi et de la justice. Les salles de tribunal sont situées dans les six ailes qui partent de la rotonde. C'est ici que fut tourné *Douze Hommes en colère* avec Henry Fonda.

New York County Courthouse

United States Courthouse ❻

40 Centre St. **Plan** 2 D1.
Ⓜ *Brooklyn Bridge-City Hall.*
◯ *lun.-ven. 9h-17h.* 🔲 *j.f.* ♿

Ce palais de justice fut la dernière œuvre entreprise en 1933 par l'architecte Cass Gilbert – à qui l'on doit aussi Woolworth Building *(p. 91)*. La construction fut achevée par son fils. Cet immeuble de

United States Courthouse

31 étages est constitué d'une tour surmontée d'une pyramide, appuyée sur un édifice en forme de temple classique. Le bronze ouvragé des portes est vraiment remarquable. Des passerelles relient l'édifice à son annexe de Police Plaza.

Municipal Building ❼

1 Centre St. **Plan** 1 C1. Ⓜ *Brooklyn Bridge-City Hall.* 🔲 ♿

Le Municipal Building, édifié en 1914, domine le Civic Center et enjambe Chambers Street. Premier gratte-ciel de McKim, Mead & White, il abrite des bureaux et une chapelle où sont célébrés des mariages. L'extérieur, en harmonie avec le City Hall, ne dépare pas les édifices plus anciens. La caractéristique la plus remarquable réside dans les tours surmontées d'une statue d'Adolph Wienman, *Civic Fame*.

La gare de chemin de fer (désaffectée) qui s'enfonce à la base de l'immeuble municipal et le parvis qui le relie à l'entrée d'une station de métro furent conçus pour répondre aux besoins modernes en matière de transport urbain. Ce building aurait inspiré la grande tour de l'université de Moscou.

Surrogate's Court, Hall of Records ❽

31 Chambers St. **Plan** 1 C1.
Ⓜ *City Hall.* ◯ *lun.-ven. 9h-17h.*
🔲 *j.f.* 🔲 ♿ 🔲

Le Hall of Records fut construit de 1899 à 1911 pour abriter les archives de la ville. La façade à colonnes, en granite blanc du Maine, est surmontée d'un toit à la Mansard. Les sculptures de Henry K. Bush-Brown qui ornent le toit représentent les âges de la vie ; quant aux statues de Philip Martiny qui dominent la colonnade, elles figurent d'éminents

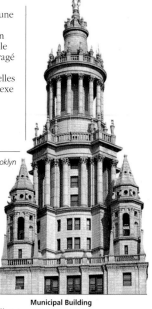

Municipal Building

New-Yorkais tels que Peter Stuyvesant. Martiny sculpta également des représentations de New York à ses origines et à l'époque révolutionnaire (entrée de Chambers Street).

L'Opéra de Paris a servi de modèle pour les escaliers de marbre et le plafond peint de l'éblouissant hall central. Le plafond en mosaïque dû à William de Leftwich Dodge représente notamment les signes du zodiaque.

Les archives les plus anciennes conservées datent de 1664. Une exposition permanente présente des documents, dessins, lettres et photographies historiques évoquant la vie à New York de 1626 à nos jours.

Surrogate's Court

Brooklyn Bridge ❸

Le pont de Brooklyn, achevé en 1883, était alors le plus grand pont suspendu du monde et le premier de ce type à avoir été construit en acier. Alors qu'il était bloqué par les glaces sur le bac qui devait le conduire à Brooklyn, l'ingénieur John A. Roebling avait eu l'idée d'un pont enjambant East River. Outre Roebling lui-même, une vingtaine des 600 hommes qui prirent part à la construction trouvèrent la mort au cours du chantier. Après 16 ans de travaux, le pont relia Manhattan à Brooklyn, qui étaient alors deux villes distinctes.

Médaille frappée pour
l'inauguration du pont

PONT DE BROOKLYN

*De la conception des câbles
à l'enfouissement des supports,
le pont fut construit avec des
techniques révolutionnaires
pour l'époque.*

Ancrage
Les extrémités des quatre câbles d'acier sont fixées à des barres d'ancrage maintenues par des plaques insérées dans d'énormes piliers. Les espaces intérieurs qui servaient d'entrepôts abritent aujourd'hui des expositions.

Fondations
Les tours s'élèvent sur des caissons immergés dont chacun a la taille de quatre courts de tennis. À l'intérieur on pouvait travailler sous le niveau de la rivière. Au fil des travaux, ils se sont enfoncés dans le lit de East River.

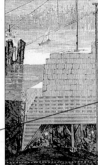

Puits

Plaques d'ancrage
À chacune des quatre plaques d'ancrage en fonte est fixé un câble. La maçonnerie fut construite autour des plaques après leur mise en place.

Fondations
de granite

Câble

Barre
d'ancrage

Plaque d'ancrage

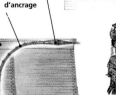

Plaques d'ancrage

Longueur de la travée centrale : 486 m

Fondations

Fondations

Longueur de la chaussée d'un point d'ancrage à l'autre : 1 091 m

Première traversée

Le maître mécanicien E.F. Farrington fut le premier à traverser East River en 1876, accroché à un treuil tiré par une machine à vapeur. Sa traversée dura 22 minutes.

MODE D'EMPLOI

Plan 2 D2. Ⓜ J, M et Z vers Chambers St ; 4, 5 et 6 vers Brooklyn Bridge-City Hall (côté Manhattan) ; A et C vers High St (côté Brooklyn). 🚌 M9, M15, M22, M103. 📷 ♿

Câbles d'acier

Chaque câble est constitué de 5 657 km de fil d'acier zingué et galvanisé pour le protéger des intempéries.

Brooklyn Tower (1875)

Deux doubles arches néogothiques de 83 m de haut, se dressant respectivement à Brooklyn et à Manhattan, devaient constituer les portes des deux cités.

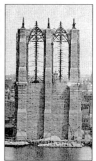

FOUNDATION LINE

À l'intérieur des caissons
Des travailleurs immigrés cassaient des pierres.

JOHN A. ROEBLING

Cet ingénieur d'origine allemande conçut le pont. En 1869, alors que débutaient les travaux, il se fit écraser le pied par un ferry et mourut trois semaines plus tard. Son fils acheva la construction du pont, mais il fut victime en 1872 d'un accident de décompression qui le laissa partiellement paralysé. Sous son contrôle, son épouse prit alors la direction des travaux.

FABRICATION DES CÂBLES

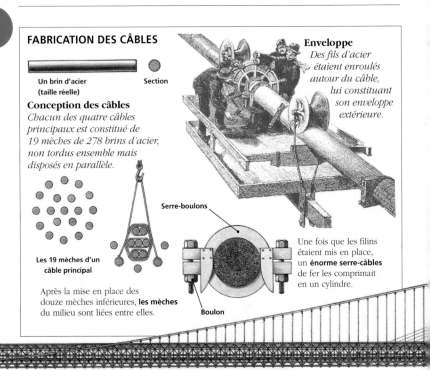

Un brin d'acier
(taille réelle)

Section

Conception des câbles
*Chacun des quatre câbles
principaux est constitué de
19 mèches de 278 brins d'acier,
non tordus ensemble mais
disposés en parallèle.*

Enveloppe
*Des fils d'acier
étaient enroulés
autour du câble,
lui constituant
son enveloppe
extérieure.*

Serre-boulons

**Les 19 mèches d'un
câble principal**

Après la mise en place des
douze mèches inférieures, **les mèches
du milieu sont liées entre elles.**

Boulon

Une fois que les filins
étaient mis en place,
un **énorme serre-câbles**
de fer les comprimait
en un cylindre.

Feux d'artifice du centenaire, en 1983, du Brooklyn Bridge
La célébration donna lieu à un spectacle impressionnant.

Pont vu de Manhattan
*Sur cette vue datant
de 1883, on distingue
les deux voies
extérieures initialement
destinées aux voitures
hippomobiles, les deux
voies centrales réservées
aux tramways et
la passerelle pour
piétons, surélevée.*

Panique du 30 mai 1883
*Après qu'une femme eut chuté
du pont, la foule, d'une vingtaine
de milliers de personnes, fut prise
de panique. Il y eut 12 morts.*

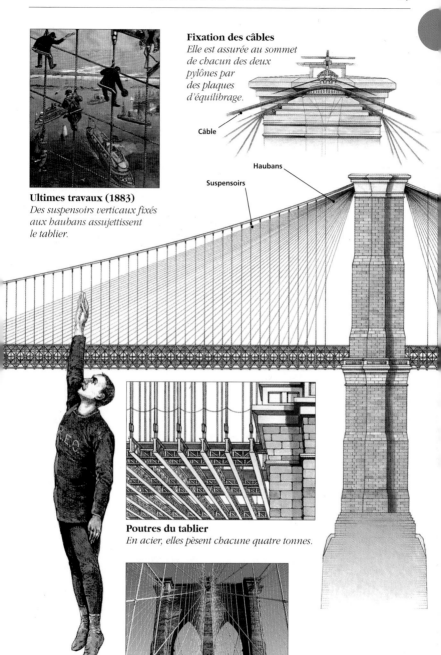

Fixation des câbles
*Elle est assurée au sommet
de chacun des deux
pylônes par
des plaques
d'équilibrage.*

Câble

Haubans

Suspensoirs

Ultimes travaux (1883)
*Des suspensoirs verticaux fixés
aux haubans assujettissent
le tablier.*

Poutres du tablier
En acier, elles pèsent chacune quatre tonnes.

Saut d'Odlum
*Robert Odlum fut
le premier à sauter
du pont, en mai 1885,
à la suite d'un pari.
Il devait mourir d'une
hémorragie interne.*

Passerelle surélevée
*Le poète Walt Whitman
considérait que la vue
qui s'offrait depuis la
passerelle, au-dessus de
la chaussée, était pour son
âme « le meilleur, le plus
efficace des remèdes ».*

Old New York County Courthouse ❾

52 Chambers St. **Plan** 1 C1. Ⓜ
Chambers St-City Hall. ⬚ *comprise
dans la visite de City Hall.*

Cet édifice est surtout connu
pour le scandale qui
accompagna sa construction :
il est surnommé « le château
Tweed », du nom du
politicien qui dépensa 20 fois
le budget initialement prévu
et empocha neuf cent
14 millions de dollars que
coûta ce palais de justice.
Tweed acheta une carrière de
marbre et fit des profits
faramineux en vendant des
matériaux à la Ville. Il fut
finalement arrêté en 1871 :
jugé dans son propre palais
de justice, il mourut dans une
prison new-yorkaise (*p. 27*).
   Après des travaux de
restauration s'élevant à
85 millions de dollars, l'ancien
palais de justice doit accueillir
le Department of Education.

L'imposante façade de City Hall,
datant du début du XIXe siècle

City Hall ❿

City Hall Park. **Plan** 1 C1. **Tél**. 311.
Ⓜ *Brooklyn Bridge-City Hall Park
Place.* ◯ *pour vis. sur rés. seul.* ◙
♿ ⬚ *(212) NEW-YORK.*

City Hall, siège de
l'administration municipale
depuis 1812, est l'une des
plus belles réalisations
architecturales américaines
du début du XIXe siècle. Cet
imposant édifice de style
fédéral fut conçu par le
Français Joseph Mangin et

Barnum's Museum détruit devant la foule de City Hall Park

l'Américain John McComb Jr.
L'arrière de l'hôtel de ville ne
bénéficia pas d'un revêtement
de marbre, car l'on pensait
alors que la ville ne se
développerait jamais vers le
nord. En 1954, une
restauration (en calcaire et
granite) remédia à ce défaut.
   On attribue habituellement
à Mangin l'extérieur et à
McComb le magnifique
intérieur, caractérisé par une
rotonde surmontée d'un
dôme entouré de dix
colonnes. L'espace intérieur
s'ouvre sur un élégant
escalier de marbre à double
volée, qui mène à la salle du
Conseil et aux appartements
du gouverneur – ces derniers
comprennent une galerie de
portraits des premières
personnalités new-yorkaises.
Cette superbe entrée
accueille depuis près de
deux siècles les grands de
ce monde. En 1865, la
dépouille d'Abraham
Lincoln y fut exposée.
Du sommet des
marches, on voit
sur la droite une
statue de Nathan
Hale, soldat
américain
pendu par les
Britanniques pour
espionnage en
septembre 1776. Ses
dernières paroles
(« Mon seul regret est
de n'avoir pas plus
d'une vie à offrir au
service de mon pays »)
lui ont valu de figurer en
bonne place dans les
manuels d'histoire
américains.

City Hall Park et Park Row ⓫

Plan 1 C2. Ⓜ *Brooklyn Bidger-City
Hall Park Place.*

Ce site fut, dans la période
prérévolutionnaire, le théâtre
de manifestations contre
l'autorité coloniale
britannique.
   Sur la pelouse ouest de
City Hall se dresse un
monument commémorant les
mâts de la Liberté qui y furent
érigés. George Washington y
assista à une lecture de la
déclaration d'Indépendance,
le 9 juillet 1776. De 1842
à sa destruction par un
incendie en 1865, Phineas
Barnum's Museum attira les
foules à l'extrémité sud du
parc. Park Row Building
abritait le Park Theater,
où, de 1798 à 1848, se
produisirent les
meilleurs comédiens
de l'époque (dont
Edmund Kean et
Fanny Kemble).
Park Row, qui
s'étend au long
de la partie est
de City Hall
Park, était jadis
baptisé
« l'avenue de
la Presse ».
Des journaux
tels que *Sun,
World, Tribune* y
avaient leur siège.
Printing House
Square

**Statue de Benjamin
Franklin, dans
Printing House**

s'enorgueillit d'une statue de Benjamin Franklin tenant un exemplaire de sa *Pennsylvania Gazette*. En 1983, d'importants travaux ont fait de City Hall Park un endroit calme.

Woolworth Building ⓬

233 Broadway. **Plan** 1 C2. 🔲 *au public* Ⓜ *City Hall Park Place.*

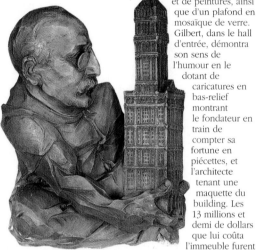

Caricature de l'architecte Gilbert, dans le hall de Woolworth Building

En 1879, Frank Woolworth ouvrit un nouveau type de commerce, où les clients pouvaient voir et toucher les marchandises proposées, et où tout était vendu au prix de cinq cents. Révolutionnant l'univers de la distribution, Woolworth fut bientôt à la tête d'une chaîne de magasins. Le siège de son empire, un édifice de style néogothique (1913), devait être jusqu'en 1930 le plus grand building du monde et il fut le modèle des gratte-ciel suivants.

Le sommet de ce bâtiment, haut de 241 m, dessiné par Cass Gilbert, orné de sculptures de chauves-souris et d'autres animaux, est surmonté d'un toit en pyramide, d'arcs-boutants, de pinacles et de tourelles. Les intérieurs de marbre sont agrémentés d'ornements en filigrane, de bas-reliefs et de peintures, ainsi que d'un plafond en mosaïque de verre. Gilbert, dans le hall d'entrée, démontra son sens de l'humour en le dotant de caricatures en bas-relief montrant le fondateur en train de compter sa fortune en piécettes, et l'architecte tenant une maquette du building. Les 13 millions et demi de dollars que lui coûta l'immeuble furent réglés au comptant. La firme a cessé toute activité commerciale en 1997.

St Paul's Chapel ⓭

209-211 Broadway. **Plan** 1 C2. **Tél.** *(212) 233-4164.* Ⓜ *Fulton St.* 🕐 *lun.-sam. 10h-18h, dim. 9h-16h.* 🔲 *j.f. sauf exception.* ✝ *mer. 12h30, dim. 8h, 10h.* 📷 🎵 *sur r.-v.* **Concerts**. *lun. 13h.* **www**.saintpaulschapel.org

C'est la seule église de Manhattan construite avant

La nef de style colonial St Paul's Chapel

l'indépendance américaine et encore debout. Des concerts gratuits sont organisés dans la nef éclairée de lourds lustres. Le banc où Washington vint prier dès son accession à la présidence a été conservé. Dans le cimetière, Actor's Monument perpétue la mémoire de George Frederick Cooke, qui interpréta maints grands rôles au Park Theater avant de sombrer dans l'alcool à la Shakespeare Tavern de Fulton Street.

AT&T Building ⓮

195 Broadway. **Plan** 1 C2. Ⓜ *Broadway-Nassau Fulton St.* 🕐 *heures de bureau.*

La profusion des colonnes caractérise cet ancien siège social de l'American Telephone & Telegraph dessiné par Welles Bosworth et achevé en 1922 : la façade comprendrait plus de colonnes que tout autre édifice au monde et l'intérieur abrite une forêt de piliers de marbre. L'édifice évoque une pièce montée au sommet carré.

Divinité marine, au-dessus de la porte de AT&T Building

LOWER EAST SIDE

Boîte ancienne au Lower East Side Tenement Museum

L e caractère cosmopolite de New York n'est nulle part aussi évident que dans Lower Manhattan, où s'établirent tant d'immigrants. Italiens, Chinois et juifs y créèrent leurs propres quartiers, où, dans un pays nouveau pour eux, ils surent préserver leurs langues, leurs coutumes, leurs arts culinaires et leurs religions. Si ce quartier a conservé son ambiance inimitable, il s'est cependant nettement embourgeoisé. Les restaurants pullulent ici, tout comme les commerces, où l'on peut faire les meilleures affaires de la ville, ainsi que les bars branchés. Le fameux compositeur Irving Berlin, qui grandit dans ces rues, déclarait : « Chacun devrait avoir un Lower East Side dans sa vie. »

LE QUARTIER D'UN COUP D'ŒIL

Rues et bâtiments historiques
Chinatown ❹
Delancey Street ❿
East Houston Street ⓫
Engine Company N° 31 ⓮
Home Savings of America ❶
Little Italy ❸
Orchard Street ❽
Police Headquarters Building ❷
Puck Building ⓬

Parc
Columbus Park ❺

Musées
FusionArts Museum ⓳
Lower East Side Tenement Museum ❼
New Museum of Contemporary Art ⓰

Boutiques et marchés
Economy Candy ⓱
Essex Street Market ⓴
The Pickle Guys ⓯

Églises et synagogues
Angel Orensanz Center ⓲
Bialystoker Synagogue ❾
Eldridge Street Synagogue ❻
Old St. Patrick's Cathedral ⓭

COMMENT Y ALLER ?
Chinatown et Little Italy sont accessibles en métro (lignes N, R, Q, W, J, M, Z ou 6 vers Canal St) ou en bus (M1 ou M103). Lower East Side est desservi par les lignes de métro B et D (vers Grand St), F (vers Delancey St) et J, M ou Z (vers Essex St) ou par les bus M9, M14A ou M15.

VOIR ÉGALEMENT
• *Atlas des rues* plans 4, 5
• *Hébergement* p. 280
• *Restaurants* p. 296-297
• *Balade dans Lower East Side* p. 258-259

0   500 m
0   500 yds

LÉGENDE
▨ Plan du quartier pas à pas
Ⓜ Station de métro

◁ Effigie de dragon dans Chinatown lors du Nouvel An chinois

Little Italy et Chinatown pas à pas

Le plus grand et le plus pittoresque des quartiers « ethniques » de New York est Chinatown, dont la croissance est si rapide qu'il en passe de submerger Little Italy et le Lower East Side juif. Ses rues regorgent d'étals de primeurs, de boutiques de souvenirs et de centaines de restaurants chinois. Les vestiges de Little Italy occupent Mulberry Street et Grand Street, où flotte le parfum de l'Ancien Monde.

★ Little Italy
Little Italy a conservé de ses origines maints restaurants et boulangeries ❸

★ Chinatown
Ce quartier habité par une communauté prospère d'origine chinoise est célèbre pour ses restaurants et l'animation de ses rues, particulièrement intense lors du Nouvel An chinois (en janvier ou février) ❹

Le marché de Canal Street propose produits frais, vêtements neufs et d'occasion à petits prix.

Ⓜ **Station de Canal Street (lignes R, W, N, Q, 6)**

Le temple bouddhique du n° 64b Mott Street abrite plus de 100 bouddhas dorés.

Le mur de la Démocratie a Bayard Street est couvert de journaux et de posters décrivant la situation en Chine.

Columbus Park *s'étend sur le site de ce qui fut au XIXe siècle le plus misérable taudis de New York* ❺

Confucius Plaza, où se dresse le monument au Philosophe oriental du sculpteur Liu Shih.

Chatham Square, monument aux morts sino-américains.

Police Headquarters Building
Le dôme de cet édifice baroque domine le quartier de City Hall. La police l'a quitté en 1973 : il a depuis lors été transformé en immeuble d'habitation ❷

CARTE DE SITUATION
voir carte de Manhattan p. 14-15

LÉGENDE

— — — Itinéraire conseillé

0   100 m
0   100 yds

Home Savings of America
Stanford White conçut cet édifice en 1894 à l'intention de la Bowery Savings Bank ❶

Umbertos Clam House,
célèbre pour avoir été le lieu de l'assassinat en 1972 du chef mafieux Joey Gallo, était autrefois situé sur Mulberry Street.

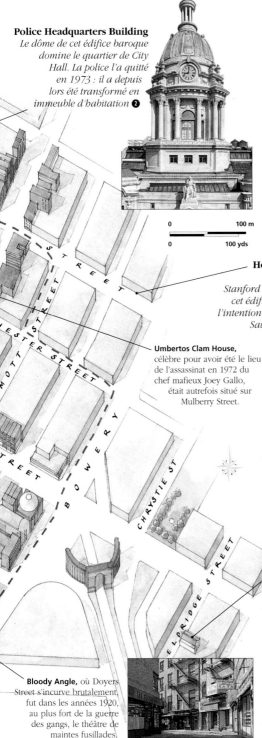

★ **Eldridge Street Synagogue**
Construite en 1887, c'est le premier lieu de culte de taille édifié par des immigrants juifs ❻

À NE PAS MANQUER

★ Chinatown

★ Eldridge Street Synagogue

★ Little Italy

Bloody Angle, où Doyers Street s'incurve brutalement, fut dans les années 1920, au plus fort de la guerre des gangs, le théâtre de maintes fusillades.

Home Savings of America ❶

130 Bowery. **Plan** 4 F4. Ⓜ *Grand St, Bowery.*

Aussi imposant à l'intérieur qu'à extérieur, cet édifice de style Classical Revival fut bâti en 1894 pour la Bowery Savings Bank. L'architecte Stanford White conçut la façade de grès de manière à

Détail de l'immeuble des Home Savings

engloutir la banque Butchers and Drovers qui avait refusé de vendre la parcelle du coin de la rue. L'intérieur est orné de colonnes de marbre et d'un plafond parsemé de rosettes dorées. Au milieu du XXe siècle, le contraste avec la misère du quartier était saisissant. L'immeuble ne se visite qu'exceptionnellement.

Police Headquarters Building ❷

240 Centre St. **Plan** 4 F4. Ⓜ *Canal St.* ⬛ *au public.*

Achevé en 1909, ce bâtiment surmonté d'une coupole était adapté à sa fonction de quartier général des forces de police professionnelles de la ville. Le portique principal et les pavillons latéraux sont bordés de colonnes corinthiennes. Le manque d'espace dont souffrait le site, au cœur de Little Italy, contraignit l'architecte à adopter un plan en coin.

Fronton sculpté du Police Headquarters Building

Les « meilleurs hommes de New York » vinrent travailler ici pendant 75 ans. Durant la prohibition, Grand Street reçut le sobriquet de « Bootleggers' Row ». On y obtenait facilement de l'alcool. Les revendeurs de contrebande payaient leurs informateurs, qui œuvraient au sein même des forces de police. Celles-ci prirent possession de nouveaux locaux en 1973. En 1985, le bâtiment fut transformé en immeuble d'appartements luxueux.

Little Italy ❸

Rues autour de Mulberry St. **Plan** 4 F4. Ⓜ *Canal St.* www.littleitalynyc.com

Les Italiens du Sud qui émigrèrent à New York à la fin du XIXe siècle vinrent s'entasser dans de sordides appartements construits si près les uns des autres que la lumière du soleil ne parvenait jamais jusqu'aux fenêtres des étages inférieurs. Les maladies telles que la tuberculose régnaient dans ces immeubles insalubres qui abritaient plus de 40 000 habitants.

En dépit des difficultés de la vie dans Lower East Side, la communauté italienne qui s'épanouit aux alentours de Mulberry Street sut préserver l'ambiance de son pays

d'origine. Ceci est encore partiellement vrai, même si la population italienne, réduite aujourd'hui à 5 000 personnes, est de plus en plus menacée par l'extension de Chinatown.

Le moment le plus propice à une visite du quartier se situe lors des fêtes de San Gennaro *(p. 52)*. Chaque année, Mulberry Street est rebaptisée Via San Gennaro pendant neuf jours. Le 19 septembre, une grande procession accompagne les reliques du saint dans les rues. Tout au long des festivités, la foule se saoule de musique, de danse, de spectacles, de boissons et de mets variés. Les restaurants de Little Italy proposent une cuisine simple et généreuse.

Une rue de Little Italy

Chinatown ❹

Rues autour de Mott St. **Plan** 4 F5. Ⓜ *Canal St.* **Eastern States Buddhist Temple** 64b Mott St. ⬤ *t.l.j. 9h-18h.* www.explorechinatown.com

Le Chinatown du début du XXe siècle était avant tout une communauté masculine, constituée par des immigrants chinois venus de Californie, qui envoyaient le fruit de leur travail à leurs familles restées en Chine (les lois américaines relatives à l'immigration leur interdisant d'entrer aux États-Unis). Le mah-jong et les jeux d'argent étaient pour ces hommes des divertissements quotidiens. Vivant isolée du reste de la ville, cette communauté demeura financée et contrôlée par ses propres organisations secrètes, les *Tongs*. Si certains de ces *Tongs* étaient des associations familiales, d'autres (dont les On Leong et les Hip Sing) étaient des

Épicerie chinoise dans Canal Street

confréries criminelles. L'étroite Doyers Street fut qualifiée de Bloody Angle (« le Coin Sanglant »), en raison des embuscades que s'y tendaient les gangsters rivaux. Une trêve conclue en 1933 entre les *Tongs* amena la paix à Chinatown, qui dès 1940 était occupée par des familles bourgeoises. Après la guerre, les immigrants et les sociétés venus de Hong Kong accrurent la prospérité du quartier, où vivent actuellement plus de 80 000 Sino-Américains.

On visite souvent ce quartier pour sa cuisine, mais il possède d'autres attraits : galeries d'art, antiquités ou fêtes orientales *(p. 53)*. Un autre aspect de Chinatown

apparaît au temple bouddhique du n° 64b Mott Street où s'amoncellent les offrandes et où plus de 100 effigies du Bouddha luisent à la clarté des cierges.

Columbus Park ❺

Plan 4 F5. Ⓜ *Canal St.*

La tranquillité de Columbus Park est à mille lieues des scènes qui se déroulaient dans le voisinage au début du XIXᵉ siècle. Le quartier, où régnaient des gangs, comme celui des « Lapins morts », était occupé en partie par les taudis de Five Points, dévolu à la prostitution et à la délinquance. En moyenne, un meurtre y était commis chaque jour et les policiers eux-mêmes craignaient de s'y aventurer. Par suite notamment des écrits du journaliste réformateur Jacob Riis, les taudis furent rasés en 1892.

Eldridge Street Synagogue ❻

12 Eldridge St. **Plan** 5 A5. **Tél.** *(212) 219-0888.* Ⓜ *East Broadway.* ⬤ *dim.-jeu. 10h-17h.* 📷 🚫 📷 *toutes les 30 min de 10h à 16h.* 🌐 www.*eldridgestreet.org*

Lorsque ce lieu de culte fut construit par des ashkenazes orthodoxes en 1887, il s'agissait du temple le plus somptueux des environs. Mais de nombreux immigrants juifs, qui ne considéraient Lower East Side que comme la première étape de leur vie,

quittèrent la synagogue. Dans les années 1930, ce sanctuaire orné de vitraux, de délicates sculptures et de chandeliers de cuivre ferma ses portes.

Trente ans plus tard, un groupe de citoyens entreprit de réunir des fonds en vue de sa restauration. Rouverte en 2007, la synagogue, devenue un centre culturel actif, propose concerts et autres programmes. Bien que laissée à l'abandon des années, la façade, où l'on décèle des influences romanes, gothiques et mauresques, reste impressionnante. À l'intérieur, l'arche italienne sculptée à la main et le balcon de bois ouvragé suffisent à percevoir ce qui fit la gloire de l'édifice.

Lower East Side Tenement Museum ❼

108 Orchard St. **Plan** 5 A4. **Tél.** *(212) 431-0233.* Ⓜ *Delancey, Grand St.* ⬤ *pour vis.* 📷 *vis. guid. sur rés. seul., mar.-ven. 13h20-16h45, sam.-dim. 11h-17h.* 📷 *1ᵉʳ janv., Thanksgiving, 25 déc.* 📷 🚫 📷 **Conférences, films, vidéos.** 📷 *t.l.j.* www.*tenement.org*

Marchand des quatre-saisons (1890), Lower East Side Tenement Museum

L'intérieur de l'édifice reconstitue les appartements à différentes époques : fin des années 1870, 1916, 1918 et 1935. Jusqu'en 1879, aucune loi ne régissait les conditions de vie des *tenements* (pièces sans fenêtres, lavabos et toilettes sur le palier, peu de conduits d'aération) et les occupants vivaient dans des conditions d'insalubrité déplorables. Le musée propose notamment une exposition récente « L'atelier » et d'excellentes visites guidées dans le quartier.

Vitrail, Eldridge Street Synagogue

Orchard Street

Plan 5 A3. Ⓜ *Delancey, Grand St.*
Voir **Shopping** *p. 320.*
www.lowereastsideny.com

Des immigrants juifs
fondèrent l'industrie de
l'habillement à Orchard Street,
qui doit son nom aux vergers
(orchards) qui s'étendaient
sur le domaine colonial de
James de Lancey. Pendant des
années, la rue fut encombrée
de charrettes à bras. Celles-ci
ont disparu et tous les
commerçants ne sont pas
juifs, mais l'ambiance a
subsisté et les boutiques
ferment toujours le samedi,
jour du sabbat. Le dimanche,
les acheteurs se pressent de
Houston à Canal Streets, à la
recherche de bonnes affaires.

Orchard Street est aussi au
cœur de l'embourgeoisement
du quartier où boutiques à la
mode, bars et restaurants
branchés fleurissent.

Le marché aux légumes de Canal Street

orientée vers l'ouest et non
vers l'est, comme le voudrait
la tradition). L'intérieur,
magnifique, se signale par
ses vitraux, son arche de bois
sculpté et ses peintures
murales figurant les signes
du zodiaque et des vues
de la Terre sainte.

Delancey Street ⓾

Plan 5 C4. Ⓜ *Essex St.*
Voir **Shopping** *p. 320.*
Bowery Ballroom, *6 Delancey St.*
Tél. *(212) 533-2111. Voir le site*
Internet pour les horaires de
spectacles. 📷 *sans flash.* ♿
www.boweryballroom.com

Jadis boulevard des plus
majestueux, Delancey Street
n'est aujourd'hui guère plus
qu'une voie d'accès au
Williambsburg Bridge.
Cette rue doit son nom à
James de Lancey, dont la
ferme était située dans les
environs à l'époque coloniale.
Demeuré loyal au roi

George II durant la révolution
(p. 22-23), James de Lancey
s'enfuit en Angleterre à la fin
de la guerre d'Indépendance,
avant que ses biens
ne soient saisis.

Au n° 6 de Delancey St.,
se trouve le **Bowery Ballroom**,
un théâtre sur trois niveaux
qui fut achevé quelques
semaines avant le krach
boursier de 1929 *(p. 31)*.
Abandonné durant
la Grande Dépression
et la Deuxième Guerre
mondiale, il servit ensuite
d'espace de vente au détail
comprenant une mercerie,
un bijoutier et la compagnie
Treemark Shoes.

À la fin des années 1990,
le Bowery Ballroom reprit vie
sous la forme d'une salle de
concerts. On peut toujours y
admirer ses somptueux détails
décoratifs : balustrades en
laiton, plafond voûté
recouvert de cuivre du bar
de la mezzanine et façade
extérieure en fer et laiton.

Peinture murale à Bialystoker
Synagogue

Bialystoker Synagogue ⓽

7-11 Willett St. **Plan** 5 C4. **Tél.**
(212) 475-0165. Ⓜ *Essex St.* ✡
offices fréquents. 🎫 *sur r.-v. seul.*
📷 **www.**bialystoker.org

Ce lieu de culte de style
fédéral, édifié en 1826, était
à l'origine l'église méthodiste
de Willett Street. Rachetée en
1905 par des immigrants juifs
de la province polonaise
de Bialystok, l'édifice fut
transformé en synagogue
(c'est pourquoi elle est

Concert au Bowery Ballroom, un élégant théâtre des années 1920

East Houston Street ⓫

East Houston St. **Plan** 4 F3, 5A3.
Ⓜ *Second Avenue.*

East Houston Street, entre Forsyth et Ludlow Streets, marque la séparation entre Lower East Side et East Village et

Bagels, East Houston Street

expose clairement le mélange de tradition et de modernité qui caractérise le quartier. Entre Forsyth et Eldridge se tient un nouveau petit hôtel, juste à côté de Yonah Schimmel Knish, une boulangerie qui existe depuis 90 ans et qui a gardé ses vitrines d'origine. Un peu plus loin, le Sunshine Theater, qui s'est installé dans une église hollandaise des années 1840, a changé plusieurs fois de vocation. Arène de boxe, puis théâtre de boulevard en yiddish, il projette aujourd'hui des films sur l'art.

Alors que la plupart des odeurs de cuisine yiddish ont disparu de Lower East Side, deux boutiques anciennes ont survécu à East Houston Street. Russ and Daughters, installée dans cette rue depuis 1914, est une épicerie fine réputée depuis trois générations, surtout connue pour ses variétés de poissons fumés, notamment le hareng, ainsi que pour ses nombreuses marques de caviar. Le fondateur commença autour de 1900. À l'angle de Ludlow street, Katz's Delicatessen *(p. 297)*, a fêté ses 100 ans. Ses sandwiches au *corned-beef* et ses hot dogs sont toujours aussi recherchés.

Puck Building ⓬

295-309 Lafayette St. **Plan** 4 F3.
Ⓜ *Lafayette.* ◯ *heures de bureau.*
Tél. *(212) 274-8900.*

Cette curiosité architecturale, construite en 1885 par Albert et Herman Wagner, est inspirée du Rundbogenstil allemand, style du XIXe siècle caractérisé par des bandes horizontales de fenêtres cintrées et par l'emploi habile de briques rouges moulées. De 1887 à 1916, il fut le siège de la revue satirique *Puck*. C'était alors le plus grand bâtiment du monde consacré à la lithographie et à l'édition.

Puck Building est aujourd'hui le théâtre de soirées et de séances de photographie de mode. Les seuls liens actuels avec le mythique Puck résident dans la statue dorée qui se dresse au coin de Mulberry et Houston Streets, et dans la version réduite qui surmonte l'entrée de Lafayette Street.

La statue de Puck, dans le coin nord-est du building du même nom

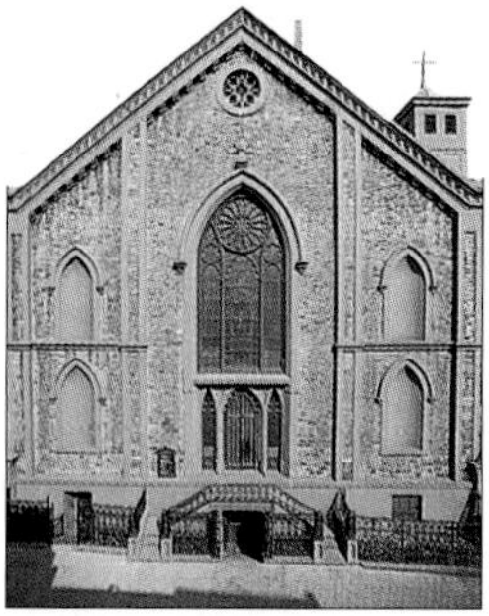

Old St Patrick's Cathedral

Old St Patrick's Cathedral ⓭

263 Mulberry St. **Plan** 4 F3.
Tél. *(212) 226-8075.*
Ⓜ *Prince St.* ◯ *jeu.-mar. 8h-12h30, 15h30-18h.* ✝ *lun.-ven. 9h, 12h, sam. 17h30, dim. 9h15 et 12h45 ; en espagnol : dim. 10h30.*
www.oldsaintpatricks.com

La construction de la première cathédrale Saint-Patrick fut entreprise en 1809, ce qui en fait l'une des plus anciennes églises de la ville. Détruite par le feu dans les années 1860, elle fut relevée et prit alors un aspect très semblable à celui qui est aujourd'hui le sien. Lorsque l'archevêché prit la décision de transférer la cathédrale *uptown* (au nord) *(p. 178-179)*, elle devint simple église de quartier.

Les modifications ethniques intervenues au sein des paroissiens n'ont en rien nui à sa fréquentation. Les cryptes contiennent parmi d'autres tombes celles de l'une des familles de restaurateurs new-yorkais les plus célèbres, les Delmonico. Pierre Toussaint fut inhumé dans le cimetière adjacent, avant que sa dépouille ne fût transférée (en 1990) dans une crypte de la nouvelle cathédrale. Né esclave à Haïti en 1766, Toussaint fut amené à New York, où il fut affranchi et devint un prospère perruquier. Il se consacra ensuite aux pauvres, aux victimes du choléra et aux orphelins. Sa canonisation est actuellement envisagée.

Engine Company n° 31 ⑭

87 Lafayette St. **Plan** 4 F5.
Tél. (212) 966-4510.
Ⓜ Canal St. 🅿 au public.

Au XIXᵉ siècle, l'importance des casernes de pompiers était telle qu'elles étaient jugées dignes d'avoir une belle architecture.

Cette caserne bâtie en 1895 est l'une des plus intéressantes réalisations de l'agence Le Brun, qui s'en était fait une spécialité. Le bâtiment, qui évoque lointainement un château de la Loire, est actuellement occupé par le Downtown Community Television Center ; celui-ci propose des cours et organise des ateliers pour ses membres.

La façade de l'Engine Company n° 31

The Pickle Guys ⑮

49 Essex St. **Plan** 5 B4. **Tél.** (212) 656-9739. Ⓜ Grand St.
🕐 ven. 9h-16h, dim.-jeu. 9h-18h.
www.nycpickleguys.com

Le parfum des pickles envahissait déjà ce petit coin d'Essex Street dans les années 1900, lorsque la rue était pleine d'épiceries juives. Fidèle à la tradition d'Europe de l'Est, The Pickle Guys fait macérer ses condiments pendant des mois dans des tonneaux remplis de saumure, d'ail et d'épices.

Plus ou moins épicés ou aigres-doux, les condiments sont garantis sans additifs ni conservateurs et strictement casher.

Deux tonneaux traditionnels encadrent l'entrée du Pickle Guys

Le magasin vend aussi des tomates et des céleris marinés, des olives, des champignons, des piments, des tomates séchées, du chou sucré et des harengs.

Cette épicerie familiale cultive une atmosphère chaleureuse et perpétue les traditions du quartier.

New Museum of Contemporary Art ⑯

235 Bowery St. **Plan** 4 E3.
Tél. (212) 219-1222. Ⓜ Spring St, Bowery. 🕐 mer.-dim. midi-18h (jeu. et ven. 21h). 🎦 📷 ♿ 🎧
Conférences, lectures, concerts.
🖥 **www**.newmuseum.org

Marcia Tucker quitta son poste de directrice de la section peinture et sculpture du Whitney Museum pour fonder ce musée en 1977. Souhaitant présenter les œuvres qui manquaient à la plupart des musées traditionnels, elle créa l'un des lieux les plus modernes de New York. Elle a innové en créant le Media Lounge, un espace dédié aux médias, à l'art numérique, aux installations vidéos et aux œuvres sonores. Le musée organise trois ou quatre grandes expositions chaque année. Les premières ont compté, entre autres, des œuvres de Jeff Koons et de John Cage.

L'étonnant bâtiment de sept étages conçu par Sejima et Nishizawa, des architectes tokyoïtes, est un ajout notable à cette rue de Manhattan. Cet empilement sculptural de cubes lumineux est le premier musée d'art construit au centre de Manhattan depuis plus d'un siècle. Un espace de 5 574 m² est consacré aux expositions. On y trouve aussi la boutique du musée, un cinéma, un café et une terrasse sur le toit offrant une vue imprenable sur la ville.

Les étagères remplies de friandises d'Economy Candy

Economy Candy ⑰

108 Rivington St. **Plan** 5 B3.
Tél. 1-800-352-4544.
Ⓜ Second Ave-Houston St.
🕐 sam. 10h-17h, dim.-ven. 9h-18h.
www.economycandy.com

Cette institution de Lower East Side depuis 1937 vend des centaines de variétés de bonbons, de noix et de fruits secs. Tapissé du sol au plafond d'étagères remplies de bocaux anciens, ce confiseur est l'un des rares magasins du quartier à ne pas avoir changé d'enseigne depuis plus de 60 ans.

Jerry Cohen a su transformer le petit « Nosher's Paradise of the Lower East Side » de son père en entreprise nationale. Le magasin propose des gourmandises du monde entier ainsi que d'innombrables friandises trempées dans du chocolat, des pastilles en chocolat de 21 couleurs différentes, de délicieux thés et cafés, des bonbons avec édulcorants et des sucreries casher.

L'intérieur de l'ancienne synagogue Angel Orensanz Center

Angel Orensanz Center ⓲

172 Norfolk St. **Plan** 5 B3.
Tél. (212) 529-7194. Ⓜ Essex St, Delancey St. ⃝ sur r.-v. &
www.orensanz.org

Cette structure néogothique rouge cerise de 1849 est la plus ancienne synagogue de New York. Avec ses plafonds de 15 m de haut et ses 1 500 places assises, c'est aussi la plus grande des États-Unis. Conçue par l'architecte berlinois Alexander Saelzer dans la tradition de la Réforme allemande, elle ressemble beaucoup à la cathédrale de Cologne et à la Friedrichwerdesche Kirche de Berlin.

Après la Seconde Guerre mondiale et le déclin de la population juive de Lower East Side, cette synagogue

ferma ses portes, comme beaucoup d'autres. En 1986, l'immeuble fut racheté par le sculpteur espagnol Angel Orensanz et transformé en atelier d'art. Il sert actuellement de centre culturel où se déroulent des événements artistiques, musicaux et littéraires.

FusionArts Museum ⓳

57 Stanton St. **Plan** 5 A3.
Tél. (212) 995-5290. Ⓜ Second Ave-Houston St. ⃝ mar-ven. et dim. 12h-18h. ▣ & ⫶
www.fusionartsmuseum.org

L'entrée du musée ne passe pas inaperçue, avec ses sculptures métalliques psychédéliques à l'image des œuvres exposées à l'intérieur. Le musée est consacré au *fusion art*, un art qui marie diverses disciplines artistiques – peinture, sculpture, photographie et vidéo – pour former un nouveau genre. Sa localisation lui donne accès à une scène artistique d'avant-garde que les musées d'art contemporain d'Uptown ont tendance à négliger, et permet à des artistes moins connus d'exposer leurs œuvres dans une galerie réputée.

De nombreux artistes, créateurs de *fusion art* à Lower East Side depuis plus de deux décennies, ont déjà exposé collectivement leurs œuvres ici.

Sculptures métalliques à l'entrée du FusionArts Museum

Essex Street Market ⓴

120 Essex St. **Plan** 5 B3.
Tél. (212) 312-3603/388-0449. Ⓜ Essex St, Delancey St. ⃝ lun.-sam. 8h-19h. ▣ ⫶
⫶ www.essexstreetmarket.com

Ce marché fut créé en 1938 par le maire Fiorello La Guardia pour regrouper les marchands dont les charrettes à bras gênaient la circulation – notamment les voitures de police et les camions de pompiers.

Les halles abritent une vingtaine d'étals de bouchers, fromagers, maraîchers et marchands d'épices. L'un des plus anciens, le boucher Jeffrey's, est là depuis 1939.

À côté, l'Essex Restaurant sert une cuisine latino-juive, et la galerie d'art Cuchifritos expose les artistes du quartier.

Étal de boucher, marché couvert d'Essex Street

SOHO ET TRIBECA

Les arts et l'architecture sont les deux axes majeurs de la transformation de ces anciens quartiers industriels. SoHo (South of Houston) était menacé de démolition dans les années 1960, quand les défenseurs du patrimoine attirèrent l'attention sur l'architecture à structure métallique *(cast-iron)* caractéristique. Dès lors, des artistes

Devanture d'une boulangerie à SoHo

s'installèrent dans les lofts du quartier, où s'implantèrent bientôt de nombreux cafés, galeries d'art et boutiques. L'augmentation des loyers ayant ensuite chassé les artistes, ceux-ci s'établirent à TriBeCa (Triangle Below Canal), dont les galeries d'art, les restaurants et le Tribeca Film Festival (en mai) sont aujourd'hui très en vogue.

LE QUARTIER D'UN COUP D'ŒIL

Rues et bâtiments historiques
Greene Street ❸
Harrison Street ❽
Haughwout Building ❶
St Nicholas Hotel ❷
Singer Building ❹
White Street ❾

Musées et galeries d'art
Children's Museum of the Arts ❺
New York City Fire Museum ❼
New York Earth Room ❻

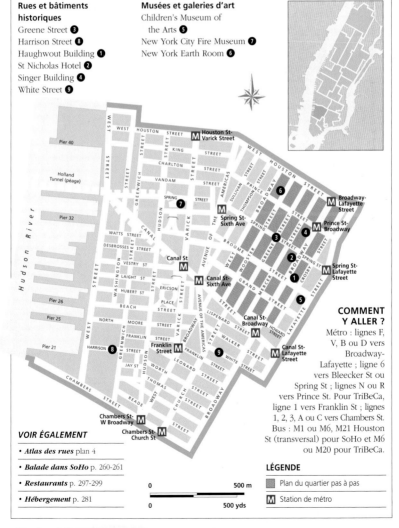

COMMENT Y ALLER ?
Métro : lignes F, V, B ou D vers Broadway-Lafayette ; ligne 6 vers Bleecker St ou Spring St ; lignes N ou R vers Prince St. Pour TriBeCa, ligne 1 vers Franklin St ; lignes 1, 2, 3, A ou C vers Chambers St. Bus : M1 ou M6, M21 Houston St (transversal) pour SoHo et M6 ou M20 pour TriBeCa.

VOIR ÉGALEMENT
• *Atlas des rues* plan 4
• *Balade dans SoHo* p. 260-261
• *Restaurants* p. 297-299
• *Hébergement* p. 281

LÉGENDE
▢ Plan du quartier pas à pas
Ⓜ Station de métro

◁ Façades métalliques de Greene Street

Le quartier de SoHo et l'architecture de fonte pas à pas

La plus grande concentration mondiale d'architecture à façade de fonte *(p. 42)* subsiste dans le quartier compris entre Canal et Houston Streets. Au cœur de ce quartier, Greene Street comprend 50 bâtiments élevés entre 1869 et 1895. Les façades richement ouvragées, produites en série dans des fonderies, sont aujourd'hui des œuvres rares d'art industriel, bien en accord avec le caractère du quartier.

West Broadway se caractérise dans la traversée de SoHo par une architecture remarquable et un nombre impressionnant de galeries d'art, de magasins d'artisanat, de boutiques de stylistes et de petits restaurants.

Au n° 72-76 Greene Street, King of Greene Street est un magnifique édifice à colonnes corinthiennes, dû à Isaac Duckworth, l'un des maîtres de l'architecture *cast-iron.*

The Broken Kilometer, au n° 393 West Broadway, est une installation de Walter De Maria *(p. 107).* Cinq cents cylindres en cuivre sont disposés de manière à créer une illusion d'optique. Mises bout à bout, elles mesureraient un kilomètre.

Performing Garage est un petit théâtre expérimental, où sont montées les œuvres d'artistes d'avant-garde.

★ **Greene Street**
L'un des plus beaux exemples d'architecture cast-iron *de Greene Street est sans doute le Queen, au n° 28-30, construit en 1872 par Duckworth* ❸

L'immeuble du n° 10-14 Greene Street date de 1869. Les disques de verre des contremarches de la terrasse métallique permettaient à la lumière d'atteindre le sous-sol.

Le n° 15-17 a été bâti en 1895 dans un style corinthien empreint de simplicité.

Vers la station de métro Canal Street-Broadway

★ **Singer Building**
Ce superbe édifice revêtu de terre cuite fut bâti en 1904 pour le célèbre fabricant de machines à coudre ❹

Richard Haas prolifique spécialiste de la peinture murale, a transformé un mur nu en façade de fonte.

CARTE DE SITUATION
Voir carte de Manhattan p. 14-15

LÉGENDE

━ ━ ━ Itinéraire conseillé

Station de métro de Prince Street (lignes N et R)

Dean & DeLuca est l'une des meilleures épiceries fines de New York, où l'on trouve notamment des cafés du monde entier *(p. 336).*

Le n° 101 de Spring Street, à la façade d'une simplicité géométrique et aux grandes fenêtres, permet de comprendre comment ce style a conduit à la naissance du gratte-ciel.

Station de métro de Spring Street

St Nicholas Hotel
Durant la guerre de Sécession, cet ancien hôtel servit de quartier général à l'armée de l'Union ❷

0 ——————— 100 m
0 ——————— 100 yds

À NE PAS MANQUER

★ Greene Street

★ Singer Building

Haughwout Building
En 1857, c'est dans cet ancien grand magasin que fut installé le premier ascenseur Otis ❶

Haughwout Building ❶

488-492 Broadway. **Plan** 4 E4.
Ⓜ *Canal St, Spring St.*

La façade de Haughwout Building

Cet immeuble à structure et façade de fonte fut bâti en 1857 pour le fabricant de porcelaine, fournisseur de la Maison-Blanche, E.V. Haughwout. Malgré la crasse, la façade est superbe : des rangées de fenêtres sont encadrées d'arches reposant sur des colonnes flanquées de pilastres de plus grande taille. La production industrielle se traduit par une répétition des motifs. Cet immeuble fut le premier à être doté d'un ascenseur Otis.

St Nicholas Hotel ❷

521-523 Broadway. **Plan** 4 E4.
Ⓜ *Prince St, Spring St.*

Le parlementaire anglais W.E. Baxter, qui séjourna à New York en 1854, écrivit au sujet du St Nicholas Hotel : « Tous les tapis sont en velours de pure laine… Les rideaux sont de soie ou de damas… Les broderies des moustiquaires pourraient elles-mêmes être

St Nicholas Hotel à l'apogée de sa gloire

présentées à des membres de la famille royale. » Il n'est pas étonnant que la construction ait coûté plus d'un million de dollars (les bénéfices furent dès la première année supérieurs à 50 000 dollars). Lors de la guerre de Sécession, l'armée de l'Union en fit un quartier général. Plus tard, les hôtels de qualité s'installèrent *uptown* dans le quartier des théâtres. Au milieu des années 1870, il dut fermer ses portes. Il suffit de lever les yeux pour distinguer dans la façade les vestiges de cette opulence passée.

Greene Street ❸

Plan 4 E4. Ⓜ *Canal St.*

Trompe-l'œil de Haas

Au long d'une chaussée pavée, cinq pâtés de maisons construits de 1869 à 1895 constituent le cœur du quartier *cast-iron*. Le *block* qui s'étend entre Broome St et Spring St comprend treize façades entièrement en fonte ; du n° 8 au n° 34 s'étire la plus longue rangée d'immeubles à structure de fonte du monde. King of Greene Street est situé du n° 72 au n° 76, mais c'est pourtant Queen (du n° 28 au n° 30) qui est considérée comme le plus bel exemple de cette architecture *cast-iron*. Si certains immeubles sont remarquables,

c'est tout l'ensemble du paysage de la rue qui vaut d'être apprécié. On pourra pénétrer dans l'une ou l'autre des galeries d'art pour admirer de superbes volumes intérieurs. Au croisement de Greene St et Prince St, le peintre Richard Haas a réalisé un magnifique trompe-l'œil, qui transforme un mur de brique en façade de fonte.

Singer Building ❹

561-563 Broadway. **Plan** 4 E3.
Ⓜ *Prince St.*

Le « petit » Singer Building, bâti en 1904, est le deuxième édifice du même nom conçu par Ernest Flagg : la plupart des critiques le considèrent comme plus réussi que la tour de 41 étages jadis située au bas de Broadway (détruite en 1967). Cet immeuble est joliment décoré de balcons de fer forgé et d'élégantes arches peintes en vert foncé. La façade de terre cuite, de verre et d'acier annonce les murailles de verre et de métal des années 1940 et 1950. Cet immeuble accueillit des bureaux de la célèbre firme Singer, dont le nom est moulé dans la fonte à l'entrée du magasin de Prince Street.

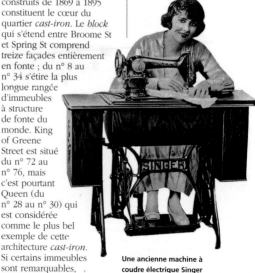

Une ancienne machine à coudre électrique Singer

Children's Museum of the Arts ❺

182 Lafayette St. **Plan** 4 F3.
Tél. (212) 274-0986. Ⓜ Prince St.
🕐 mer., ven., sam., dim. 12h-17h,
jeu. 12h-18h. **Atelier théâtre**
jeu. 13h-18h 🎨 ♿ 🗋
www.cmany.org

Créé en 1988, ce musée
souhaite développer
le potentiel artistique des
enfants de 1 à 12 ans
par le biais d'activités
interactives et
d'ateliers (création,
arts de la scène).
Peinture, colle,
papier et autres
matériaux sont à la
disposition des jeunes
créateurs. Partout dans
le musée, les travaux
d'artistes locaux et d'enfants
du monde entier leur

**Les couleurs vives sont à l'honneur
au Children's Museum of the Arts**

apportent l'inspiration.
Les enfants peuvent se
déguiser ou découvrir le Ball
Pond, un espace capitonné
imitant l'environnement
aquatique par le jeu des
couleurs. Le musée propose
aussi un programme varié de
manifestations destinées aux
enfants et aux familles.

New York Earth Room ❻

141 Wooster St. **Plan** 4 E3.
Tél. (212) 989-5566. Ⓜ Prince St.
🕐 mer.-dim. 12h-15h et 15h30-
18h. ♿ www.earthroom.org

Des trois Earth Rooms
réalisées par l'artiste
conceptuel Walter De Maria,
c'est la seule encore existante.
Commandée par la Dia Art
Foundation en 1977, cette

sculpture terrestre intérieure
consiste en 127 300 kg de
terre entassés à 56 cm de
profondeur dans une pièce de
335 m². Une autre réalisation
de De Maria, *The Broken
Kilometer*, est à voir au 393
West Broadway *(p. 104)*.

**Pompe à
incendie hippomobile
à vapeur La France (1901)**

New York City Fire Museum ❼

278 Spring St. **Plan** 4 D4.
Tél. (212) 691-1303. Ⓜ Spring St.
🕐 mar.-sam. 10h-17h, dim.
10h-16h. ⬤ j.f. 🎨 📷 ♿ 🗋
www.nycfiremuseum.org

Les collections municipales
d'équipement de lutte contre
le feu sont présentées dans
une caserne de pompiers
de style Beaux-Arts (1904).
À l'étage, des voitures
et des pompes sont alignées.
Un jeu interactif de
simulation d'incendie,
accessible uniquement pour
les groupes, donne un aperçu
de ce qu'est la lutte contre
le feu. Au premier étage,
une émouvante exposition est
consacrée aux attentats
du 11 septembre 2001.

Harrison Street ❽

Plan 4 D5. Ⓜ Chambers St.

Entouré d'immeubles élevés,
cet alignement de huit
maisons de ville de style
fédéral, restaurées avec leurs
toits inclinés et leurs lucarnes
distinctives, ressemble à un
décor de théâtre. Ces maisons
furent bâties à la fin du
XVIIIe siècle et au début
du XIXe siècle. Deux d'entre
elles, dessinées par John
McComb Jr., premier grand
architecte new-yorkais

d'origine américaine,
ont été transplantées depuis
Washington Street, leur
emplacement d'origine, pour
des raisons de conservation.
Ces maisons employées
comme entrepôts étaient
sur le point d'être rasées
quand, en 1969, la
Commission des Sites intervint
afin de trouver les fonds pour
les faire restaurer. Elles
appartiennent aujourd'hui,
à des propriétaires
privés. Au-delà des
gratte-ciel s'étend
Washington Market
Park, qui occupe
l'ancien site d'un
marché transféré
dans le Bronx au
début des années 1970.

White Street ❾

Plan 4 E5. Ⓜ Franklin St.

Sans être aussi belle que
celle de certains des *blocks*
de SoHo, l'architecture *cast-
iron* de TriBeCa permet aux
visiteurs d'admirer une palette
de styles très étendue.
L'immeuble du n° 2 présente
des caractéristiques du style
fédéral et un toit à deux
pentes d'un genre fort rare,
très différent du toit mansardé
du n° 17. Le n° 8-10, conçu
en 1869 par Henry Fernbach,
présente des arches et
colonnes toscanes. C'est un
bon exemple d'architecture
néo-Renaissance avec des
étages supérieurs de moindres
dimensions construits pour
donner l'impression que le
bâtiment est encore plus
élevé qu'il n'est réellement.

**La galerie de Rudi Stern Let There
Be Neon, sur White Street**

GREENWICH VILLAGE

L es New-Yorkais l'appellent « le Village ». Ce fut effectivement un village rural, où les citadins vinrent se réfugier lors de l'épidémie de fièvre jaune de 1822.

Le plan tortueux de ses rues, qui reflète l'ancien tracé des parcelles et des cours d'eau, en a fait une sorte d'enclave, un havre de bohème cher à de

Enseigne d'un club
de jazz sur West
3rd Street

nombreux peintres et écrivains. Aujourd'hui apprécié des gays, il s'est cependant embourgeoisé. Près de Washington Square, règnent les étudiants de New York University. Autrefois bon marché, East Village attire aujourd'hui une foule branchée. À Meatpacking District, toujours animé, boutiques à la mode et restaurants se succèdent.

LE QUARTIER D'UN COUP D'ŒIL

**Rues et bâtiments
historiques**
Grove Court **4**
Isaacs-Hendricks House **3**
Jefferson Market Courthouse **7**
Meatpacking District **5**
New York University **14**
N° 75 ½ Bedford Street **2**
Patchin Place **8**

St Luke's Place **1**
Salmagundi Club **10**
Washington Mews **13**

Musées et galeries d'art
Forbes Magazine Building **9**

Églises
Church of the Ascension **12**
First Presbyterian Church **11**
Judson Memorial Church **15**

Parcs et squares
Sheridan Square **6**
Washington Square **16**

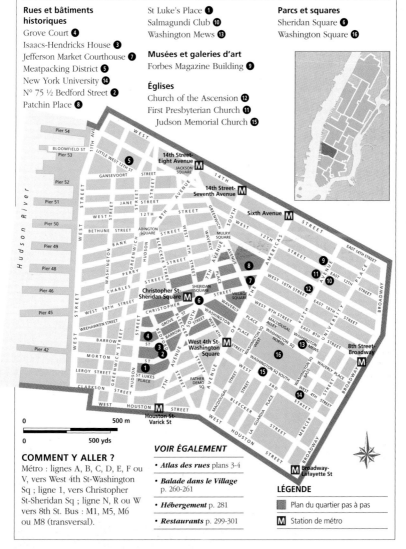

0   500 m
0   500 yds

COMMENT Y ALLER ?
Métro : lignes A, B, C, D, E, F ou V, vers West 4th St-Washington Sq ; ligne 1, vers Christopher St-Sheridan Sq ; ligne N, R ou W vers 8th St. Bus : M1, M5, M6 ou M8 (transversal).

VOIR ÉGALEMENT

• *Atlas des rues* plans 3-4

• *Balade dans le Village*
  p. 260-261

• *Hébergement* p. 281

• *Restaurants* p. 299-301

LÉGENDE

    Plan du quartier pas à pas

M   Station de métro

◁ Terrasse de café à Greenwich Village, une ambiance bohème

Greenwich Village pas à pas

Une promenade dans les rues du Village réserve toujours d'agréables surprises : jolies maisons, allées secrètes ou cours verdoyantes. L'architecture souvent désordonnée est bien en accord avec l'ambiance bohème du quartier. De nombreuses célébrités, dont le dramaturge Eugene O'Neill ou l'acteur Dustin Hoffman, se sont installées dans les maisons et les appartements qui bordent les vieilles rues étroites. C'est à la nuit tombée que le Village se réveille, pour vivre au rythme de ses cafés, de ses clubs et de ses théâtres d'avant-garde.

Le Theatre Lucille Lortel, au n° 121 Christopher Street, a ouvert ses portes en 1955 avec *L'Opéra de quat' sous.*

Christopher Street, point de rencontre de la communauté gay, est bordée de multiples boutiques, bars et librairies.

Twin Peaks, au n° 102 Bedford Street, fut une maison ordinaire, construite en 1830. En 1926, l'architecte Clifford Daily la transforme en résidence pour artistes, la jugeant propice à l'épanouissement de la créativité.

Grove Court
Six maisons ont été bâties en 1853-1854 au fond d'une paisible cour verdoyante ❹

L'immeuble à l'angle de Bedford Street et Groove Street a été utilisé comme façade de l'appartement des personnages de la série télévisée *Friends.*

★ St Luke's Place
Ce bel alignement de maisons de style italianisant fut édifié vers 1850 ❶

Au n° 75 1/2 Bedford Street
se dresse la maison la plus étroite de la ville, bâtie en 1873 dans une allée ❷

Vers la station de métro de Houston Street (à 2 *blocks*)

Le **Cherry Lane Theatre** fut fondé en 1924 dans ce qui était à l'origine une brasserie. Il fut l'un des premiers théâtres en dehors de Broadway.

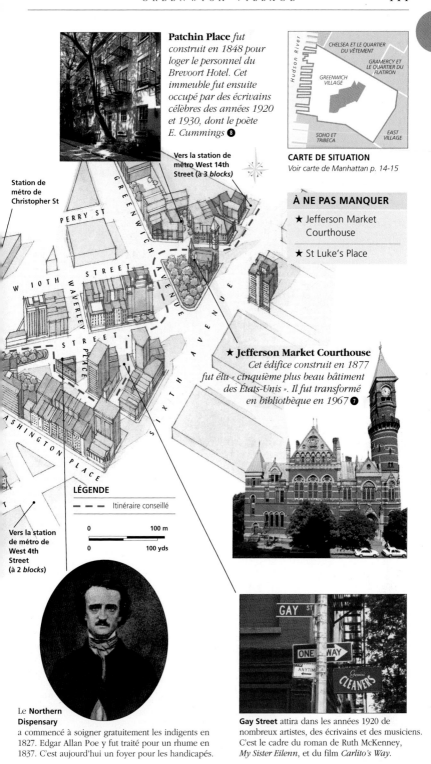

Patchin Place *fut construit en 1848 pour loger le personnel du Brevoort Hotel. Cet immeuble fut ensuite occupé par des écrivains célèbres des années 1920 et 1930, dont le poète E. Cummings* **8**

Vers la station de métro West 14th Street (à 3 *blocks*)

CARTE DE SITUATION
Voir carte de Manhattan p. 14-15

CHELSEA ET LE QUARTIER DU VÊTEMENT

GRAMERCY ET LE QUARTIER DU FLATIRON

GREENWICH VILLAGE

SOHO ET TRIBECA

EAST VILLAGE

Hudson River

À NE PAS MANQUER

★ Jefferson Market Courthouse

★ St Luke's Place

Station de métro de Christopher St

PERRY ST

GREENWICH AVENUE

W 10TH STREET

WAVERLEY

STREET

PLACE

SIXTH AVENUE

ASHINGTON PLACE

★ Jefferson Market Courthouse
Cet édifice construit en 1877 fut élu « cinquième plus beau bâtiment des États-Unis ». Il fut transformé en bibliothèque en 1967 **7**

LÉGENDE

- - - Itinéraire conseillé

| 0 | 100 m |
| 0 | 100 yds |

Vers la station de métro de West 4th Street (à 2 *blocks*)

GAY ST

ONE WAY

ANYTIME

CLEANERS

Le **Northern Dispensary**
a commencé à soigner gratuitement les indigents en 1827. Edgar Allan Poe y fut traité pour un rhume en 1837. C'est aujourd'hui un foyer pour les handicapés.

Gay Street attira dans les années 1920 de nombreux artistes, des écrivains et des musiciens. C'est le cadre du roman de Ruth McKenney, *My Sister Eileen*, et du film *Carlito's Way*.

Maisons sur St Luke's Place

St Luke's Place ❶

Plan 3 C3. Ⓜ *Houston St.*

Un alignement de quinze belles maisons datant des années 1850 borde le côté nord de cette rue. Le parc qui leur fait face a reçu le nom d'un ancien résident de St Luke's Place, Jimmy Walker, maire de la ville de 1926 à 1932, qui dut démissionner à la suite d'un scandale financier. Devant le n° 6 se dressent les réverbères qui à New York permettent d'identifier la demeure d'un maire de la ville. La maison la plus célèbre est celle qui porte le n° 10, présentée dans *The Cosby Show*. C'est également dans cette rue que fut tourné le film *Wait Until Dark,* dans lequel Audrey Hepburn interprétait une jeune aveugle vivant au n° 4. Theodore Dreiser habitait au n° 16 lorsqu'il rédigea *An American Tragedy* (d'autres gens de lettres, dont la poétesse Marianne Moore, vécurent également dans cette rue). À un *block* de distance, vers le nord, le carrefour de Hudson et Morton Streets est situé là où se trouvait il y a trois siècles la rive de Hudson River.

Mayor's Lamp au n° 6

N° 75 ½ Bedford Street ❷

Plan 3 C2. Ⓜ Houston St.
Ⓖ *au public.*
www.cherrylanetheatre.com

La maison la plus étroite de New York, large de 2,90 m, fut bâtie en 1893 dans un ancien passage. La poétesse Edna Saint Vincent Millay y vécut brièvement, tout comme les acteurs John Barrymore puis Cary Grant. Cette maison sur trois niveaux, aujourd'hui rénovée, est indiquée par une plaque.

À deux pas de là, au n° 38 Commerce Street, Miss Millay fonda en 1924 le théâtre de Cherry Lane, où sont encore créées des œuvres de jeunes auteurs, et qui connut son heure de gloire dans les années 1960 avec *Godspell.*

Isaacs-Hendricks House ❸

77 Bedford St. **Plan** 3 C2.
Ⓜ Houston St. Ⓖ au public.

Cette maison construite en 1799 est la plus ancienne subsistant dans le Village. Les vieux murs de bardeaux sont encore visibles sur l'arrière et les côtés ; la brique et le deuxième étage ont été ajoutés ultérieurement. Le premier propriétaire, John Isaacs, acquit le terrain en 1794 pour 295 $. Vint ensuite Harmon Hendricks, marchand de cuivre et associé du révolutionnaire Paul Revere ; il eut pour client Robert Fulton, qui utilisait le cuivre pour les chaudières de ses bateaux à vapeur.

Isaacs-Hendricks House

Grove Court ❹

Plan 3 C2. Ⓜ *Christopher St-Sheridan Sq.*

Un épicier entreprenant du nom de Samuel Cocks construisit ces six maisons de ville enchâssées dans un tournant que décrit la rue. Cocks escomptait que les habitants du terrain auparavant vacant situé entre les n°s 10 et 12 de Grove Street viendraient grossir la clientèle de son magasin du n° 18.

Les *courts* résidentielles, aujourd'hui fort prisées, étaient en 1854 jugées peu respectables, ce qui valut à Grove Court d'être initialement fort mal fréquentée. En 1902, O. Henry fit de ce pâté de maisons le cadre de son roman *The Last Leaf.*

Meatpacking District ❺

Plan 3 B1 Ⓜ *14th St (lignes A, C et E) ; 8th Ave L ; Christopher St-Sheridan Sq.*

Cet ancien quartier des abattoirs où les bouchers se promenaient jadis en tabliers tachés de sang a changé de physionomie, surtout la nuit. Coincé entre la 14e Rue au

Maisons de ville du milieu du XIXe siècle à Grove Court

sud et la 9e Avenue à l'ouest, il est ponctué de bars, de clubs branchés et d'hôtels de charme où les New-Yorkais viennent s'amuser. Son renouveau date de l'installation du club privé londonien Soho House. Les restaurants branchés côtoient les couturiers tendance, dont Stella McCartney et Alexander McQueen.

Le succès du Meatpacking District tient aux plaisirs nocturnes qu'il propose et à l'ouverture en 2009 de l'High Line. Suspendu à plus de 10 m au-dessus du West Side de Manhattan, ce parc unique à New York est construit sur les ruines d'une ligne de chemin de fer datant de 1930.

Sheridan Square ❻

Plan 3 C2. Ⓜ *Christopher St-Sheridan Sq.*

Cette place, où convergent sept rues, est le cœur du Village. Elle porte le nom du général Philip Sheridan, qui s'illustra lors de la guerre de Sécession et devint en 1883 commandant en chef de l'US Army. Sa statue se dresse dans Christopher Park.

En 1863, la place fut le théâtre d'une révolte contre le service militaire. Un siècle plus tard, un autre épisode violent eut lieu : malgré l'interdiction qui frappait les lieux de réunion homosexuels, le bar Stonewall Inn, sur Christopher Street, était resté ouvert au prix du versement de pots-de-vin à la police. Le 28 juin 1969, les clients se rebellèrent contre cet état de fait : à l'issue d'une bataille rangée, les policiers se barricadèrent des heures à l'intérieur de l'établissement, sous les huées de la foule massée à l'extérieur. Cet événement fut perçu comme une victoire morale par le mouvement pour la reconnaissance des droits des homosexuels.

« Old Jeff », la tour pointue du Jefferson Market Courthouse

Jefferson Market Courthouse ❼

425 Ave of the Americas. **Plan** 4 D1. **Tél.** *(212) 243-4334.* Ⓜ *W 4th St-Washington Sq.* ⏰ *lun. et mer. 12h-20h, mar. 10h-18h, jeu. 12h-18h, ven. 13h-18h, sam. 10h-17h.* 🚫 *j.f.* ♿ **www.nypl.org**

« Old Jeff », qui est l'un des édifices fétiches du Village, a échappé aux démolisseurs pour être transformé en annexe de la New York Public Library, à la suite d'une campagne animée qui s'ouvrit lors d'une fête de Noël à la fin des années 1950.

Le site, qui devint un marché en 1833, reçut le nom de l'ancien président des États-Unis Thomas Jefferson. Sa tour abritait une énorme cloche qui retentissait en cas d'incendie pour alerter les pompiers volontaires du quartier. En 1865, la création du corps municipal des sapeurs-pompiers rendit la cloche inutile ; le palais de justice de Jefferson Market, qui fut alors construit, fut désigné comme l'un des dix plus beaux édifices du pays. La cloche fut installée dans

La statue du général Sheridan à Christopher Park

sa tour. C'est là qu'en 1906 Harry Thaw fut jugé pour le meurtre de Stanford White *(p. 126).* En 1945, le marché avait déménagé, le tribunal était désaffecté, l'horloge était arrêtée et le bâtiment menaçait de tomber en ruine. Dans les années 1950, des défenseurs du patrimoine luttèrent pour obtenir la restauration de l'horloge, puis celle de l'édifice tout entier. L'architecte Giorgio Cavaglieri a préservé nombre des détails originels, dont les vitraux et un bel escalier en colimaçon.

Une façade et un ailante de Patchin Place

Patchin Place ❽

W 10th St. **Plan** 4 D1. Ⓜ *W 4th-Washington Sq.*

Ce minuscule pâté de petites demeures bordé d'ailantes est l'une des enclaves pleines de charme du Village. Ces maisons furent construites au milieu du XIXe siècle pour loger les serveurs basques d'un grand hôtel de la 5e Avenue, Brevoort.

Plus tard, de nombreux écrivains célèbres vinrent y habiter. Le poète E. Cummings vécut au n° 4 de 1923 jusqu'à sa mort en 1962. Le poète anglais John Masefield résida également dans l'une de ces maisons, tout comme le dramaturge Eugene O'Neill, ou encore John Reed, dont le témoignage sur la Révolution russe, *Les Dix Jours qui ébranlèrent le monde*, fut porté à l'écran par Warren Beatty, sous le titre de *Reds*.

Jouet mécanique appartenant à
la Forbes Collection

Forbes Magazine Building ❾

60 5th Ave. **Plan** 4 E1. **Tél.** (212)
206-5548. **M** 14th St-Union Sq.
Musée d'art ⬤ mar.-mer.
10h-16h, ven.-sam. (horaires
variables). Poussettes interdites.
🖼️ ♿ ⬤ j.f.

D'aucuns jugent pompeux ce
cube de grès conçu en 1925
par Carrère & Hastings, qui
fut d'abord le siège de la
maison d'édition MacMillan.
Lorsque celle-ci déménagea
uptown, Malcom Forbes y
installa sa revue financière
Forbes. Forbes Magazine
Galleries illustrent ici la
diversité des goûts de
Forbes ; y sont exposés plus
de 500 maquettes de bateaux
anciennes, des jeux de
Monopoly, des trophées,
12 000 petits soldats et un
exemplaire signé de la main
d'Abraham Lincoln du
Discours de Gettysburg, ainsi
que des tableaux français et
américains.

Salmagundi Club ❿

47 5th Ave. **Plan** 4 E1. **Tél.** (212)
255-7740. **M** 14th St-Union Sq.
⬤ t.l.j. 13h-17h. 🚫
www.salmagundi.org

Ce club d'artistes occupe le
dernier hôtel particulier du
bas de la 5e Avenue. Construit
en 1853 pour Irad Hawley,
il est le siège de l'American
Artists' Professional League,
celui de l'American Watercolor
Society et celui de la
Greenwich Village
Society for Historic
Preservation. Le club
doit son nom à la
revue satirique créée
par W. Irving, *The
Salmagundi Papers*.
Fondé en 1871, il s'installa
dans ces locaux en 1917. Lors
d'expositions, l'intérieur est
ouvert au public.

Extérieur du Salmagundi Club

First Presbyterian Church ⓫

5th Ave at 12th St. **Plan** 4 D1. **Tél.**
(212) 675-6150. **M** 14th St-Union Sq.
⬤ lun., mer. et ven. 11h45-12h30,
dim. 11h-12h30. ✝ mer. 18h dans la
chapelle. **www**.fpcnyc.org

Cette église néogothique fut
érigée en 1846 par Joseph
C. Wells. Elle a pour
caractéristique une tour en
grès brun ou *brownstone*. Le
nom des pasteurs depuis 1716
est gravé sur des plaques de
bois, sur l'autel. Le transept
sud, dû à McKim, Mead &
White, a été ajouté en 1893.
La clôture de fer et de bois,
construite en 1844, a été
restaurée en 1981.

Church of the Ascension ⓬

5th Ave at 10th St. **Plan** 4 E1.
Tél. (212) 254-8620. **M** 14th
St-Union Sq. ⬤ t.l.j. 12h-14h et
17h-19h. ✝ lun.-ven.18h, dim.
9h, 11h. 🚫 sauf lors des services.
www.ascensionnyc.org

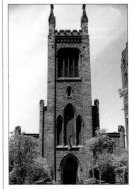

Church of the Ascension

Cette église de style
néogothique fut construite en
1840-1841 par Richard
Upjohn, architecte de Trinity
Church. L'intérieur fut
remanié en 1888 par Stanford
White. Une peinture murale
de John La Farge, *L'Ascension,*
domine l'autel. Le clocher est
illuminé la nuit, ce qui permet
d'admirer les vitraux, dont
certains sont également
l'œuvre de La Farge. C'est
dans cette église qu'en 1844
le président John Tyler épousa
Julia Gardiner, qui habitait
Colonnade Row *(p. 120)*.

Washington Mews ⓭

Entre Washington Sq N et
E 8th St. **Plan** 4 E2. **M** W 4th St.

Ces anciennes écuries furent
transformées vers 1900. La
partie sud fut ajoutée en 1939.
Gertrude Vanderbilt Whitney,
fondatrice du Whitney
Museum *(p. 200-201)*, y vécut.
Au n° 16 se dresse la
maison de la France, rénovée
dans un style français. Elle se
consacre à la défense de la
culture française par le biais
de films, de conférences et de
cours, gratuits pour la plupart.

New York University ⓮

Washington Sq. **Plan** 4 E2.
Tél. (212) 998-1212, (212) 998-4636. Ⓜ *W 4th St.* ⚪ *lun.-ven. 8h30-20h.* **www**.nyu.edu

Initialement baptisée University of the City of New York, NYU fut créée en 1831 pour faire pendant à Episcopalian Columbia University. Aujourd'hui, la plus grande université privée américaine occupe le quartier de Washington Square.

La construction des premiers bâtiments, à Waverly Place, provoqua les émeutes de 1833 : des entrepreneurs protestaient contre l'emploi de détenus sur le chantier. La garde nationale rétablit l'ordre. Ce premier bâtiment n'existe plus, mais un monument comprenant un fragment de la tour a été placé à Washington Square South. Cet édifice vit naître le télégraphe de Samuel Morse et W. Draper et le pistolet de Samuel Colt.

Le Buste de Sylvette par Picasso, entre Bleecker et West Houston Street

Brown Building (à Washington Place) était jadis occupé par la Triangle Shirtwaist Company ; en 1911, la mort de 146 ouvriers dans un incendie du bâtiment conduisit à l'adoption d'une nouvelle législation du travail. *Le Buste de Sylvette,* agrandissement d'une sculpture de Picasso, orne University Village.

Judson Memorial Church ⓯

55 Washington Sq S. **Plan** 4 D2.
Tél. (212) 477-0351. Ⓜ *W 4th St.* ⚪ *lun.-ven. 10h-13h et 14h-18h.* ✚ *dim. 11h.* **www**.judson.org

Cette église construite en 1892 par McKim, Mead & White est un imposant édifice roman orné de vitraux de John La Farge. Conçue par Stanford White, elle doit son nom au premier missionnaire américain envoyé en terre étrangère, Adoniram Judson, qui servit en Birmanie en 1811. Une copie de sa traduction de la Bible en birman fut insérée dans la pierre angulaire lors de la consécration de l'église.

L'église est surtout remarquable par l'esprit qui y souffle. Judson Memorial joue depuis longtemps un rôle social actif, aux plans local et international, dans des domaines aussi divers que la lutte contre le sida ou l'action en faveur du désarmement mondial.

L'arc de triomphe de Washington Square

Washington Square ⓰

Plan 4 D2. Ⓜ *W 4th St.*

Washington Square, qui est aujourd'hui l'une des places les plus animées de New York, était jadis un marécage parcouru par un paisible ruisseau. À la fin du XVIIIe siècle, le secteur avait été transformé en cimetière : lorsque les travaux de terrassement du parc commencèrent, 10 000 squelettes furent exhumés. La place fut un temps le pré carré des duellistes, puis des pendaisons y eurent lieu en public jusqu'en 1819. L'« orme des pendaisons » se dresse toujours dans le coin nord-ouest de la place. En 1826, le marais fut asséché et le ruisseau détourné sous terre. Il y coule toujours : son cours est indiqué par un petit panonceau apposé sur une fontaine à l'entrée du n° 2 de la 5e Avenue.

Un arc de triomphe en marbre, dû à Stanford White, achevé en 1895 et récemment rénové, remplace une arche en bois, érigé à l'occasion du centenaire de l'accession de Washington à la présidence. En 1916, un groupe d'artistes conduit par Marcel Duchamp et John Sloan gagna le sommet de l'arc pour proclamer la naissance de l'État de Nouvelle-Bohème, « République libre et indépendante de Washington Square ». De l'autre côté de la rue, The Row, aujourd'hui intégré à NYU, eut jadis pour occupants les plus éminentes familles de New York. La famille Delano, les écrivains Edith Wharton, Henry James et John Dos Passos y vécurent, tout comme le peintre Edward Hopper. Le n° 8 fut la résidence officielle du maire.

Fenêtre à l'angle de 4th West Street et Washington Square

EAST VILLAGE

Peter Stuyvesant possédait un domaine campagnard dans East Village. Au XIXᵉ siècle, les Astor et les Vanderbilt y vécurent ; mais vers 1900, la haute société se déplaça vers le nord et fut remplacée par des immigrants. Irlandais,

Mosaïque, façade de St Georges's Ukrainian Catholic Church

Allemands, juifs, Polonais, Ukrainiens et Portoricains y ont laissé leur empreinte sous la forme d'églises, de monuments… ou de restaurants – parmi les plus variés et les moins

chers de New York. Dans les années 1960, le niveau peu élevé des loyers attira la Beat Generation ; puis les punks succédèrent aux hippies. Quant aux clubs de musique expérimentale et aux théâtres, ils sont toujours aussi nombreux. Astor Place est le lieu de rencontre favori des étudiants de NYU et du collège Cooper Union. À l'est s'étend Alphabet City, un quartier devenu très branché, défini par les avenues A, B, C et D.

LE QUARTIER D'UN COUP D'ŒIL

Rues et bâtiments historiques
Bayard-Condit Building ❽
Colonnade Row ❸
Cooper Union ❶

Musée
Merchant's House
  Museum ❹

Églises
Grace Church ❻
St Mark's-in-the-
  Bowery
  Church ❺

Parc
Tompkins Square ❼

Théâtre célèbre
Public Theater ❷

VOIR ÉGALEMENT

• *Atlas des rues* plans 4, 5

• *Hébergement* p. 281-282

• *Restaurants* p. 301-302

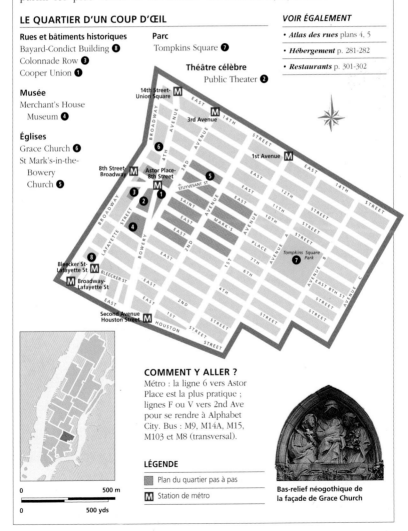

COMMENT Y ALLER ?

Métro : la ligne 6 vers Astor Place est la plus pratique ; lignes F ou V vers 2nd Ave pour se rendre à Alphabet City. Bus : M9, M14A, M15, M103 et M8 (transversal).

LÉGENDE

▢ Plan du quartier pas à pas

Ⓜ Station de métro

0   500 m

0   500 yds

Bas-relief néogothique de la façade de Grace Church

◁ **L'intérieur de McSorley's Old Ale House**

East Village pas à pas

À l'angle des actuelles Stuyvesant St et
10e Rue et se dressait la maison de campagne
de Peter Stuyvesant. Ayant hérité de la majeure
partie du domaine, son petit-fils y fit tracer
des rues en 1787. Les hauts lieux du quartier
historique de St Mark sont St Mark's-in-the-Bowery
Church, la maison Stuyvesant-Fish et la demeure de
Nicholas Stuyvesant (1795). D'autres maisons,
bâties entre 1871 et 1890, ont conservé des
détails architecturaux
d'origine.

Station de
métro
Astor Place
(ligne 6)

Astor Place fut en 1849 le
théâtre de graves
émeutes, après que
l'acteur anglais William
Macready, qui jouait
Hamlet à l'Astor Place
Opera House, eut critiqué
l'acteur américain Edwin
Forrest. Les admirateurs
de ce dernier s'étant
soulevés, la répression
qui s'ensuivit fit 34 morts.

Alamo est un cube
d'acier de Bernard
Rosenthal, de 4,50 m
de côté, qui pivote
lorsqu'on le pousse.

Colonnade Row
*Aujourd'hui délabré, cet alignement jadis somptueux
comptait neuf maisons (il n'en reste que quatre)
unifiées par une façade unique. Le marbre des
colonnes fut extrait par des détenus de Sing Sing* ❸

Public Theater
*En 1965, à l'instigation de
Joseph Papp, la Ville
racheta Astor Library
(1849) pour la transformer
en théâtre. À l'issue des
travaux de restauration, de
nombreuses pièces célèbres
y furent créées* ❷

À NE PAS MANQUER

★ Cooper Union

★ Merchant's House
Museum

★ **Merchant's
House Museum**
*Ce musée abrite une
intéressante collection
de mobilier américain* ❹

★ Cooper Union
*Fondé en 1859
par l'autodidacte
Peter Cooper, ce
collège dispense
un enseignement
gratuit* ❶

Stuyvesant-Fish House (1803-
1804), construite en brique,
est un exemple classique de
demeure de style fédéral.

Renwick Triangle
est un ensemble
de seize maisons
bâties en 1861
dans un style
anglo-italien.

**St Mark's-in-the-
Bowery Church**
*Cette église fut
édifiée en 1799,
le clocher a été
ajouté en 1828* ❺

CARTE DE SITUATION
Voir carte de Manhattan p. 14-15

GRAMERCY ET
LE QUARTIER DU
FLATIRON

GREENWICH
VILLAGE

EAST
VILLAGE

LOWER
EAST SIDE   East Side

Stuyvesant Polyclinic fut
fondée en 1857 sous le nom
de German Dispensary. Cette
clinique se signale par sa
façade ornée des bustes de
médecins et savants célèbres.

St Mark's Place fut un
haut lieu de la culture
hippy. Des magasins
branchés occupent
nombre des sous-sols
de cette rue.

0   100 m
0   100 yds

Little India,
permet de
voyager en Inde à
prix modique, au gré
des restaurants indiens du
côté sud de la 6e Rue Est.

LÉGENDE

 Itinéraire conseillé

Little Ukraine est peuplée par
30 000 Ukrainiens regroupés
autour de St Georges' Church.

McSorley's Old Ale House continue
de brasser sa propre bière, servie
dans un cadre apparemment
inchangé depuis 1854 *(p. 317).*

Le grand hall de Cooper Union, où s'exprima Abraham Lincoln

Cooper Union ❶

7 East 7th St. **Plan** 4 F2.
Tél. *(212) 353-4000.* Ⓜ *Astor Pl.*
🕐 *lun.-ven. 11h-19h, sam. 11h-17h,
ou pour conférences et concerts dans
Great Hall.* 🔅 *juin-août et j.f.* Ⓟ ♿
www.*cooper.edu*

Peter Cooper, riche industriel
qui construisit la première
locomotive à vapeur
américaine, les premiers rails
d'acier et qui fut associé à la
pose du premier câble
transatlantique, n'avait pas fait
d'études. En 1859, il fonda le
premier collège privé gratuit,
mixte et non-confessionnel
de New York. Aujourd'hui,
la concurrence est rude pour
y entrer. L'immeuble de cinq
étages, rénové en 1974, fut
le premier à être construit
autour d'une armature d'acier.
Le grand hall fut inauguré en
1859 par Mark Twain ;
l'année suivante, Lincoln
y prononça son célèbre
discours « Le droit fait
la force ».

Public Theater ❷

425 Lafayette St. **Plan** 4 F2.
Tél. *(212) 239-6200 (tickets),
(212) 539-8500 (secrétariat).*
Ⓜ *Astor Pl.* Voir **Se distraire** p. 344.
www.*publictheater.org*

Ce grand édifice de brique
rouge et de grès brun fut
construit en 1849 sous le nom
d'Astor Library (première
bibliothèque publique
gratuite de la ville).
En 1965, alors que le bâtiment
était menacé de démolition,
Joseph Papp, fondateur du
New York Shakespeare
Festival qui deviendra The
Public Theater, obtint que la
Ville le rachetât pour en
faire le siège de sa
compagnie. Les
travaux de rénovation
furent entrepris en
1967. Une grande
partie de
l'intérieur a été
préservée lors de
la transformation
en six salles de
théâtre. Les œuvres
qui y sont mises
en scène sont
surtout à caractère
expérimental, mais
le Public Theater
a vu la création de
comédies musicales.
En été, il organise également
le festival Shakespeare in the
Park dans Central Park.

Colonnade Row ❸

428-434 Lafayette St. **Plan** 4 F2.
Ⓜ *Astor Pl.* 🔅 *au public.*

Les colonnes corinthiennes
alignées sur la façade de ces
quatre maisons sont le seul
vestige de ce qui fut une
magnifique rangée de neuf
maisons de ville dans le style
néogrec. Achevé en 1833
par le promoteur Seth Geer,
Colonnade Row
fut qualifié
de « Folie
de Geer » par
les sceptiques
qui jugeaient
impossible
que quiconque
fût prêt à
s'installer aussi loin à l'est.
Cependant, des citoyens aussi
éminents que John Jacob
Astor et Cornelius Vanderbilt
y habitèrent. L'écrivain
W. Irving y vécut aussi, tout
comme les grands romanciers
anglais William Thackeray
et Charles Dickens. Cinq
maisons furent rasées au
début du XXᵉ siècle pour
céder la place à un garage.
Celles qui ont subsisté sont
hélas en ruine.

Merchant's House Museum ❹

29 E 4th St. **Plan** 4 F2. ***Tél.*** *(212)
777-1089.* Ⓜ *Astor Pl., Bleecker St.*
🕐 *lun., jeu.-dim. 12h-17h et sur r.-v.*
🎥 Ⓟ *(flash interdit).* 📷 🚻
www.*merchantshouse.com*

Ce poêle de fonte est depuis le XIXᵉ siècle dans
la cuisine de Merchant's House Museum

Cette remarquable
maison de ville de style
néo-grec semble presque
incongrue dans son *block* de
East Village. Elle a conservé
son aspect d'origine,
tout comme le mobilier,
la décoration et les objets
de la famille qui y vécut
pendant près d'un siècle.
Bâtie en 1832, elle fut
achetée en 1835 par
un riche commerçant,
Seabury Tredwell, et
demeura propriété familiale
jusqu'à la mort de sa fille
Gertrude en 1933.
Celle-ci avait préservé
la maison de son père
en l'état, et un parent
en fit un musée en 1936.
Les somptueux salons du
rez-de-chaussée illustrent
l'aisance dans laquelle
vivaient les gros commerçants
new-yorkais au XIXᵉ siècle.

Public Theater, sur Lafayette Street

St Mark's-in-the-Bowery Church ❺

131 E 10th St. **Plan** 4 F1. **Tél.** (212) 674-6377. Ⓜ Astor Pl. ◯ lun.-ven. 8h30-16h (les horaires peuvent changer). ✝ mer. 18h30, dim. 11h ; en espagnol : sam. 17h30.

Cette église épiscopalienne datant de 1799 fut bâtie sur le site d'une église construite en 1660 sur le domaine de la *bowerie* (ou ferme) du gouverneur Peter Stuyvesant. Celui-ci y est inhumé, aux côtés de sept générations de ses descendants et de notables new-yorkais. La mémoire du poète W.H. Auden, qui fut l'un des paroissiens, y est célébrée.

En 1878, la dépouille du magnat de la distribution A.T. Stewart fut dérobée à l'église, les ravisseurs exigeant la somme de 20 000 $ pour la restituer.

Le presbytère du 232 East 11th Street est d'Ernest Flagg, lequel doit sa notoriété au Singer Building *(p. 106)*.

Grace Church ❻

802 Broadway. **Plan** 4 F1. **Tél.** (212) 254-2000. Ⓜ Astor Pl, Union Sq. 🚌 M1. ◯ juil.-août : dim. 10h et 18h ; sept.-juin : dim. 9h, 11h et 18h. 🚫 ♿ **Concerts**. www.gracechurchnyc.org

Grace Church est visible de très loin, car elle est implantée dans un virage de Broadway (un propriétaire s'était opposé à ce que l'artère traverse son verger !). James Renwick Jr., architecte de St Patrick's Cathedral, n'avait que 23 ans lorsqu'il dessina cette église considérée comme sa plus grande réussite. Les gracieuses lignes néogothiques de cet édifice sont en accord avec son nom. L'intérieur est tout aussi beau, orné de vitraux

préraphaélites et d'un superbe sol en mosaïque. On craignait que la flèche de marbre qui en 1888 remplaça le clocher de bois ne fût trop lourde pour l'édifice : elle s'est effectivement inclinée depuis. La paix et la sérénité qui émanent de cette église furent brièvement rompues en 1863 par le chahut qui accompagna le mariage d'un célèbre nain, le « général Tom Pouce », mariage organisé par Ph. Barnum.

L'autel et le vitrail de Grace Church

Tompkins Square ❼

Plan 5 B1. Ⓜ 2nd Ave, 1st Ave. 🚌 M9, M14A.

Ce parc à l'anglaise, d'apparence fort paisible, fut pourtant le théâtre de maints événements violents. La première manifestation ouvrière des États-Unis y fut organisée en 1874. Fréquenté par les hippies dans les années 1960, il connut des émeutes sanglantes en 1991, après que la police eut tenté d'expulser les sans-abri qui l'avaient investi. Un monument se dresse dans le parc en souvenir d'une tragédie qui frappa

Tom Pouce et son épouse à Grace Church

le quartier en 1904 : la petite statue, qui représente un garçon et une fillette observant un bateau à vapeur, commémore l'incendie du *General Slocum*, survenu lors d'une excursion sur East River, qui fit plus de 1 000 morts (dont une majorité de femmes et d'enfants du voisinage). De nombreux hommes, d'origine allemande pour la plupart, qui avaient perdu toute leur famille dans cette catastrophe, quittèrent alors le quartier.

Bayard-Condict Building ❽

65 Bleecker St. **Plan** 4 F3. Ⓜ Bleecker St.

De délicates colonnes, une élégante façade en filigrane de terre cuite et de superbes corniches distinguent l'unique réalisation new-yorkaise (1898) du grand architecte de Chicago Louis Sullivan, qui eut pour disciple Frank Lloyd Wright et mourut dans la misère en 1924. Sullivan se serait opposé à l'adjonction des anges soutenant la corniche, mais il dut finalement accéder aux désirs du propriétaire. Engoncé dans un pâté d'immeubles commerciaux, Bayard-Condict Building s'apprécie mieux à distance : pour ce faire, il convient de traverser la rue et de descendre Crosby Street.

Bayard-Condict Building

GRAMERCY ET LE QUARTIER DU FLATIRON

Gramercy Park est l'un des quatre squares tracés au XIXe siècle par des promoteurs désireux de reproduire les quartiers résidentiels de nombreuses métropoles européennes

Les splendides demeures qui entourent ce parc furent construites par les meilleurs architectes du pays, comme Calvert Vaux et Stanford White, et occupées par certaines des plus éminentes personnalités de New York. Non loin de là, les boutiques de luxe, les cafés à la mode et les immeubles chic gagnent le bas de la 5e Avenue, au sud du célèbre Flatiron Building.

Lézard d'une statue d'Union Square

LE QUARTIER D'UN COUP D'ŒIL

Rues et bâtiments historiques

Block Beautiful 11
Con Edison Headquarters 14
Cour d'appel de l'État de New York 3
Flatiron Building 5
Gramercy Park Hotel 12
Ladies' Mile 6
Library at the Players 9
Metropolitan Life Insurance Company 4
National Arts Club 8
New York Life Insurance Company 2

Musée

Maison natale de Theodore Roosevelt 7

Église

Little Church Around the Corner 16

Parcs et squares

Gramercy Park 10
Madison Square 1
Stuyvesant Square 13
Union Square 15

VOIR ÉGALEMENT

- ***Atlas des rues*** plans 8, 9
- ***Hébergement*** p. 282
- ***Restaurants*** p. 302-303

COMMENT Y ALLER ?

Métro : stations de 23rd St (arrêt des lignes N, R, F, V, W et 6) et de Union Sq (pour les lignes N, Q, R, W, L, 4, 5 et 6). Bus : M101, M102 et M103 (3rd Ave) ; M1, M2, M3 et M5 (5th Ave et Madison Ave) ; M6 et M7 (Broadway).

LÉGENDE

- Plan du quartier pas à pas
- [M] Station de métro

◁ **Le siège de Con Edison, de nuit**

Gramercy Park pas à pas

Bien que voisins, Gramercy Park et Madison Square semblent appartenir à deux mondes distincts. Le second, parcouru par une intense circulation automobile, est entouré d'immeubles de bureaux, mais l'architecture et les nombreuses statues le rendent digne d'intérêt. L'ancien Madison Square Garden de Stanford White s'y dressait jadis, ce qui lui valait d'être envahi par les New-Yorkais en quête de divertissement. Quant à Gramercy Park, il ne s'est jamais départi de sa dignité tranquille. Les résidences et les clubs huppés sont demeurés autour du dernier parc privé de New York, auquel seuls les riverains ont accès.

★ **Madison Square**
Le Knickerbocker Club, qui y pratiquait le base-ball dans les années 1840, fut le premier à codifier ce sport. Aujourd'hui, les employés de bureau déambulent entre les statues de grands hommes du XIXᵉ siècle (dont celle de l'amiral David Farragut) ❶

Station de métro de la 23ᵉ Rue (lignes N et R)

La statue de Diane, au sommet de l'ancien Madison Square Garden

★ **Flatiron Building**
L'un des plus célèbres gratte-ciel anciens de New York, qui détenait lors de sa construction en 1902 le titre de plus grand building du monde. Il se trouve à l'intersection de la 5ᵉ Ave, de Broadway et de 23rd St ❺

Une horloge monumentale, située face au n° 200 de 5ᵉ Ave, indique l'extrémité d'un secteur jadis connu sous le nom de « Ladies' Mile ».

Ladies' Mile
De Union Square à Madison Square, Broadway constituait l'artère commerçante la plus prisée de New York ❻

Maison de Theodore Roosevelt
Cette maison est une reconstitution de celle où naquit le 26ᵉ président des États-Unis ❼

LÉGENDE

– – – Itinéraire conseillé

0		100 m
0		100 yds

National Arts Club
Le siège de ce club privé est situé à l'extrémité sud du parc ❽

BROADWAY (LADIES' MILE)

E 23ST STREET
E 21 ST STREET
E 19TH ST
E 17TH ST

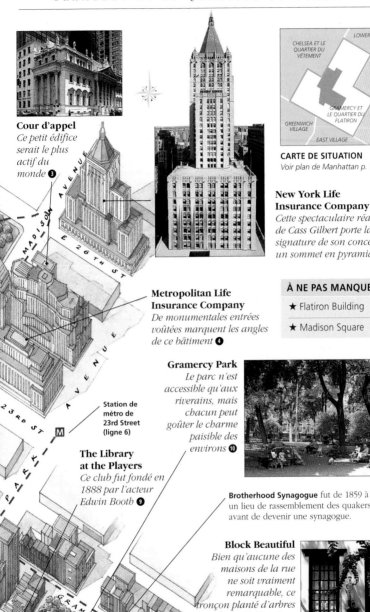

Cour d'appel
Ce petit édifice serait le plus actif du monde ❸

CARTE DE SITUATION
Voir plan de Manhattan p. 14-15

New York Life Insurance Company
Cette spectaculaire réalisation de Cass Gilbert porte la signature de son concepteur : un sommet en pyramide ❷

Metropolitan Life Insurance Company
De monumentales entrées voûtées marquent les angles de ce bâtiment ❹

À NE PAS MANQUER

★ Flatiron Building

★ Madison Square

Gramercy Park
Le parc n'est accessible qu'aux riverains, mais chacun peut goûter le charme paisible des environs ❿

Station de métro de 23rd Street (ligne 6)

The Library at the Players
Ce club fut fondé en 1888 par l'acteur Edwin Booth ❾

Brotherhood Synagogue fut de 1859 à 1975 un lieu de rassemblement des quakers, avant de devenir une synagogue.

Block Beautiful
Bien qu'aucune des maisons de la rue ne soit vraiment remarquable, ce tronçon planté d'arbres de la 19e Rue Est a beaucoup de charme ⑪

Pete's Tavern fut inauguré en 1864. O. Henry, chroniqueur attitré de la vie new-yorkaise, y rédigea *The Gift of the Magi.*

Madison Square ❶

Plan 8 F4. Ⓜ *23rd St.*

Statue de Farragut, Madison Square

Conçu pour former le cœur d'un quartier résidentiel de luxe, ce parc devint après la guerre de Sécession un lieu de divertissement populaire, bordé par Madison Square Hotel, Madison Square Theater et Madison Square Garden. Le bras de la statue de la Liberté, portant sa torche, y fut exposé en 1884.

Dans le parc, le restaurant Shake Shack est très prisé par les employés des bureaux pour déjeuner sur le pouce. La statue de l'amiral David Farragut (1880), de Saint-Gaudens, repose sur un piédestal de Stanford White. Durant la guerre de Sécession, Farragut fut le héros d'une bataille navale : des allégories du Courage et de la Loyauté surgissant des flots sont sculptées sur le socle de la statue. La statue de Roscoe Conkling honore la mémoire d'un sénateur américain qui périt lors du terrible blizzard de 1888. Le mât de la Lumière éternelle, de Carrère & Hastings, célèbre la mémoire des soldats tombés en France lors de la Grande Guerre.

New York Life Insurance Company ❷

51 Madison Ave. **Plan** 9 A3. Ⓜ *28th St.* ◯ *heures de bureau.*

Dans cet imposant building, édifié en 1928, l'intérieur est somptueux, orné de lustres, de portes de bronze et de lambris. Un monumental escalier mène à la station de métro.

D'autres édifices célèbres se dressèrent sur ce site : Barnum's Hippodrome, en 1874, puis le premier Madison Square Garden, inauguré en 1879, où le célèbre boxeur Jack Dempsey combattit dans les années 1880. Le second Madison Square Garden, « palais des plaisirs » conçu par Stanford White, ouvrit ses portes sur le même site en 1890. Ses soirées attirèrent aussitôt l'élite new-yorkaise, qui n'hésitait pas à payer plus de 500 dollars le privilège de disposer d'une loge lors du concours hippique annuel.

L'édifice présentait des arcades en rez-de-chaussée, ainsi qu'une tour inspirée de la Giralda de Séville, sur laquelle était juchée une statue dorée de Diane. La nudité de la déesse choquait les esprits vertueux, qui s'offusquèrent de la vie de White et de sa mort : en 1906, il fut abattu par le milliardaire Harry Thaw, mari de son ancienne maîtresse. La une de *Vanity Fair* résuma l'opinion générale : « Stanford White, libertin et pervers, meurt comme un chien. » Le procès qui s'ensuivit fut l'occasion de révélations concernant les mœurs dépravées de la haute société de Broadway.

Toit pyramidal doré de la New York Life Insurance Company

Cour d'appel de l'État de New York ❸

E 25th St at Madison Ave. **Plan** 9 A4. Ⓜ *23rd St.* ◯ *lun.-ven. 9h-17h (audiences mar.-jeu. à partir de 14h et ven. à partir de 10h).* ◯ *j.f.* ⊘

Les appels relatifs aux affaires civiles et pénales de New York et du Bronx sont jugés dans ce tribunal, souvent considéré comme le plus actif du monde. Ce petit palais de marbre édifié en 1900 par James Brown Lord est décoré de nombreuses sculptures dont une

Ces statues de la Justice et de l'Étude veillent sur la cour d'appel

Justice de Daniel Chester French, flanquée d'allégories de la Puissance et de l'Étude. En semaine, le public est invité à admirer l'intérieur de la Cour d'Appel de l'État de New York, des frères Herter, et même à visiter la salle de tribunal (lorsque celui-ci n'est pas en session). Parmi d'autres détails, mentionnons les vitraux, la coupole et les peintures murales.

Dans le vestibule, des expositions retracent fréquemment des affaires célèbres et obscures jugées ici ; parmi les célébrités qui y ont connu un procès, on pourrait relever les noms de Babe Ruth, Charlie Chaplin, Fred Astaire, Harry Houdini, Theodore Dreiser ou Edgar Allan Poe.

L'horloge du building de la Metropolitan Life Insurance Co.

Metropolitan Life Insurance Company ❹

1 Madison Ave. **Plan** 9 A4.
Ⓜ 23rd St. ◯ heures de bureau. 🖼

En 1909, l'adjonction d'une tour de 210 m fit de cet édifice datant de 1893 l'immeuble le plus élevé du monde. L'énorme horloge à quatre cadrans (dont chacune des aiguilles des minutes pèse 45 kg) est illuminée la nuit, ce qui en fait un élément distinctif du paysage nocturne new-yorkais (la compagnie d'assurance avait pour devise : « La lumière qui jamais ne faiblit »).

Les murs de la cafétéria étaient jadis ornés de tableaux de N.C. Wyeth (*Robin des Bois, L'Île au Trésor*), père du peintre Andrew Wyeth. Le bâtiment est désormais le siège de la First Boston-Crédit Suisse.

Flatiron Building ❺

175 5th Ave. **Plan** 8 F4. Ⓜ 23rd St.
◯ heures de bureau.

Initialement baptisé Fuller Building, du nom de la société de travaux publics qui en était propriétaire, ce building conçu par David Burnham était, à son achèvement en 1902, le plus élevé du monde. Construit sur une armature d'acier, il annonçait l'ère des gratte-ciel.

Sa forme triangulaire lui valut d'être bientôt baptisé « Flatiron » c'est-à-dire « le fer à repasser ». Parfois également appelé « Folie Burnham », d'aucuns prédisaient que les vents soulevés par ses contours le jetteraient à bas. S'il a résisté à l'épreuve du temps, les vents qui soufflent dans la 23e Rue ne furent pas sans effet. Peu après son édification, les hommes se pressaient aux abords pour lorgner les chevilles des jeunes femmes, dévoilées par l'envol de leurs longues jupes. La partie de la 5e Avenue qui s'étend au sud du Flatiron était un peu à l'abandon, mais l'arrivée de boutiques chic lui a redonné vie et le quartier y a gagné un nouveau nom : Flatiron District.

Le Flatiron Building en cours de construction

Ladies' Mile ❻

Broadway (de Union Sq. à Madison Sq). **Plans** 8 F4-5, 9 A5.
Ⓜ 14th St, 23rd St.

Le magasin Arnold Constable

Au XIXe siècle, la grande bourgeoisie new-yorkaise faisait ses courses dans des magasins de luxe tels qu'Arnold Constable (nos 881-887) et Lord & Taylor (n° 901). Si les devantures du rez-de-chaussée sont aujourd'hui méconnaissables, les étages ont conservé une partie de leur splendeur.

Le président « Teddy » Roosevelt

Maison de Theodore Roosevelt ❼

28 E 20th St. **Plan** 9 A5. **Tél.** (212) 260-1616. Ⓜ 14th St-Union Sq-23rd St. ◯ mar.-sam. 9h-17h (dernière entrée : 16h). ● j.f. 🖼 📷 🖼 toutes les heures. **Conférences, concerts, films, vidéos.** 📋 **www.nps.gov/thrb**

La pittoresque maison où le 26e président des États-Unis naquit et passa son enfance a été reconstruite à l'identique. Y sont exposés les jouets du jeune Teddy, tout comme des badges politiques et des emblèmes du célèbre chapeau que portait Roosevelt lors de la guerre hispano-américaine.

Visages de grands écrivains, en
bas-relief, National Arts Club

National Arts
Club ⑧

15 Gramercy Pk S. **Plan** 9 A5. **Tél.**
(212) 475-3424. Ⓜ *23rd St.* ◯ *lun.-
ven. 12h-17h pendant les expositions*
www.*nationalartsclub.org*

Cette imposante *brownstone*
fut la résidence du gouverneur
Samuel Tilden, qui fit
condamner William Tweed
(p. 27). Sa façade fut
redessinée par Calvert Vaux
en 1881-1884. En 1906, le
National Arts Club fit
l'acquisition de cet immeuble,
dont il conserva les hauts
plafonds et les vitraux. Ce club
compta parmi ses membres
quelques-uns des plus grands
artistes américains de la fin
du XIXe siècle et du début
du XXe siècle qui, en échange
d'une peinture ou d'une
sculpture, étaient déclarés
membres à vie. Ces dons
constituent la collection
permanente du club,
ouvert au public
uniquement lors
des expositions.

Library at the
Players ⑨

18 Gramercy Pk S. **Plan** 9 A5. **Tél.**
(212) 228-7610. Ⓜ *23rd St.* 🚫
sauf sur rés. pour les groupes. 📷

Cette *brownstone* fut habitée
par l'acteur Edwin Booth,
frère de John Wilkes
Booth, l'assassin du
président Lincoln. Edwin
Booth la fit transformer par
Stanford White en 1888,
pour accueillir son club.

Celui-ci s'adressait en
priorité aux acteurs mais
compta cependant parmi
ses membres
White lui-même,
l'écrivain Mark
Twain, l'éditeur
Thomas Nast et
Winston Churchill
(dont la mère était
née non loin de
là). Une statue de
Booth en Hamlet
se dresse à l'angle de la rue,
dans Gramercy Park.

Grille ouvragée
de The Players

Gramercy Park ⑩

Plan 9 A4. Ⓜ *23rd St, 14th St-
Union Sq.*

Gramercy Park est l'un des
quatre squares tracés dans
les années 1830 et 1840 pour
attirer de riches résidents.
C'est aujourd'hui l'unique parc
privé de la ville : comme leurs
devanciers, les résidents des
immeubles contigus possèdent
des clefs leur permettant d'y
accéder. À travers les grilles
de l'angle sud-est, l'on peut
apercevoir la fontaine de Greg
Wyatt, aux girafes bondissant
autour d'un soleil souriant.
Les édifices qui entourent
Gramercy Park furent dessinés
par certains des plus célèbres

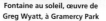

Fontaine au soleil, œuvre de
Greg Wyatt, à Gramercy Park

architectes new-yorkais,
dont Stanford White (sa
maison se dressait sur le site
actuellement
occupé par le
Gramercy Park
Hotel). Les
nos 3 et 4 sont
particulièrement
remarquables
par leurs
portiques et
leurs ornements
de fonte. Le n° 4 se distingue
par la présence de réverbères
qui signalaient la demeure
d'un maire de la ville (James
Harper). Au n° 34 vécurent
notamment le sculpteur
Daniel Chester French, l'acteur
James Cagney et l'imprésario
de cirque John Ringling.

Block Beautiful ⑪

E 19th St. **Plan** 9 A5. Ⓜ *14th St-
Union Sq, 23rd St.*

Façade de l'une des maisons du
Block Beautiful (19e Rue Est)

Ce pâté de maisons des
années 1920 bordées
d'arbres et superbement
restaurées respire la
tranquilité. L'ensemble
est particulièrement
harmonieux. Au n° 132
vécurent deux actrices
célèbres, Theda Bara,
vedette du cinéma muet
et premier sex symbol
hollywoodien, et Mrs Patrick
Campbell, shakespearienne
réputée, qui créa en 1914
le rôle d'Eliza Doolittle dans
le *Pygmalion* de George
Bernard Shaw. Parmi les
détails à observer lors d'une
promenade au long du *block*,
noter les poteaux d'attache
devant le n° 141 et les girafes
en bas-relief de céramique
devant les nos 147-149.

Gramercy Park Hotel ⓬

2 Lexington Ave at 21st St.
Plan 9 B4. **Tél.** *(212) 475-4320.*
M *14th St-Union Sq, 23rd St.*
www.gramercyparkhotel.com

Depuis plus de 60 ans, des clients du monde entier ont profité de cet hôtel qui occupe l'emplacement de la maison de Stanford White et qui se situe à côté du seul parc privé de Manhattan. Son côté chic décadent attirait tous les genres, des vieilles coquettes aux jeunes stars du rock.

Ian Schrager, du Studio 54, a récemment investi 200 millions de dollars, afin que Julian Schnabel confère à ses 185 chambres leur style éclectisme bohème. Cette reconversion a aussi donné naissance à 23 appartements. Les bars Rose et Jade ainsi qu'un restaurant chinois s'y sont installés.

Stuyvesant Square ⓭

Plan 9 B5. M *3rd Ave, 1st Ave.*

Cette oasis de verdure de part et d'autre de la 2e Avenue était au XVIIe siècle située sur le domaine de la ferme de Peter Stuyvesant. Le terrain appartenait encore à sa famille lorsque le parc fut créé, en 1836. Peter G. Stuyvesant le vendit à la ville pour la somme symbolique de 5 $ (au grand plaisir des riverains, qui virent la valeur de leur propriété grimper). Une statue de Stuyvesant due à Gertrude Vanderbilt Whitney se dresse dans le parc qui sépare le quartier Stuyvesant de Gas House District, moins huppé.

Con Edison Headquarters ⓮

145 E 14th St. **Plan** 9 A5. M *3rd Ave, 14th St-Union Sq.* 🌐 *au public.*

La tour de cet édifice de 1911 est célèbre pour sa grande horloge. Haute de 26 étages, elle a été conçue par Henry Hardenbergh, architecte

Les tours de Con Edison (à dr.), Metropolitan Life et Empire State Buildings

surtout connu pour le Dakota *(p. 218)* et le Plaza *(p. 181),* et construite par la même entreprise que Grand Central Terminal. Dans le haut se trouve une lanterne en bronze. C'est un hommage aux employés de Con Ed morts pendant la Première Guerre mondiale. La tour est moins haute que l'Empire State Building, mais son éclairage nocturne fait d'elle un édifice séduisant. Elle marque aussi de manière symbolique la présence de la compagnie qui éclaire New York.

Union Square ⓯

Plan 9 A5. M *14th St-Union Sq.*
Marché 🌐 *lun. mer., ven., sam. 8h-18h.*

Ce parc doit son nom au fait qu'il vint en 1839 relier Bloomingdale Road (l'actuel

Le marché de Union Square

Broadway) à Bowery Road (4e Avenue ou Park Avenue). Plus tard, il fut surélevé en son centre pour que les rames du métro puissent passer en dessous.

Union Square devint le point de ralliement des harangueurs de foules. En 1930, au plus fort de la crise, plus de 35 000 chômeurs s'y rassemblèrent avant de marcher sur City Hall pour exiger un emploi. On y trouve aujourd'hui des enseignes bio, des boutiques discount et des traiteurs.

Little Church Around the Corner ⓰

1 E 29th St. **Plan** 8 F3. **Tél.** *(212) 684-6770.* M *28th St.* 🌐 *t.l.j. 8h-18h.* ✝ *lun.-ven. 12h10, dim. 8h30 et 11h.* 📷 ♿ 🎦 *dim. après la messe de 11h.* **Conférences, concerts, récitals. www**.littlechurch.org

La paisible Episcopal Church of the Transfiguration est familièrement appelée « la petite église au coin de la rue » depuis qu'en 1870 le pasteur d'une église voisine, refusant de célébrer les funérailles d'un acteur (George Holland), suggéra que le service funèbre eût lieu dans « la petite église au coin de la rue ». Le nom est resté et depuis lors cette église est chère au cœur du monde du théâtre (Sarah Bernhardt y assista à des messes).

Le vitrail du transept sud, œuvre de John La Farge, représente Edwin Booth interprétant *Hamlet.* Un autre vitrail immortalise l'exclamation de Jefferson : « Dieu bénisse la petite église au coin de la rue ! »

CHELSEA ET
LE QUARTIER DU VÊTEMENT

Champêtre en 1750, suburbain en 1830, ce quartier devint commerçant dans les années 1870, avec l'arrivée du métro aérien *(p. 26-27)*. Music-halls et théâtres se multiplièrent le long de la 23e Rue. Dans l'ombre de l'« El », les grands magasins de Fashion Row se développèrent, pour servir les classes moyennes. Mais alors même que la mode progressait *uptown,*

Statue d'un ouvrier du vêtement (n° 555 7th Avenue)

Chelsea déclina pour devenir un quartier d'entrepôts, jusqu'à ce que la disparition du viaduc du métro permît aux New-Yorkais de redécouvrir ses maisons de ville. Herald Square, qui accueillit le grand magasin Macy's, est devenu le cœur du quartier du vêtement. Apprécié de la communauté gay, Chelsea regorge aujourd'hui de galeries d'art et de boutiques d'antiquités.

Le bar Empire Diner, à Chelsea

LE QUARTIER D'UN COUP D'ŒIL

Rues et bâtiments historiques
Chelsea Historic District 12
Empire State Building p. 136-137 2
General Post Office 7
General Theological Seminary 11
Hugh O'Neill Dry Goods Store 14

Églises
Marble Collegiate Reformed Church 1
St John the Baptist Church 5

Hôtels et restaurants célèbres
Chelsea Hotel 13
Empire Diner 10

Monument
Worth Monument 15

Place
Herald Square 3

Architecture moderne
Chelsea Piers Complex 9
Jacob K. Javits Convention Center 8
Madison Square Garden 6

Magasin célèbre
Macy's 4

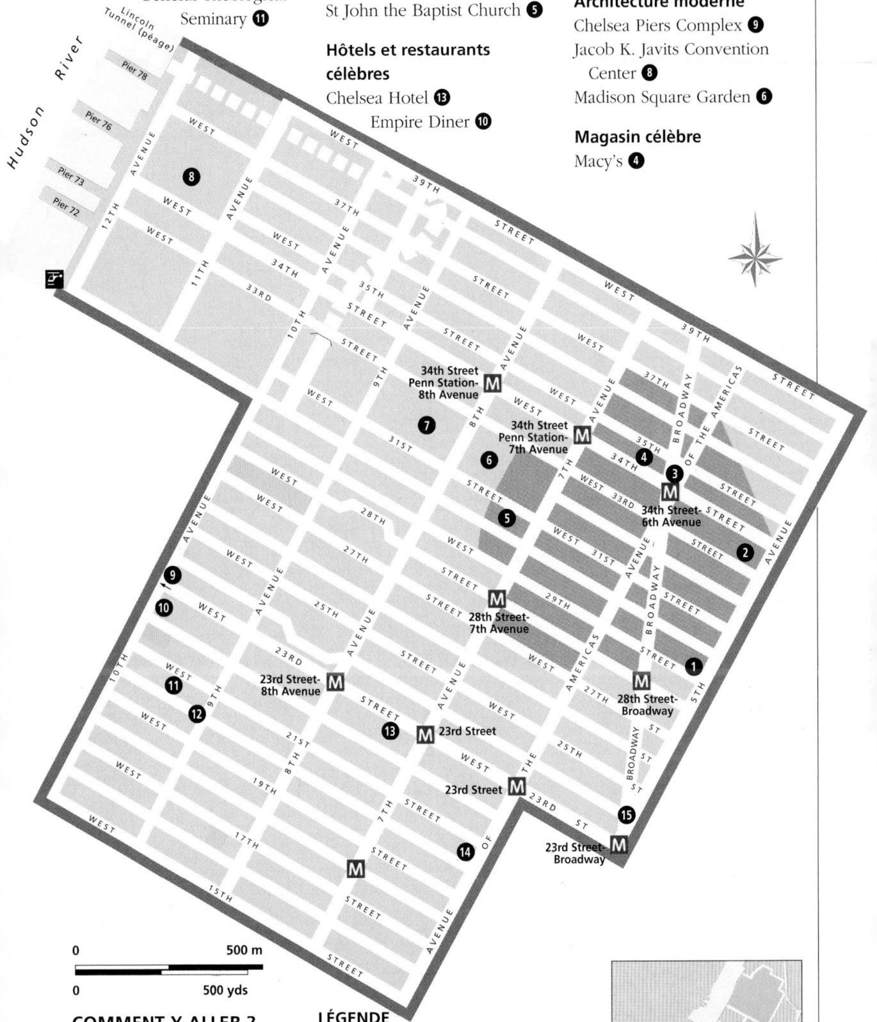

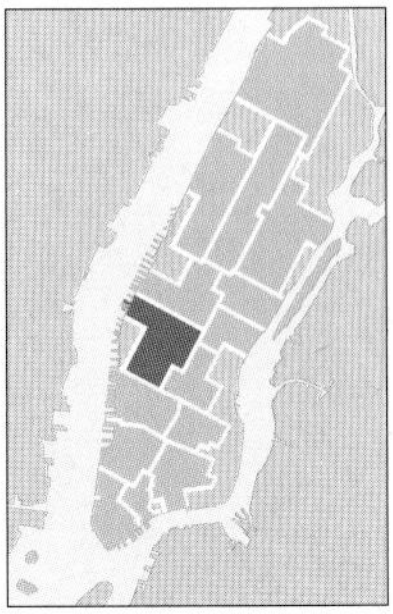

COMMENT Y ALLER ?

Pour Chelsea : métro ligne 1 vers 18th St ou 23rd St, lignes C et E vers 23rd St ; bus : M11 et M20. Pour Macy's : métro lignes express 1, 2 et 3 vers 34th St/Penn Station. Les lignes A, C et E s'arrêtent aussi 34th St ; les lignes B, D, F, V, N, R, Q et W s'arrêtent à Herald Sq.

LÉGENDE

- Plan du quartier pas à pas
- [M] Station de métro
- 🚁 Héliport

VOIR ÉGALEMENT

- ***Atlas des rues*** plans 7-8
- ***Hébergement*** p. 283-284
- ***Restaurants*** p. 304

Herald Square pas à pas

Herald Square doit son nom au journal new-yorkais *Herald*, qui y eut son siège de 1894 à 1921. Aujourd'hui dévolu au shopping, ce secteur fut à la fin du XIXᵉ siècle l'un des plus « chauds » de New York. Après l'ouverture du grand magasin Macy's, en 1901, dancings et maisons closes furent supplantés par les entrepôts et les commerces de Garment District. Ce quartier de la confection occupe aujourd'hui les rues proches de Macy's, autour de la 7ᵉ Avenue. « l'avenue de la mode ». À l'est, sur celle-ci, se dresse l'Empire State Building : depuis l'observatoire, un somptueux panorama s'offre sur New York et ses environs.

Manhattan Mall, qui abritait autrefois Gimbel's, le rival de Macy's, comprend 90 magasins, des restaurants et un étage consacré aux vêtements et jouets.

Fashion Avenue (avenue de la mode) est le nom donné à la 7ᵉ Avenue dans le secteur de la 34ᵉ Rue. Cœur de l'industrie textile new-yorkaise, les rues bourdonnent d'employés poussant des chariots de vêtements et de jouets.

Station de métro 34th (lignes 1, 2 et 3)

Hotel Pennsylvania est célèbre pour les *big bands* qui s'y produisaient dans les années 1930. La chanson *Pennsylvania 6-5000*, de Glenn Miller, conféra la célébrité au numéro de téléphone de l'hôtel.

St John the Baptist Church
Un chemin de croix gravé orne les murs de marbre blanc à l'intérieur de cette église ❺

SJM Building se dresse au nº 130 de la 30ᵉ Rue Ouest. Une frise mésopotamienne court tout au long de la façade.

Fur District (quartier de la fourrure) est situé à l'extrémité sud du quartier du vêtement, entre les 27ᵉ et 30ᵉ Rues Ouest.

Flower District, autour de la 6ᵉ Avenue et de la 28ᵉ Rue Ouest, s'anime dès le petit matin, lorsque les fleuristes viennent remplir leurs camionnettes de fleurs et de bouquets colorés.

Station de métro de 28th St (lignes N, R et W)

★ Macy's
Le plus grand des grands magasins du monde ❹

Le siège de la **Greenwich Savings Bank** (aujourd'hui HSBC) est un temple grec aux énormes colonnes élevé à la gloire des activités bancaires.

Station de métro de la 34th St (lignes B, D, F, N, Q, R, V et W)

Herald Square
L'horloge du New York Herald Building se dresse désormais au croisement de Broadway et de la 6e Avenue ❸

CARTE DE SITUATION
Voir plan de Manhattan p. 14-15

LE QUARTIER DES THÉÂTRES

CHELSEA ET LE QUARTIER DU VÊTEMENT

GREENWICH VILLAGE

GRAMERCY ET LE QUARTIER DU FLATIRON

LÉGENDE

‒ ‒ ‒ Itinéraire conseillé

0 ——————— 100 m
0 ——————— 100 yds

Greeley Square
est un simple carrefour dont le centre est occupé par une statue de Horace Greeley, fondateur du *New York Tribune*.

★ Empire State Building
L'observatoire de ce célébrissime gratte-ciel permet d'admirer toute la ville ❷

Little Korea
(31e et 32e Rues Ouest), compte des commerces, mais aussi de nombreux restaurants coréens.

Life Building bâti en 1894 par Carrère & Hastings au 19 de la 31e Rue Ouest, fut le siège du magazine *Life* (qui était alors un hebdomadaire satirique). Aujourd'hui, c'est un hôtel.

Marble Collegiate Reformed Church
Cette église construite en 1854 dans le style néogothique doit sa notoriété au fait que Norman Vincent Peale y ait été pasteur ❶

À NE PAS MANQUER

★ Empire State Building
─────────────────
★ Macy's

36TH STREET

34TH STREET

W 33RD STREET

BROADWAY

STREET

Vitraux de Tiffany (Marble Collegiate Reformed Church)

Marble Collegiate Reformed Church ❶

1 W 29th St. **Plan** 8 F3. **Tél.** (212) 686-2770. Ⓜ 28th St. ○ lun.-ven. 8h30-20h30, sam. 9h-16h, dim. 8h-15h. ● j.f. ✝ dim. 11h15. 📷 pendant les services. ♿ **Sanctuaire** 3 W 29th St. ○ lun.-ven. 10h-12h, 14h-16h. **www**.marblechurch.org

Cette église est connue pour son ancien pasteur, Norman Vincent Peale, auteur de *La Puissance de la pensée positive*. Autre adepte de cette pensée : Richard Nixon qui y assistait aux offices lorsqu'il était avocat.

Cette église de marbre fut construite en 1854 : la 5e Avenue n'était alors qu'une simple route de campagne poussiéreuse et la barrière de fonte qui entoure l'édifice empêchait le bétail d'entrer. L'intérieur d'origine, blanc et or, a été remplacé par des motifs fleurdelisés dorés sur un fond rouille. Deux vitraux de Tiffany, représentant des scènes de l'Ancien Testament, ont été mis en place en 1893.

Empire State Building ❷

Voir p. 136-137.

Herald Square ❸

6th Ave. **Plan** 8 E2. Ⓜ 34th St-Penn Station. Voir **Shopping** p. 321.

La place doit son nom au *Herald* de New York. De 1893 à 1921, il occupa un bel édifice flanqué d'arcades à l'italienne, de Stanford White.

Ce fut le centre de Tenderloin District, quartier des boîtes de nuit et de la prostitution dans les années 1870 et 1880. Des théâtres, comme le Manhattan Opera House, des dancings et restaurants ont tenu le quartier en ébullition jusqu'à ce que les autorités prennent des mesures contre l'insalubrité. Il ne reste plus du Herald Building que l'horloge Bennett, ainsi nommée en l'honneur de James Gordon Bennett Jr, éditeur du *Herald*.

L'Opéra fut rasé en 1901 pour la construction de Macy's, suivi de près par d'autres magasins faisant de Herald Square la Mecque des consommateurs. Le grand magasin des frères Gimbel, le rival de Macy's, était installé sur la place. (Cette rivalité fut portée à l'écran dans *Miracle sur la 34e Rue*). En 1988, cet immeuble fut transformé en centre commercial. Malgré la disparition des vieilles enseignes, Herald Square est toujours un secteur commercial clé.

Macy's ❹

151 W 34th St. **Plan** 8 E2. **Tél.** (212) 695-4400. Ⓜ 34th St-Penn Station. ○ lun.-sam. 10h30-21h30, dim. 11h-20h30. ● j.f. Voir **Boutiques** p. 319. **www**.macys.com

« Le plus grand magasin du monde » occupe tout un pâté de maison et propose d'innombrables articles dans toutes les gammes de prix.

Macy's fut fondé par un ancien pêcheur de baleine du nom de Rowland Macy, qui en 1857 ouvrit une petite boutique dans la 14e Rue Ouest. Le logo de Macy's, une étoile rouge, est inspiré du tatouage de son fondateur.

À sa mort, en 1877, le petit magasin était devenu un ensemble de onze immeubles, qui allait croître encore sous la houlette des frères Isidor et Nathan Straus, anciens dirigeants du rayon porcelaine et verrerie de Macy's. En 1902, Macy's était trop important pour ses locaux de la 14e Rue, aussi la firme prit-elle possession du

La façade de Macy's sur la 34e Rue

La nef de St John the Baptist Church

site actuel. La façade est, dotée d'une nouvelle entrée, a conservé ses fenêtres en saillie et ses colonnes corinthiennes. La façade de la 34e Rue est gardée par les caryatides d'origine. À l'intérieur, beaucoup d'escalators en bois d'époque fonctionnent toujours. La mer allait de nouveau jouer un rôle dans l'histoire de Macy's, en 1912 : une plaque apposée à l'entrée principale rappelle qu'Isidor Straus et son épouse périrent dans le naufrage du *Titanic*. Macy's organise chaque année la grande parade de Thanksgiving et le feu d'artifice du 4 juillet. Au printemps, de grandes floralies attirent des milliers de visiteurs.

St John the Baptist Church ❺

210 W 31st St. **Plan** 8 E3. *Tél. (212) 564-9070.* M *34th St-Penn Station.* ◯ *t.l.j. 6h15-18h.* ✝ *t.l.j. 8h45, 10h30, 17h15.* 📷 ♿ 🚻

Fondée en 1840 à l'intention d'immigrants fraîchement arrivés, cette petite église catholique à flèche unique est

aujourd'hui presque perdue au cœur du quartier de la fourrure. Derrière la façade de *brownstone* de la 30e Rue, noircie par la pollution, se cachent de véritables trésors. L'entrée s'effectue aujourd'hui par le couvent moderne de la 31e Rue. Le sanctuaire de Napoléon Le Brun étincelle de toute la blancheur de ses arcs néogothiques, que soulignent les dorures des chapiteaux qui les surmontent. Les murs inondés de lumière par des vitraux sont ornés de bas-reliefs peints. À l'extérieur de l'église, Prayer Garden est une paisible oasis de verdure agrémentée de statues.

Madison Square Garden ❻

4 Pennsylvania Plaza. **Plan** 8 D2. *Tél. (212) 465-6741.* M *34th St-Penn Station.* ◯ *lun.-dim., horaires variables selon spectacles.* ♿ *Voir Se distraire p. 360.* www.thegarden.com

La démolition de la gare de Pennsylvanie de McKim, Mead & White et son remplacement en 1968 par ce complexe sans grâce mit les défenseurs du patrimoine architectural new-yorkais dans une telle fureur qu'ils s'allièrent pour empêcher d'autres erreurs. Madison Square Garden proprement dit, qui se superpose à une gare désormais souterraine, est un cylindre de béton précontraint, dont la grande salle peut accueillir les 20 000 fans des New York

Knickerbockers (basket-ball), des Liberty (basket féminin) ou des New York Rangers (hockey sur glace) ; y sont aussi organisés des concerts de rock, des tournois de tennis, des combats de boxe, des spectacles de cirque, des expositions canines et toutes sortes de manifestations. L'édifice est également doté d'une salle de théâtre de 5 600 places. Malgré les travaux de rénovation, Madison Square Garden ne possède pas le lustre de l'ancienne salle réalisée par Stanford White, où se déroulèrent d'extraordinaires spectacles (*p. 126*).

La salle principale de Madison Square Garden

General Post Office ❼

421 8th Ave. **Plan** 8 D2. *Tél. (800) ASK-USPS.* M *34th St-Penn Station.* ◯ *t.l.j. y compris j.f. 24h/24. Voir Renseignements pratiques p. 377.*

Conçue en 1913 par McKim, Mead & White dans un style en accord avec la gare de Pennsylvanie qu'ils avaient construite trois ans plus tôt, la poste centrale est un imposant bâtiment néoclassique, qui étend sur deux blocs une façade corinthienne agrémentée de 20 colonnes, d'un pavillon à chaque extrémité et d'un large escalier. Au fronton, une inscription longue de 85 m, inspirée d'Hérodote, affirme fièrement que « ni la neige, ni la pluie, ni la canicule, ni les ténèbres de la nuit n'empêchent ces messagers d'accomplir avec diligence leurs tournées ».

L'imposante façade de la poste centrale

Empire State Building ❷

Empire State Building

Bien qu'il ait été dépossédé dans les années 1970 de son titre de plus grand édifice du monde, l'Empire State est demeuré le plus célèbre des gratte-ciel de New York, et le symbole de la ville pour la terre entière. Sa construction commença en 1930, peu de temps après le krach boursier de 1929, de sorte qu'au moment de son inauguration en 1931, ses promoteurs connurent les pires difficultés à louer ses bureaux. Il n'évita la faillite que grâce au succès remporté par ses belvédères, qui ont depuis lors accueilli plus de 120 millions de visiteurs.

CONSTRUCTION
Le bâtiment fut conçu pour être construit rapidement, d'où l'emploi d'éléments préfabriqués, mis en place au rythme de quatre étages par semaine.

Dans le hall d'entrée, des **médaillons de bronze** de style Art déco figurent des symboles de l'ère moderne.

L'ossature, constituée de 60 000 tonnes d'acier, fut montée en 23 semaines.

Les encadrements des 6500 fenêtres furent réalisés en **panneaux d'aluminium**, avec une finition en acier.

Dix millions de briques entrèrent dans la construction de l'immense édifice.

Les espaces vides entre les etages sont réservés au passage des gaines et des tuyauteries.

D'un poids de 365 000 tonnes, le building est soutenu par plus de **200 piliers d'acier** et de béton.

Observatoire du 102e étage

L'Empire State devait compter 86 étages, mais un mât d'amarrage pour dirigeables de 46 m fut ajouté. Une antenne (62 m) assure aujourd'hui le relais d'émissions de radio et de télévision vers la ville et quatre États voisins.

Les 30 étages supérieurs sont illuminés à certaines occasions.

Des ascenseurs ultrarapides (22 km/h) conduisent au sommet du building.

9 minutes 33 secondes, tel est le record atteint lors de la course annuelle de l'Empire State Run-Up pour gravir les 1575 marches qui mènent du hall d'entrée au 86e étage.

À NE PAS MANQUER

★ Hall d'entrée de la 5e Avenue

★ Vues depuis les observatoires

MODE D'EMPLOI

350 5th Ave. **Plan** 8 F2. **Tél.** (877) NYC-VIEW . Ⓜ A, B, D, E, F, N, Q, R, 1, 2 et 3 vers 34th St. 🚌 M1, M2, M3, M4, M5, M16, M34 et Q32. **Observatoires** 🕐 t.l.j. 8h-2h (dern. adm. : 1h15) ; fermeture plus tôt les 24 et 31 déc., et 1er janv. 📷 🔒 📷 ♿ 🍴 www.esbnyc.com

★ **Vues depuis les observatoires**
Au 86e étage, la plate-forme d'observation offre une vue somptueuse sur Manhattan. Pour un coût supplémentaire, on accède à l'observatoire du 102e étage (381 m). Billetterie au Visitors' Center (2e étage). Pas de réservation Internet.

La tête dans les nuages
Lors de la construction, les ouvriers firent souvent preuve d'un grand courage. Ici, l'un d'eux escalade le crochet d'une grue. À l'arrière-plan, le Chrysler Building et les autres gratte-ciel paraissent bien petits.

Empire State
443 m (avec l'antenne)

Tour Eiffel
324 m

Pyramide de Khéops
137 m

Big Ben
96 m

Toujours plus haut
Les New-Yorkais sont fiers du symbole de leur ville, qui surpasse d'autres réalisations monumentales.

Coup de foudre !
Chaque année l'Empire State est frappé jusqu'à 100 fois par la foudre. Le belvédère extérieur est fermé en cas de mauvais temps, mais les visiteurs ne craignent rien à l'intérieur.

★ **Hall d'entrée de la 5e Avenue**
Dans le hall de marbre, une représentation du gratte-ciel se détache en relief sur une carte de l'État de New York.

VERTIGES...
L'Empire State Building apparaît dans de nombreux films, mais il connut sans doute son plus grand rôle en 1933, dans *King Kong* : on y voit le gorille agrippé à son sommet, aux prises avec des avions de chasse. En 1945, un bombardier bien réel heurta le gratte-ciel à la hauteur du 78e étage. Plus chanceuse, une jeune liftière fit avec sa cabine une chute de 79 étages, avant d'être sauvée par le frein de secours.

Jacob K. Javits Convention Center ❽

655 W 34th St. **Plan** 7 B2. **Tél.** *(212) 216-2000.* Ⓜ *34th St-Penn Station, 42nd St.* 🚌 *M34 et M42.* ⬜ *pour les expositions seul. (horaires variables).* 📷 🚫 ♿ 🍴 **www**.javitscenter.com

Jacob K. Javits Convention Center est un chef-d'œuvre d'architecture moderne

Avec ce building de verre d'un saisissant modernisme dû à I.M. Pei, New York s'est doté en 1986 d'un centre propre à accueillir près de Hudson River les plus grandes expositions. Les deux salles principales de cet immeuble de 18 étages constitué de 16 000 panneaux de verre peuvent accueillir des milliers de délégués, et le hall d'entrée est si vaste qu'il pourrait contenir la statue de la Liberté. L'achèvement en 1989 de Galleria River Pavilion est venu ajouter près de 4 000 m² d'espace disponible, ainsi que deux terrasses dominant le fleuve.

Chelsea Piers Complex ❾

11th Ave (17th St à 23rd St). **Plan** 7 B5. **Tél.** *(212) 336-6666.* Ⓜ *14th St, 18th St et 23rd St.* 🚌 *M14 et M23.* ⬜ *t.l.j.* **www**.chelseapiers.com

Ce complexe a reconverti quatre digues abandonnées en un centre d'activités sportives et de loisirs *(p. 33)*. Les installations comprennent des pistes de skate-board, un parcours de golf, un mur d'escalade en pierre et onze studios de production.

Empire Diner ❿

210 10th Ave. **Plan** 7 C4. **Tél.** *(212) 243-2736.* Ⓜ *23rd St.* ⬜ *t.l.j. 24h/ 24.* 🍴 *lun. 4h-8h.* 🚌 *M11 et M23.*

Cette magnifique réalisation Art déco reconstitue le restaurant américain de 1929, au bar de zinc et aux décorations noires et chromées, qui aurait été l'établissement favori de Bette Davis.

Partition manuscrite du XVᵉ siècle, General Theological Seminary

General Theological Seminary ⓫

175 9th Ave. **Plan** 7 C4. **Tél.** *(212) 243-5150.* Ⓜ *23rd St.* ⬜ *lun.-ven. 12h-15h, sam. 11h-15h.* ✝ *lun. et mer.-ven. 11h45, mar. et dim. 18h.* 🚫 ♿ **www**.gts.edu

Ce campus fondé en 1817 prépare les promotions de 150 étudiants à la prêtrise. Clement Clarke Moore, professeur d'études bibliques, fit don de ce site qui s'étend sur tout un *block* et a pour nom officiel Chelsea Square. Le bâtiment le plus ancien qui ait subsisté date de 1836, le plus moderne (St Mark's Library), de 1960. Cette bibliothèque possède le fonds de bibles en latin le plus important du monde. L'entrée s'effectue par la 9ᵉ Avenue. Le jardin est particulièrement agréable au printemps.

Empire Diner, où les noctambules branchés viennent prendre le petit déjeuner

Chelsea Historic District ⑫

W 20th St (de 9th Ave à 10th Ave). **Plan** 8 D5. Ⓜ *18th St.* ▥ *M11.*

Plus connu comme écrivain que comme urbaniste, Clement Clarke Moore divisa en lots le domaine qu'il possédait dans les années 1830 et où furent bâties d'élégantes rangées de maisons de ville dont bon nombre ont fait l'objet d'une soigneuse restauration.

Les plus belles d'entre elles sont sans doute les sept demeures qui constituent Cushman Row (nos 406-418, 20e Rue Ouest), édifiées en 1839-1840 pour Don Alonzo Cushman. Ce riche commerçant, fondateur de la Greenwich Savings Bank, participa avec Moore et James Wells à la mise en valeur de Chelsea. Cushman Row est avec Washington Square Nord l'un des plus beaux exemples d'architecture néo-grecque. Des guirlandes en fonte agrémentent les fenêtres des combles, et deux de ces maisons affichent en signe d'hospitalité des ananas ornant les pilastres des rampes d'escalier.

Aux nos 446-450 de la 20e Rue Ouest, l'on peut admirer de beaux exemples

Une maison de Cushman Row

du style italianisant pour lequel Chelsea est également réputé. Les fenêtres et impostes cintrées témoignent de l'aisance des premiers propriétaires.

Fronton de Hugh O'Neill Dry Goods Store

Chelsea Hotel ⑬

222 W 23rd St. **Plan** 8 D4. **Tél.** *(212) 243-3700.* Ⓜ *23rd St.* **www.**hotelchelsea.com *Voir* **Hébergement** *p. 283.*

Le Chelsea Hotel entretien des liens très étroits avec le monde de la littérature. Parmi les anciens clients célébrés par des plaques de cuivre

La cage d'escalier de Chelsea Hotel

apposées sur la façade, citons Tennessee Williams, Mark Twain, Jack Kerouac et Brendan Behan. Dylan Thomas passa ici les dernières années de sa vie. En 1966, Andy Warhol prit Chelsea Hotel pour cadre de son film *Chelsea Girls*, et c'est dans une de ses chambres que le musicien punk Sid Vicious tua sa compagne, en 1978. Ces événements ne font qu'ajouter à l'aura sulfureuse de cet hôtel qui attire musiciens, peintres et écrivains.

Hugh O'Neill Dry Goods Store ⑭

655-671 6th Ave. **Plan** 8 E4. Ⓜ *23rd St.*

Bien que la mercerie O'Neill ait depuis longtemps disparu, la façade en fonte à pilastres, datant de 1876, illustre bien la majesté des grands magasins

jadis alignés au long de la 6e Avenue entre les 18e et 23e Rues, et qui valaient à ce secteur le nom de Fashion Row (« la rue de la mode »). O'Neill, dont l'enseigne figure encore sur la façade, était un extraordinaire vendeur et sa clientèle affluait. Sans être aussi chic que celle du Ladies' Mile *(p. 127)*, cette affluence assura la prospérité de Fashion Row, jusqu'au début du XXe siècle (le cœur du quartier commerçant en vogue reprit alors sa progression vers le nord). La plupart de ces immeubles majestueux ont été rénovés et abritent des grands magasins. Filene's Basement est devenu un endroit où faire des affaires.

Worth Monument ⑮

5th Ave and Broadway. **Plan** 8 F4. Ⓜ *23rd St-Broadway.*

Dissimulé derrière un compteur d'eau dans un triangle situé au milieu du flot de la circulation, cet obélisque fut érigé en 1857 sur la tombe du seul personnage public inhumé sous une rue de Manhattan, le général William J. Worth, héros des guerres mexicaines du milieu du XIXe siècle. Une barrière de fonte figurant des épées entoure le monument.

Worth Monument

LE QUARTIER DES THÉÂTRES

L'installation du Metropolitan Opera à Broadway (40e Rue), en 1883, attira de somptueux théâtres et restaurants dans ce quartier. Dans les années 1920, de monumentales salles de cinéma y ajoutèrent le prestige du néon : les enseignes lumineuses se firent de plus en plus grandes, de plus en plus éclatantes, jusqu'à valoir à cette

Œuvre de
Lee Lawrie au
Rockefeller Center

artère le nom de « l'avenue brillante ». Après la Seconde Guerre mondiale, l'attrait du cinéma déclina, au chatoiement succéda la crasse. Le quartier a depuis lors retrouvé son lustre et sa fréquentation, tout en conservant de petits îlots de sérénité (Public Library, Bryant Park). Ces deux mondes se côtoient au Rockefeller Center.

Le cœur du quartier des théâtres, autour de Times Square

LE QUARTIER D'UN COUP D'ŒIL

Rues et édifices historiques

Alwyn Court Apartments **18**
Group Health Insurance
  Building **12**
New York Public Library **8**
New York Yacht Club **5**
Paramount Building **13**
Shubert Alley **14**
Times Square **10**

Musées et galeries

International Center of
  Photography **9**
Intrepid Sea-Air-Space
  Museum **19**
Museum of Arts
  and Design **19**

Architecture moderne

MONY Tower **15**
Rockefeller Center **1**

Parc

Bryant Park **6**

Salles de spectacle célèbres

Carnegie Hall **17**
City Center of Music
  and Dance **16**
Lyceum Theater **3**
New Amsterdam
  Theater **11**

Hôtels célèbres

Algonquin Hotel **4**
Bryant Park Hotel **7**

Magasin célèbre

Diamond Row **2**

COMMENT Y ALLER ?

Métro : les lignes A, C et E vers
Port Authority, puis lignes 1, 2,
3, N, Q, R, W, S et 7 vers Times
Square ; les lignes B, D, F, V
et 7 s'arrêtent à Bryant Park ;
les lignes 1, N, R, W, C et E
s'arrêtent aussi dans la partie
nord de Times Square. Bus :
M1, M2, M3, M4, M5, M6, M7,
M10, M20, M27 et M104
et les transversaux M42, M50
et M57.

VOIR ÉGALEMENT

- *Atlas des rues* plans 8, 11-12
- *Hébergement* p. 284-287
- *Restaurants* p. 304-307

LÉGENDE

▨ Plan du quartier pas à pas

Ⓜ Station de métro

⛴ Embarcadère

0   500 m

0   500 yds

Times Square pas à pas

Cœur du quartier des théâtres depuis 1899 et la
construction de deux salles – le Victoria Theatre
et le Republic Theatre –, Times Square a pris son
nom en 1906 avec l'inauguration de l'immeuble
du *New York Times,* haut de 25 étages. Depuis les
années 1920, les néons, les enseignes des théâtres
et les dépêches lumineuses du *Times* forment un
spectacle éblouissant. Dans les années 1930,
le quartier, gagné par l'industrie du sexe, connut
un déclin. Sa résurrection date des années 1990 :
le Broadway d'antan s'affirme de nouveau, à côté
des divertissements les plus branchés.

Paramount Hotel
Conçu par Philippe Starck,
cet hôtel abrite un bar,
repère branché où
prendre un verre après
un spectacle.

Studios de MTV
Du lundi au vendredi,
à 15 h, les badauds se
pressent sous l'œil de
caméras guettant leurs
réactions pour regarder
les interviews enregistrées
au premier étage.

Westin Hotel
Cet hôtel impressionnant de
45 étages est un des gratte-ciel
les plus récents de Manhattan.
Il a la forme d'un prisme fendu
par un rayon de lumière courbé.

★ E Walk
Ce complexe abrite un cinéma
multisalles, des restaurants,
un hôtel et le B.B. King Blues Club.
Vues époustouflantes sur la ville.

Sardi's
Les murs de ce restaurant
ouvert en 1921 sont couverts
de caricatures de vedettes
de Broadway, d'hier et
d'aujourd'hui.

★ Times Square
Chaque 31 décembre,
à minuit, une boule en cristal
tombe du haut de l'ancien
immeuble du Times, ouvrant
la nouvelle année ❿

**★ New Victory
Theater**
Restauré en 1995,
il est aujourd'hui
réservé à des
spectacles pour
jeune public.

0   100 m

0   100 yds

Dépêches lumineuses
Le téléscripteur
de Morgan Stanley
n'est que l'une des
multiples lumières
du quartier, où
des ordonnances
municipales imposent
aux immeubles de
bureaux de porter des
enseignes au néon.

PLAN DE SITUATION
Voir plan de Manhattan p.14-15

LÉGENDE

‒ ‒ ‒ Itinéraire conseillé

À NE PAS MANQUER

★ E Walk

★ New Victory Theater

★ Times Square

McGraw-Hill Building

J.P. Stevens Tower

Celanese Building

Office de tourisme de Times Square

BROADWAY

AVENUE

SEVENTH

W 47TH ST

W 46TH ST

43RD ST

Duffy Square
Cette petite place
doit son nom à
Father Duffy
« le Combattant »,
héros de la
Première Guerre
mondiale.
Marquée par la
statue de l'auteur-
compositeur-
interprète George
M. Cohan, qui
écrivit nombre
des succès de
Broadway, elle
est connue pour
son kiosque où
acheter des billets
à tarif réduit (**TKTS**).

Lyceum Theater
*Le plus ancien théâtre
de Broadway possède
une superbe façade
baroque* ❸

Belasco Theater
Construit en 1907 par
le producteur David Belasco,
il était l'un des théâtres les mieux
équipés techniquement.
L'intérieur est orné de vitraux
signés Tiffany et de peintures
d'Everett Shinn.

Rockefeller Center, dominé
par la masse de GE Building

Rockefeller Center ❶

Plan 12 F5. Ⓜ *47th St-50th St*
Tél. *(212) 332-6868 (information).*
📷 ♿ 🍴 ▯ 🔊 *NBC, Rockefeller Center, t.l.j.* **Tél.** *(212) 664 7174 (rés. conseillée). Radio City Music Hall, t.l.j.* **Tél.** *(212) 247 4777. Top of the Rock, t.l.j.* **Tél.** *(212) 698-2000.*
www.rockefellercenter.com
www.nbc.com **www**.radiocity.com
ww.topoftherocknyc.com

Décidant d'inscrire le Rockefeller Center à l'inventaire du patrimoine new-yorkais (en 1985), la Commission municipale des sites le qualifia de « cœur de New York ».
Ce complexe culturel et commercial, le plus vaste du genre, est tellement bien intégré dans la cité qu'il a suscité des dizaines d'imitation dans le monde. La conception du Center fut assurée dans l'esprit Art déco par l'équipe d'architectes de Raymond Hood.
Les œuvres d'une trentaine d'artistes ornent les foyers, les façades et les jardins. Le site fut

loué en 1928 à John D. Rockefeller Jr., qui souhaitait y édifier un nouvel opéra. Quand la crise de 1929 survint, il fit construire un centre d'affaires. Les quatorze gratte-ciel bâtis entre 1931 et 1940 fournirent du travail à 225 000 personnes au plus fort de la dépression.
En 1973, on pouvait compter 19 immeubles.
En 1932, Radio City Music Hall s'installa dans le complexe et y accueille toujours les shows de Pâques

La Sagesse, relief de Lee Lawrie, GE Building

et de Noël. Plus tard, la NBC y installa ses studios TV. Derniers venus, les observatoires « Top of the Rock » (67e-70e étages) offrent une vue de la ville à 360°.

Diamond Row ❷

47th St (entre 5th Ave et 6th Ave).
Plan 12 F5. Ⓜ *47th St-50th St. Voir* **Boutiques et marchés** *p. 328.*

Toutes les vitrines de la 47e Rue ruissellent d'or et de pierreries. Les immeubles de ce secteur sont occupés par des magasins et des ateliers où les joailliers rivalisent pour attirer l'attention des clients.
La « rue du diamant » naquit dans les années 1930, lorsque les diamantaires juifs d'Anvers et d'Amsterdam chassés par le nazisme immigrèrent en Amérique. Les juifs orthodoxes, reconnaissables à leur chapeau noir et leur barbe, sont nombreux dans le quartier. Si la rue se consacre au commerce de gros, les particuliers sont les bienvenus (s'abstenir si l'on ignore tout de la valeur des diamants).

Un locataire de la « rue du diamant »

Lyceum Theater ❸

149 W 45th St. **Plan** 12 E5.
Tél. *Télécharge (212) 239-6200.*
Ⓜ *42nd, 47th St, 49th St.*
Voir **Se distraire** *p. 345.*

Le plus ancien théâtre new-yorkais en activité, pièce montée baroque de 1903, fut le premier construit par Herts et Tallant, agence d'architecte réputée pour son extravagance. Le Lyceum est entré dans l'histoire avec les 1 600 représentations de la comédie *Born Yesterday*, puis en étant le premier théâtre classé monument historique. Désormais à l'abri des transformations, il est cependant beaucoup moins actif maintenant que Theater District s'est déplacé vers l'ouest.

Rose Room, Algonquin Hotel

Algonquin Hotel ❹

59 W 44th St. **Plan** 12 F5.
Tél. *(212) 840-6800.* [M] *42nd St.*
Voir ***Hébergement*** *p. 285.*
www.algonquinhotel.com

Aucun hôtel ne retrace aussi bien l'extraordinaire histoire littéraire de New York que l'Algonquin Hotel, qui a accueilli pendant plus d'un siècle les grands noms du monde des lettres, américains et étrangers.

Dans les années 1920, Rose Room fut le théâtre des déjeuners du célèbre club de la Table ronde, fréquentés par des gens de lettres tels qu'Alexander Woolcott, Franklin P. Adams, Dorothy Parker, Robert Benchley et Harold Ross, tous liés au *New Yorker* (dont Ross était l'un des fondateurs). Le siège du club, sis au n° 25 de la 43e Rue Ouest, communiquait directement avec l'hôtel.

Des travaux de rénovation ont restitué l'atmosphère délicieusement surannée de Rose Room, et les lambris du très confortable hall d'entrée où des habitués du monde de l'édition et des amateurs de théâtre aiment à se retrouver pour boire un verre.

Statue du poète William Cullen, Bryant Park

New York Yacht Club ❺

37 W 44th St. **Plan** 12 F5. ***Tél.*** *(212) 382-1000.* [M] *42nd St.* 🌐 *au public (rés. aux membres).* **www**.nyyc.org

Le siège de ce club privé, bâti en 1899, se distingue par les poupes des gallions hollandais du XVe siècle gravées dans ses trois fenêtres en saillie. La proue de ces mêmes navires est soutenue par des dauphins et des vagues sculptés qui débordent jusque sur le trottoir. Le bâtiment a été refait à neuf pour son centenaire. C'est ici qu'est née la célèbre coupe de l'America. Le trophée nautique y fut exposé de 1857 à 1983, date de la victoire historique d'*Australia II*.

Le célèbre trophée de la coupe de l'America

Bryant Park ❻

Plan 8 F1. [M] *42nd St.*
www.bryantpark.org

En 1853, alors que le site de la Public Library était encore occupé par le réservoir Croton, Bryant Park (Reservoir Park) accueillit un éblouissant palais de Cristal, construit à l'occasion de l'Exposition universelle *(p. 25)*. Dans les années 1960, ce parc devint un repaire de dealers. En 1989, la Ville le ferma pour rénovation et en fit un lieu de détente pour une population plus paisible. Un kiosque Music & Dance Tickets propose des billets à moitié prix pour les spectacles du jour. Sous le parc sont alignés des rayonnages pouvant recevoir plus de sept millions d'ouvrages de la Public Library.

Bryant Park Hotel ❼

40 W 40th St. **Plan** 8 F1.
Tél. *(212) 869-0100.* [M] *42nd St.*
www.bryantparkhotel.com

American Radiator Building, qui abrite aujourd'hui le Bryant Park Hotel, fut la première œuvre new-yorkaise majeure de Raymond Hood et John Howells. Les deux architectes réalisèrent ensuite Daily News Building *(p. 155)*, McGraw-Hill Building et Rockfeller Center. La structure de 1924 rappelle celle de Chicago's Tribune Tower, gratte-ciel gothique conçu par Hood. Ici, la conception fait paraître ce building de 23 étages plus haut qu'il ne l'est en réalité. Les briques noires de la façade sont soulignées par des ornements dorés qui évoquent des charbons ardents. L'image eût ravi les propriétaires initiaux, des fabricants d'installations de chauffage. Face au parc, le gratte-ciel abrite un hôtel de luxe.

Ce gratte-ciel néogothique abrite le Bryant Park Hotel

New York Public Library ❽

5th Ave and 42nd St. **Plan** 8 F1. **Tél.**
(212) 930-0830. Ⓜ *42nd St-Grand Central, 42nd St-5th Ave.* ⬤ *mar.-dim. (horaires variables).* ⬤ *j.f.* 📷 ♿ 🛗
Conférences, ateliers, lectures. 🅿

Porte de la grande salle d'étude de la New York Public Library

En 1897, la conception de la grande bibliothèque publique de New York fut attribuée à Carrère & Hastings. Leur projet fut influencé par le premier directeur de la bibliothèque, qui souhaitait créer un lieu où les lecteurs pourraient disposer aisément de millions d'ouvrages. Les architectes édifièrent un chef-d'œuvre de la période Beaux-Arts new-yorkaise. Bâtie sur le site de l'ancien Croton Reservoir *(p. 24)*, la bibliothèque comprend une salle de lecture lambrissée, qui s'étend sur deux *blocks*.

Les voûtes de marbre blanc de l'escalier d'Astor Hall

Sous la salle s'étendent 140 km de rayonnages, contenant plus de sept millions de volumes. Un système de distribution informatisé assure la mise à disposition de tout ouvrage dix minutes. La salle des périodiques, qui contient plus de 10 000 titres provenant de 128 pays, est ornée de peintures murales de Richard Haas honorant les grandes maisons d'édition new-yorkaises. Le fonds originel de la bibliothèque réunissait les collections de John Jacob Astor et de James Lenox. Aujourd'hui, il comprend aussi bien un brouillon de la Déclaration d'indépendance de la main de Jefferson qu'une bible de Gutenberg.

La grande salle d'étude a conservé ses lampes de travail en bronze

Une base de données permet de répondre aux 1 000 demandes quotidiennes. Cette bibliothèque constitue le cœur d'un réseau de 82 succursales. Certaines annexes sont célèbres, notamment New York Public Library for the Performing Arts au Lincoln Center *(p. 212)* et Schomburg Center de Harlem *(p. 229)*.

L'un des deux lions de la Public Library, appelés Patience et Force d'âme par le maire La Guardia

International Center of Photography ❾

1133 Avenue of the Americas (43rd St). **Plan** 8 F1. **Tél.** (212) 857-0000. Ⓜ 42nd St. ◯ mar.-jeu., sam., dim. 10h-18h, ven. 10h-20h. 🔴 4 juil. ♿ 🏛 mar.-dim. 10h-17h. 🖥 www.icp.org

Cornell Capa fonda ce musée en 1974 en hommage au travail des photographes de presse comme son frère Robert, tué au cours d'une mission en 1954. Parmi les 12 500 pièces de la collection figurent des œuvres d'Ansel Adams et d'Henri Cartier-Bresson. Des expositions y ont régulièrement lieu, pour montrer les œuvres du fond, ainsi que des conférences.

Times Square ❿

Plan 8 E1. Ⓜ 42nd St-Times Sq. ℹ Times Square Information Center, 1560 Broadway (46th St) t.l.j. 8h-20h. 🎬 ven. midi, (212) 869-1890. **www**.timessquarenyc.org

À la fin du XIXe siècle, ce lieu était occupé par des loueurs de chevaux, des bourreliers et des maréchaux-ferrants. En 1899, Oscar Hammerstein y construisit deux salles de spectacle. Bientôt, l'essor de Broadway en fit le cœur du quartier des théâtres. Après la crise de 1929, les guys and dolls de Broadway laissèrent la place à des personnages plus douteux. Dans les années 1990, un programme de rénovation a rendu Times Square aux amateurs de théâtre et aux touristes. On peut désormais se promener en toute sécurité dans cet endroit animé, où de nouveaux bâtiments, comme le Bertlesmann, jouxtent les théâtres. La place a pris son nom actuel en 1906, lors de l'installation de la tour du New York Times (25 étages). L'emménagement du Times, à la Saint-Sylvestre, fut

marqué par un grand feu d'artifice. Depuis lors, la chute d'une boule lumineuse au 12e coup de minuit marque le début de la nouvelle année. Le siège du Times a désormais été transféré au sud de la place. Le building de 45 étages du Westin Hotel (p. 142), conçu par le cabinet Arquitectonica, est le nouveau centre d'intérêt des amateurs d'architecture. Parmi les attractions : une antenne de Madame Tussaud's Wax Museum (42e Rue, entre 7e Ave et 8e Ave), ESPN Zone, un bar…

W.C. Fields (à gauche) et Eddie Cantor (à droite, tenant un haut-de-forme), dans les Ziegfeld Follies, en 1918, New Amsterdam Theater

New Amsterdam Theater ⓫

214 W 42nd St. **Plan** 8 E1. **Tél.** (212) 282-2900. Ⓜ 42nd St-Times Sq. 🎬 lun.-mar. 10h-15h, jeu.-sam. 10h-11h, dim. 10h, (212) 282-2907.

Ce théâtre, le plus opulent des États-Unis lors de son inauguration en 1903, fut le premier à être doté d'une décoration intérieure de style Art nouveau. Florenz Ziegfeld y produisit sa célèbre revue de 1914 à 1918. Propriétaire des murs, il aménagea sur le toit du New Amsterdam la salle de Aerial Gardens. Frappé comme tant d'autres théâtres de la 42e Rue par la crise économique, il a tiré profit de la réhabilitation de Times Square : la fortune lui sourit à nouveau, et il reste encore un lieu de spectacles.

Group Health Insurance Building ⓬

330 W 42nd St. **Plan** 8 D1. Ⓜ 42nd St-8th Ave. ◯ heures de bureau.

Cet immeuble de Raymond Hood, construit en 1931, fut le seul édifice new-yorkais sélectionné en 1932 dans le cadre de l'International Style Survey (p. 43). Sa conception inhabituelle lui confère un profil à degrés lorsqu'on le voit de l'est ou de l'ouest, mais il présente une face unie lorsqu'on l'observe depuis le nord ou le sud. Des bandes horizontales de terre cuite bleu vert lui ont valu le surnom de « Bon Géant vert ». À l'intérieur, on peut admirer le hall d'entrée de style Art déco, tout de verre opaque et d'acier.

Paramount Building ⓭

1501 Broadway. **Plan** 8 E1. Ⓜ 34th St.

La fabuleuse salle de cinéma du rez-de-chaussée, où les bobbysoxers des années 1940 se pressaient pour acclamer Frank Sinatra, a disparu, mais cet imposant édifice bâti en 1927 par Rapp & Rapp demeure très théâtral. Des degrés symétriques s'élèvent vers un sommet Art déco constitué d'une tour, d'une horloge et d'un globe. À l'âge d'or de Broadway, la tour surmontée d'une plate-forme d'observation était illuminée la nuit.

Le sommet Art déco du Paramount Building

Shubert Alley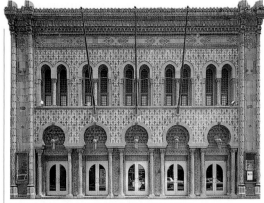

Entre W 44th et W 45th St.
Plan 12 E5. M *42nd St-Times Sq.*
*Voir **Se distraire** p. 342.*

Les salles de spectacle des
rues à l'ouest de Broadway
sont remarquables par leur
architecture. Deux théâtres
construits en 1913, Booth
(222 W 45th St) et Shubert
(225 W 44th St), bordent le
côté ouest de Shubert Alley,
où les acteurs se
rassemblaient dans l'espoir de
décrocher un rôle dans une
pièce produite par Shubert.

A Chorus Line fit l'objet du
nombre record de 6 137
représentations au Shubert.
Katharine Hepburn y avait
auparavant joué dans *The
Philadelphia Story*. Face à
l'extrémité de Shubert Alley
donnant sur la 44ᵉ Rue, se
dresse le théâtre St James, où
Rogers et Hammerstein firent
leurs débuts en 1941 dans
Oklahoma, qui fut suivie
de *The King and I*. Au
restaurant Sardi's tout proche,
les acteurs venaient jadis
attendre les critiques au soir
de la première. À l'autre
extrémité de Shubert Alley,
Irving Berlin mit en scène
The Music Box Revue,
en 1921.

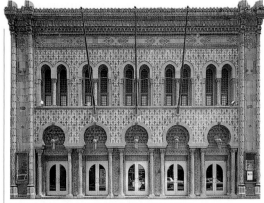
La façade mauresque de City Center of Music and Dance

MONY Tower 🅂

1740 Broadway. **Plan** 12 E4.
M *57th St.* 🖐 *au public.*

MONY Tower est nantie
d'une girouette particulière,
qui n'indique pas la direction
du vent ! Le mât devient vert
lorsqu'il fait beau, orange
lorsque le temps est nuageux,
orange clignotant quand il
pleut et blanc en cas de
neige. L'amélioration ou
la dégradation des conditions
météorologiques sont
annoncées par le mouvement
de lumières au long du mât.

City Center of Music and Dance 🅂

131 W 55th St. **Plan** 12 E4.
Tél. *(212) 581-1212.* M *57th St.*
🖐 🅂 *Voir **Se distraire** p. 346.*
www.citycenter.org

Cet édifice de style
mauresque surmonté d'un
dôme de tuiles d'Espagne
fut conçu en 1924 en tant que
temple maçonnique. Sauvé
de la démolition par le maire
La Guardia, il accueillit
en 1943 la troupe du New
York City Opera and Ballet.
Lorsque celle-ci s'installa au
Lincoln Center, le City Center
se consacra à la danse. De
récents travaux de rénovation
ont préservé le caractère
exotique de son architecture.

Carnegie Hall 🅂

154 W 57th Street. **Plan** 12 E3. **Tél.**
(212) 247-7800. M *57th St, 59th St.*
Musée 🔲 *t.l.j. 11h-16h30 et
pendant l'entracte.* 🖐 *mer.* 🖐 🅂
🖐 *lun.-ven. en saison.*
🔲 *Voir **Se distraire** p. 350.*
www.carnegiehall.org

La première grande salle
de concerts de New York,
financée par le milliardaire
et philanthrope Andrew
Carnegie, ouvrit ses portes
en 1891 dans ce qui était un
faubourg de la ville. On dit
de cet édifice de style néo-
renaissance qu'il possède
l'une des meilleures
acoustiques au monde. La
soirée inaugurale, au cours
de laquelle Tchaïkovski était

L'auditorium du Shubert Theater, construit en 1913 par Henry Herts

L'acoustique de Carnegie Hall est l'une des meilleures du monde

au pupitre, eut lieu en présence des familles les plus en vue, dont certaines durent pourtant patienter plus d'une heure avant de quitter leurs voitures à cheval. Le Carnegie Hall eut pendant de longues années pour orchestre le New York Philharmonic, placé sous la direction de chefs tels que Toscanini, Stokowski, Walter ou Bernstein. Le fait de se produire au Carnegie Hall devint bientôt un symbole international de réussite pour les musiciens classiques, jazz, rock… Une campagne menée par le violoniste Isaac Stern dans les années 1950 empêcha la transformation du site, qui fut classé monument historique en 1964. La rénovation de 1986 rendit toute leur splendeur aux balcons de bronze et aux plâtres ornementaux. Depuis 1991, un musée retrace le premier siècle d'existence de cette « salle construite par la musique ». Le Judith et Arthur Zankel Hall, à l'étage inférieur, a rouvert en 2003.

Millionaire Andrew Carnegie

À Carnegie Hall, les plus grands orchestres et interprètes du monde attirent toujours le public.

Alwyn Court Apartments **⓲**

180 W 58th St. **Plan** 12 E3. **M** 57th St. ● au public.

Cet immeuble de 1909 orné de couronnes, de dragons et autres sculptures en terre cuite de style Renaissance est l'œuvre de Harde et Short. Le rez-de-chaussée a perdu sa corniche, mais le reste de l'édifice est intact.

La façade s'inspire du style François Ier, dont l'emblème, une salamandre couronnée, est visible à l'entrée du bâtiment. Dans la cour intérieure, Richard Haas a transformé des murs nus en « sculptures de pierre ».

La salamandre, emblème de François Ier, Alwyn Court

Intrepid Sea-Air-Space Museum **⓳**

Pier 86, W 46th St. **Plan** 11 A5. **⬚** (877) 957-SHIP. **M** M42, M16, M50. ● avr.-sept. : lun.-ven. 10h-18h, sam., dim. et j.f. 10h-19h ; oct.-mars : mar.-dim. et j.f. 10h-17h. **⬚** **⬚** www.intrepidmuseum.org

Ce porte-avions américain de la Seconde Guerre mondiale abrite des avions de chasse des années 1940, l'A12, l'avion espion le plus rapide du monde, et le *Growler*, un sous-marin lance-missiles.

Stern Hall est consacré aux supertransporteurs d'aujourd'hui. Technologies Hall s'intéresse aux fusées de demain. Mission Control permet de suivre les missions des navettes de la NASA.

Photographies, films et archives permettent de découvrir la vie de l'équipage.

Le pont d'envol de l'*Intrepid*, avec un avion de combat et un avion espion

Museum of Arts and Design **⓴**

2 Columbus Circle. **Plan** 12 D3. **Tél.** (212) 956-3535. **M** 5th Ave-53rd St. ● t.l.j. 10h-18h (jeu 20h). ● j.f. **⬚** **⬚** **⬚** **⬚** **Conférences, films.** **⬚** www.madmuseum.org

Première dans son domaine, cette institution culturelle américaine, qui a rouvert ses portes dans un building flamboyant, se consacre aux objets contemporains de tous matériaux. Le fond permanent comprend plus de 2 000 pièces signées d'artisans et de créateurs du monde entier. La boutique propose des créations des plus grands designers américains.

LOWER MIDTOWN

ette partie au centre de Manhattan s'enorgueillit de superbes réalisations architecturales, notamment dans les styles Beaux-Arts et Art déco. Le quartier résidentiel de Murray Hill doit son nom au domaine campagnard qui s'étendait jadis sur le site. Plusieurs illustres familles new-yorkaises s'y installèrent à

Porte en bronze de Fred F. French Building

la fin du XIXe siècle, dont celle du financier J. P. Morgan (sa bibliothèque, transformée en musée, témoigne de la splendeur de cette époque). Le secteur prend un caractère plus commercial aux alentours de la 42e Rue et de Grand Central Terminal, où les rues sont bordées de grandes tours de bureaux.

LE QUARTIER D'UN COUP D'ŒIL

Rues et édifices historiques
Chanin Building ❹
Chrysler Building ❺
Daily News Building ❻
Fred F. French Building ❿
Grand Central Terminal p. 156-157 ❷
Helmsley Building ❽
Home Savings of America ❸
Sniffen Court ⓯
Tudor City ❼

Musées et galeries d'art
Japan Society ⓫
Morgan Library & Museum p. 164-165 ⓮

Architecture moderne
MetLife Building ❶
Le siège des Nations unies p. 160-163 ❿
Nos 1 et 2 United Nations Plaza ❾

Église
Church of the Incarnation ⓭

COMMENT Y ALLER ?
Métro : transversal S ou 7, ou lignes 4, 5 ou 6 (Lexington Ave) vers 42nd St-Grand Central. Bus : M15, M101/102, M1, M2, M3 et M4 ; bus transversaux : M34 et M42.

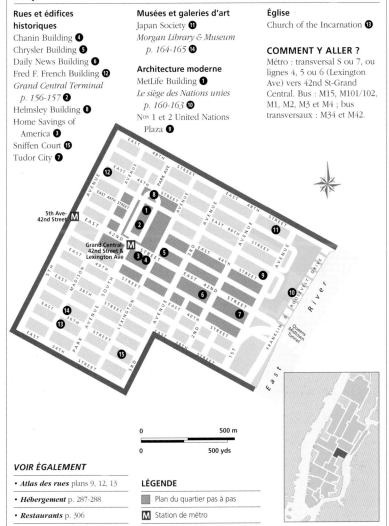

VOIR ÉGALEMENT

• *Atlas des rues* plans 9, 12, 13

• *Hébergement* p. 287-288

• *Restaurants* p. 306

LÉGENDE

▨ Plan du quartier pas à pas

Ⓜ Station de métro

◁ La flèche revêtue d'acier inoxydable du Chrysler Building

Lower Midtown pas à pas

Une promenade vers Grand Central sera l'occasion d'admirer des styles architecturaux divers. Après avoir apprécié à distance la silhouette des gratte-ciel les plus élevés, on pourra découvrir leurs intérieurs magnifiques, la modernité d'atriums tels que ceux de Philip Morris Building et de Ford Foundation Building, la profusion des détails dans le siège de la Home Savings Bank, ou encore l'ampleur des volumes de Grand Central Terminal.

MetLife Building
Ce gratte-ciel construit en 1963 pour la Pan Am a obstrué la perspective de Park Avenue ❶

★ Grand Central Terminal
L'immense intérieur voûté est un somptueux monument élevé au transport ferroviaire. Ce bâtiment accueille aussi des boutiques spécialisées et d'excellents restaurants ❷

Station de métro Grand Central/ 42th St (lignes S, 4, 5, 6, 7)

Chanin Building
Édifié dans les années 1920 pour le roi de l'immobilier Irwin Chanin, ce building possède un superbe hall d'entrée Art déco ❹

À NE PAS MANQUER

★ Chrysler Building

★ Daily News Building

★ Grand Central Terminal

★ Home Savings of America

La façade en acier de **Mobil Building,** gratte-ciel de 1955, dotée d'un dispositif de nettoyage automatique, est ornée d'embossages de formes géométriques qui l'empêchent de se déformer.

★ Home Savings of America
Ancien siège de la Bowery Savings Bank, ce building des architectes York et Sawyer prend l'apparence d'un palais de style roman ❸

Porte en bronze (Home Savings Bank)

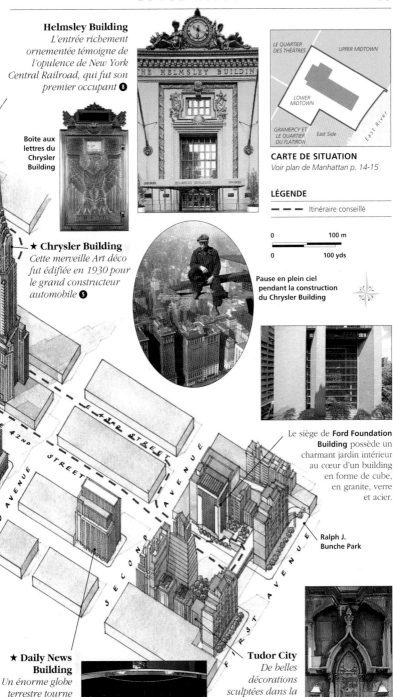

Helmsley Building
L'entrée richement ornementée témoigne de l'opulence de New York Central Railroad, qui fut son premier occupant ❽

Boîte aux lettres du Chrysler Building

CARTE DE SITUATION
Voir plan de Manhattan p. 14-15

LE QUARTIER DES THÉÂTRES
UPPER MIDTOWN
LOWER MIDTOWN
GRAMERCY ET LE QUARTIER DU FLATIRON
East Side
East River

LÉGENDE

— — —   Itinéraire conseillé

0   100 m
0   100 yds

★ **Chrysler Building**
Cette merveille Art déco fut édifiée en 1930 pour le grand constructeur automobile ❺

Pause en plein ciel pendant la construction du Chrysler Building

Le siège de **Ford Foundation Building** possède un charmant jardin intérieur au cœur d'un building en forme de cube, en granite, verre et acier.

E 43RD STREET
E 42ND STREET
THIRD AVENUE
SECOND AVENUE
FIRST AVENUE

Ralph J. Bunche Park

★ **Daily News Building**
Un énorme globe terrestre tourne sur son axe dans le hall d'entrée de l'ancien siège Art déco du quotidien Daily News ❻

Tudor City
De belles décorations sculptées dans la pierre caractérisent cet ensemble de 3 000 appartements, de style Tudor américain ❼

MetLife Building ❶

200 Park Ave. **Plan** 13 A5.
Ⓜ *42nd St-Grand Central.*
◯ *heures de bureau.* 🍸 🍽

Hall d'entrée du MetLife Building

Les sculptures du sommet de la gare de Grand Central Terminal se découpaient jadis sur le ciel new-yorkais. Puis, en 1963, la perspective de Park Avenue fut bouchée par ce colosse initialement baptisé Pan Am Building, œuvre de Walter Gropius, Emery Roth & Sons et Pietro Belluschi. La gare fut comme écrasée par ce qui était alors le plus grand building commercial au monde : la réprobation fut générale, ce qui explique l'abandon ultérieur d'un projet de construction d'une tour au-dessus de Grand Central.

Par une ironie de l'histoire, le ciel se trouvait masqué par la Pan Am, compagnie aérienne qui avait ouvert le ciel à des millions de personnes (et qui à ses débuts, en 1927, comptait Charles Lindbergh parmi ses pilotes et consultants). La première ligne transpacifique (1936) et le premier tour du monde en vol régulier (1947) furent assurés par la Pan Am.

L'héliport qui occupait le toit du gratte-ciel fut abandonné en 1977, à la suite d'un accident (une pluie de débris s'était abattue sur les rues environnantes). La Pan Am ayant disparu, le building a été vendu à MetLife en 1981.

Grand Central Terminal ❷

Voir p. 156-157.

Home Savings of America ❸

110 E 42nd St. **Plan** 9 A1. Ⓜ *42nd St-Grand Central.* ◯ *sur r.-v. seul.* **Tél**. *Cipriani (212) 499 0599.*

Cet immeuble de 1923 est considéré comme la plus belle œuvre des meilleurs spécialistes de l'architecture « bancaire » des années 1920. York & Sawyer retinrent pour les locaux de Manhattan-Nord de la Bowery Savings Bank un style évoquant une basilique romane. Une entrée voûtée conduit à une haute salle aux sols de marbre à mosaïques et aux colonnes (de marbre elles aussi) soutenant de grandes arches de pierre.

Façade du Home Savings of America Building

Entre les colonnes, des panneaux de mosaïque en marbre de France et d'Italie sont ornés de motifs animaliers.

Chanin Building ❹

122 E 42nd St. **Plan** 9 A1.
Ⓜ *42nd St-Grand Central.*
◯ *heures de bureau.*

Détail de bas-relief sur Chanin Building

Ancien siège de l'une des plus importantes sociétés de promotion immobilière de New York, celle d'Irwin S. Chanin, cette tour de 56 étages fut le premier gratte-ciel du quartier de Grand Central. C'est l'un des exemples les plus réussis d'architecture Art déco de la ville. Une large frise de bronze, ornée d'oiseaux et de poissons, court sur toute la longueur de la façade ; la base en terre cuite est décorée d'un enchevêtrement luxuriant de feuilles et de fleurs stylisées.

À l'intérieur, le sculpteur René Chambellan réalisa toutes sortes de motifs ornementaux en cuivre ; les reliefs du vestibule retracent la carrière du *self-made man* Chanin.

Détail de sculpture dans le hall de Home Savings of America Building

Chrysler Building ❺

405 Lexington Ave. **Plan** 9 A1.
Tél. (212) 682-3070. Ⓜ 42nd St-
Grand Central. ⭘ heures de bureau
(7h-18h), hall d'entrée seul. 🄰 🦽

**Gargouille de
métal sur le
Chrysler Building**

Walter P. Chrysler entama
sa carrière dans un atelier
de chemin de fer de la Union
Pacific, mais passionné
d'automobiles, il
s'éleva rapidement
jusqu'au sommet de
cette industrie, pour
fonder en 1925 une
compagnie portant
son nom. Son souhait
de se doter d'un siège
new-yorkais qui
symbolisât sa réussite
allait aboutir à
l'édification par
William Van Alen d'un
building qui resterait
comme l'un des plus
grands témoignages
de l'âge d'or de
l'automobile. La flèche
Art déco en acier
évoque une calandre ;
les degrés de la tour
sont ornés de
bouchons de
radiateur ailés, de
roues et d'automobiles
stylisées ; les
gargouilles sont
inspirées des
emblèmes de capot
de la Chrysler
Plymouth de 1929.
Bien qu'il ait été
dépossédé du titre
de plus haut gratte-ciel
du monde quelques
mois après son achèvement
(par l'Empire State Building),
le Chrysler Building, haut de
77 étages (320 m), demeure
l'un des plus prestigieux de
New York. L'adjonction d'une
flèche fut tenue secrète

jusqu'au dernier moment ;
construite à l'intérieur du
building, celle-ci fut élevée
par le toit, amenant ainsi le
gratte-ciel à une hauteur
supérieure à celle de
l'immeuble de la Bank of
Manhattan construit
par H. Craig
Severance, le grand
rival de Van Alen.
Celui-ci fut bien
mal récompensé de ses
efforts. L'accusant d'avoir
accepté des pots-de-vin de
la part des entrepreneurs,
Chrysler refusa de le payer.
Le scandale mit un terme à sa
carrière d'architecte. Le hall
d'entrée (où étaient exposés
les modèles Chrysler),
restauré en 1978, est décoré
de marbre, de granite et
d'acier chromé. Le plafond
peint par Edward Trumball
représente des scènes sur le

Porte d'ascenseur, Chrysler Building

thème des transports de la
fin des années 1920. Bien
que la Chrysler Corporation
n'ait jamais fait son siège
de ce building, le nom de
la firme automobile lui est
resté attaché.

Entrée du Daily News Building

Daily News Building ❻

220 E 42nd St. **Plan** 9 B1.
Ⓜ 42nd St-Grand Central.
⭘ lun.-ven. 8h-18h.

Le quotidien *Daily News*,
fondé en 1919, était dès 1925
diffusé à un million
d'exemplaires. Son goût
des potins et des scandales,
son style et l'abondance de
ses illustrations lui valurent
le surnom de « bible des
domestiques ». Au fil des ans,
il s'est cantonné à ce domaine
(il révéla par exemple l'idylle
d'Édouard VIII et de
Mrs. Simpson), ce qui,
pendant des années, s'avéra
fort lucratif. Ce quotidien
réputé pour ses unes
racoleuses continue de
bénéficier de l'un des plus
forts tirages de la presse
américaine. Son siège, dessiné
en 1930 par Raymond Hood,
se caractérise par les rayures
verticales alternées de la
façade. Le hall d'entrée est
célèbre pour avoir été celui
du *Daily Planet* des films de
Superman tournés dans les
années 1980. Il contient
un énorme globe terrestre.
Sur le sol, des lignes en
bronze indiquent la direction
des grandes villes du monde
et la position des planètes.
La nuit, un ornement Art déco
surmontant l'entrée principale
est illuminé de l'intérieur
par des néons. Les bureaux
du journal sont maintenant
situés sur la 33e Rue Ouest
et la question de l'avenir
du building se pose.

Grand Central Terminal ❷

En 1871, Cornelius Vanderbilt inaugura sur la 42e Rue une gare qui, en dépit de maints aménagements, se révéla toujours trop exiguë et qui fut finalement démolie. La gare actuelle de style Beaux-Arts, achevée en 1913, est la porte et le symbole de la ville. Elle doit son prestige à son immense hall et à la façon dont sont divisés les flux de circulation des automobiles, des piétons et des trains. Sa charpente d'acier est recouverte de plâtre et de marbres. Reed & Stern furent responsables de la planification logistique, Warren & Wetmore de la conception d'ensemble.

La façade à colonnade de la 42e Rue

Fronton de la façade de la 42e Rue
Sculptés par le Français Jules-Alexis Coutan, Mercure, Hercule et Minerve couronnent l'entrée principale.

Niveau du grand hall

Route

Métro

Cornelius Vanderbilt
Le magnat du chemin de fer était appelé « Le Commandeur ».

À NE PAS MANQUER

★ Bureau d'information

★ Grands escaliers

★ Hall principal

Un demi-million de passagers transite chaque jour par Grand Central Terminal. Un escalier roulant conduit à l'intérieur de MetLife Building où se trouvent des magasins spécialisés et des restaurants.

Vanderbilt Hall, près du hall principal, est un bon exemple de style Beaux-Arts, avec ses chandeliers dorés et son marbre rose.

Grand Central Oyster Bar
Décoré des tuiles jaunes de Guastavino, il est aujourd'hui l'un des nombreux restaurants de la gare (p. 306). En plus des restaurants particuliers, il y a aussi un espace restauration pour satisfaire tous les goûts.

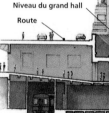

★ **Hall principal**
Vaste espace au monumental plafond voûté et éclairé de chaque côté par trois immenses fenêtres cintrées.

MODE D'EMPLOI

E 42nd St at Park Ave. **Plan** 13 A5. **Tél.** (212) 532-4900. Ⓜ 4, 5, 6, 7 et S vers Grand Central. 🚌 M1 à M5, M42, M98, M101 à M104 et Q32. ⏰ t.l.j. 5h30-1h30. 📷 ♿ 🅿 groupes : t.l.j. 8h-18h (5 \$/pers. ou 50 \$/gr. de plus de 10 pers.), sur rés. 2-3 sem. à l'avance au (212) 340-2347 ; vis. guid. gratuite (don 10 \$) : mer. 12h30 sur rés. (212) 935 3960 et ven. 12h30 sur rés. (212) 883 2420. 1️⃣ 🅿 📷 **Objets trouvés** (212) 340 2555. **www**.grandcentralterminal.com

Plafond voûté
Le Français Paul Helleu s'inspira d'un manuscrit médiéval pour réaliser un firmament piqueté de plus de 2 500 étoiles ; les constellations majeures sont illuminées.

Le niveau inférieur est relié aux autres niveaux par des escaliers, des rampes et un escalator tout neuf.

★ **Grands escaliers**
Deux doubles volées de marches de marbre, inspirées du grand escalier de l'Opéra de Paris, témoignent de la splendeur de l'âge d'or des transports ferroviaires.

★ **Bureau d'information**
Cette horloge à quatre cadrans surmonte le bureau des renseignements du hall.

Tudor City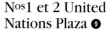

E 41st St-43rd St (entre 1st Ave et 2nd Ave). **Plan** 9 B1. **M** *42nd St-Grand Central.* **■** *M15, M27, M42, M50 et M104.* **www**.tudorcity.com

Cette œuvre de remodelage résidentiel, véritable « ville dans la ville » conçue à l'intention des classes moyennes, fut entreprise entre 1925 et 1928 par la Fred F. French Company. Les immeubles comprenaient 3 000 appartements, un hôtel, des magasins, des restaurants, un bureau de poste et deux petits parcs privés.

Aujourd'hui paisible, le quartier était au XIXe siècle un repaire de criminels, appelé Corcoran's Roost (le « Perchoir de Corcoran »), du nom de Paddy Corcoran, chef d'un gang. La rive de East River était bordée d'usines, de brasseries et d'abattoirs, dont certains existaient lors de la construction de Tudor City. Pour cette raison, celle-ci ne possède que peu de fenêtres, alors que la vue y est aujourd'hui superbe.

Les étages supérieurs de Tudor City

Helmsley Building ❽

230 Park Ave. **Plan** 13 A5. **M** *42nd St-Grand Central.* **○** *heures de bureau.*

L'une des plus belles vues de New York s'offre sur Park Avenue, vers le sud, jusqu'à Helmsley Building qui enjambe la chaussée où s'écoule une intense circulation. Seule tache de ce magnifique paysage urbain, MetLife Building

Représentation à la Japan Society

dresse sa masse monolithique là où s'étendait jusqu'en 1963 la toile de fond du ciel.
Édifié en 1929 par Warren & Whetmore, Helmsley Building fut conçu pour abriter le siège de la New York Central Railway Company. Il était la propriété de Leona Helmsley, femme du défunt Harry Helmsley, un milliardaire qui commença sa carrière comme grouillot, payé 12 $ par semaine. Leona tenait les rênes de leur empire d'hôtels jusqu'à son incarcération en 1989 pour fraude fiscale. On attribue à Leona le caractère tape-à-l'œil de la rénovation du building. Il appartient désormais à la banque Goldman Sachs.

Nos 1 et 2 United Nations Plaza ❾

Plan 13 B5. **M** *42nd St-Grand Central.* **■** *M15, M27, M42, M50 et M104.*

Ces deux grandes colonnes de verre réfléchissant bleu-vert sont placées de telle façon l'une par rapport à l'autre que les jeux de lumière ainsi créés en font une gigantesque œuvre d'art sans cesse changeante. Leur intérieur, tout de marbre et de miroirs, est tout aussi saisissant. Elles abritent des bureaux d'une grande modernité. Le n° 1, Millenium United Nations Plaza Hotel, accueille de nombreux diplomates et chefs d'État. Ceux-ci peuvent profiter de la piscine sous verrière, d'où s'étend une vue imprenable sur la ville et le siège des Nations unies.

Siège des Nations unies ❿

Voir p. 160-163.

Japan Society ⓫

333 E 47th St. **Plan** 13 B5. **Tél.** (212) 832-1155. **M** *42nd St-Grand Central.* **■** *M15, M27 et M50.* **Galerie** **○** *mar.-jeu. 11h-18h, ven. 11h-21h, sam.-dim. 11h-17h.* **🚫 📷 ♿ www**.japansociety.org

Le siège de la Japan Society, fondée en 1907 pour favoriser les échanges culturels entre le Japon et les États-Unis, fut bâti avec l'aide de John D. Rockefeller III, qui donna 4,3 millions de dollars.

Des divinités à l'antique encadrent l'horloge de Helmsley Building

Ce superbe édifice noir, édifié en 1971 sur les plans des architectes tokyoïtes Junzo Yoshimura et George Shimamoto comprend un auditorium, un centre linguistique, une bibliothèque d'étude, un musée et des jardins orientaux traditionnels.

Les expositions temporaires ouvertes au public présentent divers arts japonais, des sabres aux kimonos et aux estampes. La société propose des représentations d'arts vivants, des conférences, des cours de langue et des séminaires destinés à des cadres et dirigeants américains et japonais.

Fred F. French Building ⑫

521 5th Ave. **Plan** 12 F5.
Ⓜ *42nd St-Grand Central.*
◯ *heures de bureau.*

Construit en 1927 en tant que siège de la plus célèbre firme de promotion immobilière de l'époque, cet édifice fut conçu par l'architecte en chef de French, H. Douglas Ives, en collaboration avec Sloan & Robertson, auteurs de Chanin

Vitrail de Tiffany dans Church of the Incarnation

Building *(p. 154)*. Les concepteurs mêlèrent des formes proche-orientales, égyptiennes et Art déco.

La façade est ornée dans sa partie supérieure de faïences multicolores. Un château d'eau se dissimule au sommet de l'immeuble, chargé de reliefs représentant un soleil levant flanqué de griffons, d'abeilles et de symboles de vertus telles que l'intégrité et l'industrie. Des monstres ailés assyriens chevauchent une frise de bronze au-dessus des entrées. Ces thèmes exotiques trouvent leur prolongement sous la voûte du hall d'entrée, au plafond polychrome et aux 25 portes en bronze doré.

La construction de ce building vit pour la première fois l'emploi d'ouvriers de la tribu canadienne des Caughnawaga ; insensibles au vertige, ils allaient participer à l'édification de plusieurs célèbres gratte-ciel new-yorkais.

Le hall de Fred F. French Building

Church of the Incarnation ⑬

209 Madison Ave. **Plan** 9 A2.
Tél. *(212) 689-6350.* Ⓜ *42nd St-Grand Central, 33rd St.* ◯ *lun.-ven. 11h30-14h (mar. 16h-19h, mer. 17h-19h), sam. 13h-16h, dim. 8h15-12h30.* ✝ *mer. 12h15 et 18h30, ven. 12h45, dim. 8h30 et 11h.* 📷 ♿ 🛍 *sur r.-v.*
www.churchofincarnation.org

Cette église épiscopalienne et son presbytère datent de 1864. Madison Avenue était alors le lieu de résidence de l'élite. Son extérieur de grès et de *brownstone* est très représentatif de l'époque.

On peut y admirer une balustrade de l'autel en chêne, œuvre de Daniel Chester French, une *Adoration des mages* de John La Farge ainsi que des vitraux de La Farge, Louis Comfort Tiffany et William Morris.

Morgan Library ⑭

Voir p.164-165.

Sniffen Court ⑮

150-158 E 36th St. **Plan** 9 A2.
Ⓜ *33rd St.*

Les dix maisons en briques de style néoroman qui se dressent dans une cour tranquille sont parfaitement préservées au cœur d'un *block* animé du New York moderne.

La maison de l'extrémité sud servit de studio à Malvina Hoffman, dont les cavaliers grecs décorent le mur extérieur.

Le studio de Malvina Hoffman

Le siège des Nations unies ❿

L'ONU, qui comptait 51 États membres lors de sa fondation en 1945, en compte aujourd'hui 189. Elle se donne pour objectifs de préserver la paix internationale, de favoriser l'autodétermination des peuples et de contribuer au bien-être économique et social dans le monde. New York fut choisi pour abriter le siège de l'ONU, et John D. Rockefeller fit don de 8,5 millions de dollars pour l'acquisition de terrains au bord de East River. Les sept hectares du site jouissent d'un statut d'extraterritorialité. Des visites guidées quotidiennes permettent de découvrir diverses salles du palais de l'ONU, dont celle de l'Assemblée générale. En 2006, cette dernière a voté la restauration du complexe qui devrait s'étendre sur plusieurs années et coûter 1,6 milliards de dollars.

Le drapeau des Nations unies

Le siège des Nations unies

Immeuble du secrétariat

Le bâtiment de l'Assemblée générale comprend les salles de réunion du Conseil de sécurité, du Conseil de tutelle et du Conseil économique et social.

Conseil de tutelle

★ Conseil de sécurité
Les délégués et leurs assistants se réunissent en conférence autour de la table en fer à cheval, tandis que le personnel (chargé notamment de la transcription des débats) est assis à la longue table du centre.

Conseil économique et social

À NE PAS MANQUER

★ Assemblée générale

★ Cloche de la Paix

★ Conseil de sécurité

★ Reclining Figure

★ Cloche de la Paix
Fondue avec les monnaies de 60 nations, elle est suspendue dans une pagode en cyprès. C'est un don du Japon.

Roseraie
Les jardins soignés situés au bord de East River sont ornés de 25 variétés de roses.

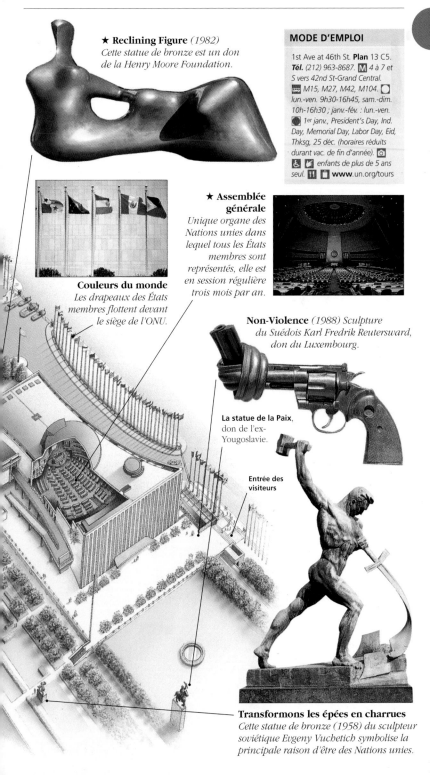

★ **Reclining Figure** *(1982)*
Cette statue de bronze est un don de la Henry Moore Foundation.

MODE D'EMPLOI

1st Ave at 46th St. **Plan** 13 C5.
Tél. *(212) 963-8687.* Ⓜ *4 à 7 et S vers 42nd St-Grand Central.*
🚌 *M15, M27, M42, M104.* ⭘ *lun.-ven. 9h30-16h45, sam.-dim. 10h-16h30 ; janv.-fév. : lun.-ven.*
⭘ *1er janv., President's Day, Ind. Day, Memorial Day, Labor Day, Eid, Thksg, 25 déc. (horaires réduits durant vac. de fin d'année).* 📷
♿ 🧒 *enfants de plus de 5 ans seul.* 🍴 🌐 *www.un.org/tours*

Couleurs du monde
Les drapeaux des États membres flottent devant le siège de l'ONU.

★ **Assemblée générale**
Unique organe des Nations unies dans lequel tous les États membres sont représentés, elle est en session régulière trois mois par an.

Non-Violence *(1988) Sculpture du Suédois Karl Fredrik Reutersward, don du Luxembourg.*

La statue de la Paix, don de l'ex-Yougoslavie.

Entrée des visiteurs

Transformons les épées en charrues
Cette statue de bronze (1958) du sculpteur soviétique Evgeny Vuchetich symbolise la principale raison d'être des Nations unies.

L'Organisation des Nations unies

L'ONU accomplit la mission qui lui est dévolue par le truchement de trois conseils et d'une Assemblée générale (comprenant tous les membres de l'ONU). Le secrétariat assure l'administration de l'organisation. Des visites guidées permettent de découvrir la salle du Conseil de sécurité où l'on peut parfois assister à une réunion.

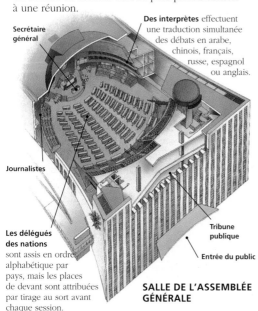

Secrétaire général

Des interprètes effectuent une traduction simultanée des débats en arabe, chinois, français, russe, espagnol ou anglais.

Journalistes

Les délégués des nations sont assis en ordre alphabétique par pays, mais les places de devant sont attribuées par tirage au sort avant chaque session.

Tribune publique

Entrée du public

SALLE DE L'ASSEMBLÉE GÉNÉRALE

ASSEMBLÉE GÉNÉRALE

L'Assemblée générale, organisme majeur de l'ONU, se réunit en sessions régulières de la mi-septembre à la mi-décembre. Des sessions extraordinaires peuvent également se tenir à la demande du Conseil de sécurité ou d'une majorité des États membres. Chacun de ceux-ci, quelle que soit sa taille, dispose d'une voix. L'Assemblée générale traite de tout problème soulevé par les États membres ou par d'autres organismes de l'ONU. Sans avoir valeur de lois, ses recommandations, votées à la majorité des deux tiers, exercent une influence sur l'opinion publique internationale.

Les 1898 sièges de la salle sont équipés d'écouteurs permettant aux délégations (placées par tirage au sort) de

suivre les débats. L'Assemblée générale désigne le secrétaire général (sur proposition du Conseil de sécurité), approuve les budgets de l'ONU et élit les membres non permanents des conseils.

Le Pendule de Foucault : sa lente rotation prouve que la Terre tourne sur son axe

Conjointement avec le Conseil de sécurité, elle nomme les juges de la Cour internationale de justice, qui siège à La Haye.

CONSEIL DE SÉCURITÉ

Ce conseil, qui s'efforce de favoriser la paix internationale et intervient en cas de crise,

Peinture murale de Per Krohg (Norvège) symbolisant la paix et la liberté

est le seul organisme de l'ONU dont les décisions s'imposent à tous les États membres et le seul à siéger en permanence.

Le Conseil de sécurité compte cinq membres permanents (Chine, France, Fédération de Russie, Royaume-Uni et États-Unis), les autres membres étant élus pour deux ans par l'Assemblée générale.

En cas de conflit international, le conseil s'efforce de rechercher un accord entre les parties, par la médiation. Lorsque des combats armés éclatent, il peut ordonner des cessez-le-feu et imposer des sanctions économiques ou militaires. Il peut également dépêcher des troupes chargées de maintenir la paix ou de s'interposer entre les factions rivales jusqu'à ce qu'une solution diplomatique soit trouvée. L'intervention militaire ne s'effectue qu'en dernier ressort. Des forces de l'ONU peuvent être déployées de façon ponctuelle ou permanente.

CONSEIL DE TUTELLE

C'est le seul organisme de l'ONU dont la tâche va diminuant. Créé en 1945 dans le but d'assurer une transition pacifique vers l'indépendance de territoires ou de colonies non encore autonomes, il a supervisé l'accession à l'indépendance de plus de 80 colonies. Les populations sous son contrôle sont passées de 750 millions de personnes à environ trois millions. Le Conseil de tutelle est actuellement composé des cinq membres permanents du Conseil de sécurité.

Cette peinture murale de Zanetti (République dominicaine) illustre la lutte pour la paix, bâtiment des Conférences

La chambre du Conseil de tutelle

CONSEIL ÉCONOMIQUE ET SOCIAL

Les 54 membres de ce conseil ont pour mission d'améliorer les conditions de vie matérielles dans le monde, ce à quoi sont consacrées 80 % des ressources del'ONU. Le conseil adresse des recommandations à l'Assemblée générale, à chaque nation membre et aux institutions spécialisées de l'ONU. Il est assisté par des commissions traitant de problèmes économiques régionaux et des droits de l'homme. Il œuvre aussi en partenariat avec l'Organisation mondiale de la santé, l'Unicef et d'autres organismes internationaux.

SECRÉTARIAT

Les 16 000 membres du personnel du secrétariat, originaires du monde entier, assurent le fonctionnement de l'Organisation des Nations unies. Le secrétaire général, élu pour cinq ans par l'Assemblée générale, joue un rôle clef en tant que porte-

parole de l'organisation, dans ses efforts de maintien de la paix notamment. Le 1er janvier 2007, le Sud-Coréen Ban Ki-moon est devenu secrétaire général.

GRANDES DATES DANS L'HISTOIRE DE L'ONU

En 1960, Khrouchtchev s'adresse à l'Assemblée générale

L'ONU s'en remet au soutien militaire et à l'obéissance volontaire de ses membres. En 1948, l'ONU déclara que

le gouvernement légitime de Corée était celui de Corée du Sud ; deux ans plus tard, elle joua un rôle majeur dans la lutte contre l'armée d'invasion venue de Corée du Nord. En 1949, l'ONU contribua au cessez-le-feu entre l'Indonésie et les Pays-Bas, et facilita l'indépendance de l'Indonésie.

En 1964, une force militaire fut envoyée à Chypre pour préserver la paix entre Grecs et Turcs. Depuis 1974, les tensions récurrentes au Proche-Orient ont entraîné l'envoi et le maintien de forces de l'ONU dans la région ; la même année, la République populaire de Chine fut enfin acceptée au sein de l'organisation. Dans les années 1990, l'ONU s'est investie dans le conflit de l'ex-Yougoslavie et, plus récemment, dans ceux d'Irak et d'Afghanistan. En 2004, des casques bleus en mission au Congo furent accusés d'abus sexuels. En 2006-2007, le détournement de fonds dans le cadre du programme « Pétrole contre nourriture » en faveur de l'Irak donne lieu à des arrestations. L'ONU s'est vu attribuer le prix Nobel de la paix en 1988 et en 2001.

ŒUVRES D'ART À L'ONU

Le siège de l'ONU abrite de nombreuses œuvres d'art et reproductions, souvent offertes par les nations membres. La plupart de ces œuvres (tableaux ou sculptures, notamment) ont pour thème la paix ou la fraternité internationale. *La Règle d'Or,* de Norman Rockwell, a pour légende « Fais à autrui ce que tu voudrais que l'on te fasse ». Un grand vitrail de Marc Chagall est dédié à la mémoire de l'ancien secrétaire général Dag Hammarskjöld, mort accidentellement en 1961 lors d'une mission au Congo. Dans le parc, dont l'accès est restreint, se trouve une sculpture d'Henry Moore.

La Règle d'Or (1985), grande mosaïque de Norman Rockwell

Morgan Library & Museum ⑭

La bibliothèque a rouvert en 2006 après des travaux d'agrandissement. Son fonds, constitué à partir des collections privées du banquier John Pierpont Morgan, s'abrite dans un splendide palais de style Renaissance. En 1924, le fils de Morgan fit de la bibliothèque une institution publique. Elle possède aujourd'hui l'une des plus belles collections de manuscrits, livres et gravures rares au monde, présentée dans deux bâtiments, celui de 1902 et l'ancienne demeure de J.P. Morgan Jr.

L'extérieur du bâtiment initial de Morgan Library

The Song of Los *(1795)*
Le poète mystique William Blake dessina et grava cette planche pour l'une de ses œuvres les plus novatrices.

LÉGENDE DU PLAN

☐ Espace d'exposition

▨ Autres salles et espaces

Morgan House

Entrée principale

Galerie

Bible de Gutenberg *(1455)*
Le volume imprimé sur papier vélin est l'un des onze exemplaires restants.

À NE PAS MANQUER

★ East Room

★ Rotonde

★ West Room

Alice au pays des Merveilles
Les personnages de Lewis Carroll sont immortalisés par les célèbres illustrations de John Tenniel (v. 1865).

GUIDE DE LA BIBLIOTHÈQUE

Le bureau de Morgan et la bibliothèque d'origine contiennent certains de ses objets d'art préférés. Les expositions, qui changent régulièrement, présentent une grande diversité d'objets culturels impressionnants.

Concerto pour cor en mi bémol majeur de Mozart
Les six feuillets qui subsistent sont rédigés avec des encres de couleurs différentes.

MODE D'EMPLOI

225 Madison Ave. **Plan** 9 A2.
Tél. (212) 685-0008
Ⓜ 6 vers 33rd St ; 4 à 7 vers Grand Central ; B, D, F et V vers 42nd St. 🚌 M1 à M5, M16 (transversal), M34. ☐ mar.-jeu. 10h30-17h, ven. 10h30-21h, sam. 10h-18h, dim. 11h-18h.
📅 lun., 1er janv., Thanksgiving, 25 déc. 🎫 gratuit ven. 19h-21h.
🅿♿🖼📷📹🖥
www.themorgan.org

West Room (bureau de Morgan)

★ **East Room**
Les murs sont garnis du sol au plafond de triples rayonnages. Des peintures murales représentent des personnages historiques et leurs muses, ainsi que les signes du zodiaque.

★ **Rotonde** *(1504)*
Hall d'entrée du musée, elle est rythmée de colonnes et de pilastres en marbre. Son sol est inspiré de celui de la Villa Pia, au Vatican.

★ **West Room**
Des œuvres Renaissance sont exposées sous son plafond à l'antique.

J. P. MORGAN

J. P. Morgan (1837-1913) fut non seulement un brillant financier, mais aussi l'un des plus grands collectionneurs de son temps. C'était un grand honneur que de figurer dans sa collection. En 1909, lorsque Morgan lui demanda son manuscrit de *Pudd'nhead Wilson*, Mark Twain répondit : « L'une de mes plus grandes ambitions se trouve satisfaite. »

UPPER MIDTOWN

Upper Midtown est le cœur du New York chic, jalonné d'églises, synagogues, clubs, palaces, boutiques célèbres, gratte-ciel d'avant-gardes et appartements luxueux. C'est ici que résidèrent, au XIXᵉ siècle, des

La Cisitalia du MoMA (1946)

dynasties aussi illustres que les Vanderbilt ou les Astor. La construction des tours Lever et Seagram dans les années 1950 marqua l'histoire de la ville, transformant ce secteur résidentiel de Park Avenue en prestigieux centre d'affaires.

LE QUARTIER D'UN COUP D'ŒIL

Rues et bâtiments historiques
Beekman Place **18**
Fuller Building **21**
General Electric Building **11**
Roosevelt Island **19**
Sutton Place **17**
Villard Houses **9**

Architecture moderne
Citigroup Center **15**
IBM Building **3**
Lever House **13**
Seagram Building **14**
Trump Tower **2**

Musées
American Folk Art Museum **6**
Museum of Modern Art (MoMA)
p. 172-175 **5**

The Paley Center for Media **7**

Églises et synagogues
Central Synagogue **16**
St. Bartholomew's Church **10**
St Patrick's Cathedral
p. 178-179 **8**
St. Thomas Church **4**

Hôtels de prestige
Plaza Hotel **22**
Waldorf-Astoria **12**

Boutiques de prestige
Bloomingdale's **20**
Cinquième Avenue **1**

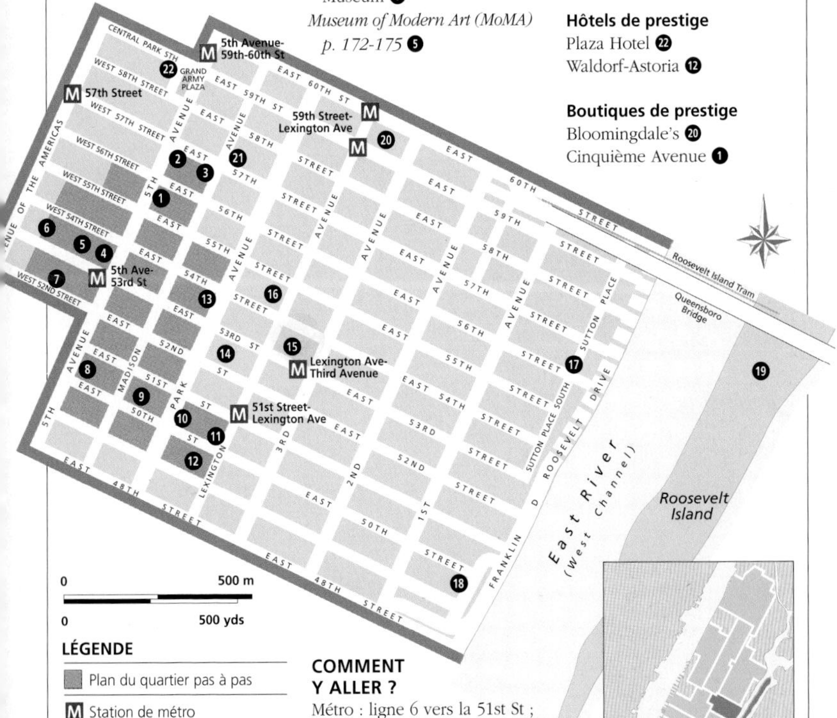

LÉGENDE

| | Plan du quartier pas à pas |
| M | Station de métro |

VOIR ÉGALEMENT
- *Atlas des rues* plans 12, 13-14
- *Hébergement* p. 288-289
- *Restaurants* p. 306-308

COMMENT Y ALLER ?
Métro : ligne 6 vers la 51st St ; lignes 4, 5 ou 6 vers 59th St ; lignes N, R ou W vers 60th St ; lignes E ou V vers 53rd St-5th Ave ou 53rd St-Lexington Ave. Bus : M1, M2, M3, M4, M15 ou M101-103. ; bus transversaux : M27, M50, M31 et M57.

Upper Midtown pas à pas

Les boutiques aux noms prestigieux sont le symbole de la Cinquième Avenue. En 1917, Cartier acquiert la résidence du banquier Morton F. Plant en échange d'un collier de perles. D'autres détaillants suivront son exemple. Mais le shopping de luxe n'est pas le seul atout de ce quartier : on y trouve également trois musées passionnants et un éventail surprenant de styles architecturaux.

Cinquième Avenue
Très prisée, la balade en calèche est l'occasion de marier le charme et l'élégance d'antan, et la découverte des principaux sites jalonnant le parcours ❶

University Club, construit en 1899, est un cercle très privé.

St Thomas Church
La plupart des sculptures intérieures ont été réalisées par Lee Lawrie ❹

★ Museum of Modern Art
Le musée abrite l'une des plus belles collections d'art moderne au monde ❺

The Paley Center for Media
Ce musée propose des expositions, des projections thématiques et un vaste choix d'enregistrements historiques ❼

Station de métro de la 5e Avenue (lignes E, V)

Saks Fifth Avenue est un modèle de bon goût pour les New-Yorkais depuis des générations (*p. 319*).

★ St Patrick's Cathedral
Cet édifice néogothique est la plus grande cathédrale des États-Unis ❽

Olympic Tower est composée de bureaux et d'appartements. Son atrium est éclairé par la lumière naturelle.

Villard Houses
Cet ensemble élégant de cinq hôtels particuliers fait partie du New York Palace Hotel ❾

À NE PAS MANQUER

★ Museum of Modern Art

★ St Patrick's Cathedral

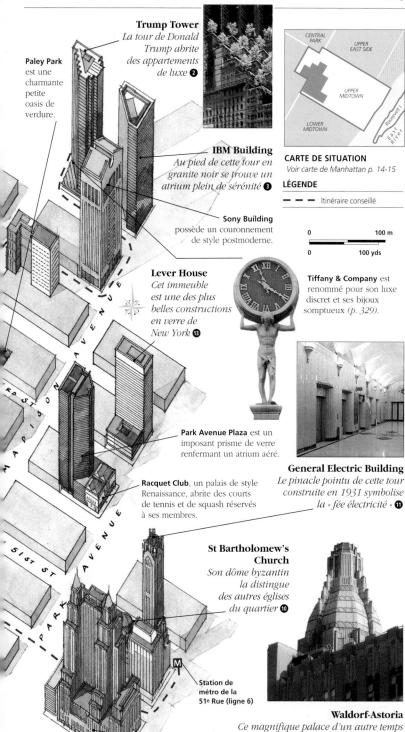

Trump Tower
La tour de Donald Trump abrite des appartements de luxe ❷

Paley Park est une charmante petite oasis de verdure.

IBM Building
Au pied de cette tour en granite noir se trouve un atrium plein de sérénité ❸

Sony Building
possède un couronnement de style postmoderne.

Lever House
Cet immeuble est une des plus belles constructions en verre de New York ⓭

Park Avenue Plaza est un imposant prisme de verre renfermant un atrium aéré.

Racquet Club, un palais de style Renaissance, abrite des courts de tennis et de squash réservés à ses membres.

St Bartholomew's Church
Son dôme byzantin la distingue des autres églises du quartier ❿

Station de métro de la 51e Rue (ligne 6)

CARTE DE SITUATION
Voir carte de Manhattan p. 14-15

LÉGENDE

— — — Itinéraire conseillé

0   100 m
0   100 yds

Tiffany & Company est renommé pour son luxe discret et ses bijoux somptueux *(p. 329)*.

General Electric Building
Le pinacle pointu de cette tour construite en 1931 symbolise la « fée électricité » ⓫

Waldorf-Astoria
Ce magnifique palace d'un autre temps a séduit de nombreuses personnalités, dont le duc et la duchesse de Windsor ⓬

Une vitrine du magasin de Bergdorf Goodman *(p. 319)*

5e Avenue ❶

Plan 12 F3-F4. Ⓜ *5th Ave-53rd St, 5th Ave-59th St.*

En 1883, William Henry Vanderbilt fut le premier membre de la haute société new-yorkaise à faire construire son hôtel particulier sur la 5e Avenue. Bientôt ses pairs lui emboîtèrent le pas : les Astor, les Belmont ou les Gould.

La joaillerie Cartier, au n° 651, autrefois la résidence du milliardaire Morton F. Plant, témoigne de cette époque fastueuse. La légende prétend que lorsque Plant emménagea en 1917 sur 86th St, il céda son ancienne demeure à Pierre Cartier en échange d'un superbe collier de perles. À partir de 1906, de nombreuses boutiques gagnent le nord de l'avenue en faisant refluer les riches familles vers d'autres artères du centre-ville.

Depuis lors, 5e Avenue rime avec luxe et splendeur. Elle est bordée de boutiques chic, parmi lesquelles Cartier, Tiffany ou Bergdorf Goodman, que fréquentaient déjà, en leur temps, les Vanderbilt ou les Astor.

Trump Tower ❷

725 5th Ave. **Plan** 12 F3. ***Tél.*** *(212) 832-2000.* Ⓜ *5th Ave-53rd St, 5th Ave-59th St.* **Niveau jardin** ◯ *lun.-sam. 10h-18h, dim. 12h-17h.* **Bâtiment** ◯ *t.l.j. 8h-22h.* 📷 ♿ 🍴 🖥 🛍 🛗

Ce gratte-ciel, symbolisant le capitalisme triomphant et la société de consommation, a été élevé par Donald Trump, dont la personnalité est à l'image de la démesure des années 1980 *(p. 33)*. En effet, la tour, dont les bureaux et les appartements coûtent des fortunes, se dresse au-dessus d'un atrium haut de six étages. Grandiose, ce dernier est orné d'une cascade artificielle de 24 m de haut tandis qu'à l'extérieur, des terrasses en hauteur sont plantées d'arbres.

En comparaison, la célèbre joaillerie Tiffany qui se trouve juste à côté fait figure de temple du bon goût. Les vitrines raffinées et l'élégance discrète des sobres écrins bleus de cette maison fondée en 1837 appartiennent au patrimoine new-yorkais depuis que l'écrivain Truman Capote les a immortalisés dans son roman *Petit Déjeuner chez Tiffany*.

Le hall pharaonique de Trump Tower

L'entrée de la célèbre bijouterie Tiffany

IBM Building ❸

590 Madison Ave. **Plan** 12 F3. ***Tél.*** *(212) 745-3500.* Ⓜ *5th Ave.* **Garden Plaza** ◯ *t.l.j. 8h-22h.* 📷 ♿

Achevée en 1983, cette tour de 43 étages conçue par Edward Larrabee Barnes est un immense prisme composé de cinq faces en granite gris vert.

Le **Garden Plaza**, planté de bambous, est ouvert aux visiteurs. Rénové, il a été rebaptisé « The Sculpture Garden ». Huit œuvres inédites y sont présentées, renouvelées quatre fois par an. Près de l'atrium se trouve une œuvre du sculpteur américain Michael Heizer, intitulée *Levitated Mass*. Elle représente un réservoir en acier peu profond dans lequel un gigantesque bloc de granite semble flotter.

À l'angle de 57th Street et Madison Avenue se dresse *Saurien*, une sculpture abstraite orange d'Alexander Calder.

St Thomas Church ❹

1 W 53rd St. **Plan** 12 F4. **Tél.** *(212)
757-7013.* Ⓜ *5th Ave-53rd St.* ◯ *t.l.j.
7h-18h.* ✝ *fréquentes.* ∅ ♿ ⚑
après la messe de 11h et les concerts.
www.saintthomaschurch.org

Bâtie entre 1909 et 1914,
St Thomas Church remplace
un premier sanctuaire détruit
par un incendie en 1905.
C'est là que se déroulaient
de nombreux mariages
de la grande bourgeoisie
new-yorkaise à la fin
du XIXᵉ siècle. Le plus
somptueux d'entre eux
fut sans doute celui de
l'héritière des Vanderbilt
avec un Anglais, le duc
de Marlborough, en 1895.
  La forme originale de
ce bâtiment néogothique
est due à sa situation,
sur un terrain exigu à l'angle
de la Cinquième Avenue
et de la 53ᵉ Rue. Il ne
possède en effet qu'une seule
tour, asymétrique, et sa nef
est excentrée. Derrière l'autel,
le retable richement sculpté
est l'œuvre de l'architecte
Bertram Goodhue
et du sculpteur Lee Lawrie.
Dans le chœur, des niches
abritent plusieurs statues
des années 1920, dont celles
des présidents Roosevelt
et Wilson, et de Lee Lawrie
lui-même.

Museum of Modern Art (MoMA) ❺

Voir p. 172-175

American Folk Art Museum ❻

45 W 53rd St. **Plan** 12 F4. **Tél.** *(212)
265-1040.* Ⓜ *5th Ave-53rd St.*
◯ *mar.-dim. 10h30- 17h30 (19h30
ven.).* ⚇ ♿ ✂ ▭ ⚑
www.folkartmuseum.org

La vitrine et le lieu d'étude
de l'art populaire américain
a déménagé en 2001 dans
un nouvel édifice, le premier
construit à New York depuis
1966 pour être un musée.
Conçue par le cabinet
d'architectes de Tod Williams
Billie Tsien & Associates,

Les Beatles lors d'une émission de télévision américaine en 1964

cette structure plaquée d'un
alliage de bronze blanc abrite
2 787 m² d'espaces
d'exposition sur huit niveaux.
Le musée a réaménagé ses
anciens locaux, la Eva and
Morris Feld Gallery, à Lincoln
Square *(p. 214),* en un espace
artistique complémentaire.

L'American Folk Art Museum

NY Paley Center for Media ❼

25 W 52nd St. **Plan** 12 F4.
Tél. *(212) 621-6800.*
Ⓜ *5th Ave-53rd St.*
◯ *mar.-dim. 12h-18h (20h
jeu.). Cinémas et salles de
projection fermés à 21h ven.*
◐ *j.f.* ⚇ ∅ ♿ ✂ ⚑
www.paleycenter.org

Ce musée unique en
son genre vous permettra
d'écouter et de voir
une multitude de
documents audiovisuels
(reportages, variétés,
journaux télévisés,
émissions sportives,
documentaires) de

toutes les époques depuis la
création de la télévision.
Les 50 000 programmes des
archives du musée incluent
les débuts télévisés d'Elvis
ou des Beatles, des extraits
de grandes compétitions
sportives comme les Jeux
olympiques, et de
nombreuses images de la
Seconde Guerre mondiale.
Des cabines individuelles
sont à votre disposition,
ainsi qu'une salle de
projection de 200 places
destinée à des rétrospectives.
Des expositions de
photographies et d'affiches
sont aussi régulièrement
organisées.
  Le musée a ouvert ses
portes en 1975 sur la 53ᵉ Rue,
sous le patronage de l'ancien
président de CBS, William
S. Paley. C'est en 1991
qu'il a emménagé dans cet
immeuble high-tech d'un coût
de 50 millions de dollars
qui, paraît-il, fait penser
à une vieille TSF.

Lucille Ball, star de la TV dans les années 1960

Museum of Modern Art (MoMA) ❺

La façade du musée
sur la 54e Rue

Ce musée abrite l'une des plus belles collections d'Art moderne au monde. Fondé en 1929, il est devenu une référence dans son genre. Après des travaux d'agrandissement, le musée a rouvert en 2004. Le bâtiment possède dorénavant six niveaux d'espace d'exposition. Les nombreuses baies vitrées apportent une lumière naturelle abondante et permettent d'apprécier le jardin des sculptures.

Jardin des sculptures
Abby A. Rockefeller Sculpture Garden est un lieu d'une grande sérénité.

À NE PAS MANQUER

★ *Les Demoiselles d'Avignon* de Pablo Picasso

★ *Portrait de Joseph Roulin, le postier* de Vincent Van Gogh

Christina's World
(1948) Andrew Wyeth oppose la perspective écrasante de l'horizon à l'univers minutieusement détaillé qui entoure la jeune handicapée.

Bird in Space *(v. 1928)*
L'élégant bronze de Constantin Brancusi semble prêt à quitter son socle.

SUIVEZ LE GUIDE !

Le jardin des sculptures se situe au rez-de-chaussée. L'art contemporain, les gravures et la collection consacrée aux nouveaux médias occupent le 1er étage. Les peintures et les sculptures sont au 1er, au 3e et au 4e étage, tandis que le 2e étage est dédié à l'architecture, au design, à la photographie et aux dessins. Des expositions temporaires ont lieu au 2e et au 5e étage ; les films, quant à eux, sont projetés au sous-sol.

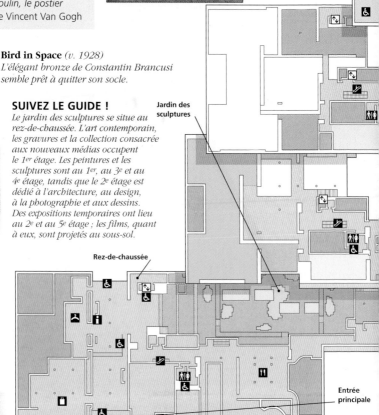

Jardin des sculptures

Rez-de-chaussée

Entrée principale

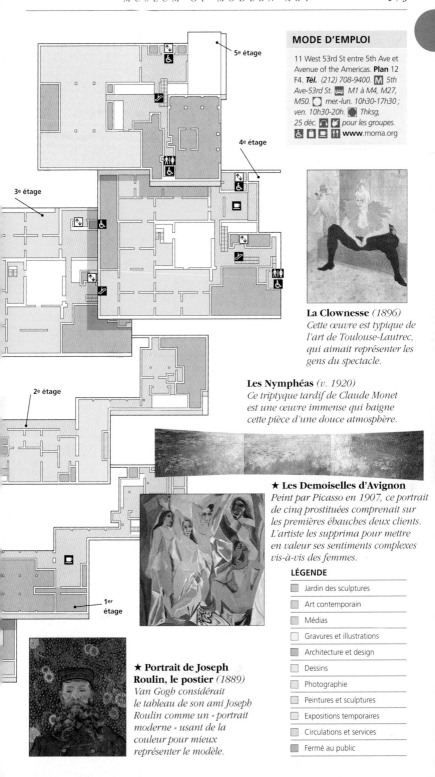

MODE D'EMPLOI

11 West 53rd St entre 5th Ave et
Avenue of the Americas. **Plan** 12
F4. **Tél.** *(212) 708-9400.* M *5th
Ave-53rd St.* M1 à M4, M27,
M50. *mer.-lun. 10h30-17h30 ;
ven. 10h30-20h.* *Thksg,
25 déc.* *pour les groupes.*
www.moma.org

La Clownesse *(1896)*
*Cette œuvre est typique de
l'art de Toulouse-Lautrec,
qui aimait représenter les
gens du spectacle.*

Les Nymphéas *(v. 1920)*
*Ce triptyque tardif de Claude Monet
est une œuvre immense qui baigne
cette pièce d'une douce atmosphère.*

★ **Les Demoiselles d'Avignon**
*Peint par Picasso en 1907, ce portrait
de cinq prostituées comprenait sur
les premières ébauches deux clients.
L'artiste les supprima pour mettre
en valeur ses sentiments complexes
vis-à-vis des femmes.*

LÉGENDE

	Jardin des sculptures
	Art contemporain
	Médias
	Gravures et illustrations
	Architecture et design
	Dessins
	Photographie
	Peintures et sculptures
	Expositions temporaires
	Circulations et services
	Fermé au public

★ **Portrait de Joseph
Roulin, le postier** *(1889)*
*Van Gogh considérait
le tableau de son ami Joseph
Roulin comme un « portrait
moderne » usant de la
couleur pour mieux
représenter le modèle.*

5e étage

4e étage

3e étage

2e étage

1er
étage

À la découverte des collections

Le Museum of Modern Art (MoMA) regroupe près de 150 000 œuvres d'art. On y trouve une collection postimpressionniste, les plus beaux échantillons de l'Art moderne et contemporain, ainsi que de superbes exemples d'objets de design, de photographies et de films anciens.

PEINTURE ET SCULPTURE DE 1820 À 1940

La Permanence de la mémoire par le surréaliste Salvador Dalí (1931)

Le *Baigneur* de Paul Cézanne et le *Portrait de Joseph Roulin, le postier* de Vincent Van Gogh sont deux des fleurons de la collection de peintures de la fin du XIXᵉ siècle du musée. Le fauvisme et l'expressionnisme sont illustrés par des toiles de Matisse, Derain et Kirchner entre autres, tandis que *Les Demoiselles d'Avignon* de Picasso marque une transition vers un nouveau style de peinture.

Le musée possède une collection cubiste unique dont *La Fille à la mandoline* de Picasso, *L'Homme à la guitare* et *Soda* de Georges Braque, et *Guitare et fleurs* de Juan Gris.

Le futurisme, qui a apporté au cubisme de la couleur et du mouvement pour décrire le dynamisme du monde moderne, est représenté par Gino Severini (*Dynamic Hieroglyphic of the Bal Tabarin*), Umberto Boccioni (*Dynamism of a Soccer Player*), ainsi que par des tableaux de Balla, Carrà et Villon.

L'abstraction géométrique des constructivistes est illustrée par les peintures de Malevich, Lissitzky et Rodchenko. L'influence de De Stijl se remarque dans les toiles de Piet Mondrian. Le musée expose des œuvres de Matisse (*Danse* et le *Grand Intérieur rouge*). Enfin, les œuvres de Dalí, Miró et Ernst transportent le visiteur dans l'univers du surréalisme.

PEINTURE ET SCULPTURE D'APRÈS-GUERRE

L'éventail de l'art d'après-guerre comprend des œuvres de Bacon, de Dubuffet et d'artistes américains. La collection d'art abstrait expressionniste comprend l'énigmatique et étonnant *One* [n° 31, 1950] de Jackson Pollock ; *Woman, I* de Willem de Kooning ; *Agony* d'Arshile Gorky ; et *Red, Brown and Black* de Mark

Le Baigneur, peinture à l'huile de l'impressionniste Paul Cézanne

Rothko. La collection comprend aussi des œuvres telles que *Flag* de Jasper Johns, *First Landing Jump* et *Bed* de Robert Rauschenberg, respectivement réalisées à l'aide de détritus urbains et de draps. La collection consacrée au Pop Art présente *Girl with Ball* et *Drowning Girl* de Roy Lichtenstein ; le célèbre *Gold Marilyn Monroe* par Andy Warhol ; et le *Giant Soft Fan* de Claes Oldenburg.

Les œuvres postérieures à 1965 incluent des travaux de Judd, Flavin, Serra et Beuys.

DESSINS ET AUTRES ŒUVRES SUR PAPIER

Homme au chapeau de Pablo Picasso, collage et fusain

Le MoMA possède plus de 7 000 œuvres qui vont de petites esquisses aux grands muraux. Les dessins qui utilisent des techniques traditionnelles – crayon, fusain, plume et encre, pastel et aquarelle – sont nombreux. Mais on peut également découvrir des collages et des créations à base de matériaux divers tels que papier éphémère, produits naturels et articles synthétiques. La collection permet de s'initier à l'art moderne – de la fin du XIXᵉ siècle jusqu'à nos jours – en découvrant les mouvements cubiste, dada et surréaliste. Parmi les dessins exposés, on appréciera à la fois les œuvres d'artistes célèbres tels que Picasso, Miró et Jasper Johns et celles, de plus en plus nombreuses, d'artistes en plein essor.

GRAVURES ET LIVRES ILLUSTRÉS

American Indian Theme de Roy Lichtenstein (1920)

Cette collection considérable de gravures donne un aperçu de tous les mouvements artistiques importants depuis les années 1880.

Le musée possède plus de 50 000 gravures anciennes et contemporaines, illustrant diverses techniques classiques (lithographie, eau-forte, sérigraphie, gravure sur bois) ou expérimentales.

Parmi les nombreuses oeuvres exposées, on verra certains exemples particulièrement réussis d'Andy Wahrol, généralement considéré comme le plus grand graveur du XXe siècle.

Il y a aussi de très nombreuses illustrations et gravures d'autres artistes tels que Odilon Redon, Edvard Munch, Henri Matisse, Jean Dubuffet, Jasper Johns, Roy Lichtenstein ou encore Pablo Picasso.

Les œuvres sont présentées dans les salles par roulement.

PHOTOGRAPHIE

La collection photographique du musée débute par une rétrospective sur l'invention de cette technique, vers 1840. Elle comprend des photos d'artistes illustres, journalistes, scientifiques et entrepreneurs, ainsi que des travaux d'amateurs.

La collection abrite également des chefs-d'œuvre, notamment des photographies d'Eugène Atget, Alfred Stieglitz, George Lange, Diane Arbus, Edward Steichen, Henri Cartier-Bresson,

DÉPARTEMENT DES FILMS

Avec 22 000 films et 4 millions de photos, il propose des rétrospectives de metteurs en scène, d'acteurs, de travaux expérimentaux et de genres particuliers, ainsi qu'un vaste catalogue d'expositions. L'archivage des films est une de ses activités majeures. Certains metteurs en scène offrent des copies de leurs films afin de contribuer à ce travail onéreux, mais vital.

Charlie Chaplin et Jackie Coogan dans *The Kid* (1921)

André Kertesz, et un éventail de photographies contemporaines de Lee Friedlander, Cindy Sherman et Nicholas Nixon.

Les sujets abordés sont aussi divers que variés : paysages, scènes de désolation urbaine, images abstraites et portraits stylisés

Un dimanche sur les bords de la Marne (1939) par Henri Cartier-Bresson

– dont les superbes nus sur pellicule d'argent du surréaliste français Man Ray. Cette collection, l'une des plus riches au monde, forme une histoire complète de l'art photographique.

ARCHITECTURE ET DESIGN

Le MoMA fut le premier musée des États-Unis à inclure des objets utilitaires dans ses collections. Appareils électroménagers, chaînes stéréo, meubles, luminaires, textiles, verrerie, composants électroniques, roulements à billes, tout y est. L'architecture est représentée au travers de maquettes, dessins et photos d'édifices qui ont été construits ou qui auraient pu l'être.

Le design graphique est illustré par des travaux typographiques et des affiches. Des objets d'art imposants comme la jeep de Willys-Overland et l'hélicoptère de Bell pourraient appartenir à un musée des transports.

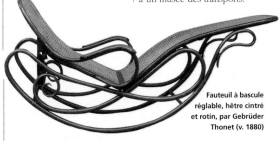

Fauteuil à bascule réglable, hêtre cintré et rotin, par Gebrüder Thonet (v. 1880)

St Patrick's Cathedral **❽**

Voir p. 178-179.

Villard Houses **❾**

457 Madison Ave (New York Palace Hotel). **Plan** 13 A4. **Tél.** *(800) NY PALACE.* Ⓜ *51st St.* **www. newyorkpalace.com Municipal Art Society Urban Center** ◯ *lun.-jeu. 10h-19h, ven. 10h-18h, sam. 10h-17h30.* **Tél.** *(212) 935 3960.* 📷 ♿ 🖥 **www.mas.org**

Immigrant bavarois fondateur du *New York Evening Post* et de la compagnie de chemin de fer Northern Pacific Railroad, Henry Villard acheta en 1881 ce lopin de terre situé en face de St Patrick's Cathedral. Il y fit construire un ensemble d'hôtels particuliers. Il y en aura six au total, autour d'une petite cour ouverte sur la rue. Des difficultés financières poussèrent Villard à vendre avant la fin des travaux.

L'archevêché catholique devint par la suite propriétaire des hôtels, qui se trouvèrent menacés, dans les années 1970, par l'extension de la cathédrale. C'est alors que la chaîne d'hôtels Helmsley fit construire le Helmsley (désormais New York) Palace Hotel.

L'aile centrale comprend maintenant l'entrée officielle de l'hôtel et le Villard Bar & Lounge. Le **Municipal Art Society Urban Center**, dont la librairie est la meilleure source d'ouvrages d'architecture de New York, organise des visites guidées ayant pour thème l'architecture de la ville.

St Bartholomew's Church

St Bartholomew's Church **❿**

109 E 50th St. **Plan** 13 A4. **Tél.** *(212) 378-0222.* Ⓜ *51st St.* ◯ *t.l.j. 8h-18h (jeu. 19h30, dim. 20h30).* ✝ *fréquentes.* 📷 ♿ **Conférences, concerts.** 🎟 📷 *dim. après messe de 11h.* 🍴 *(212) 888-2664.* **www.stbarts.org**

Plus connu sous le nom de « St Bart's », cet édifice néobyzantin, avec ses briques roses, son parvis et son dôme polychrome, apporte depuis 1919 une note de couleur et de fantaisie sur Park Avenue.

L'architecte Bertram Goodhue a intégré à sa construction le portique extérieur et les colonnes de marbre de l'ancienne église du même nom, bâtie en 1903 par Stanford White sur Madison Avenue. Cette paroisse est réputée pour ses programmes musicaux et pour sa troupe de théâtre qui monte ici trois spectacles par an.

General Electric Building **⓫**

570 Lexington Ave. **Plan** 13 A4. Ⓜ *Lexington Ave.* 🌐 *au public.*

En 1931, les architectes Cross & Cross furent chargés de dessiner un gratte-ciel en harmonie avec St Bartholomew's Church, voisine. Le résultat connut un succès unanime : les couleurs des deux édifices se mêlent, contrastent, et leurs lignes se répondent à merveille. Pour vous en persuader,

General Electric Building sur Lexington Avenue

placez-vous à l'angle de la 50e Rue et de Park Avenue ! General Electric Building, bijou de l'Art déco, est cependant un chef-d'œuvre à lui seul, depuis son atrium tout de chrome et de marbre jusqu'à son sommet évoquant les ondes hertziennes.

Sur Lexington Avenue, remontez d'un bloc vers le nord et regardez rêveusement les grilles d'aération du métro au-dessus desquelles l'impudique robe blanche de Marilyn Monroe s'envolait dans *Sept ans de réflexion.*

Les Villard Houses sont désormais l'entrée du New York Palace Hotel

Waldorf-Astoria ⓬

301 Park Ave. **Plan** 13 A5. **Tél.**
(212) 355-3000. Ⓜ *Lexington Ave,*
53rd St. Voir **Hébergement** *p. 289.*
www.waldorf.com

Conçu en 1931 par Schultze
& Weaver, ce prestigieux
hôtel Art déco, qui couvre
tout un bloc, symbolise le
passé somptueux de la ville.
Il a remplacé l'ancien hôtel
de la 34e Rue, démoli

**1946 : Winston Churchill et le
philanthrope new-yorkais Grover
Whalen au Waldorf-Astoria**

pour laisser place à l'Empire
State Building. Ses deux
tours jumelles hautes de
190 m ont hébergé nombre
de célébrités – comme le duc
et la duchesse de Windsor –
et la plupart des présidents
américains. L'hôtel a
également servi de cadre
à de nombreux films.
    La gigantesque horloge
de l'entrée, réalisée en 1893
à l'occasion de l'Exposition
universelle de Chicago,
provient du premier hôtel.
    Dans le salon Peacock
Alley, vous remarquerez
le piano sur lequel jouait
Cole Porter lorsqu'il
résidait là.

Lever House ⓭

390 Park Ave. **Plan** 13 A4.
Ⓜ *5th Ave-53rd St.* **Hall d'entrée
et bâtiment** ⬛ *au public.* 🍴 *Voir*
Restaurants et bars *p. 308.*

Premier building en verre
de New York, la Lever
House sert de miroir
aux immeubles chic de
Park Avenue, construits
en pierre de taille. Son
architecture, très dépouillée,
se résume à deux dalles
d'acier et de verre soutenues

**Le bassin du Four Seasons,
dans Seagram Building**

par des piliers métalliques.
La dalle verticale semble
d'air et de lumière,
et symbolise la pureté
des produits que
commercialisent
les frères
Lever – savons
et autres détergents.
Le caractère
d'avant-garde
du building suscita
l'intérêt général lors
de sa construction en 1952
et, bien que souvent imité,
il a toujours une place
particulière dans le cœur
des New-Yorkais.
Le restaurant Lever House,
de très grand standing,
voit défiler un grand nombre
de personnalités.

Lever House sur Park Avenue

Seagram Building ⓮

375 Park Ave. **Plan** 13 A4. Ⓜ *5th
Ave-53rd St.* ⬜ *lun-ven. 9h-17h.* 🍴
Voir **Restaurants et bars** *p. 307.*

Grâce à Phyllis Lambert,
architecte et fille de Samuel
Bronfman (le P.-D.G. des
distilleries Seagram), la
conception de cette tour,
qui ne devait être à l'origine
qu'un immeuble commercial
ordinaire, fut confiée à Mies

van der Rohe. Ainsi s'éleva
cet édifice à la sobriété
typique des années 1950,
constitué de deux rectangles
de bronze et de verre qui
permettent à la lumière
d'inonder l'intérieur. Le
luxueux restaurant qui
s'y trouve, le Four Seasons
(p. 307), est composé d'un
espace remarquable : l'une
des pièces a en son centre
un bassin, et l'autre, un bar
dominé par une sculpture
de Richard Lippold.

**Des employés de bureau déjeunent
dans le vaste atrium de Citigroup Center**

Citigroup Center ⓯

153 E 53rd St. **Plan** 13 A4. Ⓜ *53rd
St-Lexington Ave.* ⬜ *t.l.j. 7h-23h.*
🍴 ⛪ **St Peter's Lutheran Church**
619 Lexington Ave. **Tél.** *(212) 935-*
2200. ⬜ *t.l.j. 9h-21h.* ✝ *lun.-ven.*
12h15, mer. 18h, dim. 8h45 et 11h.
Concert de jazz *dim. 17h.*
Concerts *mer. midi.* **York Theater**
at St Peter's *Tél. (212) 935-5820.*
www.saintpeters.org

Cette aiguille en aluminium
qui se dresse sur des
« échasses » hautes de dix
étages fit sensation lors de
son inauguration en 1978.
Sa toiture biseautée dressée
vers le ciel – à l'origine
pour capter l'énergie solaire –
n'a jamais fonctionné, mais
sa silhouette est unique…
Elle surmonte St Peter's
Lutheran Church qui
ressemble à une sculpture
en granite nichée à sa base.
Pénétrez dans son intérieur
moderne et admirez Erol
Beker Chapel, œuvre de
Louise Nevelson. La paroisse,
qui est renommée pour ses
concerts d'orgue et ses
sessions de jazz, possède
même un petit théâtre.

St Patrick's Cathedral ❽

Façade de la cathédrale, 5e Ave

En 1850, l'archevêque John Hugues décide de faire élever une cathédrale sur ce site prévu à l'origine pour accueillir un cimetière, malgré de nombreux détracteurs qui trouvaient ridicule de la construire à l'extérieur de la ville (à l'époque). Créé par l'architecte James Renwick et inauguré en 1879, cet impressionnant édifice néogothique contient près de 2 500 places assises : c'est la plus grande cathédrale du pays. Les deux flèches furent rajoutées entre 1885 et 1888.

★ Lady Chapel
Les vitraux de cette chapelle dédiée à la Vierge représentent les mystères du rosaire.

Pietà
Réalisée en 1906 par le sculpteur américain William O. Partridge, cette Pietà se trouve à côté de Lady Chapel.

★ Baldaquin
Le grand dais de bronze s'étend au-dessus du maître-autel. Des statues de saints et de prophètes ornent les quatre piliers qui soutiennent la voûte.

À NE PAS MANQUER

★ Baldaquin

★ Grandes orgues et rosace

★ Lady Chapel

★ Portes de bronze

Façade
Le revêtement est en marbre blanc. Les flèches atteignent 101 m de hauteur.

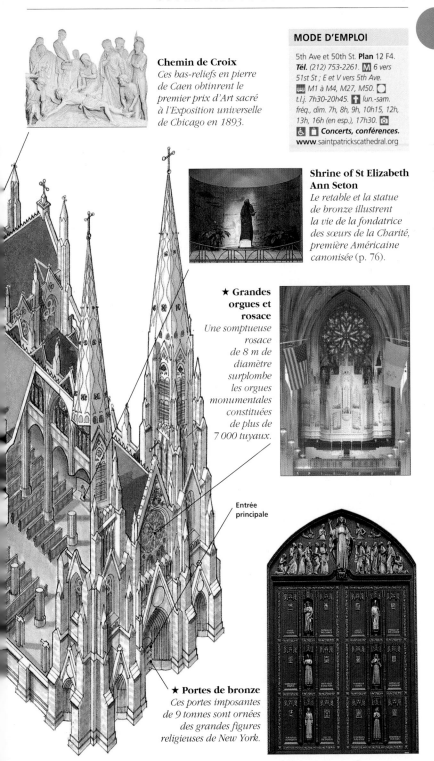

Chemin de Croix
Ces bas-reliefs en pierre de Caen obtinrent le premier prix d'Art sacré à l'Exposition universelle de Chicago en 1893.

MODE D'EMPLOI

5th Ave et 50th St. **Plan** 12 F4. **Tél.** *(212) 753-2261.* Ⓜ *6 vers 51st St ; E et V vers 5th Ave.* 🚌 *M1 à M4, M27, M50.* ◯ *t.l.j. 7h30-20h45.* ✝ *lun.-sam. fréq., dim. 7h, 8h, 9h, 10h15, 12h, 13h, 16h (en esp.), 17h30.* 📷 ♿ ⬜ **Concerts, conférences.** www.saintpatrickscathedral.org

Shrine of St Elizabeth Ann Seton
Le retable et la statue de bronze illustrent la vie de la fondatrice des sœurs de la Charité, première Américaine canonisée (p. 76).

★ Grandes orgues et rosace
Une somptueuse rosace de 8 m de diamètre surplombe les orgues monumentales constituées de plus de 7 000 tuyaux.

Entrée principale

★ Portes de bronze
Ces portes imposantes de 9 tonnes sont ornées des grandes figures religieuses de New York.

Central Synagogue

652 Lexington Ave. **Plan** 13 A4.
Tél. (212) 838-5122. **M** 51st St,
Lexington Ave. ☐ mar.-mer.
12h-14h. ⚐ mer. 12h45. ♿
✶ ven. 18h, sam. 10h (juil.-août),
sam. 10h30 (sept.-juin).
www.centralsynagogue.org

Cette construction est la plus vieille synagogue de New York. Elle a été dessinée en 1870 par Henri Fernbach, le premier grand architecte américain juif originaire de Silésie. On lui doit aussi quelques-uns des plus beaux bâtiments de SoHo. Elle est considérée comme le meilleur exemple de l'influence architecturale maure et islamique de la ville. La communauté fut fondée en 1846 sous le nom d'*Ahawath Chesed* (« Amour de la Miséricorde ») par 18 émigrants venus surtout de Bohème.

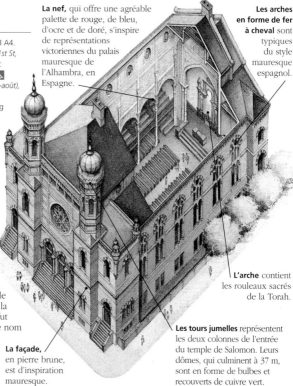

La nef, qui offre une agréable palette de rouge, de bleu, d'ocre et de doré, s'inspire de représentations victoriennes du palais mauresque de l'Alhambra, en Espagne.

Les arches en forme de fer à cheval sont typiques du style mauresque espagnol.

L'arche contient les rouleaux sacrés de la Torah.

La façade, en pierre brune, est d'inspiration mauresque.

Les tours jumelles représentent les deux colonnes de l'entrée du temple de Salomon. Leurs dômes, qui culminent à 37 m, sont en forme de bulbes et recouverts de cuivre vert.

Sutton Place ⑰

Plan 13 C3. **M** 59th St, 51st St.
🚌 M15, M31 et M57.

Sutton Place est un quartier élégant et calme, essentiellement composé d'immeubles bas et d'hôtels particuliers conçus par des architectes de renom. Investi par la bourgeoisie new-yorkaise dans les années 1920, il était auparavant occupé par des usines et des logements modestes. Au n°3 de Sutton Square réside le secrétaire général de l'Organisation des Nations unies. Jetez un coup d'œil au-delà de Sutton Square et de la 59e Rue pour découvrir Riverview Terrace, une jolie rue privée bordée de cinq hôtels particuliers faisant face à la rivière. Les minuscules squares au bout des 55e et 57e Rues offrent un magnifique spectacle sur le fleuve et Queensboro Bridge.

Malgré l'opposition du voisinage, Bridgemarket ouvrit en 2000. Installés entre les voûtes gigantesques sous Queensboro Bridge, on trouve une élégante boutique Conran dédiée à la maison et un supermarché Food Emporium.

Le parc de Sutton Place avec sa vue sur Queensboro Bridge et Roosevelt Island

Beekman Place ⑱

Plan 13 C5. **M** 59th St, 51st St.
🚌 M15, M31 et M57.

Plus petit et encore plus tranquille que Sutton Place, le quartier de Beekman Place date des années 1920 avec ses demeures familiales et ses appartements aux dimensions réduites. Il a abrité de nombreux résidents célèbres dont Gloria Vanderbilt, Rex Harrison, Irving Berlin ainsi que certains membres de la famille Rockefeller.

Non loin de là, Turtle Bay Gardens abrite deux rangées de *brownstones* restaurées, datant des années 1860, qui dissimulent un charmant jardin à l'italienne.

Roosevelt Island ⓳

Plan 14 D2. Ⓜ *59th St. Tram, Roosevelt Island Station (F).* **www.**rioc.com

C'est un lieu de promenade amusant et inhabituel. Depuis 1976, un téléphérique suisse assure la traversée rapide de East River jusqu'à Roosevelt Island, offrant une vue imprenable sur Manhattan et Queensboro Bridge.

Vous trouverez, près de la station de tramway, les ruines de la ferme de Blackwell qui se tenait là de 1796 à 1804 et qui donna son nom à l'île jusque dans les années 1920, quand la spéculation immobilière commença. Dans les années 1970, elle prendra le nom de Welfare Island en raison du nombre importants d'hôpitaux, d'hospices et d'asiles implantés sur son sol. En 1927, Mae West fut incarcérée au pénitencier de l'île pour avoir joué un spectacle jugé trop osé. Les ruines des anciens hôpitaux et le phare, construit en 1872 par l'un des pensionnaires de l'asile, sont toujours visibles. Le tramway qui part de 2e Avenue et qui va jusqu'à la 60e Rue offre une jolie balade.

L'enseigne de Bloomingdale's

Bloomingdale's ⓴

1000 3rd Ave. **Plan** *13 A3.* **Tél.** *(212) 705-2000.* Ⓜ *59th St.* ◯ *lun.-ven. 10h-20h30, sam. 10h-19h, dim. 11h-19h. Voir* **Boutiques et marchés** *p. 319.* **www.**bloomingdales.com

Dans les années 1980, « Bloomies » était le symbole d'un certain savoir-vivre. Ce n'est qu'après la destruction du métro aérien de 3rd Avenue, vers 1960, que ce grand magasin populaire, fondé en 1872 par Joseph et Lyman Bloomingdale, acquit sa réputation de lieu de shopping chic.

La fin des années 1980 vit arriver un nouveau propriétaire et les soucis financiers. Moins prestigieux que par le passé, l'endroit est néanmoins toujours très bien approvisionné.

Fuller Building ㉑

41 E 57th St. **Plan** *13 A3. Peter Findlay Gallery.* **Tél.** *(212) 644-4433 ; James Goodman Gallery.* **Tél.** *(212) 593-3737.* ◯ *mar.-sam. 10h-18h.* Ⓜ *59th St.*

Bel exemple d'architecture Art déco, ce bâtiment de 1929, avec sa silhouette élancée, est l'œuvre des architectes Walker & Gillette. Les deux statues encadrant l'horloge de l'entrée sont d'Elie Nadelman. À l'intérieur, admirez les motifs de mosaïques sur le sol, dont l'un représente le Flatiron Building sur la 5e Ave

(p. 127), ancien siège de la Fuller Company. L'immeuble abrite aussi des galeries d'art comme celle de Susan Sheehan, ouvertes au public tous les jours.

La façade de style Renaissance du Plaza Hotel

Plaza Hotel ㉒

5th Ave and Central Park South. **Plan** *12 F3.* Ⓜ *59th St.*

Ce bâtiment est l'œuvre d'Henry J. Hardenbergh, architecte du Dakota *(p. 218)* et du premier Waldorf-Astoria. Terminé en 1907, il fut proclamé « meilleur hôtel du monde » avec ses 800 chambres, ses 500 salles de bains, sa salle de réception et ses suites luxueuses destinées aux grandes familles comme les Vanderbilt ou les Gould *(p. 49).*

Cet édifice grandiose de 18 étages s'inspire des châteaux français de la Renaissance. L'essentiel de sa décoration provient d'Europe. Dans le Palm Court, admirez les murs recouverts de miroirs et les colonnes sculptées sur le thème des quatre saisons.

Déjà restauré à grands frais par son précédent propriétaire, Donald Trump, le Plaza a été récemment transformé. Cette rénovation, achevée en 2008, a coûté 400 millions de dollars. L'hôtel abrite aujourd'hui 130 chambres. Le reste du bâtiment a été transformé en six appartements de très grand luxe.

Les statues de l'horloge surplombant l'entrée de Fuller Building

UPPER EAST SIDE

C'est vers 1900 que le gratin new-yorkais s'établit dans Upper East Side. Beaucoup de résidences luxueuses de ce quartier ont depuis été transformées en musées ou ambassades, mais l'élite se sent toujours ici chez elle : on habite sur la 5e Avenue ou Park Avenue et on court les magasins chic et

Urne africaine, Metropolitan Museum

les galeries d'art de Madison. Plus à l'est, vous rencontrerez l'Europe centrale en traversant German Yorkville (entre la 80e et la 90e), puis au sud, Hungarian Yorkville et Little Bohemia. Les Allemands, Tchèques et Hongrois y sont moins nombreux de nos jours, mais églises et commerces témoignent de leur présence.

Vue générale de l'atrium du Solomon R. Guggenheim Museum

LE QUARTIER D'UN COUP D'ŒIL

Rues et bâtiments historiques
7th Regiment Armory 10
Gracie Mansion 16
Henderson Place 14

Musées et galeries
Asia Society 9
Cooper-Hewitt National Design Museum 3
Frick Collection p. 202-203 8
Jewish Museum 2
Metropolitan Museum of Art p. 190-197 6
Mount Vernon Hotel Museum and Garden 13
Museum of the City of New York 19
National Academy Museum 4
Neue Galerie New York 1
Society of Illustrators 12
Solomon R. Guggenheim Museum p.188-189 5
Whitney Museum of American Art p. 200-201 7

Églises et synagogues
Church of the Holy Trinity 17
St Nicholas Russian Orthodox Cathedral 18
Temple Emanu-El 11

Parc
Carl Schurz Park 15

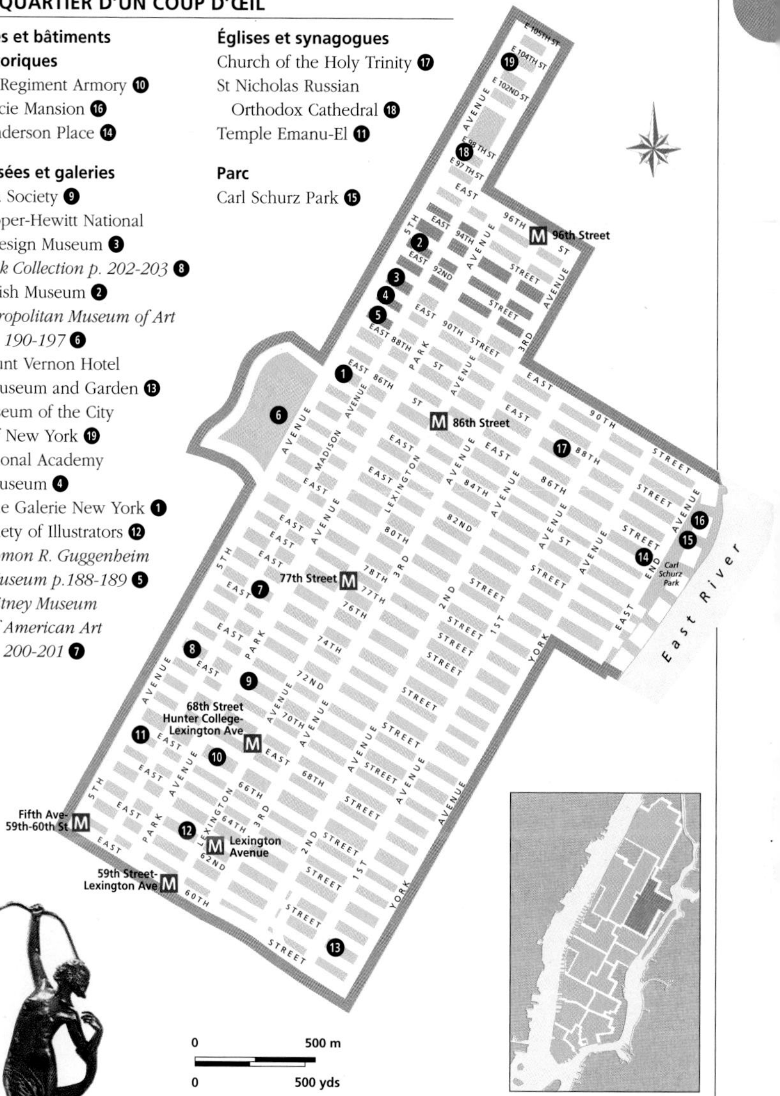

Statue de Diane, National Academy of Design

LÉGENDE

Plan du quartier pas à pas

[M] Station de métro

VOIR ÉGALEMENT

- ***Atlas des rues*** plans 12-13, 16-18, 21
- ***Visite de East Side*** p. 264-265
- ***Hébergement*** p. 289-290
- ***Restaurants*** p. 308-309

COMMENT Y ALLER ?

Métro : les lignes express 4 et 5 (Lexington Ave), s'arrêtent 59th et 86th St. La ligne 6 s'arrête aussi 68th St, 77th St et 96th St. Bus : la ligne F s'arrête 63rd St ; les lignes N, R et W ont un arrêt à l'angle de 5th Ave et 59th St ; les bus M1, M2, M3 et M4 circulent sur la 5th Ave et sur Madison ; les bus M101, M102 et M103 sur Lexington et 3th Ave ; le M15 sur les 1st et 2nd Ave. Les bus transversaux sont les M66, M72, M79, M86 et M96.

Museum Mile
pas à pas

Des édifices aussi divers que les anciens hôtels particuliers de Frick et de Carnegie, ou le bâtiment futuriste du Guggenheim de Frank Lloyd Wright, abritent les nombreux musées regroupés dans Upper East Side, ainsi que l'équivalent américain du musée du Louvre : le Metropolitan. Les expositions y sont aussi variées que l'architecture ; des maîtres anciens à la photographie en passant par les arts décoratifs. La plupart des musées ferment tard le mardi soir. Les visites sont parfois gratuites.

Jewish Museum
On peut y admirer des monnaies anciennes, des pièces archéologiques et la plus vaste collection d'objets de culte israélite au monde ❷

★ **Cooper-Hewitt National Design Museum**
Ce musée des arts décoratifs présente un riche échantillon de céramiques, d'objets en verre, de meubles et de textiles ❸

The Church of the Heavenly Rest fut édifiée en 1929. Malvina Hoffman a sculpté la Vierge de la chaire.

National Academy Museum
Fondée en 1825, elle fut transférée là en 1940. Sa collection abrite des peintures et des sculptures réalisées par ses membres ❹

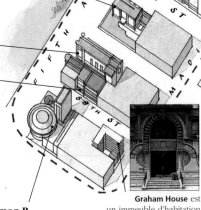

Graham House est un immeuble d'habitation construit en 1982 et doté d'une magnifique entrée de style Beaux-Arts.

★ **Solomon R. Guggenheim Museum**
Le bâtiment de l'architecte Frank Lloyd Wright, en forme de spirale, est baigné de lumière au crépuscule. Prenez l'ascenseur jusqu'en haut et descendez l'escalier hélicoïdal. Vous y verrez des merveilles de l'art moderne ❺

À NE PAS MANQUER

★ Cooper-Hewitt Museum

★ Solomon R. Guggenheim Museum

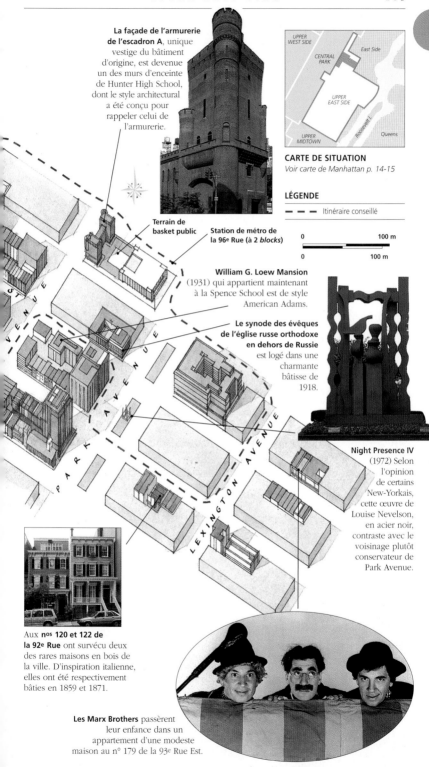

La façade de l'armurerie de l'escadron A, unique vestige du bâtiment d'origine, est devenue un des murs d'enceinte de Hunter High School, dont le style architectural a été conçu pour rappeler celui de l'armurerie.

UPPER WEST SIDE

CENTRAL PARK

East Side

UPPER EAST SIDE

UPPER MIDTOWN

Roosevelt I.

Queens

CARTE DE SITUATION
Voir carte de Manhattan p. 14-15

LÉGENDE

– – – Itinéraire conseillé

0   100 m

0   100 m

Terrain de basket public

Station de métro de la 96e Rue (à 2 *blocks*)

William G. Loew Mansion (1931) qui appartient maintenant à la Spence School est de style American Adams.

Le synode des évêques de l'église russe orthodoxe en dehors de Russie est logé dans une charmante bâtisse de 1918.

Night Presence IV (1972) Selon l'opinion de certains New-Yorkais, cette œuvre de Louise Nevelson, en acier noir, contraste avec le voisinage plutôt conservateur de Park Avenue.

Aux n**os 120 et 122 de la 92e Rue** ont survécu deux des rares maisons en bois de la ville. D'inspiration italienne, elles ont été respectivement bâties en 1859 et 1871.

Les Marx Brothers passèrent leur enfance dans un appartement d'une modeste maison au n° 179 de la 93e Rue Est.

Neue Galerie New York ❶

1048 5th Ave at E 86th St. **Plan** 16 F3. **Tél.** (212) 628-6200. Ⓜ 86th St. 🚌 M1 à M4. ◯ mar.-jeu. 11h-18h. 🔵 j.f. 🈲 🔟 🚫 🔟 café : lun.-mer. 9h-18h, jeu.-dim. 9h-21h. 🔟 ♿ www.neuegalerie.org

Fondé par le marchand d'art Serge Sabarsky et le philanthrope Ronald Lauder, ce musée, ouvert en 2001, a pour mission de rechercher, réunir et accueillir tout ce qui a trait à l'art décoratif allemand et autrichien du début du XXᵉ siècle.

De style Beaux-Arts, l'édifice qui l'abrite a été agrandi en 1914 par Carrère & Hastings, à qui l'on doit la Public Library *(p. 146)*. Facilement reconnaissable, c'est un point de repère dans la 5ᵉ Avenue. Autrefois demeure de Mᵐᵉ Cornelius Vanderbilt, il a été acheté par Sabarsky et Lauder en 1994. Au rez-de-chaussée, se trouvent une boutique et le Café Sabarsky, inspiré des établissements viennois. À l'étage, sont exposées des œuvres de Klimt, Schiele et du Wiener Werkstatt. Les artistes du Blaue Reiter (Klee et Kandinsky), du Bauhaus (Feininger et Schlemmer) et de Die Brücke (Mies van der Roe et Breuer) sont représentés au dernier niveau.

Jewish Museum ❷

1109 5th Ave. **Plan** 16 F2. **Tél.** (212) 423-3200. Ⓜ 86th St, 96th St. 🚌 M1 à M4. ◯ dim.-mer. 11h-17h45, jeu. 11h-20h, ven. 11h-15h. 🔵 sam., j.f. et fêtes juives. 🈲 🚫 🔟 🔟 🔟 🔟 www.thejewishmuseum.org

Ce somptueux manoir du célèbre banquier et membre éminent de la communauté juive, Félix M. Warburg, fut conçu par C.P. Gilbert en 1908. Il abrite maintenant l'une des plus belles collections d'objets de culte et d'ornements traditionnels, reflet des 4 000 ans d'histoire israélite. Les sculptures de la nouvelle section du musée ont été réalisées par les tailleurs de pierre de Cathedral of St John the Divine *(p. 226-227)*.

On peut y admirer, entre autres, la célèbre arche abritant la Torah de la collection Benguiat, une délicate mosaïque persane du IVᵉ siècle qui ornait la façade d'une synagogue, et l'*Holocauste*, œuvre puissante du sculpteur George Segal.

De nombreuses expositions relatent et illustrent la chronique et la culture du peuple juif au cours des siècles.

Aiguière et bassin du XIXᵉ siècle provenant d'Istanbul, Jewish Museum

Cooper-Hewitt National Design Museum ❸

2 E 91st St. **Plan** 16 F2. **Tél.** (212) 849-8400. Ⓜ 86th St, 96th St. 🚌 M1 à M4. ◯ lun.-sam. 10h-17h (ferm. ven. 21h et sam. 18h), dim. 12h-18h. 🔵 1ᵉʳ janv., Thanksgiving, 25 déc. 🈲 🚫 🔟 🔟 🔟 🔟 www.ndm.si.edu

Ouvert en 1879, ce musée réunit une des collections de design les plus importantes au monde. Ses modèles, recueillis par les sœurs Hewitt, furent d'abord présentés à Cooper Union *(p. 120)*, puis rachetés par la Smithsonian Institution en 1967 pour être installés dans l'ancienne maison de l'industriel Andrew Carnegie. Ce choix judicieux permet d'apprécier les boiseries

Entrée de Cooper-Hewitt National Design Museum

et l'escalier ouvragé de cette demeure qui fut également à la pointe du progrès de son époque avec son chauffage central, sa climatisation, son ascenseur et son solarium.

National Academy Museum ❹

1083 5th Ave. **Plan** 16 F3. **Tél.** (212) 369-4880. Ⓜ 86th St. 🚌 M1 à M4. ◯ mer.-jeu. 12h-17h, ven.-dim. 11h-18h. 🔵 j.f. 🈲 🚫 🔟 🔟 www.nationalacademy.org

La collection de l'école d'art, commencée en 1825 par un groupe d'artistes dans le but de former ses membres et de présenter leurs œuvres, est dépositaire de plus de 6 000 peintures, dessins et sculptures de créateurs tels que Soyer, Eakins ou Frank Lloyd Wright.

La maison qui les abrite est un don du philanthrope Archer Huntington. Les motifs de marbre au sol, la décoration des plafonds et la statue de Diane d'Anna Hyatt Huntington sont remarquables.

Statue de Diane, National Academy Museum

Solomon R. Guggenheim Museum ❺

Voir p.188-189.

Metropolitan Museum of Art ❻

Voir p. 190-197.

Whitney Museum of American Art ❼

Voir p. 200-201.

Frick Collection ❽

Voir p. 202-203.

Asia Society ❾

725 Park Ave. **Plan** 13 A1.
Tél. (212) 288-6400.
Événements : (212)
517-ASIA. **M** 68th St.
🕙 mar.-dim. 11h-
18h (ven. 21h). 🌐
j.f. 📷 📹 mar.-
sam. 12h30 et
14h, ven. 18h30,
dim. 14h30.
📵 ♿ 🏠 🖥
www.asiasociety.org

Sculpture sud-asiatique, Asia Society

Dans le but
d'améliorer la
connaissance de
l'Asie et de ses
différentes
cultures,
John D.
Rockefeller III
créa en 1956
cette société
dont le siège fut installé dans
un bâtiment de granite rose
dessiné par Edward Larrabee
Barnes et construit en 1981,
qui abrite aussi les
sculptures, céramiques
et bronzes collectionnés
par le fondateur au cours
de ses voyages.
Vous menant d'Iran en
Australie, expositions,
films, conférences,
spectacles de danse et
une librairie spécialisée
vous livreront les secrets
de l'Extrême-Orient.

Vestibule d'entrée du Seventh Regiment Armory

Seventh Regiment Armory ❿

643 Park Ave. **Plan** 13 A2.
Tél. (212) 616-3930. **M** 68th St.
🕙 tél. pour connaître les horaires
d'ouverture. 📵 ♿
www.armoryonpark.org

Depuis la guerre de 1812
jusqu'aux deux conflits
mondiaux, le 7e Regiment,
un corps d'élite, a réuni
des « soldats-gentlemen »
issus de familles de notables.
L'arsenal foisonne de meubles
victoriens, d'œuvres d'art et
de souvenirs du régiment.
La caserne accueille
un ameublement
de l'époque
victorienne,
ainsi que
des objets
d'art ou
des reliques
du régiment.
Le salon des
vétérans et la
bibliothèque
sont l'œuvre
de Louis Comfort
Tiffany. La salle
d'exercice abrite
désormais le
Winter Antiques
Show *(p. 53)*.
Le site accueille
aussi des bals
caritatifs.
D'importants
travaux de
rénovation sont
en cours pour
transformer
l'Armory en
centre artistique
et éducatif.

Temple Emanu-El ⓫

1 E 65th St. **Plan** 12 F2. **Tél.** (212)
744-1400. **M** 68th St, 63rd St.
🕙 dim.-ven. 10h-17h, sam. 12h30-
16h45 (ven. : dern. entrée 15h30).
🕯 fêtes juives. ✡ 17h30, ven.
17h15, sam. 10h30. 📷 ♿ 📹 🖥
www.emanuelnyc.org

Cet impressionnant édifice de
calcaire de 1929, dont la nef
peut contenir à elle seule
2 500 personnes, est la plus
grande synagogue du monde.
Elle accueille la plus ancienne
congrégation réformée de
New York, ainsi que les
membres les plus fortunés
de la communauté juive.
Les ornements sont
magnifiques, notamment les
portes en bronze de l'arche,
qui représentent un rouleau
de la Torah ouvert. L'arche
est orné de vitraux illustrant
des épisodes de la Bible et
de symboles représentant les
douze tribus d'Israël. Sur la
façade de la 5e Avenue, une
arche en retrait encadre une
magnifique rosace.
La synagogue se dresse
à l'emplacement de l'hôtel
particulier de Mme William
Astor, figure légendaire de
la société new-yorkaise,
qui déménagea dans Upper
East Side à la suite d'un
différend avec son
neveu et voisin. La
cave à vins et trois
cheminées en marbre
ont été conservées.

L'arche de Temple Emanu-El

Solomon R. Guggenheim Museum ❺

Le bâtiment en forme de coquillage géant,
édifié en 1959 par Frank Lloyd Wright,
est peut-être en lui-même le plus éclatant
chef-d'œuvre du musée, surtout depuis que sa
façade a été magnifiquement rénovée à l'occasion
du 50e anniversaire de son inauguration. En 1990,
le Guggenheim Museum a reçu la distinction
suprême : il a été reconnu *landmark*
(monument classé). En descendant à pied
sa rampe intérieure hélicoïdale, vous admirerez
les œuvres majeures d'artistes des XIXe,
XXe et XXIe siècles.

La façade sur 5th Avenue

Paris par la fenêtre *(1913)*
*Les couleurs vibrantes
de ce chef-d'œuvre peint
par Marc Chagall donnent
l'image d'une cité mystérieuse
où rien n'est tout à fait
ce qu'il paraît.*

Petite
rotonde

THE SOLOMON

ℹ

Terrasse
des sculptures

Entrée principale

La Vache jaune *(1911)*
*Ici, Franz Marc a été
influencé par le mouvement
allemand de retour
à la nature.*

La Repasseuse *(1904)*
*Œuvre de la période
bleue de Picasso,
symbolisant lassitude
et dur labeur.*

Nu *(1917)*
*Silhouette endormie typique
du style longiligne de Modigliani.*

SUIVEZ LE GUIDE !

La grande rotonde abrite des expositions temporaires et la petite rotonde de célèbres tableaux impressionnistes et postimpressionnistes. La collection permanente et des œuvres contemporaines occupent les galeries de la tour. La terrasse des sculptures domine Central Park. La collection n'est jamais visible en totalité.

Tour

Grande rotonde

Devant le miroir *(1876)*
En essayant de décrire l'esprit de la société du XIXe siècle, Édouard Manet a souvent utilisé l'image de la courtisane.

Femme tenant un vase
Fernand Léger a incorporé des éléments cubistes dans cette peinture de 1927.

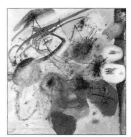

Lignes Noires *(1913)*
Ce tableau est l'une des premières œuvres abstraites de Kandinsky.

UGGENHEIM MUSEUM

La Femme aux cheveux jaunes *(1931) Picasso s'est souvent inspiré de la douce silhouette de sa maîtresse.*

FRANK LLOYD WRIGHT

Connu pour ses résidences de style « prairie » et l'utilisation du verre et du ciment dans ses immeubles de bureaux, Wright a été considéré de son vivant comme le grand innovateur de l'architecture américaine. Le Guggenheim, commencé en 1942 et terminé peu après sa mort, est sa seule création new-yorkaise.

Intérieur de la grande rotonde

Metropolitan Museum of Art ❻

Cette collection, parfois considérée comme la plus complète du monde occidental, a été créée en 1870 par un groupe d'artistes et de mécènes désirant fonder un musée des beaux-arts capable de rivaliser avec ceux d'Europe. Des œuvres provenant de tous les continents, de la préhistoire à nos jours, y sont exposées. Au premier étage, les galeries d'antiquités étrusques et romaines attirent un quart des visiteurs du MET.

L'entrée de Metropolitan Museum of Art

★ Gertrude Stein
(1905-1906)
Portrait de l'écrivain par Picasso. On remarque au travers de ce visage les influences des arts africain et antique.

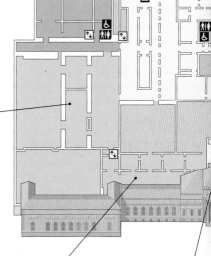

Rez-de-chaussée

Masque
La République populaire du Bénin (qui fait maintenant partie du Nigeria) est renommé pour son art ancien. Ce masque date du XVIe siècle.

Le Harpiste
Cette statuette a été fabriquée dans les Cyclades vers 3 000 av. J.-C.

SUIVEZ LE GUIDE !
Il existe 19 départements. La plupart des collections se trouvent dans les deux étages principaux où certaines sections abritent aussi des expositions temporaires. Les peintures, sculptures et arts décoratifs européens occupent les parties centrales du rez-de-chaussée et du 1er étage, tandis que l'Institut du costume demeure au rez-de-chaussée, sous les galeries égyptiennes du 1er étage.

Les Noces de Cana
Ce panneau du XVIe siècle peint par Juan de Flandes, fait partie de la collection Linsky.

Buste de Diderot *(1773)*
Ce buste de Jean Antoine Houdon fut sculpté pour un comte russe.

★ **Portrait de la Princesse de Broglie**
Peint en 1853, c'est le dernier tableau d'Ingres.

MODE D'EMPLOI

1000 5th Ave. **Plan** 16 F4.
📱 *(212) 535-7710.* Ⓜ *4, 5 et 6 vers 86th St.* 🚌 *M1, M2, M3, M4.* 🕐 *mar.- jeu. et dim. 9h30-17h30 ; ven.-sam. 9h30-21h.* 🕐 *1er janv., Thanksgiving, 25 déc.* 🎫🅿️♿🔌🎒🍴 ⏺️📷 *Concerts, conférences, cours, séminaires, films et vidéos.* www.metmuseum.org

1er étage

★ **Galeries byzantines**
Ce panneau frappé d'un griffon (v. 1250), provenant de Grèce ou des Balkans, est l'un des nombreux trésors de ces galeries.

À NE PAS MANQUER

★ *Galeries byzantines*

★ *Gertrude Stein de Pablo Picasso*

★ *Portrait de la Princesse de Broglie d'Ingres*

★ *Temple de Dendur*

Escalier vers l'Institut du costume (rez-de-chaussée)

L'entrée principale
se fait au 1er étage.

LÉGENDE

▢ Collection Robert Lehman

▢ Peintures, sculptures et arts décoratifs européens

▢ Arts africain, océanien et des Amériques

▢ Art moderne

▢ Art américain

▢ Antiquités égyptiennes

▢ Antiquités grecques et romaines

▢ Art médiéval et byzantin

▢ Armes et armures

▢ Auditorium Grace Rainey Rogers

▢ Circulation et services

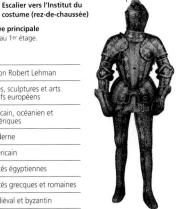

Armure anglaise
Réalisée pour George Clifford vers 1580.

★ **Temple de Dendur** *(15 av. J.-C.)*
C'est l'empereur romain Auguste qui fit bâtir ce temple. Sur un bas-relief, il est représenté apportant des offrandes.

Metropolitan Museum of Art : les étages supérieurs

Marrakech
*Cette œuvre de
1964, peinture
« marocaine »
de Frank Stella,
semble hypnotiser
par ses rayures
fluorescentes
disposées
géométriquement.*

Sculpture Garden
*Ces sculptures sur le
toit de l'aile consacrée à
l'art contemporain sont
renouvelées chaque année.*

Les Joueurs de cartes *(1890)*
*Paul Cézanne s'éloigne ici de ses
paysages, natures mortes et portraits
habituels, pour cette scène de
paysans concentrés sur leur jeu.*

1er étage   2e étage

★ Les Cyprès *(1889)*
*Van Gogh a réalisé cette toile
l'année précédant sa mort.
Les coups de pinceau et le style
tourbillonnant sont propres à
ses dernières œuvres.*

À NE PAS MANQUER

★ *Autoportrait* (1660)
de Rembrandt

★ *Les Cyprès*
de Vincent Van Gogh

★ *Diptyque*
de Jan van Eyck

★ *Washington
traversant la Delaware*
de Leutze

**Créature ailée à tête
d'aigle pollinisant l'arbre
sacré** *(v. 900 av. J.-C.)*
*Ce bas-relief provient
d'un palais assyrien.*

★ Diptyque (1425-1430) Œuvre de l'un des premiers maîtres de la peinture à l'huile, le Flamand Jan van Eyck. Ces scènes de la Crucifixion et du Jugement Dernier en font aussi un précurseur du réalisme.

★ Washington traversant la Delaware Emanuel Gottlieb Leutze a peint en 1851 cet épisode épique (mais imaginaire) de la célèbre traversée de George Washington.

LÉGENDE

☐	Peinture, sculpture et arts décoratifs européens
☐	Art africain, océanien et des Amériques
☐	Art islamique et du Proche-Orient
☐	Art du xxe siècle
☐	Art américain
☐	Art asiatique
☐	Antiquités grecques et romaines
☐	Instruments de musique
☐	Dessins, estampes et photographies
☐	Circulations et services
☐	Expositions temporaires

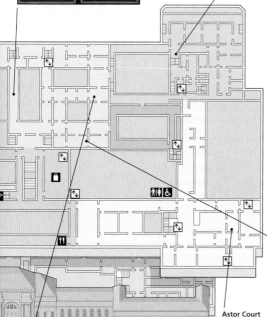

Astor Court

La Mort de Socrate (1787) David nous montre Socrate préférant prendre la ciguë plutôt que de renoncer à ses idéaux.

★ Autoportrait (1660) Rembrandt a peint près d'une centaine d'autoportraits. Sur celui-ci, il est âgé de 54 ans.

ASTOR COURT

En 1979, 27 artisans chinois sont venus à New York créer un jardin de style Ming dans le musée. Cette action constituait le premier échange culturel entre les États-Unis et la Chine populaire. Les jardiniers ont utilisé des techniques millénaires et des outils faits à la main, transmis de génération en génération, afin de façonner ce havre de méditation, équivalent occidental du jardin du Maître des Filets de Suzhou.

À la découverte du Metropolitan

Les salles du Met recèlent une vaste collection d'œuvres américaines, plus de 2 000 peintures européennes dont des toiles de Rembrandt et Vermeer, de nombreux joyaux de l'art islamique et la seconde collection d'antiquités égyptiennes au monde.

ARTS PRIMITIFS D'AFRIQUE, D'OCÉANIE ET DES AMÉRIQUES

Masque funéraire recouvert d'or (Xe-XIVe s.) provenant de la nécropole péruvienne de Batan

Nelson Rockefeller a fait construire l'aile Michael C. Rockefeller en 1982, à la mémoire d'un son fils décédé au cours d'une expédition en Nouvelle-Guinée. Plus de 1 600 magnifiques objets d'Afrique, des îles du Pacifique et des Amériques y sont exposés. La collection africaine regroupe des sculptures en ivoire et bronze du Bénin ainsi que d'étonnantes œuvres sur bois des tribus maliennes dogons, bamanas et senufos. Sculptures asmats de Nouvelle-Guinée, masques et parures des îles mélanésiennes et polynésiennes illustrent l'art du Pacifique, alors que des objets en or et en céramique évoquent l'Amérique précolombienne… Sans oublier un ensemble d'objets utilitaires des Inuits.

ART AMÉRICAIN

Le portrait de George Washington par Gilbert Stuart, *Marchands de fourrures sur le Missouri* de George Caleb Bingham, le fameux *Portrait de Madame X* par J. S. Sargent et l'imposant *George Washington traversant la*

Delaware d'Emanuel Gottlieb Leutze, sont quelques-unes des toiles majeures présentées dans cette aile du Met. Non seulement le musée possède une des plus belles collections de peintures et de sculptures américaines, mais aussi d'arts décoratifs de l'époque coloniale au début du XXe siècle. Ne manquez pas les élégants vases en argent néoclassiques de Paul Revere et les créations en verre de Tiffany & Co. La section mobilier expose canapés, chaises, tables, bibliothèques et bureaux sortis des grands ateliers d'ébénisterie américains de Boston, Newport et Philadelphie.

On y trouve aussi des reconstitutions de pièces d'époque – du salon dans lequel George Washington célébra son dernier anniversaire jusqu'à l'élégante salle à manger champêtre dessinée en 1912 par Frank Lloyd Wright pour la maison de Francis W. Little à Waysata, au Minnesota.

Le jardin de sculptures intérieur comprend une superbe loggia en mosaïque et verre teinté provenant de la résidence d'été de Louis Comfort Tiffany.

ART ISLAMIQUE ET ANTIQUITÉS DU PROCHE-ORIENT

Des statues d'animaux ailés à visage humain, originaires du palais assyrien d'Assurnasirpal II, gardent

Tête en cuivre proche-orientale à l'origine mystérieuse, vieille de 5 000 ans

l'entrée des salles consacrées aux antiquités du Proche-Orient. Cette collection couvre une période de 8 000 ans où les bronzes iraniens côtoient les ivoires anatoliens, les sculptures sumériennes et les objets précieux des Sassanides. Une galerie voisine actuellement en rénovation dévoilera la diversité de l'art islamique du VIIe au XIXe siècle au travers d'objets de fer et de verre mésopotamiens et égyptiens, de miniatures mongoles et persanes, de tapis des XVIe et XVIIe siècles.

ARMES ET ARMURES

Ici, on peut voir des chevaliers en armure sur leur monture s'affronter… Ces galeries sont les préférées des enfants et de tous ceux que le Moyen Âge fascine. Elles exposent des sabres superbement ornés de pierres précieuses et d'or, des armes à feu aux incrustations d'ivoire et de perles, de flamboyantes oriflammes et des boucliers multicolores.

Pistolet de Charles Quint (XVIe siècle)

Ne manquez pas d'admirer l'armure du gentleman pirate sir George Clifford, favori de la reine Elizabeth d'Angleterre et celle, étincelante, d'un seigneur japonais du XIVᵉ siècle. Vous y découvrirez aussi la collection de pistolets du célèbre fabricant d'armes Samuel Colt.

ART ASIATIQUE

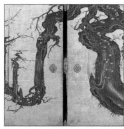

Le Vieux Prunier, portes japonaises coulissantes en papier du début de la période Edo (v. 1650)

Une enfilade de salles extraordinaires propose les merveilles des arts chinois, japonais, coréen, indien et d'Asie du Sud-Est, du second millénaire av. J.-C. à nos jours, ainsi qu'une réplique de jardin Ming, exécutée par des artisans chinois de la ville de Suzhou, qui marque le premier échange culturel officiel entre les États-Unis et l'empire du Milieu. Le musée possède aussi l'une des plus belles collections de peintures Sung et Yuan, des sculptures bouddhiques monumentales, des céramiques, céladons et objets anciens chinois. Les onze salles consacrées au Japon présentent, sous forme d'expositions chronologiques et thématiques, de splendides laques, céramiques, peintures, sculptures, textiles et paravents. D'autres salles sont réservées aux arts indien, coréen et des pays du Sud-Est asiatique.

INSTITUT DU COSTUME

La collection de cet institut réunit désormais 31 000 costumes et accessoires. Elle s'est enrichie de 23 500 pièces grâce à un accord avec le Brooklyn Museum *(p. 250-253)*. En raison de la fragilité des objets, il n'y a pas de présentation permanente, mais deux expositions par an. La collection couvre cinq siècles, des robes brodées de la fin du XVIIᵉ siècle jusqu'à nos jours en passant par des vêtements de l'époque napoléonienne. Elle réunit aussi des créations d'Elsa Schiaparelli, Balenciaga, Worth et même le jockstrap à sequins de David Bowie.

L'audiotour intitulé *Art of Dress*, raconté par la voix de la comédienne Sarah Jessica Parker, explique comment les artistes utilisent le vêtement pour exprimer leur identité et leur pouvoir.

Avec son laboratoire high-tech, l'institut est également à la pointe de la recherche en matière de conservation.

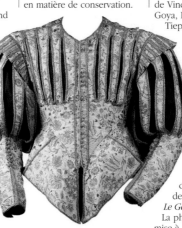

Doublet européen du XVIIᵉ **siècle en soie et satin**

DESSINS, ESTAMPES ET GRAVURES

Une galerie récente met à l'honneur les innombrables chefs-d'œuvre de dessins, gravures et photographies du musée. La collection de

Étude d'une sibylle libyenne réalisée par Michel-Ange pour le plafond de la chapelle Sixtine (1508)

dessins (11 000 pièces) est particulièrement riche en arts italien et français du XVᵉ au XIXᵉ siècles. Exposée par roulement en raison de la fragilité du papier, elle permet d'admirer des travaux de Michel-Ange, Léonard de Vinci, Raphaël, Ingres, Goya, Rubens, Rembrandt, Tiepolo et Seurat.

La collection de 1,5 million d'estampes et 14 000 livres illustrés, qui comprend des œuvres de grands maîtres, témoigne de toutes les techniques : d'une gravure allemande primitive sur bois, *La Vierge et l'Enfant,* à celles plus sophistiquées de Dürer, en passant par *Le Géant* de Goya.

La photographie est aussi mise à l'honneur au Met – grâce entre autres à l'extraordinaire collection léguée par Alfred Stieglitz – qui offre un éventail particulièrement riche en images d'entre les deux guerres.

Des affiches et des publicités constituent également une autre partie intéressante de cette collection.

ANTIQUITÉS ÉGYPTIENNES

Des objets de la période préhistorique au VIIIᵉ siècle après J.-C. sont exposés ici par centaines, du temple de Dendur aux éclats brisés d'un visage royal du XVᵉ siècle av. J.-C. On y trouve des découvertes archéologiques provenant d'expéditions financées par le musée, dont des sculptures représentant la célèbre reine Hatshepsout (elle s'empara du pouvoir à Thèbes au XVIᵉ siècle av. J.-C.), une centaine de bas-reliefs du règne d'Aménophis IV et des figurines provenant de tombes, comme l'hippopotame de faïence bleue devenu la mascotte du musée.

Fragment de la tête de l'épouse d'un pharaon

PEINTURES, SCULPTURES ET ARTS DÉCORATIFS EUROPÉENS

Cette section forme le cœur du musée, avec une collection de 3 000 peintures européennes. L'école italienne

Jeune Femme à l'aiguière (1660) de Jan Vermeer

est représentée, entre autres, au travers de la *Dernière communion de saint Jérôme* de Botticelli et *Portrait d'un jeune homme* de Bronzino. La collection de toiles de maîtres hollandais et flamands est une des plus belles au monde ; elle comprend *Les Moissonneurs* de Brueghel, plusieurs Rubens et Van Dyck, plus d'une douzaine de Rembrandt et de nombreux Vermeer. Sont exposés également des chefs-d'œuvre espagnols et français du Gréco, de Vélasquez, Goya, Poussin et Watteau. Il abrite aussi de nombreuses toiles impressionnistes et postimpressionnistes dont 34 Monet, 18 Cézanne, ainsi que les célèbres *Cyprès* de Van Gogh. L'aile Kravis et les salles adjacentes abritent 60 000 sculptures et objets d'arts décoratifs européens parmi lesquels la sculpture d'Adam en marbre de Tullio Lombardo, une statuette de cheval en bronze d'après un modèle de Vinci et une douzaine

d'œuvres de Degas et Rodin. Un patio de château espagnol du XVᵉ siècle, de somptueux intérieurs français du XVIIIᵉ siècle et un jardin à la française (The Petrie European Sculpture Court) servent de décor à certaines parties de la collection.

ANTIQUITÉS GRECQUES ET ROMAINES

Un sarcophage romain offert au musée en 1870 a inauguré cette collection. On peut toujours le voir dans la section grecque et romaine. À côté, ne manquez pas le panneau mural d'une villa recouverte par la lave du Vésuve en 79. Une imposante figure grecque d'un jeune homme et la statue *Old Market Woman* témoignent de l'évolution du réalisme des sculptures hellènes. Des miroirs étrusques, des bustes romains, de délicats objets de verre et d'argent, et des centaines de vases grecs présentent les facettes de ces civilisations.

Amphore d'Exechias décorée d'une scène de noces (VIᵉ siècle av. J.-C.)

LEHMAN COLLECTION

Le banquier Robert Lehman possédait l'une des plus belles collections privées avant de la léguer au musée en 1969. Le pavillon Lehman est une pyramide de verre abritant des œuvres très variées, de la Renaissance au XIXᵉ siècle, dessins, estampes, meubles, bronzes, verres vénitiens et émaux.

MAQUETTES D'UNE TOMBE ÉGYPTIENNE

En 1920, un chercheur du Met découvre la chambre funéraire du noble Mekerrê. À l'intérieur, se trouvent 24 maquettes intactes évoquant des scènes de sa vie quotidienne : sa maison, son jardin et ses bateaux, mais aussi Mekerrê lui-même, dans sa barque, en train de humer le parfum d'une fleur de lotus. Le musée possède treize de ces ravissantes miniatures.

Partie de vitrail de la cathédrale Saint-Pierre de Troyes, représentant la mort de la Vierge (XIIe siècle)

Parmi les toiles européennes exposées, vous trouverez des chefs-d'œuvre hollandais et espagnols, ainsi que des tableaux français postimpressionnistes et fauves.

ART MÉDIÉVAL

La collection, qui couvre une période allant de la chute de Rome au début de la Renaissance (du IVe au XVIe siècle), se situe en partie dans le bâtiment principal du musée, et en partie dans les cloîtres au nord de Manhattan (p. 236-239). On y trouve le calice du saint Graal, six assiettes en argent byzantines décorées de scènes de la vie de David, une chaire en forme d'aigle de Giovanni Pisano et plusieurs sculptures monumentales de Vierge à l'Enfant, des bijoux, des vases sacrés, des vitraux, des émaux, des ivoires et des tapisseries des XIVe et XVe siècles.

INSTRUMENTS DE MUSIQUE

Le plus vieux piano du monde, les guitares d'André Ségovia, une cithare en forme de paon et quelques instruments bizarres des six continents et de toutes les époques illustrent l'histoire de la musique à travers les âges. La plupart des instruments ont été restaurés et sont en parfait état de marche. Parmi eux, des violons rares, des clavecins, épinettes et autres instruments des cours européennes du Moyen Âge et de la Renaissance. Vous pourrez également découvrir une reconstitution parfaite d'un atelier de luthier, des tambours africains, des pipas asiatiques et des flûtes indiennes. Un équipement audio est à votre disposition pour vous permettre d'écouter tous ces instruments ainsi que les mélodies de leur époque.

Stradivarius de Crémone, (Italie, fin du XVIIe siècle)

ART CONTEMPORAIN

Depuis sa création en 1870, le musée n'a cessé d'acquérir des œuvres contemporaines, mais ce n'est qu'en 1987 qu'un espace permanent fut aménagé afin d'offrir au public sur trois étages un aperçu de l'art du XXe siècle : la nouvelle aile Lila Acheson Wallace expose toutes les formes d'art plastique postérieures à 1900.

D'autres musées new-yorkais possèdent des collections plus complètes d'art moderne, mais ce département du Met se distingue par la qualité de ses pièces. Ses points forts sont les créations d'art moderne américain, particulièrement celles de l'école de New York. Les peintures de Charles Demuth et Georgia O'Keeffe, du régionaliste

The *Midnight Ride of Paul Revere* (1931) de Grant Wood

Grant Wood, de l'expressionniste abstrait Willem de Kooning, sans oublier les travaux sur papier de Paul Klee, les meubles Art déco et la ferronnerie d'art illustrent bien la créativité de notre époque. Parmi les joyaux de cette collection, le *Portrait de Gertrude Stein,* de Picasso ; *I Saw the Figure Five in Gold* de Demuth ; *Autumn Rhythm* de Pollock ; et le dernier autoportrait d'Andy Warhol.

Au dernier étage du bâtiment, les sculptures contemporaines, dont l'exposition est renouvelée chaque année, se détachent sur fond de gratte-ciel et de Central Park.

Couverture de livre de N. C. Wyeth (1916)

Society of Illustrators ⓬

128 E 63rd St. **Plan** 13 A2. **Tél.**
(212) 838-2560. Ⓜ *Lexington Ave.*
Ⓒ *mar. 10h-20h, mer.-ven. 10h-*
17h, sam. midi-16h. Ⓒ *j.f.*
◉ & *limité.* ⬛ ⬛
www.societyillustrators.org

Créée en 1901 et comptant
parmi ses membres éminents
Charles Dana Gibson, N. C.
Wyeth et Howard Pyle, cette
association promeut l'art de
l'illustration. Le Museum of
American Illustration propose
des lectures mensuelles
et des expositions temporaires
thématiques évoquant
l'évolution de cet art dans
les livres et les magazines.
Chaque année, les plus belles
réalisations contemporaines
y sont exposées.

Mount Vernon Hotel Museum and Garden ⓭

421 E 61st St. **Plan** 13 C3. **Tél.** *(212)*
838-6878. Ⓜ *Lexington Ave, 59th St.*
Ⓒ *mar.-dim. 11h-16h (juin-juil. :*
mar. 18h-21h). Ⓒ *août et j.f.* ⬛
⬛ ⬛ www.mvhm.org

Construit en 1799, Mount
Vernon Hotel Museum était
à l'origine un hôtel à la
campagne qui permettait aux
New-Yorkais de fuir le temps

d'un week-end leur
ville surpeuplée.
L'immeuble de
pierre se dresse
sur un terrain
qui appartenait
à Abigail Adams
Smith, la fille
du président
John Adams.
En 1924,
l'association des
Dames coloniales
d'Amérique en fait
l'acquisition et la
transforme cette
fois en demeure
de style néofédéral.
Des guides
costumés font
visiter les lieux
en commentant
l'histoire des
objets, dont
des porcelaines
chinoises et des tapis
d'Aubusson. Un jardin
de style XVIIIᵉ siècle a été
aménagé autour de la
résidence.

Henderson Place ⓮

Plan 18 D3. Ⓜ *86th St.*
▥ *M31, M86.*

Les maisons de style Queen Ann
de Henderson Place

Cette enclave de 24 maisons
alignées en brique rouge, de
1882, est désormais cernée
d'immeubles résidentiels. Le
promoteur de l'époque, le
chapelier John C. Henderson,
voulait créer une petite
communauté autonome
autour de ces habitations.
Dessinés par Lamb & Rich, les
toits d'ardoises, les frontons,
les parapets, les fenêtres et les
cheminées donnent un aspect
élégant et pittoresque à cet
ensemble au charme rétro.

La promenade de Carl Schurz Park

Carl Schurz Park ⓯

Plan 18 D3. Ⓜ *86th St.*
▥ *M31, M86.*

Ce parc dessiné en 1891
le long de East River est l'un
des lieux de promenade
favoris des New-Yorkais,
offrant une vue saisissante sur
les eaux turbulentes de « Hell
Gate », le confluent de la
rivière et du bras de mer
qui longe Long Island. Carl
Schurz était originaire de
la ville, et il fut ministre de
l'Intérieur de 1869 à 1875.
La première partie de
l'esplanade s'appelle John
Finlay Walk, du nom d'un
journaliste du New York
Times rendu célèbre par ses
prouesses sportives. Lorsqu'il
fait beau, les pelouses du
parc sont bondées.

Gracie Mansion ⓰

East End Ave at 88th St. **Plan** 18 D3.
Tél. *(212) 570-4751.* Ⓜ *86th St.* ▥
M31, M86. Ⓒ *avr.-mi-nov. : mer.*
10h, 11h, 13h, 14h, pour vis. guid.
sur r.-v. seul. ⬛ ⬛ & ⬛

Cette demeure surprenante
aux balcons de bois, datant
de 1799, est la résidence
officielle du maire. Construite
par le riche marchand
Archibald Gracie, c'est l'une
des plus belles maisons de
style fédéral de New York.
Achetée par la Ville
en 1887, elle abrita le musée
municipal. Le maire, Fiorello
La Guardia, s'y installa,

Façade de Gracie Mansion

ravi de quitter l'imposant palais de Riverside Drive. Appelé plus communément « la petite fleur » (Fiorello) par les New-Yorkais de l'époque, le maire fut un ardent adversaire de la corruption et réforma la ville.

Church of the Holy Trinity **17**

316 E 88th St. **Plan** 17 B3. **Tél.** (212) 289-4100. M 86th St. ☐ lun.-ven. 9h-17h, dim. 7h30-14h. ✝ mar., jeu. 8h45, dim. 8h, 10h30, 18h. ⊙ **www**.holytrinity-nyc.org

Portail de la Church of the Holy Trinity

Nichée dans un jardin tranquille sur l'emplacement de la ferme Rhinelander, Church of the Holy Trinity, néo-Renaissance et en brique ocre, date de 1889. Dans sa tour, se trouve une belle horloge de fer forgé aux aiguilles de cuivre. Des bas-reliefs représentant saints et prophètes ornent le portail.

L'ensemble est un don de Serena Rhinelander en mémoire de ses père et grand-père. Les terres appartenaient à la famille depuis plus d'un siècle. Plus bas, au n° 350, se trouvent le Rhinelander Children's Center et les bureaux de la Children's Aid Society.

St Nicholas Russian Orthodox Cathedral **18**

15 E 97th St. **Plan** 16 F1. **Tél.** (212) 876-2190. M 96th St. ☐ sur r.-v. ✝ sam. 10h,18h ; dim. 10h, 17h (en russe). ⊙ **www**.russianchurchusa.org

C'est vraiment « Moscou sur Hudson River », une vision inattendue que cette construction néobaroque édifiée en 1902, alternant brique rouge et pierre blanche. Elle colore et illumine cette partie de la ville avec ses cinq dômes rehaussés de croix et ses toits d'ardoises bleues et jaunes. Les intellectuels et aristocrates russes, installés aux États-Unis après avoir fui les troubles politiques de leur pays, se sont rapidement intégrés à la société new-yorkaise.

Aujourd'hui, cette communauté est éparpillée à travers le pays et les grandes messes en russe n'attirent plus qu'une poignée de fidèles. Une forte odeur d'encens baigne le sanctuaire central aux superbes colonnes en marbre. Un très beau treillis de bois entoure l'autel. La cathédrale est un lieu étonnant qui contraste avec ce quartier bourgeois de Manhattan.

Façade et dômes de St Nicholas Russian Cathedral

Façade du Museum of the City of New York

Museum of the City of New York **19**

1220 5th Ave at 103rd St. **Plan** 21 C5. **Tél.** (212) 534-1672. M 103rd St. ☐ mar-dim. 10h-17h. ⦿ 1er janv., Thanksgiving, 25 déc. 🎟 ⊙ ♿ 🎁 🖥 🛈 **www**.mcny.org

Créé en 1923 et installé en premier lieu dans les locaux de Gracie Mansion, ce musée est consacré à l'aménagement de la ville, depuis ses débuts.

Établi dans un bâtiment colonial georgien depuis 1932, le musée a subi une importante rénovation, destinée à agrandir ses espaces publics. Des expositions spéciales s'y tiennent sur la mode, l'architecture, le théâtre, l'histoire sociale et politique, et la photographie. On y trouve aussi une collection de jouets, dont la célèbre maison de poupées Stettheimer, décorée d'œuvres d'art originales miniatures de Marcel Duchamp et Albert Gleizes.

L'un des temps forts du musée est le film *Timescapes : A Multimedia Portrait of New York* (toutes les 30 min, 10h15-16h15). À l'aide d'images de la collection du musée et de cartes anciennes, il illustre le développement de New York, de la bourgade d'antan à la métropole contemporaine.

Whitney Museum of American Art ❼

Le Whitney Museum expose toutes
les tendances de l'art américain des XXe
et XXIe siècles. Il fut fondé en 1930 par
la sculptrice Gertrude Vanderbilt Whitney
après le refus par le Metropolitan
d'acheter sa collection d'œuvres d'artistes
contemporains tels que George Bellows
et Edward Hopper. En 1996, le musée
s'est installé dans ce bâtiment en
pyramide inversée. La biennale
du Whitney révèle les nouvelles
tendances de l'art aux États-Unis.

La façade en surplomb
de Whitney Museum
of American Art

**Green
Coca-Cola
Bottles** *(1962)
Variation
personnelle
d'Andy Warhol
sur le thème
de la production
de masse, de
l'abondance
et du monopole.*

**Children
Meeting** *(1978)
Cette toile
d'Elizabet
Murray témoigne
de son intérêt
pour la couleur
et la forme.*

Little Big Painting
*(1965) Critique ironique
de l'expressionnisme abstrait
par Roy Lichtenstein.*

SUIVEZ LE GUIDE !
*Les galeries Leonard
et Evelyn Lauder, au 4e étage,
exposent la collection
permanente avec des œuvres
de Calder, O'Keeffe et Hopper.
Les expositions temporaires
occupent le hall d'entrée
et les 1er, 2e et 3e étages.*

Early Sunday Morning *(1930)*
*Les peintures de Hopper reflètent souvent le sentiment
de vide et de solitude de la vie urbaine américaine.*

Dempsey et Firpo
En 1924, George Bellows a fixé sur la toile le plus fameux combat du siècle.

Three Flags *(1958)*
L'utilisation par Jasper Johns d'objets familiers pour créer une abstraction influença fortement le Pop Art.

Painting Number 5 *(1951)*
Mardsen Harley a peint ce tableau entre 1914 et 1915, à l'aube de l'art moderne.

Circus *(1926-1931)*
Création originale de Calder généralement exposée.

Tango *(1919)*
Une des meilleures sculptures d'Elie Nadelman, d'origine polonaise.

Gertrude Vanderbilt Whitney *(1916)*
Cette toile de Robert Henri est un portrait de la fondatrice du musée.

Frick Collection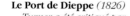

L'ancienne résidence du magnat de l'acier, qui expose une collection inestimable au milieu d'un mobilier d'origine, est elle-même une pièce de musée qui témoigne du train de vie fastueux des riches familles du début du XXᵉ siècle. Henry Clay Frick (1849-1919) a fait don à la nation de sa magnifique demeure et de son contenu afin qu'ils perpétuent son souvenir. On y trouve des œuvres de maîtres, du mobilier français, de rares émaux de Limoges et de splendides tapis d'Orient.

Façade de la Frick Collection, 5ᵉ Ave

Garden Court

Le Port de Dieppe *(1826)*
Turner a été critiqué par certains contemporains pour son utilisation de la lumière, trop méditerranéenne, dans ce port du Nord-Ouest de l'Europe.

Bibliothèque

Galerie ouest

Le Cavalier polonais
On ignore l'identité de ce cavalier peint par Rembrandt en 1655. Le paysage sombre et rocailleux du tableau crée une atmosphère étrange où plane un danger inconnu.

À NE PAS MANQUER

★ *Lady Meux* de James McNeill Whistler

★ *Le Mall à St James's Park* de Thomas Gainsborough

★ *L'Officier et la jeune fille* de Jan Vermeer

★ *Sir Thomas More* de Hans Holbein

★ **Sir Thomas More** *(1527)*
Portrait du conseiller de Henry VIII par Holbein, huit ans avant son exécution pour trahison.

Grand salon

SUIVEZ LE GUIDE !
Ne manquez pas la galerie ouest éclairée par sa verrière, qui expose des toiles de Vermeer, Hals et Rembrandt. La galerie est renferme celles de Van Dyck et Whistler, la bibliothèque et la salle à manger sont dédiées aux peintres anglais, et le grand salon est décoré par les œuvres de Titien et d'Holbein.

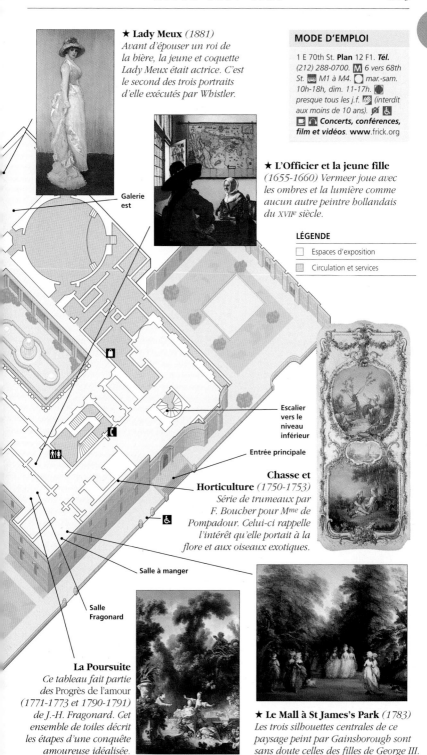

★ **Lady Meux** (1881)
Avant d'épouser un roi de la bière, la jeune et coquette Lady Meux était actrice. C'est le second des trois portraits d'elle exécutés par Whistler.

MODE D'EMPLOI

1 E 70th St. **Plan** 12 F1. **Tél.** (212) 288-0700. M 6 vers 68th St. M1 à M4. mar.-sam. 10h-18h, dim. 11-17h. presque tous les j.f. (interdit aux moins de 10 ans). **Concerts, conférences, film et vidéos**. www.frick.org

★ **L'Officier et la jeune fille**
(1655-1660) *Vermeer joue avec les ombres et la lumière comme aucun autre peintre hollandais du XVIIe siècle.*

LÉGENDE

☐ Espaces d'exposition

☐ Circulation et services

Galerie est

Escalier vers le niveau inférieur

Entrée principale

Chasse et Horticulture (1750-1753)
Série de trumeaux par F. Boucher pour Mme de Pompadour. Celui-ci rappelle l'intérêt qu'elle portait à la flore et aux oiseaux exotiques.

Salle à manger

Salle Fragonard

La Poursuite
Ce tableau fait partie des Progrès de l'amour (1771-1773 et 1790-1791) de J.-H. Fragonard. Cet ensemble de toiles décrit les étapes d'une conquête amoureuse idéalisée.

★ **Le Mall à St James's Park** (1783)
Les trois silhouettes centrales de ce paysage peint par Gainsborough sont sans doute celles des filles de George III.

CENTRAL PARK

Le « jardin » de la cité fut aménagé en 1858 par Frederick Law Olmsted et Calvert Vaux sur un site à l'abandon. Dix millions de tombereaux de terre et de pierre furent nécessaires pour transformer cette zone marécageuse en 340 hectares de paysage « naturel » : les 500 000 arbres et buissons, les rochers, les collines, les lacs et les pelouses offrent un lieu de promenade privilégié aux citadins. Central Park est également agrémenté de divers terrains de jeux, courts de tennis, patinoires et espaces pour joueurs d'échecs ou de croquet. Les voitures y sont interdites le week-end, laissant la voie libre aux cyclistes, aux amateurs de rollers et aux joggeurs.

Statues, Delacorte Theater (p. 208)

LE QUARTIER D'UN COUP D'ŒIL

Bâtiments historiques
Belvedere Castle ❸
The Dairy ❶

Monuments et statues
Bethesda Fountain and Terrace ❺
Bow Bridge ❹
Strawberry Fields ❷

Lacs et jardins
Central Park Wildlife Center ❼
Conservatory Garden ❽
Conservatory Water ❻

VOIR ÉGALEMENT

• *Atlas des rues* plans 12, 16, 21

• www.centralparknyc.org

COMMENT Y ALLER ?

Les lignes de métro A, B, C et D longent Central Park du côté ouest avec des arrêts aux 59th, 72th, 81th, 86th, 96th et 103th St. La station à l'angle de la 59th St et de Columbus Circle est également desservie par la ligne 1 ; les lignes 2 et 3 s'arrêtent à la 110th St ; les trains locaux de Broadway N, R, Q et W s'arrêtent à l'angle de la 57th St et de la 5th Ave au sud du parc. Les autobus M1, M2, M3 et M4 longent le côté est du parc, le M10 le longe du côté ouest et le M5 au sud.

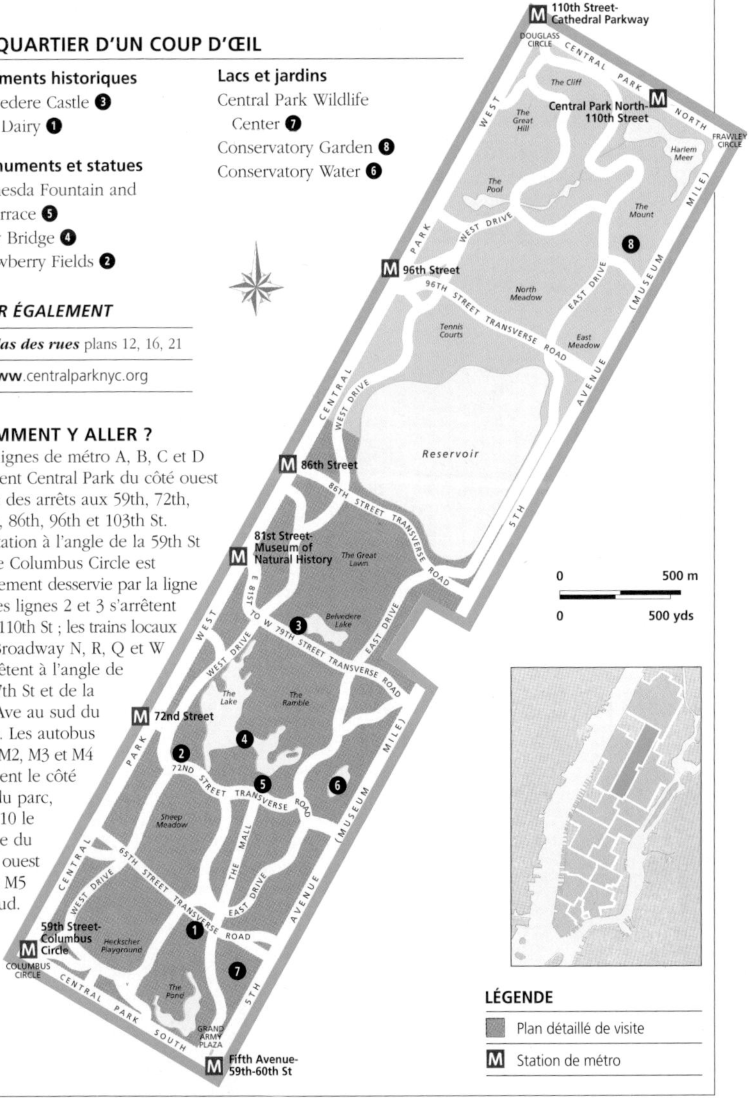

LÉGENDE

Plan détaillé de visite
M Station de métro

◁ **Vue aérienne sur Central Park**

Une promenade à Central Park

Pour une courte visite, promenez-vous de la 59e à la 79e Rue, depuis les épais sous-bois du Ramble jusqu'à la vaste Bethesda Terrace. En chemin, vous longerez des lacs artificiels et vous emprunterez quelques-uns des 30 ponts élégants qui enjambent le lacis des avenues et des allées cavalières. En été, la température du parc, inférieure à celle de la ville, offre au promeneur une oasis de détente et de fraîcheur.

★ Strawberry Fields
Ce coin paisible du parc, dédié à la mémoire de John Lennon, qui vivait dans le voisinage, est l'un des plus visités ❷

★ Bethesda Fountain and Terrace
Cette terrasse richement décorée surplombe le lac et les abords boisés du Ramble ❺

Wollman Rink. Le milliardaire Donald Trump fit rénover cette vieille patinoire en 1980.

Central Park Wildlife Center
Trois zones climatiques abritent plus de 100 espèces animales ❼

The Pond

Plaza Hotel
(p. 181)

Frick Collection
(p. 202-203)

★ The Dairy
Ce bâtiment de style victorien est le centre d'accueil des visiteurs. Dès votre arrivée, renseignez-vous sur les activités proposées par le parc ❶

La statue de Hans Christian Andersen est un lieu de rencontre pour les conteurs pendant l'été et constitue une merveilleuse attraction pour les enfants.

Bow Bridge

La magnifique arche de ce pont métallique, haute de 18 m, relie le Ramble à Cherry Hill ❹

CARTE DE SITUATION
Voir carte de Manhattan p. 14-15

À NE PAS MANQUER

★ Belvedere Castle

★ Bethesda Fountain

★ Conservatory Water

★ The Dairy

★ Strawberry Fields

Lieu d'escalade et de glissade préféré des enfants, cet ensemble de bronze représentant **Alice au pays des merveilles** et ses amis se situe à l'extrémité de Conservatory Water.

Dakota Building *(p. 218)*

San Remo Apartments *(p. 214)*

American Museum of Natural History *(p. 216-217)*

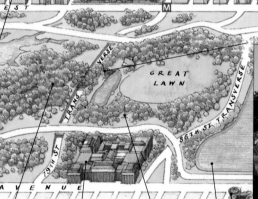

Metropolitan Museum *(p. 190-197)*

Obélisque

The Ramble, surface boisée de 15 ha traversée de sentiers et de ruisseaux, est le paradis des ornithologues amateurs. Plus de 250 espèces d'oiseaux y ont été repérées.

Réservoir

Guggenheim Museum *(p. 188-189)*

★ Belvedere Castle

Depuis les terrasses, les visiteurs ont une vue imprenable sur la ville et le parc. Central Park Learning Center est situé à l'intérieur ❸

★ Conservatory Water

De mars à novembre se déroulent chaque samedi des courses de modèles réduits de bateaux. Beaucoup de ces embarcations sont rangées dans l'abri situé près du lac ❻

Le manège de l'aire de jeu
des enfants

The Dairy ❶

Plan 12 F2. **Tél.** (212) 794-6564.
Ⓜ 5th Ave. ⓞ mar.-dim. 10h-17h.
Diaporamas. 🖼
www.centralparknyc.org

Cette charmante « laiterie »
qui sert de centre d'accueil
aux visiteurs (Central Park's
Visitor Center) a tout d'abord
été destinée aux enfants.
Ils pouvaient y jouer,
monter sur un caroussel
ou découvrir une ferme
et ses animaux. En 1873,
les vaches paissaient devant
The Dairy et les enfants
venaient s'y désaltérer
et boire du lait frais. Des
agneaux, des poules et des
paons complétaient ce
paysage bucolique. Puis,
laissé à l'abandon pendant
longtemps, le bâtiment servit

de remise avant d'être
restauré en 1979.
C'est un excellent point
de départ pour partir à la
découverte du parc car vous
pourrez y obtenir toutes
les informations et cartes
nécessaires sur les
événements et curiosités.
Vous pourrez aussi y louer
des jeux d'échecs et jouer sur
les échiquiers de la « colline
aux enfants » toute proche.

Strawberry Fields ❷

Plan 12 E1. Ⓜ 72nd St.

La réhabilitation de ce coin
du parc en forme de larme
a été dessiné par Vaux et
Olmsted et financé par Yoko
Ono, en souvenir de John
Lennon, son mari assassiné.
Les fenêtres de leur
appartement de Dakota
Building donnent sur ce
paysage (p. 218). Les dons
affluèrent du monde entier
et le jardin, dédié à la paix
internationale, abrite
maintenant plus de
160 espèces de végétaux –
une pour chaque pays –
dont des fraisiers, des rosiers
et des bouleaux. Une
mosaïque offerte
par la ville de
Naples porte
l'inscription
Imagine, le titre
de la chanson
la plus connue
de la pop star.

Belvedere Castle ❸

Plan 16 E4. **Tél.** (212) 772-0210.
Ⓜ 81st St. ⓞ mar.-dim. 10h-17h.
📷 ♿ r.-d.-c. seul.

Le château, avec sa tour
et ses tourelles, est perché
sur Vista Rock et offre
depuis la terrasse l'un
des plus beaux panoramas
du parc et de la ville. Les
jeunes peuvent tout
apprendre sur la surprenante
variété de la faune du parc
dans Central Park Learning
Center qui se trouve
à l'intérieur. Delacorte
Theater, que l'on peut
apercevoir au
nord du
château,

Belvedere Castle domine
le paysage du parc

propose gratuitement chaque
été des pièces de Shakespeare
souvent jouées par des
acteurs célèbres (p. 347).
Le théâtre a été offert par
George T. Delacorte.
Éditeur et fondateur des
livres de poche Dell,
Delacorte était un merveilleux
philanthrope qui a financé
de nombreuses attractions
du parc.

Bow Bridge ❹

Plan 16 E5. Ⓜ 72nd St.

Bow Bridge est l'un des sept
ponts de fonte de Central
Park et sans doute le plus
beau. Il a été dessiné par
Vaux et sa forme souligne
la courbe en nœud papillon
du lac. Au XIXe siècle, le lac
se transformait chaque hiver
en patinoire et un ballon
rouge hissé au sommet
d'une tour de Vista Rock
indiquait que la glace était
suffisamment solide.
Du pont, on peut admirer
les immeubles qui longent
le parc à l'est et à l'ouest.

Une image paisible de Central Park, dominé par de luxueux immeubles

Gravure ancienne (1864) représentant Bethesda Fountain and Terrace

Bethesda Fountain and Terrace ❺

Plan 12 E1. Ⓜ *72nd St.*

Située entre le lac et le Mall, Bethesda Fountain est le cœur architectural du parc. Son allure formelle contraste avec le naturel du paysage.

La fontaine a été inaugurée en 1873. La statue *Angel of the Waters*, érigée en 1842 pour fêter la construction d'un aqueduc qui alimentait pour la première fois la ville en eau pure, évoque l'ange biblique de la fontaine de Bethesda à Jérusalem.

Les escaliers et les décorations de style espagnol sont l'œuvre de Jacob Wrey Mould. La terrasse est l'un des endroits les plus agréables pour se détendre en observant les passants.

Conservatory Water ❻

Plan 16 F5. Ⓜ *77th St.*

Plus connu sous le nom de « l'étang des modèles réduits », c'est l'endroit où ont lieu les compétitions de bateaux miniatures. Au nord de l'étang, la statue d'Alice au pays des merveilles fait la joie des enfants. Son donateur George Delacorte est immortalisé sous les traits du Chapelier Fou. À l'ouest, des conteurs, aux pieds de la statue d'Andersen lisant son ouvrage *Le Vilain Petit Canard*, fascinent petits et grands. Les enfants la prennent souvent d'assaut. Les liens entre Conservatory Water

et la littérature touchent aussi l'adolescence : c'est là que le héros de J. D. Salinger se confie aux canards dans *The Catcher in the Rye* (*L'attrape-coeurs*).

Au printemps, les New-Yorkais viennent sur les bords du bassin pour voir Pale Male, la célèbre buse à queue rousse, faire son nid sur le toit du n° 927, 5e Avenue.

Central Park Wildlife Center ❼

Plan 12 F2. **Tél.** *(212) 439-6500.* Ⓜ *5th Ave entre 63rd St et 66th St.* ⓘ *lun.-ven. 10h-17h, sam.-dim. 10h-17h30 ; nov.-mars : t.l.j. 10h-16h30. Dern. entrée 30 min avant la fermeture.* 📷 🅿 ♿ ▣ 🚻 **www**.centralparkzoo.com

Rouvert en 1988 après quatre années de rénovation, ce zoo abrite 130 espèces d'animaux représentatifs de trois climats de la planète : les tropiques, le cercle polaire et la côte californienne. L'utilisation astucieuse de l'espace a conquis les New-Yorkais : une mini-forêt tropicale abrite des singes et des oiseaux alors que des pingouins et des ours polaires peuplent un

paysage arctique dont on peut aussi voir la vie sous-marine. Au Tish Children Zoo, les enfants peuvent s'approcher des chèvres, moutons et vaches. À l'entrée se trouve Delacorte Clock où toutes les demi-heures, des animaux de bronze jouent des berceuses. Vers Willowdell Arch se dresse la statue de Balto, le chien de traîneau qui traversa l'Alaska pour livrer le précieux sérum qui devait enrayer une épidémie de diphtérie.

La statue de Balto, l'héroïque chien de traîneau

Conservatory Garden ❽

Plan 21 B5. Ⓜ *Central Park N, 103rd St.* **Tél.** *(212) 860-1382.* ⓘ *8h-crépuscule* ♿

La Vanderbilt Gate de la 5e Avenue ouvre sur trois jardins, chacun représentant un paysage national différent. L'extrémité de l'immense pelouse du jardin central qui dessine un jardin italien forme un demi-cercle d'ifs et de taillis surmontés d'une pergola de glycines. Dans le jardin sud, de style anglais, la statue de la fontaine représente Mary et Dickon, les héros de l'œuvre de Frances Hodgson Burnett, *The secret Garden*. Le jardin nord, de style français, autour de la fontaine en bronze *The Three Dancing Maidens*, resplendit de mille couleurs chaque été, alors que sur un talus glissant vers le parc, des myriades de fleurs sauvages éclosent au printemps.

Ours polaire de Central Park Wildlife Center

UPPER WEST SIDE

Masque indien, Museum of Natural History

Ce quartier de New York devient résidentiel à partir des années 1870, grâce au métro aérien de 9e Avenue *(p. 26-27)* qui a rendu les déplacements vers Midtown possibles. C'est là que fut construit en 1884 le célèbre et luxueux Dakota Building. Rapidement, Broadway et Central Park West s'urbanisent et, vers 1890, les rues voisines se bordent de maisons de pierre brune. Le Lincoln Center, l'American Museum of Natural History et le nouveau complexe Columbus Circle pour Time Warner et CNN ont également élu domicile dans Upper West Side.

LE QUARTIER D'UN COUP D'ŒIL

Rues et bâtiments historiques
Columbus Circle **7**
Dakota Building **9**
Dorilton Building **17**
Pomander Walk **13**
Riverside Drive and Park **14**
Tours jumelles de
  Central Park West **1**

Musées et galeries
*American Museum of Natural
  History p. 216-217* **11**
Children's Museum
  of Manhattan **15**
Hayden Planetarium **12**
New York Historical
  Society **10**

Théâtres célèbres
Avery Fisher Hall **6**
Lincoln Center for the
  Performing Arts **2**
Lincoln Center Theater **5**
Metropolitan Opera House **4**
New York State Theater **3**

**Hôtels et
restaurants célèbres**
Ansonia **16**
Hotel des Artistes **8**

COMMENT Y ALLER ?
Métro : prendre les lignes A, B, C, D
ou 1 vers Columbus Circle ; les lignes
1, 2 ou 3 longent Broadway ; les
lignes B et C longent Central Park.
Bus : M10 (Central Park West),
M7, M11, M104 et M5 ;
bus transversaux :
M66 ou M72.

0 _____ 500 m
0 _____ 500 yds

VOIR ÉGALEMENT

LÉGENDE
▨ Plan du quartier pas à pas
Ⓜ Station de métro

◁ **La façade ouvragée du n° 14 Riverside Drive**

Lincoln Center pas à pas

Lincoln Center est né à un moment où le Metropolitan House et le New York Philharmonic avaient besoin d'un port d'attache. Faire cohabiter différents styles d'arts vivants peut sembler évident aujourd'hui mais, dans les années 1950, installer le Metropolitan Opera House et le New York Philharmonic côte à côte, et ce dans un quartier médiocre, était un pari risqué. L'endroit accueille aujourd'hui plus de cinq millions de visiteurs par an, et de nombreux artistes et amateurs d'art résident dans les alentours.

★ **Lincoln Center for the Performing Arts**
C'est le temple de la danse, de la musique et du théâtre. Il fait bon s'asseoir près de la fontaine pour observer les passants et prendre le pouls du quartier ❷

Lincoln Center Theater
Deux salles de spectacle (vivian Beaumont et Mitzi E. Newhouse) se trouvent à l'intérieur ❺

Leonard Bernstein est le compositeur de la célèbre comédie musicale *West Side Story.* Le quartier pauvre où a été installé Lincoln Center a constitué le décor de cette œuvre inspirée de l'histoire de Roméo et Juliette.

Guggenheim Bandshel, dans Damrosch Park, accueille des concerts gratuits.

New York State Theater *peut recevoir 2 737 spectateurs. Il abrite une troupe d'opéra ainsi que le célèbre New York City Ballet* ❸

College Board Building, de style Art déco, abrite l'organisme responsable des examens d'entrée à l'université.

Metropolitan Opera House
C'est le cœur de Lincoln Center. Le café de son grand vestibule offre une vue incomparable sur le parvis ❹

American Folk Art Museum Étoffes traditionnelles et peintures naïves sont notamment présentées dans ce musée.

Quilt de pionniers

James Dean a habité dans un studio au dernier étage du n° 19 de la 68e Rue Ouest.

CARTE DE SITUATION
Voir carte de Manhattan p. 14-15

LÉGENDE

– – – Itinéraire conseillé

| 0 | 100 m |

| 0 | 100 yds |

Vers la station de métro de la 72e Rue (à 4 *blocks*)

★ **Hotel des Artistes**
*Isadora Duncan,
Noel Coward et
Norman Rockwell
y ont vécu. On y
trouve aussi un
excellent restaurant
(p. 310)* ❽

Ce building qui ressemble à une forteresse abrite les studios d'enregistrement de la chaîne ABC-TV.

N° 55 Central Park West est l'immeuble Art déco que l'on voit dans le film *Ghostbusters*.

Society for Ethical Culture est le premier immeuble Art nouveau de New York. On y trouve aussi une école.

Vers le métro de la 56e Rue (à 2 *blocks*)

Central Park West
De nombreuses personnalités habitent dans ces luxueux appartements qui bordent le parc.

Tours jumelles de Central Park West
Visibles depuis Central Park, elles sont un symbole de New York ❶

À NE PAS MANQUER

★ Hotel des Artistes

★ Lincoln Center

San Remo, immeuble résidentiel aux tours jumelles conçu par Emery Roth

Tours jumelles de Central Park West ❶

Plan 12 D1-D3, 16 D5. Ⓜ *59th St-Columbus Circle, 72nd St, 81st St, 86th St.* Ⓐ *au public.*

Parmi les silhouettes les plus familières du paysage new-yorkais, on trouve souvent les quatre immeubles résidentiels à tours jumelles, bâtis sur Central Park Ouest, peu avant la dépression de 1931, et qui comptent aujourd'hui parmi les plus recherchés de la ville. Admirés pour leur élégance et le détail de leur architecture, ils doivent leur forme à un arrêté municipal autorisant, dans certaines tours, des plafonds plus hauts que la norme. Dustin Hoffman, Paul Simon et Diane Keaton ont habité au San Remo (n° 145, E. Roth arch.), mais les copropriétaires ont refusé d'accueillir Madonna qui s'est installée juste à côté au n° 1 de la 64e Rue Ouest. Groucho Marx, Marilyn Monroe et Richard

Dreyfuss ont vécu dans l'El Dorado (n° 300), dessiné également par Emery Roth. Le Majestic (n° 115) et le Century (n° 25) sont des œuvres classiques de l'architecte Art déco Irwin S. Chanin.

Lincoln Center for the Performing Arts ❷

Plan 11 C2. **Tél.** (212) 546-2656. Ⓜ *66th St.* Ⓐ Ⓒ *(212) 875-5350.* Ⓧ Ⓘ *Voir* **Se distraire** *p. 350-351.* **www**.lincolncenter.org

En mai 1959, le président Dwight D. Eisenhower et le compositeur Leonard Bernstein participèrent au baptême du principal centre culturel new-yorkais, sur fond d'*Hallelujah Chorus* joué par

le New York Philharmonic. Il couvre désormais les six hectares ayant servi de décor au film *West Side Story*.

Flânez du côté de la fontaine de la place – créée par Philip Johnson – afin d'admirer la statue du bassin, *Reclining Figure* sculptée par Henry Moore.

Jazz at Lincoln Center a édifié un centre artistique consacré aux concerts de jazz qui s'intègre à un nouveau grand complexe à Columbus Circle *(p. 215)*.

New York State Theater ❸

Lincoln Center. **Plan** 11 D2. **Tél.** (212) 870-5570. Ⓜ *66th St.* Ⓐ Ⓒ Ⓧ Ⓘ *Voir* **Se distraire** *p. 346-347.* **www**.nycballet.com

Depuis son inauguration en 1964, ce théâtre de 2 800 places, conçu par Philip Johnson, présente les productions du New York City Ballet et du New York City Opera. Il propose des spectacles d'opéra à des tarifs accessibles.

De gigantesques statues d'Elie Nadelman dominent les quatre étages du foyer. Les décorations intérieure et extérieure de cet édifice lui ont valu le nom de « petit coffret à bijoux ».

Metropolitan Opera House ❹

Lincoln Center. **Plan** 11 D2. **Tél.** (212) 362-6000. Ⓜ *66th St.* Ⓐ Ⓒ Ⓘ *Voir* **Se distraire** *p. 350-351.* **www**.metopera.org ; **www**.abt.org

Siège de la Metropolitan Opera Company et de l'American Ballet Theater, le Met est certainement le monument le plus spectaculaire de Lincoln Center. Cinq grandes arches vitrées laissent entrevoir le foyer et les deux magnifiques peintures murales de Marc Chagall (elles sont protégées

Le parvis devant Lincoln Center

du soleil le matin). Avant chaque spectacle, les éclatants lustres de cristal de la salle sont remontés jusqu'au

Concert au Guggenheim Bandshell, Damrosh Park, près du Met

plafond. Des escaliers en marbre blanc et des kilomètres de tapis rouges forment un décor somptueux où semble encore résonner l'écho des plus grandes voix : celles de Maria Callas, de Jessye Norman ou de Luciano Pavarotti. Près du Met, Guggenheim Bandshell de Damrosch Park est une salle très populaire qui propose des concerts variés et gratuits, allant de l'opéra au jazz. En août, ne manquez pas le festival en plein air de Lincoln Center.

Lincoln Center Theater ❺

Lincoln Center. **Plan** 11 C2. **Tél.** (212) 362-7600 (Beaumont et Newhouse), (212) 870-1630 (bibliothèque). (800) 432-7250 (billets). Ⓜ 66th St. 🚻 Ⓕ 🔅 🅿 Voir **Se distraire** p. 350-351. **www**.lct.org

Deux compagnies présentent ici des pièces d'avant-garde très éclectiques : Vivian Beaumont Theater et sa salle de 1 000 places et, plus intime, Mitzi E. Newhouse (petit théâtre de 280 places). Les œuvres dramatiques des meilleurs auteurs contemporains ont été montées au Beaumont, dont *After the Fall,* d'Arthur Miller, lors de l'inauguration de 1962.
   Newhouse présente des pièces de style expérimental et d'avant-garde, mais a également accueilli des succès

comme la célèbre pièce de Samuel Beckett, *En attendant Godot,* avec Robin Williams. New York Public Library for the Performing Arts expose des partitions originales, des programmes et des affiches de théâtre.

Avery Fisher Hall ❻

Lincoln Center. **Plan** 11 C2. **Tél.** (212) 875-5030. Ⓜ 66th St. 🚻 Ⓕ 🔅 🅿 Voir **Se distraire** p. 350-351. **www**.newyorkphilharmonic.org

Situé à l'extrême nord de Lincoln Center Plaza, Avery Fisher Hall est le siège du plus ancien orchestre des États-Unis, le New York Philharmonic. C'est également dans ce lieu que se produisent certains artistes de Lincoln Center et que se tient le festival Mozart. À son ouverture en 1962, sous le nom de Philharmonic Hall, les critiques se sont plaints de l'acoustique. Quelques travaux au niveau de la structure en firent un joyau acoustique et il peut s'enorgueillir aujourd'hui de faire partie des meilleures salles de concerts du monde. Moyennant une somme modique, on peut assister aux répétitions le jeudi matin dans l'auditorium de 2 738 places.

Columbus Circle ❼

Columbus Circle, New York. **Plan** 12 D3. Ⓜ 59th St. **Concerts** (212) 258 9800. **www**.jazzatlincolncenter.org

Surplombant ce carrefour urbain à l'angle de Central Park du haut de sa colonne de granite, se trouve la statue de marbre représentant Christophe Colomb. La statue est presque le seul vestige de la place telle qu'elle était à l'origine. En effet, ce carrefour est l'objet du plus grand projet d'urbanisme de l'histoire de

New York. De nouveaux gratte-ciel à usages multiples ont été édifiés, accueillant des compagnies nationales et internationales. Le siège social de Time Warner se situe dans un nouveau building de 80 étages, dont les 260 000 m² comprennent un centre commercial – Time Warner Center – avec boutiques, salles de spectacle et restaurants. C'est dans le Time Warner Center que se produisent les artistes de la compagnie Jazz at the Lincoln Center. Les deux salles – Frederic P. Rose Concert Hall et Allen Room –, un club de jazz et un centre pédagogique constituent le plus important complexe artistique du monde consacré au jazz. Parmi les autres buildings remarquables de Columbus Circle, citons Hearst House, dessiné par l'architecte britannique Norman Foster, l'hôtel Trump International, le Maine Monument et le Museum of Arts and Design, ancien American Craft Museum.

Hotel des Artistes ❽

1 W 67th St. **Plan** 12 D2. **Tél.** (212) 877-3500 (café). Ⓜ 72nd St.

Cet immeuble de deux étages fut construit en 1918 par George Mort Pollard pour abriter des ateliers d'artistes. Il fut fréquenté par des locataires célèbres comme Isadora Duncan, Rudolph Valentino ou Noel Coward par exemple. À l'intérieur, Le Café des Artistes est réputé pour ses peintures murales romantiques de Howard Chandler Christy et sa bonne cuisine.

Sculpture décorative, Hotel des Artistes

American Museum of Natural History ⓫

C'est l'un des plus grands musées d'histoire naturelle du monde. Ouvert au public en 1877, et occupant aujourd'hui quatre pâtés de maison, il conserve plus de 30 millions de pièces. Les salles les plus visitées sont celles des dinosaures et le Milstein Hall of Ocean Life. Le fascinant Rose Center for Earth and Space *(p. 218)* abrite le Hayden Planetarium.

Façade sur la 77e Rue Ouest

À NE PAS MANQUER

★ Baleine bleue

★ Barosaures

★ Étoile des Indes

★ Grand canoë

★ Étoile des Indes

Cette pierre de 563 carats est le plus gros saphir « blue star » du monde. Découverte au Sri Lanka, elle a été donnée au musée en 1900 par le millionnaire J. P. Morgan.

SUIVEZ LE GUIDE !

Entrez dans le musée par Central Park Ouest. Au 1er étage admirez les barosaures et les salles consacrées aux peuples et animaux d'Afrique, d'Asie et des Amériques. Minéraux, pierres précieuses, météorites et vie sous-marine occupent le rez-de-chaussée ainsi que la salle de la biodiversité. Au 2e étage, les Indiens d'Amérique, les oiseaux et les reptiles. Les dinosaures, les poissons fossiles et les premiers mammifères sont au 3e étage.

★ Baleine bleue

C'est le plus grand des animaux vivants. Son poids peut dépasser 100 tonnes. Cette copie représente une femelle capturée en Amérique du Sud en 1925.

★ Grand canoë

Ce canoë de guerre de 19,2 m a été taillé par les Indiens haidas dans le tronc d'un seul cèdre. Il est exposé dans la Grand Gallery.

Entrée sur la 77e Rue Ouest

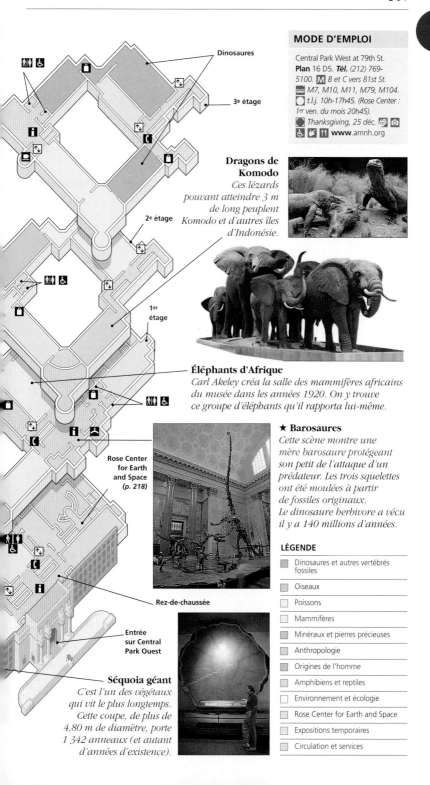

Dinosaures

3e étage

2e étage

1er étage

MODE D'EMPLOI

Central Park West at 79th St.
Plan 16 D5. **Tél.** (212) 769-
5100. Ⓜ B et C vers 81st St.
🚌 M7, M10, M11, M79, M104.
🕐 t.l.j. 10h-17h45. (Rose Center :
1er ven. du mois 20h45).
🎫 Thanksgiving, 25 déc. 📷 📷
♿ 📶 🍴 www.amnh.org

Dragons de Komodo
Ces lézards pouvant atteindre 3 m de long peuplent Komodo et d'autres îles d'Indonésie.

Éléphants d'Afrique
Carl Akeley créa la salle des mammifères africains du musée dans les années 1920. On y trouve ce groupe d'éléphants qu'il rapporta lui-même.

★ Barosaures
Cette scène montre une mère barosaure protégeant son petit de l'attaque d'un prédateur. Les trois squelettes ont été moulées à partir de fossiles originaux. Le dinosaure herbivore a vécu il y a 140 millions d'années.

Rose Center for Earth and Space (p. 218)

Rez-de-chaussée

Entrée sur Central Park Ouest

Séquoia géant
C'est l'un des végétaux qui vit le plus longtemps. Cette coupe, de plus de 4,80 m de diamètre, porte 1 342 anneaux (et autant d'années d'existence).

LÉGENDE

▨	Dinosaures et autres vertébrés fossiles
▨	Oiseaux
▨	Poissons
▨	Mammifères
▨	Minéraux et pierres précieuses
▨	Anthropologie
▨	Origines de l'homme
▨	Amphibiens et reptiles
▨	Environnement et écologie
▨	Rose Center for Earth and Space
▨	Expositions temporaires
▨	Circulation et services

Dakota Building ❾

1 W 72nd St. **Plan** 12 D1.
Ⓜ 72nd St. Ⓐ au public.

Construit en 1880-1884
par l'architecte du Plaza
Hotel, Henry J. Hardenberg,
le Dakota Building est
le premier immeuble
résidentiel de luxe de la
ville. Financée par Edward
S. Clark, héritier de la
dynastie des machines
à coudre Singer, cette
construction autrefois
entourée de terrains vagues
et de bétail est aujourd'hui
l'une des plus belles
adresses de New York.
Ses 65 luxueux appartements
ont connu des propriétaires
célèbres : Judy Garland,
Lauren Bacall, Leonard
Bernstein et Boris Karloff
(dont on dit que le fantôme
hante l'endroit). C'est là que
fut tourné le film de Roman
Polanski *Rosemary's Baby*
et que John Lennon fut
tragiquement assassiné.
Sa veuve Yoko Ono
y habite toujours.

**Sculpture de tête d'Indien
surmontant l'entrée du Dakota**

New York Historical Society ❿

170 Central Park West. **Plan** 16 D5.
Tél. (212) 873-3400. Ⓜ 81st St.
Galeries ⬜ mar.-sam. 10h-18h
(ven. 20h), dim. 11h-17h45. 🈯
Bibliothèque ⬜ mar.-sam.
10h-17h (été : mar.-ven.). Ⓐ j.f. ⊘
♿ 📷 ⬜ 📶 **www**.nyhistory.org

Cette société fondée en 1804
abrite une bibliothèque de
recherche réputée et le plus

Le Rose Center for Earth and Space

ancien musée de la ville.
Sa collection comprend des
documents sur l'esclavage
et la guerre de Sécession,
une formidable collection de
journaux du XVIIIe siècle, les
435 aquarelles des *Oiseaux
d'Amérique* d'Audubon et la
plus grande collection
mondiale de lampes et de
verreries Tiffany. Sans oublier
une collection d'argenterie et
de mobilier américains.

American Museum of Natural History ⓫

Voir p. 216-217.

Hayden Planetarium ⓬

Central Park West et 81st St. **Plan**
16 D4. **Tél.** (212) 769-5100. Pour le
Space Show, t.l.j. 10h30-17h, toutes
les 30 min ; (212) 769-5200.
Ⓜ 81st St. **www**.amnh.org/rose

Voisin de l'American Museum
of National History *(p. 216-
217)*, le planétarium est le
centre du Rose Center for
Earth and Space. Au cœur
d'une sphère de 26 m, il
abrite le Space Theater, le
Cosmic Pathway (une rampe
en spirale retraçant la
chronologie de 13 milliards
d'années d'évolution) et un
Big Bang Theater. Le Hall of
Planet Earth, construit autour
d'échantillons de roche,
propose des animations
sur ordinateur et des vidéos
expliquant les mouvements
de la Terre et l'histoire
géologique de notre planète.
Des expositions dans le Hall
of the Universe présentent
les étonnantes découvertes
de l'astrophysique moderne.
Quatre secteurs offrent des

expositions
interactives.
Vu de l'extérieur, la
nuit, le Rose Center
est à couper le
souffle ; à l'intérieur,
l'exposition prouve,
comme le disait
Carl Sagan, que nous
sommes les « enfants
du cosmos ».

Pomander Walk ⓭

261-267 W 94th St. **Plan** 15 C2.
Ⓜ 96th St.

Jetez un coup d'œil à travers
la grille pour apercevoir cette
double rangée de petites
maisons, construites en 1921
sur le modèle d'anciennes
ruelles londoniennes.
De nombreuses stars de
l'époque, comme Rosalind
Russell, Humphrey Bogart
ou les sœurs Gish, y
élurent domicile.

Façade de maison, Pomander Walk

Riverside Drive and Park ⓮

Plan 15 B1-B5, 20 D1-D5.
Ⓜ 79th St, 86th St, 96th St.

Riverside est l'une des plus
agréables rues de la ville :
large, ombragée, dotée d'un
superbe panorama sur
Hudson River. Ne manquez
pas d'admirer les maisons
construites à la fin du
XIXe siècle par l'architecte
Clarence F. True aux
nos 40-46, 74-77, 81-89
et 105-107 ; leurs formes
galbées se marient à
merveille aux courbes

que dessinent le parc et le fleuve.

Au n° 243 (entre 96th St et 97th St), un étrange immeuble de 1914 est décoré d'une frise montrant des pionniers de l'Arizona. Tout y est, même les serpents à sonnette et les pumas !

Riverside Park fut, quant à lui, dessiné en 1880 par Frederick Law Olmsted, également architecte paysagiste de Central Park (p. 204-207).

Le monument aux soldats et aux marins, dans Riverside Park

Children's Museum of Manhattan ⓯

212 W 83rd St. **Plan** 15 C4.
Tél. (212) 721-1234. Ⓜ 79th St, 81st St, 86th St. ◯ mer.-dim. 10h-17h ● 1er janv., Thanksgiving, 25 déc. 🎫 📷 ♿ 🛈
www.cmom.org

Créé pour les enfants en 1973 sur le thème « apprendre en jouant », ce musée comprend le show pour enfants Body Odyssey, un voyage scientifique mais plein d'humour à travers le corps humain. Le HP Inventor Center entraîne les enfants dans un monde numérique où ils peuvent à loisir inventer et tester leurs hypothèses. Le Time Warner Media Center transforme les enfants en cameramen, animateurs, présentateurs et techniciens dans un studio télé reconstitué.

L'entrée du Children's Museum

Un théâtre de 150 places propose des spectacles pendant le week-end et les vacances. Le musée propose également un espace réservé aux jeux gratuits ainsi qu'une section, World Play, dédiée à l'acquisition précoce du langage et, enfin, des visites guidées thématiques du musée.

Ansonia ⓰

2109 Broadway. **Plan** 15 C5.
Ⓜ 72nd St. ● au public.

Ce palais de style Beaux-Arts fut construit en 1899 par William Earl Dodge Stokes, héritier de la fortune de la Phelps Dodge Company. L'architecte français Paul E. M. Duboy dessina un bâtiment capable de rivaliser avec le Dakota Building. L'hôtel fut transformé en appartements en 1992. L'immeuble, dont la tour d'angle et les sculptures sont particulièrement renommées, était à l'origine doté de deux piscines et d'un jardin sur le toit pour les canards, les poulets et l'ours

La tourelle ornementée de l'Ansonia

apprivoisé du propriétaire. Protégé du bruit par ses murs épais, l'Ansonia Building était devenu le séjour favori de stars de la musique : Arturo Toscanini, Enrico Caruso, Igor Stravinsky ou Lily Pons y séjournaient régulièrement.

Dorilton Building ⓱

171 W 71st St. **Plan** 11 C1.
Ⓜ 72nd St. ● au public.

Cet immeuble opulent de neuf étages impressionne par sa haute toiture et son entrée colossale sur la 71e Rue. Au moment de sa construction, en 1902, un critique résuma l'opinion générale en écrivant : « À voir le bâtiment, les hommes poussent des jurons et les femmes des cris d'effroi. »

Balcon du Dorilton, soutenu par des personnages grimaçants

En effet, la richesse et les thèmes de sa décoration avaient de quoi scandaliser à l'époque. Mais qu'auraient dit ses détracteurs en contemplant l'Alexandria Condominium construit en 1927 tout près de là ? La plus grande partie des motifs égyptiens qui paraient cet ancien temple maçonnique fut supprimée lorsqu'il fut converti en immeuble d'appartements, mais on y aperçoit encore certains ornements polychromes : feuilles de lotus, hiéroglyphes, animaux mythiques et, trônant avec majesté sur le toit, deux pharaons !

MORNINGSIDE HEIGHTS ET HARLEM

Le long de Hudson River, Morningside Heights abrite, entre autres, Columbia University et deux magnifiques églises. Un peu plus loin à l'est, au-delà de Hamilton Heights, c'est Harlem, la plus célèbre communauté noire d'Amérique. Harlem n'étant pas la plus tranquille des banlieues

Saint François d'Assise, Museo del Barrio

de New York, il vaut mieux visiter ce célèbre quartier le dimanche matin *(p. 369)*, passer par St Nicholas Historic District, en s'arrêtant à Abyssinian Baptist Church pour écouter ses sublimes *negro spirituals,* et terminer par un déjeuner sudiste chez Sylvia's, le restaurant le plus connu de Harlem.

Louis Armstrong sur un vitrail du célèbre Cotton Club

LE QUARTIER D'UN COUP D'ŒIL

Rues et bâtiments historiques

City College of the City University of New York **7**

Columbia University **1**

Hamilton Grange National Memorial **8**

Hamilton Heights Historic District **9**

Low Library **3**

Mount Morris Historic District **17**

St Nicholas Historic District **10**

St Paul's Chapel **2**

Tombeau du président Grant **6**

Musées et galeries

Museo del Barrio **19**

Schomburg Center for Research into Black Culture **12**

Studio Museum in Harlem **16**

Théâtres célèbres

Apollo Theater **15**

Harlem YMCA **13**

Églises

Abyssinian Baptist Church **11**

Cathedral of St John the Divine p. 224-227 **4**

Riverside Church **5**

Parc

Marcus Garvey Park **18**

Restaurant célèbre

Sylvia's **14**

Colonne de pierre sculptée, cathédrale St John the Divine

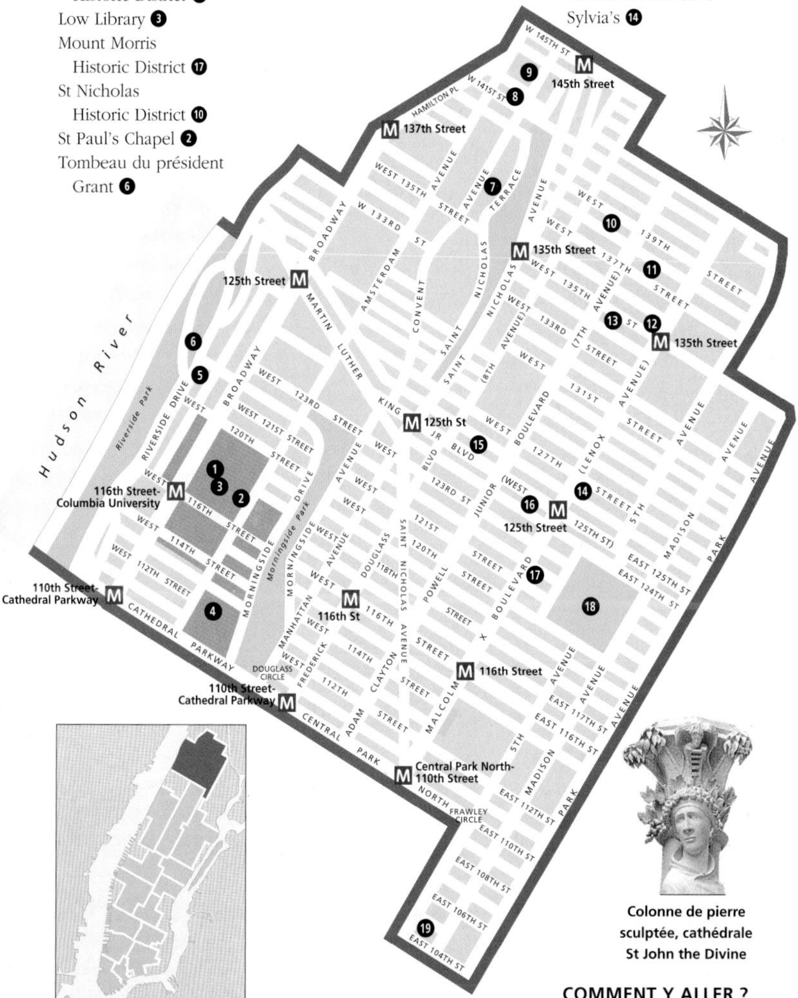

VOIR ÉGALEMENT

- *Atlas des rues* plans 19-21
- *Promenade à Harlem* p. 272-273
- *Hébergement* p. 291
- *Restaurants* p. 310

0   500 m
0   500 yds

LÉGENDE

Plan du quartier pas à pas

M Station de métro

COMMENT Y ALLER ?

Métro : prendre la ligne locale 1 (7th Ave/Broadway) vers 116th St/Columbia University. Bus : M4, M5, M11 et M104 desservent Columbia. Pour Harlem, prendre les lignes A, B, C, D, 2 ou 3 vers 125th St, ou les bus M1, M2, M7 ou M100/101.

Columbia University pas à pas

Une grande université s'illustre autant par ses hommes et par son esprit que par les bâtiments qui la composent ; c'est le cas de Columbia. Après avoir admiré l'architecture, on peut se promener un peu sur la place centrale de l'université, devant la Low Library. C'est là que se retrouvent, vêtus de jeans, les futurs dirigeants des États-Unis. En face du campus, sur Broadway et sur Amsterdam Avenue, de nombreux cafés attirent les étudiants qui philosophent, débattent et refont le monde

La statue **Alma Mater**, de Daniel Chester French, a survécu à un attentat à la bombe au cours d'une manifestation en 1968.

Station de métro de la 116th St/Columbia University (ligne 1) M

School of Journalism
Joseph Pulitzer ouvrit en 1912 cette école de journalisme, devenue l'une des meilleures au monde. C'est là qu'est décerné le prix Pulitzer pour les meilleures œuvres littéraires et journalistiques.

Butler Library
est la plus grande bibliothèque de Columbia.

Low Library
L'imposante façade et le dôme surbaissé de cette bibliothèque qui domine la place principale datent de 1895-1897 ❸

★ **Central Quadrangle**
Les premiers bâtiments, dessinés par McKim, Mead & White, furent édifiés autour de la place rectangulaire, appelée Central Quadrangle. En face, se trouve Butler Library.

St Paul's Chapel
*Dessinée par les architectes
Howell et Stokes en 1907, l'église est
réputée pour ses beaux panneaux
de bois sculptés, la luminosité
de sa nef et son excellente
acoustique* ❷

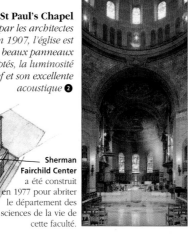

**Sherman
Fairchild Center**
a été construit
en 1977 pour abriter
le département des
sciences de la vie de
cette faculté.

CARTE DE SITUATION
Voir carte de Manhattan p. 14-15

LÉGENDE

– – – Itinéraire conseillé

0	100 m
0	100 yds

Les manifestations étudiantes
de l'université de Columbia firent
la une des journaux en 1968.
Elle avaient pour but, à l'origine,
de s'opposer à la construction
d'un gymnase dans Morningside Park.

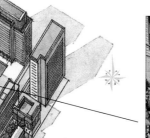

L'église de Notre-Dame fut édifiée par la
communauté francophone. Une réplique
de la grotte de Lourdes se trouve derrière
l'autel. Elle a été offerte par une femme
dont le fils aurait miraculeusement guéri.

★ **Cathedral of
St John the Divine**
*Si la construction de
cette cathédrale de
style néogothique
s'achève un jour,
elle sera la plus grande du monde.
Construite aux deux tiers, elle peut
déjà accueillir 10 000 fidèles* ❹

**Une sculpture
en pierre** orne
la façade de
la cathédrale.

À NE PAS MANQUER

★ Cathedral of St John
the Divine

★ Central
Quadrangle

La statue d'*Alma Mater* devant Low Library, Columbia University

Columbia University ❶

Entrée principale W 116th St and Broadway. **Plan** 20 E3. **Tél.** (212) 854-1754. Ⓜ *116th St Columbia University.* **Visitors' Center** ◯ *lun.-ven. 9h-17h.* 🎦 *lun.-ven. 13h.* **www**.columbia.edu

King's College, fondé en 1754, est devenu la célèbre Columbia University qui compte parmi les meilleures du pays.

En 1814, le gouvernement fait don d'un terrain pour accueillir les nouveaux bâtiments de l'université. Celle-ci s'installe aux alentours dudit terrain et le loue de 1857 à 1897 avant de le céder en 1985 à son locataire, le Rockefeller Center, pour un montant de 400 millions de dollars. Le campus actuel, créé en 1897 par l'architecte McKim sur le site d'un ancien asile d'aliénés, contraste par sa tranquillité et sa verdure avec les trépidations de la ville qui l'entoure, ceci grâce à son

emplacement au-dessus du niveau de la rue. L'université est très renommée pour ses écoles de droit, de médecine et de journalisme, et les près de 20 000 étudiants d'aujourd'hui peuvent rêver d'égaler leurs célèbres prédécesseurs tels qu'Isaac Asimov, J. D. Salinger, James Cagney et Joan Rivers, ainsi que 53 prix Nobel. En face, se trouve Barnard College, une université extrêmement sélective réservée aux femmes.

St Paul's Chapel ❷

Columbia University. **Plan** 20 E3. **Tél.** (212) 854-1487, pour information sur les concerts. Ⓜ *116th St-Columbia University.* ◯ *lun.-sam. 10h-23h (pendant l'année), 10h-16h (vac. univ.).* 🔲 *dim.* 📷 ♿

Voûte intérieure en brique du dôme de St Paul's Chapel

Construit en 1904, le plus beau bâtiment de Columbia mélange les styles de la Renaissance italienne, du byzantin et du gothique.

La chapelle est baignée par le puits de lumière qui traverse sa voûte de brique rouge.

Les concerts d'orgue gratuits sont très appréciés du public en raison de la pureté de l'acoustique de l'église et de ses orgues.

Façade de St Paul's Chapel

Low Library ❸

Columbia University. **Plan** 20 E3. Ⓜ *116th St-Columbia University.*

Il s'agit d'une construction néoclassique dominant un grand escalier de pierre. La bibliothèque est un don de Seth Low, ancien maire de la ville et président de l'université. *Alma Mater*, la statue de Chester French érigée sur les marches, a été le point de ralliement de nombreuses manifestations étudiantes contre la guerre du Vietnam en 1968. Les six millions de volumes ont été transférés en 1932 à la Butler Library, et le bâtiment sert désormais aux cérémonies officielles.

Cathedral of St John the Divine ❹

Voir p. 226-227.

Riverside Church ❺

490 Riverside Dr at 122nd St. **Plan** 20 D2. **Tél.** (212) 870-6700. Ⓜ *116th St Columbia Univ.* ◯ *mar.-dim. 10h30-17h* 🔲 *dim. 10h45.* 📷 *sur demande préalable.* ♿ 🎵 *Concerts de carillons* (212) 870-6784, dim. midi et 15h. **Théâtre** (212) 864-2929. 🖥 **www**.theriversidechurchny.org

Admirer le panorama de Upper Manhattan du haut des 21 étages de cette tour néogothique, inspirée de la cathédrale de Chartres, est plutôt déconseillé au moment où les cloches sonnent ! En effet, le carillon commandé par John D. Rockefeller en l'honneur de sa mère possède

La place principale de Columbia University et Low Library

74 cloches, dont un bourdon de 20 tonnes ; c'est le plus grand du monde. Les orgues de 22 000 tuyaux comptent aussi parmi les plus grandioses du monde.

On peut y découvrir des sculptures de J. Epstein, dont un *Christ en Majesté* et une *Vierge à l'Enfant,* respectivement situées au fond de la seconde galerie et dans la cour près du cloître. Les panneaux du retable retracent l'existence de huit hommes et femmes dont les vies illustrèrent les préceptes du Christ : parmi eux, Socrate et Michel-Ange, mais aussi Florence Nightingale et Booker T. Washington.

Pour vous recueillir un instant, pénétrez dans la Christ Chapel, une reconstitution d'église romane française du XIe siècle. Afin d'admirer le panorama, prenez l'ascenseur jusqu'au 20e étage, puis grimpez les 140 marches qui mènent à l'observatoire au sommet de la tour, à 120 m du sol.

Mosaïque murale du tombeau de Ulysses Grant, montrant le président (à droite) et Robert Lee

Tombeau du président Grant ❻

W 122nd St and Riverside Dr. **Plan** 20 D2. **Tél.** *(212) 666-1640.* Ⓜ *116th St-Columbia University.* 🚌 *M5.* ⭕ *t.l.j. 9h-17h.* ⬤ *1er janv., Thanksgiving, 25 déc.* 📷 ✏ 🏛 *www.nps.gov/gegr*

Ce monument grandiose honore la mémoire d'Ulysses S. Grant, 18e président des États-Unis, général des forces de l'Union pendant la guerre civile, et de son épouse. Après sa mort, en 1885, plus de 90 000 Américains ont contribué par leurs dons à l'édification de sa sépulture inspirée du mausolée d'Halicarnasse, considéré dans l'Antiquité comme l'une des sept merveilles du monde.

Le général Grant pendant la guerre civile

Son inauguration, le jour de son 75e anniversaire, draina une foule considérable. Ce jour-là, un défilé magistral réunissant 50 000 personnes et quinze bâtiments de guerre – dont cinq venus d'Europe – dura près de sept heures.

L'intérieur ressemble au tombeau de Napoléon aux Invalides. Chaque sarcophage pèse plus de huit tonnes, et deux salles d'exposition sont consacrées à la vie et à la carrière de l'homme d'État. Sur les flancs nord et est du bâtiment, on peut apercevoir 17 bancs courbes incrustés de mosaïques dessinées au début des années 1970 par l'artiste Pedro Silva, et réalisées par plus de 1 000 volontaires. Elles représentent des sujets très variés, des Inuits aux taxis new-yorkais, sans oublier Donald Duck ; leur modernité contraste avec le classicisme de l'édifice. Ces bancs multicolores s'inspirent de l'architecture des œuvres d'Antonio Gaudí à Barcelone.

Tout près du tombeau de Grant et du fleuve, une discrète urne funéraire sur un piédestal, placée là par un père à la mémoire de son enfant mort noyé, porte une inscription simple et touchante : « À la mémoire d'un enfant gentil, St Clair Pollock, décédé le 15 juillet 1797 dans sa cinquième année. »

Les 21 étages de Riverside Church vue du nord

Cathedral of St John the Divine ❹

Ce sera la plus grande cathédrale du monde. Sa

La façade ouest,
style gothique

construction a commencé en
1892 et un tiers de l'édifice reste
à construire. L'intérieur dépasse
180 m de long et 45 m de large.
Les architectes initiaux Heins et
LaFarge se sont inspirés du style
roman, puis Ralph Adams Cram
a poursuivi le projet en 1911,
créant une nef et une façade
néogothiques. Des méthodes de
construction médiévales sont utilisées pour l'achèvement
de l'ouvrage. La cathédrale accueille des spectacles
de théâtre, de musique et d'art d'avant-garde.

Chœur
*Les colonnes entourant
le chœur, hautes de 17 m,
sont en granite
gris poli.*

Nef
*Les piliers
de la nef,
dépassant
les 30 m,
soutiennent
d'élégants
arcs de
pierre.*

★ **Grande rose**
*Achevé en 1933,
ce motif stylisé
en forme
de rosace
symbolise
les divers
aspects de
l'Église
chrétienne.*

★ **Portail occidental**
*Les portails de la cathédrale sont
ornés de nombreuses sculptures
représentant des personnages et des
scènes religieuses tirés de
l'iconographie médiévale.
D'autres bas-reliefs,
comme la vision
apocalyptique des
gratte-ciel de la cité par Joe
Kincannon, semble presque
prédire les attentats du
11 septembre 2001 (p. 54).*

À NE PAS MANQUER

★ Autels latéraux

★ Grande rose

★ Peace Fountain

★ Portail
occidental

★ Peace Fountain
Cette sculpture est l'œuvre de Greg Wyatt et représente la nature sous toutes ses formes. Elle se dresse dans un bassin de granite sur le Grand Parterre, au sud de la cathédrale.

MODE D'EMPLOI

1047 Amsterdam Ave at W 112th St. **Plan** 20 E4. **Tél.** *(212) 316-7590.*
M *1 vers Cathedral Pkwy (110th St).* M4, M11, M60, M104.
☐ *lun.-sam. 7h-18h, dim. 7h-19h (juil.-août 18h).*
vêpres : dim. 18h. **Dons.**
(212) 932-7347 **Concerts, théâtre, expositions, jardins.**

Baptistère
Œuvre néogothique aux influences italienne, française et espagnole.

LE PROJET DÉFINITIF

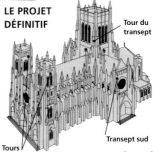

Tour du transept

Transept sud

Tours ouest

Les transepts nord et sud, la tour du transept et les tours ouest ne sont pas encore terminés. Quand l'argent nécessaire aura été recueilli, on estime qu'il faudra encore au moins 50 ans pour terminer le monument.

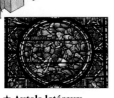

Chaire

St Ambrose Chapel
Portant le nom d'un évêque italien du IVe siècle, la chapelle est décorée d'éléments de fer forgé de style Renaissance.

★ Autels latéraux
Les vitraux évoquent les efforts de l'humanité, dans tous les domaines ; ceux consacrés aux sports illustrent des performances.

Fauteuil de l'évêque
Une réplique de celui de la chapelle Henry VII, dans l'abbaye de Westminster.

CHRONOLOGIE

1823 Choix du lieu de construction Washington Square	**1909** Henry Vaughan dessine la chaire	**2001** Un incendie détruit l'intérieur et le toit du transept nord	
1891 Site définitif choisi : Cathedral Parkway	**1911** Cram remplace Heins et LaFarge		

1800	1850	1900	1950	2000	2010

1873 Permis de construire accordé	**1916** 1ers travaux de la nef	**1978-1989** Les tailleurs de pierre inaugurent la 3e phase ; la tour sud est surélevée	
1888 Heins & LaFarge choisis pour dessiner la cathédrale			
1892 Pose de la 1re pierre (27 décembre, jour de la Saint Jean)	**1941** Arrêt des travaux à cause de la guerre. Reprise en 1978		

City College of the City University of New York ❼

Entrée principale W 138th St and Convent Ave. **Plan** 19 A2. **Tél.** *(212) 650-7000.* Ⓜ *137th St-City College.* **www**.ccny.cuny.edu

Bâtie sur une colline à proximité d'Hamilton Heights, la cour carrée construite entre 1903 et 1907 est impressionnante par sa dimension. Les blocs de schiste qui composent les bâtiments d'origine proviennent de la construction du métro. Des immeubles ont été ajoutés à l'ensemble pour accueillir ses 15 000 étudiants, provenant pour 75 % de milieux pauvres et de minorités.

En effet, autrefois gratuite pour tous les New-Yorkais, cette université propose aujourd'hui les droits d'inscriptions les plus bas de la ville.

Shepard Archway, City College of the City University of New York

Hamilton Grange National Memorial ❽

141st St and St Nicholas Ave. **Plan** 19 A1. **Tél.** *(212) 283-5154.* Ⓜ *137th St-City College.* ☐ *ven.-dim. 9h-17h* ☐ *j.f.* ☐ ☐ *toutes les heures.* **www**.nps.gov/hagr

Aujourd'hui coincée entre une église et des immeubles, la maison de campagne de George Hamilton, fondateur de la Banque nationale et co-organisateur du système de gouvernement fédéral, fut construite en 1802. Son visage figure sur les billets de dix

La statue d'Alexandre Hamilton, Hamilton Grange

dollars. Il vécut deux ans à cet endroit avant d'être tué en duel par son rival politique Aaron Burr. Plus tard, en 1889, la maison fut achetée par St. Luke's Episcopal Church et déplacée à deux blocs de son emplacement primitif. Elle est actuellement fermée pour rénovation et doit rouvrir courant 2010.

Hamilton Heights Historic District ❾

W 141st-W 145th St. and Convent Ave. **Plan** 19 A1. Ⓜ *137th St-City College.*

Avant l'extension du métro aérien *(p. 26)*, ces hauteurs – que l'on appelle également Harlem Heights – formaient un quartier de luxueuses propriétés. Leur situation, sur une colline dominant Harlem, en faisait une adresse très convoitée.

L'enclave de Hamilton Heights surnommée Sugar Hill était particulièrement recherchée par l'élite de Harlem – le juge suprême Thurgood Marshall, Count Basie, Duke Ellington, Cab Calloway et le champion mondial de boxe Sugar Ray Robinson y habitèrent.

Les charmants petits immeubles de trois ou quatre étages en pierre ont été bâtis au début du siècle dans un style où se mêlent des influences flamandes, romanes et Tudor. Ils sont aujourd'hui le lieu de résidence de nombreux universitaires du City College voisin.

Maisons dans Hamilton Heights

St Nicholas Historic District ❿

202-250 W 138th and W 139th St. **Plan** 19 B2. Ⓜ *135th St (B, C).*

Formant un saisissant contraste avec les environs délabrés, ces deux blocs, connus sous le nom de King Model Houses, ont été construits en 1891 quand Harlem était considéré comme un quartier de la petite bourgeoisie new-yorkaise. On peut encore y voir l'un des exemples les plus distinctifs d'alignement de maisons de ville.

Le promoteur David King choisit trois architectes majeurs qui parvinrent à unir leurs différents styles pour

Maisons de St Nicholas District

Adam Clayton Powell junior lors de la campagne pour les droits civils

créer un ensemble harmonieux. Le plus célèbre d'entre eux était le cabinet Mc Kim, Mead & White, architectes de la Morgan Library & Museum (p. 164-165) et des Villard Houses (p. 176), qui conçurent l'alignement de bâtiments de style Renaissance en brique, situé le plus au nord. Leurs maisons se caractérisent autant par les entrées au rez-de-chaussée que par leurs porches de pierre brune typiquement new-yorkais. De même, les étages recherchés possèdent des fenêtres ornées de balcons de fer forgé devant, et de médaillons décoratifs ciselés au-dessus.

Les bâtiments georgiens dessinés par Price & Luce sont faits de briques ocre et de pierres blanches. La section faite par James Brown Lord, elle aussi de style architectural georgien, s'inspire du victorien, avec des pierres rouges saillantes en façade et à la base faite de pierre brune.

Cet endroit surnommé « le front des lutteurs », attira dans les années 1920 et 1930 des noirs célèbres dont les musiciens W. C. Handy et Eubie Blake.

Abyssinian Baptist Church ⓫

132 W 138th St. **Plan** 19 C2. **Tél.** (212) 862-7474. Ⓜ 135th St (B, C, 2 et 3). ⛪ dim. 9h, 11h. Pour les groupes de plus de 10 pers. : rés. nécessaire. **www**.abyssinian.org

C'est le pasteur Clayton Powell junior (1908-1972), compagnon de route de Martin Luther King junior au sein du mouvement des droits civils, qui fit la renommée de cette paroisse noire – la plus ancienne de New York (1808), mais aussi la plus riche – en étant élu député. On peut visiter dans l'église une pièce entièrement consacrée à la vie mémorable de ce personnage. Logée dans un édifice néogothique de 1923, elle reçoit le dimanche matin de nombreux visiteurs désireux d'écouter sa superbe chorale.

Schomburg Center for Research into Black Culture ⓬

515 Malcolm X Blvd. **Plan** 19 C2. Ⓜ 135th St (2, 3). **Tél.** (212) 491-2200. ⓞ horaires variables. ⓞ lun., dim. et j.f. ⓕ (212) 491-2207. ♿ 🅿
www.schomburgcenter.org

Ouvert en 1991, c'est le plus grand centre consacré à la connaissance de la culture

Kurt Weill, Elmer Rice et Langston Hughes au Schomburg Center

afro-américaine. Sa vaste collection fut réunie par Arthur Schomburg, un Noir d'origine portoricaine à qui l'un de ses professeurs avait affirmé qu'il n'existait pas « d'histoire noire ». Il passa sa vie à prouver le contraire en réunissant une quantité de documents.

La Carnegie Corporation achète cette collection en 1926 avant d'en faire don à la bibliothèque municipale de New York – sous la responsabilité de Schomburg lui-même. La bibliothèque du centre devint alors le lieu de rencontre des écrivains de la renaissance littéraire noire. On peut y consulter des archives passionnantes : ouvrages rares, œuvres d'art, photographies, films et enregistrements. De nos jours, l'endroit sert de centre culturel, avec un théâtre et deux galeries d'exposition.

Harlem YMCA ⓭

180 W 135th St. **Plan** 19 C3. **Tél.** (212) 281-4100. Ⓜ 135th St (2, 3).

Le sociologue W.E.B. Du Bois

À la fois lieu de rencontre et d'hébergement temporaire, c'est ici que Paul Robeson fit ses premiers pas sur les planches au début des années 1920, et que fut lancée par Du Bois et ses Krigwa Players la première campagne de lutte contre l'image des Noirs dans les revues de Broadway. L'écrivain Ralph Ellison y logea également lors de son arrivée aux États-Unis.

Chanteurs de gospel dans le restaurant Sylvia's pendant le brunch du dimanche

Sylvia's ⓮

328 Lenox Ave. **Plan** 21 B1.
Tél. (212) 996-0660.
Ⓜ *125th St (2, 3).*
www.sylviassoulfood.com

Le plus célèbre restaurant
de Harlem sert d'excellentes
spécialités du Sud des États-
Unis, comme le poulet frit,
les travers de porc épicés ou
la tarte aux patates douces.

Sylvia's

Tous les dimanches,
des chanteurs de gospel
accompagnent le déjeuner.
Prenez aussi le temps
d'explorer le marché au coin
de la 125e Rue et de Lenox
Avenue (en face de chez
Sylvia's), qui s'étend sur deux
pâtés de maisons, et vend
un assortiment de vêtements
africains, bijouterie et art.

Apollo Theater ⓯

253 W 125th St. **Plan** 21 A1. **Tél.**
(212) 531-5304/5 (spectacles) ; (212)
531-5337 (vis. guid.). Ⓜ 125th St. Ⓞ
pendant les spectacles. 📷 *groupes
seul.* ♿ 🎫 *Voir **Se distraire** p. 353.*
www.showtimeapollo.com

Cette salle de concert ouvre
ses portes en 1913 pour les
Blancs uniquement. Quand
Frank Schiffman en devient
le propriétaire en 1934, il
décide d'accueillir un public

multiracial, et le lieu trouve
sa dimension
légendaire :
Bessie Smith,
Billie Holiday,
Duke Ellington
et Dinah
Washington
s'y produisent,
pour ne citer
qu'eux.
Le mercredi
soir, les « nuits
des amateurs »,

qui commencèrent en 1925,
étaient consacrées à des
concours dont les vainqueurs
étaient élus à l'applaudimètre.

C'est ici que débutèrent,
entre autres, Sarah Vaughan,
Pearl Bailey, James Brown
et Gladys Knight.
L'Apollo devient l'endroit
à la mode aux temps du
swing. Après la Seconde
Guerre mondiale, une
nouvelle génération
d'artistes prend la relève
avec Charlie « Bird » Parker,
Dizzy Gillespie, Thelonius
Monk et Aretha Franklin.
Rénové dans les années
1980, l'Apollo continue
à présenter les stars noires
du blues, du jazz, du
gospel et de la danse,
et à organiser des « nuits
des amateurs ».

Studio Museum in Harlem ⓰

144 W 125th St. **Plan** 21 B2. **Tél.**
(212) 864-4500. Ⓜ 125th St (2, 3).
Ⓞ mer.-ven. et dim. 12-18h, sam.
10h-18h. ⬤ j.f. 💲 Dons bienvenus.
🚫 ♿ 📷 **Conférences,
programmes pour enfants, films.**
📕 🖥 **www**.studiomuseum.org

Ce musée, ouvert en 1967
dans un loft du haut de
la 5e Ave, a pour but de
préserver et promouvoir
les connaissances sur l'art
et l'artisanat afro-américains.
Les locaux actuels, situés
dans un building de cinq
étages donnant sur une rue
commerçante de Harlem,
ont été offerts au musée par
la New York Bank for Savings
en 1979.
Dans les galeries, on trouve
les plus intéressantes archives
photographiques de Harlem.
On peut aussi admirer dans
un petit jardin des sculptures
particulièrement originales.
Deux étages sont consacrés
aux expositions temporaires

Apollo Theater

Les salles d'exposition du Studio Museum in Harlem

et trois galeries contiennent la collection permanente composée d'œuvres des plus grands artistes noirs.

Le musée propose également un excellent programme de conférences, de lectures, de concerts, de séminaires et de films, ainsi qu'une boutique très bien approvisionnée vendant des ouvrages spécialisés et des objets d'artisanat africain.

Mount Morris Historic District ⓲

W 119th St-W 124th St. **Plan** 21 B2. Ⓜ *125th St (2, 3).*

Cet ancien quartier riche près de Marcus Garvey Park, avec ses maisons cossues de style victorien, est maintenant beaucoup moins prospère. On peut y observer une étonnante juxtaposition de lieux de culte différents – la présence dans un périmètre restreint de plusieurs synagogues et d'églises de différentes obédiences chrétiennes en témoignent : l'impressionnante St Martin's Episcopal Church ou Mount Olivet Baptist Church – autrefois l'une des plus importantes synagogues de la ville – au n° 201 de Lenox Avenue.

St Martin's Episcopal Church sur Lenox Avenue

La congrégation juive éthiopienne, au n°1 de la 123e Rue Ouest, accueille une chorale qui chante du gospel en hébreu !

Marcus Garvey Park ⓲

120th St-124th St. **Plan** 21 B2. Ⓜ *125th St (2, 3).*

Le flamboyant nationaliste noir Marcus Garvey

Ce parc vallonné et rocheux n'est pas un endroit recommandé pour les promenades tranquilles… Les mauvaises rencontres y sont fréquentes. On y trouve la dernière tour de surveillance de New York, construite en 1856, encore munie de sa cloche d'alarme.

Autrefois appelé Mount Morris Park, cet espace vert porte depuis 1973 le nom de Marcus Garvey Park, un Américain originaire de Jamaïque et fondateur de l'Universal Negro Improvement Association – un organisme réputé pour sa lutte en faveur du retour aux racines africaines, de la fierté raciale et du développement indépendant des Noirs.

Museo del Barrio ⓳

1230 5th Ave. **Plan** 21 C5. **Tél.** *(212) 831-7272.* Ⓜ *103rd St, 110th St.* ◯ *mer.-dim. 11h-17h (jeu. jusqu'à 20h).* ◐ *1er janv., Thanksgiving, 25 déc.* Ⓜ 🎫 ✗ ♿ 🖥 *www.elmuseo.org*

Fondé en 1969, c'est le seul musée des États-Unis consacré à l'art latino-américain et particulièrement à la culture portoricaine. Des peintures et sculptures contemporaines, des objets artisanaux et historiques y sont rassemblés, ainsi que 240 magnifiques santons de bois sculptés par des artisans et une *bodega* reconstituée. Ils sont exposés de manière temporaire, mais on peut toujours en admirer certains. Grâce à sa situation privilégiée, à l'extrémité de l'avenue des musées, le Museo del Barrio établit une passerelle entre la culture chic de Upper East Side et l'héritage de la partie espagnole de Harlem.

Art populaire du Museo del Barrio : un des trois Rois mages et la main de la Sagesse

EN DEHORS DU CENTRE

Bien qu'ils fassent administrativement partie de New York, les quatre quartiers extérieurs à Manhattan sont fort différents, ne serait-ce que parce que l'on n'y trouve aucun gratte-ciel. Les habitants du Bronx et de Brooklyn eux-mêmes, lorsqu'ils se rendent à Manhattan, disent qu'ils vont « en ville ». Ces quartiers n'en sont pas pour autant dénués d'intérêt avec leurs musées, zoos, jardins botaniques et plages. Consultez la promenade dans Brooklyn, proposée pages 266-267.

LES ENVIRONS D'UN COUP D'ŒIL

Rues et bâtiments historiques
Alice Austen House ㉗
George Washington Bridge ❸
Grand Army Plaza ⓲
Historic Richmond Town ㉔
Morris-Jumel Mansion ❷
Park Slope Historic District ⓳
Wave Hill ❺
Yankee Stadium ❿

Musées et galeries
Audubon Terrace ❶
Brooklyn Children's Museum ⓰
Brooklyn Museum p. 250-253 ㉑

Jacques Marchais Museum of Tibetan Art ㉕
Museum of the Moving Image and Kaufman Astoria Studio ⓮
New York Hall of Science ⓭
PS1 Museum of Modern Art (MoMA), Queens ⓯
Snug Harbor Cultural Center ㉖
The Cloisters p. 236-239 ❹
Van Cortlandt House Museum ❻

Parcs et jardins
Bronx Zoo p. 244-245 ❾
Brooklyn Botanic Garden ㉒
Flushing Meadow-Corona Park ⓬

New York Botanical Garden p. 242-243 ❽
Prospect Park ⓴

Théâtre célèbre
Brooklyn Academy of Music ⓱

Cimetière
Woodlawn Cemetery ❼

Îles, plages et sites naturels
City Island ⑪
Coney Island ㉓
Jamaica Bay Wildlife Refuge Center ㉘
Jones Beach State Park ㉙

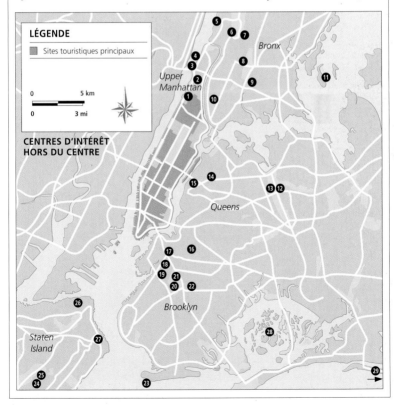

LÉGENDE

Sites touristiques principaux

0   5 km
0   3 mi

CENTRES D'INTÉRÊT HORS DU CENTRE

Bronx

Upper Manhattan

Queens

Brooklyn

Staten Island

◁ Jamaica Bay

Upper Manhattan

Dans ce quartier du nord de Manhattan s'installèrent au XVIIIᵉ siècle les premiers colons hollandais. Aujourd'hui, il fait bon se détendre dans cette zone résidentielle tranquille. Ainsi, les musées sont moins fréquentés que ceux du centre. Dans des bâtiments européens d'époque, The Cloisters (p. 236-239) exposent des objets médiévaux. Au nord de Harlem, la Morris-Jumel Mansion, qui servit de quartier général à Washington lors de la défense de Manhattan en 1776, témoigne de l'histoire de la ville.

Audubon Terrace ❶

Broadway at 155th St. **M** *157th St.*
American Academy of Arts and Letters, *(212) 368-5900.*
◻ *jeu.-dim. 13h-16h.* ⬯
Hispanic Society of America,
(212) 926-2234. ◻ *mar.-sam. 10h-16h30, dim. 13h-16h.* ◗ *j.f.*
Dons bienvenus. ⬚ ◪ *sam. 14h.*
⬛ www.hispanicsociety.org

Ce groupe de bâtiments de style Renaissance italienne doit son nom au naturaliste Audubon, dont la propriété se trouvait ici et qui est enterré non loin. Sur sa pierre tombale sont représentés les objets qui l'ont rendu célèbre : les oiseaux qu'il a peints, sa palette, ses pinceaux et ses fusils.

La façade de l'American Academy of Arts and Letters

C'est au philanthrope Archer Milton Huntington que l'on doit la création de cet ensemble, dessiné par son cousin, Charles Pratt Huntington. Il rêvait d'en faire un lieu d'études et de culture. Sa femme, Anna Hyatt Huntington, sculpta les statues qui ornent la petite place centrale.

Audubon Terrace regroupe deux musées. L'American Academy of Arts and Letters fut fondée en hommage aux artistes américains. Parmi ses membres, on compte les romanciers John Steinbeck et Mark Twain, les peintres Andrew Wyeth et Edward Hopper et le compositeur Aaron Copland.

La bibliothèque, ouverte aux chercheurs qui en font la demande, contient manuscrits et éditions originales.

L'Hispanic Society of America, qui comprend un musée et une bibliothèque, présente des œuvres de Velázquez, de Goya et du Greco. On y trouve aussi de vastes collections de sculptures, arts décoratifs,

Porte en bronze, American Academy

gravures et photographies espagnols, avec différentes expositions tout au long de l'année.

Non loin de là, la Church of Our Lady of Esperanza se dresse sur un tertre au n° 624 W 156th Street, dans l'ancien Audubon Park. L'église fut construite à l'instigation de Señora de Barril, épouse du consul-général d'Espagne à New York, pour les hispanophones de New York, et financée par le magnat du chemin de fer Archer Milton Huntington. Elle fut achevée en 1912, puis agrandie dans les années 1920.

Statue du Cid par Anna Hyatt Huntington à Audubon Terrace

Morris-Jumel Mansion ❷

Angle de W 160th St et Edgecombe Ave. **Tél.** *(212) 923-8008.*
Ⓜ *163rd St.* ◯ *mer.-dim. 10h-16h.*
● *j.f.* 🅿 🄾 ☑ *sam. midi sur r.-v.*
🄷 www.morrisjumel.org

Ce bâtiment, construit en 1765 pour le lieutenant-colonel Roger Morris et converti depuis en musée, est l'un des rares édifices new-yorkais antérieurs à la révolution. Washington en fit son quartier général pour la défense de Manhattan en 1776.

En 1810, Stephen Jumel, commerçant originaire des Antilles françaises, acheta le bâtiment. Avec sa femme, Elisa, ils meublèrent la maison des souvenirs rapportés de leurs nombreux voyages en France, parmi lesquels un fauteuil qui avait appartenu à Napoléon. Les frasques amoureuses d'Élise faisaient jaser toute la ville et la rumeur veut qu'elle ait laissé mourir son mari afin d'hériter de sa fortune. Elle épousa par la suite Aaron Burr, troisième vice-président américain, dont elle se sépara trois ans plus tard.

On a restauré l'extérieur de cet édifice de style géorgien colonial qui abrite maintenant de nombreux objets ayant appartenu aux Jumel.

Les 1 065 m de George Washington Bridge

George Washington Bridge ❸

Ⓜ *175th St.* **www.**panynj.gov

Bien qu'il ne soit pas aussi célèbre que celui de Brooklyn, ce pont conçu par l'ingénieur Othmar Ammann et son architecte, Cass Gilbert, ne manque pourtant ni de caractère ni d'histoire. La construction d'un ouvrage reliant Manhattan au New Jersey était en projet depuis plus de 60 ans lorsque les autorités portuaires rassemblèrent les 59 millions de dollars nécessaires à sa réalisation. Les travaux commencèrent

Le phare sous George Washington Bridge

en 1927, pour s'achever quatre ans plus tard. Les premiers à le franchir furent deux jeunes du Bronx montés sur patins à roulettes. Il joue aujourd'hui un rôle essentiel dans les trajets quotidiens de nombreux banlieusards.

Cass Gilbert avait l'intention d'en décorer les deux tours de sculptures, mais le coût des travaux s'avéra trop important et l'on s'en tint à cette silhouette de plus de 1 000 m de long et 180 m de haut. Les projets d'Ammann comprenaient aussi un second tablier qui ne fut construit qu'en 1962, autorisant une circulation qui atteint aujourd'hui 53 millions de véhicules par an.

Au-dessous de la tour est se dresse un phare qui échappa à la démolition en 1951 grâce à la pression populaire. Des milliers de lettres furent ainsi adressées au maire de New York pour demander la sauvegarde de cet édifice qui jouait un rôle important dans un conte cher à leurs cœurs, *The Little Red Lighthouse and the Great Gray Bridge* de Hildegarde Hoyt Swift.

C'est sur le pont que flotte le plus grand drapeau américain lors des grandes fêtes nationales.

Morris-Jumel Mansion, construite en 1765, et son portique d'origine

The Cloisters ❹

Voir p. 236-239.

The Cloisters ❹

Les cloîtres qui ont donné leur nom à ce musée mondialement connu proviennent d'Europe. Ils ont été démontés puis reconstruits pierre par pierre entre 1934 et 1938. Le musée lui-même fut fondé en 1914 par le sculpteur John Barnard. John D. Rockefeller junior finança l'acquisition de la collection par le Metropolitan Museum en 1925 et fit don du terrain et de terres bordant l'Hudson River en face des Cloîtres à la ville.

The Cloisters, vus de Fort Tryon Park

Effigie de Jean d'Alluye
(XIIIᵉ s.)
Jean d'Alluye participa aux croisades.

Chapelle Langon

Salle capitulaire de Pontaut

Chapelle gothique

★ Tapisseries de la Licorne
Remarquablement préservées, tissées à Bruxelles vers 1500, elles dépeignent la quête et la capture de la Licorne mythique.

Vitraux de Boppard
Ces anges arborent les armes de la guilde des Tonneliers, dont sainte Catherine était la patronne.

À NE PAS MANQUER

★ Belles Heures du duc de Berry

★ Tapisseries de la Licorne

★ Tryptique d'autel, de Robert Campin

Cloître de Bonnefort

Galerie de verre

Cloître de Trie

★ Triptyque d'autel *(v. 1425)*
La salle Campin abrite cette œuvre de Robert Campin de Tournai représentant l'Annonciation, bel exemple de peinture flamande primitive.

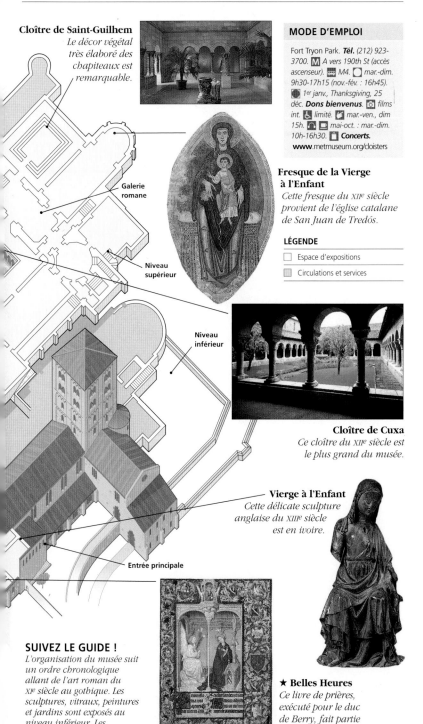

Cloître de Saint-Guilhem
Le décor végétal très élaboré des chapiteaux est remarquable.

MODE D'EMPLOI

Fort Tryon Park. **Tél.** (212) 923-3700. Ⓜ A vers 190th St (accès ascenseur). 🚌 M4. ⬜ mar.-dim. 9h30-17h15 (nov.-fév. : 16h45). 🚫 1er janv., Thanksgiving, 25 déc. **Dons bienvenus.** 🎞 films int. ♿ limité. 🎦 mar.-ven., dim 15h. 📷 🌿 mai-oct. : mar.-dim. 10h-16h30. 🎵 **Concerts.**
www.metmuseum.org/cloisters

Fresque de la Vierge à l'Enfant
Cette fresque du XIIe siècle provient de l'église catalane de San Juan de Tredós.

LÉGENDE

⬜ Espace d'expositions

⬜ Circulations et services

Galerie romane

Niveau supérieur

Niveau inférieur

Cloître de Cuxa
Ce cloître du XIIe siècle est le plus grand du musée.

Vierge à l'Enfant
Cette délicate sculpture anglaise du XIIIe siècle est en ivoire.

Entrée principale

SUIVEZ LE GUIDE !
L'organisation du musée suit un ordre chronologique allant de l'art roman du XIe siècle au gothique. Les sculptures, vitraux, peintures et jardins sont exposés au niveau inférieur. Les tapisseries de la Licorne se trouvent à l'étage supérieur.

★ Belles Heures
Ce livre de prières, exécuté pour le duc de Berry, fait partie d'une superbe collection de livres enluminés.

À la découverte des Cloîtres

Tout particulièrement réputée pour ses sculptures romanes et gothiques, la collection des Cloîtres abrite également des manuscrits enluminés, des vitraux, des émaux, des ivoires et des peintures. Parmi les tapisseries se trouve la célèbre série des tapisseries de la Licorne. Ce splendide ensemble médiéval n'a pas son égal en Amérique du Nord.

ART ROMAN

Crucifix espagnol grandeur nature du XIIᵉ siècle montrant le Christ en roi du paradis

Feuilles d'acanthe, bêtes et personnages mythiques ornent les chapiteaux des colonnes des cloîtres, souvent de style roman (XIᵉ et XIIᵉ siècles). Chapiteaux très ouvragés et marbre rose sont les signes distinctifs du cloître de Cuxa, originaire des Pyrénées françaises (XIIᵉ siècle). Un dragon, un griffon, un centaure et un basilic figurent parmi les animaux mythiques de l'arche de Narbonne.

Plus solennelle, l'abside de l'église Saint Martin de Fuentiduena, une voûte arrondie composée de plus de 3 000 blocs, est ornée d'une statue en bois de la Vierge à l'Enfant datant du XIIᵉ siècle et provenant d'Auvergne. On peut également y voir un Christ couronné d'or triomphant de la Mort.

Après avoir accueilli au XIIᵉ siècle les moines bénédictins et cisterciens qui s'y rassemblaient assis sur de froids bancs de pierre, la salle capitulaire de Pontaut fut laissée à l'abandon. Au XIXᵉ siècle, elle servait d'étable. Ses voûtes constituent aujourd'hui un bel exemple de transition entre roman et gothique.

Grain de rosaire en buis d'origine flamande (XVIᵉ siècle)

ART GOTHIQUE

À l'art roman, massif, allait succéder le gothique (de 1150 à 1520), plus élancé, triomphe des vitraux et de la sculpture. Les représentations de Vierges à l'Enfant illustrent à merveille le talent de l'époque.

Les vitraux très colorés de la chapelle gothique dépeignent des scènes et des personnages tirés de la Bible. Vous y admirerez aussi l'effigie tombale du croisé Jean d'Alluye, enterré à la Clarté-Dieu. Pendant la Révolution française, cette abbaye fut saccagée et la

Voûte de la salle capitulaire de Pontaut

statue jetée sur un petit ruisseau pour servir de pont.

Les merveilleux vitraux allemands de la salle Boppard retracent la vie des saints.

Le chef-d'œuvre flamand de Robert Campin, représentant l'*Annonciation* (1425), est le centre d'intérêt majeur de la salle Campin. Ce triptyque, réalisé avec la technique alors révolutionnaire de l'huile sur bois marque le tout début de la Renaissance. Le mobilier date du XVe siècle.

JARDINS MÉDIÉVAUX

Plus de 300 variétés de plantes cultivées au Moyen Âge y poussent. Le cloître de Bonnefont est celui des plantes aromatiques, magiques, médicinales et culinaires. Dans le cloître de Trie, on découvrira les plantes montrées sur les tapisseries de la Licorne, témoignant de l'usage des plantes dans le symbolisme médiéval.

Le cloître de Bonnefont

TAPISSERIES

C'est par les somptueuses tapisseries exposées ici que l'on pénètre le mieux l'imaginaire médiéval. Les quatre tapisseries dites des *Neuf Preux* portent les armes de Jean, duc de Berry, frère de Charles V et grand mécène du Moyen Âge. Les autres tapisseries exposées appartenaient au frère de Jean, Louis, duc d'Anjou. On y voit neuf preux (trois païens, trois hébreux et trois chrétiens) et des personnages de cour : cardinaux, chevaliers, dames et musiciens.

Une salle voisine expose les sept magnifiques tapisseries de la Licorne, tissées à Bruxelles vers 1500, qui dépeignent la chasse et la capture d'une jeune fille de la licorne mythique.

Au XIXe siècle, elles furent utilisées pour protéger du gel des arbres fruitiers. Cela n'a heureusement pas nui à leur état général et l'on peut encore admirer le remarquable sens du détail

apporté à ces scènes mythologiques qui fourmillent de plantes et d'animaux.

Jules César écoutant des musiciens, motif d'une tapisserie des *Neuf Preux*

L'histoire peut se lire comme un récit d'amour courtois, ou bien encore comme une allégorie de la Crucifixion et de la Résurrection du Christ.

TRÉSOR

Au Moyen Âge, les objets précieux étaient gardés dans des sanctuaires. Aux Cloisters, ce sont les salles du trésor qui remplissent cette fonction.

La collection comprend plusieurs livres d'heures enluminés, recueils de dévotion et écrits à l'usage des nobles, tels que les *Belles Heures* des frères Limbourg, réalisées en 1410 pour Jean, duc de Berry, et celui, minuscule, fait par le maître Jean Pucelle pour la reine de France Jeanne d'Evreux, vers 1325.

Parmi les autres objets religieux, on notera une Vierge en ivoire (Angleterre, XIIIe siècle) et un reliquaire du XIVe siècle en émail ayant appartenu à la reine Élisabeth de Hongrie, tout comme des calices, des chandeliers et des crucifix.

On remarquera aussi l'un des plus vieux jeux de cartes ainsi qu'une coupe émaillée, la « coupe des singes », qui montre une troupe de singes en train de voler un colporteur assoupi, ou encore un rosaire sculpté dont les perles sont grosses comme des noix.

Un jeu de cartes du XVe siècle

Le salon ouest du Van Cortlandt House Museum

Bronx

Le Bronx, autrefois banlieue prospère, est devenu aujourd'hui le symbole de la misère urbaine. Il n'en continue pas moins d'accueillir de nombreuses communautés ethniques et renferme de charmants quartiers comme celui de Riverdale.

On y trouve aussi le Bronx Zoo, le jardin botanique de New York, un nouveau terrain de golf à Ferry Point Park et Fulton Fish Market qui s'est déplacé ici.

Occupé par les Yankees, la très célèbre équipe de base-ball de la ville (p. 360), le New Yankee Stadium a été inauguré en avril 2009. Il peut accueillir 52 000 personnes.

Wave Hill ❺

W 249th St and Independence Ave, Riverdale. **Tél.** (718) 549-3200. Ⓜ 231st St, puis bus Bx7, 10 ou bus du musée 9h10-15h10 (toutes les heures). ◯ mar.-dim. 10h-17h30 (juin-juil. : mer. jusqu'à 21h ; mi-oct.-mi-avr. : jusqu'à 16h30). 🎫 gratuit mar., sam. 9h-12h, déc.-fév. 🎫 dim. 14h15. 📷 www.wavehill.org

Si le béton commence à vous étouffer, allez vous reposer dans les 11 ha de cette oasis de calme et de beauté. Dans cette ancienne propriété du financier George Perkins ont résidé de nombreuses

célébrités, parmi lesquelles Theodore Roosevelt, Mark Twain et Arturo Toscanini. Les domaines voisins appartenaient aussi à Perkins. Il y fit édifier un centre de loisirs souterrain relié au bâtiment principal par un tunnel.

Des concerts sont donnés dans la maison et en particulier dans le majestueux Armor Hall, aménagé en 1928 pour Bashford Dean, alors conservateur de la collection d'armes et d'armures du Metropolitan Museum.

Dans les jardins dessinés par Albert Millard, des expositions portant sur la sculpture et l'horticulture sont souvent présentées.

Le parc de Riverdale, attenant, est réputé pour ses bois et ses promenades le long du fleuve.

Intérieur du majestueux Armor Hall de Wave Hill

Van Cortlandt House Museum ❻

Van Cortlandt Park. **Tél.** (718) 543-3344. Ⓜ 242nd St, Van Cortlandt Park. ◯ mar.-ven. 10h-15h, sam.-dim 11h-16h (dern. entrée 30 min avant la ferm.). 🎫 j.f., 26 nov. 🎫 mer. gratuit. 📷 📹 🎫 Voir **Histoire de New York** p. 20-21. www.vancortlandthouse.org

La façade de Van Cortlandt House Museum

Cette demeure coloniale de 1748, le plus vieux bâtiment du Bronx, était la résidence de Frederick Van Cortlandt, riche héritier, parent de nombreuses grandes familles bourgeoises de son époque.

La salle à manger servit de quartier général à Washington ; des escarmouches eurent lieu derrière la maison pendant la guerre d'Indépendance. Le mobilier reconstitue parfaitement un intérieur d'époque. On peut également y découvrir une belle collection de faïences de Delft ainsi qu'une chambre à coucher hollandaise du XVIIᵉ siècle.

À l'extérieur, cherchez les visages sculptés qui ornent les claveaux des fenêtres.

Woodlawn Cemetery ❼

Webster Ave and E 233rd St.
Tél. (718) 920-0500.
Ⓜ *Woodlawn.* ⬜ *t.l.j. 8h30-17h.*
🖼 *j.f.* 🚫 ♿ 📷
www.thewoodlawncemetery.org

Au Woodlawn Cemetery, remarquablement intégré au paysage, reposent maintes célébrités new-yorkaises.

Entrée du mausolée Woolworth

F. W. Woolworth et ses proches sont enterrés dans un mausolée à peine plus discret que l'édifice qui porte le nom de cette illustre famille. Le caveau de marbre rose du magnat de la viande, Herman Armour, rappelle quant à lui la forme d'un jambon. Parmi les autres personnalités enterrées ici, citons Fiorello La Guardia, Roland Macy, le fondateur du célèbre grand magasin, Herman Melville, l'auteur de *Moby Dick*, et Duke Ellington.

New York Botanical Garden ❽

Voir p. 242-243.

Bronx Zoo ❾

Voir p. 244-245.

Yankee Stadium ❿

E 161st St at River Ave, Highbridge.
Tél. (718) 293-6000. Ⓜ *161st St.*
📷 *t.l.j. 12h (sauf en cas de compétition l'après-midi) ;*
rés. conseillée. Voir **Sport** *p. 360.*
www.yankees.com

Ce stade fut l'antre de l'équipe de base-ball des *New York Yankees*, au rang desquels on compte deux des plus grands joueurs de tous les temps : Babe Ruth et Joe DiMaggio (qui épousa Marilyn Monroe en 1954). En 1921, le gaucher Babe Ruth, portant les couleurs des Yankees, gagna le premier match à domicile du stade contre les Boston Red Sox, son ancienne équipe. Le stade fut achevé en 1923 à la demande de Jacob

Joe DiMaggio en action au Yankee Stadium (1941)

Rupert, le propriétaire de l'équipe. Après sa rénovation dans les années 1970, la capacité du stade fut portée à 54 000 places. Il peut accueillir également des concerts et différents événements culturels. L'un des plus grands rassemblements a été celui des témoins de Jéhovah en 1950 avec 123 707 participants. En 1965, le pape Paul VI célébra une messe devant une foule de plus de 80 000 personnes. C'était la première visite d'un pape en Amérique du Nord. La seconde fut celle de Jean-Paul II en 1979 qui se rendit également au stade.

Assister à un match dans le Yankee Stadium fait partie des grandes expériences new-yorkaises, même si l'on est pas amateur de base-ball. On peut acheter les billets dans les quatre magasins Yankee Clubhouse que compte New York.

Le New Yankee Stadium, récemment construit, est situé à côté de l'ancien stade (161e et 164e Rues). Ce dernier sera entièrement démoli.

City Island ⓫

Ⓜ *6 vers Pelham Bay Park, puis Bx29 vers City Island.* **Musée**
190 Fordham St. ⬜ *sam.-dim. 13h-17h.* ***Tél.*** (718) 885-0008.
www.cityisland.com

Au large du Bronx, City Island est un havre marin dont l'ambiance rappelle celle de la Nouvelle-Angleterre. Ses ravissantes marinas et ses restaurants de fruits de mer vous séduiront. Vous vous y sentirez à des lieues de New York. Plusieurs bateaux vainqueurs de la coupe de l'America sont sortis de ses célèbres chantiers navals.

City Island Museum est situé dans l'un des édifices les plus anciens de l'île, une Public School qui a été édifiée sur un cimetière indien à l'endroit le plus élevé de l'île.

City Island est reliée au Bronx par un pont. Non loin se trouve Orchard Beach, une célèbre plage de sable blanc bordée de cabines de bains des années 1930. Elle est très fréquentée et est souvent bruyante.

Vieux remorqueur, City Island Museum

New York Botanical Garden ❽

Hibiscus

Le grand jardin botanique de New York (100 ha) est un plaisir pour les yeux comme pour les mains. De la serre victorienne au Everett Children's Adventure Garden (5 ha), tout est à découvrir. Avec 50 jardins à thème, une collection de plantes et des forêts originelles (20 ha), il est parmi les plus anciens et les plus grands du pays. Après sa restauration, la serre Enid A. Haupt a pris le nom de World of Plants, et nous fait pénétrer dans des forêts tropicales et dans des déserts surprenants.

Entrée de la serre Enid A. Haupt

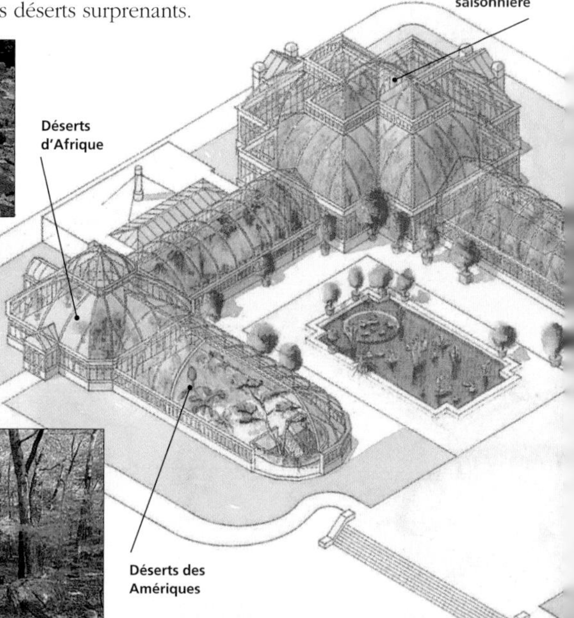
Galeries d'exposition saisonnière
Déserts d'Afrique
Déserts des Amériques

Rock Garden
Rochers, corniches, plantes d'altitude, chutes d'eau et ruisseaux reconstituent un paysage montagneux ④

Forêt du jardin botanique
Une des dernières forêts naturelles de New York. Elle regorge de chênes rouges, de frênes blancs, de tulipiers et de bouleaux ⑤

Everett Children's Adventure Garden
Les enfants peuvent y découvrir les merveilles de la nature et du monde des plantes ⑧

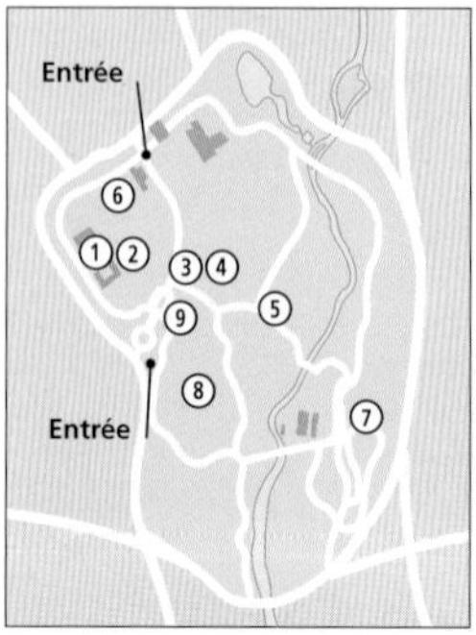
Entrée
⑥
①②
③④
⑨
⑤
⑧
Entrée
⑦

CARTE DE SITUATION

Peggy Rockefeller Rose Garden
Plus de 2 700 buissons de roses y sont exposés. Le jardin a été réalisé en 1988 selon des plans originaux de 1916 ⑦

Palms of the Americas Gallery
Cent palmiers s'élancent sous une coupole de verre de 27 m de haut et se reflètent dans un bassin entouré de plantes tropicales.

MODE D'EMPLOI

Kazimiroff Blvd, Bronx River Parkway (sortie 7W). *Tél.* (718) 817-8700. Ⓜ 4, B, D vers Bedford Park Blvd. 🚌 Bx26. ⚪ mar.-dim. 10h-18h (mi-jan.-fév. : jusqu'à17h). ⚫ j.f. 🅿 gratuit mer. et sam. 10h-12h. 📷 ♿ 🚻 ⬛ ⬛ **Conférences.** www.nybg.org

Enid A. Haupt Conservatory compte onze serres communicantes qui forment *A World of Plants,* comprenant forêts tropicales, déserts, plantes exotiques et expositions saisonnières ①

Garden Cafe *est un endroit idéal pour prendre un repas. On peut s'installer à l'extérieur sur des terrasses surplombant de beaux jardins* ⑥

Jane Watson Irwin Perennial Garden
Des plantes vivaces à fleurs y sont disposées par taille, couleur et période de floraison ②

Jardin d'hiver

Galerie de la forêt tropicale humide de la plaine

Bassin

Leon Levy Visitor Center
Ce bâtiment moderne qui a ouvert en 2004 comprend une boutique, un café et un centre d'information pour les visiteurs ⑨

Galerie des plantes aquatiques et vignes

Tram
Un tour en tram d'une demi-heure permet d'en savoir plus sur les programmes de recherche consacrés à l'horticulture, à l'éducation et à la botanique. On peut descendre du tram à de nombreux arrêts pour explorer les jardins, avant d'embarquer à nouveau ③

Galerie de la forêt tropicale humide des Hautes Terres

Bronx Zoo ⑨

Fondé en 1899, le Bronx Zoo est le plus grand zoo américain en milieu urbain. Il héberge plus de 4 000 animaux représentant 500 espèces qui évoluent ici dans de fidèles reconstitutions de leurs habitats d'origine. Ce zoo est à l'avant-garde du combat pour la protection des espèces menacées, comme le rhinocéros d'Inde ou le léopard des neiges. Ses 107 ha de bois et de cours d'eau abritent un zoo pour enfants, un jardin aux papillons et un petit train qui transporte les visiteurs. Vous pourrez aussi vous y promener à pied. En saison, le téléphérique SkyFari offre les meilleures vues sur le zoo.

★ Forêt des gorilles du Congo
Cette reconstitution primée d'une forêt tropicale d'Afrique centrale abrite la plus grande population de gorilles des basses terres de l'ouest ainsi qu'une famille de ouistitis.

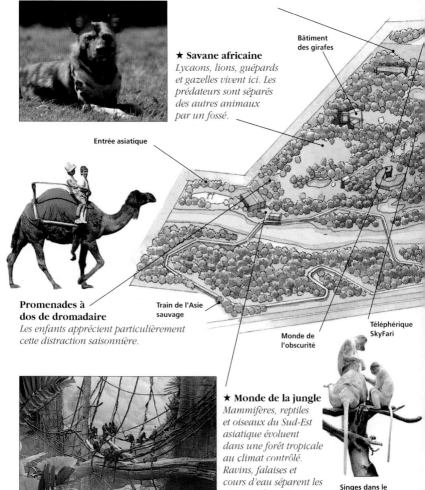

Bâtiment des girafes

★ Savane africaine
Lycaons, lions, guépards et gazelles vivent ici. Les prédateurs sont séparés des autres animaux par un fossé.

Entrée asiatique

Promenades à dos de dromadaire
Les enfants apprécient particulièrement cette distraction saisonnière.

Train de l'Asie sauvage

Téléphérique SkyFari

Monde de l'obscurité

★ Monde de la jungle
Mammifères, reptiles et oiseaux du Sud-Est asiatique évoluent dans une forêt tropicale au climat contrôlé. Ravins, falaises et cours d'eau séparent les visiteurs des animaux.

Singes dans le monde de la jungle

Réserve des babouins
Le long d'une rivière asséchée, vous pourrez observer la faune des montagnes éthiopiennes.

Children's Zoo
Les petits peuvent ramper dans le terrier d'un chien de prairie, grimper sur une toile d'araignée, porter une carapace de tortue, caresser et nourrir les animaux.

MODE D'EMPLOI

Fordham Rd et Bronx River Pkwy. **Tél.** (718) 367-1010. Ⓜ 2 et 5 vers Pelham Pkwy. 🚂 vers E Tremont Ave. 🚌 Bx9, Bx12, Bx19, Bx22, Bx39, BxM11 (express), Q44. ◯ nov.-mars : t.l.j. 10h-16h30 ; avr.-oct. : t.l.j. 10h-17h (sam.-dim. 17h30). 🅿️ mer. : sur dons. 🔵 ♿ 🚽 🍴 🍼 **Children's Zoo** ◯ avr.-oct. **www**.bronxzoo.com

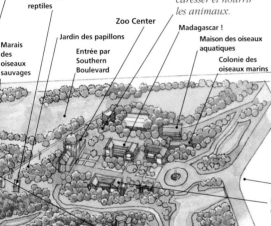

Monde des reptiles

Zoo Center

Madagascar !

Jardin des papillons

Maison des oiseaux aquatiques

Marais des oiseaux sauvages

Entrée par Southern Boulevard

Colonie des oiseaux marins

À NE PAS MANQUER

★ Asie sauvage

★ Forêt des gorilles du Congo

★ Monde de la jungle

★ Monde des oiseaux

★ Savane africaine

★ Tigres des montagnes

Entrée par Rainey Gate

Maison des singes

★ Monde des oiseaux
Le spectacle des oiseaux exotiques qui volent en liberté dans une forêt tropicale reconstituée est superbe. L'endroit abrite une cascade de 15 m de haut.

Maison des souris

Entrée par Bronx Parkway

Grand calao

Hauts plateaux himalayens
Vous y découvrirez des espèces menacées comme le léopard des neiges et le panda rouge.

★ Asie sauvage
De mai à octobre, le monorail traverse des forêts et des prés dans lesquels vivent en liberté des rhinocéros et des chevaux sauvages de Mongolie.

★ Tigres des montagnes
On peut voir ces magnifiques animaux toute l'année. Une simple vitre sépare les visiteurs de ces gros « chats » sauvages.

Queens

Queens, qui inclut Long Island City, est un quartier très étendu où fourmillent distractions et magasins. Il se développa à partir de 1909, lorsque la construction du Queensboro Bridge facilita les transports vers Manhattan. Le quartier abrite les deux principaux aéroports de New York et les communautés grecque d'Astoria et asiatique de Flushing ; il fut longtemps fréquenté par des groupes ethniques très divers.

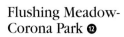

Un mutoscope de 1900, American Museum of the Moving Image

Flushing Meadow-Corona Park ⑫

M Willets Point-Shea Stadium. Voir **Sports** p. 361.

À l'emplacement même où eurent lieu les deux Expositions universelles de New York, s'étendent maintenant, au bord de l'eau, de vastes aires de pique-nique et de jeu. C'est là que se trouve le Citi Field, nouveau temple de l'équipe de base-ball des New York Mets (rivaux new-yorkais des Yankees) et célèbre lieu de concerts.

Flushing Meadow est aussi le siège du très prestigieux tournoi de tennis de l'US Open. Le reste de l'année, les courts sont ouverts au public et aux champions en herbe. Surnommé la « vallée de cendres » par Scott Fitzgerald, auteur de *Gatsby le magnifique,* cet endroit était, dans les années 1920, un marais noyé dans les fumées et la puanteur d'une décharge publique. On doit son assainissement à Robert Moses, directeur du service des parcs : les montagnes d'ordures furent déblayées, le cours de la rivière retracé, le marais asséché et un système d'égouts mis en place. C'est là que se tint, en 1939, l'Exposition universelle de New York, autour du thème de la paix.

L'Unisphère, symbole de l'exposition de 1964, domine encore les lieux. Cette gigantesque boule creuse d'acier vert, construite par l'US Steel Corporation, est haute de 12 étages et pèse 350 tonnes.

La sphère d'acier de l'exposition Universelle de 1964

New York Hall of Science ⑬

46th Ave and 111th St Flushing Meadow, Corona Park. **Tél.** (718) 699-0005. M 111th St. ⌚ sept.-juin : lun.-jeu. 9h30-14h, ven. 9h30-17h, sam., dim. 10h-18h ; juil.-août : lun.-ven. 9h30-17h ; sam., dim. 10h-18h. 🗓 Labor Day, 25 déc. 🎫 📷 ♿ 🎭 🌐 www.nyscience.org

Le pavillon des Sciences, construit pour l'Exposition universelle de 1964 et orné de vitraux, est aujourd'hui le musée des sciences et techniques. Les enfants adorent ses présentations interactives, ses lasers et l'écran vidéo géant qui leur permet d'observer une simple goutte d'eau.

L'extérieur de New York Hall of Science

Museum of the Moving Image and Kaufman Astoria Studio ⑭

35th Ave at 36th St, Astoria. **Musée** (718) 784-0077. M 36th St. **Steinway Museum** ⌚ mer., jeu. 11h-17h, ven. 11h-20h, sam., dim. 11h-18h30. Projections : ven.19h30, sam., dim. après-midi et soirées. 🎫 gratuit ven. 16h-20h. 🎬 sam., dim. 14h. 🗓 Memorial Day, Thanksgiving, 25 déc. **Studio** 🎬 au public. 📷 ♿ 🎭 🌐 www.movingimage.us

À l'époque où New York était la capitale du cinéma, Rudolph Valentino, W.C. Fields, les Marx Brothers et Gloria Swanson tournèrent tous leurs films à l'Astoria Studio, qui fut inauguré par la Paramount en 1920. Lorsque l'industrie se déplaça vers Hollywood, l'armée prit possession des bâtiments et y réalisa des films, de 1941 à 1971. Le complexe demeura inoccupé jusqu'à la création

Affiche, Museum of the Moving Image

de la fondation Astoria Motion Picture and Television (en 1977). Une rénovation a été entreprise, et ces studios sont aujourd'hui les plus importants de la côte est. C'est ici, par exemple, que fut réalisé *Radio Days* par Woody Allen.

En 1981, un des bâtiments a été transformé en musée interactif de l'image animée.

Le musée présente de nombreux souvenirs, du char de Ben Hur aux costumes de *Star Trek*. L'exposition du niveau principal est un échantillon de la collection du musée, composée de plus de 85 000 pièces. L'extension du musée, qui a coûté 65 millions de dollars, a permis la création d'une salle de cinéma de 254 sièges, d'un amphithéâtre de visionnage de vidéos et d'une salle pédagogique de 71 places.

PS1 MoMA, Queens ⑮

22-25 Jackson Ave at 46th Ave, Long Island City. *Tél.* (718) 784-2084. Ⓜ E et V vers 23rd St-Ely Ave ; 7 vers 45 Road-Courthouse Square ; G vers Court Sq ou 21st St-Van Alst. 🚌 B61, Q67. ◯ jeu.-lun. 12h-18h. ◯ 1er janv., 25 déc. 📷 ♿ 🖥 www.ps1.org

Le PS1 a été fondé en 1971 dans le cadre d'un projet de reconversion des immeubles abandonnés de New York. Rattaché au MoMA (*p. 172-175*), le PS1 est une des plus anciennes organisations artistiques des États-Unis consacré à l'art moderne. Il y a une exposition permanente et plusieurs expositions temporaires. De nombreuses présentations sont interactives. En été, des concerts ont lieu dans le jardin.

Brooklyn

Le kiosque de Prospect Park (p. 248)

Si Brooklyn était une municipalité autonome, elle serait la quatrième ville du pays. De nombreuses vedettes comiques (Mel Brooks et Woody Allen pour ne citer qu'eux) savent rendre hommage avec humour et tendresse à leur ville natale. Brooklyn est aujourd'hui un véritable creuset culturel où se côtoient, entre autres, Antillais, juifs, Russes, Italiens et Arabes. C'est aussi là que sont situés les quartiers résidentiels de Park Slope et Brooklyn Heights.

Brooklyn Children's Museum ⑯

145 Brooklyn Ave. *Tél.* (718) 735-4400. Ⓜ Kingston (C, 3). ◯ sam.-dim. 11h-18h ; sept.-juin : mer.-ven. 13h-18h, juil.-août : mar.-jeu. 12h-18h, ven. 12h-18h30. 📷 j.f. **Rooftop Theater** ◯ ven. 6h30-20h, sam.-dim. 10h-17h. 📷 j.f. ♿ 🖥 📱 www.bchildmus.org

Ce musée, fondé en 1899, fut le premier exclusivement destiné à un public enfantin. Faisant figure de modèle, il a servi de source d'inspiration pour les 250 autres établissements similaires qui se sont ouverts de par le monde.

Depuis 1976, il est installé dans un édifice souterrain ultramoderne, véritable labyrinthe de corridors reliés à un tunnel principal qui dessert les quatre niveaux de visite. Récemment rénové, le musée a doublé sa surface d'exposition. Ici, les enfants ne se contentent pas de regarder. Bien au contraire, on attend d'eux qu'ils fassent preuve de curiosité et partent à la découverte des objets exposés en les manipulant et en jouant avec. Ils peuvent même se promener sur un piano géant, comme celui du film *Big*. Les enfants de tous âges le trouvent irrésistible. Des expositions temporaires et des spectacles sont proposés pour les aider à découvrir notre planète, résoudre leurs problèmes, surmonter leurs appréhensions, comprendre d'autres cultures ou bien encore découvrir le passé. Les éclats de rire qui résonnent dans ce lieu sont la preuve du succès de cette approche – la meilleure du genre – selon laquelle les enfants apprennent toujours mieux en s'amusant.

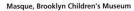

Masque, Brooklyn Children's Museum

La façade de la Brooklyn Academy of Music

Brooklyn Academy of Music ⑰

30 Lafayette Ave. **Tél.** *(718) 636-4100.* Ⓜ *Atlantic Ave, Nevins St (M, N, Q, R, W, 2, 3, 4, 5).* 🏬 🅿️
♿ 🎫 📷 www.bam.org
Voir **Musique contemporaine et musique classique** *p. 350.*

Siège du Brooklyn Philharmonic, la Brooklyn Academy of Music (connue sous le diminutif de BAM) est à la fois le plus vieux et le plus important lieu culturel de Brooklyn. Depuis 1858, s'y produisent des artistes de légende.

Logée dans un édifice de 1908 et inaugurée par une représentation du *Faust* de Verdi interprété par Caruso, la BAM a reçu un nombre impressionnant de stars de premier plan, parmi lesquelles l'actrice Sarah Bernhardt, la danseuse Anna Pavlova, les musiciens Pablo Casals ou Serghëi Rachmaninov et le poète Carl Sandburg.

De nombreuses troupes internationales en tournée se sont produites ici, comme la célèbre Royal Shakespeare Company de Londres.

Le festival Next Wave, résolument tourné vers l'avenir, a accueilli des artistes contemporains célèbres comme les musiciens Philip Glass et David Byrne, et les chorégraphes Pina Bausch et Mark Morris.

Non loin de là, la BAM anime également le Harvey Theater, un ancien cinéma qui présente désormais ballets, représentations théâtrales et concerts.

Grand Army Plaza ⑱

Plaza St at Flatbush Ave. Ⓜ *Grand Army Plaza (2, 3).* **Arc de triomphe** ⬜ *lors de certains défilés.*

L'arc de triomphe de Grand Army Plaza

Frederick Law Olmsted et Calvert Vaux dessinèrent cette place ovale destinée à servir d'entrée principale à Prospect Park. L'arc de triomphe et les statues furent ajoutés en 1892 pour honorer la victoire nordiste. Le buste de John F. Kennedy est le seul monument new-yorkais officiel dédié au président.

En juin, la place accueille le festival Welcome Back to Brooklyn, hommage aux personnages célèbres originaires de Brooklyn.

Park Slope Historic District ⑲

Rues entre Prospect Park W (sous Flatbush Ave) et 8th/7th/5th Avenues. Ⓜ *Grand Army Plaza (2, 3), 7th Ave (F).*

Un bas-relief du Montauk Club

Ce magnifique quartier de maisons victoriennes a été construit en bordure de Prospect Park autour des années 1880. Là habitaient les banlieusards des classes moyennes qui, après la construction du pont de Brooklyn, pouvaient facilement rejoindre Manhattan. Ses rues ombragées sont bordées de maisons de un à quatre étages, témoins de tous les styles alors en vogue, certaines arborant même les tours et tourelles fort à la mode à la fin du XIXe siècle, ainsi que des arches d'entrée aux voûtes d'inspiration néoromane.

Le Montauk Club, au nº 25 de la 8e Avenue, associe le style du palais vénitien Ca' d'Oro à celui des frises et gargouilles des Indiens montauks auxquels ce lieu de villégiature doit son nom.

Prospect Park ⑳

Ⓜ *Grand Army Plaza, Prospect Park (B, Q).* 📋 *information (718) 287 3400.* ♿ 🎫 www.prospectpark.org

Olmsted et Vaux préféraient ce parc ouvert en 1867 à Central Park (*p. 203-209*), leur réalisation antérieure. À l'intérieur, Long Meadow est la plus grande pelouse des États-Unis.

Olmsted estimait « qu'en pénétrant dans ces parcs, on se sent soulagé d'avoir échappé au milieu étroit et confiné des rues ». Un siècle plus tard, cette opinion est plus que jamais d'actualité.

La façade de la bibliothèque de Brooklyn sur Grand Army Plaza

Parmi les nombreux centres d'intérêt de ce parc, ne manquez pas le Croquet Shelter de Stanford White et le kiosque de Music Grove, aux influences japonaises bien marquées, qui accueille pendant l'été des concerts jazz ou classiques.

Le vieil orme de Camperdown, planté en 1872 et sujet d'inspiration de nombreux poèmes et tableaux, vaut lui aussi le détour. L'association des Amis de Prospect Park a d'ailleurs pour objet de trouver les fonds nécessaires pour soigner tous les arbres du jardin. Prospect Park se distingue par la variété de ses paysages mêlant jardins classiques à la française et rocailles parcourues de ruisseaux. Le meilleur moyen de le découvrir consiste à suivre une des visites guidées.

Une tortue verte de l'aquarium de New York, Coney Island

Cheval de manège, Prospect Park

Brooklyn Museum ㉑

Voir p. 250-253.

Brooklyn Botanic Garden ㉒

900 Washington Ave. *Tél.* (718) 623-7200. Ⓜ Prospect Park (B, Q), Eastern Pkwy (2, 3). **Jardins** ◯ avr.-sept. : mar.-ven. 8h-18h, sam.-dim. et j.f. 10h-18h ; oct.-mars : 8h-16h30 (sam.-dim. et j.f. 10h-16h30). ▣ 1er janv., Labor Day, Thanksgiving, 25 déc. ▨ mars-mi-nov. : gratuit mar. et sam. 10h-12h ; mi-nov.- fin fév. : gratuit lun.-ven. pour les moins de 16 ans. ▣ ♿ ▣ ▣ ▥ ▣
www.bbg.org ▣

En dépit de sa taille modeste (20 ha), ce jardin dessiné par les frères Olmsted en 1910 n'est pas dénué de charme.

Il abrite, entre autres, l'une des plus importantes roseraies des États-Unis.

Allez admirer tout particulièrement le jardin japonais où s'élèvent de petits temples shintoïstes. Fin avril ou début mai, une promenade vous y fera découvrir des cerisiers du Japon en fleur. Tous les ans, une fête traditionnelle célèbre le pays du Soleil-Levant autour de musiques et de plats typiques. Le mois d'avril est aussi l'époque idéale pour apprécier Magnolia Plaza. Plus de 80 arbres y exposent la beauté laiteuse de leurs fleurs sur fond de jonquilles. Dans le jardin des Senteurs, vous pourrez vous enivrer des parfums de nombreux massifs de plantes aromatiques (identifiées en braille pour les non-voyants).

La serre abrite l'une des plus vastes collections de bonsaïs d'Amérique, ainsi que certains arbres tropicaux rares dont les scientifiques tirent des substances permettant de fabriquer des médicaments expérimentaux.

Les nénuphars de Brooklyn Botanic Garden

Coney Island ㉓

Ⓜ Stillwell Ave (D, F, N, Q), W 8th St (F, Q). **New York Aquarium** Surf Ave and W 8th St, Coney Island. *Tél.* (718) 265-FISH. ◯ lun.-ven. 10h-17h, sam. et j.f. 10h-17h30 (juin-août : lun.-ven. jusqu'à 18h et sam.-dim. et j.f. jusqu'à 19h ; nov.-mars : t.l.j. jusqu'à 16h30). ▨ dern. entrée 45 min avant la fermeture. ▢ **www**.nyaquarium.com
Coney Island Museum 1208 Surf Ave, près de W 12th St. *Tél.* (718) 372 5159. ◯ sam.-dim. 12h-17h. ▨ **www**.coneyislandusa.com

Au milieu du XIXe siècle, le poète Walt Whitman a beaucoup écrit sur Coney Island, avec pour seule compagnie le rugissement des vagues. Dans les années 1920, la présence de trois parcs d'attractions construits entre 1887 et 1904 (Luna Park, Dreamland et Steeplechase Park) permit à Coney Island de s'autoproclamer « plus grand terrain de jeux du monde ». L'arrivée du métro en 1920 et l'installation de trottoirs en bois en 1921, contribuèrent au succès prolongé du lieu pendant la crise économique. Le **New York Aquarium** (6 ha) qui compte 350 espèces et **Coney Island Museum** attirent beaucoup de monde.

Coney Island est toujours aussi attractif : le bord de mer (City Landmark) est superbe et la Mermaid Parade (juin) reste un événement majeur.

Brooklyn Museum ㉔

Destiné au départ à devenir le plus vaste édifice culturel du monde, le Brooklyn Museum fut la plus impressionnante réalisation de McKim, Mead & White. Les cinq sixièmes des travaux n'ont jamais vu le jour. Ce musée est néanmoins, avec son million de pièces, présentées sur plus de quatre hectares de salles d'exposition (41 805 m²), l'un des plus spectaculaires du pays.

Façade nord dessinée par McKim, Mead & White

LÉGENDE DU PLAN

- ☐ Art primitif africain et américain
- ☐ Art oriental
- ☐ Estampes, dessins et photographies
- ☐ Murs peints de Williamsburg
- ☐ Art égyptien et classique
- ☐ Arts décoratifs
- ☐ Peinture et sculpture
- ☐ Expositions temporaires
- ☐ Circulation et services

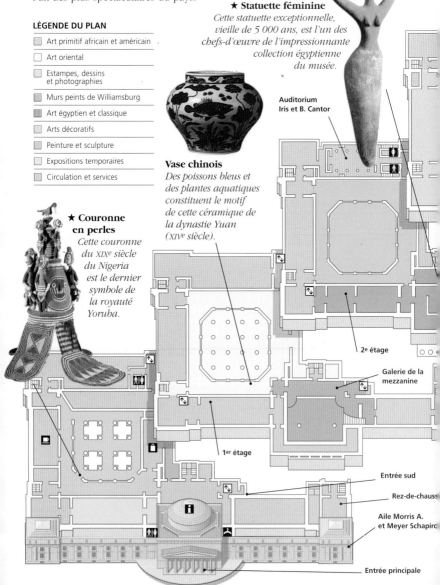

★ Statuette féminine
Cette statuette exceptionnelle, vieille de 5 000 ans, est l'un des chefs-d'œuvre de l'impressionnante collection égyptienne du musée.

Auditorium Iris et B. Cantor

Vase chinois
Des poissons bleus et des plantes aquatiques constituent le motif de cette céramique de la dynastie Yuan (XIVᵉ siècle).

★ Couronne en perles
Cette couronne du XIXᵉ siècle du Nigeria est le dernier symbole de la royauté Yoruba.

2ᵉ étage

Galerie de la mezzanine

1ᵉʳ étage

Entrée sud

Rez-de-chauss...

Aile Morris A. et Meyer Schapiro

Entrée principale

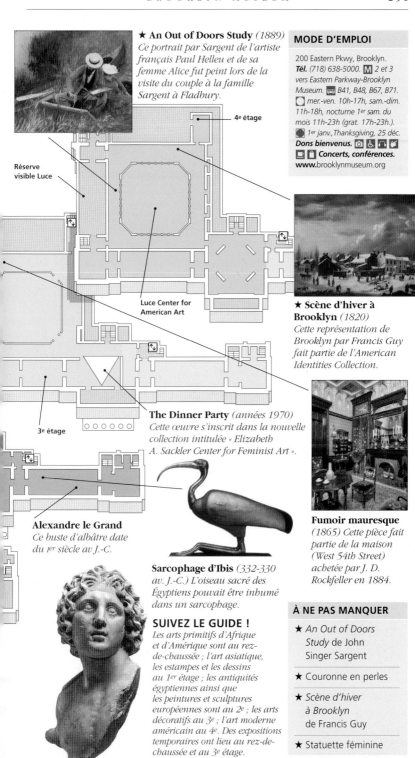

★ **An Out of Doors Study** *(1889)*
Ce portrait par Sargent de l'artiste français Paul Helleu et de sa femme Alice fut peint lors de la visite du couple à la famille Sargent à Fladbury.

4e étage

Réserve
visible Luce

Luce Center for
American Art

MODE D'EMPLOI

200 Eastern Pkwy, Brooklyn.
Tél. *(718) 638-5000.* Ⓜ *2 et 3 vers Eastern Parkway-Brooklyn Museum.* 🚌 *B41, B48, B67, B71.* ⬡ *mer.-ven. 10h-17h, sam.-dim. 11h-18h, nocturne 1er sam. du mois 11h-23h (grat. 17h-23h.).* ⬡ *1er janv., Thanksgiving, 25 déc.* **Dons bienvenus.** 🔲 ♿ 🏛 📷 🔲 📷 **Concerts, conférences.** www.brooklynmuseum.org

★ **Scène d'hiver à Brooklyn** *(1820)*
Cette représentation de Brooklyn par Francis Guy fait partie de l'American Identities Collection.

The Dinner Party *(années 1970)*
Cette œuvre s'inscrit dans la nouvelle collection intitulée « Elizabeth A. Sackler Center for Feminist Art ».

3e étage

Alexandre le Grand
Ce buste d'albâtre date du 1er siècle av J.-C.

Sarcophage d'Ibis *(332-330 av. J.-C.)* *L'oiseau sacré des Égyptiens pouvait être inhumé dans un sarcophage.*

Fumoir mauresque
(1865) Cette pièce fait partie de la maison (West 54th Street) achetée par J. D. Rockfeller en 1884.

SUIVEZ LE GUIDE !
Les arts primitifs d'Afrique et d'Amérique sont au rez-de-chaussée ; l'art asiatique, les estampes et les dessins au 1er étage ; les antiquités égyptiennes ainsi que les peintures et sculptures européennes sont au 2e ; les arts décoratifs au 3e ; l'art moderne américain au 4e. Des expositions temporaires ont lieu au rez-de-chaussée et au 3e étage.

À NE PAS MANQUER

★ *An Out of Doors Study* de John Singer Sargent

★ Couronne en perles

★ *Scène d'hiver à Brooklyn* de Francis Guy

★ Statuette féminine

À la découverte du Brooklyn Museum

Vous y trouverez dans 28 salles traitant chacune d'une période, la plus vaste et l'une des plus belles collections du pays, particulièrement riche en art primitif américain. De magnifiques objets égyptiens et islamiques enchanteront les amateurs, ainsi que certains chefs-d'œuvre de la peinture européenne et américaine.

Torse de Bouddha indien (fin du IIIᵉ siècle av. J.-C.)

ART PRIMITIF AFRICAIN, AMÉRICAIN ET OCÉANIEN

Le Brooklyn Museum fut en 1923 le premier à considérer les objets africains comme des œuvres d'art plutôt que des produits artisanaux. Sa collection n'a cessé de s'enrichir depuis.

Il expose un gong d'ivoire du Bénin (XVIᵉ siècle), dont on ne connaît que cinq autres exemples au monde.

Le musée présente aussi des œuvres américaines parmi lesquelles des totems, tissus et poteries. Une chemise en daim ayant appartenu à un chef de la tribu blackfoot (XIXᵉ siècle) porte le récit de ses hauts faits guerriers. Les traditions artistiques de l'Amérique précolombienne sont illustrées par des tissus péruviens, l'orfèvrerie et les sculptures mexicaines sont un hommage à l'art précolombien. Vous pourrez contempler une très belle tunique péruvienne du VIᵉ siècle av. J.-C. dont les motifs symboliques tissés sont si serrés qu'ils semblent peints à la surface du tissu.

La collection océanienne comprend des œuvres venues des îles Salomon, de Papouasie-Nouvelle-Guinée et de Nouvelle-Zélande.

ART ORIENTAL

Le musée présente, par roulement, ses œuvres coréennes, japonaises, chinoises, indiennes et islamiques. Peintures chinoises, miniatures indiennes et calligrammes islamiques viennent compléter la collection de sculptures, céramiques et textiles orientaux. N'oubliez pas d'aller voir les arts traditionnels japonais, les émaux cloisonnés chinois et les tapis d'Orient. L'art bouddhique est représenté par des œuvres d'origine chinoise, indienne et du Sud-Est asiatique, notamment le fronton d'un temple tibétain du XIVᵉ siècle peint de couleurs riches et lumineuses.

Chemise en daim d'un chef blackfoot (XIXᵉ siècle) ornée d'épines de porc-épic et de perles de verre

ARTS DÉCORATIFS

Les salles des arts décoratifs présentent l'évolution de la vie domestique et du design du XVIIᵉ siècle à nos jours.

La Moorish Smoking Room de la maison à façade de grès rouge de Rockefeller incarne l'art de vivre new-yorkais des années 1880. Prohibition oblige, on y admirera aussi un bar dissimulé derrière les boiseries d'un cabinet de travail Art déco (1928-1930) d'un appartement de Park Avenue.

Céramiques, mobilier, textiles et argenterie : plus de 350 objets sont présentés au Luce Center for American Art. En majorité américaine, la collection comporte aussi des pièces de l'art colonial espagnol et amérindien.

Normandie (1935), pichet en métal chromé de Peter Müller-Munk

Les salles du Luce Center sont aménagées par thème, autour des périodes clefs des arts visuels américains des 30 dernières années. On y trouve des œuvres de John Singer Sargent, Frank Lloyd Wright et Georgia O'Keeffe.

ART ANTIQUE ÉGYPTIEN ET MOYEN-ORIENTAL

Connu à travers le monde pour la richesse de sa collection en la matière, ce musée recèle de nombreux chefs-d'œuvre de l'Antiquité égyptienne dont une figure féminine de 3 500 av. J.-C. Vous y verrez aussi des sculptures, des statues, des peintures et objets funéraires. Le plus étrange de ces derniers est certainement le sarcophage d'un ibis – oiseau sacré représentant le dieu Thot – trouvé dans un cimetière animal d'Égypte. Fait de bois et d'argent, ce sarcophage est recouvert d'or et deux cristaux de roche figurent les yeux de l'animal. Ces galeries ont été rénovées et leur présentation est très intelligente.

Les objets grecs et romains exposés comprennent des statues, des poteries, des bronzes, des bijoux et des mosaïques.

La collection d'antiquités moyen-orientales regroupe de nombreuses poteries et douze bas-reliefs d'albâtre provenant du palais d'Assurnasirpal II. Datés entre 883 et 859 av. J.-C., ils représentent le roi guerroyant, inspectant ses cultures ou purifiant un arbre sacré ; dans le plus pur style de l'iconographie assyrienne.

PEINTURE ET SCULPTURE

Cette section rassemble des travaux datant du XIVe siècle jusqu'à nos jours, dont de célèbres œuvres françaises du XIXe par Degas, Rodin, Monet, Matisse, Cézanne et Pissaro. Elle s'enorgueillit d'une des plus belles collections de toiles nord-américaines. Parmi

Pierre de Wiessant (v. 1886), l'un des *Bourgeois de Calais* de Rodin

les plus représentatives de l'art contemporain américain, ne manquez pas le *Pont de Brooklyn* de Georgia O'Keeffe. Les tableaux

espagnols de l'époque coloniale sont remarquables.

Dans le jardin des Sculptures, vous pourrez voir une réplique de la statue de la Liberté ainsi que des statues récupérées sur des édifices new-yorkais après leur démolition, comme celles de l'ancienne gare de Pennsylvania Station.

ESTAMPES, DESSINS ET PHOTOGRAPHIES

Le musée possède une riche collection de gravures, dessins et photographies présentés en alternance, pour les préserver. On peut notamment admirer Dürer, Piranèse et un choix d'impressionnistes et de postimpressionnistes dont Toulouse-Lautrec. Ne manquez pas les œuvres de Mary Cassat, la seule Américaine associée au mouvement impressionniste, et prenez le temps d'admirer les lithographies de James Whistler, les gravures de Winslow Homer et les

Rotherhide (1860), eau-forte de James McNeill Whistler

magnifiques dessins de Fragonard, Klee, Van Gogh, Picasso et Gorky, la plupart en noir et blanc.

L'ensemble de photographies comprend surtout des œuvres américaines du XXe siècle, dont un portrait de 1924 de l'actrice Mary Pickford, par Edward Steichen, ainsi que des clichés de Margaret Bourke-White, Berenice Abbott et Robert Mapplethorpe.

Fragments gravés provenant de Thèbes, en Égypte (vers 760–656 av. J.-C.), représentant le dieu Amon-Râ et son épouse Mout

Staten Island

De Staten Island, les New-Yorkais ne connaissent le plus souvent que la traversée en ferry. L'île renferme pourtant bien d'autres curiosités et ses habitants, se sentant méprisés, ont même envisagé à une époque de faire sécession. À la descente du bac, vous serez surpris par la beauté de l'endroit avec ses collines, lacs, édifices historiques et son superbe panorama sur le port. Le plus étonnant est peut-être de trouver là, dans une réplique de temple bouddhique, une splendide collection d'art tibétain.

Historic Richmond Town ㉔

441 Clarke Ave. **Tél.** (718) 351-1611. 🚌 *S74 à partir du ferry.* ◯ *sept.-juin : mer.-dim. 13h-17h ; juil.-août : mer.-sam. 10h-17h, dim. 13h-17h.* ◯ *1er janv., dim. de Pâques, Thanksgiving, 25 déc.* 🎦 📷 ♿ 🎫 🚻 🏛 **www**.historicrichmondtown.org

Eau de Cologne de Richmond

Ce village restauré et converti en musée à ciel ouvert est le seul de son genre à New York. Il comporte aujourd'hui 29 bâtiments dont quatorze sont ouverts au public. Baptisé en premier lieu « ville des coques » en raison des coquillages de sa grève, le village ne tarda guère à être surnommé « Dam » par ses habitants. Après l'indépendance, il fut rebaptisé Richmond Town et fit office de capitale du comté jusqu'à ce que Staten Island soit intégrée à la ville de New York en 1898.

Voorlezer House, construite par les Hollandais avant 1696, est la plus vieille école

primaire du pays. Le magasin Stephens General Store, ouvert en 1837, faisait également office de bureau de poste. Il a été restauré dans les moindres détails. Tout le village a été réhabilité : ses hangars, son tribunal, ses maisons, plusieurs boutiques et même une taverne. L'ensemble couvre une superficie de 42 ha. Plusieurs ateliers sont ouverts au public pour des démonstrations d'artisanat traditionnel.

St Andrew's Church et son vieux cimetière sont situés près de la rivière. Sur place, on peut aussi visiter le Historical Society Museum.

Voorlezer House dans Richmond Town

Jacques Marchais Museum of Tibetan Art ㉕

338 Lighthouse Ave. **Tél.** (718) 987-3500. 🚌 *S74 à partir du ferry.* ◯ *mer.-dim. 13h-17h.* ◯ *j.f.* 🎦 📷 🎫 🏛 **www**.tibetanmuseum.org

Le cadre paisible de cette colline accueille l'une des plus importantes collections privées d'art tibétain du XVe au XXe siècle au monde. Le bâtiment principal est une copie de monastère bouddhique.

Sculpture religieuse, Jacques Marchais Center of Tibetan Art

Le second bâtiment sert de bibliothèque. Dans le jardin sont exposées des sculptures, parmi lesquelles quelques bouddhas de la taille d'un homme. Le centre fut édifié en 1947 par Mme Jacques Marchais, une négociante spécialisée en art oriental. Le dalaï-lama est venu la première fois en 1991.

Une pagode de Snug Harbor Cultural Center

Snug Harbor Cultural Center ㉖

1000 Richmond Terrace. **Tél.** (718) 448-2500. 🚌 *S40 du ferry vers Snug Harbor Gate.* **Parcs** ◯ *t.l.j. aube-crépuscule.* **Galerie d'art** ◯ *mar.-dim. 10h-17h.* 🎦 *dons bienvenus.* **Musée pour enfants** ◯ *mar.-dim. midi-17h (été : 11h-17h).* ◯ *1er janv., Thanksgiving, 25 déc.* ♿ *limité* 🎫 🏛 **www**.snug-harbor.org

Cette ancienne maison de retraite pour marins fondée en 1801 est aujourd'hui un centre artistique récemment restauré, comprenant cinq bâtiments inspirés de l'architecture antique et construits entre 1831 et 1880. Le plus vieux abrite l'office de tourisme. Il mène au **Newhouse Center for Contemporary Art**. Snug

Harbor Cultural Center est également le siège du **Staten Island Children's Museum** et du Veterans Memorial Hall, une chapelle si nécessaire utilisée pour des spectacles. Les pelouses de Snug Harbor accueillent chaque année un festival de sculpture. La collection d'orchidées et la roseraie du jardin botanique valent aussi le coup d'œil.

Snug Harbor fut construit à la demande de Robert Randall, un marin écossais qui fit fortune pendant la guerre d'Indépendance, en hébergeant des marins moins chanceux. L'emplacement de ce foyer fut choisi afin que ses locataires puissent jouir de la vue du port.

Clear Comfort, la demeure d'Alice Austen

Alice Austen House 27

2 Hylan Blvd. **Tél.** *(718) 816-4506.*
S51 du ferry vers Hylan Blvd.
jeu.-dim. midi-17h ; parcs :
jusqu'au crépuscule. janv., fév.
et j.f. **Dons bienvenus**
limité. **www**.aliceausten.org

Cette charmante fermette, construite autour de 1690, baptisée Clear Comfort, fut la demeure de la photographe Alice Austen qui vécut dans ce cadre splendide la plus grande partie de sa vie. Née en 1866, elle réalisa de nombreux clichés de l'île, de Manhattan, mais aussi du reste du pays. Elle fut ruinée par la crise de 1929 et dut se retirer dans un hospice à l'âge de 84 ans. Un an après, elle fut révélée par le magazine *Life*, ce qui lui procura des revenus suffisants pour aller finir sa vie dans une maison de santé. Elle laissa derrière elle 3500 négatifs couvrant la période de 1880 à 1930. L'association des Amis d'Alice Austen organise des rétrospectives de son œuvre.

Encore plus loin

Le village de Broad Channel, Jamaica Bay

Jamaica Bay Wildlife Refuge Center 28

Traverser Bay Blvd à Broad Channel. **Tél.** *(718) 318-4340.* **M** *Broad Channel (A).* *aube-crépuscule ; rens. : t.l.j. 8h30-17h.*
variable (tél. à l'avance).
www.nps.gov/gate

Les terres et marécages de cette réserve couvrent une surface égale à celle de Manhattan et abritent plus de 300 espèces d'oiseaux migrateurs ou sédentaires. Au printemps et à l'automne, son ciel est envahi d'oies ou de canards sauvages. Les *rangers* organisent des visites guidées et des promenades à pied le week-end. Pour bien apprécier ce site magnifique, n'oubliez pas d'emporter des jumelles, un téléobjectif ainsi que des vêtements et des chaussures appropriés. Minuscule hameau composé de maisons construites sur pilotis le long de Cross Bay Blvd, Broad Channel est le seul village de l'île. Une ligne de métro vous emmènera directement depuis Manhattan jusqu'à la réserve et sa plage longue de 16 km.

Jones Beach State Park 29

Plages *toute l'année.* *fin mai-Labor Day.* **Tél.** *(516) 785-1600.*
www.nysparks.state.ny.us/parks
Long Island Railroad : de Penn Station vers Jones Beach ; horaire des trains (fin mai-Labor Day) : (718) 217-5477. **Jones Beach Theater Tél.** *(516) 221-1000.*
www.jonesbeach.com

Le parc de Jones Beach fut ouvert sur l'initiative de Robert Moses, directeur du service des parcs (*p. 246),* qui fit de cette étroite bande de terre la plage la plus accessible de Long Island. Sa double exposition permet de profiter des vagues – côté océan – ou des eaux calmes de sa baie. Son golf, ses piscines et ses restaurants en font un agréable lieu de détente, et le **Jones Beach Theater** accueille l'été des concerts.

Le parc Robert Moses est situé à l'est sur Fire Island, une île protégée de 50 km de long et moins de 800 m de large. C'est un paradis pour les marcheurs et les cyclistes qui apprécient ses belles plages.

Fire Island attire des habitants très divers dans une ambiance familiale. Un grand nombre de célibataires s'y sont également installés, de même qu'une partie de la communauté homosexuelle new-yorkaise.

Vacanciers à Jones Beach

SEPT PROMENADES À PIED

Marcher dans la ville est un excellent moyen d'en découvrir les charmes. Dans les pages suivantes, vous trouverez les itinéraires de sept balades regroupées par thème. Elles vous permettront de suivre les traces d'auteurs et d'artistes célèbres dans Greenwich Village et SoHo (p. 260-261) ou de passer Brooklyn Bridge pour observer des vestiges du New York du XIXe siècle (p. 266-267). Les plans pas à pas de chacun des quinze quartiers de Manhattan développés dans ce guide vous invitent également à découvrir les endroits les plus intéressants. Différentes associations et organismes locaux vous proposent en outre des promenades accompagnées. Vous saurez tout sur l'architecture si particulière de la ville ou bien sur les célèbres « fantômes » de Broadway. Vous trouverez leurs coordonnées page 369 ainsi que dans le magazine *Time Out New York*. Comme dans toute grande métropole, gardez un œil sur vos affaires au cours de vos promenades (p. 372-373). Établissez votre itinéraire à l'avance et marchez dans la mesure du possible de jour.

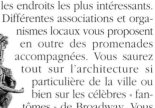
Sculpture sur l'US Custom House, Lower Manhattan

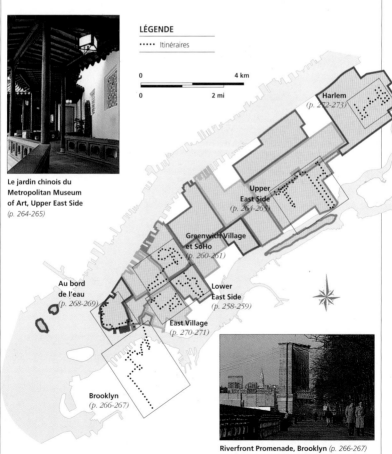

LÉGENDE
····· Itinéraires

0 ——— 4 km
0 ——— 2 mi

Harlem (p. 272-273)

Upper East Side (p. 264-265)

Greenwich Village et SoHo (p. 260-261)

Lower East Side (p. 258-259)

Au bord de l'eau (p. 268-269)

East Village (p. 270-271)

Brooklyn (p. 266-267)

Le jardin chinois du Metropolitan Museum of Art, Upper East Side (p. 264-265)

Riverfront Promenade, Brooklyn (p. 266-267)

◁ **Moment de détente dans Grove Street, Greenwich Village** (p. 260-261)

Une heure et demie dans Lower East Side

Cette promenade vous fera traverser d'anciens quartiers d'immigrants et illustre le caractère changeant de la ville, où des vagues de nouveaux arrivants investissent certains quartiers. Le dimanche est le meilleur jour pour découvrir l'ambiance locale, les diverses cultures et les gastronomies. Pour plus de détails sur le Lower East Side, voir pages 92 à 101.

Lower East Side

Partez de East Houston Street, qui délimite le Lower East Side et l'East Village, et profitez-en pour découvrir l'excellente cuisine juive de Yonah Schimmel Knish Bakery ① (n° 137) et Russ & Daughters ② (n° 179), tenu par l'arrière-petit-fils du fondateur et renommé pour son poisson fumé et son caviar. Katz's Delicatessen ③ (n° 205), est une institution depuis plus de 100 ans. Poursuivez jusqu'à Norfolk Street et tournez à droite pour découvrir l'Angel Orensanz Center ④ (n° 172), dans l'une des plus vieilles synagogues de New York.

Fer à repasser de 1885, Lower East Side Tenement Museum ⑥

CARNET DE ROUTE

Point de départ : *East Houston St.*
Longueur : *3,2 km.*
Pour s'y rendre : *prenez le métro (ligne F ou V) pour 2nd Ave ; sortie 1 East Houston et Eldrige. Autres stations : F ou V pour Delancey ; J, M ou Z pour Essex. Le bus M15 s'arrête sur East Houston et à l'angle Delancey St/Allen St. Le M14A et le M9 empruntent Essex St. Pour repartir de Chinatown-Little Italy, la station Canal St est desservie par les lignes J, M, N, Q, R, W et 6.*
Où faire une pause : *les cafés de Little Italy servent des pâtisseries et du café délicieux. Sweet-n-Tart, au n° 20 Mott Street, propose des plats chinois. Pour savourer de la cuisine italienne, allez sur Mulberry Street, chez Il Cortile (n° 125) ou Il Palazzo (n° 151). Les multiples parfums de glace du Laboratorio del Gelato (95 Orchard St) sont un must l'été.*

Prenez à droite sur Rivington pour admirer une autre synagogue, la Shaarai Shomovim First Romanian-Americain Congregation ⑤ (n° 89), installée dans un beau bâtiment en brique de 1890. L'intérieur délabré reste impressionnant.

Investi par les jeunes New-Yorkais branchés, le Lower East Side compte désormais des commerces, des boîtes et des restaurants à la mode. Sur Rivington, des boutiques de vêtements pour jeunes côtoient les magasins traditionnels. Tournez à gauche sur Orchard Street, le cœur traditionnel du Lower East Side juif. Beaucoup de magasins vendent des vêtements et des articles de stylistes à prix réduits. Le jour le plus animé est le dimanche. En revanche, tout est fermé le samedi.

Les passionnés d'histoire ne manqueront pas de visiter le Lower East Side Tenement Museum ⑥ (n° 108 Orchard). Un logement restauré illustre la vie de trois familles d'immigrants, de 1874 aux années 1930.

Un détour au-delà de Broome Street, sur Orchard, vous conduira à Guss' Pickle ⑦ (n° 85-87), qui a inspiré en 1988 le film *Crossing Delancey*. Les clients y font la queue pour savourer les pickles vendus en tonneaux.

Marchands de vêtements sur le marché d'Orchard Street

Revenez sur Broome et tournez à gauche pour découvrir la Kehila Kedosha Janina Synagogue and Museum ⑧ (n° 280 Broome), une petite congrégation dotée d'un musée à l'étage.

Prenez à nouveau à gauche sur Eldridge, pour rejoindre, au-delà de Canal Street, la majestueuse Eldridge Street Synagogue ⑨ (n° 12).

LÉGENDE

- ••• Itinéraire principal
- ☀ Point de vue
- [M] Station de métro

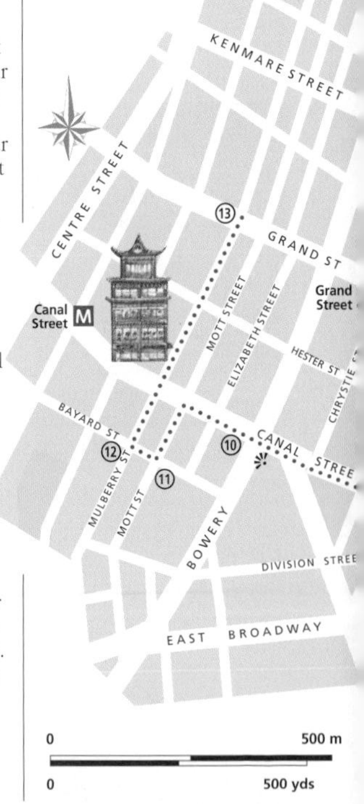

Guss' Pickle Company ⑦

Chinatown

Faites demi-tour pour revenir sur Canal Street, où une pause vous permettra d'admirer la flèche du Chrysler Building et les gratte-ciel à l'angle d'Eldridge. Prenez à gauche et traversez The Bowery, où subsiste quantité de bijouteries, vestiges de l'ancien Diamond District ⑩ (n° 1). Progressivement, les magasins cèdent la place à des commerces proposant quantité de légumes exotiques et à des boucheries regorgeant de canards rôtis. Au n° 200 Canal Street se trouve Kam Man Food Products, l'un des plus grands marchés chinois du quartier. Tournez à gauche pour prendre Mott Street, aux innombrables enseignes lumineuses en chinois : vous êtes au cœur de Chinatown. De la cantine à la haute cuisine, les restaurants se comptent par centaines.

EAST HOUSTON STREET
STANTON STREET
RIVINGTON STREET
NORFOLK STREET
SUFFOLK STREET
CLINTON STREET
CHRYSTIE STREET
PARKWAY
Bowery
D. ROOSEVELT
ELDRIDGE ST
LUDLOW STREET
Delancey Street
RIVINGTON STREET
DELANCEY STREET
BROOME STREET
ELDRIDGE STREET
ALLEN STREET
ORCHARD ST
LUDLOW STREET
ESSEX STREET
GRAND STREET
East Broadway
EAST BROADWAY

Marchand de bretzel d'Orchard Street

Kam Man Food Products, un grand marché chinois au 200 Canal Street

Pour des nourritures plus spirituelles, visitez l'Eastern States Buddhist Temple ⑪ (n° 64b).

À Bayard Street, tournez à gauche pour découvrir les affiches et les messages politiques sur le mur de la Démocratie, puis revenez sur vos pas et prenez à droite sur Mulberry Street. Le virage à côté de Columbus Park était appelé Mulberry Bend ⑫.

Traiteur italien de Little Italy ⑬

Little Italy

Prenez Mulberry Street dans l'autre direction. Soudain, vous êtes dans la Petite Italie ⑬, quartier enclavé dans Chinatown, qui réunit quelques pâtés de maisons, avec des restaurants, des cafés et des magasins proposant pâtes maison, saucisses, pains et pâtisseries. Petit à petit, la population italienne s'en est allée, mais un noyau dur subsiste, déterminé à préserver l'atmosphère du quartier. Le bastion se trouve sur Mulberry Street, entre Broome Street et Canal Street, avec quelques magasins sur Grand Street près de Mulberry. En poursuivant sur Grand, vous reviendrez rapidement dans Chinatown.

La plus grande manifestation de l'année est la fête de San Gennaro, le saint patron de Naples. En septembre, onze nuits durant, Mulberry Street est bondée de visiteurs venus découvrir les défilés et la cuisine italienne, notamment les saucisses.

Une heure et demie de balade dans Greenwich Village et SoHo

En vous promenant dans le dédale de rues du Village, vous passerez devant les endroits où résidèrent de nombreux écrivains et artistes célèbres, avant de partir à la découverte des galeries et musées de SoHo où sont exposées des œuvres contemporaines. Consultez les pages 108-115 pour de plus amples détails concernant Greenwich Village et les pages 102-107 pour SoHo.

L'écrivain Marc Twain a habité dans la 10e Rue

West 10th Street

À proximité de 8th Street et de 6th Avenue ①, vous trouverez des librairies, des disquaires et des magasins de vêtements. Remontez de 6th Avenue à 9th Street jusqu'à Jefferson Market Courthouse ②.

Dans West 10th Street ③, allez jusqu'au centre d'études helléniques A. Onassis (58). Il y avait là un passage menant jusqu'au Tile Club, où se réunissaient les artistes du studio de 10th Street. A. Saint-Gaudens, J. LaFarge et W. Homer y ont vécu et travaillé. M. Twain habitait au n° 14 de 10th Street, E. Albee au n° 50.

De l'autre côté de 6th Avenue, ne manquez pas Milligan Place ④, ravissant petit pâté de maisons du XIXe siècle, ainsi que Patchin Place ⑤, où résidèrent les poètes E. E. Cummings et J. Masefield. Un peu plus loin se trouve le site de Ninth Circle Bar ⑥ qui, lors de son ouverture en 1898, était surnommé « Regnaneschi's ». Il est d'ailleurs représenté sous ce nom dans une toile de J. Sloan, *Regnaneschi's Saturday Night*. L'endroit inspira le dramaturge E. Albee qui aperçut, griffonnée sur un de ses miroirs, la question « Qui a peur de Virginia Woolf ? », futur titre de sa célèbre pièce.

L'extérieur original de Twin Peaks ⑨

Greenwich Village

Prenez à gauche vers Waverly Place, en passant devant la fameuse librairie Three Lives, jusqu'à Christopher Street et le Northern Dispensary ⑦.

Facade de Washington Mews ⑬

Remontez Grove Street en longeant Christopher Park jusqu'à Sheridan Square, véritable cœur du Village. À gauche, le Circle Repertory Theater ⑧ où furent jouées les premières des pièces de Lanford Wilson, est aujourd'hui fermé.

Traversez 7th Avenue et engagez-vous dans Grove Street. À l'angle de Bedford Street, se trouve Twin Peaks ⑨ (n°102 Bedford), un foyer pour artistes des années 1920. Jetez un œil à l'angle nord-est des rues Bedford et Grove Street. La façade de cet immeuble ⑩ a tenu un « rôle » dans la série télévisée *Friends*. Au n° 75 1/2 se trouve la plus étroite maison du Village, domicile de la poétesse Edna Saint Vincent Millay. Remontez Carmine Street jusqu'à 6th Avenue puis prenez à droite en direction de Waverly Place. Au n° 116 ⑪, C. Lynch, professeur d'anglais, avait l'habitude de tenir salon avec des amis tels Herman Melville et Edgar Allan Poe, qui y fit sa première lecture publique du *Corbeau*. Un détour sur votre gauche vous mènera jusqu'à MacDougal Alley ⑫, une ruelle dans laquelle G. Vanderbilt Whitney installa son atelier. Juste derrière se trouve l'emplacement du premier Whitney Museum, qu'elle fonda en 1932.

CARNET DE ROUTE

Départ : *angle 8th St et 6th Ave.*
Longueur : *3,2 km.*
Pour s'y rendre : *prenez le métro A, B, C, D, E, F ou V jusqu'à la station West 4th Street/Washington Square (sortie 8th Street). Les bus M2 et M3 s'arrêtent dans la 8th Street. Marchez un bloc vers l'ouest pour atteindre la 6th Street. Le bus M5 fait le tour de Washington Square pour revenir vers la 6th Ave et la 8th Street.*
Où faire une pause : *essayez le Fanelli's Café (n° 94 Prince Street), qui était un speakeasy pendant la prohibition.*

Washington Square

Une fois de retour sur MacDougal, prenez à gauche vers Washington Square pour y admirer les plus beaux bâtiments de style néo-grec des États-Unis. Henry James a situé l'action de son roman *Washington Square* au n° 18, où habitait sa grand-mère. Faites ensuite une pause sur 5th Avenue et retournez-vous pour admirer le

Washington Square Park et son arc de triomphe

SoHo

Longez vers le sud Thompson Street, rue typique du Village bordée de bars, de cafés et de boutiques, engagez-vous à gauche dans Houston Street, la frontière nord de SoHo, puis à droite dans West Broadway. Ensuite, galeries d'art et boutiques chic sont de plus en plus nombreuses.

Prenez sur votre gauche dans Spring Street, pourvue de vitrines tentatrices, puis à droite dans Greene Street ⑮, centre de Cast-Iron Historic District qui doit son nom à son architecture de fonte.

À gauche, à l'angle de Greene et Canal Street, traversez la rue pour entrer dans l'univers bruyant des marchands ambulants et des magasins d'électronique à prix discount. Deux blocs plus loin, engagez-vous de nouveau à gauche dans Broadway. Les férus de shopping peuvent prendre à droite sur Spring Street et se rendre dans le quartier de NoLita, royaume des stylistes branchés.

célèbre arc de triomphe de Washington Square. Traversez 5th Avenue. En face du n° 2 se trouve l'entrée de Washington Mews ⑬, ancien ensemble de remises et d'écuries, où vécurent John Dos Passos et Edward Hopper. Remontez Washington Square North en longeant ses demeures élégantes, parmi lesquelles celle de la romancière Edith Wharton (n° 7). Traversez le parc de Washington Square en passant sous son arc de triomphe. En sortant du parc, jetez un coup d'œil sur votre gauche à Judson Memorial Church and Tower ⑭, dessinée par S. White, et au Loeb Student Center, ancienne pension pour étudiants où Theodore Dreiser écrivit *An American Tragedy*.

LÉGENDE

••• Itinéraire principal

☼ Point de vue

Ⓜ Station de métro

0 _____ 500 m
0 _____ 500 yds

Façade de fonte, Greene Street ⑮

Entrée de station de métro sous la neige, Bryant Park ▷

Deux heures de promenade dans Upper East Side

Cette balade aux alentours de la 5e Avenue vous fera découvrir les plus beaux témoignages du New York du début du XXe siècle. Un détour par le vieux quartier allemand de Yorkville vous conduira le long du fleuve jusqu'à Gracie Mansion, résidence officielle du maire de la ville. Pour de plus amples détails sur Upper East Side, voyez les pages 182-203.

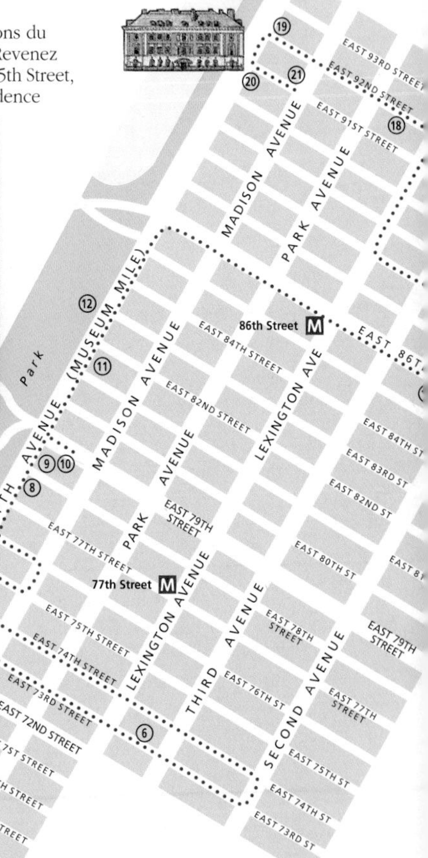

De la Frick Collection au Met
Partez de la demeure ① bâtie en 1913 pour H. Clay Frick, magnat du charbon, et visitez sa superbe collection d'art *(p. 202-203)*. Les grandes familles new-yorkaises rivalisaient en se faisant construire des résidences luxueuses inspirées des châteaux français. Celles qui subsistent ont souvent été transformées en musées ou en fondations.

Church of the Holy Trinity ⑰

Sur la 70th Street, vous verrez deux des galeries d'art les plus influentes de la ville : Knoedler & Co (n° 19) et Hirschl & Adler ② (n° 21). Remontez Madison jusqu'à la 72nd Street. Là se dresse le grand magasin Polo-Ralph Lauren ③.

En retournant vers la 5th Avenue le long du côté nord de la 72nd Street, vous passerez devant deux édifices des années 1890 qui abritèrent le lycée français de New York ④. Continuez à longer la 5th Avenue jusqu'à la 73rd Street, puis allez vers l'est jusqu'au n° 11, ancienne demeure de J. Pulitzer ⑤. À quelques blocs de là, entre Lexington et la 3rd Avenue vous contemplerez de belles maisons du XIXe siècle ⑥. Revenez au n° 1 de la 75th Street, l'ancienne résidence d'E. S. Harkness, fils du fondateur de la Standard Oil. Cet immeuble abrite le Commonwealth Fund ⑦. Au n° 1 de la West 78th Street, le château du « roi du tabac », James B. Duke, est devenu New York University Institute of Fine Arts ⑧. À l'angle de la 79th Street et de la 5th Avenue, l'immeuble qui fut la résidence du financier P. Whitney abrite l'ambassade de France ⑨. Au n° 2 de la 79th Street, se trouve le siège de l'Ukrainian Institute of America ⑩. À l'angle sud-est de la 82nd Street, vous pourrez voir Duke-Semans House ⑪, l'un des derniers hôtels particuliers de Manhattan. Consacrez une autre journée à la visite du Met ⑫.

Ukrainian Institute of America ⑩

Carl Schurz Park Promenade

Yorkville

En tournant vers l'est dans la 86th Street, vous verrez les vestiges de l'ancien quartier allemand : Bremen House ⑬.

Traversez la 2nd Avenue, puis tournez à droite vers Heidelberg Café et le *deli* Schaller & Weber ⑭, ou bien goûtez au hot dog du Papaya King (179 East 86th Street).

East River et Gracie Mansion

Henderson Place ⑮, sur East End Avenue, est un ensemble de 24 maisons de style Queen Anne. En face, Carl Schurz Park doit son nom au rédacteur en chef du *New York Post*. Une promenade dans ce parc vous mènera jusqu'à un point de vue sur le port de New York et Hell Gate, le confluent de East River et du détroit de Long Island. Depuis le chemin, vous verrez l'arrière de Gracie Mansion ⑯. Remontez vers l'ouest par la 88th Street, passez devant Church of the Holy Trinity ⑰ et allez vers la 92nd Street. En prenant vers l'ouest, vous découvrirez deux des dernières maisons en bois de Manhattan ⑱.

LÉGENDE

• • • Itinéraire principal

❉ Point de vue

Ⓜ Station de métro

Maisons en bois sur la 92nd Street ⑱

CARNET DE ROUTE

Départ : Frick Collection.
Longueur : 5 km.
Pour s'y rendre : prenez le métro ligne 6 vers Lexington/68th Street ; puis vers l'ouest jusqu'à la 5th Avenue. En bus, lignes M1 à M4 vers la 70th Street, puis un bloc vers l'ouest.
Où faire une pause : les cafés des musées Whitney et Guggenheim sont agréables. Essayez la cuisine autrichienne au Café Sabarsky de la Neue Galerie (5th Ave/86th St) ou bavaroise de l'Heidelberg Café (2nd Avenue). Sur Madison Avenue, entre les 92th et 93rd Streets, vous trouverez des lieux où vous restaurer (Sarabeth's Kitchen propose un brunch le week-end).

Cooper-Hewitt Museum ⑳

Carnegie Hill

De retour sur la 5th Avenue, longez les murs du Jewish Museum (autrefois le Felix Warburg Mansion) ⑲ et continuez jusqu'à la 91st Street, où se dresse le Cooper-Hewitt Museum ⑳, autrefois la demeure d'Andrew Carnegie. Cette réplique d'un manoir anglais (1902) valut au quartier d'être surnommé Carnegie Hill. James Burden House ㉑, au n° 7, édifiée en 1905 pour Adèle Sloan, héritière des Vanderbilt, abrite un escalier surmonté d'une verrière de vitraux, jadis surnommé « l'escalier du paradis ». Au n° 9, la résidence de style Renaissance italienne du financier Otto Kahn est intéressante à observer avec son porche d'entrée et sa cour intérieure. Elle abrite aujourd'hui le couvent de l'école du Sacré-Cœur.

Une promenade de trois heures dans Brooklyn

Une excursion au-delà du plus célèbre pont new-yorkais vous mènera jusqu'à Brooklyn Heights. Ce quartier tout droit sorti du XIXe siècle a des accents du Moyen-Orient. La promenade le long du fleuve offre une vue imprenable sur Manhattan. Pour plus de détails sur Brooklyn, consultez les pages 247-253.

La caserne de pompiers d'Old Fulton Street

Fulton Ferry Landing

Long d'un kilomètre, Brooklyn Bridge est un lieu privilégié pour photographier le sud de New York. Suivez la direction de Tillary Street, tournez à droite en bas des escaliers et prenez le premier chemin qui traverse le parc. Descendez Cadman Plaza West ① sous la voie express Queens Brooklyn jusqu'à l'endroit où Cadman devient Old Fulton Street. Vous apercevrez le pont sur votre droite en vous dirigeant vers le fleuve au carrefour de Water Street et Fulton Ferry ②. C'est d'ici que les troupes de Georges Washington s'embarquèrent pour Manhattan pendant la guerre d'Indépendance.

En 1814, l'endroit servit d'embarcadère au bac qui reliait Brooklyn à Manhattan. Jusqu'alors agricole, la zone se transforma en un quartier résidentiel. À votre droite, se trouve le River Café ③. Son panorama sur Manhattan en fait l'un des restaurants gastronomiques les plus étonnants de New York. En rebroussant chemin, passez devant l'ancien Eagle Warehouse ④ de 1893.

Eagle Warehouse ④

Brooklyn Heights

En partant de l'embarcadère, prenez à droite vers Everitt Street et remontez jusqu'à Columbia Heights et Middagh Street. Le n° 24 ⑤ de Middagh Street est l'une des plus vieilles maisons du quartier (1824).

Engagez-vous à droite dans Willow Street puis à gauche dans Cranberry Street. Cette rue est bordée de maisons à l'architecture variée, depuis les vieilles demeures en bois jusqu'aux petits hôtels particuliers de style fédéral. En faisant abstraction des voitures et de quelques immeubles récents, on pourrait se croire revenu au XIXe siècle.

De nombreuses célébrités ont vécu ici. Arthur Miller résida au n° 155. Truman Capote écrivit *Breakfast at Tiffany's* et *In Cold Blood* au n° 70 de Willow Street. Lorsqu'il était rédacteur en chef du *Brooklyn Eagle*, le poète Walt Whitman habitait dans Cranberry Street. Les épreuves de son ouvrage *Leaves of Grass* furent éditées dans une imprimerie située près de l'angle de Cranberry et Fulton.

Tournez à droite dans Hicks Street puis à gauche dans Orange Street jusqu'à Plymouth Church ⑥, où vécut H.W. Beecher, célèbre prêtre anti-esclavagiste et frère d'Harriett Beecher Stowe, auteur de *La Case de*

L'entrée de River Café

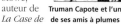

Truman Capote et l'un de ses amis à plumes

l'oncle Tom. Flânez sur Henry Street et Pineapple Street. Une fois sur Clark Street, admirez sur votre gauche les marquises d'hôtels celle du Towers. Longez Clark Street vers Columbia Heights ; Norman Mailer vit au n° 142 ⑦. Au n° 110 vécut Washington Roebling, l'architecte du Brooklyn Bridge.

La statue d'Henry Ward Beecher ⑥

The Promenade

Dans Montague Street, obliquez vers la Promenade ⑧ au bord du fleuve. Une plaque posée à l'entrée marque l'emplacement de Four Chimneys, lieu où résida Washington pendant la bataille de Long Island. En avançant encore, vous découvrirez une belle vue de Manhattan. Après avoir pris le temps de savourer ce paysage, faites demi-tour par Montague Street et rejoignez Montague Terrace ⑨, où vécut le poète W. H. Auden (n° 1), et où Thomas Wolfe acheva *Of Time and the River* (n° 5).

CARNET DE ROUTE

Départ : *Brooklyn Bridge.*
Longueur : *5,5 km.*
Pour s'y rendre : *prenez le métro (lignes 4, 5 ou 6) vers Brooklyn Bridge/City Hall (arrêt le plus proche du pont). Bus : M15 sur 2nd Avenue vers City Hall. Retour à Manhattan : lignes 2, 3, 4, 5, M, N, R ou W depuis Borough Hall et lignes 2, 3, 4, 5, M, N, R, Q ou W depuis Atlantic Avenue.*
Où faire une pause : *Teresa's (n° 80 Montague Street) propose des plats polonais à des prix raisonnables. Essayez aussi Henry's End (n° 44 Henry Street), ou encore la cuisine des Caraïbes du Brawta Caribbean Café (n° 347 Atlantic Avenue).*

L'ancien tramway de Montague Street conduisait au fleuve et au bac

Montague Street et Clinton Street

De retour dans Montague Street, dirigez-vous vers le cœur de Brooklyn, où foisonnent boutiques et cafés. À l'angle de Montague et de Clinton, n'hésitez pas à entrer dans Church of St Ann pour admirer ses vitraux ⑩. Avancez encore d'un bloc vers la gauche jusqu'à Pierrepont Street, siège de la Brooklyn Historical Society ⑪. Un bloc plus loin, dans Court Street, vous attendent Borough Hall ⑫, la mairie annexe de Brooklyn (1849), ainsi que la station de métro pour revenir dans Manhattan.

L'équipe des Brooklyn Dodgers doit son nom au fait qu'ils jouaient à éviter (to dodge) les tramways

Atlantic Avenue

Si vous choisissez de rester dans Clinton Street et de continuer jusqu'à Atlantic Avenue, vous découvrirez, sur votre gauche, des magasins de produits moyen-orientaux, comme Sahadi Imports ⑬ au n° 187. Plusieurs magasins vendent des livres en arabe, des journaux et des CD.

En arrivant dans Flatbush Avenue, vous ne pourrez pas manquer à votre gauche la Brooklyn Academy of Music ⑭ et la majestueuse façade de la Williamsburg Savings Bank. Cherchez les pancartes qui vous guideront jusqu'au métro en direction de Manhattan.

LÉGENDE

···· Itinéraire conseillé

⚹ Point de vue

Ⓜ Station de métro

Une heure et demie de promenade au bord de l'eau

De la venteuse Battery Park City Esplanade, avec sa vue panoramique sur le fleuve et ses appartements cossus, aux magnifiques goélettes amarrées à South Street Seaport, cette balade au bord de l'eau ponctuée de haltes ombragées vous fera découvrir le formidable héritage maritime de New York et vous rappellera que Manhattan est une île. Difficile d'imaginer que la jungle urbaine n'est qu'à deux pas. Les immeubles étouffent le bruit des Klaxon et des bus de la ville.

Vue de la statue de la Liberté depuis la rive

Mur de photographies au Museum of Jewish Heritage ⑤

Battery Park City

Commencez sur l'Esplanade ① près du Rector Place Park, juste à l'ouest de la station de métro Rector Street. De l'autre côté de l'Hudson River, vous apercevez le New Jersey. Marchez jusqu'à South Cove ② d'où, comme plus de 100 millions d'immigrants, vous découvrirez la statue de la Liberté. Visitez le Robert F. Wagner Jr. Park ③, du nom d'un ancien maire de la ville. Les hectares ombragés de pelouses, de tilleuls et de jolis pavillons sont la « ceinture verte » de Lower Manhattan.

Pour un beau panorama sur l'Hudson River, montez au point d'observation de Wagner Park ④. Là, des panneaux d'information retracent l'histoire maritime de New York, lorsque les grandes goélettes et les paquebots côtiers croisaient dans ces eaux.

Battery Place

Sur Battery Place, visitez le Museum of Jewish Heritage ⑤ *(p. 77)* et son Garden of Stones, calme et élégant jardin de chênes nains et de rochers. Et puisque Manhattan est la reine incontestée des gratte-ciel, allez au Skyscraper Museum ⑥, un chef-d'œuvre d'acier. Vous y découvrirez l'histoire des gratte-ciel, leur évolution actuelle dans le monde entier, ainsi que la maquette originale de 1971 de l'ancien World Trade Center.

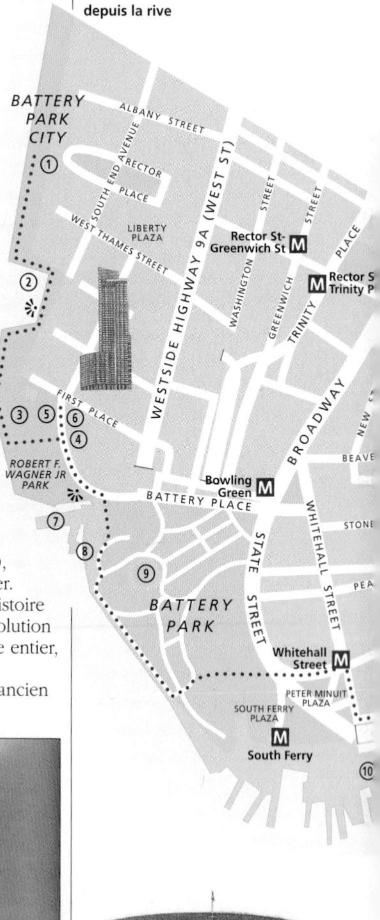

Surfaces brillantes et angles droits au Skyscraper Museum ⑥

Castle Clinton fut bâti au début du XIXe siècle pour défendre le port ⑨

Battery Park

En vous rendant à Battery Park, jetez un coup d'œil à la jetée A (Pier A) ⑦, unique vestige de la grande caserne de pompiers maritime de 1886. Les personnalités qui arrivaient jadis par bateau étaient accueillies par un festival de jets d'eau lancés des bateaux-pompes. L'horloge à huit cloches de la tour de la jetée servait à régler toutes les horloges du système maritime. Longez le front de mer jusqu'à l'American Merchant Mariners Memorial ⑧. Cette obsédante sculpture de soldats tirant des eaux un camarade désespéré est inspirée des photographies d'une attaque contre un navire américain lors de la Seconde Guerre mondiale.

Repos bien mérité à South Street Seaport ⑬

Passez Castle Clinton ⑨, un fort construit durant la guerre de 1812, reconverti en opéra, en théâtre, en aquarium, et enfin en musée. En traversant Battery Park, vous pourrez vous reposer sur un banc ombragé. Continuez sur State Street, tournez à droite dans Whitehall, puis à gauche dans South Street en longeant l'élégant bâtiment style Beaux-Arts du Battery Maritime Building ⑩.

South Street Seaport

Suivez South Street en direction du Brooklyn Bridge. Traversez la Vietnam Veterans Memorial Plaza ⑪ avec son mémorial de verre où sont gravés les mots poignants des soldats à leurs proches. Prenez vers le nord sur Water Street, ainsi nommée car elle était jadis au bord de l'eau, en coupant Old Slip. Toutes les rues baptisées « Slip » sont les anciens quais où les bateaux venaient s'amarrer. À l'ouest, regardez la célèbre Wall Street ⑫ (p. 66-67) et les

flèches de Trinity Church (p. 68). Tournez à droite dans Maiden Lane, puis à gauche dans Front Street, pittoresque rue pavée qui vous mènera à South Street Seaport ⑬ (p. 82-85), à ses mâts en bois et aux voiles des grands bateaux du port. Découvrez l'histoire maritime de New York au South Street Seaport Museum, puis longez les boutiques de Fulton Street jusqu'à Water Street. Jetez un coup d'œil au n° 211, à Bowne & Co. Stationers ⑭, une imprimerie traditionnelle où l'on peut encore voir des presses manuelles du XIXᵉ siècle. Rendez-vous au Pier 16 pour un autre voyage dans le temps au Maritime Crafts Center ⑮, où des peintres et des graveurs travaillent à des figures de proue et à des sculptures. Poursuivez jusqu'au Pier 17 ⑯, où se succèdent boutiques et cafés. De la jetée en bois, les mâts des vieilles goélettes se détachent sur fond de gratte-ciel – une vue de New York mémorable. Terminez en prenant un verre au Paris Café du Meyer's Hotel datant de 1873 (p. 83).

LÉGENDE

• • • Itinéraire

✻ Point de vue

Ⓜ Station de métro

0   300 m

0   300 yds

MODE D'EMPLOI

Départ : l'Esplanade.
Longueur : 3,2 km.
Pour s'y rendre : prenez le métro (lignes 1, R ou W) jusqu'à Rector Street. Suivez Rector vers l'ouest, traversez le pont vers West Street vers Rector Pl et marchez jusqu'à l'Espanade.
Où faire une pause : Gigino, dans Wagner Park (20 Battery Pl) sert de savoureux plats italiens.

Une heure et demie de promenade dans East Village

Ancienne ferme (ou *bouwerie*) de la famille Stuyvesant, ce quartier historique *(p. 116-121)* a changé de physionomie. Les associations culturelles et artistiques y côtoient des bars et des restaurants exotiques à la fois agréables et abordables. Le quartier a réussi à concilier vie résidentielle paisible avec rentabilité et créativité, ce qui se traduit par un renouvellement permanent de disquaires originaux, de cafés végétariens, de boutiques d'artisanat et de clubs de musique *live*.

Astor Place

En face de la station de métro Astor Place, le cube en acier noir baptisé l'Alamo ① est le rendez-vous des étudiants et des amateurs de skateboard. Dirigez-vous vers les grands immeubles de la 3rd Avenue, dont le Cooper Union ② *(p. 120)*, collège fondé en 1859 par Peter Cooper, riche entrepreneur illettré défenseur de l'éducation gratuite. En face, le Continental ③ est une salle de spectacle où se sont produits Iggy Pop et les Guns N' Roses. Dans East Village, la 8th Street devient St Mark's Place ④, ancien repaire jazz, puis hippie et enfin punk. Les terrasses de café et les vendeurs de rue en font l'un des quartiers les plus animés de Manhattan. À droite, St Mark's Ale House ⑤, anciennement The Five Spot, était le rendez-vous des musiciens et des poètes dans les années 1960. Un peu plus loin, le magasin de vêtements Trash and Vaudeville ⑥ occupe l'ancien Bridge Theater, qui fut maintes fois fermé puis rouvert, à la suite d'actes controversés. Yoko Ono y tint des *happenings* et, en 1967, on y brûla le drapeau américain en signe de protestation contre la guerre du Viêtnam.

Célébrations lors de la fête nationale ukrainienne

Le nos 19-25 St Mark's Place ⑦ appartint à des juifs, puis à la mafia avant que, dans les années 1960, Andy Warhol en fasse l'Electric Circus, célèbre discothèque où se produisit notamment le Velvet Underground. Vous trouverez leurs albums au Kim's Video ⑧, spécialisé dans la musique et le cinéma alternatifs.

Little Ukraine

Tournez à gauche dans la 2nd Avenue, où vit la plus grande et la plus ancienne communauté ukrainienne des États-Unis. On y trouve bars, restaurants et centres culturels – l'Ukrainian National Home ⑨ est situé au n° 140. À l'angle, Veselka ⑩ est ouvert 24 h/24. Un peu plus loin dans la 2nd Avenue, au carrefour de East 10th Street,

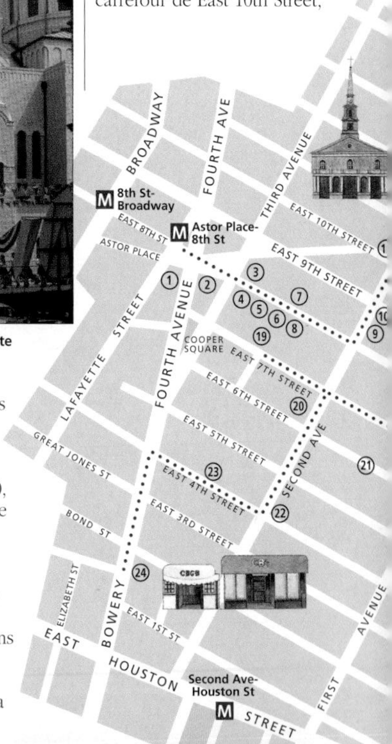

CARNET DE ROUTE

Départ : *l'Alamo.*
Longueur : *2,8 km.*
Pour s'y rendre : *prenez le métro (ligne 6) jusqu'à Astor Place. Bus M101, M102 ou M103.*
Où faire une pause : *St Mark's Place ne manque pas de bonnes adresses, essayez Jules Bistro entre la 1st et la 2nd Avenues, ou Caracas Arepa Bar au n° 93 1/2 East 7th Street.*

La boutique Trash and Vaudeville, ancien berceau de la contestation ⑥

Veniero's, le style et l'élégance d'une autre époque ⑫

Orme de Tompkins Square Park,
mémorial dédié à Hare Krishna ⑮

LÉGENDE

••• Itinéraire

Ⓜ Station de métro

```
0          200 m
0          200 yds
```

Tompkins Square Park

Aménagé en 1834, cette place a été le théâtre de tous les activismes politiques. Au milieu du parc ⑲, un orme sacré commémore la première cérémonie Hare Krishna qui s'est déroulée sur le sol américain. Le grand jazzman Charlie Parker vécut en face du parc de 1950 à 1955 ⑯. À l'angle sud-ouest du parc, sur la 7th Street, le 7A ⑰ sert des petits déjeuners 24 h/24. Un peu plus loin, Turntable Lab 04 ⑱ vend du matériel de DJ et des vinyles. Si vous avez soif, poursuivez à l'ouest, dépassez la 2nd Avenue et allez boire une bière chez McSorley's Old Ale House ⑲, l'un des plus vieux bars de la ville. Revenez sur la 2nd Avenue et tournez à droite pour l'emplacement de l'ancien Fillmore East Auditorium ⑳ (n° 105), où se produisirent des légendes – The Doors, Jimi Hendrix, Janis Joplin et Pink Floyd. Les Who y jouèrent même la première de *Tommy*, leur opéra rock. À gauche dans la 6th Street, Indian Restaurant Row ㉑ est une succession de restaurants indiens. En descendant la 2nd Avenue, au n° 80, vous passerez devant A Salt and Battery ㉒. Cette friterie fut le siège de Joe Masseria, chef de la mafia dans les années 1920. Tournez à droite dans la 4th Street. Le bar KGB ㉓, sur la droite, est une institution littéraire. Pour terminer, tournez à gauche dans Bowery et rendez-vous chez CBGB & OMFUG ㉔, berceau de groupes de rock américain tel que Talking Heads.

se trouve St Mark's-in-the-Bowery Church ⑪ *(p. 121)*. Cette église épiscopalienne, élevée en 1799, possède un bel orgue. Le gouverneur hollandais Peter Stuyvesant, dont c'était à l'origine la chapelle privée, y est enterré au côté de notables new-yorkais. Plus récemment, les Black Panthers et les Young Lords s'y réunirent, ainsi que le poète de la *beat generation* Allen Ginsberg et d'autres écrivains célèbres. Tournez à droite dans la 11th Street pour voir Veniero's ⑫, une pâtisserie italienne qui possède un plafond en métal estampé à la main. Tournez à droite puis à gauche dans la 10th Street, passez devant les trois étages du Russian and Turkish Bath House ⑬ et rendez-vous à l'angle nord du Tompkins Square Park ⑭ *(p. 121)*.

Indian Restaurant Row, la meilleure adresse pour manger indien ㉑

Une heure et demie de promenade à Harlem

Peu de quartiers de New York ont une histoire culturelle aussi riche que ce haut lieu de l'héritage afro-américain. La promenade commence à Strivers' Row. Vous découvrirez des églises évangéliques, des clubs de jazz et de blues réputés, ainsi que l'Apollo Theater, célèbre vitrine des nouveaux talents de Harlem. Pour en savoir plus sur les sites de Harlem, rendez-vous pages 220-231.

L'Apollo Theater, célèbre pour ses spectacles télévisés ⑭

Strivers Row
La portion arborée de la 138th Street située entre la 7th et la 8th Avenue et baptisée Strivers' Row (« l'allée des lutteurs ») ① est le quartier historique de St Nicholas. Dans les années 1920 et 1930, les riches et influents Afro-Américains emménagèrent dans des maisons conçues par de célèbres architectes tels que James Brown Lord et McKim, Mead & White. Faites un bref détour à gauche sur la 7th Avenue (Adam Clayton Powell Jr. Boulevard) puis à droite sur la 139th Street, jusqu'à la West 139th Street ②. Billie Holiday emménagea au n° 108, en 1932, à l'âge de 16 ans, juste avant de décrocher son premier contrat dans un club voisin de la Jungle Alley.

Porte d'entrée à Strivers' Row ①

Abyssinian Baptist Church
Tournez à droite dans Lenox Avenue, puis à droite dans la 138th Street pour admirer l'étonnante Abyssinian Baptist Church ③ *(p. 229)*, connue dans le monde entier pour ses magnifiques gospels dominicaux. Fondée en 1921, l'église porte le nom de la première congrégation d'Afro-Américains. Elle accueillit de célèbres pasteurs, dont Adam Clayton Powell Jr. À deux pas, sur la West 137th Street, l'église Mother Zion ④ est l'une des plus vieilles églises et la première église noire d'Amérique. Son appartenance à l'Underground Railroad (circuit d'évasion des esclaves) lui a valu le surnom de Freedom Church (« église de la liberté »).
Poursuivez jusqu'au Countee Cullen Regional Library, où Mme C.J. Walker fonda la Walker School of Hair ⑤. Grâce au succès de sa ligne de cosmétiques et de son procédé de défrisage, elle fut l'une des premières femmes millionnaires autodidactes du pays. Cette philanthrope finança de nombreuses œuvres afro-américaines – dont la National Association for the Advancement of Colored People (NAACP) et le Tuskegee Institute. À sa mort en 1919, sa fille A'Leila transforma le salon en centre culturel pour artistes, chercheurs et activistes. Le centre fut baptisé The Dark Tower en hommage au poème protestataire de l'écrivain local Countee Cullen.
À l'angle de Lenox Avenue, le Schomburg Center for Research into Black Culture ⑥ *(p. 229)* est une bibliothèque nationale de recherche. Elle porte le nom d'un savant noir originaire de Porto Rico qui fit don de sa collection personnelle et en fut le conservateur pendant six ans. Sur la West 136th Street, Montgomery ⑦ est un magasin de vêtements féminins fantaisie et uniques. Plus loin, au n° 267, le Niggerati Manor ⑧

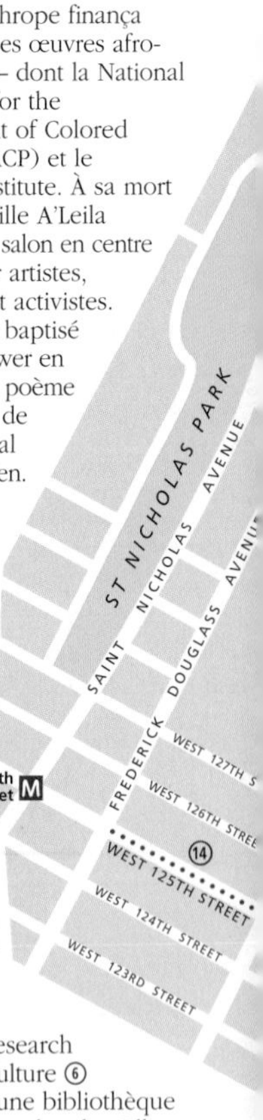

Sylvia's est renommé pour sa cuisine sudiste authentique ⑪

est une maison d'artistes baptisée ainsi par Zora Neale Hurston, qui vécut ici pendant sa collaboration avec Wallace Thurman, Aaron Douglas et Bruce Nugent à *Fire !!*, magazine consacré aux jeunes artistes noirs. Revenez sur Adam Clayton Powell Jr. Boulevard et descendez jusqu'à Jungle Alley ⑨. Les nombreux bars, clubs, cabarets et bars clandestins qui s'y pressaient en

Exposition d'art au Schomberg Center for Research into Black Culture ⑥

une authentique *soul food* – poulet frit, poisson-chat et côtes de porc au barbecue. Poursuivez sur Lenox Avenue jusqu'à la 125th Street. Lenox Lounge ⑫ a vu passer Billie Holiday, Miles Davis et John Coltrane. Quant à James Baldwin et Malcolm X, ils fréquentèrent le Zebra Room, un club de jazz voisin. Au milieu du pâté de maisons suivant, The Studio Museum in Harlem ⑬ *(p. 230-231)* organise des expositions, des conférences et des spectacles d'art contemporain d'artistes d'origine africaine. La librairie vend des affiches.

Billie Holiday, grande voix du jazz ②

Apollo Theater
Sur la West 125th Street, à partir de 1934, le célèbre Apollo Theater ⑭ *(p. 230)* a vu naître des étoiles et bâti des légendes, d'Ella Fitzgerald à James Brown. Depuis 1987, l'Amateur Night at the Apollo est retransmis dans tout le pays.

Jungle Alley accueillit Billie Holiday à ses débuts ⑨

0   200 m
0   200 yds

faisaient un haut lieu de la vie nocturne. Faites un détour par la 131st Street pour voir la maison de Marcus Garvey ⑩ (n° 235), fervent partisan de l'union, de l'indépendance économique et de la fierté du peuple noir. De retour sur Adam Clayton Powell Jr. Boulevard, tournez à gauche dans la 127th Street et rendez-vous chez Sylvia's ⑪ *(p. 230)*, l'autoproclamée « reine de la cuisine sudiste » depuis 1962. Ce restaurant familial propose

LÉGENDE

••• Itinéraire

Ⓜ Station de métro

MODE D'EMPLOI

Départ : *Strivers' Row.*
Longueur : *2,8 km.*
Pour s'y rendre : *prenez le métro (lignes 2 ou 3) jusqu'à 135th Street-Lenox Avenue, puis marchez vers le nord jusqu'à la 138th Street, puis vers l'ouest jusqu'à la 7th Avenue. Bus : M2, M7 ou M10 jusqu'à 135th Street et marchez vers la 7th Avenue.*
Où faire une pause : *Sylvia's, (127th Street and Lenox), ou Jimbo's Hamburger (125th Street).*

LES BONNES ADRESSES

HÉBERGEMENT

Les 75 000 chambres de la ville offrent au visiteur un très vaste choix. Les palaces de New York sont les plus onéreux des États-Unis. Par ailleurs, le nombre de bons hôtels à petit prix augmente. À New York, la location d'appartement, les chambres d'hôtel, les auberges de jeunesse ou les YMCA sont autant de solutions de logement. Nous avons

Le piano de Cole Porter dans le bar du Waldorf-Astoria (p. 288)

inspecté plus de 200 hôtels et nous avons choisi les meilleurs de chaque catégorie. Le chapitre *Choisir un hôtel (p. 280-291)* contient une description de chaque hôtel pour vous aider à faire votre choix. Presque tous les hôtels que nous décrivons possèdent un site Internet qui vous permet de faire votre réservation en ligne.

Terrasse sur le toit du Peninsula New York (p. 289)

OÙ CHERCHER

La plupart des palaces sont situés entre la 59e et la 77e Rue, mais certains établissements rénovés ou appartenant à un groupe hôtelier, comme le St Regis ou le Peninsula, leur font concurrence en centre-ville.

Les hommes d'affaires, eux, affectionnent particulièrement le centre-ville et les modestes hôtels de Lexington Avenue, ainsi que le quartier de Grand Central Terminal. Murray Hill séduit ceux qui recherchent un logement paisible non loin du centre-ville. Le quartier de Times Square, récemment rénové, convient particulièrement aux amateurs de spectacles. En effet, tous les spectacles se terminant généralement à la même heure, la recherche d'un taxi libre pour rentrer peut se révéler être un vrai casse-tête – autant résider à proximité.

On trouve quelques bons hôtels pas trop chers autour de Herald Square, ce qui est pratique pour le shopping.

Récemment, de petits hôtels de charme ont ouvert dans les quartiers de SoHo et du Meatpacking District, ainsi que de nombreux bars, restaurants et boutiques de luxe *(p. 320-321)*. **New York & Co** (la chambre de commerce) publie une brochure gratuite remise à jour chaque année, appelée *The New York Hotel Guide,* qui vous indiquera les prix et les numéros de téléphone et de fax des hôtels.

PRIX

Certains établissements proposent des tarifs promotionnels et des réductions hors saison. À New York, les hommes d'affaires désertent la ville en fin de semaine, aussi profitez-en pour vous loger moins cher le week-end. Même les palaces proposent des conditions

préférentielles *(Spécial week-end p. 278)*. De plus en plus d'hôtels ne proposent que des suites, et ce quelle que soit leur catégorie. Pour le même prix, vous aurez plus d'espace et une cuisine équipée… Ces suites peuvent accueillir jusqu'à quatre personnes, ce qui est particulièrement intéressant pour une famille.

CHARGES SUPPLÉMENTAIRES

Pour savoir combien vous reviendra une nuit d'hôtel, le prix indiqué de la chambre n'est pas le seul élément à prendre en compte. Les chambres d'hôtels ont toujours été sujettes à diverses taxes. Aujourd'hui, cette taxe est applicable à tous les barèmes de prix et s'élève à 13,375 %, plus 3,50 $ par nuit et par chambre.

Dans plusieurs hôtels, le petit déjeuner est maintenant compris dans le prix de la chambre. Quand on sait qu'un petit déjeuner coûte entre 5 et 30 $, c'est

Meubles d'époque à l'Inn at Irving place (p. 283)

◁ **Des touristes au cœur de Manhattan**

Hall du Tribeca Grand *(p. 281)*

intéressant. Mais c'est en allant vous restaurer au *deli* le plus proche que vous ferez le plus d'économie.

Le téléphone public du hall d'entrée revient souvent moins cher que celui de la chambre, en particulier pour les appels passés à l'étranger.

Aux États-Unis, il est d'usage de distribuer des pourboires. L'employé qui monte vos bagages reçoit normalement 1 $ par valise – davantage dans un hôtel de luxe – mais les réservations et autres services courants rendus par le concierge sont gratuits, sauf en cas de requête particulière.

En commandant depuis votre chambre, vérifiez si le service est compris ; sinon

prévoyez un pourboire de 15 % à 20 %.

Les personnes qui voyagent seules savent d'expérience que le prix d'une chambre simple revient à peu près à 80 % de celui d'une double – et le plus souvent pour un espace équivalent.

AMÉNAGEMENTS

On pourrait s'attendre à ce que les chambres d'hôtel de New York soient bruyantes ; fort heureusement, la majorité des établissements offrent une bonne isolation sonore. La climatisation est elle aussi un équipement standard ; vous n'aurez donc pas besoin d'ouvrir les fenêtres en été. N'oubliez cependant pas que les pièces les plus tranquilles donnent toujours sur cour. Si vous recherchez le calme, demandez une chambre placée loin des ascenseurs.

Même les plus modestes

sont généralement équipées d'une radio, d'un téléviseur et d'un téléphone, ainsi bien sûr que d'une salle de bains attenante. La plupart des bons hôtels mettent à disposition de leurs clients télécopieur et accès Internet dans la chambre et salle de réunion. Un concierge est présent en permanence. Messageries vocales, gestion électronique des messages téléphoniques et du check-out sont en outre de plus en plus courantes.

Les hôtels indiqués sont tous situés à proximité de rues commerçantes et de restaurants. Peu d'hôtels possèdent leur propre parc de stationnement mais un grand nombre d'entre eux proposent des places payantes à la journée à leurs visiteurs. Les employés se chargent d'aller garer votre véhicule ou vous indiquent le parking le plus proche.

Sobriété, style et élégance au Kitano *(p. 288)*

ADRESSES

OFFICE DE TOURISME

NYC & Co
(New York Convention and Visitors Bureau)
810 7th Ave, NY, NY 10019.
Plan 12 E4.
Tél. *(212) 484-1222.*
Brochures disponibles à l'aéroport de JFK.
www.nycgo.com

HÔTELS AVEC SUITES

Affinia Hotels
Un seul numéro pour toutes les réservations suivantes.

Tél. *(212) 320-8050,*
1-866-246 2203 *(gratuit).*
www.affinia.com

Affinia Dumont
150 E 34th St. **Plan** 9 A2.

Affinia Gardens
215 E 64th St. **Plan** 13 B2.

Affinia Manhattan
371 7th Ave. **Plan** 8 E3.

Affinia Plaza
155 E 50th St. **Plan** 13 B4.

Beekman Tower
3 Mitchell Pl. **Plan** 13 C5.

The Benjamin
125 E 50th St. **Plan** 13 B4.

Eastgate Tower
222 E 39th St. **Plan** 9 B1.

Shelburne-Murray Hill
303 Lexington Ave.
Plan 9 A2.

Surrey
20 E 76th St. **Plan** 17 A5.

The Phillips Club
155 West 66th St. **Plan** 12 D2. **Tél.** *(212) 835-8800*
www.phillipsclub.com

RÉSERVATIONS AÉROPORTS

A Meegan Services
JFK International Airport.
Tél. *1-800-441-1115.*

Accommodations Plus
JFK International Airport.
Tél. *1-800-733-7666*

SERVICE DE RÉSERVATION À TARIFS RÉDUITS

Hotel con-x-ions
Tél. *(212) 840-8686.*
Fax *(212) 221-8686.*
www.hotelconxions.com

Quikbook
Tél. *(212) 779 7666 ;*
www.quikbook.com

COMMENT RÉSERVER

N'hésitez pas à réserver votre chambre au moins un mois à l'avance, car s'il est peu probable que l'hôtel soit complet, les meilleures chambres et les suites rissquent d'être déjà prises.

Les périodes les plus chargées sont Pâques, la semaine du Marathon de New York (fin octobre ou début novembre), Thanksgiving et Noël.

Vous pouvez réserver directement auprès de l'hôtel par lettre, fax, téléphone ou Internet (Expedia.com, Hotels.com, etc.). Une confirmation écrite de votre réservation vous sera demandée, le plus souvent accompagnée d'arrhes ; attention, les éventuels frais d'annulation seront déduits de leur montant. Vous pouvez régler par carte de crédit, chèque ou mandat international, ou encore par chèques de voyage en dollars. Si vous n'avez pas payé d'avance par carte de crédit et que vous prévoyez d'arriver après 18 h, prévenez l'hôtel afin d'éviter que votre chambre ne soit relouée.

Vous pouvez aussi réserver par l'intermédiaire de votre agence de voyage ou d'une compagnie aérienne. La plupart des hôtels possèdent un numéro d'appel gratuit à l'intérieur des États-Unis, cependant ces numéros ne fonctionnent pas depuis l'Europe. Si l'hôtel appartient à une chaîne internationale, la filiale de celle-ci dans votre pays est en mesure de vous réserver une chambre.

SPÉCIAL WEEK-END

Les hôtels sont plus particulièrement fréquentés par les

Vestibule de l'hôtel St Regis *(p. 289)*

hommes d'affaire durant la semaine, c'est pourquoi la plupart d'entre eux proposent des forfaits week-end à des tarifs préférentiels : il est souvent possible d'obtenir une suite pour le prix d'une chambre simple.

Des tarifs avantageux sont offerts aux employés de grosses sociétés ; la réception vous accordera fréquemment cette réduction sans vous demander si vous travaillez dans l'une d'entre elles. Certaines agences de réservation offrent elles aussi des réductions. Une bonne agence de voyage est censée proposer les meilleurs tarifs, mais il peut être utile de comparer les prix en contactant directement un service de réservation efficace, comme Quikbook ou Hotel con-x-ions *(p. 277)*, qui propose des réductions allant de 20 à 50 % sur les réservations de dernière minute, et ce suivant la période de l'année. Vous réglez par carte de crédit et vous recevez une réservation à présenter à votre arrivée à l'hôtel.

Autre formule intéressante, les voyages organisés : vous n'êtes pas obligé de rester avec un groupe, il vous suffit d'utiliser le même vol et

ADRESSES

VOYAGEURS HANDICAPÉS

Mayor's Office for People with Disabilities
100 Gold St, 2e étage, NY, NY 10038.
Tél. *(212) 788-2830.*
www.nyc.gov/mopd

CHAMBRES D'HÔTES

At Home in NY
Tél. *(212) 956-3125.*
Fax *(212) 247-3294.*

CountryInn The City
Tél. *(212) 580-4183.*
www.countryinn thecity.com

New World B & B
Tél. *(212) 675-5600*
ou *(800) 443-3800.*

AUBERGES DE JEUNESSE

Big Apple Hostel
119 W 45th St, NY, NY 10036.
Plan 12 E5.
Tél. *(212) 302-2603.*
www.bigapplehostel.com

Hosteling International, NY
891 Amsterdam Ave at W 103rd St, NY, NY 10025.
Plan 20 E5.
Tél. *(212) 932-2300.*
www.hinewyork.org

92nd St Y
1395 Lexington Ave, NY, NY 10128.
Plan 17 A2.
Tél. *(212) 415-5650.*
www.92y.org

New York's Jazz Hostels
Tél. *(212) 722-6252.*
www.jazzhostels.com

YMCA-Vanderbilt
224 E 47th St, NY, NY 10017.
Plan 13 A5.
Tél. *(212) 756-9600.*
www.ymcanyc.org

YMCA-West Side
5 W 63rd St, NY, NY 10023.
Plan 12 D2.
Tél. *(212) 875-4273.*
www.ymcanyc.org

HÔTELS À L'AÉROPORT
P. 380-381 pour infos sur les hôtels à **JFK** et **Newark**.

le même hôtel. Ces formules peuvent également inclure les transferts depuis (ou vers) l'aéroport… une économie de plus ! Enfin, les compagnies aériennes proposent fréquemment leurs propres formules, surtout en basse saison. N'oubliez pas qu'une bonne agence de voyage doit vous indiquer les meilleures affaires du moment, et que vous trouverez souvent dans la presse des promotions et offres limitées accessibles directement.

VOYAGEURS HANDICAPÉS

La loi oblige les nouveaux hôtels à disposer d'équipements pour les handicapés et de nombreux hôtels anciens se sont mis en conformité avec la législation. Pour en savoir plus, consultez les sites Internet des établissements répertoriés pages 280 à 291. La plupart des hôtels acceptent les chiens d'aveugles, mais il est préférable de vérifier et de faire connaître vos besoins particuliers au moment de la réservation.

Pour plus d'informations, renseignez-vous auprès du **Mayor's Office for People With Disabilities.**

VOYAGER AVEC DES ENFANTS

Les hôtels américains accueillent généralement les enfants à bras ouverts et mettront à votre disposition des équipements adaptés (lits d'appoint, liste de baby-sitters…).

Voyager avec des enfants peut être plus économique qu'on ne le pense : la plupart des hôtels ne font pas payer les enfants qui dorment dans la chambre de leurs parents (certains comptent un petit supplément). Un ou deux enfants sont tolérés par chambre, avec une limite d'âge – le plus souvent 12 ans. Les enfants plus âgés doivent payer plein tarif, bien qu'en certains endroits l'âge limite soit repoussé à 18 ans. Renseignez-vous au moment de réserver.

L'entrée de l'hôtel Peninsula *(p. 289)*

CHAMBRES D'HÔTES

De nombreux particuliers proposent des *bed and breakfast*, de la simple chambre chez l'habitant à l'appartement avec cuisine et salle de bains, mis à votre disposition en l'absence du propriétaire.

En optant pour un appartement, vous vivrez au rythme des New-Yorkais et goûterez au charme des restaurants de quartier, souvent moins onéreux que ceux du centre-ville.

Les formules *bed and breakfast* existent auprès de tous les services de réservation, certaines agences exigeant deux nuits minimum pour les proposer.

Le tarif pour un appartement varie de 100 à 300 $ la nuit ; on peut avoir une chambre double à partir de 100 $, selon que l'on désire une salle de bains privée ou non. Vous trouverez toutes sortes d'appartements, du plus spacieux au plus petit, du plus luxueux au plus spartiate. Renseignez-vous, avant de réserver, sur la proximité des commerces : trop de taxis risquent de grever votre budget…

Piscine panoramique dans un hôtel de luxe

JEUNES ET HÉBERGEMENT BON MARCHÉ

La ville propose une auberge de jeunesse et plusieurs dortoirs YMCA pour les petits budgets. Pour les séjours plus longs, le 92nd St Y, lieu de séjour éclectique situé dans la partie nord de East Side, propose de bons rapports qualité-prix (35 à 50 $ la nuit).

Il n'y a pas de camping à Manhattan et les auberges de jeunesse sont dures à trouver.

Pour qui a peu de moyens et d'exigences, New York dispose aussi de chambres bon marché, souvent dans divers quartiers touristiques, en particulier à Chelsea, dans le quartier du vêtement, dans Upper West Side, et plus rarement dans des quartiers cossus tels qu'Upper Midtown. Certaines chambres sont assez confortables avec salle de douche ou de bains privée. D'autres sont petites et non climatisées et partagent une salle de bains commune.

Allégez votre budget en évitant de prendre le petit déjeuner à l'hôtel, même au café de l'hôtel.

EN DEHORS DE MANHATTAN

New York City est de plus en plus sûre et Manhattan de plus en plus cher, aussi d'autres possibilités de logement apparaissent dans les autres districts. Certains quartiers comme Williamsburg et Dumbo à Brooklyn attirent les visiteurs pour leurs bons restaurants, leurs bars branchés et leurs boutiques tendance.

Pour un peu plus de 300 $, le prix d'une chambre au cœur de Manhattan, vous profiterez de la catégorie *kingsize* au Marriott Brooklyn Bridge *(p. 291)* ou d'une chambre avec TV écran plat et Wi-Fi au quatre étoiles Le Bleu, situé dans le quartier animé de Gowanus, près de Park Slope (www.hotellebleu. com).

Et bien sûr, ne ratez pas les offres spéciales sur les sites Internet des hôtels.

Choisir un hôtel

Les établissements répertoriés ont été choisis dans une large gamme de prix, pour leur bon rapport qualité-prix, leur emplacement et la qualité de leurs prestations. Ils sont présentés par quartier dans le même ordre que le reste du guide, puis alphabétiquement dans chaque catégorie de prix, par ordre croissant de prix.

CATÉGORIES DE PRIX
Prix par nuit pour une chambre double avec petit déjeuner, taxes et service compris.

[$] moins de 150 \$
[$][$] 150 \$-250 \$
[$][$][$] 250 \$-350 \$
[$][$][$][$] 350 \$-450 \$
[$][$][$][$][$] plus de 450 \$

LOWER MANHATTAN

Best Western Seaport Inn Downtown [W] [$][$]
33 Peck Slip, 10038 ***Tél.*** *(212) 766-6600* ***Fax*** *(212) 766-6615* ***Chambres*** *72* ***Plan*** *2 D2*

En entrant dans cet établissement avec vue sur le pont de Brooklyn, on se croit arriver dans un repaire de marins du XIXe siècle. Les familles apprécient le somptueux petit déjeuner, les gâteaux secs l'après-midi et le salon de thés. Club de remise en forme ouvert 24 h/24. Optez pour une chambre avec terrasse si possible. **www.seaportinn.com**

Embassy Suites New York [W] [$][$][$]
102 North End Ave, 10282 ***Tél.*** *(212) 945-0100* ***Fax*** *(212) 945-3012* ***Chambres*** *463* ***Plan*** *1 A2*

Cet hôtel, qui ne loue que des suites, est idéal pour les familles. Les logements de deux chambres sont équipés de canapés-lits. Vue fabuleuse sur le port et réductions le week-end. L'hôtel est proche de Battery Park City et du ferry pour la statue de la Liberté, mais assez loin du métro. **www.embassysuites.com**

Gild Hall [$][$][$]
15 Gold St, 10038 ***Tél.*** *(212) 232-7700* ***Fax*** *(212) 425-0330* ***Chambres*** *126* ***Plan*** *2 D2*

Récemment rénové, cet établissement de luxe propose des chambres ultra-épurées équipées d'un mini-bar approvisionné par Dean & DeLuca. Bibliothèque privée sur deux étages, élégant bar à champagne, taverne anglaise moderne où officie le célèbre chef Todd English. **www.thompsonhotels.com**

Marriott New York City Financial Center [P] [W] [$][$][$]
85 West St, 10006 ***Tél.*** *(212) 385-4900* ***Fax*** *(212) 227-8136* ***Chambres*** *497* ***Plan*** *1 B3*

Au cœur du quartier financier, cet hôtel moderne et grandiose, qui s'adresse à une clientèle d'affaires, possède une piscine couverte. Toutes les chambres ont une literie luxueuse. Certaines donnent sur la statue de la Liberté et sur le port de New York. Réductions le week-end. **www.nycmarriottfinancial.com**

The Wall Street Inn [W] [$][$][$]
9 South William St, 10004 ***Tél.*** *(212) 747-1500* ***Fax*** *(212) 747-1900* ***Chambres*** *46* ***Plan*** *1 C3*

Dans cet hôtel de style « pionnier » qui s'adresse à une clientèle d'affaires, le service est de tout premier ordre. Les chambres sont un peu exiguës, mais les lits confortables. Demandez une chambre d'angle avec bain à remous. Petit déjeuner continental compris et tarifs avantageux le week-end. **www.thewallstreetinn.com**

Ritz Carlton Battery Park [P] [W] [$][$][$][$]
2 West St, 10004 ***Tél.*** *(212) 344-0800* ***Fax*** *(212) 344-3801* ***Chambres*** *298* ***Plan*** *1 B4*

Dans les chambres d'une élégance toute moderne, des téléscopes offrent des gros plans spectaculaires sur la statue de la Liberté et le port de New York. Les salles de bains immenses regorgent d'aménagements et un programme spécial est destiné aux enfants. Le thé est servi au bar l'après-midi. **www.ritzcarlton.com**

LOWER EAST SIDE

Off SoHo Suites Hotel [W] [$][$]
11 Rivington St, 10002 ***Tél.*** *(212) 979-9808* ***Fax*** *(212) 979-9801* ***Chambres*** *38* ***Plan*** *5 A3*

Avec l'expansion des quartiers branchés du centre-ville, cet hôtel bon marché à proximité de SoHo ou de Lower East Side n'est plus isolé. Les petites suites partagent une salle de bains commune, tandis que les grandes suites avec salle de bains et cuisine équipée sont parfaites pour les groupes ou les familles. **www.offsoho.com**

Howard Johnson Express Inn [$][$][$]
135 East Houston St, 10002 ***Tél.*** *(212) 358-8844* ***Fax*** *(212) 473-3500* ***Chambres*** *46* ***Plan*** *5 A3*

Ce récent établissement bon marché offre des chambres petites mais propres, au cœur du quartier des cafés à la mode et des boutiques. Proche du métro, de nombreux snacks et du célèbre *Katz's Deli*, l'emplacement est idéal pour la clientèle jeune et branchée. Four à micro-ondes et petit réfrigérateur dans certaines chambres. **www.hojo.com**

Légende des symboles *voir le rabat arrière de couverture*

Blue Moon Hotel ⬚ⓦ $$$$$

100 Orchard St, 10002 **Tél.** *(212) 533-9080* **Fax** *(212) 533-9148* **Chambres** *22* **Plan** *5 A3*

Les chambres spacieuses hautes de plafond et les installations modernes surprendraient les précédents occupants de ces logements réhabilités… Souvenirs et éléments anciens côtoient des équipements modernes haut de gamme. Une bonne adresse pour explorer le Lower East Side, en pleine renaissance. **www.bluemoon-nyc.com**

Hotel on Rivington ⬚Ⓟ🍽🛎ⓦ $$$$

105 Rivington St, 10002 **Tél.** *(212) 475-2600* **Fax** *(212) 475-5959* **Chambres** *110* **Plan** *5 A3*

Dans cette élégante tour de 21 étages, chaque chambre est spacieuse et offre derrière ses baies vitrées des vues à 360°. *Lounge* privé, centre de remise en forme moderne et quantité d'autres installations. Un établissement à l'image de la métamorphose du Lower East Side. **www.hotelonrivington.com**

SOHO ET TRIBECA

Cosmopolitan Hotel ⬚ⓦ $$

95 West Broadway, 10007 **Tél.** *(212) 566-1900* **Fax** *(212) 566-6909* **Chambres** *125* **Plan** *1 B1*

Cette perle pour petits budgets est située au cœur du quartier branché de TriBeCa. Les chambres sont petites mais bien tenues, tout comme les minuscules salles de bains. À proximité de nombreux restaurants excellents et des transports en commun. Très bien placé, cet hôtel est aussi parfait pour le shopping. **www.cosmohotel.com**

Duane Street Hotel ⬚Ⓟ🍽ⓦ $$$

130 Duane St, 10013 **Tél.** *(212) 964-4600* **Fax** *(212) 964-4800* **Chambres** *45* **Plan** *1 B1*

Construit en 2007, cet hôtel intimiste possède un cadre minimaliste. Les chambres bénéficient d'un équipement ultramoderne, dont un téléviseur à écran plat. Petit et accueillant, le restaurant *Beca* sert de la nouvelle cuisine américaine. **www.duanestreethotel.com**

Holiday Inn Downtown ⬚🍽🏃 $$$

138 Lafayette St, 10013 **Tél.** *(212) 966-8898* **Fax** *(212) 941-5832* **Chambres** *227* **Plan** *4 F5*

Cet établissement simple est fréquenté depuis longtemps par ceux qui recherchent la proximité du cœur animé de New York. Il est en effet proche de Chinatown, SoHo, Lower East Side et Little Italy qui regorgent de boutiques et de restaurants. Chambres simples, mais confortables. **www.hidowntown-nyc.com**

Smyth Tribeca ⬚🍽🏃ⓦ $$$

85 West Broadway, 10007 **Tél.** *(212) 587-7000* **Chambres** *100* **Plan** *1 B1*

Ouvert en 2009, l'hôtel possède une déco moderne et épurée, avec quelques touches classiques. Le hall est haut de plafond et a des murs tendus de tissu. Les chambres spacieuses sont ornées de bois et les salles de bain sont en marbre. En fin de journée, allez siroter un cocktail au bar élégant. **www.thompsonhotels.com**

Tribeca Grand Hotel ⬚🍽🏃🛎ⓦ $$$

2 Sixth Ave, 10013 **Tél.** *(212) 519-6600* **Fax** *(212) 519-6700* **Chambres** *203* **Plan** *3 E5*

L'atrium donne à cet hôtel un air majestueux. En bas, la salle de projection privée a toujours attiré les célébrités. Chambres aux lignes épurées et salles de bains ultramodernes. Pour plus d'espace, demandez une chambre d'angle ou une suite et ne manquez pas de prendre un verre au salon pour voir les vedettes. **www.tribecagrand.com**

60 Thompson ⬚🍽🏃🛎ⓦ $$$$

60 Thompson St, 10012 **Tél.** *(877) 431-0400* **Fax** *(212) 431-0200* **Chambres** *100* **Plan** *4 D4*

Cet élégant hôtel de charme très bien placé est de plus en plus couru, notamment pour son restaurant et sa terrasse sur le toit – réservée aux résidents et à certaines personnalités. Simples mais confortables, les chambres sont décorées dans une gamme de tons raffiné et sont équipées des derniers gadgets high-tech. **www.60thompson.com**

SoHo Grand Hotel ⬚🍽🏃🛎ⓦ $$$$

310 West Broadway, 10013 **Tél.** *(212) 965-3000* **Fax** *(212) 965-3200* **Chambres** *363* **Plan** *4 E4*

Nababs du spectacle et célébrités reviennent toujours dans cet hôtel de charme en plein cœur du SoHo branché. Les chambres sont petites et parfois sombres malgré les hautes fenêtres avec vue sur le centre-ville. Service d'étage 24 h/24. Animaux de compagnie acceptés. **www.sohogrand.com**

Greenwich Hotel ⬚Ⓟ🛎ⓦ $$$$$

377 Greenwich St, 10013 **Tél.** *(212) 941-8900* **Fax** *(212) 941-8600* **Chambres** *88* **Plan** *1 B1*

Robert De Niro et ses associés n'ont pas lésiné sur les frais pour ouvrir cet hôtel en 2008. Des tapis tibétains y côtoient carrelages marocains, poutres anciennes et œuvres d'art asiatiques anciennes. Les chambres sont claires et spacieuses. Vaste salon, terrasse extérieure. Une adresse haut de gamme. **www.thegreenwichhotel.com**

The Mercer Hotel ⬚🍽🏃🛎 $$$$$

147 Mercer St, 10012 **Tél.** *(212) 966-6060* **Fax** *(212) 965-3838* **Chambres** *75* **Plan** *4 E3*

Discret, cet onéreux hôtel de charme est le préféré des célébrités soucieuses de préserver leur vie privée. Les chambres sont conçues comme des lofts avec briques apparentes et parquets. Baignoires à deux places. Les enfants sont les bienvenus et les berceaux peuvent être agrémentés d'une luxueuse literie. **www.mercerhotel.com**

GREENWICH VILLAGE

Washington Square Hotel
$$ $$

103 Waverly Place, 10011 **Tél.** *(212) 777-9515* **Fax** *(212) 979-8373* **Chambres** *160* **Plan** *4 D2*

À quelques pas de NYU, cet hôtel donne sur Washington Square Park, récemment rénovée. Le hall de marbre dessert de petites chambres agréables. Son emplacement central explique les prix un peu élevés, mais l'hôtel est très proche de bars et de restaurants épatants. Le restaurant sur place sert une bonne cuisine. **www.wshotel.com**

Abingdon Guest House
$$ $$$

13 Eighth Ave, 10014 **Tél.** *(212) 243-5384* **Fax** *(212) 807-7473* **Chambres** *9* **Plan** *3 C1*

Cette agréable pension, située dans l'une des rues les plus charmantes de West Village, convient surtout aux voyageurs indépendants car il n'y a pas de personnel à temps complet. Confortables, les chambres sont chacune décorée de façon unique. Pas de petit déjeuner, mais on peut prendre un café. **www.abingdonguesthouse.com**

Soho House
$$ $$$

59 Ninth Ave, 10014 **Tél.** *(646) 253-6122* **Chambres** *24* **Plan** *3 B1*

La sœur new-yorkaise de l'élégant club privé londonien est aussi un hôtel avec quantité d'installations : piscine sur le toit, salons, bibliothèque, restaurant et Spa, le *Cowshed*. Les chambres, qui portent des noms comme Playpen et Playground, sont spacieuses à gigantesques – avec des prix à l'avenant. **www.sohohouseny.com**

Gansevoort Hotel
$$ $$$$

18 Ninth Ave, 10014 **Tél.** *(212) 206-9700* **Fax** *(212) 255-5858* **Chambres** *210* **Plan** *3 B1*

La piscine de 13 m sur le toit et le restaurant *Ono* comptent parmi les points forts qui attirent mannequins et célébrités dans cet établissement élégant du quartier branché de Meatpacking District. Chambres spacieuses, salles de bains luxueuses et Spa somptueux. **www.hotelgansevoort.com**

EAST VILLAGE

Union Square Inn
$$ $

209 East 14th St, 10003 **Tél.** *(212) 614-0500* **Fax** *(212) 614-0512* **Chambres** *40* **Plan** *4 F1*

Cet hôtel offre toutes les commodités habituelles à un prix raisonnable. Sans vue, les chambres n'ont rien d'extraordinaire, mais les lits sont confortables et les salles de bains propres. Petit déjeuner continental servi au café sur place (horaires limités). Union Square est à proximité. **www.unionsquareinn.com**

Second Home on Second Avenue
$$ $$

221 Second Avenue, 10003 **Tél.** *(212) 677-3161* **Chambres** *7* **Plan** *4 F1*

Une clientèle d'habitués se retrouve dans cette pension où l'on se sent chez soi. Les chambres ont des salles de bains communes ou privées. TV, climatisation et Wi-Fi gratuite. Une excellente adresse pour explorer l'East Village et les quartiers de Downtown. Réservez longtemps à l'avance. **www.secondhomessecondavenue.com**

The Bowery Hotel
$$ $$$$

335 Bowery, 10003 **Tél.** *(212) 505-9100* **Chambres** *135* **Plan** *4 F3*

On doit ce luxueux hôtel aux propriétaires du Maritime à Chelsea. Cet établissement opulent de 17 étages se distingue par ses cheminées dans le hall, ses ascenseurs aux panneaux de bois et ses fenêtres s'élançant du sol au plafond. Sept chambres avec terrasse privée et salle de bains avec vue sur la ville. **www.theboweryhotel.com**

GRAMERCY ET LE QUARTIER DU FLATIRON

Hotel 17
$$ $

225 East 17th St, 10003 **Tél.** *(212) 475-2845* **Fax** *(212) 677-8178* **Chambres** *120* **Plan** *9 B5*

Cet établissement simple et économique est plutôt destiné aux jeunes avec budget réduit. Les chambres sont minuscules et certaines partagent une salle de bains. Woody Allen a fait connaître cet hôtel dans *Meurtre mystérieux à Manhattan* et Madonna y aurait séjourné au début de sa carrière. **www.hotel17ny.com**

Hotel 31
$$ $

129 East 31st St, 10016 **Tél.** *(212) 685-3060* **Fax** *(212) 532-1232* **Chambres** *60* **Plan** *9 A3*

Jumeau de Hotel 17, le 31 est installé dans un quartier un peu plus tranquille le soir. L'établissement a été rénové récemment. Chacune des 60 chambres possède un décor différent et dispose de la climatisation et de la télévision par câble. Certaines ont une salle de bains commune. **www.hotel31.com**

Légende des catégories de prix *voir p. 280* **Légende des symboles** *voir le rabat arrière de couverture*

Gershwin Hotel
7 East 27th St, 10016 **Tél.** *(212) 545-8000* **Fax** *(212) 684-5546* **Chambres** *150*   **Plan** *8 F3*

Dans le hall, un *Campbell's Soup Can* original d'Andy Warhol donne le ton de cet hôtel d'inspiration pop' art. L'art est présent à tous les étages. Les chambres claires sont décorées avec élégance. À deux pas de l'Empire State Building et de nombreux restaurants abordables. **www.gershwinhotel.com**

Thirty Thirty
30 East 30th St, 10016 **Tél.** *(212) 689-1900* **Fax** *(212) 689-0023* **Chambres** *253*   **Plan** *9 A3*

Bien que petites, les chambres élégantes et confortables sont idéales pour les voyageurs aux goûts raffinés, mais au budget modeste. Beaucoup sont à deux lits et certaines ont un coin cuisine. Le restaurant et le bar sont des atouts supplémentaires. Proche de plusieurs restaurants et de magasins branchés. **www.thirtythirty-nyc.com**

Hotel Roger Williams
131 Madison Ave, 10016 **Tél.** *(212) 448-7000* **Fax** *(212) 448-7007* **Chambres** *193*   **Plan** *9 A3*

Cet établissement élégant s'adresse aux budgets un peu plus conséquents. Les prestations supplémentaires justifient le prix : petit déjeuner gratuit, café et petits extras à volonté toute la journée et prêt de DVD. Quinze chambres ont accès à une terrasse. Réductions saisonnières. **www.hotelrogerwilliams.com**

Hotel Giraffe
365 Park Ave South, 10016 **Tél.** *(212) 685-7700* **Fax** *(212) 685-7771* **Chambres** *73*   **Plan** *9 A4*

Dans le quartier du Flatiron, c'est sans doute l'hôtel de luxe qui offre le meilleur éventail de services. Les chambres sont décorées dans le style moderniste et, dans les suites, les portes-fenêtres ouvrent sur des balcons. Le restaurant propose une excellente cuisine et de bons cocktails. **www.hotelgiraffe.com**

Inn at Irving Place
56 Irving Place, 10003 **Tél.** *(212) 533-4600* **Fax** *(212) 533-4611* **Chambres** *12*   **Plan** *9 A5*

Edith Wharton serait fière de cet hôtel de luxe installé dans d'anciennes *brownstones*. Toutes les chambres sont équipées de toute la technologie moderne avec, entre autres, lecteurs de CD. Le petit déjeuner compris est servi dans le salon. Ne manquez pas le goûter dînatoire. **www.innatirving.com**

The Marcel at Gramercy
201 East 24th Street, 10010 **Tél.** *(212) 696-3800* **Fax** *(212) 696-0077* **Chambres** *135*   **Plan** *9 B4*

L'hôtel a rouvert en 2008, à l'issue de travaux qui ont ajouté quatre étages, le restaurant bar *Milano* et un salon spacieux, avec des ordinateurs en accès libre. La décoration des vastes chambres est épurée et moderne. Les petites salles de bains ont des douches à l'italienne à effet pluie. **www.marcelatgramercy.com**

Gramercy Park Hotel
2 Lexington Ave, 10010 **Tél.** *(212) 920-3300* **Fax** *(212) 673-5890* **Chambres** *185*   **Plan** *9 A4*

Après des travaux de rénovation, le Gramercy Park Hotel a dévoilé son extravagant éclectisme bohême : art moderne, panneaux en bois, velours et gadgets dernier cri. Les clients pourront se détendre sur la terrasse du bar *Rose and Jade* et même dans Gramercy Park (oui, on vous en donnera les clefs !). **www.gramercyparkhotel.com**

CHELSEA ET LE QUARTIER DU VÊTEMENT

Americana Inn
69 West 38th St, 10018 **Tél.** *(212) 840-6700* **Fax** *(212) 840-1830* **Chambres** *50*   **Plan** *8 F1*

C'est la meilleure adresse pour les petits budgets qui recherchent le strict minimum. Les chambres ont un lavabo particulier et les salles de bains sont impeccables. Emplacement central et personnel amical sont des atouts supplémentaires. Toujours animé, le quartier peut cependant sembler agité. **www.theamericanainn.com**

Chelsea International Hostel
251 West 20th St, 10011 **Tél.** *(212) 647-0010* **Fax** *(212) 727-7289* **Chambres** *57*   **Plan** *8 D5*

Considéré comme l'une des meilleures auberges de jeunesse de la ville, ce complexe se compose de plusieurs bâtiments bas autour d'une cour centrale. On y trouve des chambres particulières à lits superposés, des dortoirs et des salles de bains communes. Deux cuisines entièrement équipées, laverie et téléviseurs. **www.chelseahostel.com**

Chelsea Lodge
318 West 20th St, 10011 **Tél.** *(212) 243-4499* **Fax** *(212) 243-7852* **Chambres** *22*   **Plan** *8 D5*

Une maison de ville restaurée avec amour dans le Chelsea Historic District sert de cadre à cette perle bon marché. Les chambres, petites, ont un lavabo et une douche privés ; seules les toilettes sont à partager. Idéal pour les voyageurs désireux de vivre une expérience authentiquement new-yorkaise. **www.chelsealodge.com**

Chelsea Star Hotel
300 West 30th St, 10011 **Tél.** *(212) 244-7827* **Fax** *(212) 279-9018* **Chambres** *34*   **Plan** *8 D3*

Une rénovation récente a presque doublé la taille de l'hôtel. Les intérieurs sont lumineux et gais, bien qu'un peu criards. Dans le hall, une statue grandeur nature de Betty Boop accueille le visiteur. Les chambres vont du style dortoir au haut de gamme avec lit à baldaquin et lecteur de DVD. **www.starhotelny.com**

Colonial House Inn   ⬜   Ⓢ
318 West 22nd St, 10011 **Tél.** *(212) 243-9669* **Fax** *(212) 633-1612* **Chambres** *20*   **Plan** *8 D4*

Les propriétaires de cette charmante *brownstone* transformée en hôtel accueillent surtout une clientèle homosexuelle masculine, mais tout le monde est bienvenu. Les chambres bien tenues ont un décor moderne. Près de la moitié n'ont pas de salle de bains et quelques-unes ont une cheminée. Réductions saisonnières. **www.colonialhouseinn.com**

Broadway Plaza Hotel   Ⓟ ⬜   Ⓢ Ⓢ
1155 Broadway, 10001 **Tél.** *(212) 679-7665* **Fax** *(212) 679-7694* **Chambres** *69*   **Plan** *8 F3*

Dans cet hôtel à petit prix, les rénovations de 2007 ont joliment modernisé toutes les chambres, rafraîchies par une literie, des rideaux et des moquettes neuves. Il y a même l'accès Internet haut débit et deux lignes téléphoniques. Petit déjeuner compris. Le quartier peut parfois être bruyant. **www.broadwayplazahotel.com**

Chelsea Savoy Hotel   Ⓢ Ⓢ
204 West 23rd St, 10011 **Tél.** *(212) 929-9353* **Fax** *(212) 741-6309* **Chambres** *90*   **Plan** *8 E4*

Cet hôtel, qui est l'un des plus modernes de Chelsea, a ses adeptes qui apprécient les chambres neuves et le service sans faille. Les chambres sont agréables malgré l'absence de petites attentions. Une bonne adresse pour ceux qui raffolent de la vie nocturne, des restaurants et des bars de Chelsea. **www.chelseasavoynyc.com**

Comfort Inn Chelsea   🏨 🍽   Ⓢ Ⓢ
18 West 25th St, 10010 **Tél.** *(212) 645-3990* **Fax** *(212) 633-8952* **Chambres** *121*   **Plan** *8 F4*

Les voyageurs à petit budget apprécient l'emplacement de cet hôtel dans le Chelsea branché. Le bâtiment en brique de 1901 offre des chambres propres et bien équipées. Le restaurant et la cafétéria dans le hall ont beaucoup de succès. Le marché aux puces de Chelsea est tout proche (le week-end seulement). **www.choicehotels.com**

Hotel Chelsea   🍽   Ⓢ Ⓢ
222 West 23rd St, 10011 **Tél.** *(212) 243-3700* **Fax** *(212) 675-5531* **Chambres** *400*   **Plan** *8 E4*

Une page célèbre de l'histoire du mouvement punk a été écrite quand Sid Vicious a tué ici sa compagne Nancy Spungen. Depuis, d'autres célébrités y ont séjourné, attirées par les chambres spacieuses, la protection de leur vie privée ou encore le mobilier bohème bien qu'un peu poussiéreux. **www.hotelchelsea.com**

Hotel Metro   🍽 🏨 ⬜   Ⓢ Ⓢ
45 West 35th St, 10001 **Tél.** *(212) 947-2500* **Fax** *(212) 279-1310* **Chambres** *179*   **Plan** *8 F2*

Cette merveille d'inspiration Art déco est l'une des meilleures adresses du centre de Manhattan dans sa catégorie. Les chambres spacieuses sont bien décorées et la terrasse offre une vue imprenable sur l'Empire State Building. L'ambiance du restaurant et sa cuisine sont très appréciées. Petit déjeuner compris. **www.hotelmetronyc.com**

Hotel Wolcott   🏨 ⬜   Ⓢ Ⓢ
4 West 31st St, 10001 **Tél.** *(212) 268-2900* **Fax** *(212) 563-0096* **Chambres** *250*   **Plan** *8 F3*

Ceux qui surveillent leurs finances apprécient les petits prix et l'emplacement central de cet hôtel. Les chambres simples, mais propres et spacieuses, sont équipées d'un téléviseur avec accès Internet. Laverie sur place. Pas de restaurant, mais nombreux snacks dans le quartier. **www.wolcott.com**

Inn on 23rd   🏨 ⬜   Ⓢ Ⓢ
131 West 23rd St, 10011 **Tél.** *(212) 463-0330* **Fax** *(212) 463-0302* **Chambres** *14*   **Plan** *8 E4*

Entre le *bed and breakfast* et l'hôtel, chaque chambre et suite de ce bijou possède un décor personnalisé avec lits ultramoelleux et épaisses serviettes éponge. Le New School Culinary Institute crée un somptueux petit déjeuner tous les matins. Vivement recommandé. **www.innon23rd.com**

Red Roof Inn   🏨 ⬜   Ⓢ Ⓢ
6 West 32nd St, 10001 **Tél.** *(212) 643-7100* **Fax** *(212) 643-7101* **Chambres** *172*   **Plan** *8 F3*

Cette chaîne de motels originaire du Midwest et filiale du groupe Accor s'adapte parfaitement à la ville avec ses chambres bien aménagées et son service professionnel. Bien situé pour le tourisme, les magasins et les concerts à Madison Square Garden. Restaurants coréens abordables non loin. Petit déjeuner compris. **www.redroof.com**

Four Points by Sheraton   🏨 🍽 🏋 ⬜   Ⓢ Ⓢ Ⓢ
160 West 25th St, 10001 **Tél.** *(212) 627-1888* **Fax** *(212) 627-1611* **Chambres** *158*   **Plan** *8 E4*

Cet hôtel pour petits budgets attire les voyageurs raffinés et la clientèle d'affaires prête à dépenser un peu plus. Les chambres sont bien conçues, et certaines ont un balcon avec vue sur le centre-ville. Bon service, comme toujours dans cette chaîne. **www.starwoodhotels.com/fourpoints**

The Maritime   🏨 🍽 ⬜   Ⓢ Ⓢ Ⓢ
363 West 16th St, 10011 **Tél.** *(212) 242-4300* **Fax** *(212) 242-1188* **Chambres** *125*   **Plan** *8 D5*

Impossible de manquer le thème de la mer dans cet hôtel branché dont les chambres, petites mais bien conçues, sont aménagées autour d'un hublot avec vue sur la Hudson River. Plusieurs bars et restaurants, dont le renommé *Matsuri*. C'est l'hôtel new-yorkais qui dispose du maximum d'espace en plein air. **www.themaritimehotel.com**

Radisson/Martinique on Broadway   🏨 🍽 ⬜   Ⓢ Ⓢ Ⓢ
49 West 32nd St, 10001 **Tél.** *(212) 736-3800* **Fax** *(212) 277-2702* **Chambres** *532*   **Plan** *8 F3*

Un bâtiment de style Renaissance française abrite cette antenne de la très sérieuse chaîne Holiday Inn. Le hall est chamarré et les chambres, assez ordinaires, sont bien tenues. Dans le quartier, nombreux restaurants asiatiques abordables et plusieurs sites touristiques. **www.radisson/newyorkny_broadway.com**

Légende des catégories de prix *voir p. 280* **Légende des symboles** *voir le rabat arrière de couverture*

LE QUARTIER DES THÉÂTRES

Big Apple Hostel
119 West 45th St, 10036 **Tél.** *(212) 302-2603* **Fax** *(212) 302-2605* **Chambres** *39* **Plan** *12 E5* ⑤

Avec son excellente situation, ses chambres propres et son jardin à l'arrière, cette auberge est idéale pour les jeunes voyageurs. La majorité des lits sont en dortoir, mais quelques chambres à grand lit sont disponibles. Cuisine entièrement équipée. Réserver longtemps à l'avance. **www.bigapplehostel.com**

Park Savoy Hotel
158 West 58th St, 10019 **Tél.** *(212) 245-5755* **Fax** *(212) 765-0668* **Chambres** *70* **Plan** *12 E3* ⑤

Cet hôtel très simple offre un hébergement fort basique, mais il n'est qu'à un bloc de Central Park. Les chambres sont propres bien qu'un peu délabrées et spartiates. Service amical, mais réduit au minimum. Achetez un sandwich à l'un des *delicatessen* voisins et allez le déguster dans le parc. **www.parksavoyhotelny.com**

414 Inn
414 West 46th St, 10036 **Tél.** *(212) 399-0006* **Fax** *(212) 957-8716* **Chambres** *22* **Plan** *11 C5* ⑤⑤

Dans ce petit hôtel élégant, le personnel obligeant commandera votre repas dans l'un des restaurants voisins. Avec des lits et draps de meilleure qualité, les chambres à très grand lit sont plus agréables que les doubles standard. Demandez une chambre sur cour pour être au calme. **www.414inn.com**

Amsterdam Court Hotel
226 West 50 St, 10019 **Tél.** *(212) 459-1000* **Fax** *(212) 265-5070* **Chambres** *125* **Plan** *12 D4* ⑤⑤

Cet établissement très élégant est idéal pour le voyageur raffiné dont le budget n'est pas trop serré. Les chambres décorées dans des tons apaisants de blanc et de kaki sont équipées de linge belge, de duvets et de lecteurs de CD. La terrasse sur le toit est très agréable. Nombreux excellents restaurants sur 9th Avenue. **www.nychotels.com**

Belvedere Hotel
319 West 48th St, 10036 **Tél.** *(212) 245-7000* **Fax** *(212) 245-4455* **Chambres** *400* **Plan** *12 D5* ⑤⑤

Ce bon hôtel de standing moyen est nettement supérieur à ses concurrents dans la même fourchette de prix et le même quartier. Les chambres y sont plus spacieuses et relativement plaisantes. Bon *grill-room* brésilien très populaire sur place et nombreux restaurants de qualité dans les alentours. Prisé des familles. **www.belvederehotelnyc.com**

Best Western President Hotel
234 West 48th St, 10036 **Tél.** *(212) 246-8800* **Fax** *(212) 974-3922* **Chambres** *334* **Plan** *12 E5* ⑤⑤

Outre les chambres standard, cet hôtel de chaîne bien situé dispose de petites suites avec canapé-lit, parfaites pour les familles. Les chambres, simples mais propres, sont bien tenues. Le quartier étant toujours animé, mieux vaut en choisir un autre si vous avez le sommeil léger. **www.bestwestern.com**

Da Vinci Hotel
244 West 56th St, 10019 **Tél.** *(212) 489-4100* **Fax** *(212) 399-0434* **Chambres** *20* **Plan** *12 D3* ⑤⑤

Ce petit hôtel de charme de style européen se targue de la qualité du service. Il est situé à proximité des théâtres et au cœur de la foule. Les chambres ne sont pas grandes, mais elles sont bien aménagées et confortables. Les repas pouvant être onéreux dans le quartier, préférez les cafétérias et les petits restaurants. **www.davincihotel.com**

Holiday Inn New York City-Midtown-57th St
440 West 57th St, 10019 **Tél.** *(212) 581-8100* **Fax** *(212) 581-7739* **Chambres** *596* **Plan** *11 C3* ⑤⑤

Cet hôtel sérieux de la célèbre chaîne hôtelière américaine est prisé des familles pour la piscine extérieure et le petit déjeuner offert aux enfants. Les chambres répondent parfaitement à l'attente – propres, confortables et équipées d'un accès Internet. À quelques blocs de Central Park et du quartier des théâtres. **www.holiday-inn.com**

Hotel Skyline Motor Inn
725 10th Ave, 10019 **Tél.** *(212) 586-3400* **Fax** *(212) 582-4604* **Chambres** *230* **Plan** *11 C5* ⑤⑤

Unique dans le quartier, cet établissement de style motel est parfait pour les familles, avec ses chambres spacieuses équipées de consoles Nintendo, sa grande piscine intérieure chauffée et ses prix modérés. Les salles de Broadway et de nombreux restaurants ne sont pas loin. Le parking est le moins cher de la ville. **www.skylinehotelnyc.com**

Algonquin
59 West 44th St, 10036 **Tél.** *(212) 840-6800* **Fax** *(212) 944-1419* **Chambres** *174* **Plan** *12 F5* ⑤⑤⑤

Dans les années 1920, les membres du célèbre club littéraire de la Table ronde de Dorothy Parker s'y retrouvaient. Aujourd'hui rénové, il attire toujours les gens de lettres. Pour plus d'espace, investissez dans une suite à thème littéraire. Le hall lambrissé d'acajou mène au légendaire cabaret *Oak Room*. **www.algonquinhotel.comm**

Blakely Hotel
136 West 55th St, 10019 **Tél.** *(212) 245-1800* **Fax** *(212) 582-8332* **Chambres** *115* **Plan** *12 E4* ⑤⑤⑤

Cet hôtel a été refait dans la tradition des hôtels de charme avec un accent mis sur le service. Créé par le même duo que *Chambers et Mercer*, il offre un excellent rapport qualité-prix et occupe une situation de choix dans cette gamme de prix. Le restaurant sert de l'excellente cuisine italienne. **www.blakelynewyork.com**

Casablanca Hotel ⇅ 🍴 [W] $$$

147 West 43rd St, 10036 **Tél.** *(212) 869-1212* **Fax** *(212) 391-7585* **Chambres** *48* **Plan** *8 E1*

Cet hôtel est idéal pour profiter des théâtres new-yorkais. Les petites chambres rénovées sont agrémentées de détails plaisants comme les meubles en rotin ciré. Le petit déjeuner compris est servi dans le salon à cheminée. Parfait pour observer les célébrités entrant et sortant du siège de *Vogue*, juste en face. **www.casablancahotel.com**

Chambers ⇅ 🍴 🏋 🍸 [W] $$$

15 West 56 Street, 10019 **Tél.** *(212) 974-5656* **Fax** *(212) 974-5657* **Chambres** *77* **Plan** *12 F3*

Une certaine élégance citadine anime cette partie du centre de Manhattan à l'esthétique dépouillée. Les chambres assez petites sont garnies d'œuvres d'art moderne originales, de peignoirs de bain Frette et de dessus-de-lit en cachemire. En bas, le restaurant *Town* est réputé. **www.chambershotel.com**

Hotel Mela [P] [W] $$$

120 West 44th St, 10036 **Tél.** *(877) 452-MELA* **Fax** *(212) 704-9680* **Chambres** *228* **Plan** *12 D5*

Il règne dans cet établissement une atmosphère luxueuse, dans laquelle les clients se sentent chez eux. Ainsi, l'entrée n'est pas un hall d'hôtel, mais plutôt un espace *cosy* et intime. Les chambres sont petites, mais irréprochables. Salles de bains agréables, téléviseurs à écran plat, accès Internet Wi-Fi gratuit. **www.hotelmela.com**

Mansfield ⇅ [W] $$$

12 West 44th St, 10036 **Tél.** *(212) 277-8700* **Fax** *(212) 764-4477* **Chambres** *124* **Plan** *12 E5*

Dans cet hôtel de 1905 converti en logis de charme, les chambres disposent d'édredons en duvet. Bar tranquille pour prendre un verre après une journée trépidante en ville. Niché dans une rue animée, l'hôtel est commodément situé pour les habitués des théâtres. **www.mansfieldhotel.com**

Michelangelo ⇅ 🍴 🍸 [W] $$$

152 West 51st St, 10019 **Tél.** *(212) 765-0505* **Fax** *(212) 581-7618* **Chambres** *178* **Plan** *12 F4*

La Renaissance italienne règne partout dans ce merveilleux hôtel de charme entièrement décoré de tapis et de tissus classiques. Expresso et pâtisseries italiennes pour démarrer la journée et chocolats Baci au coucher. Le marbre italien règne dans les salles de bains. C'est la *dolce vita*… **www.michaelangelohotel.com**

Millennium Broadway ⇅ [P] 🍴 🍸 [W] $$$

145 West 44th St, 10036 **Tél.** *(212) 768-4400* **Fax** *(212) 768-0847* **Chambres** *752* **Plan** *12 E5*

Parfaitement situé dans Broadway, cet hôtel d'affaires est installé dans une tour qui compte un étage réservé aux femmes. Les chambres confortables sont d'un bon rapport qualité-prix. Le bar offre un cadre agréable pour prendre un verre après le théâtre. **www.millennium-hotels.com**

Roosevelt Hotel ⇅ 🍴 🏋 🍸 [W] $$$

45 East 45th St, 10017 **Tél.** *(212) 661-9600* **Fax** *(212) 885-6161* **Chambres** *1013* **Plan** *13 A5*

Construite en 1924 et soigneusement rénovée pour son 80e anniversaire, cette « grande dame de Madison Avenue » est toujours prisée de la clientèle d'affaires et des touristes. Les chambres sont bien aménagées avec des lits confortables et le hall donne l'impression de retourner dans le passé. **www.therooseveltholel.com**

Time ⇅ 🍴 🍸 $$$

224 West 49th St, 10019 **Tél.** *(212) 320-2900* **Fax** *(212) 245-2305* **Chambres** *200* **Plan** *12 D5*

La dernière rénovation est l'œuvre du célèbre créateur Adam Tihany qui a choisi une palette de couleurs primaires pour créer une expérience multisensorielle. Beaucoup de chambres sont petites, surtout pour le prix. Même si certains le trouvent bruyant, allez prendre un verre au bar du hall, le spectacle est parfois dans la salle. **www.thetimeny.com**

Doubletree Guest Suites ⇅ 🍴 🏋 🍸 [W] $$$$

1568 Broadway, 10036 **Tél.** *(212) 719-1600* **Fax** *(212) 921-5212* **Chambres** *460* **Plan** *12 E5*

Dans cet hôtel composé uniquement de suites, l'emplacement et les excellentes prestations compensent largement le manque de charme. Certaines suites s'adressent aux familles, d'autres à la clientèle d'affaires. Avec sa salle de jeux pour les enfants, l'hôtel est prisé des familles avec bambins. **www.nyc.doubletreehotels.com**

Hilton Times Square ⇅ 🍴 🍸 [W] $$$$

234 West 42nd St, 10036 **Tél.** *(212) 840-8222* **Fax** *(212) 840-5516* **Chambres** *444* **Plan** *8 E1*

Cet hôtel aux chambres gigantesques et aux équipements modernes est une véritable oasis de calme en plein cœur de l'agitation de Times Square. À partir du 23e étage, les chambres offrent une vue imprenable sur le quartier. Le restaurant haut de gamme est sensationnel. **www.timessquare.hilton.com**

Le Parker Meridien ⇅ [P] 🍴 🏊 🍸 [W] $$$$

118 West 57th St, 10019 **Tél.** *(212) 245-5000* **Fax** *(212) 307-1776* **Chambres** *730* **Plan** *12 E3*

Service exceptionnel dans cet hôtel moderne doté d'un restaurant, d'un bon *fast-food*, d'une salle de sport et d'une piscine sur le toit. Il offre le meilleur rapport qualité-prix dans sa catégorie. Les chambres spacieuses, récemment rénovées dans le style design, sont équipées de la technologie dernier cri. **www.parkermeridien.com**

Sofitel ⇅ [P] 🍴 🍸 [W] $$$$

45 West 44th St, 10036 **Tél.** *(212) 354-8844* **Fax** *(212) 354-2480* **Chambres** *398* **Plan** *12 F5*

Cet établissement de 30 étages associe décoration moderne et classique. Il doit son succès à son cadre chaleureux, son personnel aimable et sa brasserie agréable. Les chambres des étages élevés, sur l'avant, offrent des vues magnifiques. Certaines suites en étage ont accès à une terrasse. **www.sofitel.com**

Légende des catégories de prix *voir p. 280* **Légende des symboles** *voir le rabat arrière de couverture*

The London, NYC

⬚ P ⬚ ⬚ ⬚ W $\$\$\$\$

151 West 54th St, 10019 **Tél.** *(212) 307-5000* **Fax** *(212) 765-6530* **Chambres** *561* **Plan** *2 E4*

Une jolie fresque murale de Hyde Park orne l'ancien Rihga Royal, superbement remanié par le designer britannique David Collins, avec des chambres qui comptent parmi les plus spacieuses de la ville. Le célèbre chef anglais Gordon Ramsay y fait ses débuts outre-Atlantique, avec un beau succès. **www.thelondonnyc.com**

W Times Square

⬚ ⬚ ⬚ ⬚ W $\$\$\$\$

1567 Broadway, 10036 **Tél.** *(212) 930-7400* **Fax** *(212) 930-7500* **Chambres** *507* **Plan** *12 E5*

Cet hôtel branché très prisé attire toujours les amateurs de design. Bien qu'un peu sombres, ses chambres ultramodernes offrent une vue imprenable sur le centre de Manhattan. Les salons et les restaurants sont toujours très en vogue. Ne manquez pas le *Blue Fin (p. 305)* qui sert d'excellents sushis. **www.whotels.com**

Ritz-Carlton, New York, Central Park

⬚ ⬚ ⬚ ⬚ W $\$\$\$\$\$

50 Central Park South, 10019 **Tél.** *(212) 308-9100* **Fax** *(212) 207-8831* **Chambres** *260* **Plan** *12 F3*

Ses admirateurs revendiquent pour cet hôtel le meilleur service de toute la chaîne Ritz-Carlton. De style traditionnel, les chambres spacieuses sont extrêmement confortables et dotées de la dernière technologie. Le Spa très complet et la situation en face de Central Park sont des atouts supplémentaires. **www.ritzcarlton.com**

LOWER MIDTOWN

Hotel Grand Union

⬚ ⬚ $\$

34 East 32nd St, 10016 **Tél.** *(212) 683-5890* **Fax** *(212) 689-7397* **Chambres** *95* **Plan** *9 A3*

Les voyageurs de tous âges au budget très limité trouvent le Grand Union d'un bon rapport qualité-prix pour le niveau de service offert. Les chambres, dont certaines sont assez spacieuses pour les familles, sont franchement laides, mais elles sont bien tenues et offrent tout le confort voulu. **www.hotelgrandunion.com**

Courtyard New York

⬚ ⬚ ⬚ ⬚ W $\$\$

3 East 40th St, 10016 **Tél.** *(212) 447-1500* **Fax** *(212) 683-7839* **Chambres** *185* **Plan** *8 F1*

Dans ce quartier loin d'être bon marché, cet hôtel offre un bon rapport qualité-prix pour sa catégorie. Récemment repris par la chaîne Marriott, il a été considérablement rénové. Les familles apprécient son emplacement près de la New York Public Library et du quartier des théâtres, le bruit en moins. **www.courtyard.com**

70 Park

⬚ ⬚ ⬚ ⬚ W $\$\$\$

70 Park Ave, 10016 **Tél.** *(212) 973 2400* **Fax** *(212) 973-2401* **Chambres** *205* **Plan** *9 A1*

Ce nouvel hôtel de charme est élégant et bien conçu. La clientèle d'affaires appréciera les petits détails à son intention. Certaines chambres sont petites, mais confortables. Les animaux de compagnie sont acceptés et font même l'objet de prestations spéciales. **www.70parkavenuehotel.com**

Affinia Dumont

⬚ ⬚ ⬚ W $\$\$\$

150 East 34th St, 10016 **Tél.** *(212) 481 7600* **Fax** *(212) 889-8856* **Chambres** *248* **Plan** *9 A2*

Relancé récemment, cet hôtel n'abrite que des suites avec cuisine entièrement équipée. Il convient parfaitement à ceux qui privilégient l'espace et le confort. Le personnel attentif fait même les courses des clients à l'épicerie. L'excellent Spa sur place maintient les voyageurs en forme ! **www.affinia.com**

Dylan

⬚ ⬚ ⬚ W $\$\$\$

52 East 41st St, 10017 **Tél.** *(212) 338-0500* **Fax** *(212) 338-0569* **Chambres** *107* **Plan** *9 A1*

Logé dans un édifice Beaux-Arts de 1903, cet hôtel de charme est l'ancien siège du Chemists Club. Malgré le hall un peu aseptisé, les chambres sont spacieuses pour les normes new-yorkaises. L'excellent restaurant sur place est le bienvenu car le choix dans le quartier est limité. **www.dylanhotel.com**

Library Hotel

⬚ W $\$\$\$

299 Madison Ave, 10017 **Tél.** *(212) 983-4500* **Fax** *(212) 499-9099* **Chambres** *60* **Plan** *9 A1*

Avec ses chambres conçues autour du thème du livre, ce nouvel hôtel de charme gagne des admirateurs depuis son ouverture. Du conte de fées à la littérature érotique, le client choisit sa chambre selon son humeur et il reçoit les livres assortis. Terrasse sur le toit et *snacks* servis à toute heure. **www.libraryhotel.com**

W The Court / W The Tuscany

⬚ ⬚ ⬚ ⬚ W $\$\$\$

120–130 East 39th St, 10016 **Tél.** *(212) 686-1600* **Fax** *(212) 779-8352* **Chambres** *320* **Plan** *9 A1*

Ce complexe formé de deux hôtels style « club » s'apparente à un hôtel de charme, mais avec un bien meilleur service. Les chambres sont équipées de la technologie dernier cri et certaines permettent de télécharger des films gratuitement. Les salons du *Court* sont plus branchés et le *Tuscany* est un peu plus décontracté. **www.whotels.com**

Bryant Park

⬚ ⬚ W $\$\$\$\$

40 West 40th St, 10018 **Tél.** *(212) 869-0100* **Fax** *(212) 869-4446* **Chambres** *128* **Plan** *8 F1*

Idéalement placé au centre de Manhattan, cet hôtel luxueux au design minimaliste est logé dans l'étonnant American Radiator Building (toujours décoré à la feuille d'or), en face du Bryant Park. Le *Cellar Bar* est fréquenté par le Tout-New York. L'hôtel possède une salle de projection de 70 places. **www.bryantparkhotel.com**

Fitzpatrick Grand Central Hotel
⬚⬚ $$$$

141 East 44th St, 10017 **Tél.** *(212) 351-6800* **Fax** *(212) 818-1747* **Chambres** *155* **Plan** *13 A5*

À quelques pas de Grand Central Terminal, cet hôtel élégant, au service charmant, est bien placé pour découvrir la ville. Les chambres aux teintes éclatantes sont largement au-dessus de la moyenne et certaines ont des lits à baldaquin. Un authentique pub sur place reste ouvert tard le soir. **www.fitzpatrickhotels.com**

Kitano
⬚⬚⬚⬚ $$$$

66 Park Ave, 10016 **Tél.** *(212) 885-7000* **Fax** *(212) 885-7100* **Chambres** *149* **Plan** *9 A2*

Cet élégant hôtel du centre de Manhattan, qui s'adresse avant tout à une clientèle d'affaires, offre un service discret à la japonaise. Les chambres sont des havres de paix au milieu de l'agitation de ce tronçon de Park Avenue et le thé vert japonais est offert gracieusement. Le restaurant est très couru. **www.kitano.com**

UPPER MIDTOWN

Hotel 57
⬚⬚ $$

130 East 57th St, 10022 **Tél.** *(212) 753-8841* **Fax** *(212) 869-9605* **Chambres** *220* **Plan** *13 A3*

Dans la catégorie « chic bon marché », cet hôtel associe un design de grande qualité et des prix modérés. Certaines chambres sont très exiguës et ont une salle de bains commune, mais les prix sont imbattables pour l'adresse centrale, proche des principaux magasins. **www.hotel57.com**

The Pod Hotel
⬚ $$

230 East 51st St, 10022 **Tél.** *(212) 355-0300* **Fax** *(212) 755-5029* **Chambres** *320* **Plan** *13 B4*

Malgré la rénovation récente, le Pod pratique toujours des prix défiant toute concurrence, dans un quartier cher. Pensez à demander une chambre avec salle de bains particulière et faites-vous préciser la superficie. Beaucoup sont minuscules, mais elles sont toutes propres et l'hôtel est très bien tenu. **www.thepodhotel.com**

Courtyard by Marriott Midtown East
⬚⬚⬚ $$$

866 Third Ave, 10022 **Tél.** *(212) 644-1300* **Fax** *(212) 317-7940* **Chambres** *308* **Plan** *13 B4*

Cette adresse est à recommander aux familles désireuses de séjourner dans ce quartier qui devient beaucoup plus calme le soir. Les chambres spacieuses et modernes sont parfaitement équipées. Le Wi-Fi est disponible sans frais dans un salon spécial. **www.marriott.com**

Doubletree Metropolitan Hotel
⬚⬚⬚⬚ $$$

569 Lexington Ave, 10022 **Tél.** *(212) 752-7000* **Fax** *(212) 758-6311* **Chambres** *722* **Plan** *13 A4*

Géré désormais par le groupe Doubletree, l'ancien *Loews* s'adresse avant tout aux familles. Le service reste impeccable et les prix raisonnables. Les chambres sont petites, mais bien tenues. Les restaurants sur place sont parfaits pour les repas en famille. **www.metropolitanhotelnyc.com**

Kimberly Hotel
⬚⬚⬚ $$$

145 East 50th St, 10022 **Tél.** *(212) 755-0400* **Fax** *(212) 486-6915* **Chambres** *185* **Plan** *13 A5*

Cet établissement discret, d'un bon rapport qualité-prix, s'adresse aux amateurs d'espace. Les suites d'une ou deux chambres sont dotées d'une cuisine entièrement équipée et d'un mobilier bien pensé. Adresse idéale au calme et proche des bons magasins. **www.kimberlyhotel.com**

Roger Smith
⬚⬚⬚ $$$

501 Lexington Ave, 10022 **Tél.** *(212) 755-1400* **Fax** *(212) 758-4061* **Chambres** *130* **Plan** *13 A5*

Cet établissement sobre possède quelques détails très design qui le distinguent du lot. Les chambres au décor raffiné sont plus grandes que la moyenne. Il draine une foule bigarrée, de l'homme d'affaires au genre artiste. Le quartier se calme un peu à la nuit tombante. Le petit déjeuner est compris. **www.rogersmith.com**

Benjamin
⬚⬚⬚⬚⬚ $$$$

125 East 50th St, 10022 **Tél.** *(212) 715-2500* **Fax** *(212) 715-2525* **Chambres** *209* **Plan** *13 A4*

Les chambres modernes de cet hôtel discret sont extrêmement confortables et les bureaux sont parfaits pour une clientèle d'affaires exigeante. Toutes les chambres ont un coin cuisine et une literie de premier ordre. Restaurant et petit Spa sur place. **www.thebenjamin.com**

Omni Berkshire Place
⬚⬚⬚⬚ $$$$

21 East 52nd St, 10022 **Tél.** *(212) 753-5800* **Fax** *(212) 754-5018* **Chambres** *396* **Plan** *12 F4*

Dans cet hôtel élégant et discret, le décor est conçu pour le confort. Le service impeccable et la profusion d'équipements satisferont la clientèle d'affaires. L'hôtel s'adressant aussi aux familles, des réductions sont accordées le week-end. Le quartier est relativement calme. **www.omnihotels.com**

Waldorf Astoria / Waldorf Towers
⬚⬚⬚⬚ $$$$

301 Park Ave, 10022 **Tél.** *(212) 355-3000* **Fax** *(212) 872-7272* **Chambres** *1242* **Plan** *13 A5*

Cette légende new-yorkaise chargée d'histoire existe toujours malgré les plaintes concernant la médiocrité du service. Les prix restent raisonnables car l'hôtel est immense. Les chambres spacieuses ont été récemment rafraîchies. Au très sélect *Towers*, vous aurez droit au service d'étage 24 h/24. **www.hilton.com**

Légende des catégories de prix *voir p. 280* **Légende des symboles** *voir le rabat arrière de couverture*

Four Seasons New York ❄ [P] 🏋 👶 🍴 $$$$$

57 East 57th St, 10022 ***Tél.*** *(212) 758-5700* ***Fax*** *(212) 758-5711* ***Chambres*** *368* ***Plan*** *13 A3*

Conçue par I. M. Pei, cette tour qui domine le centre de Manhattan de ses 52 étages est un des joyaux de la chaîne Four Seasons. Ne manquez pas le hall qui exhale le pouvoir et l'élégance de New York. Grandes et très confortables, les chambres offrent une vue fabuleuse sur Central Park. **www.fourseasons.com/newyorkfs**

New York Palace ❄ 🏋 👶 🍴 [W] $$$$$

455 Madison Ave, 10022 ***Tél.*** *(212) 888-7000* ***Fax*** *(212) 303-6000* ***Chambres*** *896* ***Plan*** *13 A4*

Ce somptueux établissement, qui occupe une maison historique de 1882, associe l'élégance d'antan et un service parfait. C'est sans doute l'endroit le plus serein et le plus apaisant de la ville. La situation y est formidable : les vues, notamment sur St Patrick's Cathedral, sont splendides. **www.newyorkpalace.com**

Peninsula New York ❄ 🏊 👶 🍴 [W] $$$$$

700 Fifth Ave, 10019 ***Tél.*** *(212) 956-2888* ***Fax*** *(212) 903-3949* ***Chambres*** *239* ***Plan*** *12 F4*

Cette petite antenne new-yorkaise de la chaîne asiatique offre le service légendaire des Peninsula. Les chambres conçues pour un confort suprême intègrent en douceur la technologie de pointe. Le Spa est l'un des meilleurs de New York et le bar-terrasse sur le toit s'apprécie au coucher du soleil. Vivement recommandé. **www.peninsula.com**

The Plaza ❄ [P] 🏋 🍴 [W] $$$$$

Fifth Ave and Central Park South, 10019 ***Tél.*** *(212) 759-3000* ***Fax*** *(212) 759-3001* ***Chambres*** *282* ***Plan*** *12 F3*

La célèbre « grande dame », née en 1907, vient de se refaire une beauté pour 400 millions de dollars avec des lustres en cristal, une débauche de marbre et des chambres vastes et spacieuses. On compte aussi une tour avec des appartements, un superbe Spa et un centre commercial. **www.fairmonthotels.com/theplaza**

St. Regis New York ❄ [P] 🏋 👶 🍴 [W] $$$$$

2 East 55th St, 10022 ***Tél.*** *(212) 753-4500* ***Fax*** *(212) 787-3447* ***Chambres*** *408* ***Plan*** *12 F4*

Avec ses lustres et ses tapis précieux, ce bijou Beaux-Arts de 1904 respire le luxe et le glamour d'antan. Le service est très sophistiqué comme il est d'usage dans un hôtel classique modernisé. L'établissement est très prisé pour les mariages. Le légendaire bar *King Cole* est renommé pour son Bloody Mary. **www.stregis.com**

UPPER EAST SIDE

Franklin ❄ [W] $$$

164 East 87th St, 10128 ***Tél.*** *(212) 369-1000* ***Fax*** *(212) 369-8000* ***Chambres*** *50* ***Plan*** *17 A3*

Les chambres de cet hôtel moderne sont minuscules, mais bien conçues, avec leur lit romantique à baldaquin. L'espace étant limité, l'hôtel s'adresse aux courts séjours ou aux voyageurs avec peu de bagages. Petit déjeuner continental compris. Demandez les tarifs préférentiels. **www.franklinhotel.com**

Hotel Wales ❄ 🏋 👶 🍴 $$$

1295 Madison Ave, 10028 ***Tél.*** *(212) 876-6000* ***Fax*** *(212) 860-7000* ***Chambres*** *88* ***Plan*** *17 B2*

Un hôtel confortable et agréable, bien situé pour le quartier des musées. Meubles en acajou, linge de lits beige et fleurs fraîches dans les chambres ajoutent du charme au décor. La terrasse sur le toit offre de superbes vues de la ville. **www.waleshotel.com**

Surrey Hotel ❄ 🏋 👶 $$$$

20 East 76th St, 10021 ***Tél.*** *(212) 288-3700* ***Fax*** *(212) 628-1549* ***Chambres*** *130* ***Plan*** *17 A5*

Si vous privilégiez l'espace et que vous y mettez le prix, cet hôtel qui ne possède que des suites vous conviendra. Chacune dispose d'une cuisine entièrement équipée, mais vous serez peut-être tenté de faire monter vos plats du célèbre *Café Boulud (p. 308)* en bas. Nombreux petits restaurants bon marché dans le quartier. **www.affinia.com**

Carlyle ❄ 🏋 👶 🍴 $$$$$

35 East 76th St, 10021 ***Tél.*** *(212) 744-1600* ***Fax*** *(212) 717-4682* ***Chambres*** *187* ***Plan*** *17 A5*

Les chambres de cet hôtel de légende vous donnent l'impression d'être un authentique habitant de l'Upper East Side. Leur élégance et le service irréprochable ont attiré chefs d'État et vedettes du cinéma. Le Tout-New York s'y retrouve au thé de l'après-midi. Excellente localisation à un bloc de Central Park. **www.thecarlyle.com**

Sherry-Netherland ❄ 🏋 👶 🍴 [W] $$$$$

781 Fifth Ave, 10022 ***Tél.*** *(212) 355-2800* ***Fax*** *(212) 319-4306* ***Chambres*** *50* ***Plan*** *12 F3*

Un peu moins guindé que son voisin The Pierre, cet hôtel au charme suranné vous donne l'impression de vivre dans un appartement new-yorkais. Les suites sont immenses et le service exceptionnel. Le petit déjeuner chez *Cipriani*, en bas, est inclus dans le prix. **www.sherrynetherland.com**

The Pierre ❄ 🏋 👶 🍴 [W] $$$$$

2 East 61st St, 10021 ***Tél.*** *(212) 838-8000* ***Fax*** *(212) 940-8109* ***Chambres*** *203* ***Plan*** *12 F3*

Le service accueillant de la chaîne Four Seasons rend cet hôtel très sophistiqué un peu moins intimidant. Les intérieurs sont grandioses et les chambres s'apparentent à des appartements privés. Avec des garçons d'ascenseur gantés, les familles royales ne seront pas dépaysées. Le bar et le restaurant sont recommandés. **www.tajhotels.com/pierre**

UPPER WEST SIDE

Amsterdam Inn $

340 Amsterdam Ave, 10024 ***Tél.*** *(212) 579-7500* ***Fax*** *(212) 545-0103* ***Chambres*** *25* ***Plan*** *15 C5*

Dans cet hôtel économique, toutes les chambres sont bien entretenues. Si certaines sont petites ou partagent une salle de bains, les autres offrent un bon rapport qualité-prix. Assurez-vous que la chambre double est dotée d'un lit à deux places et non de lits gigognes. Excellente situation près des musées d'Upper West Side. **www.amsterdaminn.com**

Hostelling International – New York ⇅ [W] $

891 Amsterdam Ave, 10025 ***Tél.*** *(212) 932-2300* ***Fax*** *(212) 932-2574* ***Chambres*** *628* ***Plan*** *20 E5*

Vous aurez l'impression de retourner à l'université dans cette immense auberge de jeunesse aux allures de dortoir. Elle offre tous les avantages de la vie sur le campus – cafétéria, salle de jeux, laverie, accès Internet et tables de pique-nique. L'établissement est réservé aux plus de 18 ans. **www.hinewyork.org**

Hotel Newton ⇅ 🧒 [W] $

2528 Broadway, 10025 ***Tél.*** *(212) 678-6500* ***Fax*** *(212) 678-6758* ***Chambres*** *110* ***Plan*** *15 C2*

Cet hôtel bien tenu est l'un des meilleurs dans sa catégorie de prix. Les chambres sont propres et attrayantes. Certaines peuvent accueillir jusqu'à quatre personnes. Le service est aimable et professionnel. Pas de restaurant sur place, mais grand choix sur Broadway. **www.newyorkhotel.com**

Jazz on the Park $

36 West 106th St, 10025 ***Tél.*** *(212) 932-1600* ***Fax*** *(212) 932-1700* ***Chambres*** *220* ***Plan*** *21 A5*

Cette auberge jeune et bohème, extrêmement populaire, insuffle un peu de vie à ce quartier assez guindé. Ne manquez pas la cafétéria avec orchestre, parfois un peu bruyant. Les dortoirs et les salles de bains très rudimentaires accueillent une clientèle fort cosmopolite. Le quartier ne cesse de s'améliorer. **www.jazzonthepark.com**

Milburn ⇅ 🧒 🏋 [W] $

242 West 76th St, 10023 ***Tél.*** *(212) 362-1006* ***Fax*** *(212) 721-5476* ***Chambres*** *114* ***Plan*** *15 C5*

Cet hôtel, qui ne comporte que des suites, pratique d'excellents tarifs et offre tout le confort de la maison, y compris l'espace. Dans les chambres, le manque de charme est compensé par un coin cuisine bien équipé et l'agréable salle de bains. Personnel serviable. Laverie. Bons restaurants à proximité. **www.milburnhotel.com**

West End Studios ⇅ $

850 West End Ave, 10025 ***Tél.*** *(212) 749-7104* ***Fax*** *(212) 865-5130* ***Chambres*** *85* ***Plan*** *15 B1*

À quelques blocs de Riverside Park, mais éloigné des principales lignes de métro, cet hôtel économique permet de goûter à la vie de quartier. Très rudimentaires, les chambres peuvent sembler exiguës. La chambre familiale est équipée de deux lits et de lits superposés. Les salles de bains sont communes. **www.westendstudios.comom**

Excelsior Hotel ⇅ [P] 🏋 [W] $$

45 West 81st St, 10024 ***Tél.*** *(212) 362-9200* ***Fax*** *(212) 580-3972* ***Chambres*** *200* ***Plan*** *16 D4*

Un hôtel traditionnel accueillant, très « veille Europe », avec des chambres confortables, une bibliothèque et un centre de remise en forme bien équipé. Le Muséum d'histoire naturelle est situé en face, Central Park et un métro menant à Midtown sont au coin de la rue. Une bonne adresse pour les familles. **www.excelsiorhotelnyc.com**

Hotel Beacon ⇅ 🧒 [W] $$

2130 Broadway, 10023 ***Tél.*** *(212) 787-1100* ***Fax*** *(212) 724-0839* ***Chambres*** *236* ***Plan*** *15 C5*

Les familles apprécient cet hôtel d'un excellent rapport qualité-prix. Sans être les meilleures de la ville, les chambres très spacieuses logent souvent quatre personnes et disposent d'un coin cuisine. Pour les familles, il y a des suites à deux chambres et deux salles de bains. **www.beaconhotel.com**

Lucerne ⇅ 🍴 🧒 🏋 [W] $$

201 West 79th St, 10024 ***Tél.*** *(212) 875-1000* ***Fax*** *(212) 579-2408* ***Chambres*** *184* ***Plan*** *15 C4*

Ce petit bijou, qui pratique des prix moyens, occupe un élégant immeuble de 1930. Les chambres sont très bien tenues et équipées de meubles traditionnels américains. Le prix comprend le petit déjeuner continental. Orchestres de jazz et de blues à l'élégant bar-grill. Autres bons restaurants dans le quartier. **www.thelucernehotel.com**

On the Ave ⇅ [W] $$

2178 Broadway, 10024 ***Tél.*** *(212) 362-1100* ***Fax*** *(212) 787-9521* ***Chambres*** *251* ***Plan*** *15 C5*

Cet élégant hôtel économique de catégorie moyenne est décoré dans un style très design. Les chambres ont des meubles modulables dans des tons naturels. L'agréable terrasse offre une vue superbe sur la ville. Demandez une chambre de luxe pour ne pas être à l'étroit. Bons restaurants sur l'avenue. **www.ontheave-nyc.com**

6 Columbus ⇅ [P] 🍴 [W] $$$

6 Columbus Circle, 10019 ***Tél.*** *(212) 204-3000* ***Fax*** *(212) 204-3030* ***Chambres*** *88* ***Plan*** *12 D3*

L'ancien West Park Hotel a été transformé par le groupe hôtelier Thomson, avec un cadre rétro, quatre étages supplémentaires et le restaurant à sushis très apprécié de SoHo, le *Blue Ribbon*. Le Time Warner Center et Central Park sont juste à côté, Broadway et le Lincoln Center à quelques minutes à pied.**www.thompsonhotels.com**

Légende des catégories de prix *voir p. 280* **Légende des symboles** *voir le rabat arrière de couverture*

Empire Hotel ⚜ 🅿 🍴 🏊 💇 🅦 $$$

44 West 63rd St, 10023 **Tél.** *(212) 265-7400* **Fax** *(212) 265-7401* **Chambres** *420* **Plan 12 D2**

Rénové récemment, l'hôtel compte désormais une entrée magnifique, un hall chic, un bar à cocktails sublime sur le toit et une piscine extérieure réservée aux clients. La déco des chambres est moderne, dans des tons bruns. La plupart des salles d'eau sont équipées de douches à effet pluie. **www.empirehotelnyc.com**

Inn New York City 🅦 $$$$

266 West 71st St, 10023 **Tél.** *(212) 580-1900* **Fax** *(212) 580-4437* **Chambres** *4* **Plan 11 C1**

Cette intime et charmante maison d'hôtes offre le luxe le plus absolu. C'est une maison de ville du XIXe siècle rénovée qui ne possède que quatre chambres, décorées chacune sur un thème différent : Vermont, opéra, Spa et bibliothèque. Le petit déjeuner dans la chambre est un vrai délice. Une véritable folie ! **www.innnewyorkcity.com**

Mandarin Oriental New York ⚜ 🍴 🏊 💇 🅦 $$$$$

80 Columbus Circle, 10023 **Tél.** *(212) 805-8800* **Fax** *(212) 805-8888* **Chambres** *248* **Plan 12 D3**

L'opulence de l'Asie se vend cher dans cet hôtel spectaculaire. Les chambres de style oriental sont modernes et celles des étages supérieurs offrent une vue imprenable sur Central Park et sur l'Hudson. Le Spa est somptueux, mais onéreux. Au bar et aux restaurants, l'ambiance est parfois fantastique le soir. **www.mandarinoriental.com**

Trump International Hotel & Tower ⚜ 🍴 🏊 💇 🅦 $$$$$

1 Central Park West, 10023 **Tél.** *(212) 299-1000* **Fax** *(212) 299-1150* **Chambres** *167* **Plan 12 D3**

Cette tour moderne et luxueuse se targue de sa sélectivité, de sa discrétion et de son élégance. Les chambres récemment rénovées sont décorées dans des tons doux et équipées de la technologie dernier cri. Les principaux atouts sont la vue imprenable sur Central Park et le restaurant *Jean-George (p. 310)*, en bas. **www.trumpintl.com**

MORNINGSIDE HEIGHTS ET HARLEM

Astor on the Park ⚜ $

465 Central Park West, 10025 **Tél.** *(212) 866-1880* **Fax** *(212) 316-9555* **Chambres** *112* **Plan 21 A5**

À l'ouest de Central Park, à hauteur de la 106e Rue, l'emplacement de cet hôtel compense largement l'exiguïté des chambres un peu rudimentaires. Idéal pour les voyageurs au budget serré qui prévoient de passer presque toute la journée dehors. Les salles de bains sont propres et le personnel accueillant. **www.nychotels.com/astor**

Morningside Inn Hotel ⚜ $

235 West 107th St, 10025 **Tél.** *(212) 316-0055* **Fax** *(212) 864-9155* **Chambres** *96* **Plan 20 E5**

Jumeau du Riverside Inn, cet hôtel est plus récent et plus neuf, mais il a gardé une allure de dortoir. Idéal pour les étudiants et les voyageurs individuels. Demandez une chambre double de luxe avec salle de bains particulière et climatisation. Toutes les chambres sont propres et bien tenues. **www.morningsideinn-ny.com**

Sugar Hill Harlem Inn $$

460 West 141st St, 10031 **Tél.** *(212) 234-5432* **Fax** *(212) 234-5432* **Chambres** *5* **Plan 19 A2**

Les jolies chambres de cet hôtel particulier victorien portent des noms comme Miles ou Ella, hommage aux figures du jazz qui fréquentaient le quartier. La plupart des chambres ont des cheminées. Téléviseurs, lecteurs de DVD et climatisation. Deux studios avec cuisine, un appartement avec deux chambres. **www.sugarhillharleminn.com**

EN DEHORS DU CENTRE

BROOKLYN Best Western Gregory Hotel Brooklyn ⚜ $$

8315 4th Ave, 11209 **Tél.** *(718) 238-3737* **Fax** *(718) 680-0827* **Chambres** *70*

Un peu à l'écart des sentiers battus, cet hôtel est parfait pour qui veut séjourner à Brooklyn. Le métro n'est qu'à quelques blocs. Certaines chambres sont petites, mais bien tenues. Les récents problèmes de service semblent avoir été résolus par la nouvelle direction. Plusieurs *snacks* bon marché dans le voisinage. **www.bestwestern.com**

BROOKLYN Marriott Brooklyn Bridge ⚜ 🅿 🍴 🏊 🅦 $$

333 Adams St, 11201 **Tél.** *(718) 246-7000* **Fax** *(718) 246-0563* **Chambres** *355*

Au cœur de Brooklyn et à proximité du Financial District, cet hôtel convient aux hommes d'affaires comme aux touristes. Avec son hall grandiose, son club de gym avec piscine et ses jolies chambres, c'est le seul du *borough* qui offre un si large éventail de services. Neuf lignes de métro importantes à proximité. **www.marriott.com**

QUEENS Sheraton LaGuardia East Hotel ⚜ 🅿 🍴 🅦 $$

135-20 39th Ave, 11354 **Tél.** *(718) 460-6666* **Fax** *(718) 445-2655* **Chambres** *173*

Un hôtel confortable de 16 étages, au cœur du Chinatown de Flushing, avec un transport gratuit pour l'aéroport La Guardia et un accès rapide au Shea Stadium et au centre de tennis Arthur Ashe. Centre d'affaires et centre de remise en forme, machines à café dans les chambres et Wi-Fi gratuite. **www.sheraton.com/laguardia**

RESTAURANTS ET BARS

Les New-Yorkais aiment la bonne chère : il existe plus de 25 000 restaurants dans les cinq quartiers de la ville. Les chroniques gastronomiques des magazines comme *New York* sont lues avec attention par les gourmets désireux d'être vus dans le dernier endroit à la mode. Elles sont prises très au sérieux, car une critique sévère peut faire fermer restaurant. Ceux cités

Le Manhattan, un cocktail classique

dans nos listes ont été sélectionnés parmi les meilleurs qu'offre la ville dans toutes les catégories de prix. Les descriptions des pages 296-311 vous aideront à trouver un restaurant adapté à vos goûts. Pour les repas légers, nous vous faisons quelques recommandations pages 312-314 et pour bien choisir votre bar, rendez-vous pages 315-317.

MENUS

Dans la plupart des restaurants, le repas se décompose en trois parties : l'entrée (*appetizer* ou *starter*), le plat principal (*entrée*, ne pas confondre !) et le dessert. On y sert des petits pains et du beurre gratuitement, dès que le client s'assied. On peut aussi vous offrir un amuse-gueule, comme une bouchée de quiche, avant de prendre votre commande. Dans les restaurants élégants, les entrées sont souvent les plats

Marchand de hot dogs au coin d'une rue

les plus originaux. On peut demander deux entrées et omettre le plat. Les menus italiens incluent une deuxième entrée de pâtes, mais la majorité des clients commandent un plat principal. Le café est servi à la fin du repas, toujours à volonté. On viendra systématiquement remplir votre tasse, jusqu'à ce que vous demandiez grâce. Les plateaux de fromage sont rares, sauf dans les restaurants français.

Pour trouver un restaurant dans tous les quartiers de Manhattan, visitez www. menupages.com qui recense de nombreuses adresses.

PRIX

Vous pourrez toujours trouver, à New York, un restaurant qui corresponde à votre budget. Pour 10 à 15 $, vous ferez un repas correct dans une chaîne de restauration rapide ou dans un petit bistrot. Il y a des centaines d'établissements, quelquefois excellents, qui proposent, dans un cadre agréable, un bon repas pour 25 $ environ, boisson non comprise.

Pour dîner chez un chef à la mode, cela peut vous revenir de 80 à 100 $ par personne, sans compter les boissons. Certains grands restaurants offrent cependant des menus à « prix fixe », moins chers que la carte. Le déjeuner y est généralement meilleur marché que le dîner. De nombreux repas d'affaires se règlent avec une carte de société et les restaurants sont souvent bondés à l'heure du déjeuner.

TAXES ET POURBOIRES

Une taxe de 8,625 %, spécifique à la ville de New York, est ajoutée à votre addition. Le service n'est généralement pas compris. Il varie de 10 à 20 %, selon l'élégance du lieu. Aux États-Unis, l'addition s'appelle le *check*. Les cartes de crédit les plus facilement utilisées sont les VISA,

Un *deli* new-yorkais typique (p. 312)

Mastercard et American Express. Les chèques de voyage, en dollars, sont aussi acceptés dans certains restaurants. Les cafés et petits restaurants peuvent n'accepter qu'un paiement en espèces. Dans les chaînes de restauration rapide, vous commandez au comptoir et payez d'avance, en espèces.

PETITS BUDGETS

Il est facile de faire des repas bon marché : il suffit de commander moins de plats. Les portions américaines sont énormes et, sauf dans les endroits à la mode, une entrée peut très bien suffire à un repas léger. On peut aussi commander un plat pour deux, ou choisir deux entrées, sans plat principal.

Demandez au serveur s'il y a un menu à prix fixe. Beaucoup de restaurants élégants en offrent pour le déjeuner et, tôt dans la soirée, proposent ce qui s'appelle un « menu d'avant le spectacle ». Essayez aussi les buffets à prix fixe, en particulier dans les restaurants indiens de Manhattan.

McSorley's Old Ale House (p. 315)

Pour un bon repas rapide et copieux, les restaurants chinois, thaïs ou mexicains et certains *delis* juifs sont souvent plus économiques. Les pizzerias et les bistrots, ainsi que les petits cafés-restaurants qui servent des *fish and chips,* des hamburgers ou des sandwichs et des desserts sont aussi d'un bon rapport qualité-prix. Sinon, allez dans un bar qui sert des amuse-gueule, comme les *tapas* espagnoles, qui constituent souvent un véritable repas.

Pour simplement découvrir l'intérieur des restaurants dont tout le monde parle, allez y prendre un verre et vous ressentirez l'atmosphère qui y règne. De nombreux restaurants affichent le menu ou vous laissent y jeter un coup d'œil avant de prendre une table, un bon moyen de vérifier les prix.

Durant la Restaurant Week (en janvier et juillet), vous pourrez bénéficier de remises intéressantes (www.nycg.com/restaurantweek).

L'Oyster Bar, sous les voûtes de Grand Central Terminal *(p. 306)*

Pièce d'eau du Four Seasons *(p. 307)*

HORAIRES

Les heures de petit déjeuner sont habituellement de 7 h à 10 h 30 ou 11 h. Le brunch du dimanche est un repas populaire, servi dans les bons restaurants, de 11 h à 13 h. Les heures de déjeuner s'étalent de 11 h 30, ou midi, à 14 h 30. Le dîner est servi à partir de 17 h 30 ou 18 h, mais on s'y rend rarement avant 19 h 30 ou 20 h. Quelques restaurants ferment à 22 h pendant la semaine et à 23 h le vendredi et le samedi. Certains petits restaurants, en particulier les chinois, ouvrent sans interruption de 11 h 30 à 22 h. Les *diners* sont parfois ouverts de 7 h à minuit.

TENUE VESTIMENTAIRE

Pour les hommes, le veston et la cravate sont exigés dans certains grands restaurants. En général, une tenue simple, mais élégante, est admise (*business casual*). Les femmes s'habillent souvent d'une manière plus recherchée pour aller dîner dans les restaurants à la mode. Si vous n'êtes pas sûr de la tenue à adopter, renseignez-vous en réservant.

RÉSERVATIONS

Il est prudent de faire des réservations dans tous les restaurants, surtout le week-end, excepté bien sûr pour les petits restaurants ou les *fast-food*. Dans des restaurants très à la mode, il est parfois nécessaire de réserver deux mois à l'avance. Il est essentiel de réserver pour déjeuner en centre-ville. Mais vous pouvez attendre au bar, même si vous avez retenu une table.

TABAC

Il est désormais interdit de fumer dans tous les cafés et restaurants de New York. Quelques bars conservent toutefois une salle fumeurs.

AVEC DES ENFANTS

Si vous déjeunez avec des enfants, demandez s'il existe des menus spéciaux ; les prix sont parfois réduits de moitié. Les enfants bien élevés sont acceptés dans la majorité des lieux, mais si les vôtres sont particulièrement turbulents, allez à Chinatown, dans un restaurant italien ou un *delicatessen*. Quelques restaurants haut de gamme sont équipés pour accueillir les bébés, mais, en général, il n'est pas recommandé d'aller dîner dans un restaurant élégant avec de très jeunes enfants.

HANDICAPÉS

Beaucoup de restaurants peuvent accueillir un fauteuil roulant, mais il faut le signaler en réservant. C'est plus compliqué dans les petits restaurants et les *fast-food*, où la place manque.

CHEFS RENOMMÉS

New York attire les plus grands chefs du monde, bien décidés à laisser une marque et à impressionner la clientèle et les critiques influents.

À l'évidence, un dîner dans un grand restaurant est cher, mais vous ne le regretterez pas. Dans les établissements les plus recherchés, il faut parfois réserver plus de deux mois à l'avance. Dans certains cas, on peut cependant réserver en ligne sur le site Opentable (www.opentable.com).

Parmi les meilleures tables, citons celles de Thomas Keller (Per Se), Daniel Bouley (Daniel), Jean-Georges Vongerichten (Jean-Georges), Gordon Ramsay (London NYC), Mario Batali (Babbo), Alain Ducasse (Adour), Nobu Matsuhisa (Nobu New York) et Gray Kunz (Café Gray).

Que manger à New York

Peu de villes peuvent rivaliser avec la diversité des restaurants de New York, véritable *melting-pot* culinaire. La grande gastronomie française y côtoie les sushis les plus frais après ceux de Tokyo. Les cuisines antillaise, mexicaine, thaïe, vietnamienne, coréenne, grecque ou indienne sont honorablement représentées, et l'on trouve des restaurants italiens à tous les coins de rue. La ville compte quelques-unes des meilleures tables du monde et certains chefs sont aussi connus et vénérés que des vedettes de cinéma. Pourtant, peu de plats sont véritablement originaires de la ville.

Dim sum

Étal de produits locaux frais sur un marché de New York

DELICATESSEN

La grande diaspora juive est à l'origine de quelques-unes des plus célèbres spécialités new-yorkaises : sandwichs au *corned-beef* et au bœuf fumé épicé *(pastrami)*, cornichons doux *(pickles)*, soupe aux boulettes de pain azyme *(matzo ball soup)*,

harengs, crêpes fourrées *(blintzes)* et *bagels* au fromage frais et au saumon fumé. Le bagel, jadis synonyme de New York, s'est répandu dans tout le pays, mais le vrai bagel new-yorkais est unique. Cet anneau de pâte est façonné à la main, puis plongé rapidement dans de l'eau bouillante avant d'être cuit au four, d'où sa texture très particulière, à la fois ferme et moelleuse. Le *bialy*, autre spécialité new-yorkaise,

lui ressemble. C'est un petit pain plat et mou recouvert de farine et garni au centre d'oignons grillés. Les boulangeries casher du Lower East Side *(p. 92-101)* font les meilleurs bagels et *bialys*.

MARCHÉS

Les agriculteurs des environs vendent leurs fruits et légumes frais, leur viande, leur volaille et leurs produits laitiers sur les marchés de

Pastrami et pain de seigle

Blintzes

Pickles

Bagels au saumon fumé et au fromage frais

Harengs marinés

Spécialités de tout bon *deli* new-yorkais

SPÉCIALITÉS NEW-YORKAISES

Toutes les cuisines du monde sont représentées à New York, mais seuls quelques plats sont étroitement associés à la ville. La Manhattan *clam chowder* – soupe de palourdes préparée avec des tomates, et non avec de la crème – remporte un vrai succès depuis son lancement sur les plages de Coney Island dans les années 1880. Le New York Strip Steak, servi dans tous les grills de la ville, est pris dans l'aloyau, la partie la plus tendre du bœuf. La cuisine italienne a souvent été assaisonnée à la sauce new-yorkaise. Le riche et crémeux New York cheesecake est préparé avec du *cream cheese* (fromage frais) plutôt qu'avec de la ricotta. Quant à la vraie pizza new-yorkaise, les puristes insistent pour qu'elle cuise dans un four à charbon, comme le faisaient les premiers immigrés italiens.

Bretzels

Manhattan clam chowder
Onctueux potage avec pommes de terre, oignons, tomates, huîtres, miettes de crackers et palourdes.

Vendeur de hot dogs et de sodas à un coin de rue de Manhattan

New York. On y croise parfois les grands chefs de la ville. Plus de 105 restaurants s'y approvisionnent et affichent au menu des produits locaux extra-frais. Le plus grand de tous, le marché de Union Square, réunit plus de 70 revendeurs les lundis, mercredis, vendredis et samedis *(p. 129)*.

VENDEURS AMBULANTS

La vente de nourriture dans la rue *(street food)* est un atout dans une ville où tout va vite. Si les hot dogs et les bretzels géants sont des classiques new-yorkais, certains vendeurs ont des spécialités délicieuses : *falafels*, soupes, barbecue, chili con carne texan ; toutes prêtes à manger sur le pouce. En hiver, des vendeurs proposent des châtaignes grillées dans toute la ville.

SOUL FOOD

Harlem abrite la plus grande communauté afro-américaine d'Amérique. C'est là qu'il faut venir goûter la nourriture traditionnelle des Noirs du Sud – poulet frit, côtes

Étal d'une épicerie orientale dans Chinatown

de porc, feuilles de chou, ignames, biscuits feuilletés ou pain au maïs. Le célèbre poulet frit-gaufres aurait été créé à Harlem spécialement pour les musiciens quittant les clubs de jazz à l'aube.

RESTAURANTS ASIATIQUES

Depuis peu, les restaurants chinois et les vendeurs de *dim sum* (raviolis chinois) sont concurrencés par d'excellents restaurants thaïs et vietnamiens, et plus encore par la démographie galopante des sushi bars et des grands chefs japonais.

SPÉCIALITÉS JUIVES

Babkas Gâteaux légèrement sucrés.

Blintzes Crêpes fourrées au fromage blanc sucré et/ou au fruit, puis sautées.

Chopped liver Foies hachés avec oignons émincés, œufs durs et gras de poulet.

Gefilte fish Boulettes de poisson blanc pochées dans un bouillon de poisson.

Knishes Petits feuilletés fourrés à la purée et à l'oignon.

Latkes Galettes de pommes de terre râpées, avec oignons et farine de pain azyme.

Rugelach Riches pâtisseries faites avec une pâte au fromage frais et fourrées.

New York-style pizza *Que sa pâte soit fine ou épaisse, la pizza new-yorkaise doit cuire dans un four à charbon.*

New York Strip Steak *Ce steak très tendre est servi avec des épinards à la crème et des pommes frites ou sautées.*

New York cheesecake *Dessert onctueux au fromage frais sur un fond de biscuits secs écrasés.*

Choisir un restaurant

Les restaurants de ce guide ont été sélectionnés pour leur bon rapport qualité-prix et la qualité de leur cuisine. Les établissements sont classés par prix et par ordre alphabétique au sein d'un même quartier. Les *Repas légers et snacks* figurent en pages 312 à 314 et les meilleurs *Bars* new-yorkais en pages 315 à 317.

CATÉGORIE DE PRIX
Prix moyen par personne pour un repas comprenant trois plats, un verre de vin, taxes et service compris.

$ moins de 25 $
$$ 25 $-40 $
$$$ 40 $-60 $
$$$$ 60 $-80 $
$$$$$ plus de 80 $

LOWER MANHATTAN

Adrienne's Pizzabar $$

87 Pearl St, 10004 **Tél.** *(212) 248-3838* — **Plan** *1 C4*

L'emplacement, dans une rue pittoresque du vieux New York, ajoute encore au charme de cette adresse très appréciée pour ses pizzas rectangulaires à pâte fine. Une étape idéale pour un déjeuner bon marché dans Lower Manhattan. Si vous êtes dans le quartier pour le dîner, l'ambiance y est plus calme.

Les Halles $$

15 John St entre Broadway et Nassau St, 10038 **Tél.** *(212) 285-8585* — **Plan** *1 C2*

Cette brasserie à la parisienne en plein Financial District est la jumelle du restaurant Park Avenue Les Halles, rendu célèbre par son illustre chef Anthony Bourdain. Plats soignés comme les moules accompagnées de frites. Véritable paradis des carnivores, il offre un large choix de viandes.

Battery Gardens $$$

17 State St, Battery Park, 10004 **Tél.** *(212) 809-5508* — **Plan** *1 C4*

Le déplacement à la pointe de Manhattan vaut le détour, pour les vues magnifiques du port et de la statue de la Liberté. La cuisine, américaine et continentale, est bonne, mais on y vient surtout pour la vue. Par beau temps, lorsqu'on peut s'installer en terrasse, l'endroit est magique.

Fraunces Tavern $$$

54 Pearl St, à l'angle de Broad Street, 10004 **Tél.** *(212) 968-1776* — **Plan** *1 C4*

C'est dans cette taverne fondée en 1762 que George Washington fit ses adieux à ses officiers, à la veille de sa retraite, en 1783. À la carte, poissons et steaks dans la pure tradition américaine, ainsi que soupes et ragoûts. En hiver, on s'y réchauffe dans un salon-bar cosy.

Harry's Café $$$

1 Hanover Sq, 10004 **Tél.** *(212) 785-9200* — **Plan** *1 C3*

L'ancien *Bayard* a été reconverti en un gril sélect proposant une cuisine et une carte des vins de premier choix. Si votre budget est serré, profitez tout de même de ce lieu chargé d'histoire en optant simplement pour le menu brasserie. L'un des rares restaurants de Wall Street ouvert le week-end.

Roy's New York $$$$

130 Washington St, Marriot Financial Center, 10005 **Tél.** *(212) 266-6262* — **Plan** *1 B3*

Le célèbre chef hawaiien Roy Yamaguchi présente sa cuisine *fusion* dans cette succursale new-yorkaise d'une chaîne internationale. Les ingrédients de première fraîcheur sont relevés d'épices des îles et d'Asie. Spécialité de fruits de mer, avec des poissons du Pacifique livrés par avion. Service attentionné.

SEAPORT ET LE CIVIC CENTER

Acqua at Peck Slip $$$

21-23 Peck Slip, 10038 **Tél.** *(212) 349-4433* — **Plan** *2 D2*

L'*Acqua* se dresse comme un phare parmi les pièges à touristes de South Street Seaport. La carte italienne aux accents de nouvelle cuisine américaine est axée sur les produits bio. Les lasagnes, notamment, sont fantastiques. Le service est parfois lent : détendez-vous et admirez le plafond voûté et les tons ocre et bruns qui ajoutent au romantisme du lieu.

Bridge Café $$$

279 Water St at Dover St, 10038 **Tél.** *(212) 227-3344* — **Plan** *2 D2*

Ce charmant café du XVIIIe siècle, niché sous le pont de Brooklyn, vaut le détour quand on est dans le quartier. Les plus hardis goûteront la spécialité : steak de bison et *gnocchi*. Les plus prudents s'en tiendront à la tourte de homard ou à l'assiette de légumes grillés et fromage de chèvre.

Légende des symboles *voir le rabat arrière de couverture*

Stella Maris ⚥♿ $$$
213 Front St, 10038 **Tél.** *(212) 233-2437* **Plan 2 D2**

Le *Stella Maris*, au cadre épuré, est un bon bistrot de quartier installé dans Seaport. La carte de saison, européenne et moderne, fait la part belle aux fruits de mer, avec quelques plats typiques des pubs. Le *Raw Bar* propose huîtres, palourdes et autres merveilles comme le homard poché. La terrasse est parfaite pour le brunch.

LOWER EAST SIDE

Grand Sichuan ⊡⚥ $
125 Canal St at Bowery, 10002 **Tél.** *(212) 625-9212* **Plan 4 E5**

Une carte interminable avec toutes sortes de plats du Sichuan, du Hunan et américano-chinois, sans oublier les nouilles chaudes (et épicées) et froides, et le riz cantonais. Vaste choix de plats végétariens. Le service inégal et le décor spartiate expliquent sans doute les prix très abordables.

Katz Delicatessen ⚥♿ $
205 East Houston St, 10002 **Tél.** *(212) 254-2246* **Plan 5 A3**

Grand classique de New York, ce *deli* juif sert toujours d'énormes et délicieux sandwichs au *pastrami* et au *corned-beef*. Le service et le cadre n'ont rien d'extraordinaire, mais le bœuf est excellent et les prix très sages. Célèbre pour avoir envoyé du salami à l'armée bien avant la scène mémorable de *Quand Harry rencontre Sally*.

San Loco Mexico ⊡⚥ $
11 Stanton St, 10002 **Tél.** *(212) 253-7580* **Plan 5 A3**

Vous aurez du mal à dépenser plus de 10 $ dans cet établissement au très bon rapport qualité-prix connu dans le quartier de qui ne veut pas se ruiner. Tous les classiques mexicains sont au menu, accompagnés d'un choix de quatre sauces au nom évocateur : douce, forte, sérieuse et stupide. Gardez une place pour le dessert.

Teany Café ⚥♿ $
90 Rivington St, 10002 **Tél.** *(212) 475-9190* **Plan 5 A3**

Le chanteur Moby possède ce célèbre café qui propose sandwichs végétariens et végétaliens, salades et amuse-gueules. Excellents desserts, tels que la bombe au chocolat et au beurre de cacahuètes, et la tarte tiède à la rhubarbe. Thé servi l'après-midi. Le service est parfois inégal et les plats du jour sont souvent épuisés en quelques heures.

Il Palazzo ⚥▦ $$
151 Mulberry St, 10013 **Tél.** *(212) 343-7000* **Plan 4 F4**

C'est l'un des quelques bons restaurants italiens de Little Italy, surtout pour le service. Encore plus charmant depuis l'aménagement du nouveau jardin sous verrière. Les pâtes et risottos sont toujours excellents et bon marché. Vous pourrez vous régaler de spaghettis *alla chitarra* et de desserts classiques tels que *cannoli* et *tiramisu*.

Joe's Shanghai ⊡⚥ $$
9 Pell St, 10013 **Tél.** *(212) 233-8888* **Plan 4 F5**

Dans ce célèbre restaurant de quartier, la soupe aux boulettes de crabe et de porc justifie franchement les longues files d'attente, surtout le week-end. Le reste de la carte est inégal, mais d'un bon rapport qualité-prix. On trouve ailleurs un meilleur cadre et un service plus soigné, mais au détriment de la qualité des plats.

Sammy's Roumanian ⚥ $$$
157 Chrystie St, 10002 **Tél.** *(212) 673-0330* **Plan 5 A4**

C'est sans doute l'un des premiers restaurants « thématiques » de New York. La carte d'inspiration juive propose des plats traditionnels tels que *latkes*, foie haché, purée de pommes de terre et de *schmaltz* (graisse de poulet) et un large choix de viandes. Savourez la saucisse à l'ail arrosée de vodka glacée.

The Orchard ♿ $$$
162 Orchard St, 10002 **Tél.** *(212) 353-3570* **Plan 5 A3**

L'*Orchard* a beaucoup d'atouts pour attirer les jeunes branchés du quartier : décor chic, éclairage tamisé et ambiance *cosy*. Bonne nouvelle cuisine américaine inventive. Ne ratez pas le tartare pain pita. La longue carte des vins permet de se faire plaisir quel que soit son budget.

The Stanton Social ♿ $$$
99 Stanton St, 10002 **Tél.** *(212) 995-0099* **Plan 5 A3**

En deux mots, le summum de l'élégance pour un cadre qui en éclipserait presque la carte. Très éclectique, le menu *tapas* se combine avec une longue liste d'accompagnements qui risquent de faire grimper l'addition. Les cocktails sont tout aussi tentants. Idéal en petits groupes pour profiter de l'instant dans les canapés en cuir. Fermé le week-end.

wd-50 ♿ $$$$
50 Clinton St, 10002 **Tél.** *(212) 477-2900* **Plan 5 B3**

Wylie Dufresne, un pionnier de la révolution gastronomique du Lower East Side, sert ici une cuisine haut de gamme dans un décor décontracté. Moderne et éclectique, elle est renommée pour son originalité, avec par exemple l'agneau au consommé de banane. Si vous ne pouvez réserver une table, sachez qu'on peut dîner sans réservation au bar.

SOHO ET TRIBECA

Lombardi's

32 Spring St, 10012 **Tél.** (212) 941-7994

Plan 4 F4

C'est l'une des meilleures pizzerias de la ville. Les pizzas fines et flambées, cuites au four à briques, débordent d'une délicieuse *mozzarella*. Le choix étant limité, prenez une pizza et sautez le dessert. Depuis que le restaurant a été agrandi, plus besoin d'attendre aussi longtemps pour avoir une table.

Peanut Butter & Co.

240 Sullivan St, 10012 **Tél.** (212) 677-3995

Plan 4 D2

Cette sandwicherie mérite le détour pour ses incroyables combinaisons au beurre de cacahuètes. On y trouve même le fameux sandwich inspiré par Elvis Presley. Heureusement, on peut aussi boire du lait et savourer d'autres délicieux desserts. Vous pouvez inviter vos amis et amener vos enfants sans risquer de vous ruiner.

Pho Pasteur

85 Baxter St, 10013 **Tél.** (212) 608-3656

Plan 4 F5

Ce minuscule restaurant bon marché au cœur de Chinatown offre un bon choix de nouilles. Vous porterez votre choix sur les rouleaux vietnamiens aux feuilles de laitue et aux nouilles de riz. Si vous commandez un plat épicé, vous vous vous verrez suer à grosses gouttes. Essayez aussi les boissons asiatiques très variées.

Aquagrill

210 Spring St, 10012 **Tél.** (212) 274-0505

Plan 4 D4

Dans ce paradis des amateurs de fruits de mer, les produits sont toujours d'une extrême fraîcheur. Un choix d'huîtres de rêve, une cuisine fiable et un service courtois contribuent au succès du lieu. La salle ne désemplit pas. La soupe aux moules au safran et les coquilles Saint-Jacques au risotto à la chair de crabe sont vivement recommandées.

Balthazar

80 Spring St, 10012 **Tél.** (212) 965-1414

Plan 4 E4

Cette superbe création du restaurateur Keith McNally est très fréquentée. Son magnifique cadre de brasserie parisienne, sa cuisine de qualité et son bar animé attirent gens de lettres de SoHo, VIP et touristes avertis. Bonne adresse pour le brunch et les dîners tardifs. On y trouve également une excellente boulangerie rattachée.

L'Ecole

462 Broadway, 10012 **Tél.** (212) 219-3300

Plan 4 E4

Ce petit restaurant charmant de SoHo sert de cadre à la formation pratique des étudiants du French Culinary Institute. Plusieurs menus dégustation sont proposés à des prix raisonnables pour la qualité de la nourriture et le niveau du service. Vos amis et vos invités seront impressionnés.

Lupa

170 Thompson St, 10012 **Tél.** (212) 982-5089

Plan 4 F3

Cette *trattoria* italienne où officie le célèbre chef Mario Batali est bien moins chère que *Babbo*, son restaurant vedette. Large choix de plats tels qu'aubergine fumée et morue séchée, excellentes pâtes fraîches et plats principaux parfaits comme le filet de thon *alla puttanesca* et le *saltimbocca* de porc. Excellente carte de vins italiens.

Odeon

145 West Broadway, 10013 **Tél.** (212) 233-0507

Plan 1 B1

Ce « faux-bistrot », qui fut l'un des premiers restaurants à ouvrir à TriBeCa dans les années 1980, propose une nourriture franco-américaine de qualité dans un cadre simple. Régalez-vous d'un steak tartare ou de délicieux hamburgers. L'endroit ne désemplit jamais.

Peep

177 Prince St, 10012 **Tél.** (212) 254-7337

Plan 4 D3

Les célibataires branchés de SoHo l'apprécient pour son décor rose et glamour et ses cocktails thaïs ou exotiques. Faites un détour par les toilettes auxquelles le *Peep* doit son nom : pas de panique, les miroirs sont des vrais ! Côté prix, les menus à prix fixe le midi et les plats du jour le soir sont très intéressants.

Petite Abeille

134 West Broadway, 10013 **Tél.** (212) 791-1360

Plan 1 B1

Le décor de cette mini-chaîne belge rend hommage à Tintin. L'indétrônable moules-frites reste le plat le plus apprécié, surtout le mercredi où il est servi à volonté. La carte des bières d'importation est impressionnante. Ouvert aussi pour le petit déjeuner et le brunch du week-end, avec d'excellentes gaufres belges.

Public

210 Elizabeth St, 10012 **Tél.** (212) 343-7011

Plan 4 F3

Un zeste de cuisine nouvelle des antipodes avec des créations imaginatives comme la truite de Tasmanie, le céviche au citron « Meyer » et le bar de Nouvelle-Zélande avec *pak-choï* et bouillon au sésame et au gingembre. Le chef conseil est le Néo-Zélandais Peter Gordon. Une bonne bière australienne est proposée sur la carte.

Légende des catégories de prix voir p. 296   **Légende des symboles** voir le rabat arrière de couverture

The Harrison ⬛⬛ $$$

355 Greenwich St, 10013 **Tél.** *(212) 274-9310*   **Plan** 4 D5

Cette maison de bord de mer typique de la Nouvelle-Angleterre au cœur de TriBeCa offre une bonne nourriture américaine revue et corrigée : *biscuits* (petit pain moelleux) au jus de viande avec *chorizo* et palourdes, et poulet croustillant farci aux marrons. Le restaurant étant très prisé dans le quartier, la queue y est parfois très longue.

Kittichai ⬛⬛ $$$$

60 Thompson St, 10012 **Tél.** *(212) 219-2000*   **Plan** 4 D4

Ce restaurant thaï haut de gamme où il est bon d'être vu est logé dans un espace superbement conçu à l'intérieur de l'hôtel *60 Thompson (p. 281)*. La carte propose des plats onéreux, notamment les *tapas* thaïes, les curries et les plats de poisson au gingembre.

Nobu ⬛⬛ $$$$

105 Hudson St, 10013 **Tél.** *(212) 219-0500*   **Plan** 4 D5

Si vous en avez les moyens et que vous obtenez une réservation, vous pourrez choisir sur la carte étonnamment étendue du chef Nobu Matsuhisa des plats tels que tartare de thon, céviches d'inspiration péruvienne et *tempuras*, sans oublier la longue carte de sushis. Cet endroit très couru attire tant les célébrités que les simples touristes.

Bouley ⬛⬛⬛ $$$$$

163 Duane St, 10013 **Tél.** *(212) 668-5829*   **Plan** 1 C1

Le célèbre chef David Bouley et sa cuisine française ont une nouvelle adresse à TriBeCa, plus majestueuse, avec des plafonds voûtés et un décor élégant à la hauteur de cette grande table. Pour découvrir les talents du maître des lieux à prix allégés, le menu à quatre plats du déjeuner est une bonne formule.

Chanterelle ⬛⬛ $$$$$

2 Harrison St, 10013 **Tél.** *(212) 966-6960*   **Plan** 4 D5

Ce classique de la grande cuisine française contemporaine à TriBeCa offre un service impeccable et un cadre superbement décoré. Idéal pour une grande occasion si l'on dispose d'un budget conséquent. Les raviolis à la courge musquée avec ragoût de queue de bœuf et le carré d'agneau aux épices marocaines sont recommandés.

Corton ⬛⬛⬛ $$$$$

239 West Broadway, 10013 **Tél.** *(212) 219-2777*   **Plan** 4 E5

Après 20 ans de règne à TriBeCa, le célèbre Montrachet a désormais un nouveau nom (celui d'un célèbre vignoble de Bourgogne), ainsi qu'un nouveau look et une nouvelle carte. Autrefois cosy, le cadre est devenu moderne. La cuisine française d'avant-garde obtient des critiques dithyrambiques. Une folie qui en vaut la peine.

Megu ⬛⬛⬛ $$$$$

62 Thomas St, 10013 **Tél.** *(212) 964-7777*   **Plan** 1 B1

Sacrifiant à la dernière mode des restaurants japonais immenses, *Megu* propose une carte plusieurs fois primée qui comporte de très nombreux plats à partager. Les ingrédients de premier choix font grimper l'addition, mais certains estiment que c'est l'équivalent d'un dîner-spectacle. Parfois bruyant, surtout le week-end.

GREENWICH VILLAGE

A Salt & Battery ⬛⬛ $

112 Greenwich Ave, 10011 **Tél.** *(212) 691-2713*   **Plan** 3 B1

La meilleure friterie à l'ouest de l'Atlantique pratique des prix défiant toute concurrence. Outre le grand choix de poissons et d'assiettes composées, beaucoup de plats d'accompagnement méritent le détour, surtout le Mars frit en beignet, notoirement délicieux. Un restaurant jumeau a ouvert dans East Village, au n° 80 Second Avenue.

Corner Bistro ⬛⬛ $

331 West 4th St, 10014 **Tél.** *(212) 242-9502*   **Plan** 3 C1

La file d'attente à l'extérieur révèle qu'il ne s'agit pas d'une cuisine de bistrot ordinaire, mais d'un lieu où les habitués accourent pour déguster les hamburgers les plus savoureux et les plus salissants, ainsi que la bière la moins chère de la ville. La nourriture est servie dans des assiettes en carton avec plein de serviettes en papier.

Moustache ⬛⬛ $$

90 Bedford St, 10014 **Tél.** *(212) 229-2220*   **Plan** 3 C2

Décontracté, ce restaurant moyen-oriental sert des plats toujours excellents et bon marché tels que *pitzas* turques, merguez et agneau. Parfois bondé, le service s'en trouve ralenti. Essayez l'établissement jumeau d'East Village au n° 265 East 19th Street, qui dispose d'un jardin intérieur.

Pearl Oyster Bar ⬛ $$

18 Cornelia St, 10014 **Tél.** *(212) 691-8211*   **Plan** 4 D4

Ici, le buffet de crudités d'une extrême fraîcheur est le plus couru du Village. Le petit pain au homard et les moules de Prince Edward Island font un malheur. Contrairement aux autres restaurants qui utilisent des produits de qualité, le service est agréable. Attendez-vous à faire la queue aux heures de pointe.

Westville
210 West 10th St, 10014 **Tél.** *(212) 741-7971*   **Plan 3 C2**

Ce tout petit restaurant ordinaire offre un excellent rapport qualité-prix et une bonne cuisine américaine régionale : copieux sandwichs, hamburgers, *mac'n'cheese* et BLT (bacon, laitue, tomate). Évitez les heures de pointe car les prix sages attirent du monde. Un restaurant jumeau, baptisé à juste titre *Westville East*, a ouvert à East Village.

10 Downing
10 Downing St, 10014 **Tél.** *(212) 255-0300*   **Plan 4 D3**

Découvrez la nouvelle cuisine française dans ce cadre sobre fréquenté par une foule animée d'habitués du quartier et de touristes. Goûtez le cassoulet avec des mini-boulettes de canard ou les pâtes à l'encre de seiche garnis de crabe. En dessert, ne manquez pas le gâteau au chocolat fourré de glace au malt.

Annisa
13 Barrow St, 10014 **Tél.** *(212) 741-6699*   **Plan 3 C2**

Le chef inventif Annisa Lo offre un excellent rapport qualité-prix pour les produits frais de saison, le cadre intime et le service attentif. Excellents produits de la mer avec une note asiatique tels que colin mariné au *miso* en bouillon de bonite, ou encore les joues de porc de Niman Ranch au caramel et à la racine de lotus.

Blue Ribbon Bakery
33 Downing Street, 10014 **Tél.** *(212) 337-0404*   **Plan 4 D3**

La longue carte de style *tapas* propose fromages et viandes froides avec un pain excellent que complètent soupes, salades et plats principaux tels que filet mignon, confit de canard et hamburgers. Avec une carte des vins abordable, c'est l'endroit idéal à fréquenter en famille ou entre amis.

Centro Vinoteca
74 Seventh Ave, 10011 **Tél.** *(212) 367-7470*   **Plan 8 E5**

Ce restaurant animé, aux murs de briques peints en blanc, propose une cuisine italienne créative. En début de soirée, ouvrez-vous l'appétit avec des *antipasti*, comme du chou-fleur frit avec sa croûte de parmesan, et poursuivez avec un agneau bolognaise aux *gnocchi* ou un lapin farci à la saucisse et aux pignons de pin.

One
1 Little West 12th St, 10014 **Tél.** *(212) 255-9717*   **Plan 3 B1**

La carte nouvelle cuisine américaine est conçue autour d'assiettes individuelles ou à partager, avec un grand choix de plateaux de fruits de mer en accompagnement. On y vient cependant plus pour l'atmosphère branchée et animée que pour la cuisine. Chacune des trois salles offre un décor différent : à choisir selon son humeur !

Otto
1 Fifth Ave, 10003 **Tél.** *(212) 995-9559*   **Plan 4 E1**

Cette agréable pizzeria haut de gamme et branchée tenue par le chef Mario Batali est souvent bondée. L'extraordinaire carte des vins, l'éventail des accompagnements et les *antipasti* peuvent faire grimper l'addition. Goûtez la fameuse pizza *lardo* – une épaisse couche de saindoux étalée sur la pâte à pizza – et, pour le dessert, la glace à l'huile d'olive.

Pastis
9 Ninth Ave, 10014 **Tél.** *(212) 929-4844*   **Plan 3 B1**

Parmi les pionniers du Meatpacking District, ce superbe bistrot parisien propose de généreuses portions d'une cuisine française de qualité. L'ambiance est parfois bruyante pour le délicieux brunch du week-end, mais on peut y rencontrer plein de célébrités. Si vous n'obtenez pas de réservation, tentez votre chance sur place.

The Spotted Pig
314 West 11th St, 10014 **Tél.** *(212) 620-0393*   **Plan 3 B2**

Les Londoniens ne seront pas dépaysés chez le chef britannique April Bloomfield qui aborde la cuisine de pub gastronomique avec une note italienne. Ce minuscule restaurant étant vite complet, arrivez tôt et prenez un verre au bar. La bière pression de la Brooklyn Brewery accompagne à merveille l'excellent hachis Parmentier.

Babbo
110 Waverly Place, 10011 **Tél.** *(212) 777-0303*   **Plan 4 D2**

Le restaurant vedette du chef Mario Batali occupe dans le Village un beau duplex, paradis des amateurs de pâtes et d'abats de qualité. Il est difficile d'obtenir une réservation et, vu les prix, le service pourrait être meilleur. Une carte des vins séduisante et une clientèle branchée ajoutent une note sympa à un excellent repas.

Blue Hill
75 Washington Place, 10011 **Tél.** *(212) 539-1776*   **Plan 4 E4**

Très soucieux de la qualité de ses ingrédients, ce restaurant de nouvelle cuisine américaine utilise ses propres produits en provenance du Nord de l'État de New York. La carte limitée garantit la fraîcheur et l'éclat des plats de saison. Vous vous régalerez avec le foie gras poché ou le porc du Berkshire aux marrons.

Da Silvano
260 Sixth Ave, 10014 **Tél.** *(212) 982-2343*   **Plan 4 D3**

Ce restaurant toscan est plus renommé pour sa clientèle de célébrités que pour sa cuisine qui couvre un large éventail de pâtes, *antipasti* de fruits de mer, salades et plats traditionnels tels que côtelettes d'agneau et ragoût de lapin. Très demandées, les tables à l'extérieur permettent d'observer les allers et venues en été.

Légende des catégories de prix *voir p. 296* **Légende des symboles** *voir le rabat arrière de couverture*

One if by Land, Two if by Sea $$$$

17 Barrow St, 10014 **Tél.** *(212) 228-0822*   **Plan** *3 C3*

Rendue célèbre par la révolution américaine, la remise pour voitures à chevaux d'Aaron Burr est un lieu romantique et chargé d'histoire. Dans un décor parfois jugé un peu kitsch, on sert aux chandelles, à côté de la cheminée, une cuisine traditionnelle américaine avec un menu à prix fixe de trois plats. Pianiste tous les jours.

Spice Market $$$$

403 West 13th St, 10014 **Tél.** *(212) 675-2322*   **Plan** *3 B1*

Ce restaurant immense, d'une beauté incroyable, propose une « cuisine de rue » d'inspiration asiatique par le chef Jean Georges Vongerichten. Avec son ambiance de club, c'est l'endroit où le Tout-New York branché – dont les serveurs font partie – doit absolument siroter un cocktail sophistiqué. Quant à la carte, c'est une question de chance.

Gotham Bar & Grill $$$$$

12 East 12th Street, 10003 **Tél.** *(212) 620-4020*   **Plan** *4 E1*

Ce classique new-yorkais de la nouvelle cuisine américaine présente les créations du chef novateur Alfred Portale comme la croustade de foie gras au pain d'épice ou le faisan rôti mariné au gingembre et au genièvre. Certains prétendent que le niveau a baissé, mais le déjeuner à 25 $ reste une bonne affaire.

EAST VILLAGE

Blue 9 Burger $

92 Third Ave, 10003 **Tél.** *(212) 979-0053*   **Plan** *4 F1*

Ces savoureux hamburgers grillés à des prix très sages permettent de satisfaire ses envies de *fast-food* en évitant les restaurants de chaîne. Les frites sont accompagnées d'une sauce mangue et chili. Emportez votre repas et dégustez-le dans un parc voisin tout en profitant du spectacle de la rue.

Caracas Arepa Bar $

91 East 7th St, 10009 **Tél.** *(212) 228-5062*   **Plan** *5 A2*

Ce restaurant kitsch propose une délicieuse restauration rapide vénézuélienne : *arepas* (pain de maïs avec diverses garnitures), sandwichs et *tamales* roboratifs à des prix défiant toute concurrence. Le local est microscopique et le service un peu lent, mais on vient pour la carte.

Dumpling Man $

100 St Mark's Place, 10009 **Tél.** *(212) 505-2121*   **Plan** *5 A1*

Ce bar d'East Village, minuscule mais branché, propose tous les types de boulettes imaginables, frites ou à la vapeur. Comme on peut voir les cuisiniers à l'œuvre derrière le comptoir, c'est une sorte de dîner-spectacle pour un prix imbattable !

Minca Ramen Factory $

536 East 5th St, 10009 **Tél.** *(212) 505-8001*   **Plan** *5 B2*

Dans un cadre haut en couleurs, *Minca* propose des nouilles de type *ramen*, bien différentes des plats industriels des supermarchés. Tout un choix avec du bœuf, du porc ou des ingrédients végétariens. L'endroit idéal par temps froid après une promenade dans les boutiques branchées d'East Village.

Counter $$

105 First Ave, 10003 **Tél.** *(212) 982-5870*   **Plan** *5 A2*

La cuisine végétarienne imaginative proposée dans la salle à manger sophistiquée de ce restaurant draine aussi les non-végétariens. La carte des vins est un spectacle à elle seule : alléchante, écologique, biologique ou biodynamique, elle est vivement recommandée. Service attentionné, mais inégal.

Great Jones Café $$

54 Great Jones St, 10012 **Tél.** *(212) 674-9304*   **Plan** *4 F2*

Ce troquet familial, bon marché et équipé d'un juke-box, sert une cuisine cajun. Les plats de base sont le gros sandwich mixte aux crevettes frites, l'andouillette et le *jambalaya*. Les murs sont recouverts d'une multitude de sauces épicées des quatre coins du monde, n'hésitez pas à en arroser votre plat et accompagnez le tout de bière.

Il Bagatto $$

192 East 2nd St, 10009 **Tél.** *(212) 228-0977*   **Plan** *5 B2*

Ce restaurant italien à la mode, très couru des New-Yorkais, sert des plats bon marché et préparés avec talent. Dommage qu'il faille attendre une table si longtemps et que le service s'en trouve expédié. Le système de réservation étant un peu mystérieux, téléphonez à tout hasard. Si vous pouvez, optez pour la formule « à emporter ».

La Palapa $$

77 St Marks Place, 10003 **Tél.** *(212) 777-2537*   **Plan** *5 A1*

Avec sa cuisine mexicaine à base d'ingrédients de qualité, ce restaurant joliment décoré est parfait pour faire la fête. Vous aimerez sans doute le filet de cabillaud à *la Zihuatanejo* ou le canard sauce cacao.
Prix raisonnables et excellentes margaritas.

Lil' Frankies

19-21 First Ave, 10003 **Tél.** *(212) 420-4900*
Plan *5 A2*

Dans cette pizzeria de quartier, on prétend que le four est fait avec la lave du Vésuve ! Malgré cette vantardise, les excellentes pizzas bon marché attirent une clientèle jeune et branchée. Jardin à l'arrière et service amical malgré sa lenteur. Suite aux rénovations récentes, un bar a heureusement ouvert juste à côté.

Zum Schneider

107 Avenue C, 10009 **Tél.** *(212) 598-1098*
Plan *5 B2*

C'est la fête de la bière toute l'année dans ce *Bier Garten* de quartier très prisé. Enfilez votre costume bavarois et savourez d'excellentes saucisses dans une ambiance détendue et familiale. Très fréquenté le week-end, le service s'en trouve ralenti. Naturellement, excellent choix de bières pression venues des quatre coins du monde.

Casimir

103-105 Avenue B, 10009 **Tél.** *(212) 358-9683*
Plan *5 B2*

Bistrot français bondé dans le quartier branché d'Alphabet City. La cuisine authentique servie par des serveurs charmants, mais pas toujours rapides, propose soupe à l'oignon, steak frites et steak tartare. Demandez une table dans le charmant petit jardin et n'oubliez pas votre carte American Express, la seule acceptée ici.

Jules

65 St. Marks Place, 10003 **Tél.** *(212) 477-5560*
Plan *5 A2*

Cette brasserie parisienne éclairée aux chandelles, où des musiciens de jazz se produisent tous les soirs, est une bonne adresse. On n'y facture pas le couvert, ce qui est rare à New York. Cuisine de bistrot, avec du steak-frites et des plats français. Clientèle jeune et branchée. Bon à savoir : les musiciens font la quête.

Seymour Burton

511 East 5th St, 10009 **Tél.** *(212) 260-1333*
Plan *5 B2*

Ce restaurant de quartier animé, qui était autrefois un bistrot français, *Le Tableau*, a été relooké par ses propriétaires. On y trouve désormais de la nouvelle cuisine américaine. Atmosphère conviviale grâce au personnel et aux clients qui se retrouvent autour de la longue table commune qui va jusqu'à la cuisine ouverte. Carte des vins éclectique.

The Elephant

58 East 1st St, 10003 **Tél.** *(212) 505-7739*
Plan *5 A3*

Dans ce restaurant franco-thaï toujours branché, les clients sont aussi gentils que les serveurs. Merveilleux cocktails thaïs imaginatifs et plats bien préparés tels que riz gluant au poulet et au porc, et poitrine de canard au confit d'orange et à la cannelle cuite au wok. Le décor associe le rotin et les accents français.

The Mermaid Inn

96 Second Ave, 10003 **Tél.** *(212) 674-5870*
Plan *5 A2*

Créé par le duo qui a lancé *The Harrison* à TriBeCa et *The Red Cat* à Chelsea, ce restaurant de poisson attire de jeunes gourmets friands du buffet de crudités et des spécialités de la Nouvelle-Angleterre, telles que sandwichs au homard et soupe de palourdes. Comme il est impossible de réserver, il faut souvent faire la queue.

Hearth

403 East 12th St, 10009 **Tél.** *(212) 602-1300*
Plan *5 A1*

Ce restaurant américano-toscan propose une cuisine audacieuse dans un cadre à la fois romantique, rustique et élégant. Le chef Marco Canora (qui vient de chez *Craft*) propose des plats intéressants tels que la *ribollita* (soupe aux haricots et au chou), du gibier de Nouvelle-Zélande et le gâteau à l'huile d'olive. Menu dégustation.

Jewel Bako

239 East 5th St, 10003 **Tél.** *(212) 979-1012*
Plan *4 F2*

La course aux meilleurs sushis de New York a repris avec ce restaurant japonais haut de gamme qui propose des produits fraîchement pêchés et préparés avec talent. Le service courtois, mais inégal, et la salle microscopique ternissent quelque peu cette expérience onéreuse. Un restaurant plus informel vient d'ouvrir à deux pas.

GRAMERCY ET LE QUARTIER DU FLATIRON

Ahn

363 3rd Ave, 10016 **Tél.** *(212) 532-2848*
Plan *9 B4*

On sert ici une délicieuse et authentique cuisine vietnamienne. Le service est aussi rapide et efficace que chaleureux. Le décor n'a rien d'exceptionnel, mais l'ambiance est agréable et conviviale. Côté prix, les plats du jour le midi sont imbattables. À découvrir : la marmite de poulet au gingembre.

Chat 'n' Chew

10 East 16th St, 10003 **Tél.** *(212) 243-1616*
Plan *8 F5*

Dans le quartier d'Union Square, ce restaurant kitsch propose une nourriture réconfortante qui remplit l'estomac sans ruiner. Spécialités : *mac'n'cheese*, dinde rôtie de Thanksgiving toute l'année et pain de viande. N'oubliez pas la purée de pommes de terre et, en dessert, les pâtisseries du jour. Parfait aussi pour le brunch.

Légende des catégories de prix *voir p. 296* **Légende des symboles** *voir le rabat arrière de couverture*

Chennai Garden
129 East 27th St, 10016 **Tél.** *(212) 689-1997*   **Plan** *9 A3*

Dans le quartier aux nombreux restaurants indiens, surnommé « Curry Hill », cette adresse accueillante se démarque par son excellente cuisine du Sud de l'Inde, végétarienne et casher. Le cadre n'a rien d'exceptionnel, mais à midi, le buffet pantagruélique, à volonté et à prix raisonnables, impressionne par sa diversité et sa fraîcheur.

Bamiyan
358 Third Ave, 10016 **Tél.** *(212) 481-3232*   **Plan** *9 B3*

Dans ce quartier qui foisonne de cafés indiens, ce restaurant afghan est original, avec ses tapis tribaux et ses coussins installés autour de tables basses traditionnelles. La carte authentique propose d'excellents curries, des kebabs au feu de bois et des plats au yaourt, ainsi que des mets plus originaux pour les clients aventureux.

Blue Smoke
116 East 27th St, 10016 **Tél.** *(212) 447-7733*   **Plan** *9 A3*

Dans ce local branché, Danny Meyer a reconstitué un barbecue du grand Sud : sandwichs au porc succulents et consistants, grilles entières de travers de porc, muffins au maïs et beignets à la farine de maïs. Club de jazz en bas. Le grand bar qui sert des bières des quatre coins du pays est idéal pour les groupes importants.

Devi
8 East 18th St, 10003 **Tél.** *(212) 691-1300*   **Plan** *8 F5*

Très à la mode, ce nouveau venu des chefs Suvi Saran et Hemant Mathur présente une authentique cuisine indienne régionale dans un cadre raffiné rempli de sculptures sur bois et de tissus indiens. Goûtez aux côtelettes d'agneau *tandoori* au *chutney* de poire et crevettes de Goa épicées, et ne manquez pas le délicieux chou-fleur !

I Trulli
122 East 27th St, 10010 **Tél.** *(212) 481-7372*   **Plan** *9 A3*

Restaurant italien haut de gamme spécialisé dans la cuisine des Pouilles (Italie du Sud). Idéal pour un dîner romantique au coin du feu en hiver ou dans le jardin en été. Longue carte des vins ici, ainsi qu'à l'*Enoteca I Trulli*, le bar à vins voisin. Vous pourrez goûter différents vins au verre avant d'acheter votre bouteille.

Pure Food and Wine
54 Irving Place, 10003 **Tél.** *(212) 477-1010*   **Plan** *9 A5*

C'est le premier restaurant de New York consacré au mouvement végétalien cru – rien n'est cuit à plus de 48 °C. Cet établissement élégant propose des plats inventifs à base de produits de la traçabilité fiable, tels que nouilles à la noix de coco et *samosas* de chou-fleur.

Tamarind
41-43 East 22nd St, 10010 **Tél.** *(212) 674-7400*   **Plan** *8 F4*

Ce restaurant indien moderne au décor minimaliste et au service amical utilise une vaisselle sensationnelle. Malgré les prix plus élevés que chez ses concurrents, la qualité des ingrédients et le mariage des saveurs vous transporteront en Inde sur-le-champ. Demandez au serveur de vous aider à choisir sur la longue carte de vins.

Craft
43 East 19th St, 10003 **Tél.** *(212) 780-0880*   **Plan** *9 A5*

Dans ce restaurant au décor épuré, le talentueux chef Tom Colicchio, de la brillante *Gramercy Tavern*, propose une carte « décomposée » d'une qualité remarquable. Les convives « créent » eux-mêmes leur plat en associant ingrédients et accompagnements qui peuvent faire grimper l'addition. Si c'est trop éprouvant, suivez les conseils du serveur.

Fleur de Sel
5 East 20th Street, 10003 **Tél.** *(212) 460-9100*   **Plan** *8 F4*

Ce restaurant français moderne, intime et charmant, propose les plats du chef Cyril Renaud, ancien de chez *Bouley*. La carte limitée fait preuve de passion et de minutie, et le service aussi attentif qu'irréprochable complète l'expérience. Idéal pour une escapade romantique. Demandez au sommelier de vous aider à choisir le vin.

Gramercy Tavern
42 East 20th St, 10003 **Tél.** *(212) 477-0777*   **Plan** *9 A5*

Le célèbre chef Tom Colicchio prépare des plats exceptionnels dans l'ambiance rustique, confortable et toujours animée d'une auberge de campagne. L'endroit idéal pour un repas sophistiqué mais sans prétention ni solennité. C'est toujours l'un des restaurants les plus agréables de la ville.

Mesa Grill
102 Fifth Ave, 10011 **Tél.** *(212) 807-7400*   **Plan** *8 F5*

Le restaurant vedette du célèbre chef Bobby Flay présente la cuisine nouvelle du Sud-Ouest des États-Unis et attire les foules depuis 1991. Créative, la carte propose une croustade d'huîtres à la farine de maïs, un *taco* à l'agneau « déconstruit » et un saumon glacé au miel et au chili. Les margaritas spéciales sont extraordinaires.

Tocqueville
15 East 15th St, 10003 **Tél.** *(212) 647-1515*   **Plan** *8 F5*

Cette perle cachée sur Union Square propose une cuisine française avec une touche japonaise, dans une salle sobre, mais élégante et intime. Le couple Marco Moreira et Jo-Ann Makovitsky accommode avec talent des produits de qualité. Parfait pour une grande occasion sans y laisser sa chemise.

Union Square Café
21 East 16th Street, 10003 **Tél.** *(212) 243-4020* ⬧ ⑤⑤⑤⑤
Plan 9 A5

L'un des plus populaires de la ville, le restaurant vedette de Danny Meyer sert de la nouvelle cuisine américaine dans un cadre confortable, en utilisant des produits du marché des maraîchers d'Union Square. Les prix, en revanche, n'ont rien à voir avec ceux du marché. Service courtois.

11 Madison Park
11 Madison Ave, 10010 **Tél.** *(212) 889-0905* ⑤⑤⑤⑤⑤
Plan 9 A4

Avec sa salle à manger Art déco haute de plafond, qui offre des vues sur Madison Square Park, c'est l'établissement le plus élégant de l'empire de Danny Meyer. Le chef prépare une cuisine française moderne acclamée par les critiques. Notez, toutefois, que cette cuisine haut de gamme a son prix – élevé, lui aussi !

Veritas
43 East 20th St, 10010 **Tél.** *(212) 353-3700* ⬧ ⑤⑤⑤⑤⑤
Plan 9 A5

Ce petit restaurant épuré du quartier du Flatiron est consacré au vin. Les amateurs de vins seront frappés par l'ahurissante carte qui compte plus de 2 700 références. La cuisine du chef Scott Bryan est à la hauteur, avec des perles comme le foie gras sauce au coing et à l'armagnac. Prix fixes uniquement.

CHELSEA ET LE QUARTIER DU VÊTEMENT

Empire Diner
210 Tenth Ave, 10011 **Tél.** *(212) 243-2736* ⑤⑤
Plan 7 C4

Ouvert 24 h/24, ce petit restaurant Art déco emblématique de Chelsea sert une cuisine américaine très classique, comme les *pigs in a blanket* (saucisse enrobée de fromage fondu et de pâte à biscuit). Les tables en terrasse sont prisées à la belle saison pour prendre un brunch et observer la faune branchée de Chelsea.

Bottino
246 Tenth Ave, 10001 **Tél.** *(212) 206-6766* ⑤⑤⑤
Plan 7 C4

Ce restaurant d'Italie du Nord au décor minimaliste est logé dans une quincaillerie centenaire restaurée. Il draine une foule chic qui apprécie le charmant jardin à l'arrière, pour savourer salades et pâtes traditionnelles ainsi que des viandes grillées. Le magasin et le café voisins pratiquent la vente à emporter.

Sueños
311 West 17th St, 10011 **Tél.** *(212) 243-1333* ⑤⑤⑤
Plan 8 D5

La cuisine mexicaine régionale traditionnelle est servie dans un espace très vivant de taille moyenne. Excellentes tequilas et margaritas, plats inventifs comme un menu dégustation au chili, tous les ingrédients sont réunis pour un repas agréable bien qu'un peu plus cher que la moyenne.

The Red Cat
227 Tenth Ave, 10011 **Tél.** *(212) 242-1122* ⑤⑤⑤
Plan 7 C4

Nouvelle cuisine américaine dans une superbe ancienne écurie en bois rouge et blanc, dans le style de la Nouvelle-Angleterre. La carte propose les meilleurs plats du quartier tels qu'huîtres frites croustillantes, bar rayé sauvage au beurre et au vin blanc, et délicieux beignets de risotto aux myrtilles.

Buddakan
75 Ninth Ave, 10011 **Tél.** *(212) 989-6699* ⬧ ⑤⑤⑤⑤
Plan 8 D5

Fort de son succès à Philadelphie, le restaurateur Stephen Starr a ouvert plusieurs établissements à New York. *Buddakan* est le joyau de sa couronne avec une première salle à vous couper le souffle et de petits espaces plus intimes. Si sa cuisine *fusion* asiatique est excellente, ce n'est pas le principal atout du lieu. Bar très animé.

Matsuri
369 West 16th St, 10011 **Tél.** *(212) 243-6400* ⑤⑤⑤⑤
Plan 8 D5

L'immense et bruyante salle à manger de l'hôtel *Maritime* propose les plats japonais de premier ordre du chef Tadashi Ono, à base de produits de qualité, comme le bœuf de Kobé et les crevettes sucrées. Excellente carte de sakés et succulente crème brûlée au *yuzu*. Fréquenté par les célébrités.

LE QUARTIER DES THÉÂTRES

Burger Joint au Parker Meridien
119 West 57th St, 10019 **Tél.** *(212) 708-7414* ⑤
Plan 12 E3

Ce bistrot kitsch de l'hôtel *Parker Meridien (p. 286)* propose de savoureux hamburgers extra frais, des frites, des *milk-shakes* et des bières à des prix imbattables. Ce petit bijou de Midtown, caché derrière les rideaux du hall d'accueil, n'a rien de guindé. Tous les restaurants des grandes chaînes en sont jaloux.

Légende des catégories de prix *voir p. 296* **Légende des symboles** *voir le rabat arrière de couverture*

Carnegie Deli

854 Seventh Ave, 10019 **Tél.** *(212) 757-2245* **Plan** 12 E4

Préparez-vous à faire la queue pour savourer les sandwiches gargantuesques et les cheesecakes qui ont fait l'histoire de ce *deli*. Mais préparez-vous aussi à vivre cette expérience typiquement new-yorkaise en supportant un personnel acariâtre. C'est cher, mais vous n'avalerez sans doute plus rien de la semaine…

Carve Unique Sandwiches

760 Eighth Ave, 10036 **Tél.** *(212) 730-4949* **Plan** 12 D5

Cette nouvelle petite boutique du quartier des théâtres vous permettra de satisfaire toutes vos envies de sandwichs sans vous ruiner. Il y a même un rayon pour les régimes sans hydrate de carbone, c'est-à-dire sans pain, sans pâte, sans riz ni autre féculent. La queue étant d'une longueur exaspérante le midi, préférez les heures creuses.

Pam Real Thai Food

404 West 49th St, 10019 **Tél.** *(212) 333-7500* **Plan** 11 C5

L'endroit parfait si vous cherchez une cuisine thaïe bon marché mais de qualité, et que le décor vous est indifférent. Choix classique de curries, soupes, *pad thaï* (nouilles thaïlandaises) et riz plus ou moins épicés – à la commande. Comme il n'est pas possible de réserver, prévoyez une longue attente à l'heure de pointe.

Kodama Sushi

301 West 45th St, 10036 **Tél.** *(212) 582-8065* **Plan** 12 D5

L'emplacement, la fraîcheur des sushis et la qualité des autres spécialités japonaises, à des prix abordables, en font une adresse appréciée avant le théâtre. Les habitués recommandent le menu de rouleaux, aux associations d'ingrédients originales. Le service rapide permet d'être à l'heure au spectacle, même aux heures d'affluence.

Norma's

118 West 57th St, 10019 **Tél.** *(212) 708-7460* **Plan** 12 E3

Un lieu étonnant et luxueux pour un petit déjeuner ou un brunch à l'hôtel *Parker Meridien*. La carte inventive et sophistiquée comblera tous vos désirs. Un peu cher, il est vrai, mais très copieux. Longues files d'attente possibles le week-end, mais on peut s'y rendre en famille.

Virgil's Real Barbecue

152 West 44th St, 10036 **Tél.** *(212) 921-9494* **Plan** 12 E5

Bistrot à barbecue animé au cœur de Times Square avec une clientèle toujours affairée et un service rapide. Idéal pour se sentir bien calé avant d'aller au spectacle. Plus de dix différents plats de viandes des quatre coins de l'Amérique et de savoureux accompagnements, comme les *biscuits,* le chou cavalier ou le gruau de maïs.

Becco

355 West 46th St, 10036 **Tél.** *(212) 397-7597* **Plan** 11 D5

Le chef Lidia Bastianich est copropriétaire de cette *trattoria* de *Restaurant Row* qui offre un bon choix d'*antipasti,* salades, pâtes, plats principaux et menus d'avant le spectacle. Un choix de vins à 25 $ est proposé, mais, pour les budgets plus conséquents, on peut choisir dans la longue carte des vins.

Marseille

630 Ninth Ave, 10036 **Tél.** *(212) 333-3410* **Plan** 12 D5

Vous pourrez assurément prendre un bon repas dans le quartier des théâtres si vous essayez ce restaurant franco-méditerranéen romantique aux accents modernes. *Tiramisu* original au beurre de cacahuètes. Les plats, y compris végétariens, sont servis par un personnel affable. Jetez un coup d'œil à l'excellent bar *Kemia*, en bas.

Molyvos

871 Seventh Ave, 10019 **Tél.** *(212) 582-7500* **Plan** 12 E4

Restaurant grec haut de gamme proche de Carnegie Hall. Le cadre méditerranéen chaleureux est idéal pour déguster fruits de mer frais et autres spécialités grecques qui justifient les prix supérieurs à la moyenne. Avant d'aller au théâtre, vous apprécierez le *saganáki* (fromage *haloumi, ouzo* et citron). Menus d'avant le spectacle à prix fixe.

Osteria al Doge

142 West 44th St, 10036 **Tél.** *(212) 944-3643* **Plan** 12 E5

La cuisine vénitienne, servie dans une salle rustique, est appréciée le midi par une clientèle d'affaires et en début de soirée par les habitués des théâtres. Le service est expéditif, mais chaleureux. La carte propose pizzas, excellentes salades et carpaccio sans oublier les pâtes fraîches. Supérieur aux concurrents du quartier par ses prix et sa qualité.

Blue Fin

1567 Broadway, 10036 **Tél.** *(212) 918-1400* **Plan** 12 E5

Entièrement consacré aux produits de la mer, ce restaurant sur deux niveaux offre un buffet de crudités et de sushis. C'est l'un des plus sensationnels du quartier. Il est toujours animé et certains se plaignent du bruit, qui ne vient pas seulement de l'orchestre.

db Bistro Moderne

55 West 44th St, 10036 **Tél.** *(212) 391-2400* **Plan** 8 F1

Ce restaurant animé du centre de Manhattan permet de goûter l'excellente cuisine de Daniel Boulud. On y déguste un excellent foie gras et un hamburger garni de travers de porc et d'aloyau braisés au vin. Prisé pour les déjeuners d'affaires chez les cadres de l'édition qui en ont les moyens. Parfait pour un dîner haut de gamme avant le spectacle.

Esca
♿ 🍽　　$$$$

402 West 43rd St, 10036 **Tél.** *(212) 564-7272*　　　　**Plan** *8 D1*

Restaurant italien de fruits de mer haut de gamme géré par les associés Batali et Bastianich. Grand choix de hors-d'œuvre et excellents plats qui reflètent la très grande fraîcheur des ingrédients. Le service est parfois inégal et certains trouvent l'ambiance quelque peu renfermée. Un peu trop guindé pour les enfants.

Gordon Ramsay
♿ 🍽　　$$$$

151 West 54th St, 10019 **Tél.** *(212) 468-8888*　　　　**Plan** *12 E4*

L'atmosphère est calme et détendue dans ce restaurant de 45 places du *London NYC Hotel* : on s'y concentre d'autant plus sur une délicieuse cuisine française aux accents asiatiques. À midi, le menu à prix fixe est une affaire pour cette catégorie. Réservez, surtout pour la table de cuisine de huit personnes.

Osteria del Circo
♿　　$$$$

120 West 55th St, 10019 **Tél.** *(212) 265-3636*　　　　**Plan** *12 E4*

Ce restaurant de l'Italie du Nord est géré par la famille Maccioni connue pour *Le Cirque*. La salle conçue par Adam Tihany est vaste et confortable, et les plats préparés avec art sont servis avec le sourire. Gardez de la place pour les desserts comme les beignets toscans à la crème de cappuccino.

Triomphe
♿　　$$$$

49 West 44th St, 10036 **Tél.** *(212) 453-4233*　　　　**Plan** *12 F5*

Havre de paix non loin de l'effervescence de Times Square, ce restaurant français conjugue une cuisine excellente, une carte des vins haut de gamme et un service impeccable. On le choisira pour ses menus dégustation ou pour un événement spécial : on peut en effet y inviter 10 à 20 personnes lors d'un dîner avec séance de cinéma.

Le Bernardin
♿ 🍽　　$$$$$

155 West 51st St, 10019 **Tél.** *(212) 554-1515*　　　　**Plan** *12 E4*

Un véritable paradis pour les amateurs de poisson et de fruits de mer. Cet élégant et remarquable restaurant de longue date propose des repas d'exception avec la grande cuisine française du chef Éric Ripert. Le service est irréprochable, y compris les conseils du sommelier. C'est l'endroit idéal pour déclarer sa flamme.

Milos Estiatorio
🚹 ♿　　$$$$$

125 West 55th St, 10019 **Tél.** *(212) 245-7400*　　　　**Plan** *12 E4*

Délicieuse cuisine grecque à base de poissons et fruits de mer tout frais pêchés. Dans une salle spartiate et lumineuse, les clients choisissent leur poisson sur un étal superbement décoré. Pour le menu du jour, il faudra s'en remettre à la chance des pêcheurs qui fournissent ce restaurant haut de gamme, parmi les plus chers de la ville.

LOWER MIDTOWN

Ali Baba
🚹 ♿ 🍽　　$$

212 East 34th St, 10016 **Tél.** *(212) 683-9206*　　　　**Plan** *9 B2*

Les spécialités de ce restaurant turc sans prétention, qui sert une bonne cuisine à prix raisonnable, sont les *kebabs* et les plats d'agneau, ainsi que les *pitas*. Tous les *mezze* (entrées), chauds et froids, sont excellents. La terrasse, au fond de la salle, est une oasis bienvenue dans Midtown.

Grand Central Oyster Bar
🚹 ♿　　$$$

Grand Central, Lower Level, 42nd St, 10017 **Tél.** *(212) 490-6650*　　　　**Plan** *9 A1*

Cet immense espace à l'intérieur de Grand Central transporte le visiteur dans le passé. Préparés simplement, les fruits de mer très frais ne sont pas trop chers et la carte propose plus d'une douzaine de sortes d'huîtres. Cadre et décor décontractés. Également service à la table.

Artisanal
🚹 ♿　　$$$

2 Park Ave, 10016 **Tél.** *(212) 725-8585*　　　　**Plan** *9 A2*

Ce magnifique bistrot français haut de gamme consacré au fromage propose un large choix à savourer tel quel ou en fondue. Que les réfractaires aux produits laitiers se rassurent : ils trouveront aussi leur bonheur. Le service est parfois inégal et les réservations ne sont pas toujours honorées.

Convivio
🚹 ♿　　$$$$

45 Tudor City Place, 10017 **Tél.** *(212) 599-5045*　　　　**Plan** *9 B1*

L'excellent *Impero* est devenu le *Convivio*, plus coloré et plus décontracté. La cuisine du Sud de l'Italie, elle, est aussi bonne qu'avant, et les plats de pâtes continuent à faire le bonheur des clients. Le prix du menu est raisonnable pour cette qualité. Une adresse pour les grandes occasions et une bonne raison pour découvrir Tudor City.

Michael Jordan's The Steakhouse NYC
🚹 ♿　　$$$$

Grand Central, North Balcony, 10017 **Tél.** *(212) 655-2300*　　　　**Plan** *9 A1*

Le grill-room du célèbre joueur est situé à la mezzanine de Grand Central Terminal, superbement rénovée. Viandes de tout premier choix à des prix élevés. Évitez les jours chauds de l'été car le Terminal n'est pas climatisé. Le service est simple mais efficace. Vue aérienne imprenable sur le ballet des usagers du train.

Légende des catégories de prix *voir p. 296* **Légende des symboles** *voir le rabat arrière de couverture*

UPPER MIDTOWN

La Bonne Soupe

48 West 55th, 10019 **Tél.** *(212) 586-7650*

Plan 12 F4

Ce havre douillet au centre de Manhattan s'adresse aux petits budgets et propose une carte de bistrot français classique avec quiches, omelettes, soupes, steaks et crêpes. Service assez lent. Petite terrasse pour manger dehors en été. Excellente adresse à petits prix dans ce quartier cher et haut de gamme.

Dawat

210 East 58th St, 10022 **Tél.** *(212) 355-7555*

Plan 13 B3

Agréable restaurant indien avec les recettes du célèbre chef Madhur Jaffrey. L'une des spécialités est le saumon au *chutney* de coriandre cuit au four dans une feuille de bananier. Un détail astucieux : un chariot de *snacks* circule entre les tables. Si la cuisine indienne ne vous est pas familière, suivez le conseil du personnel très serviable.

Rue 57

60 West 57th St, 10019 **Tél.** *(212) 307-5656*

Plan 12 F3

Dans ce bistrot raffiné et prisé, l'engouement pour la *fusion-food* se manifeste par le mariage d'un bar à sushis et de la cuisine française. Très bon rapport qualité-prix également pour le petit déjeuner. Les tables sur le trottoir sont idéales pour observer le spectacle de la rue en été. Excellent choix de dernière minute au centre de Manhattan.

Shun Lee Palace

155 East 55th St, 10022 **Tél.** *(212) 371-8844*

Plan 13 A4

Cette belle salle est considérée comme l'un des meilleurs restaurants chinois de la ville. La carte marie les plats de Canton et du Sichuan, et les spécialités de ragoûts. Les crevettes au Grand Marnier ont leurs fidèles adeptes. Même maison près du Lincoln Center, au n° 43 West 65th Street.

BLT Steak

106 East 57th St, 10022 **Tél.** *(212) 752-7470*

Plan 13 A3

Le *Bistro Laurent Tourondel (BLT)* propose des steaks fantastiques d'une qualité exceptionnelle et un choix de sauces pour accompagner ces viandes savoureuses. La salle élégante aux boxes de couleur caramel, zinc et autres éléments accrocheurs attirent une foule branchée et amatrice de mode.

Inagiku

111 East 49th St, 10017 **Tél.** *(212) 355-0440*

Plan 13 A5

Niché à l'intérieur du *Waldorf-Astoria*, ce restaurant japonais protocolaire sert sushis frais importés tous les jours du Japon par avion, *tempuras* et *kaiseki* (menus dégustation). Le service et le cadre charmants sont appréciés, loin du flot des touristes dans l'hôtel. Idéal pour les déjeuners d'affaires.

Pampano

209 East 49th St, 10017 **Tél.** *(212) 751-4545*

Plan 13 B2

Ce charmant restaurant mexicain moderne appartient au chef Richard Sandoval et au légendaire chanteur d'opéra Placido Domingo. Les recettes inventives et fraîches, servies dans une salle élégante, donnent envie de chanter l'aria. En hors-d'œuvre, goûtez l'espadon fumé ou le flétan Pampano. Agréable terrasse.

Vong

200 East 54th St, 10022 **Tél.** *(212) 486-9592*

Plan 13 B4

Restaurant franco-thaï déjà ancien du chef Jean Georges Vongerichten. Superbe salle où l'on déguste de fascinants plats de *fusion-food* comme le foie gras sauté au gingembre et à la mangue ou encore le homard aux herbes thaïes. Gardez de la place pour le soufflé au fruit de la passion. Offrez-vous le menu à prix fixe avant le spectacle.

Aquavit

65 East 55th St, 10022 **Tél.** *(212) 307-7311*

Plan 13 A4

Ce nouvel espace minimaliste est le berceau des recettes scandinaves imaginatives des chefs Nils Noren et Marcus Samuelsson, avec des ingrédients de choix et plusieurs menus dégustation. Les cocktails griffés maison sont incontournables.

Felidia

243 East 58th St, 10022 **Tél.** *(212) 758-1479*

Plan 13 B3

La chef Lidia Bastianich, vedette de la télévision, propose une cuisine italienne haut de gamme dans cette charmante maison de ville agrémentée de boiseries, de briques apparentes et de somptueux bouquets. Propice à une soirée romantique, la carte, qui évolue avec les saisons, est imaginative et raffinée. Impressionnante carte des vins.

Four Seasons

99 East 52nd St, 10022 **Tél.** *(212) 754-9494*

Plan 13 A4

La mode varie, mais cette institution new-yorkaise au décor signé Philip Johnson semble éternelle. Elle figure en effet toujours parmi les plus cotées pour la cuisine américano-continentale. Le *Grill Room* reste le lieu favori pour les déjeuners d'affaires et la *Pool Room* est le cadre idéal pour les grandes occasions.

La Grenouille
3 East 52nd St, 10022 **Tél.** *(212) 752-1495* $$$$$

Plan *12 F4*

La Grenouille est l'un des derniers très bons restaurants français classiques de la ville. Les murs de la salle sont tendus de soie et garnis de banquettes de velours tandis que d'énormes bouquets de fleurs ornent les tables. Une cuisine exceptionnelle et un décor parfait pour les grandes occasions.

L'Atelier de Joël Robuchon
57 East 57th St, Four Seasons Hotel, 10022 **Tél.** *(212) 350-6658* $$$$$

Plan *13 A3*

Le célèbre chef propose son exquise cuisine française d'influence asiatique au *Four Seasons Hotel (p. 289)*. Sachez que l'on paie cher ces plats qui frisent la perfection, des coquilles Saint-Jacques au beurre d'algues aux cailles farcies au foie gras. Une place au comptoir permet d'avoir vue sur la cuisine ouverte.

Oceana
55 East 54th St, 10022 **Tél.** *(212) 759-5941* $$$$$

Plan *13 A4*

Cette salle chic à deux niveaux ressemble à un yacht privé. Les produits de la mer sont d'une fraîcheur exceptionnelle et les plats imaginatifs du chef Cornelius Gallagher – comme le flétan aux piments de Piquillo et la crème de sésame noire au coulis de raisins secs – font l'objet d'un service impeccable. Prix fixe uniquement.

The Modern
9 West 53rd St, 10019 **Tél.** *(212) 333-1220* $$$$$

Plan *12 F4*

Dans un espace moderne et épuré, qui donne sur le jardin des sculptures du MoMA, ce restaurant offre une carte irréprochable de nouvelles cuisines américaine et française ainsi qu'une longue carte des vins. Vous ne serez pas déçu par le service ni par le menu dégustation, très prisé, à savourer avec le vin approprié si votre budget le permet.

UPPER EAST SIDE

Brother Jimmy's BBQ
1485 Second Ave, 10021 **Tél.** *(212) 288-0999* $$

Plan *17 B5*

Ce premier-né de la chaîne *Brother Jimmy's* promet une soirée canaille devant un délicieux travers de porc ou autres spécialités du Sud des États-Unis. Les plats du jour servis à volonté font un tabac. Si l'endroit est idéal pour les carnivores, les végétariens ne sont pas laissés pour compte. Préférez les tables du fond, plus au calme.

Shanghai Pavilion
1378 Third Ave, 10021 **Tél.** *(212) 585-3388* $$

Plan *17 B5*

Ce nouveau venu propose une cuisine de Shanghai aussi authentique que possible hors de Chinatown. La carte très riche pratique des prix raisonnables, avec un bon rapport qualité-prix pour le quartier. Service amical. Excellents *dim sums,* plats de nouilles et spécialités comme le bar velouté ou le homard *tropicana*.

Via Quadronno
25 East 73rd St, 10021 **Tél.** *(212) 650-9880* $$

Plan *12 F1*

Avec un éventail coloré de délicieux sandwichs et de salades, ce charmant bar-sandwicherie à l'italienne mérite une pause après une virée sur le Museum Mile. Accompagnez votre repas d'un verre de vin. L'étroitesse des lieux, inspiré de la *paninoteca* milanaise, provoque une file d'attente aux heures de pointe.

Aureole
34 East 61st St, 10021 **Tél.** *(212) 319-1660* $$$

Plan *13 A3*

Dans cette maison de ville en duplex abondamment fleurie, le chef ovationné Charlie Palmer continue à éblouir par son élégante nouvelle cuisine américaine. Essayez le gratin de champignon *portobello* et fromage de chèvre ou la croustade de veau et *pancetta*. La longue carte des vins peut nécessiter l'aide du sommelier.

Beyoglu
1431 Second Ave, 10028 **Tél.** *(212) 650-0850* $$$

Plan *17 B5*

Tout le monde adore les *mezze*, exquises entrées turques, de ce restaurant de quartier toujours bondé. Les habitués commandent un assortiment de petits plats : *borek* (feuilletés fourrés à la féta), feuilles de vigne farcies, foie de veau, salade d'aubergine, etc. Les plats du jour de fruits de mer et l'agneau sont également à conseiller.

Maya
1191 First Ave, 10021 **Tél.** *(212) 585-1818* $$$

Plan *13 C2*

Ici, Richard Sandoval sert des plats raffinés et délicats dans ce restaurant mexicain haut de gamme décoré dans les tons pêche. Le seul inconvénient est le bruit : arrivez tôt pour échapper aux décibels. *Tacos* aux fruits de mer, margaritas et *guacamole* ont leurs inconditionnels.

Café Boulud
20 East 76th St, 10021 **Tél.** *(212) 772-2600* $$$$

Plan *16 F5*

Le chef Daniel Boulud a ouvert à l'intérieur de l'hôtel Surrey un restaurant moins collet monté que *Daniel (p. 309)* et qui propose des créations consistantes. Un éventail intéressant de menus est offert aux convives : le Tradition (français classique), le Voyageur (exotique), le Potager (végétarien) et le menu de saison.

Légende des catégories de prix *voir p. 296* **Légende des symboles** *voir le rabat arrière de couverture*

Daniel ♿ 👔 $$$$$

60 East 65th St, 10021 ***Tél.*** *(212) 288-0033* — ***Plan*** *13 A2*

Le restaurant vedette du chef Daniel Boulud possède une salle de style Renaissance vénitienne qui est l'un des cadres les plus somptueux de la ville. Avec ses sublimes créations de saison, c'est l'endroit idéal pour les grandes occasions, mais sachez que les prix sont astronomiques.

David Burke & Donatella 👔 $$$$$

133 East 61st St, 10021 ***Tél.*** *(212) 813-2121* — ***Plan*** *13 A3*

Une nouvelle cuisine américaine créative du chef David Burke et de Donatella Arpaia, ancienne hôtesse du *Bellini*. Les convives traversent un bar somptueux en pierre et en laque blanche pour arriver à une salle fraîche aux couleurs vives et aux surfaces laquées. Gardez de la place pour le dessert vedette, le cheesecake *lollipop* (en forme de sucette).

UPPER WEST SIDE

Wholefoods Market Café 🧒 ♿ $

Time Warner Center, 10 Columbus Circle, 10019 ***Tél.*** *(212) 823-9600* — ***Plan*** *12 D3*

Cette adresse n'est autre qu'un immense supermarché écologique avec un impressionnant rayon alimentaire vendant toutes sortes de cuisines, du sushi à la pizza. C'est l'endroit idéal pour faire ses achats sans se ruiner pour un pique-nique à Central Park ou pour manger sur place dans les boxes. Rayon de vins. Bondé aux heures de repas.

Gennaro 💳 🧒 ♿ $$

665 Amsterdam Ave, 10025 ***Tél.*** *(212) 665-5348* — ***Plan*** *15 C2*

Ce petit café bon marché sert des portions généreuses d'une nourriture italienne toujours succulente. La réservation étant impossible, on y fait parfois la queue. On y trouve tous les plats habituels, dont les pâtes du jour et une carte des vins assez raisonnable. En cas d'affluence, la lenteur du service est agaçante.

Olympic Flame Diner 🧒 ♿ $$

200 West 60th St, 10023 ***Tél.*** *(212) 581-5259* — ***Plan*** *11 C3*

Ce *diner* new-yorkais typique est une bonne adresse dans le quartier du Lincoln Center, où les prix raisonnables et les tables sans réservations sont rares. La longue carte propose de tout : omelettes, salades, hamburgers, pâtes, plats grecs et entrées classiques. Le personnel vous servira rapidement avant un spectacle.

Boathouse Restaurant Central Park 🧒 ♿ ⛱ $$$

Central Park, East 72nd St and Park Drive North, 10023 ***Tél.*** *(212) 517-2233* — ***Plan*** *12 E1*

Ce hangar à bateaux proche du lac de Central Park offre un cadre charmant pour le brunch ou le déjeuner. Dîner romantique d'avril à octobre. Vu les prix, il est regrettable que l'afflux inévitable des touristes l'empêche de servir une cuisine supérieure à la moyenne.

Café Fiorello 🧒 $$$

1900 Broadway, 10023 ***Tél.*** *(212) 595-5330* — ***Plan*** *12 D2*

Se vantant d'être « le plus ancien spectacle à l'affiche à Broadway », ce café italien bruyant propose un abondant buffet d'*antipasti* qui peut remplacer un repas entier avant d'aller au Lincoln Center, en face. La carte propose aussi pizzas et plats italiens habituels. Tables sur le trottoir en saison, idéales pour observer le spectacle de la rue.

Café Luxembourg 🧒 $$$

200 West 70th St, 10023 ***Tél.*** *(212) 873-7411* — ***Plan*** *11 C1*

Bistrot parisien Art déco classique avec zinc et miroirs anciens, accueillant une clientèle branchée et parfois quelques célébrités. La carte propose une cuisine classique de bistrot avec des plats de la semaine. Si ce restaurant s'avère un bon choix pour un dîner d'affaires, le service n'est pas irréprochable.

Calle Ocho 🧒 ♿ $$$

446 Columbus Ave, 10024 ***Tél.*** *(212) 873-5025* — ***Plan*** *16 D4*

Une ambiance de fête éternelle règne dans ce restaurant cubain bruyant et haut en couleurs, fréquenté par les 20-30 ans. La carte fusionne des plats latino-américains avec plus ou moins de succès. Vu la proximité de l'American Museum of Natural History, faites-y une pause en famille pour prendre un verre (menu enfants).

La Rural 💳 🧒 ⛱ $$$

768 Amsterdam Ave, 10025 ***Tél.*** *(212) 749-2929* — ***Plan*** *15 C1*

Le grill argentin *Pampa* est devenu *La Rural*, avec quelques nouveaux plats sud-américains sur la carte, comme des *empanadas*. Mais on y vient surtout pour la viande : *parrillada* (assortiment de grillades) à 45 $ pour deux personnes, avec steak, ris de veau, côtelettes, saucisses, salade et un accompagnement.

Pasha 🧒 $$$

70 West 71st St, 10023 ***Tél.*** *(212) 579-8751* — ***Plan*** *12 D1*

Restaurant turc spacieux et calme, à éclairage zénithal, avec un service amical. Idéal pour une bonne conversation autour d'un plat bien préparé. En hors-d'œuvre, les boulettes d'agneau sont délicieuses, tout comme la fameuse *patlican salatasi* (aubergine fumée écrasée avec de l'ail, de l'huile d'olive et du citron).

Rosa Mexicano
🚺🏃♿ $$$

61 Columbus Ave, 10023 **Tél.** *(212) 977-7700* **Plan** *12 D2*

Proche de Lincoln Center, cet agréable restaurant mexicain haut de gamme draine une foule branchée. Fantastiques margaritas à la grenade et *guacamole* préparés sur commande sous les yeux des convives. Essayez les *tacos cochinita pibil* (porc à l'achiote cuit à la vapeur dans une feuille de bananier) ou le poisson Veracruz à la sauce tomate.

Café des Artistes
🍴 $$$$

1 West 67th St, 10023 **Tél.** *(212) 877-3500* **Plan** *12 D2*

Ce bistrot romantique sert de la cuisine française dans une belle salle fleurie aux murs peints des célèbres nymphes de Howard Christy Chandler. Sans être très imaginatifs, les plats sont bien préparés, mais un peu chers. Une célébrité y est repérée de temps en temps. Le brunch est très prisé.

Ouest
🚺🏃♿ $$$$

2315 Broadway, 10024 **Tél.** *(212) 580-8700* **Plan** *15 C4*

Le chef Tom Valenti propose une nouvelle cuisine américaine réconfortante *(comfort food)* dans un restaurant élégant où l'on se sent très à l'aise. La carte propose des plats du jour comme le pain de viande traditionnel et d'autres plats créatifs comme le pigeonneau poché aux raviolis de foie gras. Carte des vins exceptionnelle.

Asiate
♿🍴 $$$$$

80 Columbus Circle, 5e étage, 10019 **Tél.** *(212) 805-8881* **Plan** *12 D3*

Dans l'hôtel *Mandarin*, ce restaurant d'inspiration asiatique offre des vues sublimes sur Central Park. Les plats vedettes sont le foie gras poêlé avec anguille de mer vapeur et sauce tamarin, ainsi que le bœuf Wagyu sauce queue de bœuf. Le bar propose un choix intéressant de cocktails.

Jean Georges
♿🍴 $$$$$

1 Central Park West at Columbus Circle and West 60th St, 10023 **Tél.** *(212) 299-3900* **Plan** *12 D3*

Le restaurant du chef Jean George est le temple de la nouvelle cuisine française aux accents asiatiques. Un choix impressionnant de plats raffinés est servi par un personnel affable et chaleureux dans la salle épurée mais élégante, conçue par Adam Tihany. Une expérience inoubliable à New York.

Masa
♿🍴 $$$$$

Time Warner Center, 10 Columbus Circle, 10019 **Tél.** *(212) 823-9800* **Plan** *12 D3*

Le chef Masayoshi Takayama, du célèbre *Ginza sushi-Ko* de Los Angeles, est venu à New York pour battre le record du repas le plus cher. L'interminable menu dégustation *(kaiseki)* conçu par M. Masa utilise des produits d'une fraîcheur extrême. Asseyez-vous près du comptoir à sushis pour ne pas perdre une miette du spectacle.

Per Se
♿🍴 $$$$$

Time Warner Center, 10 Columbus Circle, 10019 **Tél.** *(212) 823-9335* **Plan** *12 D3*

Réservez votre table deux mois à l'avance dans ce restaurant ovationné par les critiques que gère Thomas Keller, connu pour le *French Laundry* de Californie. Le menu dégustation change chaque jour et la version végétarienne est souvent jugée la meilleure. De plus, la vue sur Central Park est imprenable. Service irréprochable.

Picholine
🍴 $$$$$

35 West 64th St, 10023 **Tél.** *(212) 724-8585* **Plan** *12 D2*

L'élégant restaurant franco-méditerranéen de Terrance Brennan est à quelques pas du Lincoln Center. Plusieurs menus à prix fixe ainsi que des menus dégustation sont disponibles avec des plats comme le saint-pierre aux raisins, chanterelles et vinaigrette à la truffe. Gardez de la place pour le fameux plateau de fromages artisanaux.

MORNINGSIDE HEIGHTS ET HARLEM

Amy Ruth's
🚺🏃♿ $$

113 West 116th St, 10026 **Tél.** *(212) 280-8779* **Plan** *21 B3*

Cette institution de Harlem doit son nom à la grand-mère du propriétaire. Poulet frit ou braisé, gaufres, côtelettes de porc, poisson-chat, *collard greens* (variété de de chou) et autres patates douces. Exquis desserts du Sud des États-Unis, comme le *peach cobbler* et le gâteau au chocolat *red velvet*.

EN DEHORS DU CENTRE : BROOKLYN

Chip Shop
📋🚺 $

383 Fifth Ave, 11215 **Tél.** *(710) 832-7701*

On sert ici une cuisine britannique *comfort food* plutôt réussie. Dans la salle kitsch de cet établissement bon marché, on se régale de *fish and chips*, saucisses à la purée, tourte aux rognons et bien sûr de Mars frit en beignet. Idéal pour passer un bon moment entre amis – ou en famille – autour d'une bière.

Légende des catégories de prix *voir p. 296* **Légende des symboles** *voir le rabat arrière de couverture*

Grimaldi's
19 Old Fulton St, 11201 **Tél.** *(718) 858-4300*

Les succulentes pizzas cuites au four à charbon sont faites avec la mozzarella la plus laiteuse et la sauce la plus fraîche. Ne manquez pas celle aux *pepperoni*. Ce restaurant vaut le déplacement jusqu'à Brooklyn et le retour à pied par le pont. Venez en famille et faites la queue pour savourer les spécialités bon marché de cette pizzeria bourdonnante.

Planet Thailand
133 North 7th St, 11211 **Tél.** *(718) 599-5758*

Cet entrepôt rénové et branché propose des spécialités thaïes exceptionnelles comme les nouilles plates au bœuf et aux brocolis. Très apprécié des groupes importants, il est nécessaire de réserver. À essayer avant de faire la tournée des bars à Williamsburg. Premier arrêt à Brooklyn de la ligne L.

Patois
255 Smith St, 11231 **Tél.** *(718) 855-1535*

Ce bistrot français au cadre rustique a lancé la mode des restaurants de Smith Street. La carte de saison est bon marché et propose notamment boulettes de veau à la crème et aux câpres, ainsi qu'un étonnant cassoulet végétarien au gouda fumé. Tables très animées dans le jardin.

Thomas Biesl
25 Lafayette Ave, Fort Greene, 11217 **Tél.** *(718) 222-5800*

Ce petit coin de Vieille Europe, juste en face de la Brooklyn Academy of Music, est un café accueillant qui sert *schnitzl*, goulaches, *spaetlze*, *strudel*, *linzertorte* et autres spécialités viennoises. Le patio est agréable pour le brunch. Le lundi soir, quand les théâtres font relâche, le menu est d'un excellent rapport qualité-prix.

Peter Luger Steakhouse
178 Broadway, 11211 **Tél.** *(718) 387-7400*

Dans cette institution new-yorkaise qui sert « le steak du connaisseur » depuis 1887, la viande est d'une qualité exceptionnelle. Sachez que l'ambiance est celle d'une brasserie et que les serveurs sont parfois grincheux. Même en ayant réservé, il arrive qu'on attende une table.

River Café
One Water St, 11201 **Tél.** *(718) 522-5200*

Inégalé pour sa vue imprenable sur les toits de Manhattan, ce restaurant très haut de gamme de Brooklyn offre un menu de nouvelle cuisine américaine à prix fixe de trois plats, ainsi qu'un menu dégustation. Romantique, il est parfait pour les grandes occasions. Gardez de la place pour le pont de Brooklyn au chocolat.

The Grocery
288 Smith St, 11231 **Tél.** *(718) 596-3335*

Ce charmant restaurant de 30 couverts à Carrol Gardens propose une carte de saison délicieuse avec des plats comme la truite entière sans arêtes farcie aux *spaetzlis* et aux asperges ou la poitrine de canard braisée avec boulgour, blettes et vin rouge caramélisé. Cet endroit romantique possède aussi un ravissant jardin en été.

EN DEHORS DU CENTRE : QUEENS

Jackson Diner
37-47 74th St, 11372 **Tél.** *(718) 672-1232*

Ce vaste restaurant indien de style cafétéria ne ménage pas ses efforts pour offrir les plats bien préparés de l'Inde du Nord (épicés) et du Sud (plus doux), à des prix très sages. Une adresse qui mérite le détour si vous êtes à Jackson Heights. Excellents plats d'agneau et *samosas* à arroser d'un très bon *lassi*.

Sripraphai
64-13 39th Ave, Woodside, 11377 **Tél.** *(718) 899-9599*

Ce café est considéré comme le meilleur, le plus authentique et le moins cher des restaurants thaïs de New York. Il mérite largement le détour, surtout le soir, par beau temps, quand on peut profiter du très joli jardin. Il se situe à 20 minutes de Manhattan, non loin de la station Woodside sur la ligne de métro n° 7.

Elias Corner
24-02 31st St, 11102 **Tél.** *(718) 932-1510*

Ce restaurant grec parmi les plus célèbres attire un flot de fidèles. Malgré les agrandissements, la file d'attente peut être longue, surtout le week-end. On y déguste les poissons les plus frais de la ville, préparés avec simplicité. Le vaste jardin permet de réunir de grands groupes.

S'Agapo
34-21 34th Ave, 11106 **Tél.** *(718) 626-0303*

Une ambiance gaie règne dans cette taverne bon marché spécialisée dans le poisson grillé et dont le nom signifie « je vous aime » en grec. Le repas se déroule en musique le week-end et la terrasse est très appréciée les soirs d'été. Le restaurant est proche de l'American Museum of the Moving Image.

Repas légers et snacks

À Manhattan, on peut se restaurer quels que soient le lieu ou l'heure. Les New-Yorkais donnent l'impression de manger à longueur de journée : à un coin de rue, dans un bar, une *luncheonette* ou un *deli*, avant ou après le travail, même au petit matin ! Il y en a pour tous les goûts : bretzels, pâtisseries danoises, pizzas, sandwiches, marrons grillés ou *gyros* grecs à la viande de mouton… Que vous choisissiez le calme d'un salon de thé ou l'animation d'un *coffee shop*, d'un *diner* ou d'un bistrot ouverts la nuit ; que vous ayez envie d'un *snack* avant le théâtre ou en sortant d'une fête, vous trouverez toujours un moyen de satisfaire votre appétit sans vous ruiner, même si la qualité est variable.

DELICATESSEN

Véritable institution new-yorkaise, c'est l'endroit idéal pour déjeuner d'un gros sandwich. Souvent considéré comme le meilleur *deli* de la ville, **Carnegie Delicatessen** en propose de merveilleux au *corned-beef* ou au *pastrami*.

Certains, comme **Katz's Delicatessen**, proposent une nourriture cascher traditionnelle, mais la plupart se limitent à la vente à emporter. On s'y presse donc pour acheter d'énormes sandwiches relativement bon marché. Le personnel est généralement grincheux et impatient, et la grossièreté est presque une marque déposée chez **Stage Deli**, désormais plus fréquentée par les touristes que par les stars du showbiz.

Pour une authentique cuisine juive new-yorkaise, appréciée des connaisseurs, essayez **Barney Greengrass,** à Upper West Side. Très couru également, **Zabar's** a conquis les yuppies grâce à ses délicieux saumon fumé, pickles et salades.

Selon les connaisseurs, **Pastrami Queen,** dans Manhattan, mérite bien son nom de souverain du sandwich au *pastrami*.

CAFÉS, BISTROTS ET BRASSERIES

Depuis quelques années, cafés, bistrots et brasseries sont du dernier chic à New York. Chez **Balthazar,** Spring Street, le clinquant est à tous les étages sauf à la cuisine,

fabuleuse. Encore plus à la mode, mais moins cher, vous pouvez essayer **Pastis,** dans le Meatpacking District. Le **Café Centro**, près de Grand Central, souvent plein et bruyant à midi, attire une clientèle d'hommes d'affaires ; carte méditerranéo-provençale, avec soupe de poisson et de succulents desserts. Installée de longue date sur East 53rd Street, **The Brasserie** a été bien rénovée. Le **Bistro du Nord**, sur Madison Ave, joue la carte franco-américaine, non sans invention. Plus au sud, dans TriBeCa, **The Odeon** est prisé pour son menu brasserie et ses horaires tardifs.

À SoHo, **Raoul's** est un bistrot français à l'ambiance détendue et à la cuisine simple mais bonne, apprécié des artistes. À Greenwich Village, l'**Elephant and Castle**, au décor minimal, permet de déjeuner d'une soupe-salade-omelette ou d'autres *snacks*, mais ses points forts sont le petit déjeuner et le brunch, abondants sans être ruineux. Le bar est en outre très animé. On se presse aussi **Chez Jacqueline** : ce café exigu, situé à proximité de plusieurs salles de Broadway, propose un menu de bistrot français et attire toute une foule jeune, branchée et cosmopolite pour un dîner à prix modéré ou un souper tardif.

Dans le quartier des théâtres, **Victor's Café**, spacieux et vivant, propose d'énormes portions d'une authentique cuisine cubaine à prix modéré. Ambiance garantie **Chez Josephine**,

bistrot-cabaret animé par un pianiste de jazz. La scène est ici la principale attraction, et la cuisine française est excellente.

Petit, mais français à souhait, **La Boîte en Bois** propose une délicieuse cuisine de bistrot près de Lincoln Center. Non loin de là, **Vince and Eddie's** sert une cuisine américaine fiable, souvent géniale.

Inclassable, **Sarabeth's**, dans Upper West Side, peut être assimilé à un café. Le meilleur moment pour s'y rendre est le petit déjeuner ou le brunch du week-end, où gaufres, *French toasts*, crêpes et omelettes font le bonheur des familles. Il existe deux autres établissements, dont l'un au Whitney Museum.

New York n'a sans doute guère de bistrot plus français que **Les Halles**, dans le quartier de Gramercy. Tard le soir, il peut être très bruyant, mais les fans estiment que sa cuisine le vaut bien.

PIZZERIAS

On trouve de la pizza partout à New York, à un comptoir de rue ou dans un *fast-food*, et dans les pizzerias napolitaines traditionnelles. On ne peut généralement pas réserver, aussi la queue peut être longue à l'entrée des meilleures.

Certaines adresses ont un petit plus. Pâte fine et croustillante cuite au four à bois, et jazz *live* chez **Arturo's Pizzeria**. Menu toscan et délicieuses pizzas aux garnitures inédites chez **Mezzogiorno**. Pâte extra-fine chez **Lombardi's**. On se régale aussi de pâtes fines cuites au four traditionnel chez **Mezzaluna**, bondé, et chez **John's Pizzeria**, considérée comme la meilleure de Manhattan par ses nombreux fans (dont Woody Allen).

Totonno Pizzeria, apprécié des amateurs de pizza, mérite un saut à Brooklyn. Une filiale existe également à Manhattan. Enfin, **Joe's Pizza**, s'est fait une excellente réputation à Manhattan et Brooklyn.

BARS À HAMBURGERS

En dehors des vendeurs ambulants, il y de nombreux endroits qui vendent de très bons hamburgers, même s'il faut parfois compter 10 $ pour un hamburger pur bœuf.

Les hamburgers ont même acquis leurs lettres de noblesse avec **Shake Shack**, à Madison Square Park où, en été, le célèbre restaurateur new-yorkais Danny Meyer sert, des *snacks* raffinés à prix doux. À Midtown, l'élégant hôtel Le Parker Meridien a ouvert le **Burger Joint** qui, derrière ses allures de routier, sert d'excellents hamburgers.

Clairs et sobres, les cinq restaurants **Jackson Hole** séduisent les enfants avec 28 variétés de hamburgers moelleux et bien garnis. Le décor est criard, mais l'addition saura convaincre les plus réticents. On peut aussi y goûter l'*egg cream*, la boisson new-yorkaise par excellence.

Le **Beer Bar at Café Centro**, dans le MetLife Building, séduit une clientèle décontractée avec une carte des bières peu commune et de délicieux hamburgers.

À Greenwich Village, **Corner Bistro** sert les meilleurs hamburgers de la ville à un prix raisonnable, en plus d'un bon choix de bières (ouvert jusqu'à 4 h).

DINERS ET LUNCHEONETTES

On trouve des *diners* et des *luncheonettes,* aussi appelés *sandwich shops* ou *coffee shops,* à tous les coins de rue. Les plats y sont quelconques, mais copieux et bon marché. Ils sont ouverts du petit déjeuner jusqu'à tard dans la soirée et servent le plus souvent à toute heure.

Les années 1990 ont relancé la mode des restaurants bon marché des années 1930. L'**Empire Diner**, ouvert 24 h/24, est une version chic (p. 138).

Le **Comfort Diner,** dans un style années 1950 très kitsch, sert de généreuses portions de *comfort food,* et les meilleurs *milk-shakes* de la ville.

Les spectateurs de théâtre adorent le **Junior's** à Brooklyn, célèbre pour son cheesecake. **Big Nick's**, sur Broadway, est la meilleure adresse d'Upper West Side pour déguster une pizza, un hamburger ou un petit déjeuner. Ouvert toute la nuit sur Union Square, le **Coffee Shop** joue la carte américano-brésilienne.

Dans Upper East Side, **E.A.T.** d'Eli Zabar sert des plats juifs excellents mais chers : soupe à l'orge et aux champignons, pain tressé *(challah)*, sans oublier des desserts succulents.

Dans l'Upper East Side, citons aussi **EJ's Luncheonette**, qui sert les grands classiques appréciés des enfants, dans un cadre rétro 1950.

Ses adeptes ne jurent que par **Viand**, dans East Side – petits déjeuners copieux à petits prix, hamburgers, *egg creams* et les meilleurs sandwichs à la dinde de la ville. **Veselka** est une sandwicherie peu ordinaire qui propose des spécialités ukraino-polonaises à prix imbattables. Une seconde adresse, **Little Veselka**, s'est ouverte récemment.

SALONS DE THÉ

Les salons des grands hôtels new-yorkais sont le seul endroit où boire une vraie tasse de thé. On y sert un élégant *afternoon tea* à prix fixe entre 15 h et 17 h.

Chic suprême, le thé de l'hôtel **Carlyle**, dans Upper East Side, est servi sur du mobilier Chippendale. La formule à prix fixe de l'**Hotel Pierre** est très avantageuse. Au **Waldorf-Astoria**, le thé est proposé avec de la crème du Devonshire. Sur la 5e Avenue, le **Stanhope** fait rimer abondance avec élégance et permet de patienter jusqu'au souper.

La nouvelle chaîne des charmants salons de thé **Saint's Alp** propose toutes sortes de boissons à base de thé – mousseuses, parfumées et colorées, servies sur de la glace pilée. Deux adresses sont aujourd'hui ouvertes, celle sur Mott Street près de

Chinatown, et celle du nouveau quartier de Times Square. Au grand magasin Takashimaya, sur la 5e Avenue, **The Tea Box** sert le thé à la japonaise.

CAFÉS ET PÂTISSERIES

La plupart des *diners, coffee shops* et *luncheonettes* servent du café correct à volonté à partir de 75 cents.

La mode est actuellement aux bars à café où l'on sert toutes sortes de cafés – expresso, *caffè latte* et cappuccino. Certains glaciers et pâtissiers accompagnent leurs délicieuses pâtisseries de bon café.

Magnolia Bakery a ouvert une deuxième pâtisserie, dans l'Upper West Side. On y fait la queue pour goûter les succulents gâteaux.

Joe possède la meilleure machine à expresso du monde. Enfin, depuis 1892, le **Caffè Ferrara** propose des pâtisseries italiennes et du bon café à prix doux et en terrasse.

À la **Hungarian Pastry Shop**, les divers délices austro-hongrois se dégustent avec vue sur St John the Divine. Au **Café Edison**, de l'hôtel éponyme, les prix sont raisonnables et le décor Art nouveau. **Sant'Ambroeus** défend merveilleusement la *pasticceria* milanaise avec ses desserts somptueux. En plus des livraisons à domicile, **Dessert Delivery** propose de goûter ses pâtisseries et son café dans un cadre coquet. **Serendipity 3** est réputé pour son charme victorien, son café, ses en-cas et ses goûters à déguster tout l'après-midi. Les amateurs de glaces ne manqueront pas de goûter au chocolat chaud glacé.

Livres, café et pâtisseries font bon ménage au **Barnes & Noble Café**, dans l'une des plus grandes librairies new-yorkaises.

Mudpost est le pendant fixe du camion « Mudtrack » orange mobile, qui vend du café bien serré. Enfin, vous ne pouvez ignorer **Starbucks** et ses dizaines de cafés dans toute la ville.

ADRESSES

LOWER MANHATTAN

Pastis
9 9th Avenue.
Plan 3 B1.

LOWER EAST SIDE

Caffè Ferrara
195 Grand St.
Plan 4 F4.

Katz's Delicatessen
205 E Houston St.
Plan 5 A3.

Saint's Alp
51 Mott St.
Plan 4 F 4.

SOHO ET TRIBECA

Lombardi's
32 Spring St.
Plan 4 F3.

Mezzogiorno
195 Spring St.
Plan 4 D4.

Odeon
145 W Broadway.
Plan 1 B1.

Raoul's
180 Prince St. **Plan** 4 D3.

GREENWICH VILLAGE

Arturo's Pizzeria
106 W Houston St.
Plan 4 E3.

Balthazar
80 Spring St. **Plan** 4 E4.

Chez Jacqueline
72 MacDougal St.
Plan 4 D2.

Corner Bistro
331 W 4th St. **Plan** 3 C1.

Elephant and Castle
68 Greenwich Ave.
Plan 3 C1.

Joe
141 Waverly Place.
Plan 3 C1.

Joe's Pizza
7 Carmine St. **Plan** 4 D3.

Magnolia Bakery
401 Bleecker St.
Plan 3 C2.

200 Colombus Ave.
Plan 12 D1.

Sant'Ambroeus
259 W 4th St.
Plan 3 C1.

EAST VILLAGE

Little Veselka
75 E 1st St. **Plan** 4 F3.

Mudspot
307 E 9th St.
Plan 4 F1.

Veselka
144 2nd Ave.
Plan 4 F1.

GRAMERCY ET LE QUARTIER DU FLATIRON

Coffee Shop
29 Union Square West.
Plan 9 A5.

Les Halles
411 Park Ave South.
Plan 9 A3.

CHELSEA ET LE QUARTIER DU VÊTEMENT

Comfort Diner
25 W 23rd St.
Plan 8 F4.

Empire Diner
210 10th Ave.
Plan 7 C4.

LE QUARTIER DES THÉÂTRES

Café Edison
Edison Hotel,
228 W 47th St.
Plan 12 D5.

Carnegie Delicatessen
854 7th Ave.
Plan 12 E4.

Chez Josephine
414 W 42nd St.
Plan 7 B1.

Junior's
Shubert Alley (entrée à
hauteur de 45th St).
Plan 12 E5.

Stage Deli
834 7th Ave.
Plan 12 E4.

Victor's Cafe
236 W 52nd St.
Plan 11 B4.

EAST SIDE MIDTOWN

Beer Bar at Café Centro
MetLife Building,
200 Park Ave.
Plan 9 A2.

UPPER MIDTOWN

Barnes & Noble Café
Citicorp Building,
160 E 54th St.
Plan 13 A4.

Burger Joint
Le Parker Meridien Hotel,
118 W 57th St.
Plan 12 E3.

The Brasserie
100 E 53rd St.
Plan 13 A4.

The Tea Box
Takashimaya,
693 5th Ave.
Plan 12 F2.

Waldorf-Astoria
301 Park Ave.
Plan 13 A5.

UPPER EAST SIDE

Bistro du Nord
1312 Madison Ave.
Plan 17 A2.

Carlyle
35 E 76th St.
Plan 17 A5.

Dessert Delivery
350 E 55th St.
Plan 13 B4.
Tél. 838-5411.

E.A.T.
1064 Madison Ave.
Plan 17 A4.

EJ's Luncheonette
1271 3rd Ave.
Plan 13 B1

Hotel Pierre
2 E 61st St.
Plan 12 F3.

Jackson Hole
232 E 64th St.
Plan 13 B2.
Cinq succursales.

John's Pizzeria
408 E 64th St.
Plan 13 C2.
Trois succursales.

Mezzaluna
1295 3rd Ave.
Plan 17 B5.

Pastrami Queen
1125 Lexington Ave.
Plan 17 A5.

Serendipity 3
225 E 60th St.
Plan 13 B3.

Shake Shack
Madison Square Park.
Plan 8 F4.

Stanhope
995 5th Ave.
Plan 17 A4.

Viand
1011 Madison Ave.
Plan 17 A5.
Quatre succursales.

UPPER WEST SIDE

Barney Greengrass
541 Amsterdam Ave.
Plan 15 C3.

Big Nick's
2175 Broadway
at 77th St.
Plan 15 C5.

La Boîte en Bois
75 W 68th St.
Plan 11 C1.

Sarabeth's
423 Amsterdam Ave.
Plan 15 C4.

Whitney Museum,
945 Madison Ave.
Plan 17 A5.

Vince and Eddie's
70 W 68th St.
Plan 11 C1.

Zabar's
2245 Broadway.
Plan 15 C2.

MORNINGSIDE HEIGHTS ET HARLEM

The Hungarian Pastry Shop
Amsterdam Avenue
and 109th St.
Plan 20 E4.

BROOKLYN

Totonno Pizzeria
1524 Neptune Ave.
Plan 7 C5.

Les bars new-yorkais

Véritables institutions new-yorkaises, les bars et
les clubs, très chaleureux, jouent un rôle important
dans la vie sociale de la cité. Il est habituel pour
les New-Yorkais de passer la soirée en déambulant
de bar en bar, tous offrant quelque chose de plus
que la boisson : de bons petits plats, une piste
de danse, un concert ou des bières importées.
Ils sont innombrables dans Manhattan – il y en
a pour tous les goûts et toutes les bourses.

RÈGLEMENTS ET USAGES

La plupart des bars sont
ouverts de 11 h du matin
à minuit, et certains jusqu'à
2 h ou 4 h du matin, limite
de l'horaire légal. De
nombreux bars ont des
happy hours de 17 h à 19 h,
et proposent alors deux
boissons pour le prix d'une
(twofer) et des amuse-gueule
gratuits. Les serveurs sont
autorisés à refuser de servir
quiconque leur semble avoir
déjà trop bu. Il est interdit
de fumer dans les bars
new-yorkais ; on peut aller
à l'extérieur ou dans des
salles aérées.

La consommation d'alcool
est interdite en-dessous
de 21 ans. Le barman peut
exiger une pièce d'identité
justifiant de votre âge. Les
enfants ne sont généralement
pas admis dans les bars.

Toutes les consommations
se règlent habituellement en
bloc, à la sortie. L'usage est
de laisser au serveur un
pourboire d'environ 10 %,
ou de 50 cents par verre.
Le barman n'a pas de doseur ;
si vous voulez un grand verre,
le mieux est d'aller au bar
et de régler votre générosité
sur la sienne. En salle,
les boissons sont plus
chères qu'au bar.

Une tournée peut revenir
très cher ; mieux vaut
commander un pichet
de bière d'un *quart* (95 cl)
ou d'un *half gallon* (190 cl).

De nombreux bars ont
obtenu une licence d'alcool
dans le cadre d'une obscure
loi sur les cabarets qui interdit
de danser. Les bars oubliant
cette clause se voyant fermés,
si les serveurs vous
demandent de réfréner vos
instincts de danseur, obéissez,
ils ne plaisantent pas.

QUE BOIRE

La plupart des bars new-
yorkais vendent de grandes
marques américaines –
Budweiser, Coors ou Miller –,
ou des bières étrangères
réputées – Bass, Becks ou
Heineken, voire de la
Guinness à la pression. Les
pubs anciens et les nouveaux
bars chics offrent un choix
beaucoup plus vaste de bières
d'importation ou de petites
marques locales. Ces
dernières produisent des
bières très parfumées, telle
la populaire Brooklyn Lager.

Les cocktails – rhum-coca,
vodka-tonic, gin-tonic, dry
martinis et scotch ou bourbon
servis *straight-up* (sans glace)
ou *on the rocks* (avec glace)
ont aussi beaucoup de succès.
Le *Cosmopolitan* – vodka, jus
d'airelles, triple sec et citron
vert – est une spécialité
new-yorkaise. La plupart
des bars servent toutes sortes
de vodka-martinis. Les bars
proposent aussi souvent du
vin. D'ailleurs, la mode du
wine bar fait un grand retour
dans toute la ville.

QUE MANGER

Certains bars servent des
snacks toute la journée :
hamburgers, frites, salades,
sandwiches et manchons de
poulet épicés. Vous pourrez
aussi grignoter au bar de la
plupart des bons restaurants.
Les cuisines ferment
généralement juste avant
minuit. Il est aussi possible
de grignoter au bar des
grands restaurants.

BARS À LA MODE

Si vous allez dans un bar à la
mode, soyez prêt à faire la
queue, à moins d'arriver tôt.

Le Meatpacking District
compte une foule de bars
animés, comme **Cielo**, qui
sert des cocktails forts au son
d'une musique des années
1980. À deux pas, vous
trouverez le **Buddha Bar NYC**,
pâle copie de l'original
parisien. Un autre bouddha
vous attend au **Tao Bar**, logé
dans un ancien théâtre, près
du Four Seasons Hotel.
L'ensemble occupe trois
niveaux : les deux
derniers dédiés à la cuisine
panasiatique surplombent
le bar en contrebas.

Malgré tous les bars
branchés de l'East Village,
le **Sunburnt Cow**, sur le
thème de l'Australie, ne joue
pas les prétentieux. Vous
profiterez de la fraîcheur de
la véranda autour d'une bière,
d'un verre de vin ou d'un
Mootini. Et si certains
prétendent que le niveau
a baissé, le **B-Bar** (ancien
Bowery Bar) séduit toujours
une clientèle élégante.
En été, sa terrasse extérieure
est imbattable. **Pravda**, dans
le quartier voisin de NoLIta,
est lui aussi très en vogue. La
lumière tamisée contribue au
calme de ce bar en entresol
au chic Soviet. Sur Broadway,
l'**Odeon** reflète l'effervescence
de SoHo-TriBeCa.

BARS PANORAMIQUES

Au 26e étage de la Beekman
Tower au style Art déco,
Top of the Tower, offre une
vue imprenable sur la ville.
Le **Pentop Bar and Terrace**
du Peninsula Hotel, le **Stone
Rose Lounge** du Time Warner
Center et le **Rise** du Ritz-
Carlton à Battery Park sont
tout aussi spectaculaires. Par
beau temps, le **Bryant Park
Café** est une adresse
incontournable de Midtown.
Tavern on the Green jouit
d'une vue magnifique sur
Central Park.

BARS HISTORIQUES
ET LITTÉRAIRES

McSorley's Old Ale House
est l'un des plus vieux bars
new-yorkais. Depuis 1854, ce
vieux pub irlandais à l'accueil

renfrogné légendaire propose un bon choix de bières et une cuisine savoureuse.

The Ear Inn occupe son emplacement à SoHo depuis 1812. L'intérieur est sombre et exigu à souhait, avec un long bar en bois où viennent s'accouder poètes et écrivains. Autre adresse de SoHo : le **Fanelli's Café**, un ancien bar clandestin ouvert en 1922 (dans un lieu où les habitants du quartier venaient s'approvisionner en boissons depuis 1847).

Le Village a quelques très vieux bars comme la **White Horse Tavern,** refuge favori de Dylan Thomas et modeste témoin des années 1880, qui reste appréciée des cercles littéraires et universitaires. **Peculier Pub** comblera les amateurs de bière avec plus de 360 variétés du monde entier. Dans le quartier, **Fraunces Tavern,** datant de 1719 *(p. 76)*, dégage une atmosphère plaisante.

Fidèle au poste depuis 1864, **Pete's Tavern** est un des points chauds de Gramercy jusqu'à 2 h du matin. On apprécie son charme victorien et sa bière maison, la Pete's Ale. Non loin de là se trouve l'**Old Town Bar**, un vieux pub irlandais de 1892.

S'il n'attire plus autant les célébrités, **Sardi's** sert toujours d'annexe aux reporters du *New York Times* et ne lésine pas sur la quantité.

Sur le balcon de Grand Central Terminal, **The Campbell Apartment**, ancien bureau privé de John W. Campbell, magnat des années 1920, cache un superbe bar. Sur l'Upper East Side, le bar du **Swifty's** est idéal pour observer la jet-set qui paye sa fortune une cuisine somme toute ordinaire.

P.J. Clarke's est un café apprécié des New-Yorkais depuis sa création dans les années 1890. Toujours dans East Side, **Elaine's** est le refuge des gens de lettres de New York ou d'ailleurs.

Le discret **P.J. Carney's** accueille les musiciens et les artistes près de Carnegie Hall depuis 1927. On y sert des bières irlandaises et une bonne *shepherd's pie*.

BARS JEUNES ET BRANCHÉS

Chez les 20-30 ans, la mode est en ce moment aux pubs-brasseries, qui brassent leur propre bière, et aux bars proposant une multitude de bières artisanales ou étrangères. Goûtez à la chaude ambiance du **Chelsea Brewing Company**, grand pub-brasserie du complexe sportif de Chelsea Piers. Dans le quartier tout proche de Gramercy, **Heartland Brewery** – le meilleur dit-on – fait fureur avec ses cinq bières maison, dont la fabuleuse India Pale Ale, et de nombreuses spécialités de saison, telles ces *ales* aux airelles et au potiron.

Uptown, la **Westside Brewing Company** séduit la clientèle jeune du voisinage avec des *ales* et des bières fruitées maison.

Les vrais amateurs de bière apprécient, malgré les prix excessifs, les 170 bières pression ou en bouteille du **Burp Castle**. Les Britanniques se sentent chez eux au **Manchester :** ambiance confortable de pub, pas moins de 40 bières en bouteille et 18 à la pression.

Dans East Village, **d.b.a.** – faut-il comprendre *don't bother to ask* « inutile de demander », ou bien *draft beer available* « bière à la pression » ? – sert 14 bières à la pression, une multitude de bières artisanales et 50 whiskies pur malt.

Uptown, **Brother Jimmy's BBQ** attire une population étudiante. Ambiance et décibels garantis, mais aussi travers de porc dans la plus pure tradition du Sud.

Les jeunes de Brooklyn aiment **Park Slope Ale House** pour sa dizaine de bières artisanales, ses bières de saison et ses en-cas corrects.

BARS GAYS ET LESBIENS

Les bars gays se concentrent à Greenwich Village, Chelsea et East Village et, dans une moindre mesure, dans Upper East Side et West Side ; les bars lesbiens sont surtout installés dans Greenwich Village et East Village. Les hebdomadaires gays gratuits *HX* (www.hx.com) et *Next* donnent les adresses.

BARS D'HÔTELS

Central, l'Algonquin Hotel *(p. 145)* était très fréquenté par les gens de lettres dans les années 1920-1930. Le **Blue Bar** permet d'y prendre un verre tranquillement avant de dîner ou d'aller au théâtre.

Le minimaliste **Bar 44**, situé dans le hall du Royalton Hotel, sur la 5e Avenue, est idéal pour prendre un verre en observant les allers et venues du monde du spectacle. Le **Paramount Bar** du Paramount Hotel est fréquenté par les gens de la mode et du théâtre.

Dans Upper Midtown, les confortables fauteuils en velours rouge du **Gilt Bar** sont une invitation à la détente. Dans le même quartier, **King Cole Room** du St Regis doit son son nom à une fresque colorée de Maxfield Parrish située derrière le bar.

Sur Lexington Avenue, le **Bull and Bear** du Waldorf-Astoria date de la prohibition. Boissons exotiques et une bière à la pression.

Relaxez-vous au son de la musique du **Grand Bar**, l'une des adresses les plus branchées de la ville. Pour une ambiance plus animée, rendez-vous au **Church Lounge**.

Jouant sur des lambris foncés, une palette et un thème marin un peu kitsch, le **Lobby Bar** du Maritime Hotel attire une clientèle jeune et branchée. Mais depuis que Schrager a rénové le Gramercy Park Hotel, le **Rose** et le **Jade** sont envahis par les bobos. Autres points névralgiques, le **Thom Bar** du 60 Thompson Hotel et le **Bookmarks** du Library Hotel attirent une clientèle raffinée.

Avec son plancher de verre, l'**Hudson Bar** de l'Hudson Hotel d'Ian Shrager est incontournable. Et pour les fans de *Sex and the City*, le **Whiskey Blue Bar** de Rande Gerber a élu domicile dans l'un des hôtels de charme de la chaîne W Hotels.

ADRESSES

LOWER MANHATTAN

Fraunces Tavern
54 Pearl St. **Plan** 1 C4.

Rise
Ritz-Carlton Hotel,
14e étage, 2 West St.
Plan 1 B4.

SOHO ET TRIBECA

Church Lounge
Tribeca Grand Hotel,
2 6th Ave.
Plan 4 D4.

The Ear Inn
326 Spring St. **Plan** 3 C4.

Fanelli's Café
94 Prince St.
Plan 4 E3.

The Grand Bar
Soho Grand Hotel,
310 W Broadway.
Plan 4 E4.

The Odeon
145 W Broadway.
Plan 1 B1.

Pravda
281 Lafayette St.
Plan 4 F3.

Thom Bar
60 Thomson Hotel.
60 Thomson St.
Plan 4 D4.

GREENWICH VILLAGE

Buddha Bar NYC
25 Little W 12th St.
Plan 3 B1.

Cielo
18 Little W 12th St.
Plan 3 B1.

Peculier Pub
145 Bleecker St.
Plan 4 D3.

White Horse Tavern
567 Hudson St.
Plan 3 C1.

EAST VILLAGE

B-Bar
40 E 4th St. **Plan** 4 F2.

Burp Castle
41 E 7th St.
Plan 4 F2.

d.b.a.
41 1st Ave.
Plan 5 A1.

McSorley's Old Ale House
15 E 7th St.
Plan 4 F2.

Sunburnt Cow
137 Avenue C.
Plan 5 C1.

GRAMERCY ET LE QUARTIER DU FLARITON

Heartland Brewery
35 Union Square W.
Plan 9 A5.

Jade Bar
Gramercy Park Hotel,
2 Lexington Ave.
Plan 9 A4.

Old Town Bar
45 E 18th St.
Plan 8 F5.

Pete's Tavern
129 E 18th St.
Plan 9 A5.

Rose Bar
Gramercy Park Hotel,
2 Lexington Ave.
Plan 9 A4.

CHELSEA ET LE QUARTIER DU VÊTEMENT

Chelsea Brewing Company
Pier 59,
11th Ave.
Plan 7 B5.

Lobby Bar
Maritime Hotel,
363 W 16th St.
Plan 8 D5.

QUARTIER DES THÉÂTRES

Bar 44
Royalton Hotel,
44 W 44th St.
Plan 12 F5.

Blue Bar
Algonquin Hotel,
59 W 44th St.
Plan 12 F5.

Bryant Park Café
Bryant Park.
Plan 8 F1.

Hudson Bar
Hudson Hotel,
356 W 58th St.
Plan 12 D3.

Paramount Bar
Paramount Hotel,
235 W 46th St.
Plan 12 E5.

P.J. Carney's
906 7th Ave.
Plan 12 E3.

Sardi's
234 W 44th St.
Plan 2 F5.

LOWER MIDTOWN

Bookmarks
The Library Hotel,
299 Madison Ave.
Plan 9 A1.

The Campbell Apartment
À l'intérieur de Grand
Central Terminal,
15 Vanderbilt Ave.
Plan 9 A1.

UPPER MIDTOWN

Bull and Bear
Waldorf-Astoria Hotel,
rez-de-Chaussée,
Lexington Ave at
E 49th St.
Plan 13 A5.

Gilt Bar
New York Palace Hotel,
455 Madison Ave.
Plan 13 A4.

King Cole Room
St Regis Hotel,
2 E 55th St.
Plan 12 F5.

Manchester
920 2nd Ave.
Plan 13 B5.

Pentop Bar and Terrace
Peninsula Hotel,
700 5th Ave.
Plan 12 F5.

P.J. Clarke's
915 3rd Ave.
Plan 13 B4.

Stone Rose Lounge
Time Warner Center,
10 Columbus Circle,
3e étage.
Plan 12 D3.

Tao Bar
42 E 58th St.
Plan 13 A3.

Top of the Tower
Beekman Tower,
3 Mitchell Place.
Plan 13 C5.

Whiskey Blue Bar
541 Lexington Ave.
Plan 13 A4.

UPPER EAST SIDE

Brother Jimmy's BBQ
1485 2nd Ave.
Plan 17 B5.

Elaine's
1703 2nd Ave.
Plan 17 B4.

Swifty's
1007 Lexington Ave.
Plan 17 A5.

UPPER WEST SIDE

Tavern on the Green
Central Park,
W 67th St.
Plan 12 D2.

Westside Brewing Company
340 Amsterdam Ave.
Plan 15 C2.

BROOKLYN

Park Slope Ale House
356 6th Ave at 5th St.

BOUTIQUES ET MARCHÉS

Tout visiteur à New York, la capitale mondiale du shopping, est immanquablement tenté de faire ses achats dans ce paradis de la consommation. Les vitrines sont éblouissantes et la distraction assurée. Quant à l'extraordinaire diversité de marchandises, elle transforme la ville en un gigantesque grand magasin.

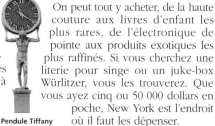

Pendule Tiffany

On peut tout y acheter, de la haute couture aux livres d'enfant les plus rares, de l'électronique de pointe aux produits exotiques les plus raffinés. Si vous cherchez une literie pour singe ou un juke-box Würlitzer, vous les trouverez. Que vous ayez cinq ou 50 000 dollars en poche, New York est l'endroit où il faut les dépenser.

BONNES AFFAIRES

À New York, vous pourrez faire des affaires sur tout. Il faut descendre dans Orchard Street et Grand Street, où les boutiques vendent des modèles de haute couture 20 à 50 % moins cher que le prix habituel, ainsi que du linge, des chaussures, des

Le magasin Henri Bendel de style 1920 *(p. 311)*

ustensiles ménagers et des appareils électroniques. Les boutiques du quartier ferment le samedi, jour du sabbat, mais pas le dimanche. Pour le prêt-à-porter, on peut aussi se rendre dans le quartier du vêtement, entre la 6e et la 8e Avenue, de la 30e à la 40e Rue. Au cœur de ce quartier, la 7e Avenue, surnommée « l'avenue de la mode » au début des années 1970, regorge de fabricants de prêt-à-porter de luxe, qui ouvrent souvent leurs salons au public en proposant des soldes intéressants, annoncés par des affiches dans le quartier. La meilleure époque pour y aller est celle qui précède les fêtes de cadeaux. Consultez aussi les soldes en ligne sur www.topbutton.com.

SOLDES

Sale (en solde) est un mot que l'on peut lire toute l'année dans toute la ville.

Regardez toujours les articles en solde avant d'acheter au prix fort.

Les véritables soldes à New york ont lieu généralement dès juin et jusqu'à la fin du mois de juillet et du 26 décembre au mois de février. Ils sont annoncés dans les journaux locaux. Le long de la 5e Avenue, à Midtown, beaucoup de magasins affichent « Lost Our Lease » (changement de bail, fermeture définitive). Évitez-les, car ils sont là depuis toujours. En revanche, les panneaux « Sample Sales » (vente d'échantillons) annoncent une vente au public des échantillons que les grands couturiers montrent aux acheteurs des magasins. Ces ventes se déroulent sans publicité dans différents lieux de la ville. Le mieux est donc de guetter les pancartes, en particulier sur la 5e Avenue et sur Broadway.

L'entrée de Bulgari dans l'hôtel Pierre *(p. 289)*

PAIEMENT

On peut généralement payer par carte de crédit, même les petites sommes. Il vous faudra présenter une pièce d'identité pour vos chèques de voyage. Les chèques bancaires en devise étrangère sont refusés. Certains magasins n'acceptent que les espèces, surtout pendant les soldes.

HEURES D'OUVERTURE

La plupart des boutiques ouvrent de 10 h à 18 h, du lundi au samedi. De nombreux grands magasins sont ouverts le dimanche et parfois en nocturne. Les heures d'affluence sont de 12 h à 14 h 30, le samedi, pendant les soldes et les vacances.

Robe de couturier en solde

TAXES

La taxe municipale de New York est de 8,625 % sauf pendant une semaine par an lors de laquelle les vêtements et les chaussures de moins de 110 $ en sont exempts.
Si vos achats sont envoyés directement chez vous, vous n'aurez pas à vous acquitter de cette taxe.

VISITES ORGANISÉES

Si vous avez peur de vous aventurer seul(e) dans New York, vous pouvez participer à des visites organisées. Elles incluent de nombreux grands magasins et, si vous le désirez, les salons de prêt-à-porter, les salles de ventes ou les défilés de mode. Quelques agences de voyage organisent des visites individuelles avec ou sans guide.

Vitrines de Bloomingdale's *(p. 181)*

GRANDS MAGASINS ET CENTRES COMMERCIAUX

La plupart des grands magasins de Manhattan sont situés à Midtown. Prévoyez assez de temps pour les explorer car ils sont gigantesques. Évitez si possible les périodes d'affluence – week-ends et vacances. Les prix sont souvent élevés, mais les soldes sont intéressants.
Saks Fifth Avenue, Bloomingdale's et Macy's proposent toutes sortes de services, y compris de faire vos achats à votre place.
Shops at Columbus Circle, dans le Time Warner Center, est l'un des plus grands centres commerciaux de Manhattan. On y trouve Williams-Sonoma, Coach et Hugo Boss.

Barney's New York et ses marques de créateurs ciblent les jeunes cadres supérieurs.
Le luxueux, élégant et discret **Bergdorf Goodman** préfère les créateurs européens, tout aussi coûteux. Le magasin homme est situé en face.
Aucune visite de New York ne serait complète sans un tour chez **Bloomingdale's** *(p. 181)*... C'est la star des grands magasins. Avec ses étalages tape-à-l'œil et ses articles accrocheurs, son athmosphère est celle d'un lieu merveilleux rempli de New-Yorkais à la recherche des nouvelles modes. Les rayons linge de maison et porcelaine sont très réputés pour leur qualité. On y trouve aussi des produits alimentaires de luxe – une de ses boutiques ne propose que du caviar. Un excellent restaurant, le *Train Bleu*, offre une vue sur Queensboro Bridge. Le Bloomingdale's de SoHo, sur Broadway, fait de même étalage de luxe que la maison mère, en modèle réduit.
Henri Bendel propose aux femmes une mode novatrice et originale. Le magasin se compose d'une série de boutiques style années 1920 dans lesquelles chaque objet, des bijoux Art déco aux chaussures sur mesure, est magnifiquement mis en valeur.
Lord & Taylor, apprécié pour son style très classique de vêtements pour hommes et femmes, s'appuie surtout sur des modèles de créateurs américains. Il faut des chaussures confortables et du temps pour explorer ce lieu.
Macy's s'est autoproclamé le plus grand des grands magasins du monde *(p. 134-135)*. On y vend tout, sur dix étages, de l'ouvre-boîtes aux antiquités.
Saks Fifth Avenue symbolise le style et l'élégance. Il est considéré depuis toujours comme le grand magasin le plus chic de la ville.

Une magnifique vitrine de décoration pour la maison

ADRESSES

Barney's New York
660 Madison Ave. **Plan** 13 A3.
Tél. (212) 826-8900.

Bergdorf Goodman
754 5th Ave. **Plan** 12 F3.
Tél. (212) 753-7300.

Bloomingdale's
1000 3rd Ave. **Plan** 13 A3.
Tél. (212) 705-2000.

Bloomingdale's SoHo
504 Broadway. **Plan** 4 E4.
Tél. (212) 729-5900.

Convention Tours Unlimited
Tél. (212) 545-1160.

Doorway to Design
Tél. (212) 229-0299.

Guide Service of New York
Tél. (212) 408-3332.

Henri Bendel
712 5th Ave. **Plan** 12 F4.
Tél. (212) 247-1100.

Lord & Taylor
424 5th Ave. **Plan** 8 F1.
Tél. (212) 391-3344.

Macy's
151 W 34th St. **Plan** 8 E2.
Tél. (212) 695-4400.

Saks Fifth Avenue
611 5th Ave. **Plan** 12 F4.
Tél. (212) 753-4000.

Shop Gotham
Tél. (866) 795-4200.

Shops at Columbus Circle
Time Warner Center. **Plan** 12 D3.
Tél. (212) 823-6300.

Le shopping : une spécialité new-yorkaise

Chaussures sur Madison Avenue

Dans une ville où l'on peut pratiquement faire ses achats jour et nuit, imitez les New-Yorkais en explorant les boutiques des divers quartiers. Nous indiquons ici les spécialités de chaque district, leur localisation et ce qu'on y trouve. Si vous disposez de peu de temps, rendez-vous simplement dans l'un des grands magasins *(p. 319)*, ou marchez le long de la 5e Avenue en admirant les plus belles vitrines de Manhattan *(ci-contre)*. À Lower East Side, vous trouverez les prix les plus bas dans une atmosphère cosmopolite.

Greenwich Village et le Meatpacking District
Le Village propose un choix pittoresque et éclectique. Les gourmands apprécieront la diversité des traiteurs. Le Meatpacking District est le coin des boutiques branchées (p. 112-113).

SoHo
Le quartier des antiquaires, des artisans et des créateurs est délimité par la 6e Avenue, Lafayette St, Houston St et Canal St (p. 104-105). Les New-Yorkais visitent les galeries le week-end à l'heure du brunch. Chez NoLita, de l'autre côté de Broadway, la mode est encore plus branchée.

East Village et Lower East Side
Autour de St Mark's Place, vous trouverez des chaussures et une mode avant-gardiste (p. 118-119). Il est devenu difficile de marchander sur Lower East Side, mais il y a plus d'adresses branchées (p. 94-95).

Chelsea et le quartier du vêtement

Greenwich Village

SoHo et TriBeCa

East Village

Lower Manhattan

Seaport et le Civic Center

Lower East Side

South Street Seaport
Paradis des cadeaux, jouets, souvenirs, livres, objets artisanaux neufs ou anciens, mais souvent sur le thème de la mer (p. 82-83).

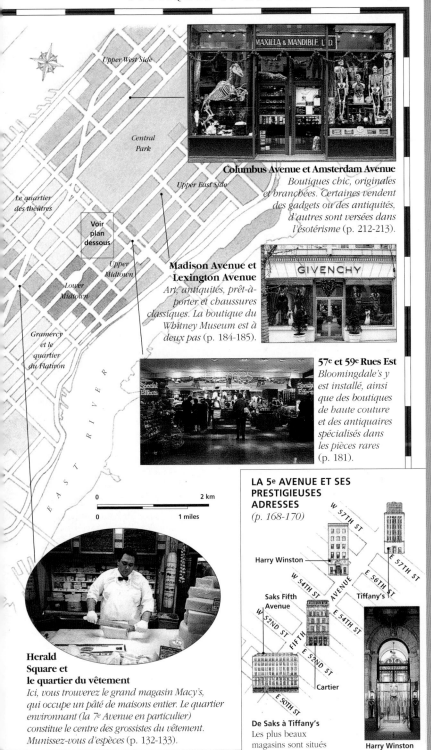

Upper West Side

Central Park

Upper East Side

Le quartier des théâtres

Voir plan dessous

Upper Midtown

Lower Midtown

Gramercy et le quartier du Flatiron

EAST RIVER

Columbus Avenue et Amsterdam Avenue
Boutiques chic, originales et branchées. Certaines vendent des gadgets ou des antiquités, d'autres sont versées dans l'ésotérisme (p. 212-213).

Madison Avenue et Lexington Avenue
Art, antiquités, prêt-à-porter et chaussures classiques. La boutique du Whitney Museum est à deux pas (p. 184-185).

57e et 59e Rues Est
Bloomingdale's y est installé, ainsi que des boutiques de haute couture et des antiquaires spécialisés dans les pièces rares (p. 181).

0   2 km
0   1 miles

LA 5e AVENUE ET SES PRESTIGIEUSES ADRESSES
(p. 168-170)

W 57TH ST
Harry Winston
E 57TH ST
E 56TH ST
W 54TH ST
AVENUE
Tiffany's
Saks Fifth Avenue
E 54TH ST
W 52ND ST
FIFTH
E 52ND ST
Cartier
E 50TH ST

De Saks à Tiffany's
Les plus beaux magasins sont situés sur la célèbre 5e Avenue.

Harry Winston
(p. 328)

Herald Square et le quartier du vêtement
Ici, vous trouverez le grand magasin Macy's, qui occupe un pâté de maisons entier. Le quartier environnant (la 7e Avenue en particulier) constitue le centre des grossistes du vêtement. Munissez-vous d'espèces (p. 132-133).

Les curiosités de New York

À New York, chaque boutique attire une clientèle spécifique, qu'on y vende des papillons, des objets en os, des trésors tibétains ou des broderies irlandaises. Il y en a des milliers, partout, et toutes différentes les unes des autres : une rue banale peut cacher une véritable caverne d'Ali Baba. C'est bien ce qui rend si passionnant et si excitant le shopping new-yorkais.

BOUTIQUES SPÉCIALISÉES

Les amateurs d'échecs iront voir les merveilleux échiquiers du **Chess Shop** – certains en cuivre, en onyx, d'autres en étain, etc. Quant aux amateurs de stylos, ils trouveront leur bonheur chez **Arthur Brown & Bros** (on y vend, notamment, les marques Mont Blanc et Schaeffer). Pour les courageux, **Blades Board & Skate** vend et loue des patins et des planches à roulettes avec tout l'équipement nécessaire : casque, genouillères, gants…

Si les boutons vous passionnent, allez fouiner chez **Tender Buttons.** Vous y trouverez les plus extraordinaires parmi un stock de plusieurs millions de pièces : de fabrication indienne, en argent navajo, en émail ou en bois. Ils sont même vendus montés en boutons de manchettes ou en boucles d'oreilles.

Trash & Vaudeville fournit les amateurs de looks punk et gothique.

Pour les collectionneurs avertis, **Leo Kaplan Ltd.** offre de magnifiques presse-papiers, et **Rita Ford's Music Boxes** d'extraordinaires boîtes à musique dans une étonnante boutique de style rococo.

Les admirateurs des pompiers se rendront au **New York Firefighter's Friend** pour garnir leur collection de camions miniatures, de vestes et de badges. On y vend aussi des dalmatiens en peluche, mascottes des pompiers new-yorkais.

Quark Spy propose toute une gamme de produits de protection : du kit de survie aux caméras miniatures.

Pour les romantiques, tout ce qui se vend au **Only Hearts** prend la forme d'un cœur : les oreillers, les savons ou les bijoux. Tout le matériel d'art dont vous pouvez avoir besoin se trouve chez **Pearl Paint Co. Forbidden Planet** est un gigantesque magasin où l'on peut trouver tout ce qui a trait à la science-fiction, des bandes dessinées aux modèles réduits.

La plus ancienne pharmacie de la ville, **Caswell-Massey Ltd.**, vend encore l'eau de Cologne qui était préparée spécialement pour George Washington et le savon officiel de la Maison-Blanche à l'époque d'Eisenhower.

Rudy's, Manny's ou Sam Ash's attirent tous les guitaristes. Ce sont les fournisseurs des stars et ils fabriquent les meilleurs instruments de la ville. Un jour de chance, vous y rencontrerez peut-être Eric Clapton ou Lou Reed qui sont depuis toujours leurs fidèles clients.

Les bibliophiles prendront le temps de découvrir la gamme étendue de cadeaux et de papeterie proposée par **New York Public Library Shop** (p. 146) et **Morgan Library Shop** (p. 164-165).

Les accessoires vendus par le **Yale Club** ou le **Princeton Club** portent tous le logo et les couleurs de l'université qu'ils représentent.

Weisburg Religious Articles commercialise l'un des plus importants choix d'objets du culte israélite.

The Cathedral Shop de Cathedral of St John the Divine est un marché religieux artisanal chrétien qui propose aussi des bijoux.

SOUVENIRS

Le **Metropolitan Opera Shop** propose aux mélomanes, en plus des cartes postales et autres souvenirs à la gloire de l'opéra, disques, livrets ou jumelles de théâtre. Les fans de théâtre dégoteront aussi bien des textes, que des partitions de chant, ou encore des CD au **One Shubert Alley.** Pour les photographies de plateau de films anciens et les posters d'époque, rendez-vous au **Jerry Ohlinger's Movie Material Store.**

Le **Carnegie Hall Shop** propose jeux, T-shirts et sacs sur le thème de la musique. Pour vous procurer des objets typiquement américains, visitez **Lost City Arts** et **Urban Archeology ;** vous y découvrirez des reliques parmi lesquelles des dînettes de poupées Barbie ou des vieilles enseignes de salons de coiffure.

JOUETS, JEUX ET GADGETS

Pour un cadeau à un enfant, ne ratez pas le légendaire **FAO Schwarz.** Ce gigantesque magasin regorge de voitures miniatures, d'animaux en peluche et de tous les jouets électroniques imaginables. Attention, il y a foule juste avant Noël.

Le **Children's General Store** propose un grand choix de jeux éducatifs. Une visite au **American Girl Place**, un magasin de poupées, fera le bonheur des petites filles : on y trouve aussi un studio de photos et un coiffeur.

Penny Whistle Toys offre une vaste sélection de jeux, jouets et poupées.

Les amateurs de trains électriques se doivent de visiter **Red Caboose.**

La célèbre enseigne **Toys 'R' Us** occupe trois étages dans un immeuble de Broadway ; c'est le plus grand magasin de jouets du monde.

Chez **Dinosaur Hill**, dans la 2e Avenue, vous trouverez poupées, jouets et mobiles faits main, ainsi que de superbes vêtements d'enfants. Les prix sont justifiés.

Depuis 1848, **Hammacher Schlemmer** vend des gadgets pour la maison, le bureau ou pour s'amuser, à des acheteurs qui ignoraient qu'ils en avait besoin !

Avec ses personnages tout droits sortis de B.D. et ses souvenirs, le pittoresque **Kidrobot** de SoHo attire aussi bien les enfants que les collectionneurs.

BOUTIQUES DE MUSÉES

On déniche souvent les meilleurs souvenirs de la ville dans les boutiques de musées. En plus des livres, affiches et cartes postales habituelles, elles vendent des reproductions des œuvres exposées, y compris bijoux et sculptures.

Le **Museum of Arts and Design** (p. 171) dispose d'une belle collection d'objets artisanaux américains et vend également des réalisations originales. Outre des modèles réduits de dinosaures, des animaux en plastique, des minéraux et des pierres, l'**American Museum of Natural History** (p. 216-217)

propose divers produits écologiques ou recyclés, posters, sacs ou T-shirts sur lesquels sont imprimés des slogans pour la protection de la nature, ainsi que toutes sortes d'objets artisanaux. Sa section enfants est riche en coquillages et jouets scientifiques.

L'**Asia Society Bookstore and Gift Shop** (p. 187) possède une étonnante collection de livres, d'affiches, de jouets et de bijoux orientaux. Le musée **Cooper-Hewitt** (p. 186) vend des objets au design contemporain. Tous les objets de culte israélite, coupes, livres ou bijoux sont présentés dans la petite boutique du **Jewish Museum** (p. 186).

Les plus belles reproductions de tableaux célèbres sont celles de la boutique cadeaux du **Metropolitan Museum of Art** (p. 190-197).

Jouets en bois, couettes et autres objets réalisés par des artisans sont en vente à l'**American Folk Art Museum** (p. 171).

Le **Museum of the City of New York** (p. 199) s'est

spécialisé dans les photographies anciennes de la ville, ainsi que dans les livres, les gravures et les affiches rares, tandis que le **Museum of Modern Art/ MoMA Design Store** (p. 172-175) expose un choix remarquable d'objets, jouets et ustensiles de cuisine inspirés par des créateurs tels Frank Lloyd Wright et Le Corbusier. Les collections de bijoux, accessoires, affiches et gravures, magnifiques, sont constamment mises à jour.

Pour les objets de marine, cartes ou maquettes de bateaux, visitez les boutiques du **South Street Seaport Museum** (p. 82-85). Le **Whitney Museum's Store** (p. 200-201) ne propose que des produits d'origine américaine : bijoux, jouets en bois et objets divers correspondant aux expositions en cours.

La boutique cadeaux du **Museum of Jewish Heritage** (p. 77) comprend toutes sortes de souvenirs et des documents éducatifs sur l'histoire juive. Le musée est ouvert aux visiteurs munis d'un billet.

L'ENTREPÔT DU MONDE ENTIER

Le creuset new-yorkais a engendré l'implantation de diverses cultures, nationalités ou groupes ethniques représentés par des boutiques qui vendent leurs produits traditionnels. Parmi les plus intéressantes, on relève l'**Alaska on Madison**, qui présente une importante collection d'art esquimau et la **Chinese Porcelain Company** où s'amoncellent bibelots et meubles chinois. Depuis 30 ans, **Pearl River Mart** propose toutes sortes de produits asiatiques. **Himalayan Crafts and Tours** vend peintures et tapis tibétains, et **Sweet Life,** une confiserie minuscule au charme d'antan, des sucreries du monde entier. **Things Japanese** distribue

de beaux objets artisanaux et des livres rares. **Surma**, magasin ukrainien, vend des œufs peints à la main et de la lingerie. Si vous cherchez des vanneries, des tissages et des bijoux indiens, **Common Ground** vous attend. **Astro Gem** présente de nombreux bijoux et des pierres d'Afrique et d'Asie. Non loin, Chinatown regorge d'éventaires et de boutiques bon marché qui vendent de tout : des innombrables souvenirs à la maroquinerie.

ADRESSES

Alaska on Madison
937 Madison Ave.
Plan 17 A1.
Tél. (212) 879-1782.

Astro Gems
185 Madison Ave.
Plan 9 A2.
Tél. (212) 889-9000.

Chinese Porcelain Company
475 Park Ave. **Plan** 13 A3.
Tél. (212) 838-7744.

Common Ground
55 W 16th St. **Plan** 8 F5.
Tél. (212) 989-4178.

Himalayan Crafts and Tours
2007 Broadway. **Plan** 11 C1.
Tél. (212) 787-8500.

Pearl River Mart
477 Broadway. **Plan** 4 E4.
Tél. (212) 431-4770.

Sweet Life
63 Hester St. **Plan** 5 B4.
Tél. (212) 598-0092.

Surma
11 E 7th St. **Plan** 4 F2.
Tél. (212) 477-0729.

Things Japanese
127 E 60th St. **Plan** 13 A3.
Tél. (212) 371-4661.

ADRESSES

BOUTIQUES SPÉCIALISÉES

Arthur Brown & Bros
2 W 46th St.
Plan 12 F5. **Tél.** (212) 575-5555.

Blades Board & Skate
120 W 72nd St.
Tél. (888) 552-5233.
Fait partie d'une chaîne.

Caswell-Massey
518 Lexington Ave.
Plan 13 A5.
Tél. (212) 755-2254.

The Cathedral Shop
Cathedral of
St John the Divine,
1047 Amsterdam Ave.
Plan 20 E4.
Tél. (212) 316-7540.

The Chess Shop
230 Thompson St.
Plan 4 D3.
Tél. (212) 475-9580.

Forbidden Planet
840 Broadway.
Plan 4 E1.
Tél. (212) 473-1576

Leo Kaplan
114 E 57th St.
Plan B A3.
Tél. (212) 355-7212.

Morgan Library Shop
Madison Ave at 36th St.
Plan 9 A2.
Tél.(212) 685-0008.

New York Firefighter's Friend
263 Lafayette St.
Plan 4 F3.
Tél. (212) 226-3142.

New York Public Library Shop
5th Ave at 42nd St.
Plan 8 F1.
Tél. (212) 930-0869.

Only Hearts
386 Columbus Ave.
Plan 15 D5.
Tél. (212) 724-5608.

Pearl Paint Co.
308 Canal St.
Plan 4 E5.
Tél. (212) 431-7932.

The Princeton Club
15 W 43rd St.
Plan 8 F1.
Tél. (212) 596-1200.

Quark Spy
240 E 29th St.
Plan 9 B3.
Tél. (212) 683 9100.

Rita Ford's Music Boxes
19 E 65th St.
Plan 12 F2.
Tél. (212) 535-6717.

Rudy's
169 W 48th St.
Plan 12 E5.
Tél. (212) 391-1699.

Tender Buttons
143 E 62nd St.
Plan 13 A2.
Tél. (212) 758-7004.

Trash & Vaudeville
4 St. Mark's Pl. **Plan** 5 A4.
Tél. (212) 983-3590.

Weisburg Religious Articles
45 Essex St.
Plan 5 B4.
Tél. (212) 674-1770.

The Yale Club
50 Vanderbilt Ave.
Plan 13 A5.
Tél. (212) 661-2070.

SOUVENIRS

Carnegie Hall Shop
881 7th Ave. **Plan** 12 E3.
Tél. (212) 903-9610.

Jerry Ohlinger's Movie Material Store
253 W 35th St. **Plan** 8 D2.
Tél. (212) 989-0869.

Lost City Arts
18 Cooper Square.
Plan 4 F2.
Tél. (212) 375-0500.

Metropolitan Opera Shop
Metropolitan Opera House, Lincoln Center,
136 W 65th St.
Plan 11 C2.
Tél. (212) 580-4090.

One Shubert Alley
1 Shubert Alley.
Plan 12 E5.
Tél. (212) 944-4133.

Urban Archaeology
143 Franklin St.
Plan 4 D5.
Tél. (212) 431-4646.

JOUETS, JEUX, ET GADGETS

American Girl Place
609 5th Ave.
Plan 12 F5.
Tél. (877) 247-5223.

The Children's General Store
Grand Central Station.
Plan 9 A1.
Tél. (212) 682-0004.

Dinosaur Hill
306 E 9th St,
2nd Ave.
Plan 4 F1.
Tél. (212) 473-5850.

FAO Schwarz
767 5th Ave.
Plan 12 F3.
Tél. (212) 644-9400.

Hammacher Schlemmer
147 E 57th St.
Plan 13 A3.
Tél. (212) 421-9000.
Deux magasins.

Kidrobot
126 Prince St.
Plan 4 E30.
Tél. (212) 966-6688.

Penny Whistle Toys
448 Columbus Ave.
Plan 16 D4.
Tél. (212) 873-9090.
Fait partie d'une chaîne.

Red Caboose
23 W 45th St.
Plan 12 F5.
Tél. (212) 575-0155.

Toys 'R' Us
1514 Broadway,
Times Square.
Plan 8 E2.
Tél. (646) 366-8800.

BOUTIQUES DE MUSÉE.

American Folk Art Museum
45 W 53rd St.
Plan 12 F4.
Tél. (212) 265-1040.

American Museum of Natural History
W 79th St at
Central Park W.
Plan 16 D5.
Tél. (212) 769-5100.

Asia Society Bookstore and Gift Shop
725 Park Ave.
Plan 13 A1.
Tél. (212) 288-6400.

Cooper-Hewitt
2 E 91st St.
Plan 16 F2.
Tél. (212) 849-8400.

Jewish Museum
1109 5th Ave.
Plan 16 F2.
Tél. (212) 423-3200.

Metropolitan Museum of Art
5th Ave at 82nd St.
Plan 16 F4.
Tél. (212) 535-7710.

Museum of Arts & Design
40 W 53rd St.
Plan 12 F4.
Tél. (212) 956-3535

Museum of the City of New York
5th Ave at 103rd St.
Plan 21 C5.
Tél. (212) 534-1672.

Museum of Jewish Heritage
18 1st Place,
Battery Park City.
Plan 1 B4.
Tél. (646) 437-4200.

Museum of Modern Art/MoMA Design Store
44 W 53rd St.
Plan 12 F4.
Tél. (212) 767-1050.

South Street Seaport Museum Shops
12 Fulton St.
Plan 2 D2.
Tél. (212) 748-8600.

The Whitney Museum's Store Next Door
943 Madison Ave.
Plan 13 A1.
Tél. (212) 570-3676.

La mode

Que vous cherchiez la bonne affaire, des fripes rétro ou une robe de bal à faire pâlir Ivana Trump, vous serez satisfait(e). New York est le centre de la mode aux États-Unis et un foyer de création et confection. La diversité de ses boutiques, comme celle de ses restaurants, reflète les styles et cultures des différents quartiers. Pour gagner du temps, mieux vaut explorer une zone à la fois. Pour avoir une vue d'ensemble de la mode fabriquée et vendue à New York, n'hésitez pas à visiter un grand magasin.

COUTURIERS AMÉRICAINS

La majorité des stylistes américains vendent leurs créations dans les grands magasins, même si quelques-uns préfèrent s'en tenir à leurs propres boutiques. L'un des plus célèbres, **Michael Kors**, est connu pour ses tenues à la fois sophistiquées, classiques et confortables.

L'humour allié à l'audace des couleurs et des formes ont fait de **Bill Blass** le roi de la mode américaine.

Les modèles de **Liz Claiborne** plaisent au grand public grâce à leur élégance simple et leurs prix raisonnables.

Marc Jacobs, réputé pour son style sportswear, possède sa propre marque et une boutique à Greenwich Village.

James Galanos reste le créateur exclusif d'une élite, tandis que les amateurs de fête et de vêtements moulants trouveront leur bonheur chez **Betsey Johnson**.

Donna Karan est devenue très connue. En dix ans, ses vêtements simples et stylés sont en vente partout.

Calvin Klein a depuis longtemps son nom parmi les grands stylistes. La marque est renommé pour le confort, la sensualité et la bonne coupe de ses collections très à la mode.

Ralph Lauren a la réputation de créer des vêtements aristocratiques et chers, prisés par une clientèle bon chic bon genre.

John Vass se spécialise dans les tricots aux séduisantes couleurs à prix modérés.

SOLDES DE COUTURIERS

Si vous cherchez des grandes marques au rabais, pensez à **Designer Resale**, **Encore** et **Michael's**. On y trouve, entre autres, des modèles d'Oscar De La Renta, d'Ungaro ou d'Armani. Les vêtements sont en très bon état, la plupart n'ayant jamais été portés.

Century 21, le magasin discount qui a récemment rouvert, propose des vêtements de créateurs américains et européens à 25 % de leur prix habituel. **Filene's Basement**, l'un des grands magasins à prix discount les plus anciens de la ville, vend vêtements, chaussures et accessoires à des prix très bas. Enfin, **Loehmann's** est le roi du rabais et propose la dernière mode à des prix imbattables.

VÊTEMENTS POUR HOMMES

Deux des meilleures boutiques pour hommes sont **Brooks Brothers** et **Paul Stuart**, que vous trouverez dans le centre de Midtown. La première doit son renom à ses vêtements aux coupes à la fois strictes et traditionnels. Elle présente aussi une collection très classique de vêtements pour dames. La seconde, très fière de son style *British*, propose des ensembles et des complets parfaitement ajustés.

Dans le grand magasin **Bergdorf Goodman Men**, on trouve de superbes chemises Turnbull & Asser et des costumes de Gianfranco Ferré ou encore Hugo Boss.

Barney's New York déploie la gamme la plus étendue de vêtements pour hommes aux États-Unis.

The Custom Shop Shirtmakers se spécialise dans les costumes sur mesure et les chemises de belles étoffes. Allez chez **Burberry** pour les imperméables classiques anglais.

J. Press est surtout connu pour ses vêtements classiques mais élégants, tandis que **John Varvatos** est réputé pour son style décontracté et luxueux, qui ne néglige aucun détail.

Beau Brummel satisfera votre nostalgie de l'élégance européenne. Les couleurs vives et les tissus raffinés de la boutique **Thomas Pink** ont déjà séduit plus d'une star. Le nouveau magasin **Hickey Freeman**, sur la 5e Avenue, offre toute une gamme de vêtements classiques pour hommes.

Beaucoup de magasins pour hommes ont également un rayon pour femmes.

VÊTEMENTS POUR ENFANTS

Outre les rayons très fournis des grands magasins, New York regorge aussi de boutiques spécialisées dans la mode enfantine.

Si le charme français vous manque, passez chez **Bonpoint**.

Gap Kids et **Baby Gap Shops** (au sein des magasins **The Gap**) parient sur le confort et le style : salopettes en coton, caleçons, sweaters et vestes en denim.

L'actrice Phoebe Cates a ouvert la très branchée boutique **Blue Tree**.

De son côté, **Space Kiddets** vend aussi bien des biberons et des chaussons que des habits de *cow-boy* ou de *cow-girl*.

VÊTEMENTS POUR FEMMES

La tendance américaine est plus de marquer la réussite sociale que de lancer le dernier cri, d'où l'intérêt porté avant tout à la griffe du créateur. Les boutiques chic de New York sont regroupées dans le centre-ville autour de Madison et de la 5e Avenue, mais aussi dans les principaux grands magasins (p. 319) qui vendent les collections de créateurs américains comme Donna Karan, Ralph Lauren et Bill Blass.

Des marques de renommée internationale comme **Chanel, Fendi** et **Valentino** y ont également des boutiques, ainsi que l'Américain **Michael Kors. Ann Taylor** est le magasin de prêt-à-porter le plus populaire auprès des jeunes carriéristes en mal de vêtements élégants et confortables.

Au centre du quartier, Trump Tower, rutilante de marbre rose, abrite des boutiques de luxe.

Sur Madison Avenue, les vitrines des créateurs les plus sophistiqués se suivent : **Givenchy** vend de magnifiques robes à des prix astronomiques à deux pas des classiques de Valentino. **Emmanuel Ungaro** présente une gamme très variée de vêtements et de prix, depuis ses vestes impeccablement coupées à ses robes aux imprimés audacieux. Allez admirer les pulls de **Missoni** et les robes du soir d'**Yves Saint Laurent Rive Gauche**.

La mode italienne est également représentée par **Giorgio Armani** et **Gianni Versace. Dolce & Gabana** ne vend que des vêtements italiens d'exception. S'habiller chez **Gucci** indique à coup sûr aisance et position sociale établie.

Dans Upper West Side, la boutique **Betsey Johnson** présente des modèles originaux ; **Calvin Klein** a désormais un magasin dans East Side spécialisé dans la mode décontractée du dernier cri.

Au bureau comme à la ville, **French Connection** marie élégance et décontraction. **Scoop** est *la* boutique pour se procurer une petite robe noire.

Les « Villages » – East Village en particulier – sont le paradis des fouineurs de fripes et de tenues rock des années 1950. Y fleurissent aussi les boutiques de jeunes créateurs ainsi que les modèles des étudiants en stylisme.

Chez **APC** vous aurez un grand choix de vêtements à prix raisonnables, bien coupés, classiques ou décontractés. Abondance de Levi's d'occasion, de denims et de vestes de cuir au **Cheap Jack's**.

Big Drop possède une grande sélection de petites robes noires très bien coupées.

Vous dénicherez les pantalons pattes d'éléphant et les bottes à semelles compensées de vos rêves chez **Screaming Mimi's**. Dans un registre plus grand public, la chaîne **Gap** distribue des vêtements d'hommes, de femmes et d'enfants, tendance et confortables, à des prix corrects.

Depuis quelque temps, les boutiques de créateurs implantées dans SoHo font concurrence à celles de Madison Avenue, avec des vêtements sans doute plus avant-gardistes que leurs aînées. Parmi elles, **Kirna Zabête** est le temple de la mode branchée, fantaisiste et pop. Rendez-vous aussi chez **Yohji Yamamoto**, dans le genre ésotérique, et **Comme des Garçons**, plus minimaliste. Ces deux enseignes appréciées des Américains sont les porte-drapeaux de la mode japonaise chic.

Cynthia Rowley est une créatrice de premier ordre à New York qui vend des vêtements sexy et branchés pour femmes. **What Comes Around Goes Around** est l'endroit idéal pour trouver un jeans d'occasion, un *vintage* branché et unique.

TABLE DE CONVERSION

Pour les tailles suisses ou belges, suivre les conversions françaises.

Vêtements d'enfants

Américaine	2-3	4-5	6-6X	7-8	10 12	14	16 (taille)
Anglaise	2-3	4-5	6-7	8-9	10-11	12	14+ (âge)
Française	2-3	4-5	6-7	8-9	10-11	12	14+ (âge)

Chaussures d'enfants

Américaine	7½	8½	9½	10½	11½	12½	13½	1½	2½
Anglaise	7	8	9	10	11	12	13	1	2
Française	24	25½	27	28	29	30	32	33	34

Robes, manteaux et jupes de femmes

Américaine	4	6	8	10	12	14	16	18
Anglaise	6	8	10	12	14	16	18	20
Française	38	40	42	44	46	48	50	52

Chemisiers et pulls de femmes

Américaine	6	8	10	12	14	16	18
Anglaise	30	32	34	36	38	40	42
Française	40	42	44	46	48	50	52

Chaussures de femmes

Américaine	5	6	7	8	9	10	11
Anglaise	3	4	5	6	7	8	9
Française	36	37	38	39	40	41	44

Costumes d'hommes

Américaine	34	36	38	40	42	44	46	48
Anglaise	34	36	38	40	42	44	46	48
Française	44	46	48	50	52	54	56	58

Chemises d'hommes

Américaine	14	15	15½	16	16½	17	17½	18
Anglaise	14	15	15½	16	16½	17	17½	18
Française	36	38	39	41	42	43	44	45

Chaussures d'hommes

Américaine	7	7½	8	8½	9½	10½	11	11½
Anglaise	6	7	7½	8	9	10	11	12
Française	39	40	41	42	43	44	45	46

ADRESSES

SOLDES DE COUTURIERS

Century 21 Department Store
22 Cortland St.
Plan 1 C2.
Tél. (212) 227-9092.

Designer Resale
324 E 81st St.
Plan 17 B4.
Tél. (212) 734-3639.

Encore
1132 Madison Ave.
Plan 17 A4.
Tél. (212) 879-2850.

Filene's Basement
4 Union Square South.
Plan 9 A5.
Tél. (212) 358-0169.
Fait partie d'une chaîne.

Loehmann's
101 7th Ave. **Plan** 8 E1.
Tél. (212) 352-0856.

Michael's
1041 Madison Ave.
Plan 17 A5.
Tél. (212) 737-7273.

VÊTEMENTS D'HOMMES

Barney's New York
660 Madison Ave.
Plan 13 A3.
Tél. (212) 826-8900.

Beau Brummel
421 W Broadway.
Plan 4 E3.
Tél. (212) 219-2666.
Fait partie d'une chaîne.

Bergdorf Goodman Men
754 5th Ave.
Plan 12 F3.
Tél. (212) 753-7300.

Brooks Brothers
346 Madison Ave.
Plan 9 A1.
Tél. (212) 682-8800.

Burberry Limited
9 E 57th St.
Plan 12 F3.
Tél. (212) 757-3700.

The Custom Shop Shirtmakers
618 5th Ave.
Plan 12 F4.
Tél. (212) 245-2499.
Fait partie d'une chaîne.

Hickey Freeman
666 5th Ave.
Plan 12 F4.
Tél. (212) 586-6481.

J. Press
7 E 44th St. **Plan** 12 F5.
Tél. (212) 687-7642.

John Varvatos
149 Mercer St.
Plan 4 E3.
Tél. (212) 965-0700.

Paul Stuart
350 Madison Ave.
Plan 13 A5.
Tél. (212) 682-0320.

Polo/Ralph Lauren
Madison Ave et 72nd St.
Plan 13 A1.
Tél. (212) 606-2100.

Thomas Pink
520 Madison Ave.
Plan 13 A4.
Tél. (212) 838-1928.

VÊTEMENTS D'ENFANTS

Blue Tree
1283 Madison Ave.
Plan 17 A2.
Tél. (212) 369-2583.

Bonpoint
1269 Madison Ave.
Plan 17 A3.
Tél. (212) 722-7720.

GapKids
60 W 34th St.
Plan 8 F2.
Tél. (212) 760-1268.
Fait partie d'une chaîne.

Space Kiddets
46 E 21st St.
Plan 8 F4.
Tél. (212) 420-9878.

VÊTEMENTS DE FEMMES

Ann Taylor
645 Madison Ave.
Plan 13 A3.
Tél. (212) 832-2010.
Fait partie d'une chaîne.

APC
131 Mercer St.
Plan 4 E3.
Tél. (212) 966-9685.

Betsey Johnson
248 Columbus Ave.
Plan 16 D4.
Tél. (212) 362-3364.
Fait partie d'une chaîne.

Big Drop
174 Spring St.
Plan 3 C4.
Tél. (212) 966-4299.

Calvin Klein
654 Madison Ave.
Plan 13 A3.
Tél. (212) 292-9000.

Chanel
15 E 57th St.
Plan 12 F3.
Tél. (212) 355-5050.

Cheap Jack's
841 Broadway.
Plan 4 E1.
Tél. (212) 777-9564.

Comme des Garçons
520 W 22nd St.
Plan 8 F3.
Tél. (212) 604-9200.

Cynthia Rowley
376 Bleecker St.
Plan 3 C2.
Tél. (212) 242-3803.

Dolce & Gabbana
434 W Broadway.
Plan 4 E3.
Tél. (212) 242-3803.

Emmanuel Ungaro
792 Madison Ave.
Plan 13 A2.
Tél. (212) 249-4090.

French Connection
700 Broadway.
Plan 4 E2.
Tél. (212) 473-4486.
Fait partie d'une chaîne.

Gap
250 W 57th St.
Plan 12 D3.
Tél. (212) 315-2250.
Fait partie d'une chaîne.

Gianni Versace
647 5th Ave.
Plan 12 F4.
Tél. (212) 317-0224.

Giorgio Armani
760 Madison Ave.
Plan 13 A2.
Tél. (212) 988-9191.

Givenchy
710 Madison Ave.
Plan 13 A1.
Tél. (212) 688-4005.

Kirna Zabête
96 Greene St.
Plan 4 E4.
Tél. (212) 941-9656.

Gucci
685 5th Ave.
Plan 12 F4.
Tél. (212) 826-2600.

Michael Kors
974 Madison Ave.
Plan 17 A5.
Tél. (212) 452-4685.

Missoni
1009 Madison Ave.
Plan 13 A1.
Tél. (212) 517-9339.

Saks Fifth Avenue
611 5th Ave.
Plan 12 F4.
Tél. (212) 753-4000.

Scoop
532 Broadway
(près de Spring St).
Plan 4 E4.
Tél. (212) 925-2886.
Deux magasins.

Screaming Mimi's
382 Lafayette St.
Plan 4 F2.
Tél. (212) 677-6464.

Valentino
747 Madison Ave.
Plan 13 A2.
Tél. (212) 772-6969.

What Comes Around Goes Around
351 W Broadway.
Plan 4 E4.
Tél. (212) 343-9303.

Yohji Yamamoto
103 Grand St.
Plan 4 E4.
Tél. (212) 966-9066.

Yves Saint Laurent Rive Gauche
855 Madison Ave.
Plan 13 A1.
Tél. (212) 517-7400.

Les accessoires

Tous les divers accessoires comme les chapeaux,
gants, sacs à main, bijoux, montres ou encore foulards,
sont vendus dans les boutiques indiquées ci-dessous
ainsi que dans les grands magasins.

BIJOUX

Les plus belles boutiques
bordent la 5e Avenue. De
jour, les grandes vitrines
étincellent grâce aux pierres
précieuses venues du monde
entier, mais la nuit, elles
sont vides, les joyaux
étant soigneusement mis
sous clef. **Harry Winston**
expose des bijoux fabriqués
dans le monde entier et
Buccellati est fort apprécié
pour ses créations italiennes
d'une remarquable maîtrise
artisanale. L'immense
collection de **Bulgari**
couvre une fourchette
de prix allant de quelques
centaines à plus d'un
million de dollars.

La boutique **Cartier,**
réplique d'un palais
Renaissance, est elle-même
un joyau ; les prix de ses
bijoux atteignent des sommes
faramineuses. Les dix étages
de **Tiffany & Co.** étincellent
de diamants, cristaux et
autres merveilles.

Le Diamond Row, sur
la 47e Rue entre la 5e
et la 6e Avenues, consiste
en une suite de boutiques
où miroitent des milliers de
diamants, perles et pierres
précieuses du monde entier.
Ne manquez pas de voir
le **Jewelry Exchange,** un
centre dans lequel soixante
artisans vendent directement
leurs joailleries au chaland
dans un vacarme de
marchandages ; soyez
prêt à jouer le jeu.

CHAPEAUX

Worth & Worth est le plus
ancien chapelier de la ville.
On y trouve tout, du chapeau
de brousse australien au
haut-de-forme, en passant
par les créations les plus
romantiques, magiques et
vaporeuses. **Suzanne Millinery**
confectionne les chapeaux
des stars telles que Whoopi
Goldberg et Ivana Trump.

Lids vend des douzaines
de modèles de casquettes
de baseball.

PARAPLUIES

À la première averse, les
marchands ambulants de
parapluies semblent pousser
comme des champignons
dans les rues de New York,
mais leurs articles très bon
marché sont le plus souvent
de mauvaise qualité. Pour
en acheter de solides,
rendez-vous chez **Worth
& Worth** qui propose
des marques londoniennes
(Briggs, entre autres).
Barney's New York propose
des modèles branchés ou
classiques – écossais et rayés
– dans toutes les tailles.
Pour les styles traditionnels,
pensez à **Macy's** *(p. 134-135).*
Gucci vend des parapluies
que l'on peut assortir à sa
cravate. Si vous en souhaitez
un sur le thème du métro,
on en trouve au **NY Transit
Museum Store.** Pour un
parapluie de la taille de
ceux utilisés par les portiers
en noir uni, ou aux
couleurs orange et noir de
l'université, il faut vour rendre
au **Princeton Club.**

MAROQUINERIE

Deux fois par an, pendant
les périodes de soldes en
janvier et août, une
interminable queue
d'acheteurs entoure le coin
de la 48e Rue et de Madison
Avenue en attendant de
pénétrer chez **Crouch &
Fitzgerald.** C'est une vieille
institution new-yorkaise qui
propose les marques les plus
connues – Judith Leiber,
Ghurka, Cooney & Bourke
ou Louis Vuitton – ainsi que
celle de la maison. **Bottega
Veneta** et **Prada** sont des
boutiques de luxe qui
exposent leurs produits
comme des œuvres d'art :
c'est beau, c'est cher !

Chez **Furla,** l'esprit italien
domine ; le style de la
boutique **Il Bisonte** est
également remarquable.

L'indispensable du moment,
comme un sac en daim
pastel, du créateur Rafé
Totengco, peut se trouver
chez **TG-170** et chez **Big Drop.**
The Coach Store est réputé
pour ses sacs à main
américains à la forme
classique et au cuir épais.
Les serviettes rectangulaires
pour femmes de **Kate
Spade** existent dans tous
les coloris ; avec leur look
moderne, élégantes et
pratiques, elles ajoutent
une touche chic à n'importe
quelle tenue féminine. **Jack
Spade** propose les mêmes
serviettes pour les hommes.

Pour les bonnes affaires
dégriffées, allez chez **Fine
& Klein.** Une visite à l'**Altman
Luggage Company** – un *must*
– vous permettra de trouver
au milieu d'un choix
ahurissant la serviette
qui vous convient.

CHAUSSURES
ET BOTTES

Les magasins de chaussures
de Manhattan sont
renommés ; il y en a pour
toutes les bourses et tous
les styles.

Dans les grands magasins,
on trouve des marques
connues en plus de la
collection maison.
Bloomingdale's *(p. 181)*
possède un immense rayon
de chaussures pour femmes
et le personnel très accueillant
de **Brooks Brothers** fournit
les hommes en chaussures
classiques de grande qualité.

Les chausseurs les plus
élégants vous attendent
dans le centre-ville.
Ferragamo et **Botticelli**
présentent des créations
classiques et raffinées.

Pour de très belles
chaussures, mais à des prix
décents, rendez-vous à
Sigerson Morrison dans Little
Italy. Si vous aimez les bottes
de *cow-boy,* courez chez
Billy Martin's ; vous y
dénicherez des bottes en
crocodile pour quelques

milliers de dollars. Pour des bottes sur mesure, rendez-vous chez **Buffalo Chips Bootery.**

Les amateurs de chaussures de sport iront faire un tour au **Alife Rivington Club** dans le Lower East Side, qui propose quantité de modèles originaux.

East Side Kids est le magasin chic et branché des enfants tandis que **Shoofly** importe tous les styles.

La boutique **Jimmy Choo** est le temple du talon aiguille sexy et raffiné. Les magnifiques escarpins de **Manolo Blahnik** sont du dernier chic à Manhatta tout

comme les créations de **Christian Louboutin**.

Dans son grand magasin de SoHo, la célèbre marque espagnole **Camper** propose ses fameux modèles hommes et femmes confortables, amusants et colorés.

Pour des chaussures à prix discount, rendez-vous autour de la 34e Rue Ouest et la 8e Rue Ouest, entre la 5e et la 6e Avenues, et sur Orchard Street, dans Lower East Side. Chez le discounter **DSW**, les rangées de chaussures et de bottes de marque sont vendues à une fraction de leur prix. Une boutique s'est ouverte près de Battery Park.

LINGERIE

La lingerie fine importée d'Europe, sexy, élégante et chère, se trouve à **La Petite Coquette.**

Plus abordable, **Victoria's Secret** – deux étages sur la 57e Rue – propose de magnifiques ensembles en satin, soie et autres tissus délicats. Au rayon lingerie d'**Henri Bendel's**, le choix est somptueux, des modèles les plus coquins aux tenues les plus raffinées. L'italien **La Perla** mise sur la séduction et sensualité – tulle, mousseline de soie et satin.

ADRESSES

BIJOUX

Buccellati
46 E 57th Ave. **Plan** 12 F3. **Tél.** *(212) 308-2900.*

Bulgari
730 5th Ave. **Plan** 12 F3. **Tél.** *(212) 315-9000.*

Cartier
653 5th Ave. **Plan** 12 F4. **Tél.** *(212) 753-0111.*

Harry Winston
718 5th Ave. **Plan** 12 F3. **Tél.** *(212) 245-2000.*

Jewelry Exchange
15 W 47th St. **Plan** 12 F5.

Tiffany & Co.
5th Ave et 57th St. **Plan** 12 F3. **Tél.** *(212) 755-8000.*

CHAPEAUX

Lids
343 W 42nd St.
Plan 8 E1.
Tél. *(212) 575-1717.*
Fait partie d'une chaîne.

Suzanne Millinery
27 E 61 St. **Plan** 13 A3. **Tél.** *(212) 593-3232.*

Worth & Worth
45 W 57th St, 6e étage,
Suite Le02. **Plan** 12 F3.
Tél. *(212) 265-2887.*

PARAPLUIES

Barney's New York
Voir p. 319.

Gucci
Voir p. 327.

NY Transit Museum Store
Grand Central Terminal.
Plan 9 A1.
Tél. *(212) 878-0106.*

The Princeton Club
Voir p. 324.

MAROQUINERIE

Altman Luggage Company
135 Orchard St. **Plan** 5 A3.
Tél. *(212) 254-7275.*

Big Drop
Voir p. 327.

Il Bisonte
120 Sullivan St. **Plan** 4 D4.
Tél. *(212) 966-8773.*

Bottega Veneta
635 Madison Ave. **Plan** 13 A3. **Tél.** *(212) 371-5511.*

The Coach Store
595 Madison Ave. **Plan** 13 A3. **Tél.** *(212) 754-0041.*

Crouch & Fitzgerald
400 Madison Ave. **Plan** 13 A5. **Tél.** *(212) 755-5888.*

Fine & Klein
119 Orchard St. **Plan** 5 A3. **Tél.** *(212) 674-6720.*

Furla
727 Madison Ave.
Plan 13 A3.
Tél. *(212) 755-8986.*
Fait partie d'une chaîne.

Jack Spade
56 Greene St. **Plan** 4 E4.
Tél. *(212) 625-1820.*

Kate Spade
454 Broome St. **Plan** 4 E4.
Tél. *(212) 274-1991.*

Prada
45 E 57th St. **Plan** 12 F3.
Tél. *(212) 308-2332.*

TG-170
170 Ludlow St. **Plan** 5 A3.
Tél. *(212) 995-8660.*

CHAUSSURES ET BOTTES

Alife Rivington Club
158 Rivington St.
Plan 5 B3.
Tél. *(212) 375-8128.*

Billy Martin's
220 E 60th St. **Plan** 13 B3.
Tél. *(212) 861-3100.*

Botticelli
620 5th Ave. **Plan** 12 F4.
Tél. *(212) 582-6313.*

Bloomingdale's
Voir p. 319.

Brooks Brothers
Voir p. 327.

Buffalo Chips Bootery
355 W Broadway.
Plan 4 E4.
Tél. *(212) 625-8400.*

Christian Louboutin
941 Madison Ave. **Plan** 17 A5. **Tél.** *(212) 396-1884.*

Camper
125 Prince St. **Plan** 4 E3.
Tél. *(212) 358-1842.*

DSW
40 E 14th St, 2e étage. **Plan** 9 A5. **Tél.** *(212) 674-2146.*

East Side Kids
1298 Madison Ave. **Plan** 17 A2. **Tél.** *(212) 360-5000.*

Ferragamo
655 5th Ave. **Plan** 12 F3.
Tél. *(212) 759-3822.*

Jimmy Choo
645 5th Ave. **Plan** 12 F4.
Tél. *(212) 524-6600.*

Manolo Blahnik
31 W 54th St. **Plan** 12 F4.
Tél. *(212) 582-3007.*

Martinez Valero
1029 3rd Ave. **Plan** 13 B3.
Tél. *(212) 753-1822.*

Shoofly
42 Hudson St. **Plan** 1 B1.
Tél. *(212) 406-3270.*

Sigerson Morrison
28 Prince St. **Plan** 4 F3.
Tél. *(212) 219-3893.*

LINGERIE

Henri Bendel
Voir p. 319.

La Perla
93 Greene St. **Plan** 4 E3.
Tél. *(212) 219-0999.*

La Petite Coquette
51 University Place. **Plan** 4 E1. **Tél.** *(212) 473-2478.*

Victoria's Secret
34 E 57th St. **Plan** 12 F3.
Tél. *(212) 758-5592.*
Fait partie d'une chaîne.

Parfumeries, beauté des mains et des pieds et salons de coiffure

À New York, vous pouvez faire les magasins jusqu'à l'épuisement – et si vous en arrivez là, rassurez-vous, vous trouverez du réconfort (et un divin massage des pieds) à chaque coin de rue. Parfumeries, boutiques spécialisées pour les mains et les pieds et salons de coiffure ne manquent pas. Beaucoup de salons sont habitués aux agendas surchargés des New-Yorkaises et vous prendront le jour même entre tourisme et lèche-vitrine. Après une ou deux (voire trois…) séances de soins, vous serez prête à repartir dans les magasins, cette fois-ci avec les ongles faits et les cheveux bien coiffés.

PARFUMERIES

Chez **Sephora**, les rayonnages croulent sous les produits de beauté et les parfums. Heureusement, les vendeuses ne poussent pas à la consommation. **Erbe** (« herbes » en italien) est le temple des essences et des produits naturels hypo-allergéniques, à base de plantes et sans huiles minérales, ni produits animaux, ni cires, ni parfums de synthèse, ni colorants. La crème hydratante et nourrissante à la gelée royale et la crème exfoliante à l'ombilic remportent un grand succès.

Pour acheter tout ce qu'il vous faut, rendez-vous sous les hauts plafonds du **MAC Cosmetics**. Leurs poudres, en particulier la ligne Studio Fix, sont imbattables. Et si vous achetez le rouge à lèvres Viva Glam, vous serez à la fois glamour et généreuse, car les bénéfices vont au fonds de lutte contre le sida créé par MAC.

FACE Stockholm offre la promesse d'une peau satinée de Suédoise (à un prix raisonnable) : produits de soins végétaux et grand choix de coloris de rouges à lèvres et de vernis à ongles.

Depuis 1851, **Kiehl's** crée des démaquillants, des toniques, des baumes et des masques dans des emballages délibérément utilitaristes. Les ingrédients naturels parlent d'eux-mêmes.

L'écologiste **Fresh** mise sur les crèmes corporelles parfumées et les senteurs fruitées.

Sabon vend une luxueuse ligne de produits de beauté et de soin du corps 100 % naturels et délicieusement parfumés. Les nombreux savons s'achètent au poids et les ravissants paquets cadeaux sont gratuits.

Pour du maquillage de qualité à l'épreuve du temps, rendez-vous à SoHo chez **Make Up for Ever :** fonds de teint liquides, rouges à lèvres crémeux et poudres corporelles scintillantes. Chez **Origins**, faites votre choix parmi une pléthore de lotions végétales, une crème antioxydante à base de thé blanc et des crèmes corporelles aussi douces que pour une peau de bébé.

Nicky Kinnaird, la papesse anglaise de la beauté, a ouvert son premier espace Space.NK à SoHo. La boutique propose aussi des soins de beauté.

La plupart des grands magasins de New York – **Bloomingdale's, Lord & Taylor, Saks Fifth Avenue, Barney's New York** et **Macy's** – ont un grand rayon cosmétiques.

BEAUTÉ DES MAINS ET DES PIEDS

La jeune Coréenne Ji Baek a ouvert dans la quartier branché de SoHo un institut raffiné, le **Rescue Beauty Lounge**. Le succès grandissant, un second institut a ouvert ses portes. On y trouve des soins de manucure et pédicure ainsi que des lignes de maquillage.

Ne vous laissez pas rebuter par l'aspect terne d'**Eve.** Les soins des mains et des pieds y sont réputés.

Dashing Diva ne se contente pas de vous bichonner les mains et les pieds à des tarifs très accessibles (à partir de 10 \$). Pendant vos soins, on vous sert des cosmopolitans dans une ambiance festive le jeudi.

Le fin du fin reste toutefois **Sweet Lily Natural Nail Spa & Boutique :** mélange enivrant de lait chaud et d'huile d'amande pour les mains, et masque hydratant aux noix et au miel (40 \$). Le soin des mains à la lavande chaude comprend un formidable soin traitant de l'épiderme à base d'essence d'arbre à thé et d'agrumes. Le salon n'a pas oublié les petites filles et leur propose le Little Miss Mani pour se faire décorer les ongles.

SALONS DE COIFFURE

Si vous désirez changer de tête, ou juste faire quelques retouches, essayez l'un des excellents salons de coiffure de New York.

Downtown, laissez-vous relooker par les stylistes et les excellentes coloristes d'**Arrojo Studio.** Vous en sortirez aussi branché qu'eux. Faites comme les célébrités, confiez vos cheveux à Frederic Fekkai ou à l'un de ses associés du très chic **Frederic Fekkai Beaute de Provence.**

C'est ce qui se fait de mieux. À TriBeCa, le **Younghee Salon** du styliste coréen Younghee Kim, ancien de Vidal Sassoon, propose une coupe et une couleur tendance à partir de 110 \$. Les stylistes du **Rumor Salon** sont les rois des ciseaux. Coupes simples mais mode et flatteuses dans un salon sobre baigné d'une lumière chaude. **Aveda Institute** vous accueille dans un loft pour des coupes, des couleurs et des massages du cuir chevelu. Repartez avec l'un de leurs produits de beauté ou de bains végétaux. Vous pouvez aussi opter pour une coupe moins chère auprès de l'un de leurs apprentis. Pour les hommes, **La Boite a Coupe** s'occupe de nombreuses personnalités de la publicité et des médias. Le styliste franco-marocain Laurent De Louya y officie depuis 1972. **Le Salon Chinois** est le spécialiste des coupes élégantes à faire tourner les têtes. Ce salon huppé aux accents asiatiques

propose aussi des massages du cuir chevelu, de l'aromathérapie capillaire et des techniques efficaces de décrêpage. **Le TwoDo Salon** affiche un adorable décor rustique et coloré de fleurs fraîches, de murs de briques et de tableaux d'artistes locaux. La référence **Vidal Sassoon** continue de faire le plein. Dans l'élégant salon de Downtown, stylistes et coloristes confirmés – tous issus de l'exigeante formation de la marque – réalisent des coupes et des

couleurs impeccables. Le Britannique **Toni & Guy** est réputé pour ses belles coupes de qualité égale. Le salon new-yorkais forme des stylistes de tous les États-Unis et réalise les coupes les plus audacieuses. Les coloristes sont eux aussi encensés pour leurs couleurs et leurs balayages. Chez **Antonio Prieto** et **Bumble & Bumble**, la clientèle est branchée ; **John Masters Organics** préfère le raffinement et **Oscar Blandi** a choisi l'élitisme.

ADRESSES

PARFUMERIES

Erbe
196 Prince St. **Plan** 4 D3.
Tél. (212) 966-1445.

FACE Stockholm
10 Columbus Circle.
Plan 12 D3.
Tél. (212) 823-9415.
110 Prince St, SoHo.
Plan 4 E3.
Tél. (212) 966-9110.

Fresh
57 Spring St et
Lafayette St.
Plan 4 F4.
Tél. (212) 925-0099.

John Masters Organics
77 Sullivan St près
de Broome St.
Plan 4 D4.
Tél. (212) 343-9590.

Kiehl's
109 3rd Ave.
Plan 9 B5.
Tél. (212) 677-3171.

MAC Cosmetics
113 Spring St.
Plan 4 E4.
Tél. (212) 334-4641.

Make Up for Ever
409 W Broadway et
Spring St.
Plan 4 E4.
Tél. (212) 941-9337.

Origins
175 5th Ave et 23rd St.
Plan 8 F4.
Tél. (212) 677-9100.

Sabon
93 Spring St.
Plan 4 E4.
Tél. (212) 925-0742.
Fait partie d'une chaîne.

Sephora
555 Broadway.
Plan 4 E3.
Tél. (212) 625-1309.
Fait partie d'une chaîne.

Space.NK
99 Greene St
près de Spring St.
Plan 4 E4.
Tél. (212) 941-9200.

BEAUTÉ DES MAINS ET DES PIEDS

Barney's New York
660 Madison Ave.
Plan 13 A3.
Tél. (212) 826-8900.

Bloomingdale's
1000 3rd Ave.
Plan 13 B3.
Tél. (212) 705-2000.

Bloomingdale's SoHo
504 Broadway.
Plan 4 E4.
Tél. (212) 729-5900.

Dashing Diva
41 E 8th St.
Plan 4 E2.
Tél. (212) 673-9000.

Eve
400 Bleecker St.
Plan 3 C2.
Tél. (212) 807-8054.

Lord & Taylor
424 5th Ave. **Plan** 8 F1.
Tél. (212) 391-3344.

Macy's
151 W 34th St. **Plan** 8 E2.
Tél. (212) 695-4400.

Rescue Beauty Lounge
8 Centre Market Pl.
Plan 4 F4.
Tél. (212) 431-0449.
34 Gansevoort St.
Plan 3 B1.
Tél. (212) 206-6409.

Saks Fifth Avenue
611 5th Ave. **Plan** 12 F4.
Tél. (212) 753-4000.

Sweet Lily Natural Nail Spa & Boutique
222 W Broadway,
entre N Moore St et
Franklin St **Plan** 4 E5.
Tél. (212) 925-5441.

SALONS DE COIFFURE

Antonio Prieto
25 19th St, entre 5th Ave
et 6th Ave. **Plan** 8 F5.
Tél. (212) 255-3741.

Arrojo Studio
180 Varick St. **Plan** 4 D3.
Tél. (212) 242-7786.

Aveda Institute
233 Spring St.
Plan 4 D4.
Tél. (212) 807-1492.

La Boite a Coupe
18 W 55th St. **Plan** 12 F4.
Tél. (212) 246-2097.

Bumble & Bumble
415 13th St près de
9th Ave. **Plan** 3 B1.
Tél. (212) 521-6500.

Frederic Fekkai Beaute de Provence
15 E 57th St. **Plan** 12 F3.
Tél. (212) 753-9500.

Oscar Blandi
768 5th Ave et 57th St.
Plan 12 F3.
Tél. (212) 593-7930.

Rumor Salon
15 E 12th St, 2e étage.
Plan 4 E1.
Tél. (212) 414-0195.

Le Salon Chinois
44 W 55th St, 4e étage.
Entre 5th Ave et 6th Ave.
Plan 12 F4.
Tél. (212) 956-1200.

Toni & Guy
673 Madison Ave et
61st St, Suite 2.
Plan 13 A3.
Tél. (212) 702-9771.

TwoDo Salon
210 W 82nd St, entre
Broadway et Amsterdam.
Plan 15 C4 . *Tél. (212) 787-1277.*

Vidal Sassoon
90 5th Ave, Suite 90.
Entre 14th St et 15th St.
Plan 8 F5.
Tél. (212) 229-2200.

Younghee Salon
64 N Moore St.
Plan 4 D5.
Tél. (212) 334-3770.

Les livres et la musique

New York étant la capitale de l'édition américaine, il semble normal d'y trouver les meilleures librairies du pays, des plus généralistes aux plus ésotériques, spécialisées dans la science-fiction ou le suspense, dans le livre neuf ou celui d'occasion… Les amateurs de musique peuvent également y trouver à des prix raisonnables les enregistrements les plus rares.

LIBRAIRIES GÉNÉRALES

Barnes & Noble est incontestablement, avec ses trois millions d'ouvrages, ses meilleurs prix et sa sélection de titres, la plus grande et la plus prestigieuse librairie de Manhattan. Il y a d'autres annexes, comme celle située de l'autre côté de la rue.

Plus loin, **Strand Book Store,** avec son incroyable stock de deux millions de livres d'occasion, propose des prix particulièrement attirants. On y trouve également un grand choix de premières éditions de livres anciens.

Westsider Bookshop est aussi complet que son cousin spécialisé dans la musique, avec son choix incroyable de livres d'occasion et de vinyles de country. **12th Street Books** propose une vaste sélection de livres neufs et d'occasion et de livres d'art. **Borders Books & Music** offre un large choix de CD et de livres.

Le charmant **Housing Works Bookstore Café** est un café-librairie proposant des livres d'occasion. **McNally Jackson,** également associée à un café, vend de la fiction classique et contemporaine.

Rizzoli distribue un ensemble de photographies, d'ouvrages en langues étrangères, de livres d'art ainsi que des publications pour enfants et des vidéos. Le très apprécié **Coliseum,** la plus grande librairie indépendante de New York, vient juste de rouvrir ses portes.

Shakespeare & Co. ouvre tard le soir et propose une remarquable sélection de titres.

LIBRAIRIES SPÉCIALISÉES

Pour le meilleur choix de livres d'art, allez chez **Hacker-Strand Art Books. Urban Center Books** est spécialisé dans l'architecture, l'urbanisme et l'environnement. Les livres rares, épuisés et anciens sur New York sont la raison d'être de **JN Bartfeld Books. Biography Bookshop** s'est spécialisé dans les journaux intimes, les lettres, les biographies et les autobiographies.

Littérature et musique juives occupent les rayons de **J. Levine Judaïca.** Les amateurs de théâtre trouvent quant à eux leur bonheur à l'**Applause Theater & Cinema Books** ou chez **Drama Book Shop,** qui offre le plus large éventail de la ville.

Pour les fervents du mystérieux, du suspense et du meurtre, un détour s'impose du côté de la librairie **Mysterious Bookshop.**

Les romans et nouvelles de science-fiction ont pour royaume **Forbidden Planet.** Aussi grandes l'une que l'autre, les deux librairies de **Midtown Comics** proposent un bon choix de B.D. des années 1980 à nos jours, pour un prix raisonnable. Les collectionneurs préfèreront peut-être **Jim Hanley's Universe** ouvert le soir jusqu'à 23 h du lundi au samedi et 21 h le dimanche. Les prix des *collectors* vont du plus sage au plus élevé.

Rayon enfants, pensez à **Bank Street Book Store** qui possède l'un des plus grands choix de livres en la matière et **Books of Wonder** pour les ouvrages rares.

Livres de voyage neufs ou d'occasion se trouvent au **Complete Traveler.** Le personnel y est très compétent et serviable.

Si la cartographie vous intéresse, rendez-vous au **Hagstrom Map & Travel Store.** Au **Kitchen Arts & Letters,** le monde savoureux de la cuisine vous est révélé.

Les grands révoltés se doivent d'explorer le **Revolution Books** ou le **St Mark's Bookshop.** Les lesbiennes et les homosexuels trouveront au **Oscar Wilde Memorial Bookshop** un grand choix de textes les concernant.

Le **Scholastic Store,** un lieu installé sous les locaux de l'éditeur du même nom, à SoHo, propose quantité de jeux et de livres éducatifs.

DISQUES, CASSETTES ET CD

Chez **J & R Music World,** vous pourrez vous équiper en matériel audiovisuel.

Les collectionneurs de disques se retrouvent au **Westsider Records** qui propose un excellent choix de titres classiques, de jazz ou d'opéra. Aux nostalgiques et aux obsessionnels, **House of Oldies** propose un grand choix de disques anciens ou épuisés. Il y en a pour tous les goûts. **Bleecker Bob's Golden Oldies** vous fournit en rock d'importation, *punk* ou jazz méconnu, alors que **Midnight Records** résonne de rock amateur et de musique psychédélique.

Deep house, breakbeat ou musique électronique, les DJ et amateurs de vinyl n'ont que l'embarras du choix chez **Turntable Lab** dans Manhattan et **Halcyon,** toujours très animé, à Brooklyn. Que vous cherchiez de la musique électronique ou du *free jazz* des années 1970, **Other Music** le trouvera pour vous. **Disc-O-Rama** est le champion des CD à bas prix.

PARTITIONS

La **Joseph Patelson Music House Ltd.,** juste derrière Carnegie Hall, et la **Frank Music Company** ont un excellent répertoire de partitions classiques. **Charles Colin Publications** est spécialisé dans le jazz. Pour la *pop* et les variétés, allez au **Colony Music Center** dans Brill Building, sur Broadway.

ADRESSES

LIBRAIRIES GÉNÉRALES

Barnes & Noble
105 5th Ave. **Plan** 8 F5.
Tél. (212) 807-0099.
Fait partie d'une chaîne.

Borders Books & Music
100 Broadway.
Plan 1 C3.
Tél. (212) 964-1988.
Fait partie d'une chaîne.

Coliseum Books
11 West 42nd St.
Plan 8 7 B1.
Tél. (212) 803-5890.

Housing Works Bookstore Café
126 Crosby St.
Plan 4 F3.
Tél. (212) 334-3324.

MacNally Jackson
52 Prince St.
Plan 4 F3.
Tél. (212) 274-1160.

Rizzoli
31 W 57th St.
Plan 12 F3.
Tél. (212) 759-2424.

Shakespeare & Co.
716 Broadway.
Plan 4 E2.
Tél. (212) 529-1330.
Fait partie d'une chaîne.

Strand Book Store
828 Broadway.
Plan 4 E1.
Tél. (212) 473-1452.

12th Street Books
11 East 12th St.
Plan 4 F1.
Tél. (212) 645-4340.

Westsider Bookshop
2246 Broadway.
Plan 15 C4.
Tél. (212) 362-0706.

LIBRAIRIES SPÉCIALISÉES

Applause Theater & Cinema Books
19 W 21st St.
Plan 8 F4.
Tél. (212) 575-9265.

Drama Book Store
250 W 40th St. **Plan** 8 E1.
Tél. (212) 944-0595.

Bank Street Book Store
610 W 112th St.
Plan 21 A4.
Tél. (212) 678-1654.

Biography Bookshop
400 Bleecker St.
Plan 3 C2.
Tél. (212) 807-8655.

Books of Wonder
16 W 18th St.
Plan 8 E5.
Tél. (212) 989-3270.

The Complete Traveler
199 Madison Ave.
Plan 9 A2.
Tél. (212) 685-9007

Forbidden Planet
840 Broadway.
Plan 4 E1.
Tél. (212) 473-1576.

Hacker-Strand Art Books
45 W 57th St.
Plan 12 F3.
Tél. (212) 688-7600.

Hagstrom Plan & Travel Store
57 W 43rd St.
Plan 8 F1.
Tél. (212) 398-1222.

J. Levine Judaica
5 W 30th St. **Plan** 8 F3.
Tél. (212) 695-6888.

Jim Hanley's Universe
4 W 33rd St. **Plan** 8 F2.
Tél. (212) 268-7088.

JN Bartfield Books
30 W 57th St.
Plan 12 F3.
Tél. (212) 245-8890.

Kitchen Arts & Letters
1435 Lexington Ave.
Plan 17 A2.
Tél. (212) 876-5550.

Midtown Comics
200 W 40th St.
Plan 8 E1.
459 Lexington Ave.
Plan 13 A5.
Tél. (212) 302-8192.

Mysterious Bookshop
58 Warren St.
Plan 1 B1.
Tél. (212) 582-3592.

Oscar Wilde Memorial Bookshop
15 Christopher St.
Plan 3 C2.
Tél. (212) 255-8097.

Revolution Books
9 W 19th St.
Plan 7 C5.
Tél. (212) 691-3345.

St Mark's Bookshop
31 3rd Ave.
Plan 5 A2.
Tél. (212) 260-7853.

The Scholastic Store
577 Broadway.
Plan 4 A4.
Tél. (212) 343-6166.

Urban Center Books
457 Madison Ave.
Plan 13 A4.
Tél. (212) 935-3592.

DISQUES, CASSETTES ET CD

Bleecker Bob's Golden Oldies
118 W 3rd St.
Plan 4 D2.
Tél. (212) 475-9677.

Disc-O-Rama
186 W 4th St.
Plan 4 D2.
Tél. (212) 206 8417.

Earwax
218 Bedford Ave.
Brooklyn
Tél. (718) 486-3771.

Halcyon The Shop
57 Pearl St. à Water St,
Dumbo, Brooklin.
Plan 2 F2.
Tél. (718) 260-WAXY.

House of Oldies
35 Carmine St.
Plan 4 D3.
Tél. (212) 243-0500.

J & R Music World
31 Park Row.
Plan 1 C2.
Tél. (212) 238-9100.

Midnight Records
263 W 23rd St.
Plan 8 D4.
Tél. (212) 675-2768.

Turntable Lab
120 E 7th St.
Plan 5 A2.
Tél. (212) 677-0675.

Other Music
15 E 4th St.
Plan 4 F2.
Tél. (212) 477-8150.

Westsider Records
233 W 72nd St.
Plan 11 D1.
Tél. (212) 874-1588.

PARTITIONS

Charles Colin Publications
315 W 53rd St.
Plan 12 D4.
Tél. (212) 581-1480.

Colony Music Center
1619 Broadway.
Plan 12 E4.
Tél. (212) 265-2050.

Frank Music Company
244 W 54th St.
Plan 12 D4.
Tél. (212) 582-1999.

Joseph Patelson Music House Ltd.
160 W 56th St.
Plan 12 E4.
Tél. (212) 757-5587.

L'art et les antiquités

Tandis que les amateurs d'art en visite à New York pourront occuper tout leur séjour dans les centaines de galeries de la ville, les passionnés de brocante trouveront la possibilité de chiner à leur aise aux puces ou sur les marchés d'antiquaires, devant de magnifiques antiquités de l'Ancien ou du Nouveau monde. Pour savoir ce qui est proposé à la vente au cours de votre séjour, prenez un exemplaire gratuit du mensuel *Art Now Gallery Guide* dans une librairie ou une galerie et consultez les journaux locaux.

GALERIES D'ART

L'une des galeries les plus célèbres à SoHo est celle de **Leo Castelli**, admirateur du pop'art des années 1960 et découvreur de talents. La **Mary Boone Gallery** expose des néo-expressionnistes et la **Pace Wildenstein Gallery** des artistes à la mode. **Postmasters** est un trésor d'œuvres conceptuelles.

La **Marian Goodman Gallery** met plutôt en valeur les créations des avant-gardes européennes.

À Chelsea, **Mathew Marks Gallery** et **Marianne Boesky Gallery** valent le détour, et Paula Cooper accueille souvent des expositions controversées dans son magnifique loft. **Gagosian Gallery** présente des œuvres d'artistes contemporains, notamment des tableaux de Roy Lichtenstein et Jasper Johns. Dans Upper East Side, on peut encore s'extasier devant les merveilles des galeries **Knœdler & Company** et **Hirschl & Adler Galleries**. **Max Protech** se concentre sur l'architecture tandis que **Esso** propose du pop'art. **Barbara Gladstone** est une galerie incontournable. Enfin, **Exit Art** est connu pour ses expositions de multimédia.

ART POPULAIRE AMÉRICAIN

Si vous aimez l'artisanat, précipitez-vous chez **Susan Parrish Antiques** pour ses tapis faits à la main et autres objets (uniquement sur rendez-vous). **Laura Fisher Quilts**, installée dans Manhattan Art & Antiques Center, propose le même genre d'objets.

MARCHÉS D'ANTIQUITÉS

Manhattan abrite le **Manhattan Art & Antiques Center** où l'on peut trouver des dizaines de marchands dans un lieu unique.

Avec ses antiquités, meubles rétro et souvenirs sur quatre niveaux, **Showplace Antique and Design Center** à Chelsea mérite aussi une visite.

MOBILIER AMÉRICAIN

Pour les meubles des XVIIᵉ, XVIIIᵉ et XIXᵉ siècles, allez chez **Bernard & S. Dean Levy** ou **Leigh Keno American Furniture**. **Judith & James Milne** vendent des meubles *country* et de très beaux quilts. Chez **Woodard & Greenstein American Antiques & Quilts**, faites connaissance avec le style Shaker au travers d'une collection étonnante et à la **Gallery 532**, vous découvrirez les meubles Stickley.

Les collectionneurs de meubles Art déco ou Art nouveau fréquentent **Alan Moss** qui est bourré de meubles et d'objets décoratifs. **Macklowe Gallery**, sur Madison Avenue, compte une importante collection de meubles Art Nouveau. À quelques pâtés de maison de là, **Lillian Nassau** propose des lampes Tiffany, ainsi que quantité d'objets Art Nouveau et Art Déco.

New York compte quelques boutiques d'objets rétro, comme **Depression Modern**, qui propose toujours des merveilles des années 1930 et 1940.

ANTIQUITÉS INTERNATIONALES

Si le style anglais vous tente, faites un tour chez **Florian Papp** et **Kentshire Galleries**. Pour les antiquités européennes, voyez **Betty Jane Bart Antiques, Kurt Glückselig Antiques, Linda Horn Antiques** ou **Les Pierres**. **La Belle Époque** vend des posters anciens. Les spécialistes de l'art oriental sont **Doris Leslie Blau, E. & J. Frankel** et **Flying Cranes Antiques**.

MARCHÉS AUX PUCES

New York accueille de nombreux marchés aux puces ouverts le week-end. La plupart ouvrent officiellement à 9 h ou 10 h, mais le vrai marchandage commence vers 6 h du matin. En arrivant tôt, vous trouverez peut-être des objets précieux de la culture américaine comme une mallette à pique-nique Barbie ou des disques rares enregistrés par des inconnus !

À l'**Annex Antiques Fair and Flea Market**, vous trouvez des vêtements d'occasion ou des meubles anciens. **Canal Street Flea Market** est un véritable bric-à-brac et **Columbus Avenue Flea Market** est spécialisé dans les vêtements neufs et d'occasion, ainsi que dans les meubles. Pour vous renseigner sur ces marchés forains, consultez l'édition du vendredi du *New York Times* ou celle du *Village Voice*.

SALLES DES VENTES

Les deux plus célèbres sont **Christie's** et **Sotheby's** qui proposent aussi bien monnaies, bijoux, vins qu'objets d'art. **Doyle New York** et **Phillips de Pury & Co.** ont aussi pignon sur rue. Pour plus de précisions, consultez le *New York Times* du vendredi ou du dimanche. **Swann Galleries** vend aux enchères des gravures, livres rares, cartes, affiches et photographies.

ADRESSES

GALERIES D'ART

Barbara Gladstone
515 W 24th St.
Plan 7 C4.
Tél. (212) 206-9300.

ESSO Gallery
531 W 26th St, 2e étage.
Plan 7 C4.
Tél. (212) 560-9728.

Exit Art
475 10th Ave. **Plan** 7 C2.
Tél. (212) 966-7745.

Gagosian Gallery
555 W 24th St.**Plan** 7 C4.
Tél. (212) 741-1111.
Plusieurs galeries.

Hirsch & Adler
21 East 70th St.
Plan 12 F1.
Tél. (212) 535-8810.

**Knoedler
& Company**
19 E 70th St.
Plan 13 A1.
Tél. (212) 794-0550.

Leo Castelli
18 E 77th St.
Plan 17 A5.
Tél. (212) 249-4470.

**Marian Goodman
Gallery**
24 W 57th St.
Plan 12 F3.
Tél. (212) 977-7160.

**Marianne Boesky
Gallery**
535 W 22nd St.
Plan 7 C4.
Tél. (212) 680-9889.

Mary Boone Gallery
745 5th Ave.
Plan 12 F3.
Tél. (212) 752-2929.
Deux galeries.

**Mathew Marks
Gallery**
523 W 24th St.
Plan 7 C4.
Tél. (212) 243-0200.

Max Protech
511 W 22nd St.
Plan 7 C4.
Tél. (212) 633-6999

**Pace Wildenstein
Gallery**
534 W 25th St.
Plan 7 C4. *Tél. (212) 929
7000. Deux galeries.*

Paula Cooper
534 W 21st St.
Plan 7 C4.
Tél. (212) 255-1105.

Postmasters
459 W 19th St. **Plan** 7 C5.
Tél. (212) 727-3323.

ART POPULAIRE
AMÉRICAIN

Laura Fisher Quilts
Manhattan Art & Antiques
Center, 1050 2nd Ave.
Plan 13 B4.
Tél. (212) 838-2596.

**Susan Parrish
Antiques**
Tél. (212) 807-1561
Sur r.-v. seulement.

MARCHÉS
D'ANTIQUITÉS

**The Manhattan
Arts & Antiques
Center**
1050 2nd Ave.
Plan 13 A3.
Tél. (212) 355-4400.

**The Showplace and
Design Center**
40 W 25th St.
Plan 8 F4.
Tél. (212) 633-6063.

MOBILIER
AMÉRICAIN

Alan Moss
436 Lafayette St.
Plan 4 F2.
Tél. (212) 473-1310.

**Bernard
& S. Dean Levy**
24 E 84th St.
Plan 16 F4.
Tél. (212) 628-7088.

**Depression
Modern**
150 Sullivan St. **Plan** 4 D3.
Tél. (212) 982-5699.

Gallery 532
142 Duane St.
Plan 1 B1. *Tél. (212) 219-1327.*

**Judith & James
Milne**
506 E 74th St.
Plan 17 C5.
Tél. (212) 472-0107.
Deux galeries.

**Leigh Keno
American Furniture**
127 E 69th St.
Plan 17 A5.
Tél. (212) 734-2381.

Lillian Nassau
220 E 57th St. **Plan** 13 B3.
Tél. (212) 759-6062.

Macklowe Gallery
667 Madison Ave. **Plan** 13
A3. *Tél. (212) 644-6400.*

Mood Indigo
181 Prince St. **Plan** 4 E3.
Tél. (212) 254-1176.

**Woodard &
Greenstein
American Antiques**
506 E 74th St.
Plan 17 A5.
Tél. (212) 988-2906.

ANTIQUITÉS
INTERNATIONALES

La Belle Époque
280 Columbus Ave.
Plan 12 D1.
Tél. (212) 362-1770.

**Betty Jane Bart
Antiques**
1225 Madison Ave.
Plan 17 A3.
Tél. (212) 410-2702.

Doris Leslie Blau
724 5th Ave.
Plan 12 F3.
Tél. (212) 586-5511.
Sur r.-v. seul.

E. & J. Frankel
1040 Madison Ave.
Plan 17 A5.
Tél. (212) 879-5733.

Florian Papp
962 Madison Ave.
Plan 17 A5.
Tél. (212) 288-6770.

**Flying Cranes
Antiques**
1050 2nd Ave.
Plan 13 B4.
Tél. (212) 223-4600.

Kentshire Galleries
37 E 12th St.
Plan 4 E1.
Tél. (212) 673-6644.

**Kurt Gluckselig
Antiques**
200 E 58th St.
Plan 13 B3.
Tél. (212) 758-1805.

**Linda Horn
Antiques**
1015 Madison Ave.
Plan 17 A5.
Tél. (212) 772-1122.

Les Pierres
369 Bleecker St.
Plan 3 C2.
Tél. (212) 243-7740.

MARCHÉS
AUX PUCES

**Annex Antiques
Fair and Flea
Market**
26th St et 6th Ave,
112 W 25th St (annexe).
Plan 8 E4.
Tél. (212) 243-5343.
Ouv. sam. et dim.

**Canal Street Flea
Market**
335 Canal St.
Plan 4 E5.
*Ouv. mars-déc.
sam.et dim.*

**Columbus Avenue
Flea Market**
Columbus Ave,
entre 76th et 77th St.
Plan 16 D5.
Tél. (631) 873-4970.
Ouv. dim.

SALLES
DES VENTES

Christie's
20 Rockefeller Plaza.
Plan 12 F5.
Tél. (212) 636-2000.

Doyle New York
175 E 87th St.
Plan 17 A3.
Tél. (212) 427-2730.

**Phillips de
Pury & Co.**
450 W 15th St.
Plan 7 C5.
Tél. (212) 940-1200.

Sotheby's
1334 York Ave.
Plan 13 C1.
Tél. (212) 606-7000.

Swann Galleries
104 E 25th St.
Plan 9 A4.
Tél. (212) 254-4710.

Épiceries fines, spécialités culinaires et cavistes

La diversité ethnique et culturelle de New York se reflète dans ses magasins d'alimentation, véritable salon international du goût, auxquels s'ajoutent, à chaque coin de rue, une brûlerie et un caviste.

ÉPICERIES FINES

Plusieurs épiceries fines célèbres attirent les touristes. N'hésitez pas à vous rendre dans les grands magasins, qui savent rivaliser avec ces palais de la gastronomie.

Dean & DeLuca, *delicatessen* chic sur Broadway, a élevé la cuisine au rang d'art – ne manquez pas l'immense choix de plats à emporter. **Russ & Daughters,** sur Houston Street, est l'une des épiceries les plus anciennes. Cette boutique appétissante est réputée pour son poisson fumé, son fromage frais, ses chocolats et ses *bagels.* Le **Gourmet Garage,** sur Broome Street, vend toutes sortes de délicieux produits frais, en particulier biologiques.

Certains ne jurent que par **Zabar's,** sur Broadway, qu'ils considèrent comme la meilleure boutique du monde pour le saumon fumé, les *bagels,* le caviar, les noix, les bonbons et les pâtes. **William Poll,** sur Lexington Avenue, propose un grand choix de paniers pique-nique et de plats préparés. Si vous avez une envie de foie gras, de saumon fumé écossais ou de caviar, **Caviarteria** vous attend.

On vient de toute la ville pour l'excellent choix de produits naturels, biologiques et complets de **Whole Foods.** Le dernier-né de ces magasins, qui a ouvert à Columbus Circle, est le plus grand supermarché de Manhattan. Les rayonnages sont remplis d'aliments de qualité les plus naturels, sans additifs. On trouve aussi un Whole Foods sur Union Square, central et très apprécié. **Fairway Market,** sur Broadway, propose depuis 55 ans des articles de qualité – produits frais, poisson fumé et pâtisseries.

SPÉCIALITÉS CULINAIRES

Les excellentes boulangeries et pâtisseries ne manquent pas. Parmi les meilleures, **Poseidon Greek Bakery** est réputée pour sa pâte feuilletée. **H & H Bagels** produit 60 000 *bagels* par jour, parmi les meilleurs. Goûtez les délicieuses pâtisseries chinoises de **Fung Wong,** ou les bretzels et les tartelettes de **City Bakery.** Joignez-vous à la file d'attente des gourmands venus goûter les délicieux petits gâteaux magnifiquement décorés de **Magnolia Bakery.**

Côté confiseurs, **Li-Lac** est réputé pour ses chocolats travaillés à la main, et **Mondel Chocolates** pour ses animaux en chocolat. **Economy Candy** offre un grand choix de fruits secs, mais pour un vrai régal allez goûter les truffes au champagne toutes fraîches importées de Suisse chez **Teuscher Chocolates.**

Myers of Keswick importe des spécialités anglaises. Plus exotique, **Kam Man Market** est une authentique épicerie orientale, qui vend notamment des produits chinois et thaïs. L'**Italian Food Center** vend d'excellentes huiles d'olive, pâtes et charcuteries. Pour la viande et le poisson, rendez-vous au **Jefferson Market,** et pour les fruits de mer chez **Citarella.** **Angelica's Herbs and Spices** annonce 2 000 variétés d'herbes et d'épices.

Vous trouverez un grand choix de fromages, mais aussi d'olives et de charcuteries au **Murray's Cheese Shop.** Ce paradis aux plus de 250 fromages du monde entier, du camembert à la *ricotta,* a été sacré meilleur fromager de New York par de nombreux journaux locaux. Les vendeurs sont très aimables et se feront un plaisir de vous faire goûter. Achetez-leur aussi du pain frais et des olives et faites un pique-nique.

Si vous aimez les vrais pickles traditionnels d'Europe de l'Est, rendez-vous chez **The Pickle Guys.** Vous y dénicherez aussi des tomates marinées, des champignons, des olives, des piments, de la choucroute, des harengs et des tomates séchées.

BRÛLERIES

New York compte aussi beaucoup d'excellentes brûleries, parmi lesquelles **Oren's Daily Roast, The Sensuous Bean** et **Porto Rico Importing Company.** Le confortable **McNulty's Tea & Coffee Company,** l'une des plus anciennes brûleries du pays, vend d'excellents cafés et thés.

MARCHÉS

Pour manger des fruits et des légumes sans vous ruiner, allez au marché, mais allez-y tôt. Les plus fréquentés sont ceux d'**Upper West Side, St Mark's in-the-Bowery** et **Union Square.**

Pour plus d'informations sur les marchés de la ville, appelez le (212) 788-7476.

CAVISTES

Acker, Merrall & Condit vendent un excellent choix de vins depuis 1820. Vous trouverez des bons vins et des champagnes soldés chez **Garnet Liquors.**

Spring Street Whine Shop, au cœur de SoHo, est un marchand de vin bien situé et bien achalandé en bonnes bouteilles.

Sherry-Lehmann est le meilleur caviste de New York. Le plus grand, **Astor Wines & Spirits,** propose un immense choix de vins et de spiritueux. Chaque mois, leur sélection de dix vins à moins de 10 $ réserve d'excellentes surprises. Quant à **Union Square Wines and Spirits,** il organise chaque semaine des dégustations de son formidable choix de vins.

ADRESSES

ÉPICERIES FINES

Caviarteria
502 Park Ave.
Plan 13 A3.
Tél. *(212) 759-7410.*

Dean & DeLuca
560 Broadway.
Plan 4 E3.
Tél. *(212) 226-6800.*
Fait partie d'une chaîne.

Fairway Market
2127 Broadway.
Plan 15 C5.
Tél. *(212) 595-1888.*

Gourmet Garage
453 Broome St.
Plan 4 E4.
Tél. *(212) 941-5850.*
Fait partie d'une chaîne.

Russ & Daughters
179 E Houston St.
Plan 5 A3.
Tél. *(212) 475-4880.*

Whole Foods
10 Columbus Circle.
Plan 12 D3.
Tél. *(212) 823-9600.*
Fait partie d'une chaîne.

William Poll
1051 Lexington Ave.
Plan 17 A5.
Tél. *(212) 288-0501.*

Zabar's
2245 Broadway.
Plan 15 C4.
Tél. *(212) 787-2000.*

SPÉCIALITÉS CULINAIRES

Angelica's Herbs and Spices
147 1st Ave.
Plan 5 A1.
Tél. *(212) 677-1549.*

Citarella
2135 Broadway.
Plan 15 C5.
Tél. *(212) 874-0383.*

City Bakery
3 W 18th St.
Plan 8 F5.
Tél. *(212) 366-1414.*

Economy Candy
108 Rivington St.
Plan 5 A3.
Tél. *(212) 254-1531.*

Fung Wong
41 Mott St.
Plan 4 F3.
Tél. *(212) 267-4037.*

H & H Bagels
2239 Broadway.
Plan 15 C4.
Tél. *(212) 595-8003.*

639 W 46th St.
Plan 11 C5.
Tél. *(212) 765-7200.*

Italian Food Center
186 Grand St.
Plan 15 C4.
Tél. *(212) 925-2954.*

Jefferson Market
450 Ave of the Americas.
Plan 12 E5.
Tél. *(212) 533-3377.*

Kam Man Market
200 Canal St.
Plan 4 F5.
Tél. *(212) 571-0330.*

Li-Lac
120 Christopher St.
Plan 3 C2.
Tél. *(212) 242-7374.*

Magnolia Bakery
401 Bleecker St.
Plan 3 C2.
Tél. *(212) 462-2572.*

Mondel Chocolates
2913 Broadway.
Plan 20 E3.
Tél. *(212) 864-2111.*

Murray's Cheese Shop
257 Bleecker St.
Plan 4 D2.
Tél. *(212) 243-3289.*
Deux magasins.

Myers of Keswick
634 Hudson St.
Plan 3 C2.
Tél. *(212) 691-4194.*

The Pickle Guys
49 Essex St.
Plan 5 B4.
Tél. *(212) 656-9739.*

Poseidon Greek Bakery
629 9th Ave.
Plan 12 D5.
Tél. *(212) 757-6173.*

Teuscher Chocolates
25 E 61st St.
Plan 12 F3.
Tél. *(212) 751-8482.*

620 5th Ave.
Plan 12 F4.
Tél. *(212) 246-4416.*

BRÛLERIES

McNulty's Tea & Coffee Company
109 Christopher St.
Plan 3 C2.
Tél. *(212) 242-5351.*

Oren's Daily Roast
1144 Lexington Ave.
Plan 17 A4.
Tél. *(212) 472-6830.*
Fait partie d'une chaîne.

Porto Rico Importing Company
201 Bleecker St.
Plan 3 C2.
Tél. *(212) 477-5421.*
Fait partie d'une chaîne.

The Sensuous Bean
66 W 70th St.
Plan 12 D1.
Tél. 1-800-238-6845.

MARCHÉS

St Mark's in-the-Bowery Greenmarket
E 10th St at 2nd Ave.
Plan 4 F1.
Ouv. mar.

Union Square Greenmarket
E 17th St and Broadway.
Plan 8 F5.
Ouv. lun., mer., ven. et sam.

Upper West Side Greenmarket
Columbus Ave at 77th St.
Plan 16 D5.
Ouv. dim.

CAVISTES

Acker, Merrall & Condit
160 W 72nd St.
Plan 11 C1.
Tél. *(212) 787-1700.*

Astor Wines & Spirits
399 Lafayette St.
Plan 4 F2.
Tél. *(212) 674-7500.*

Garnet Liquors
929 Lexington Ave.
Plan 13 A1.
Tél. *(212) 772-3211.*

Sherry-Lehmann
679 Madison Ave.
Plan 13 A3.
Tél. *(212) 838-7500.*

Spring Street Wine Shop
187 Spring St.
Plan 4 D4.
Tél. *(212) 219-0521.*

Union Square Wines and Spirits
33 Union Square West.
Plan 9 A5.
Tél. *(212) 675-8100.*

Électronique et articles pour la maison

Des téléviseurs à écran plat aux chaînes hi-fi haut de gamme en passant par le mobilier design, New York ne compte plus ses magasins d'électronique et d'articles ménagers. Les commerces plus compétitifs sont probablement les magasins d'électronique, ils méritent que l'on s'y intéresse. Méfiez-vous toutefois de ceux qui sont situés dans les rues et les sites très touristiques – notamment sur la 5e Avenue, autour de l'Empire State Building. Certains vendent du matériel de mauvaise qualité, parfois défectueux, à prix d'or. Et assurez-vous de la compatibilité des voltages et des formats avec l'Europe.

MATÉRIEL HI-FI

Le dernier cri de la hi-fi se trouve chez **Sound by Singer. J & R Music World** vend du matériel à prix compétitifs et la meilleure collection de CD de jazz de la ville. Le Danois **Bang & Olufsen** présente ses systèmes minimalistes qui embelliraient le plus modeste des appartements. Chez **Harvey Electronics,** le matériel hi-fi et électronique est de première qualité et les vendeurs sont aimables et de bon conseil. Depuis 1959, **Lyric Hi-Fi** séduit par ses articles de qualité. Toujours bondé, **Sony Style** propose un grand choix de matériel hi-fi et de gadgets coup de cœur. Comme son nom l'indique, **Best Buy** propose quelques-uns des meilleurs prix sur une large gamme de système hi-fi et d'électronique grand public. Pour le matériel et les composants hi-fi haut de gamme, rendez-vous chez **Innovative Audio Video Showrooms.** Et jetez un coup d'œil au grand choix de stéréos neuves et d'occasion au très convivial **Stereo Exchange.**

PHOTOGRAPHIE

Photographes amateurs et professionnels trouvent toujours ce qu'ils cherchent chez **B & H Photo. Willoughby's** annonce dans la presse ses offres sur le matériel photo. **Olden Camera,** sur Broadway, refuse le numérique et préfère les bons vieux appareils de qualité. À Chelsea, **Foto Care** propose un grand choix d'appareils et d'accessoires. **Alkit Pro Camera** est bien équipé en appareils photo, en composants et en matériel d'éclairage, et assure la location et le développement. Rendez-vous chez **Adorama,** dans le quartier du Flatiron, pour admirer la spectaculaire collection d'appareils numériques et d'accessoires, d'autofocus et d'appareils jetables. Les développements sont proposés à prix intéressant. L'élégant **The Photo Village** est spécialisé dans les appareils et le matériel haut de gamme.

MATÉRIEL INFORMATIQUE

Vous trouverez plusieurs boutiques Macintosh à Manhattan, dont l'immense **Apple Store** de SoHo, sur Prince Street, et la superbe nouvelle boutique sur la 5e Avenue. Les inconditionnels de la marque viennent y tester les derniers modèles, connecter leurs iPods et assister à des séminaires tous niveaux.

Si vous rencontrez un problème sur votre ordinateur, rendez-vous chez **Amnet PC Solutions,** où un as de l'informatique trouvera peut-être une solution. Et si vous ne voulez pas traverser la ville avec votre appareil, ils dépannent à domicile à partir de 125 $ l'heure. **Tekserve** est spécialisé dans la réparation des Mac. Le devis est gratuit et l'on peut trouver toutes les mises à jour nécessaires.

USTENSILES DE CUISINE

La plupart des grands magasins vendent un large choix d'articles pour la maison. Parmi les boutiques spécialisées, **Broadway Panhandlers,** sur Broome Street, est le paradis des cuisiniers, **Bridge Kitchenware** est une référence parmi les restaurateurs, et **Williams-Sonoma** propose un grand choix d'articles, d'ustensiles et de livres de cuisine. East Village, en particulier autour de Bowery Street, est depuis longtemps le quartier des magasins de matériel professionnel à prix compétitif. **Leader Restaurant Equipment & Supplies** vend tout le matériel de cuisine possible et imaginable – couteaux, plateaux à sushi, baguettes, etc.

ARTICLES POUR LA MAISON ET MOBILIER

Pour le cristal, la porcelaine et l'argenterie, **Baccarat, Lalique** et **Villeroy & Boch** sont ce qui se fait de mieux, suivis d'**Orrefors Kosta Boda** et **Tiffany & Co. Avventura** est le temple du cristal et de la porcelaine, et **Fishs Eddy** celui de la porcelaine bon marché. **Ceramica** dispose de belles poteries artisanales. **La Terrine** et **Stuben Glass** vendent des céramiques peintes à la main.

À SoHo, visitez le hall d'exposition branché du styliste **Jonathan Adler.** Ses poteries aux teintes naturelles et ses formes primitives et organiques sont très originales : une « famille » de carafes amusantes en forme d'homme, de femme et d'enfant, des vases arrondis en forme de soleils rieurs, des plats à poisson, et une ménagerie en poterie, dont des serre-livres en forme de taureau coupé en deux.

ABC Carpet & Home, sur Broadway, a une excellente réputation en matière d'ameublement. Grand Street, dans Lower East Side, est par ailleurs le coin des arts ménagers bon marché.

Pour l'élégance, Giorgio Armani a créé **Armani Casa :** canapés en cuir souple, lits de rêve et vaisselle aux lignes pures, tout est conçu pour le plaisir des sens. Sur Franklin Street,

dans TriBeCa, **Dune** expose des créateurs contemporains : canapés en laine et convertibles. **Design Within Reach** commercialise de nombreuses marques classiques, notamment Saarinen, Eames et Bertoia. Si vous préférez le rétro, filez chez **Restoration Hardware,** sur Broadway : il propose mobilier Art déco, luminaires et accessoires en bronze patiné.

LINGE DE MAISON

Les grands magasins vendent du linge de maison, mais pour les draps de soie ou le linge de luxe, rendez-vous chez **Porthault** et **Pratesi.** Chez l'Italien **Frette,** sur Madison, les serviettes et les peignoirs sont épais et les draps en coton soyeux. **Bed, Bath & Beyond** offre un grand choix de draps, de linge de cuisine et d'accessoires de bain.

ADRESSES

MATÉRIEL HI-FI

Bang & Olufsen
952 Madison Ave.
Plan 17 A5.
Tél. *(212) 879-6161.*

Best Buy
60 W 23rd St.
Plan 8 E4.
Tél. *(212) 366-1373.*

Harvey Electronics
2 W 45th St. **Plan** 12 F5.
Tél. *(212) 575-5000.*

Innovative Audio Video Showrooms
150 58th St. **Plan** 13 A4.
Tél. *(212) 634-4444.*

J & R Music World
31 Park Row. **Plan** 1 C2.
Tél. *(212) 238-9100.*

Lyric Hi-Fi
1221 Lexington Ave.
Plan 17 A4.
Tél. *(212) 439-1900.*

Sony Style
550 Madison Ave.
Plan 13 A4.
Tél. *(212) 833-5336.*

Sound by Singer
18 16th St. **Plan** 8 F5.
Tél. *(212) 924-8600.*

Stereo Exchange
627 Broadway.
Plan 4 E3.
Tél. *(212) 505-1111.*

PHOTOGRAPHIE

Adorama
42 18th St. **Plan** 8 F5.
Tél. *(212) 741-0466.*

Alkit Pro Camera
222 Park Ave S.
Plan 9 A5.
Tél. *(212) 674-1515.*

B & H Photography
420 9th Ave. **Plan** 8 D2.
Tél. *(212) 444-6615.*

Foto Care
136 W 21st St. **Plan** 8 E4.
Tél. *(212) 741-2990.*

Olden Camera
1263 Broadway,
4e étage. **Plan** 8 F3.
Tél. *(212) 725-1234.*

The Photo Village
1133 Broadway,
Suite 824. **Plan** 8 F4.
Tél. *(212) 989-1252.*

Willoughby's
298 W 32nd St.
Plan 8 F3.
Tél. *(800) 378-1898.*

MATÉRIEL INFORMATIQUE

Amnet PC Solutions
229 E 53rd St. **Plan** 13 B4.
Tél. *(212) 593-2425.*

Apple Store
767 5th Ave. **Plan** 12 F3.
Tél. *(212) 336-1440.*
103 Prince St. **Plan** 4 E3.
Tél. *(212) 226-3126.*

Tekserve
119 W 23rd St.
Plan 8 E4.
Tél. *(212) 929-3645.*

USTENSILES DE CUISINE

Bridge Kitchenware
214 E 52nd St.
Plan 13 B4.
Tél. *(212) 688-4220.*

Broadway Panhandlers
477 Broome St.
Plan 4 E4.
Tél. *(212) 966-3434.*

Leader Restaurant Equipment & Supplies
191 Bowery. **Plan** 4 F4.
Tél. *(212) 677-1982.*

Williams-Sonoma
10 Columbus Circle.
Plan 12 D3.
Tél. *(212) 823-9750.*
Fait partie d'une chaîne.

ARTICLES POUR LA MAISON ET MOBILIER

ABC Carpet & Home
888 Broadway. **Plan** 8 F5.
Tél. *(212) 473-3000.*

Armani Casa
97 Greene St. **Plan** 4 E3.
Tél. *(212) 334-1271.*

Avventura
463 Amsterdam Ave.
Plan 15 C4.
Tél. *(212) 769-2510.*

Baccarat
625 Madison Ave.
Plan 13 A3.
Tél. *(212) 826-4100.*

Ceramica
59 Thompson St.
Plan 4 D4.
Tél. *(800) 270-0900.*

Design Within Reach
142 Wooster St.
Plan 4 E3.
Tél. *(212) 475-001.*
Plusieurs boutiques.

Dune
88 Franklin St. **Plan** 4 E5.
Tél. *(212) 925-6171.*

Fishs Eddy
889 Broadway.
Plan 8 F5.
Tél. *(212) 420-9020.*

Jonathan Adler
47 Greene St. **Plan** 4 E4.
Tél. *(212) 941-8950.*

Lalique
712 Madison Ave. **Plan** 13 A3. **Tél.** *(212) 355-6550.*

Orrefors Kosta Boda
200 Lexington Ave.
Plan 9 A2.
Tél. *(212) 684-5455.*

Restoration Hardware
935 Broadway. **Plan** 8 F4.
Tél. *(212) 260-9479.*

Stuben Glass
667 Madison Ave.
Plan 13 A3.
Tél. *(212) 752-1441.*

La Terrine
1024 Lexington Ave.
Plan 13 A1.
Tél. *(212) 988-3366.*

Tiffany & Co.
Voir p. 329.

Villeroy & Boch
41 Madison Ave.
Plan 9 A4.
Tél. *(212) 213-8149.*

LINGE DE MAISON

Bed, Bath & Beyond
620 Ave of the Americas..
Plan 8 F5.
Tél. *(212) 255-3550.*

Frette
799 Madison Ave.
Plan 13 A1.
Tél. *(212) 988-5221.*

Porthault
18 E 69th St. **Plan** 12 F1.
Tél. *(212) 688-1660.*

Pratesi
829 Madison Ave. **Plan** 13 A2. **Tél.** *(212) 288-2315.*

SE DISTRAIRE À NEW YORK

Le cœur de New York bat perpétuellement au rythme de la fête et du divertissement. Quels que soient vos goûts, vous y trouverez votre bonheur. N'hésitez pas à profiter de l'extraordinaire diversité des spectacles : scènes de Broadway, théâtres expérimentaux dans les ateliers, opéras du Met, concerts de jazz dans Greenwich Village, etc. Vous aimez danser ? D'innombrables

Danseurs du New York City Ballet

clubs vous accueillent dans les décors les plus extravagants. Avec un peu de chance, vous pouvez aussi découvrir une représentation d'avant-garde dans un café-théâtre. Quant aux cinémas, ils sont légion dans Manhattan ! Le mieux est encore sans doute de musarder dans les rues pour regarder ce « show » permanent qu'est New York...

RENSEIGNEMENTS PRATIQUES

Pour trouver les programmes de vos soirées, consultez souvent les journaux tels que le *New York Times* ou le *Village Voice*, ou encore les

Kiosque TKTS : places de théâtre à prix réduits pour le soir même

magazines *Time Out New York*, *New York* et *The New Yorker*. Les programmes sont mis à jour sur les sites de ces magazines (www.nymag. com). À votre hôtel, demandez *Where*, hebdomadaire gratuit qui contient des plans d'orientation et des informations sur les différentes attractions.

Le personnel hôtelier peut vous renseigner, vous fournir des brochures et réserver vos places. Quelques hôtels diffusent une chaîne de télévision d'informations destinée aux touristes. **NYC & Company** dispose de brochures gratuites. Des écrans digitaux permettent d'obtenir renseignements et billets, et les employés parlent plusieurs langues. **Broadway Inner Circle** offre une description des spectacles, avec horaires

et prix, tandis que **Moviefone** informe sur les films et **ClubFone** sur la vie nocturne.

RÉSERVATIONS

Les spectacles à succès affichent souvent complet des semaines à l'avance, donc réservez dès que possible. Les guichets de théâtre ouvrent tous les jours, excepté le dimanche, à partir de 10 h jusqu'à une heure après le début du spectacle. Allez sur place ou téléphonez à une agence de réservation (**Telecharge, Ticketmaster** ou **Ticket Central**) et retenez votre place avec votre carte de crédit, moyennant une commission de quelques dollars.

Des agents indépendants comme **Prestige Entertainment,** ou ceux indiqués dans les pages jaunes peuvent aussi vous

Un orchestre jouant dans un club de jazz

obtenir de bonnes places à des tarifs variables. Broadway Ticket Center *(p. 368),* situé au Times Square Information Center, vend des tickets plein tarif.

BILLETS À PRIX RÉDUIT

Ces billets sont vendus le jour du spectacle par les kiosques **TKTS,** avec un rabais de 25 à 50 %. Il faut cependant y ajouter un petit supplément et payer en espèces ou en chèque de voyage.

Le TKTS de Duffy Square vend des billets pour les matinées de 10 h à 14 h chaque mercredi et samedi et de 11 h à 15 h le dimanche ; de 15 h à 20 h pour le soir même, et de 11 h à la fermeture pour les billets du dimanche. Le TKTS de South Street Seaport (où l'attente est moins longue) vend des places pour les soirées, du lundi au samedi de 11 h à 18 h. Les places en matinée et celles du dimanche sont vendues la veille. Le TKTS de Times Square, en plein centre-ville est très accessible ; les billets pour le soir sont vendus du lundi au samedi de 15 h à 20 h et le dimanche de 15 h à la fermeture (variable) ; les billets pour les matinées sont vendus chaque mercredi et samedi de 10 h à 14 h et le dimanche de 11 h à 15 h. **Ticketmaster** propose, par téléphone, des tickets valables pour le jour même avec des

Le Booth Theater de Broadway (p. 345)

ADRESSES

Broadway Bucks
226 W 47th St. **Plan** 12 E5.
Tél. 1-800-223-7565, poste 214.
www.bestofbroadway.com

Broadway Inner Circle
Tél. (212) 563-2929.
www.broadwayinnercircle.com

ClubFone
Tél. (212) 777-2582.
www.clubfone.com

Delacorte Theater
Entrée par 81st St and Central
Park West. **Plan** 16 E4.
Tél. (212) 539-8750.
www.publictheater.org
En été seul.

Hit Show Club
Tél. (212) 581-4211.
www.hitshowclub.com

Movie Tickets Online
www.movietickets.com
www.fandango.com
www.moviefone.com

**NYC & Co.
(New York Convention
& Visitors Bureau**
810 7th Ave. **Plan** 12 E4.
Tél. (212) 484-1222.
www.nycvisit.com

Prestige Entertainment
Tél. 1-800-243-8849.

StubHub !
Tél. (866) STUB-HUB.
www.stuhub.com

**Tap (Theatre Access
Project)**
Tél. (212) 221-1103 (répondeur).
www.tdf.org

Telecharge
Tél. (212) 239-6200 ou
1-800-432-7250.
www.telecharge.com

Ticket Central
Tél. (212) 279-4200.
www.ticketcentral.org

Ticketmaster
Tél. (212) 307-4100,
1-800-755-4000.
www.ticketmaster.com

TKTS
Tél. (212) 221-0013.
Duffy Square. **Plan** 12 E5.
Front St et John St. **Plan** 2 D2.
Times Square, 47th St at
Broadway. **Plan** 12 E5.
Tél. (212) 221-0885, poste 446.
www.tdf.org/TKTS

réductions de 10 à 25 %
(faible commission prélevée).
Le **Hit Show Club** vend à ses
membres (inscription gratuite)
des bons de réduction que
l'on peut échanger aux
guichets. Certains spectacles
offrent des places debout
pour le jour même à prix bon
marché. C'est souvent la
seule manière d'assister à un
spectacle complet dans un
délai très court. Des billets à
prix réduits sont également
en vente chez **Broadway
Bucks. StubHub !** est le site le
plus important de revente de
billets (sports, musique et
spectacles à Broadway).

REVENDEUR
À LA SAUVETTE

Si vous achetez un billet à un
scalper (revendeur clandestin)
vous risquez de payer très cher
un ticket pour une mauvaise
date. La police surveille
souvent les manifestations
sportives ou les spectacles.

BILLETS GRATUITS

On en trouve pour des shows
télévisés, des concerts et
quelques événements
particuliers au **NYC & Co.**
(New York Convention and
visitors Bureau) ouvert de
8 h 30 à 18 h du lundi au
vendredi et de 9 h à 17 h
le week-end. Le *New York
Times*, le *Daily News* et *Time
Out New York* publient des
annonces pour des billets

gratuits ou à prix réduits.
Consultez la rubrique « Cheap
Thrills » du *Village Voice* pour
les lectures de poèmes, les
récitals et films d'avant-garde.
Lors du Shakespeare Festival,
au **Delacorte Theater** de
Central Park, les premiers
arrivés reçoivent un billet
gratuit (prévoyez d'attendre).

Royale Theater, Broadway (p. 345)

ACCÈS AUX HANDICAPÉS

Les théâtres de Broadway
mettent de côté des places et
des billets à prix réduits pour
les handicapés. Appelez bien à
l'avance **Ticketmaster** ou
Telecharge pour vous informer.
Pour les théâtres off-Broadway,
appelez leur guichet de
réservation. Certains théâtres
proposent un équipement pour
les malentendants. **Tap** peut
mettre en place une traduction
en language par signes pour
les théâtres de Broadway.

Les meilleurs spectacles à New York

Le Greenwich Village Jazz Club

New York est l'une des capitales mondiales du spectacle et de la fête. Les plus grands artistes s'y produisent, y vivent et y travaillent. De jour comme de nuit, il s'y passe toujours quelque chose et Manhattan mérite bien son surnom de « ville qui ne dort jamais ». Des grands événements sportifs aux concerts, pièces de théâtre ou comédies musicales, il est possible de voir toute l'année un spectacle à New York. Parmi cette myriade de lieux et de distractions, certains sont des classiques dans leur genre, des incontournables de la vie new-yorkaise. Une sélection se trouve pages 344-363. Vous n'aurez pas le temps de les tester tous, mais ils sont tout aussi importants que l'Empire State Building ou le pont de Brooklyn, pour bien profiter de New York, et méritent le déplacement.

Madison Square Garden
Le « Garden », haut lieu du sport, accueille notamment le tournoi de boxe des Golden Gloves ainsi que les matches de l'équipe de basket des New York Knicks et de l'équipe de hockey sur glace des Rangers (p. 360).

Film Forum
Le plus élégant cinéma d'art et d'essai de la ville vous propose de découvrir les derniers films étrangers ou américains « indépendants » et de revoir des classique à l'affiche des rétrospectives (p. 349).

Le quartier des théâtres

Chelsea et le quartier du vêtement

Greenwich Village

SoHo et TriBeCa

East Village

Seaport et le Civic Center

Lower East Side

Lower Manhattan

HUDSON RIVER

Village Vanguard
Toutes les légendes du jazz se sont produites à Greenwich Village. Les amateurs vont encore écouter les stars d'aujourd'hui et de demain aux célèbres Village Vanguard et Blue Note (p. 352).

Le Booth Theater de Broadway (p. 345)

réductions de 10 à 25 %
(faible commission prélevée).
Le **Hit Show Club** vend à ses
membres (inscription gratuite)
des bons de réduction que
l'on peut échanger aux
guichets. Certains spectacles
offrent des places debout
pour le jour même à prix bon
marché. C'est souvent la
seule manière d'assister à un
spectacle complet dans un
délai très court. Des billets à
prix réduits sont également
en vente chez **Broadway
Bucks**. **StubHub !** est le site le
plus important de revente de
billets (sports, musique et
spectacles à Broadway).

REVENDEUR À LA SAUVETTE

Si vous achetez un billet à un
scalper (revendeur clandestin)
vous risquez de payer très cher
un ticket pour une mauvaise
date. La police surveille
souvent les manifestations
sportives ou les spectacles.

BILLETS GRATUITS

On en trouve pour des shows
télévisés, des concerts et
quelques événements
particuliers au **NYC & Co.**
(New York Convention and
visitors Bureau) ouvert de
8 h 30 à 18 h du lundi au
vendredi et de 9 h à 17 h
le week-end. Le *New York
Times*, le *Daily News* et *Time
Out New York* publient des
annonces pour des billets

gratuits ou à prix réduits.
Consultez la rubrique « Cheap
Thrills » du *Village Voice* pour
les lectures de poèmes, les
récitals et films d'avant-garde.
Lors du Shakespeare Festival,
au **Delacorte Theater** de
Central Park, les premiers
arrivés reçoivent un billet
gratuit (prévoyez d'attendre).

Royale Theater, Broadway (p. 345)

ACCÈS AUX HANDICAPÉS

Les théâtres de Broadway
mettent de côté des places et
des billets à prix réduits pour
les handicapés. Appelez bien à
l'avance **Ticketmaster** ou
Telecharge pour vous informer.
Pour les théâtres off-Broadway,
appelez leur guichet de
réservation. Certains théâtres
proposent un équipement pour
les malentendants. **Tap** peut
mettre en place une traduction
en language par signes pour
les théâtres de Broadway.

ADRESSES

Broadway Bucks
226 W 47th St. **Plan** 12 E5.
Tél. 1-800-223-7565, poste 214.
www.bestofbroadway.com

Broadway Inner Circle
Tél. (212) 563-2929.
www.broadwayinnercircle.com

ClubFone
Tél. (212) 777-2582.
www.clubfone.com

Delacorte Theater
Entrée par 81st St and Central
Park West. **Plan** 16 E4.
Tél. (212) 539-8750.
www.publictheater.org
En été seul.

Hit Show Club
Tél. (212) 581-4211.
www.hitshowclub.com

Movie Tickets Online
www.movietickets.com
www.fandango.com
www.moviefone.com

**NYC & Co.
(New York Convention
& Visitors Bureau)**
810 7th Ave. **Plan** 12 E4.
Tél. (212) 484-1222.
www.nycvisit.com

Prestige Entertainment
Tél. 1-800-243-8849.

StubHub !
Tél. (866) STUB-HUB.
www.stuhub.com

**Tap (Theatre Access
Project)**
Tél. (212) 221-1103 (répondeur).
www.tdf.org

Telecharge
Tél. (212) 239-6200 ou
1-800-432-7250.
www.telecharge.com

Ticket Central
Tél. (212) 279-4200.
www.ticketcentral.org

Ticketmaster
Tél. (212) 307-4100,
1-800-755-4000.
www.ticketmaster.com

TKTS
Tél. (212) 221-0013.
Duffy Square. **Plan** 12 E5.
Front St et John St. **Plan** 2 D2.
Times Square, 47th St at
Broadway. **Plan** 12 E5.
Tél. (212) 221-0885, poste 446.
www.tdf.org/TKTS

Les meilleurs spectacles à New York

Le Greenwich Village Jazz Club

New York est l'une des capitales mondiales du spectacle et de la fête. Les plus grands artistes s'y produisent, y vivent et y travaillent. De jour comme de nuit, il s'y passe toujours quelque chose et Manhattan mérite bien son surnom de « ville qui ne dort jamais ». Des grands événements sportifs aux concerts, pièces de théâtre ou comédies musicales, il est possible de voir toute l'année un spectacle à New York. Parmi cette myriade de lieux et de distractions, certains sont des classiques dans leur genre, des incontournables de la vie new-yorkaise. Une sélection se trouve pages 344-363. Vous n'aurez pas le temps de les tester tous, mais ils sont tout aussi importants que l'Empire State Building ou le pont de Brooklyn, pour bien profiter de New York, et méritent le déplacement.

Madison Square Garden
Le « Garden », haut lieu du sport, accueille notamment le tournoi de boxe des Golden Gloves ainsi que les matches de l'équipe de basket des New York Knicks et de l'équipe de hockey sur glace des Rangers (p. 360).

Film Forum
Le plus élégant cinéma d'art et d'essai de la ville vous propose de découvrir les derniers films étrangers ou américains « indépendants » et de revoir des classiques à l'affiche des rétrospectives (p. 349).

Le quartier des théâtres

Chelsea et le quartier du vêtement

Greenwich Village

East Village

SoHo et TriBeCa

H U D S O N   R I V E R

Lower East Side

Seaport et le Civic Center

Lower Manhattan

Village Vanguard
Toutes les légendes du jazz se sont produites à Greenwich Village. Les amateurs vont encore écouter les stars d'aujourd'hui et de demain aux célèbres Village Vanguard et Blue Note (p. 352).

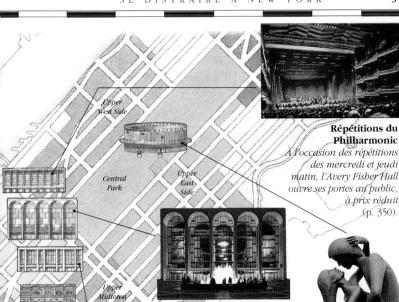

Répétitions du Philharmonic
À l'occasion des répétitions des mercredi et jeudi matin, l'Avery Fisher Hall ouvre ses portes au public, à prix réduit (p. 350).

Upper
West Side

Central
Park

Upper
East
Side

Upper
Midtown

ramercy et
e quartier
u Flatiron

Metropolitan Opera House
Réservez vos places et soyez prêts à payer cher le privilège d'écouter les plus belles voix (p. 350).

Shakespeare à Central Park
Si vous êtes un visiteur estival, prévoyez du temps pour obtenir l'un des rares billets gratuits du Delacorte Theater où vedettes d'Hollywood et de Broadway jouent des œuvres de Shakespeare (p. 344).

The Nutcracker (Casse-Noisettes)
Ce spectacle de Noël destiné aux enfants est présenté chaque année au Lincoln Center par le New York City Ballet (p. 346).

E A S T   R I V E R

0 ——————————— 2 km
0 ——————————— 1 mi

Public Theater
Fondé en 1954, le Public Theater devait inventer un théâtre pour tous les New-Yorkais. Il présente des œuvres classiques (Shakespeare Festival) mais aussi des pièces contemporaines (p. 344).

Carnegie Hall
En plein cœur du quartier des théâtres, Carnegie Hall, prestigieux temple de la musique, jouit d'une réputation mondiale. La fascinante visite de ses coulisses vous fera découvrir l'envers du décor (p. 350).

Théâtre et danse

Référence pour le théâtre et la danse, New York est célèbre pour ses comédies musicales extravagantes et ses critiques féroces. Que vous raffoliez des paillettes de Broadway ou du théâtre expérimental, vous trouverez chaussure à votre pied : toutes les alchimies sortent du creuset new-yorkais.

BROADWAY

Broadway a longtemps été synonyme de quartier des théâtres, cependant, la plupart des théâtres dits « Broadway » se trouvent en fait éparpillés entre la 41e et la 53e Rues, de la 6e à la 9e Avenue, quelques autres sont situés aux alentours de Times Square. La majorité d'entre eux fut construite entre 1910 et 1930, aux beaux jours du vaudeville et des Ziegfeld Follies.

Le **Lyceum** *(p. 144)* est le plus ancien (1903) ; l'**American Airlines Theater**, siège actuel de la compagnie Roundabout Theatre, est le plus récent et l'historique **Biltmore Theater** a rouvert en 2003 après une fermeture de quatorze ans.

Ces temples de la comédie ont périclité pendant les années 1980 mais connaissent à présent une seconde jeunesse grâce à une politique de diminution de leurs coûts et à la participation de vedettes célèbres. C'est ici que sont données les productions à succès bénéficiant d'une solide promotion. De récents succès étrangers sont à l'affiche comme *Les Misérables ;* des créations new-yorkaises comme *Ragtime*, le spectacle favori des enfants *Le Roi Lion* ou encore d'excellentes reprises comme *42nd Street*. Des films à succès ont été adaptés à la scène, tels que *Hairspray ;* des spectacles tout à la gloire de stars pop des années 1960 et 1970 furent réalisés comme *Mamma Mia !* qui met en scène le groupe ABBA.

OFF-BROADWAY ET OFF-OFF-BROADWAY

Il existe environ 20 théâtres « off-Broadway » et 300 « off-off-Broadway» dont certaines pièces seront sans doute un jour jouées sur Broadway. Les théâtres off-Broadway contiennent de 100 à 499 places, les off-off-Broadway moins de 100. Ces salles sont généralement installées dans les lieux les plus inattendus : greniers, églises ou garages…

C'est vers les années 1950 que la formule off-Broadway se développe, avec pour objectif de proposer autre chose au public que les succès commerciaux joués sur Broadway. Elle se révèle très vite efficace pour les producteurs désirant monter des pièces un peu risquées. Au cours de ces 20 dernières années, cette tendance s'est accentuée dans les théâtres off-off-Broadway qui développent un style délibérément expérimental.

On trouve des théâtres off-Broadway dans tout Manhattan, du **Douglas Fairbanks** où se joue *Forbidden Broadway*, au **Delacorte Theater** à Central Park.Certains se situent dans Broadway même comme le **Manhattan Theater Club.** Plus éloignés du centre, on trouve la **Brooklyn Academy of Music (BAM)** *(p. 248)* et le **92nd Street Y.**

Les théâtres off-Broadway ont monté les premières représentations à New York des pièces d'auteurs de réputation mondiale comme Sean O'Casey, Tennessee Williams, Eugene O'Neill, Jean Genet, Eugène Ionesco et David Mamet. *Happy Days*, de Samuel Beckett, fut joué pour la première fois au **Cherry Lane Theatre** en 1961, un théâtre qui continue de promouvoir des auteurs d'avant-garde. Les théâtres off-Broadway accueillent des mises en scène parfois très audacieuses des classiques.

Mais le showbiz est impitoyable, et si certaines productions off-Broadway font salle comble, comme, par exemple, *The Fantasticks* et *L'Opéra de Quat'sous,* présenté au **Lucille Lortel Theater** depuis 1955, d'autres spectacles s'achèvent dans des fours retentissants.

THÉÂTRE D'AVANT-GARDE

Un style novateur règne dans plusieurs théâtres off- et off-Broadway. Il est difficile d'en donner une description précise ou de le classer dans une catégorie, mais attendez-vous au plus déconcertant et au plus original.

Parmi les représentatifs du genre, on trouve **La MaMa**, **PS 122**, **HERE**, **Baruch Performing Arts Center**, **92nd Street Y**, **Symphony Space** et le **Joseph Papp Public Theater** *(p. 120).* Ce dernier fut fondé par Joseph Papp, initiateur du théâtre populaire présenté à un public défavorisé, et jouit d'une renommée particulière. C'est là que furent créés les célèbres *Hair* et *A Chorus Line*. Le Public Theater est surtout connu pour ses représentations d'été de pièces de Shakespeare au Delacorte Theater *(p. 208).* À partir de 18 h le jour de la représentation, des billets à prix réduits « Quiktix » sont mis en vente à l'entrée du Public Theater.

ÉCOLES DE THÉÂTRE

Le légendaire **Actor's Studio** de Lee Strasberg pousse l'acteur à une complète identification avec son personnage. Celui que les Américains surnomment le « gourou de la méthode » a compté parmi ses disciples Marlon Brando, Dustin Hoffman, Al Pacino et Marilyn Monroe. Les répétitions sont le plus souvent ouvertes au public. Sandy Meisner a aussi formé de nombreux acteurs, dont Lee Remick, au **Neighborhood Playhouse School of the Theater** ; le public n'est pas admis pour observer les comédiens lors des répétitions.

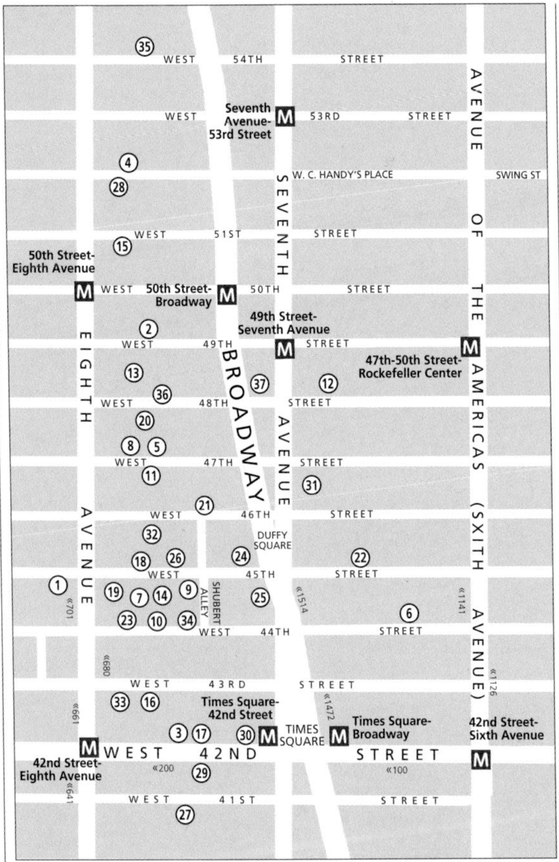

THÉÂTRES DE BROADWAY

1 Al Hirschfield
302 W 45th St.
Tél. *(212) 239-6200.*

2 Ambassador
219 W 49th St.
Tél. *(212) 239-6200.*

3 American Airlines Theater
227 W 42nd St.
Tél. *(212) 719-1300.*

4 August Wilson
245 W 52nd St.
Tél. *(212) 239-6200.*

5 Barrymore
243 W 47th St.
Tél. *(212) 239-6200.*

6 Belasco
111 W 44th St.
Tél. *(212) 239-6200.*

7 Bernard B. Jacobs
242 W 45th St.
Tél. *(212) 239-6200.*

8 Biltmore
261 W 47th St.
Tél. (212) 239 6200.

9 Booth
222 W 45th St.
Tél. *(212) 239-6200.*

10 Broadhurst
235 W 44th St.
Tél. *(212) 239-6200.*

11 Brooks Atkinson
256 W 47th St.
Tél. *(212) 307-4100.*

12 Cort
138 W 48th St.
Tél. *(212) 239-6200.*

13 Eugene O'Neill
230 W 49th St.
Tél. *(212) 239-6200.*

14 Gerald Schoenfield
236 W 45th St.
Tél. *(212) 239-6200.*

15 Gershwin
222 W 51st St.
Tél. *(212) 307-4100.*

16 John Golden
252 W 45th St.
Tél. *(212) 239-6200.*

17 Helen Hayes
240 W 44th St.
Tél. *(212) 239-6200.*

18 Hilton
213 W 42nd St.
Tél. *(212) 307 4100.*

19 Imperial
249 W 45th St.
Tél. *(212) 239-6200.*

20 Longacre
220 W 48th St.
Tél. *(212) 239-6200.*

21 Lunt-Fontanne
205 W 46th St.
Tél. *(212) 307-4747.*

22 Lyceum
149 W 45th St.
Tél. *(212) 239-6200.*

23 Majestic
247 W 44th St.
Tél. *(212) 239-6200.*

24 Marquis
211 W 45th St.
Tél. *(212) 307-4100.*

25 Minskoff
200 W 45th St.
Tél. *(212) 307-4100.*

26 Music Box
239 W 45th St.
Tél. *(212) 239-6200.*

27 Nederlander
208 W 41st St.
Tél. *(212) 307-4100.*

28 Neil Simon
250 W 52nd St.
Tél. *(212) 307-4100.*

29 New Amsterdam
214 W 42nd St.
Tél. *(212) 307 4100.*

30 New Victory
209 W 42nd St.
Tél. *(212) 239-6200.*

31 Palace
1564 Broadway.
Tél. *(212) 307-4100.*

32 Richard Rodgers
226 W 46th St.
Tél. *(212) 307-4100.*

33 St James
246 W 44th St.
Tél. *(212) 239-6200.*

34 Shubert
225 W 44th St.
Tél. *(212) 239-6200.*

35 Studio 54
254 W 54th St.
Tél. *(212) 719 3100.*

36 Walter Kerr
219 W 48th St.
Tél. *(212) 239-6200.*

37 Winter Garden
1634 Broadway.
Tél. *(212) 239-6200.*

Pour les autres théâtres, *voir p. 347.*

La **New Dramatists**, ouverte en 1949, permet aux auteurs de théâtre d'approfondir leur art (ce fut le cas de William Inge). Les lectures de pièces y sont publiques et gratuites.

BALLETS

Le monde new-yorkais de la danse bat au rythme du Lincoln Center (p. 214) où le New York City Ballet, fondé par le légendaire Balanchine, présente ses créations au **New York State Theater** (p. 214). Son directeur actuel, Peter Martins, fut l'un des meilleurs danseurs de Balanchine (p. 49). La saison dure de novembre à février et de fin avril à début juin. L'école de danse du **Juilliard Dance Theater** monte un spectacle de printemps au cours duquel vous admirerez peut-être les vedettes de demain.

L'American Ballet Theater se produit au **Metropolitan Opera House,** qui reçoit aussi des troupes étrangères comme le Bolchoï, le Kirov ou les Royal Ballets. Son répertoire s'étend des classiques tels que le *Lac des Cygnes* aux créations de chorégraphes modernes comme Twyla Tharp et Paul Taylor.

DANSE CONTEMPORAINE

New York est au centre des principaux courants majeurs de la danse contemporaine. Citons en particulier le **Dance Theater of Harlem** réputé pour ses productions modernes, traditionnelles et ethniques. Le **92nd Street Y** et le **Merce Cunningham Studio** de Greenwich Village proposent des chorégraphies expérimentales. **The Kitchen**, **La MaMa, Symphony Space** et **PS 122** sont également des lieux de rencontre de toutes les influences, de la danse contemporaine à la musique d'avant-garde. La compagnie de Mark Morris se produit à Brooklyn au **Mark Morris Dance Center**. Les amateurs de danse fréquentent le **City Center** (p. 148) qui abrita le New York City Ballet et l'American Ballet Theater

avant la construction du Lincoln Center. Le City Center accueille le Joffrey Ballet et des performances de grands artistes contemporains comme Alvin Ailey qui mêle danse moderne, jazz et blues, ou encore Merce Cunningham ou Paul Taylor. Évitez les places en mezzanine, vous ne verrez pas grand-chose.

Le **Joyce Theater** connaît une activité intense : s'y succèdent des compagnies bien établies comme le Feld Ballet, des nouveaux venus et des ensembles étrangers.

Chaque printemps, la **Brooklyn Academy of Music (BAM)** (p. 248) propose de multiples spectacles à l'occasion du festival de la Danse noire. Pendant l'automne, le festival Next Wave célèbre la danse et la musique avant-gardistes internationales. L'hiver est la saison privilégiée de l'American Ballet Festival.

En juin, **New York University** (p. 115) anime le Summer Residency Festival avec conférences, démonstrations, répétitions et pièces, alors que **Dancing in the Streets** organise une fête de la danse avec des spectacles un peu partout.

Au mois d'août, le **Lincoln Center Out of Doors** propose un programme de danse gratuit sur la place, avec des groupes expérimentaux comme l'American Tap Dance Orchestra.

Le **Duke Theater,** tout nouveau, est spécialisé dans la danse contemporaine.

Plusieurs fois par an, **Radio City Music Hall** présente des shows de qualité avec des compagnies provenant du monde entier. À Noël et Pâques, on peut y applaudir les Rockettes.

Les écoles de danse et de chorégraphie admettent souvent les spectateurs dans leurs classes. L'**Alvin Ailey's Repertory Ensemble** favorise l'expression de la culture noire et a ouvert en 2004, le plus grand espace du pays dédié à la danse. La **Hunter College Dance Company** exécute des œuvres de ses étudiants chorégraphes.

L'**Isadora Duncan International Center for Dance** ressuscite les créations de la célèbre danseuse. En matière de danse contemporaine, l'école de chorégraphie du **Juilliard Dance Theater** est la plus réputée.

PRIX

Les productions coûtent cher, il en va de même avec le prix des billets. Les billets off-Broadway ne sont plus aussi bon marché.

Ils sont cependant plus faciles à obtenir et vous pourrez ainsi vous faire votre opinion sur un spectacle avant d'être influencé par la critique.

Les prix des places de théâtre à Broadway sont de 80 $ minimum ; ceux des comédies musicales peuvent atteindre 100 $, tandis que ceux des off-Broadway vont de 25 à 50 $.

Pour les spectacles de danse, le prix habituel est de 20 à 50 $ et jusqu'à 115 $ pour l'**American Ballet Theater.**

HORAIRES

En général, les théâtres ferment le lundi (excepté les music-halls). Ils jouent en matinée le mercredi, le samedi et parfois le dimanche à 14 h.

Le spectacle du soir commence à 20 h. Vérifiez bien la date et l'heure du spectacle avant de vous y rendre. Les billets ne sont pas remboursés.

VISITE DES COULISSES ET CONFÉRENCES

Pour les amateurs de coulisses et d'anecdotes sur les stars, **92nd Street Y** propose de remarquables visites commentées des théâtres comprenant des débats avec des metteurs en scène, des acteurs et des chorégraphes. Des écrivains y participent parfois afin de parler de leurs travaux en cours. Le **Radio City Music Hall** organise aussi des visites guidées.

ADRESSES

OFF-BROADWAY

92nd Street Y
1395 Lexington Ave.
Plan 17 A2.
Tél. (212) 415-5500.

Baruch Performing Arts Center
55 Lexington Ave.
Plan 9 A4.
Tél. (646) 312-4085.

Brooklyn Academy of Music
30 Lafayette Ave.,
Brooklyn.
Tél. (718) 636-4100.

Cherry Lane Theatre
38 Commerce St.
Plan 3 C2.
Tél. (212) 239-6200

HERE Art Center
145 6th Ave.
Plan 4 D4.
Tél. (212) 647-0202.

Circle in the Square
1633 Broadway.
Plan 12 E4.
Tél. (212) 307-0388.

Delacorte Theater
Central Park. (81st St.)
Plan 16 E4.
Tél. (212) 539-8750.
En été seul.

Douglas Fairbanks Theater
432 W 42nd St.
Plan 7 C1.
Tél. (212) 239-6200.

Lambs Theater
130 W 44th St.
Plan 12 E5.
Tél. (212) 575-0300.

Lucille Lortel Theater
121 Christopher St.
Plan 3 C2.
Tél. (212) 924-2817.

Manhattan Theater Club
311 W 43rd St.
Plan 8 D1.
Tél. (212) 399-3000.

New York Theater Workshop
79 E 4th St. **Plan** 4 F2.
Tél. (212) 460-5475.

Public Theater
425 Lafayette St.
Plan 4 F2.
Tél. (212) 539-8500.

Symphony Space
2537 Broadway.
Plan 15 C2.
Tél. (212) 864-5400.

Vivian Beaumont
Lincoln Center.
Plan 11 C2.
Tél. (212) 362-7600.

OFF-OFF-BROADWAY

Bouwerie Lane Theater
330 Bowery.
Plan 4 F2.
Tél. (212) 677-0060.

The Kitchen
512 W 19th St.
Plan 7 C5.
Tél. (212) 255-5793.

Performing Garage
33 Wooster St.
Plan 4 E4.
Tél. (212) 966-3651.

York Theater at St. Peter's Church
Citigroup Center,
619 Lexington Ave.
Plan 13 A4.
Tél. (212) 935-5820.

THÉÂTRES D'AVANT-GARDE

La MaMa
74a E 4th St. **Plan** 4 F2.
Tél. (212) 475-7710.

P.S. 122
150 First Ave.
Plan 5 A1.
Tél. (212) 477-5288.

Public Theater
Voir Off-Broadway.

ÉCOLES DE THÉÂTRES

The Actors' Studio
432 W 44th St.
Plan11 B5.
Tél. (212) 757-0870.

New Dramatists
424 W 44th.
Plan 11 C5.
Tél. (212) 757-6960.

DANSE

92nd Street Y
Voir Off-Broadway.

Alvin Ailey American Dance Center
405 West, 55th St.
Plan 11 D4.
Tél. (212) 405-9000.

Brooklyn Academy of Music
Voir Off-Broadway.

City Center
130 W 56th St.
Plan 12 E4.
Tél. (212) 581-1212.

Dance Theater of Harlem
466 W 152nd St.
Tél. (212) 690-2800.

Dance Theater Workshop
219 W 19th St.
Plan 8 E5.
Tél. (212) 924-0077.

Dancing in the Streets
55 Sixth Ave (bureaux)
Tél. (212) 625-3505.

Hunter College Dance Company
695 Park Ave.
Plan 13 A1.
Tél. (212) 772-4490.

Isadora Duncan Dance Foundation
141 W 26th St.
Plan 20 D2.
Tél. (212) 691-5040.

Joyce Theater
175 Eighth Ave et 19th St.
Plan 8 D5.
Tél. (212) 242-0800.

Juilliard Dance Theater
60 Lincoln Center Plaza,
W 65th St.
Plan 11 C2.
Tél. (212) 769-7406.

GRANDES SALLES

Duke Theater
229 W 42nd St.
Plan 8 E1.
Tél. (646) 223-3000.

The Kitchen
Voir Off-Off Broadway.

La MaMa
Voir Théâtres d'avant-garde.

Lincoln Center Out of Doors
Lincoln Center, Broadway
et 64th St. **Plan** 11 C2.
Tél. (212) 362-6000.

Manhattan Center
311 W 34th St. **Plan** 8 D2.
Tél. (212) 279-7740.

Mark Morris
3 Lafayette Ave. (Brooklyn)
Tél. (718) 624-8400.

Merce Cunningham Studio
55 Bethune St. **Plan** 3 B2.
Tél. (212) 255-8240.

Metropolitan Opera House
Lincoln Center,
Broadway et 65th St.
Plan 11 C2.
Tél. (212) 362-6000.

New York State Theater
Lincoln Center, Broadway
et 65th St. **Plan** 11 C2.
Tél. (212) 870-5570.

New York University
Tisch School of the Arts
(TSOA), 111 2nd Ave.
Plan 4 F1.
Tél. (212) 998-1920.

P.S. 122
Voir Théâtres d'avant-garde.

Radio City Music Hall
50th St et Ave of the
Americas. **Plan** 12 F4.
Tél. (212) 307-7171.

Symphony Space
Voir Off-Broadway.

VISITE DES COULISSES

92nd Street Y
Voir Off-Broadway.

Radio City Music Hall
Tél. (212) 307-7171.

Spectacles
www.broadway.org
www.playbill.com
www.newyork.citysearch.
com

Cinéma

New York est le paradis des cinéphiles. Non seulement les films américains se donnent des mois avant leur sortie à l'étranger, mais on peut voir aussi de nombreux grands classiques et des films étrangers. La ville sert aussi de banc d'essai aux innovateurs et engendre sans cesse de nouveaux talents. De célèbres réalisateurs comme Spike Lee, Martin Scorsese ou Woody Allen y sont nés et ont été nourris de sa culture si particulière, d'où la présence régulière de la ville dans leurs œuvres. Ils ont ainsi révélé certains côtés plus ou moins insolites de New York. Vous aurez peut-être la chance de les rencontrer sur un tournage au détour d'une rue.
Les studios de télévision offrent des billets gratuits à ceux qui désirent regarder l'enregistrement de leurs programmes. Le *David Letterman Show,* par exemple, est très apprécié des visiteurs.

PREMIÈRES EXCLUSIVITÉS

L'accueil du public et des critiques new-yorkais est si important pour le succès des films que les premières ont lieu dans les cinémas les plus prestigieux de Manhattan. Les exclusivités sont projetées le plus souvent dans les établissements appartenant aux chaînes comme le Loews, United Artists et Cineplex Odeon. Les répondeurs téléphoniques de certaines salles indiquent les horaires, les prix et la durée des films.

Les séances commencent à 10 h ou 11 h et se succèdent toutes les deux ou trois heures, jusqu'à minuit. Le soir et le week-end, il faut s'attendre à faire la queue pour voir un film à succès. Préférez les séances avant 16 h si possible. Si vous réservez avec une carte de

crédit, vous aurez un supplément d'environ 1 $ par billet. Les personnes âgées peuvent obtenir des billets à tarif réduit à partir de 60, 62 ou 65 ans, suivant les salles.

NEW YORK FILM FESTIVAL

Né il y a déjà 30 ans, le festival du film de New York est organisé par la **Film Society du Lincoln Center.** Il commence fin septembre et se poursuit pendant deux semaines dans les nombreuses salles du Lincoln Center. Les nouvelles productions américaines et étrangères participent à une compétition où l'on ne gagne aucun prix, sinon le prestige d'une nomination. La plupart des films présentés pendant le festival continuent à circuler dans le circuit du cinéma d'art et essai.

Le **TriBeCa Film Festival** fut créé en 2002 pour honorer New York en temps que capitale de la production de films et favoriser la renaissance de Lower Manhattan. Fondé notamment par Robert De Niro, il se déroule généralement en avril et début mai et présente un large choix de films – classiques, documentaires et premières. Au printemps, **Docfest,** le festival international du documentaire de New York, propose cinq jours de projections de films et de documentaires du monde entier, suivies de débats avec les réalisateurs.

CATÉGORIES DE FILMS

Aux États-Unis, les films sont désignés selon le code suivant :
G Pour tout public.
PG Suivant l'appréciation des parents. Certaines scènes peuvent choquer les enfants.
PG-13 Avertissement aux parents. Certaines scènes ne conviennent pas aux enfants de moins de 13 ans.
R Interdit au moins de 17 ans non accompagnés.
NC-17 Interdit au moins de 17 ans.

LIEUX DE TOURNAGES

De nombreux lieux à New York ont marqué l'histoire du cinéma. Parmi eux :

Brill Building (sur Broadway) abrite l'appartement de Burt Lancaster dans *Le Grand chantage.*
Brooklyn Bridge sert de décor à *Mo' Better Blues,* de Spike Lee.
Brooklyn Heights et le **Metropolitan Opera** apparaissent dans *Éclair de lune.*
Central Park a servi de cadre à d'innombrables films, tels *Love Story* et *Marathon Man.*
55 Central Park West fut la maison de Sigourney Weaver dans *SOS Fantômes.*
À **Chinatown** a été en partie tourné *L'Année du dragon.*
Le **Dakota** fut habité par Mia Farrow dans *Rosemary's Baby.*
L'**Empire State Building** en haut duquel *King Kong* livre son héroïque et ultime combat. C'est sur sa plate-forme d'observation que Cary Grant attend en vain dans *Affair to remember (Elle et lui).*
Grand Central Station rappelle la rencontre entre Robert Walker et Judy Garland dans *Under the Clock* ainsi que l'étonnante scène du bal de *Fisher King.*
Harlem est le cadre dans lequel évoluent les musiciens de jazz et les danseurs de *Cotton Club.*
Au **Katz's Deli** a été tournée la mémorable scène de café entre Meg Ryan et Billy Cristal dans *Quand Harry rencontre Sally.*
Little Italy a servi de décor pour *Le Parrain I et II.*
C'est au **Russian Tea Room** que Dustin Hoffman déjeune avec son agent dans *Tootsie.*
On retrouve l'immeuble des **Nations unis** dans *La mort aux trousses* de Hitchcock.
Washington Square où Robert Redford et Jane Fonda marchent dans le film *Pieds nus dans le parc.*

FILMS ÉTRANGERS ET CINÉMAS D'ART ET D'ESSAI

L'Angelica Film Center présentent les nouvelles productions étrangères ou indépendantes; son bar-café est étonnant. Parmi les autres bonnes salles : le **Rose Cinemas,** à la BAM, le **Film Forum** et le **Lincoln Plaza.** Le Plaza accueille de nombreux films étrangers et d'art et d'essai. Les productions asiatiques, indiennes et chinoises sont projetées à l'**Asia Society.** Tous les mardis, le **French Institute** passe des films français sous-titrés. Le **Quad Cinema** présente un large éventail de films étrangers (certains très rares). C'est au **Cinema Village** que se déroule le festival de l'Animation.

Le **Walter Reade Theater** abrite le Film Society of the Lincoln Theater : on peut y voir des rétrospectives de films internationaux et des nouveautés (comme le festival Spanish Cinema Now).

FILMS CLASSIQUES ET MUSÉES

Les rétrospectives en l'honneur d'un réalisateur ou d'un comédien ont lieu au **Public Theater** et au **Whitney Museum of American Art** (*p. 200-201*). Le **Museum of the Moving Image** (*p. 246*) passe de vieux films et expose des souvenirs de l'industrie du cinéma. Le **Paley Center for Media** (*p. 171*) présente régulièrement des classiques et des programmes de radio ou de télévision à ses visiteurs. Quels que soient leurs goûts, les cinéphiles dénicheront des trésors à l'**Anthology Film Archives.**

Les spectacles sur le ciel du **Rose Center for Earth and Space** à l'**American Museum of Natural History** valent largement la visite.

Les soirs d'été, dans Bryant Park, vous pourrez voir gratuitement de grands classiques, et le samedi matin, emmener vos enfants à la **Film Society du Lincoln Center** où l'on propose des programmes pour les jeunes.

SHOWS TÉLÉVISÉS

De nombreux programmes télévisés sont produits à New York. S'il est quasiment impossible d'obtenir des billets pour les *David Letterman Show* ou pour *Saturday Night Live*, on peut en avoir pour d'autres programmes en appelant les chaînes **NBC, ABC** et **CBS** ou en se rendant sur place.

Une bonne adresse pour obtenir des entrées gratuites, le **Times Square Information Center** (*p. 368*). Certains matins de semaine, sur la 5e Avenue aux alentours de **Rockefeller Plaza,** des billets gratuits pour les enregistrements télévisés sont parfois distribués par le personnel des sociétés de production. C'est un coup de chance : il faut être au bon endroit au bon moment !

NBC organise des visites de ses studios du lundi au jeudi de 8 h 30 à 16 h 30, du vendredi au samedi de 9 h 30 à 17 h 30 et le dimanche de 9 h 30 à 16 h 30.

COMMENT CHOISIR

Face à l'ampleur du choix proposé par les salles obscures de Manhattan, consultez les rubriques de spectacles dans le magazine *New York* ou dans le *New York Times, Village Voice* ou encore *The New Yorker*. Vous pouvez aussi consulter les sites suivants :
www.moviefone.com
www.movietickets.com.

ADRESSES

ABC
Tél. (212) 580-5176.
www.abc.com.

American Museum of Natural History
Central Park W et 79th St.
Plan 16 D5.
Tél. (212) 769-5100.

Angelika Film Center
18 W Houston St.
Plan 4 E3.
Tél. (212) 995-2000.

Anthology Film Archives
32 2nd Ave et 2nd St.
Plan 5 C2.
Tél. (212) 505-5181.

Asia Society
725 Park Ave. **Plan** 13 A1.
Tél. (212) 517-2742.

CBS
Tél. (212) 247-6497.

Cinema Village
22 E 12th St. **Plan** 4 F1.
Tél. (212) 924-3363.

Docfest
Tél. (212) 668-1100.
www.docfest.org

Film Forum
209 W Houston St.
Plan 3 C3.
Tél. (212) 727-8110.

French Institute
55 E 59th St. **Plan** 12 F3.
Tél. (212) 355-6160.

Lincoln Plaza Cinema
1886 Broadway.
Plan 12 D2.
Tél. (212) 757-2280.

Museum of Modern Art
11 W 53rd St. **Plan** 12 F4.
Tél. (212) 708-9480.

Museum of the Moving Image
35th Ave et 36th St.
Astoria, Queens.
Tél. (718) 784-0077.

Paley Center for Media
25 W 52nd St. **Plan** 12 F4.
Tél. (212) 621-6600.

NBC
30 Rockefeller Plaza et 49th St.
Tél. (212) 664-3056.
www.nbc.com

Public Theater
425 Lafayette St.
Plan 4 F4.
Tél. (212) 539-8500.

Quad Cinema
34 W 13th St.
Plan 4 D1.
Tél. (212) 255-8800.

Rockefeller Plaza
47th-50th St, 5th Ave.
Plan 12 F5.

Rose Cinemas
Brooklyn Academy of Music (BAM), 30 Lafayette Ave, Brooklyn.
Tél. (718) 638-4100.

TriBeCa Film Festival
Tél. (212) 941-2400.
www.tribecafilmfestival.org

Walter Reade Theater
70 Lincoln Center Plaza.
Plan 12 D2.
Tél. (212) 875-5600.

Whitney Museum of American Art
945 Madison Ave.
Plan 13 A1.
Tél. 1-800-WHITNEY.

Musique contemporaine et musique classique

Les New-Yorkais font preuve d'un appétit insatiable en matière de musique. Les plus grands artistes du monde, parfois les plus jeunes ou les plus exotiques, se produisent dans les salles de concert de la ville, trouvant toujours un public à l'écoute.

BILLETS

Consultez la rubrique « Spectacles » du *New York Times, Village Voice* ou *Time Out New York* pour vous tenir informé de ce qui se passe en ville.

MUSIQUE CLASSIQUE

Le New York Philharmonic est l'orchestre de l'**Avery Fisher Hall** *(p. 215)* où se tiennent chaque année le festival Mostly Mozart et les Young People's Concerts. L'**Alice Tully Hall** du Lincoln Center, à l'incomparable acoustique, abrite la Chamber Music Society.

L'une des plus belles salles du monde est le **Carnegie Hall** *(p. 148)*. À l'étage, le Weill Recital Hall propose des concerts de qualité à des prix modérés.

La **Brooklyn Academy of Music (BAM)** *(p. 248)* abrite le Brooklyn Philharmonic. Le **New Jersey Performance Arts Center** à Newark est devenu l'un des hauts lieux de la musique classique, de la danse, de l'opéra, du jazz et de la world music.

Des solistes et ensembles de chambre de haute volée se produisent au **Merkin Concert Hall**. Le **Town Hall** est réputé pour son acoustique exceptionnelle. Au **92nd Street Y** Kaufmann Concert Hall, le programme est riche en musique et en danse. La **Frick Collection** et **Symphony Space** offrent

RADIOS FM CLASSIQUE

À New York, trois stations FM diffusent de la musique classique (et une sélection d'autres genres) : WQXR sur 96.3, la National Public Radio Station WNYC sur 93.9 et WKCR sur 89.9.

des programmes musicaux très divers – du gospel à Gershwin. Le bel auditorium Grace Rainey Rogers au **Metropolitan Museum of Art** accueille de la musique de chambre et des solistes, tout comme **Florence Gould Hall,** à l'Alliance française, offre un programme varié de musique de chambre et de pièces symphoniques.

Les plus célèbres écoles de musique sont la **Juilliard School of Music** et le **Mannes College of Music**. Élèves et enseignants y donnent des récitals gratuits. Elles accueillent aussi orchestres, groupes de musique de chambre ou troupes d'opéra connues.

La **Manhattan School of Music** programme quelque 400 concerts par an (du classique au jazz).

Les répétitions du concert du jeudi du New York Philharmonic ont lieu le matin à 9 h 45 à l'**Avery Fisher Hall**. Le public y est souvent admis et les billets sont bon marché. La **Koscinszko Foundation** est un haut lieu de la musique de chambre. La Chopin Competition s'y tient annuellement. Le programme musical de **Corpus Christi Church,** où figurent des ensembles comme les Tallis Scholars, est très fourni.

OPÉRA

Le **Lincoln Center** *(p. 212)* est le cœur de l'activité lyrique new-yorkaise. Il abrite le New York City Opera et le **Metropolitan Opera House**. Le Met présente les meilleurs artistes internationaux mais est souvent critiqué pour son approche trop classique des œuvres. Le New York City Opera, plus accessible et dynamique, met en scène un répertoire varié et permet au public de comprendre l'intrigue grâce à des

sous-titres sur écran. Pour entendre de nouvelles voix, encore inconnues, à prix modéré, faites un tour du côté du **Village Light Opera Group,** de l'**Amato Opera Theater,** du **Kaye Playhouse** au Hunter College ou du **Juilliard Opera Center**.

MUSIQUE CONTEMPORAINE

New York est un des lieux phares de la musique contemporaine expérimentale, exotique ou ethnique. La **Brooklyn Academy of Music (BAM)** est à la pointe de l'avant-garde. Chaque automne, elle organise un festival appelé Next Wave qui a déjà lancé de nombreux musiciens.

L'**Ethical Culture Society Hall** propose aussi son festival annuel de musique moderne, appelé Bang on a Can, et invite des compositeurs comme Pierre Boulez et John Cage. Les « expérimentaux », dont David Weinstein et sa musique « test d'acide audiovisuel » (mêlant instruments amplifiés, claviers électroniques et effets sonores) se produisent au **Dance Theater Workshop**. Autre lieu de musique, l'**Asia Society** *(p. 187)* et son merveilleux théâtre reçoivent des artistes asiatiques sans oublier **St Peter's Church**.

VISITES DES COULISSES

N'oubliez pas les visites guidées des coulisses de **Lincoln Center** et **Carnegie Hall.**

MUSIQUE RELIGIEUSE

Rien n'est plus émouvant qu'un concert de Pâques dans **Cathedral of St John the Divine** *(p. 226-227)*. On pourra aussi suivre le calendrier musical religieux dans certains musées de la ville, à **Grand Central Terminal** *(p. 156-157)*, mais aussi dans certains halls de banques ou d'hôtels. Si vous désirez écouter du jazz en fin d'après-midi, rendez-vous à **St Peter's Church** *(p. 177).* La plupart des concerts sont gratuits, mais un don sera le bienvenu.

CONCERTS EN PLEIN AIR

L'été, le **Bryant Park,** le **Washington Square** et le **Damrosch Park du Lincoln Center** proposent des concerts en plein air. Le New York Philharmonic et le Metropolitan Opera participent à ceux donnés sur la grande pelouse de Central Park et au Brooklyn's Prospect Park. Par beau temps, des musiciens de rues jouent au South Street

Seaport devant le **Metropolitan Museum of Art** *(p. 190-197)* et autour de Washington Square.

CONCERTS GRATUITS

Des concerts se tiennent toute l'année aux **Cloisters** *(p. 236-239)* et au Philip Morris Building du **Whitney Museum** *(p. 152).* Des récitals se donnent le dimanche après-midi au Rumsey Playfield dans Naumburg Bandshell à Central Park, ainsi qu'au Summerstage. Appelez le **Dairy** pour davantage d'informations. Des concerts

ont lieu également au **Federal Hall** *(p. 68).* Allez savourer au **Lincoln Center** les prestations de la **Juilliard School of Music.** Autres lieux populaires, **Greenwich House Music School** (récitals gratuits) et le **Winter Garden** du World Financial Center *(p. 69).* De nombreux concerts gratuits se tiennent dans les églises telles que **St Paul's Chapel** et **Trinity Church Wall Street** *(p. 68)* et St. Thomas Church *(p. 171).*

CONCERTS

www.nymag.com
www.nytoday.com
www.newyork.citysearch.com

ADRESSES

92nd Street Y
1395 Lexington Ave.
Plan 17 A2.
Tél. (212) 415-5500.

Amato Opera Theater
319 Bowery et 2nd St.
Plan 4 F2.
Tél. (212) 228-8200.

Asia Society
725 Park Ave.
Plan 13 A1.
Tél. (212) 517-2742.

Brooklyn Academy of Music
30 Lafayette Ave, Brooklyn.
Tél. (718) 636-4100.

Bryant Park
Plan 8 F1.
Tél. (212) 768-4242.

Carnegie Hall
881 7th Ave. **Plan** 12 E3.
Tél. (212) 247-7800.

Cathedral of St John the Divine
1047 Amsterdam Ave et 112th St. **Plan** 20 E4.
Tél. (212) 316-7540.

The Cloisters
Fort Tryon Park.
Tél. (212) 923-3700.

Corpus Christi Church
529 W 121st St.
Plan 20 E2.
Tél. (212) 666-9350.

The Dairy
Central Park et 65th St.
Plan 12 F2.
Tél. (212) 794-6564.

Dance Theater Workshop
Voir Danse p. 347.

Ethical Culture Society Hall
2 W 64th St.
Plan 12 D2.
Tél. (212) 874-5210.

Federal Hall
26 Wall St.
Plan 1 C3.
Tél. (212) 825-6888.

Florence Gould Hall (à l'Alliance Française)
55 E 59th St.
Plan 13 A3.
Tél. (212) 355-6160.

Frick Collection
1 E 70th St.
Plan 12 F1.
Tél. (212) 288-0700.

Greenwich House Music School
46 Barrow St.
Plan 3 C2.
Tél. (212) 242-4770.

Kaye Playhouse (Hunter College)
695 Park Ave. **Plan** 13 A1.
Tél. (212) 772-4448.

Kosciuszko Foundation
15 E 65th St. **Plan** 12 F2
Tél. (212) 734-2130.

Lincoln Center
155 W 65th St.
Plan 11 C2.
Tél. (212) 546-2656.
Visite des salles:
Tél. (212) 875-5350.

Alice Tully Hall
Tél. (212) 875-5050.

Avery Fisher Hall
Tél. (212) 875-5030.

Damrosch Park
Tél. (212) 875-5000.

Juilliard Opera Center
Tél. (212) 769-7406.

Juilliard School of Music
Tél. (212) 799-5000.

Metropolitan Opera House
Tél. (212) 362-6000.

Manhattan School of Music
120 Claremont Ave.
Plan 20 E2.
Tél. (212) 749-2802.

Mannes College of Music
150 W 85th St.
Plan 15 D3.
Tél. (212) 580-2010.

Merkin Hall
129 W 67th St.
Plan 11 D2.
Tél. (212) 501-3330.

Metropolitan Museum of Art
1000 5th Ave et 82nd St.
Plan 16 F4.
Tél. (212) 535-7710.

New Jersey Performance Arts Center
1 Center St, Newark, NJ.
Tél. 1-888-466-5722.

St Paul's Chapel
Broadway et Fulton St.
Plan 1 C2.
Tél. (212) 233-4164.

St Peter's Church
619 Lexington Ave.
Plan 13 A4.
Tél. (212) 935-2200.

Symphony Space
2537 Broadway.
Plan 15 C2.
Tél. (212) 864-5400.

Town Hall
123 W 43rd St.
Plan 8 E1.
Tél. (212) 997-1003.

Trinity Church
Broadway et Wall St.
Plan 1 C3.
Tél. (212) 602-0800.

Village Light Opera Group
Représentations :
Haft Auditorium, Fashion Institute of Technology,
227 W 27th St.
Plan 8 E3.
Tél. (212) 352-3101.

Washington Square
Plan 4 D2.

Whitney Museum
Philip Morris Building,
120 Park Ave et 42nd St.
Plan 9 A1.
Tél. 1-800-944-8639.

Winter Garden
World Financial Center,
West St.
Plan 1 A2.
Tél. (212) 945-2600.

Rock, jazz et world music

Toutes les musiques vibrent à New York, de la world music à la pop des années 1960 en passant par la country, le jazz, le blues, la soul et les improvisations de rue. La scène musicale change à un rythme étourdissant : beaucoup d'appelés, peu d'élus. Personne ne peut prédire ce que vous trouverez à votre arrivée, ni ce que seront les derniers tubes.

PRIX ET PLACES

Dans les clubs, vous payerez un droit d'entrée et un minimum d'une ou deux consommations (à 7 $ ou plus). Les prix des concerts varient de 50 à 150 $ pour les plus courus. Certaines salles de concert plus petites disposent d'espaces pour s'asseoir et d'autres pour danser, à des prix différents.

Des vedettes comme Elton John, Bruce Springsteen ou Prince se produisent dans les grandes arènes comme **Meadowlands** ou **Madison Square Garden** *(p. 135)*. Les billets pour ces concerts s'écoulent en un clin d'œil, achetez-en autant qu'il vous en faut et dès que possible ! Vous risquerez sinon d'avoir à les payer plus tard très cher à un intermédiaire *(p. 341)*. Pendant l'été, de grands concerts en plein air se déroulent à la plage de Jones Beach *(p. 255)* et au **Central Park SummerStage**.

Des orchestres connus se produisent dans des espaces de taille moyenne comme l'Art Deco Palace du **Radio City Music Hall,** le **Music Hall** (ex Hamerstein Ballroom) et le **Beacon Theater**. Parmi les nouveaux venus, le **Nokia Theater** sur Times Squares affiche un programme impressionnant dans une salle ultramoderne réputée pour son acoustique. Les salles les plus appréciées pour les concerts sont situées dans Upper West Side.

Les bars constituent la scène privilégiée du rock. Ils proposent généralement un groupe différent chaque soir. Consultez le *New York Times, Village Voice* ou *Time Out New York* ou bien appelez-les pour savoir qui joue et à quelle heure.

ROCK

Il y en a pour tous les goûts : hard, cool, techno, psychédélique, funk, post-punk et alternatif. Si vous préférez l'ambiance d'un concert *live* à son image sur écran géant, les lieux suivants devraient vous plaire.

La **Knitting Factory** présente du jazz et de la new music tandis que le **Mercury Lounge** est un des lieux les plus branchés, et propose bien souvent des groupes façonnés par MTV. **Irving Plaza** est un lieu où jouent des groupes de rock souvent peu connus mais aussi des musiciens de country et de blues célèbres.

L'inauguration du **Bowery Ballroom** en 1998 a favorisé la renaissance du Lower East Side. L'acoustique et la taille de la salle y sont pour beaucoup, attirant tournées célèbres et groupes locaux.

L'ancienne bodega **Arlene's Grocery** a une clientèle branchée et fidèle depuis 1995 grâce à un programme aussi bien rock, country que comique. L'affiche du **Joe's Pub** est éclectique : rock, jazz, hip-hop et musique d'ambiance. Plus huppé, **Crash Mansion** offre une tribune à de nouveaux talents de tous horizons musicaux, ainsi qu'à des artistes reconnus tels que Norah Jones.

JAZZ

Les premiers Cotton Club et Connie's Inn, creusets du jazz new-yorkais, ont disparu depuis longtemps, tout comme les bars de l'ère de la prohibition de la 52ᵉ Rue Ouest. Des légendes vivantes continuent à se produire, alors que d'autres poursuivent la voie tracée par Duke Ellington et Count Basie. À Harlem, le **Lenox Lounge,** branché mais décontracté, fait découvrir du jazz contemporain tous les week-ends.

À Greenwich Village survivent quelques temples du jazz des années 1930. Le plus fameux est le **Village Vanguard** où les trios de McCoy Tyner et Branford Marsalis se produisent parfois. Le **Blue Note** accueille de grands orchestres. L'addition est salée mais l'ambiance excellente. **Smalls** présente un jazz pointu : quatre concerts par soir sont proposés par deux orchestres différents (lun.-sam.). **Knitting Factory** présente du jazz contemporain et d'avant-garde et **Smoke** propose d'écouter, dans un cadre intime, des musiciens très différents.

Le **Birdland** programme des disciples de Mingus et Bud Shank.

Le **Café Carlyle** situé dans East Side et réputé pour son pianiste et chanteur de jazz Bobby Short, accueille le clarinettiste et réalisateur Woody Allen aux côtés d'Eddy Davis et de son New Orleans Jazz Band. Presque tous les soirs en semaine, **Jazz Standard,** qui possède un grand espace en sous-sol, révèle des interprètes de premier ordre.

Le jazz progressif est en vedette au nouveau club-restaurant **Iridium. Fez Under Time Café** propose le Mingus Big Band Workshop chaque jeudi. Ne manquez pas en juin le **JVC Jazz Festival** au cours duquel des stars comme Oscar Peterson et BB King jouent ou chantent dans différentes salles de Manhattan.

Tout au long de l'année, des activités, dont des concerts du Lincoln Center Jazz Orchestra dirigé par Wynton Marsalis, sont programmées à **Jazz at Lincoln Center**. On y joue aussi bien du Duke Ellington typiquement new-yorkais, que du Johnny Dodd, un classique de la Nouvelle-Orléans. Jazz at Lincoln Center a maintenant son propre lieu depuis qu'il a emménagé dans le premier centre artistique dédié au jazz. Le centre fait partie du nouveau Time Warner Center. Les installations, au-dessus de Central Park, comprennent plusieurs salles, avec des kiosques à musique et une piste de danse en plein air *(p. 215)*.

Enfin, le vendredi soir, le **Rose Center** (au **AMNH**) propose des concerts de jazz.

FOLK ET COUNTRY

Célèbre mais moins à la mode, **Bitter End** présente des musiques folk, rock et R&B (rhythm and blues). On y trouvait par le passé

James Taylor et Joni Mitchell ; aujourd'hui, il se spécialise dans les nouveaux talents. De même, le bar **Kenny's Castaways** mise sur les espoirs locaux. Le **Sidewalk Café** est aussi à essayer.

BLUES, SOUL ET WORLD MUSIC

Parmi les choix possibles pour écouter ces types de musique, pensez à l'**Apollo Theater** *(p. 230)* de Harlem. Depuis près de 60 ans, les soirées pour amateurs du mercredi ont permis de découvrir et de lancer des stars comme James Brown et Dionne Warwick.

Le **Cotton Club** n'est plus au même endroit, mais il propose un excellent

programme de blues, de jazz et de gospel. Parmi les artistes qui viennent se produire au **B.B. King's Blues Club**, il est fréquent d'entendre des légendes du jazz et du gospel. On peut y manger, mais c'est plutôt coûteux. Ne manquez pas les « Mambo Mondays » de Nestor Torres au **SOB's** (Sounds of Brazil), une salle spécialisée dans les rythmes afro-latins.

Terra Blues est un bar intéressant où l'on joue du blues classique de Chicago et du blues moderne.

The Note présente une programmation éclectique. À la fois café, centre communautaire et salle expérimentale, **5C Café** nous propulse dans le New York d'autrefois.

ADRESSES

LIEUX DE CONCERTS

Beacon Theater
2124 Broadway.
Plan 15 C5.
Tél. *(212) 465-6500.*

Central Park SummerStage
Rumsey Playfield.
Plan 12 F1.
Tél. *(212) 360-2777.*

Continental Arena Meadowlands
50 Route 120 E
Rutherford, NJ.
Tél. *(201) 935-3900.*

Madison Square Garden
7th Ave et 33rd St.
Plan 8 E2.
Tél. *(212) 465-6741.*

Manhattan Center
311 W 34th St. **Plan** 8 D2.
Tél. *(212) 279-7740.*

Nokia Theatre
1515 Broadway.
Plan 12 E5.
Tél. *(212) 930-1959.*

Radio City Music Hall
Voir p. 347.

ROCK

Arlene's Grocery
95 Stanton St. **Plan** 5 A3.
Tél. *(212) 995-1652.*

Bowery Ballroom
6 Delancey St.
Plan 4F3.
Tél. *(212) 533-2111.*

Crash Mansion
199 Bowery. **Plan** 4 F3.
Tél. *(212) 982-7767.*

Joe's Pub
Public Theater, 425
Lafayette St. **Plan** 4 F2.
Tél. *(212) 539-8770.*

Knitting Factory
74 Leonard St.
Plan 4 E5.
Tél. *(212) 219-3132.*

Mercury Lounge
217 E Houston St.
Plan 5 A3.
Tél. *(212) 260-4700.*

Irving Plaza
17 Irving Pl. **Plan** 9 A5.
Tél. *(212) 777-6800.*

JAZZ

Birdland
315 W 44th St.
Plan 12 D5.
Tél. *(212) 581-3080.*

Blue Note
131 W 3rd St.
Plan 4 D2.
Tél. *(212) 475-8592.*

Café Carlyle
95 E 76th St. **Plan** 17 A5.
Tél. *(212) 744-1600.*

Fez Under Time Café
2330 Broadway.
Plan 15 C5.
Tél. *(212) 579-5100*

Iridium
1650 Broadway.
Plan 12 D2. **Tél.** *(212) 582-2121.*

Jazz at Lincoln Center
www.festivalnetwork.com

Jazz Standard
116 E 27th St. **Plan** 9 A3
Tél. *(212) 576-2232.*

JVC Jazz Festival
Tél. *(212) 501-1390.*

Lenox Lounge
288 Malcolm X Boulevard.
Plan 21 B2.
Tél. *(212) 427-0253.*

Rose Center
79th St et CPW. **Plan** 16
D5. **Tél.** *(212) 769-5100.*

Smalls
183 W 10th St. **Plan** 3 C2.
Tél. *(212) 252-5091.*

Smoke
2751 Broadway.
Plan 20 E5. **Tél.** *(212) 864-6662.*

Village Vanguard
178 7th Ave S. **Plan** 3 C1.
Tél. *(212) 255-4037.*

FOLK ET COUNTRY

Bitter End
147 Bleecker St.
Plan 4 E3.
Tél. *(212) 673-7030.*

Kenny's Castaways
157 Bleecker St.
Plan 4 E3.
Tél. *(212) 979-9762.*

Sidewalk Café
94 Ave A. **Plan** 5 B2.
Tél. *(212) 473-7373.*

BLUES, SOUL ET WORLD MUSIC

Apollo Theater
253 W 125 St. **Plan** 19
A1. **Tél.** *(212) 531-5305.*

B.B. King's Blues Club
237 W 42nd St.
Plan 8 E1.
Tél. *(212) 997-4144.*

5 C Café
68 Avenue C. **Plan** 5 C2.
Tél. *(212) 477-5993.*

Cotton Club
656 W 125th St. **Plan** 22
F2. **Tél.** *(212) 663-7980.*

SOB's
204 Varick St. **Plan** 4 D3.
Tél. *(212) 243-4940.*

Terra Blues
149 Bleecker St. **Plan**
4 E3. **Tél.** *(212) 777-7776.*

Boîtes de nuit, dancings et clubs pour gays et lesbiennes

La vie nocturne de New York est à la hauteur de sa réputation légendaire. Que vous aimiez les discothèques bruyantes, la *stand-up comedy* (one-man-show comique) ou la douce ambiance d'un piano-bar, vous n'aurez que l'embarras du choix. Parmi les grandes discothèques qui ont fait fureur dans les années 1980, peu ont survécu à la mode actuelle, qui privilégie le confort et le style *supper clubs* (petit restaurant avec danse ou spectacle).

INFORMATIONS PRATIQUES

Il est nettement plus branché – et moins onéreux – de fréquenter les boîtes de nuit les soirs de semaine. N'oubliez pas de vous munir de votre carte d'identité prouvant que vous avez plus de 21 ans (donc que vous pouvez boire de l'alcool), mais restez vigilant car les boissons coûtent souvent très cher.

Les clubs les plus branchés restent ouverts jusqu'à 4 heures du matin ou plus. Les modes comme les horaires changent régulièrement. Renseignez-vous au Tower Records, sur Broadway, vérifiez dans les magazines (*p. 340*) ou consultez le *Village Voice*. Le bouche à oreille est souvent la meilleure source d'informations. Le mieux est d'aller au **Pacha** en espérant y glaner quelques tuyaux. On y distribue également des invitations pour d'autres boîtes de nuit.

DANCINGS

Les New-Yorkais aiment autant la danse que la musique. On trouve des endroits où danser dans toute la ville, de l'incontournable **SOB's** – jungle, reggae, soul, jazz et salsa – à d'immenses discothèques, dont **Roseland,** ouvert le jeudi et le dimanche. Là, règne encore l'atmosphère du Broadway d'autrefois. Le restaurant peut accueillir jusqu'à 700 couverts. La cuisine est bonne et le bar bien fourni.

Né à Ibiza, le légendaire club **Pacha** vient de s'offrir quatre étages luxueux au cœur de Times Square où il accueille sans discontinuer les plus grands DJ internationaux devant la plus colossale des sonos. Tout aussi classe avec sa vitrine VIP en mezzanine, le **Marquee,** à Chelsea, est le fief des starlettes d'Hollywood. Mieux vaut y entrer un mannequin à son bras.

Pour le meilleur de l'underground et de la house music, rendez-vous au **Apt.** Le **Home** à Chelsea est idéal pour ambiance hyper sélect, tamisée et sexy. Très smart, le **Plumm** réunit le Tout-New York, les célébrités et leurs admirateurs. On y danse au son du hip-hop, du funk, du rock et des classiques. L'accès est parfois très sélectif. Tenue tendance de rigueur.

Le **Pink Elephant,** avec son décor tape-à-l'œil et ses nombreuses lumières roses, attire lui-aussi une faune ultra-branchée qui vient écouter de la house. Beaucoup de femmes y chassent le bon parti – ces messieurs sont priés de payer les consommations. Les tables sont réservées aux clients ayant une bouteille.

Encore plus chic, le **Hiro Ballroom,** au Maritime Hotel, est un rendez-vous du dimanche soir. Ce restaurant au décor japonais compte quantité de sièges pour qui souhaite voir et être vu.

Ceux qui s'intéressent davantage à la musique et à la danse qu'au décorum iront au **Club Shelter,** le plus vieux club deep-house de New York, et au **Sullivan Room,** qui attire les plus grands talents de la techno. Grâce aux travaux récents, il y a désormais plus de place pour s'asseoir.

BOÎTES DE NUIT

Les shows – de mise dans les vrais night-clubs – sont moins flamboyants que dans les années 1940 et 1950, mais toujours très variés. En plus du prix d'entrée, beaucoup de night-clubs exigent au moins deux consommations par personne.

Le **Rainbow Grill,** au 65e étage du RCA Building, a un beau piano-bar. Au très chic **Supper Club,** sur fond de draperies lamées or, vous aurez le choix entre un orchestre au rez-de-chaussée et des chanteurs de cabaret dans l'intime Blue Room à l'étage. Le **Joe's Pub** du Public Theater propose une cuisine correcte et des chanteurs dans la lignée de John Hammond et de Mo Tucker. À Central Park, le club intérieur et extérieur de **Tavern on the Green** vous convie à écouter du jazz dans sa Chestnut Room. Et **Fenstein's at the Regency** est un modèle de cabaret classique.

CLUBS POUR GAYS ET LESBIENNES

Depuis une vingtaine d'années, les clubs et les restaurants destinés à une clientèle homosexuelle se multiplient. Ces clubs, qui présentent surtout des spectacles de travestis, admettent les hétérosexuels et parfois les femmes, mais certains peuvent mettre ces « intruses » mal à l'aise. Parmi les cabarets les plus populaires pour les hommes, le **Duplex** présente des humoristes et des chanteurs.

Décoré de guirlandes de Noël toute l'année, **Pieces** propose presque chaque soir de la semaine des soirées allant de spectacles de travestis aux karaokés.

Parmi les clubs branchés, le **Town House** est un piano-bar avec restaurant, et l'élégant **XL Lounge** de Chelsea est un club aux couleurs vibrantes autour du thème du sable. **Don't Tell Mama,** un bar bien établi et adepte du gag dans la tradition homosexuelle, présente des revues musicales. **Henrietta Hudson, Crazy Nanny's** et Grolier ne reçoivent que les femmes. Le piano-bar **Marie's Crisis Café** est mixte. Le *Village Voice*, *HX*, *Next* et les *Gay Yellow Pages* recensent l'actualité homosexuelle. Pour tout renseignement, adressez-vous au **Gay and Lesbian Switchboard**.

Chelsea, et en particulier autour de la 8e Avenue, est l'épicentre de la communauté gay. On y trouve **Barrage** un bar dont l'*happy hour*

du vendredi est très célèbre. Le quartier de Hell's Kitchen, autour de la 45e Rue, entre la 8e et la 10e Avenue, vit la nuit. Raffiné et accueillant, le **G Lounge** est l'endroit idéal pour boire un cocktail et du café aromatisé.

Au **Barracuda**, les nouveaux et les habitués viennent assister aux spectacles de travestis. **Rawhide** est ouvert toute la soirée et son *happy hour* quotidien jusqu'à 22 h remporte un franc succès. Au **Stonewall,** d'où partit

la révolte de Stonewall et la naissance du mouvement gay moderne a récemment été rénové. **Posh**, un confortable bar de quartier, accueille une foule sympathique pour le *happy hour*, de 16 h à 20 h.

Au **Rubyfruit Bar and Grill**, établissement décontracté et convivial de Hudson Street, les femmes se retrouvent autour d'un cocktail.

Le **Cubby Hole**, décoré avec beaucoup d'imagination, est un bar lesbien dont l'ambiance est assurée par un juke-box.

ADRESSES

DANCINGS

Apt
419 W 13th St.
Plan 3 C1.
Tél. *(212) 414-4245.*

Club Shelter
150 Varick Syt.
Plan 4 D4.
Tél. *(646) 862-6117.*

Hiro Ballroom
The Maritime Hotel,
371 W 16th St.
Plan 8 D5.
Tél. *(212) 727-0212.*

Home
532 W 27th St.
Plan 8 D4.
Tél. *(212) 273-3700.*

Knitting Factory
74 Leonard St.
Plan 4 E5.
Tél. *(212) 219-3132.*

Marquee
289 10th St.
Plan 7 C4.
Tél. *(212) 473-0202.*

Pacha
618 W 46th St.
Plan 12 E5.
Tél. *(212) 209-7500.*

Roseland
239 W 52nd St.
Plan 12 E4.
Tél. *(212) 247-0200.*

SOB's
204 Varick St.
Plan 4 D3.
Tél. *(212) 243-4940.*

Sullivan Room
218 Sullivan St.
Plan 4 D2.
Tél. *(212) 252-4940.*

The Pink Elephant
527 W 27th St.
Plan 7 C3.
Tél. *(212) 463-0000.*

The Plumm
246 W 14th St.
Plan 3 C1.
Tél. *(212) 675-1567.*

BOÎTES DE NUIT

Feinstein's at the Regency
540 Park Ave.
Plan 13 A3.
Tél. *(212) 339-4095.*

Joe's Pub
425 Lafayette St
(Public Theater).
Plan 4 F2.
Tél. *(212) 539-8777.*

Rainbow Grill
30 Rockefeller Plaza.
Plan 12 F4.
Tél. *(212) 632-5000.*

Tavern on the Green
Central Park,
West Side at 67th St.
Plan 12 D2.
Tél. *(212) 873-3200.*

The Supper Club
240 W 47th St.
Plan 12 D5.
Tél. *(212) 921-1940.*

CLUBS POUR GAYS ET LESBIENNES

Barracuda
275 W 22nd St.
Plan 8 D4.
Tél. *(212) 645-8613.*

Barrage
401 W 47th St.
Plan 12 D5.
Tél. *(212) 586-9390.*

Don't Tell Mama
343 W 46th St.
Plan 12 D5.
Tél. *(212) 757-0788.*

Duplex
61 Christopher St.
Plan 3 C2.
Tél. *(212) 255-5438.*

G Lounge
223 W 19th St.
Plan 8 E5.
Tél. *(212) 929-1085.*

Gay and Lesbian Switchboard
Tél. *(212) 989-0999.*

Henrietta Hudson
438 Hudson St.
Plan 3 C3.
Tél. *(212) 924-3347.*

Marie's Crisis Café
59 Grove St. **Plan** 3 C2.
Tél. *(212) 243-9323.*

Pieces
8 Christopher St.
Plan 4 D2.
Tél. *(212) 929-9291.*

Posh
405 W 51st St.
Plan 11 C4.
Tél. *(212) 957-2222.*

Rawhide
212 8th Ave.
Plan 8 D4.
Tél. *(212) 242-9332.*

Rubyfruit Bar and Grill
531 Hudson St.
Plan 3 C2.
Tél. *(212) 929-3343.*

Stonewall Inn
53 Christopher St.
Plan 3 C2.
Tél. *(212) 488-2705.*

The Cubby Hole
281 W 12th St.
Plan 3 C1.
Tél. *(212) 243-9041.*

Town House
236 E 58th St.
Plan 13 B4.
Tél. *(212) 754-4649.*

Cafés-théâtres, cabarets et rencontres littéraires

De Jack Benny et Rodney Dangerfield à Woody Allen et Jerry Seinfeld, New York a donné naissance à autant d'humoristes qu'il y a de blagues sur elle-même, y compris les incontournables comme : « La criminalité est en recrudescence à New York. L'autre jour, la statue de la Liberté avait les deux mains en l'air. » Ici, l'humour est une affaire de la plus haute importance. Quel que soit le café-théâtre, vous êtes sûr de rire au bout de quelques répliques. New York est aussi une ville romantique si l'on en juge par le nombre de cabarets et de *lounges*. Se faire donner la sérénade par une chanteuse dans la pénombre d'un piano-bar reste un moment inoubliable. C'est aussi le théâtre d'une intense actualité littéraire. Chaque semaine s'y déroulent des lectures et des conférences d'un grand intérêt.

CAFÉS-THÉÂTRES

Les meilleurs cafés-théâtres de New York sont souvent les descendants des anciens spectacles d'humoristes. Leur succès tient en partie au fait qu'on ne sait jamais qui va monter sur scène – Dennis Miller, Roseanne Barr ou Robin Williams. Une recommandation : si vous ne voulez pas être pris à partie, asseyez-vous loin de la scène. Les grands cafés-théâtres font souvent restaurant, et dans les plus réputés mieux vaut réserver pour être sûr d'avoir des places.

En tête vient le **Broadway Comedy Club,** dans le quartier des théâtres, qui s'est formé à la suite d'un regroupement entre le Chicago City Limits et le NY Improv, deux célèbres troupes de théâtre spécialisées dans l'improvisation. **Caroline's,** présente de grands noms sans un cadre élégant. Le célèbre comique new-yorkais Roger Dangerfield avait un slogan : « Personne ne me respecte. » Mais, à en juger par le succès de **Dangerfield's,** qui attire de grands artistes de tout le pays, il semble avoir fini par se faire respecter. Le **Upright Citizens Brigade Theatre** présente le dimanche un spectacle d'improvisation réussi. Les représentations tardives sont gratuites en semaine. Le **Gotham Comedy Club,** dans le quartier du Flatiron, joue toutes sortes de comiques. **Comic Strip Live,** dans East Side, a accueilli beaucoup de grands humoristes, dont Eddie Murphy, et continue à lancer de jeunes talents. Le **Comedy Cellar** présente chaque soir des talents nouveaux et confirmés. **Stand-Up New York, NY Comedy Club, Laugh Lounge NYC, Underground Lounge,** qui présente chaque soir deux spectacles de comédie et propose des cocktails à des prix abordables ainsi que **The Laugh Factory** sont autant de bonnes adresses. À condition, bien sûr, de maîtriser les subtilités de la langue anglaise…

CABARETS ET PIANOS-BARS

Les cabarets sont devenus une institution new-yorkaise. Ce sont des endroits confortables où l'on vient écouter de la musique. Ils sont souvent situés dans des hôtels sous le nom de *rooms* et généralement ouverts du mardi au samedi. Ils exigent un tarif d'entrée ou une consommation minimum, et acceptent les cartes de crédit.

L'**Oak Room** de l'Algonquin accueille des artistes de la chanson. Le piano-bar traditionnel du **Top of the Tower,** au Beekman Tower Hotel, offre une vue panoramique sur Manhattan. La palme de la longévité revient à Bobby Short, qui joue du piano depuis plus d'un quart de siècle au Café Carlyle du **Carlyle Hotel.** Woody Allen s'y produit le lundi soir avec le New Orleans Jazz Band d'Eddy Davis.

Toujours au Carlyle, le **Bemelman's Bar** et ses fresques fantastiques attire une clientèle décontractée qui apprécie les crooners de premier ordre. Pour entrer au **5757 Bar** du Four Seasons Hotel, la veste est de rigueur, mais le luxe de la salle la justifie.

Au cabaret **Don't Tell Mama,** les artistes, qu'ils soient nouveaux ou confirmés, chantent leurs chansons avec le même enthousiasme. **Ars Nova,** dans Hell's Kitchen, est un cabaret informel où vous pouvez assister à des spectacles expérimentaux. On y a vu des artistes dans la lignée de Liza Minnelli et de Tony Kushner. Le meilleur et le plus vieux cabaret de Manhattan est le très animé **Duplex** : détendez-vous au piano-bar du rez-de-chaussée ou montez à l'étage pour des spectacles de cabaret classiques, des pièces en un acte et d'excellents comiques.

La foule chauffée à blanc accompagnée des serveurs chantonnent en chœur au **Brandy's Piano Bar** dans une ambiance sympa. Pour une soirée musicale mémorable, rendez-vous au **Feinstein's at the Regency Hotel.** De grands artistes s'y produisent du mardi au samedi devant une foule conquise.

Si vous aimez le cabaret, le théâtre et les ensembles musicaux, le somptueux **Dillon's Restaurant and Lounge** vous attend au cœur du quartier des théâtres.

RENCONTRES LITTÉRAIRES ET POÉTIQUES

Ville natale de quelques-uns des plus grands écrivains américains, de Herman Melville à Henry James, et ville d'adoption d'innombrables autres, New York est depuis longtemps une ville d'écrivains. La tradition littéraire est célébrée tout au long de l'année par des lectures et des débats dans les librairies, les bibliothèques, les cafés et les centres culturels de la ville. Les séances sont généralement gratuites, mais la file d'attente est longue pour les plus grands noms. Le **92nd Street Y** invite de grands écrivains de passage à New York, dont de nombreux prix Nobel ou Pulitzer. La plupart des librairies de New York proposent des lectures hebdomadaires ou mensuelles : **Barnes & Noble** (les plus grands auteurs vont aux librairies de la 5e Avenue et d'Union Square), et **Borders Books and Music.** La **Mid-Manhattan Library** et la **Strand Bookstore** organisent elles aussi des lectures. Au **Drama Book Shop,** les auteurs dramatiques viennent lire et faire vivre des œuvres théâtrales. *The New Yorker*, disponible chez les libraires et dans des kiosques, annonce les lectures et les débats.

Les concours de poésie (*poetry slams* ou *spoken word*) sont des soirées d'improvisation poétique, de poésie rap et de contes très animées et jamais ennuyeuses. Le **Nuyorican Poets Café** d'Alphabet City, souvent présenté comme le pionnier du *spoken word* à New York, organise chaque soir des concours de poésie, des lectures et des spectacles. Le **Bowery Poetry Club**, temple du *spoken word* sous toutes ses formes, présente un choix éclectique de spectacles – des concours de poésie aux arts de la scène. Depuis 1966, le **Poetry Project**, dans l'église St Mark, organise lectures et événements.

ADRESSES

CAFÉS-THÉÂTRES

Broadway Comedy Club
318 W 78th St.
Plan 15 C5.
Tél. (212) 595-0805.

Caroline's
1626 Broadway.
Plan 12 E5.
Tél. (212) 757-4100.

Comedy Cellar
117 MacDougal St.
Plan 4 D2.
Tél. (212) 254-3480.

Comic Strip Live
1568 2nd Ave.
Plan 17 B4.
Tél. (212) 861-9386.

Dangerfield's
1118 1st Ave.
Plan 13 C3.
Tél. (212) 593-1650.

Gotham Comedy Club
208 W 23rd St.
Plan 8 D4.
Tél. (212) 367-9000.

Laugh Lounge NYC
151 Essex St.
Plan 5 B3.
Tél. (212) 614-2500.

NY Comedy Club
241 E 24th St.
Plan 9 B4.
Tél. (212) 696-5233.

Stand-Up New York
236 W 78th St.
Plan 15 C5.
Tél. (212) 595-0850.

The Laugh Factory
303 W 42 St.
Plan 8 D1.
Tél. (212) 586-7829.

Underground Lounge
955 W End Ave.
Plan 20 E5.
Tél. (212) 531-4759.

Upright Citizens Brigade Theatre
307 W 26th St.
Plan 8 D4.
Tél. (212) 366-9176.

CABARETS ET PIANOS-BARS

5757 Bar
Four Seasons Hotel,
57 E 57th St.
Plan 12 F3.
Tél. (212) 758-5700.

Ars Nova
511 W 54th St.
Plan 12 E4.
Tél. (212) 489-9800.

Brandy's Piano Bar
235 E 84th St.
Plan 17 B4.
Tél. (212) 650-1944.

Carlyle Hotel
35 E 76th St.
Plan 17 A5.
Tél. (212) 744-1600.

Dillon's Restaurant and Lounge
245 W 54th St.
Plan 12 D4.
Tél. (212) 307-9797.

Don't Tell Mama
343 W 46th St.
Plan 12 D5.
Tél. (212) 757-0788.

Duplex
61 Christopher St.
Plan 3 C2.
Tél. (212) 255-5438.

Feinstein's at the Regency Hotel
540 Park Ave.
Plan 13 A3.
Tél. (212) 759-4100.

Oak Room
Algonquin Hotel,
59 W 44th St. **Plan** 12 F5.
Tél. (212) 840-6800.

Top of the Tower
Beekman Tower Hotel.
3 Mitchell Pl.
Plan 13 C5.
Tél. (212) 355-7300.

RENCONTRES LITTÉRAIRES ET POÉTIQUES

Barnes & Noble
555 5th Ave.
Plan 12 F5.
Tél. (212) 697-3048.

33 E 17th St.
Plan 9 A5.
Tél. (212) 253-0810.

Borders Books and Music
461 Park Ave.
Plan 17 A3.
Tél. (212) 980-6785.

Bowery Poetry Club
308 Bowery.
Plan 4 F3.
Tél. (212) 614-0505.

Drama Book Shop
250 W 40th St.
Plan 8 E1.
Tél. (212) 944-0595.

Mid-Manhattan Library
455 Fifth Ave at 40th St.
Plan 8 F1.
Tél. (212) 340-0833.

Nuyorican Poets Café
236 E 3rd St.
Plan 5 B2.
Tél. (212) 505-8183.

Poetry Projet
Église St Mark ·
131 E 10th St.
Plan 4 F1.
Tél. (212) 674-0910.

Strand Bookstore
828 Broadway
Plan 4 E1.
Tél. (212) 473-1452.

92nd Street Y
1395 Lexington Ave.
Plan 17 A2.
Tél. (212) 415-5729.

New York la nuit

New York est une ville qui ne dort jamais. S'il vous prend en pleine nuit une lubie de pain frais, un désir irrésistible de voir du monde ou de regarder le soleil se lever sur les gratte-ciel de Manhattan, un bon nombre de possibilités s'offrent à vous.

BARS ET CLUBS

Les plus chaleureux sont les bars irlandais. On danse tard chez **O'Flanagan's** et **Scruffy Duffy's**, tous deux bruyants et à la clientèle d'habitués. Éternisez-vous au **Temple Bar** (nocturne le mardi) ou dans les pianos-bars des hôtels : le Café du **Carlyle Hotel,** Feinstein's au **Regency** ou l'Oak Room de l'**Algonquin Hotel.**

Pour une nuit de jazz *hot* jusqu'à 4 h du matin, laissez-vous tenter par le **Joe's Pub** ou le **Blue Note.** Dans un demi-songe, écoutez des poèmes au **Cornelia Street Café.** D'autres belles voix vous déclameront poésie et théâtre au **Nuyorican Poets Café** entre deux morceaux de musique latino-américaine. Et si vous êtes dans le Village, faites une halte au **Rose's Turn** pour son piano-bar.

CINÉMAS DE MINUIT

Séances à minuit pour jeunes cinéphiles, c'est possible à l'Angelika Film Center et au Film Forum *(p. 349).* De récents cinémas multisalles programment des films à minuit les week-ends.

BOUTIQUES

Ouvert 24 h sur 24, **The Apple Store**, sur la 5e Avenue, mérite le détour, de jour comme de nuit. Le soir, le lieu s'anime sous la houlette des DJ. La journée, 300 vendeurs Mac sont là pour vous aider et répondre à vos questions. Le **St Mark's Bookshop et Shakespeare & Co.** sur Broadway ferment également tard. **H&M**, installé à SoHo, est ouvert jusqu'à 21 h du lundi au samedi et jusqu'à 20 h le dimanche. Parmi les boutiques de vêtements du Village qui restent ouvertes tard le soir, **Trash and Vaudeville** (jusqu'à 20 h du lundi au samedi). **Macy's** au Herald Square ouvre chaque jour jusqu'à 21 h 30. Deux pharmacies **Duane Reade** et la **Rite Aid** vous accueillent jour et nuit.

TRAITEURS, SNACKS À EMPORTER ET ÉPICERIES

Vous trouverez en permanence provisions et plats à emporter dans les nombreux **Duane Reade** et dans les **West Side Supermarket**. Les restaurants coréens servent des repas toute la nuit. Les supermarchés **Food Emporium** sont généralement ouverts jusqu'à minuit. Les marchands de vins et liqueurs ferment à 22 h et beaucoup acceptent de livrer à domicile.

Pour grignoter tardivement de bons *bagels*, allez chez **H & H Bagels, Bagels On The Square** ou **Jumbo Bagels and Bialys.** De nombreuses pizzerias et restaurants chinois sont ouverts tard et livrent à domicile.

OÙ DÎNER

Les branchés friands de cuisine française fréquentent souvent **Balthazar** et **Les Halles.** Les jeunes se retrouvent au **Coffee Shop** pour des plats brésiliens. Découvrez de fabuleux sandwiches au **Carnegie Delicatessen.** À Greenwich Village, le **Caffè Reggio,** connu depuis 1927, sert café et desserts tard le soir. Le **Blue Ribbon** et **Odeon** sont aussi des lieux agréables. Avec son jukebox, son bar animé et son bar qui sert à manger tard le soir, **The Dead Poet** attire les habitants d'Upper West Side. Downtown, les noctambules dégusteront de délicieux kebabs au **Bereket Turkish Kebab House** ou à l'**Empire Diner** dans Chelsea, tous deux ouverts 24 h sur 24.

SPORTS

On carambole jusqu'à 4 h du matin au **Slate Billiards** durant les week-ends. Buvez, mangez et abattez les quilles avec les étudiants de l'université de New York au bowling **Bowlmor Lanes.** Les cocktails, le bowling et la musique rétro du **Strike Lanes and Lounge** ont toujours du succès. Le **24-7 Fitness Club** est un gymnase ouvert 24 h sur 24.

SERVICES

Le teinturier **Midnight Express Cleaners** ramasse les vêtements jusqu'à minuit et les rapporte prêts le lendemain, sauf dans les grands hôtels. Le coiffeur **George Michael of Madison Avenue/Madora Inc.** ouvre jusqu'à 21 h le jeudi et coiffe aussi à domicile. Réservé aux femmes, le spa coréen **Juvenex** propose massages et saunas à toute heure du jour et de la nuit. Un problème de serrure ? Appelez **Mr Locks Inc.** Besoin d'un timbre ? **The General Post Office** est ouverte 24 h sur 24. La boutique de Kip's Bay du traiteur **Dean & DeLuca** sert jusqu'à 22 h.

VISITES GUIDÉES ET PANORAMAS

Allez respirer l'air frais le long de Hudson River dans **Battery Park City.** Les quais 16 et 17 de South Street Seaport attirent les flâneurs toute la nuit (le restaurant **Harbour Lights** sur le quai 17 ouvre jusqu'à 2 h du matin). Vous pouvez aussi embarquer avec **Circle Line** pour admirer les illuminations de la ville.

Regardez le soleil se lever sur East River, de Riverview à Sutton Place. C'est en vous promenant vers l'ouest du **River Café** et vers l'est du restaurant **Arthur's Landing** que vous aurez les plus belles vues de Manhattan.

Prenez le **Staten Island Ferry** *(p 76-77)* pour aller visiter la statue de la Liberté et voir Manhattan se découper dans la lumière de l'aube.

Vous pouvez aussi prendre un taxi et traverser Brooklyn Bridge (p. 86-89) pour assister au lever du soleil sur le port. Jusqu'à 1 h du matin, depuis le haut de la tour du **Beekman Tower Hotel,** vous pourrez contempler East Side. Le belvédère le plus fantastique reste le sommet

de l'**Empire State Building –** accessible jusqu'à 2 h du matin (p. 136-137). Les étages d'observation du **Top of the Rock** sont ouvertes jusqu'à minuit (p. 144). **Rise,** le bar du 14e étage du Ritz-Carlton Hotel offre de superbes vues. Faites un tour en calèche depuis **Château Stables** ou

envolez-vous au coucher du soleil grâce à **Liberty Helicopters. Marvelous Manhattan Tours** organise des tournées de bars accompagnées. Et si vous n'avez toujours pas sommeil, déambulez dans Upper West Side en savourant un hot dog de chez **Gray's Papaya.**

ADRESSES

BARS

Algonquin Hotel
Voir p. 357.

Blue Note
Voir p. 353.

Carlyle Hotel
Voir p. 357.

Cornelia Street Café
29 Cornelia St.
Plan 4 D2.
Tél. (212) 989-9318.

Joe's Pub
Voir p. 353.

Nuyorican Poets Café
236 E 3rd St.
Plan 5 A2.
Tél. (212) 505-8183.

O'Flanagan
1215 1st Ave.
Plan 13 C2.
Tél. (212) 439-0660.

Rose's Turn
Voir p. 357.

Scruffy Duffy's
743 8th Ave.
Plan 12 D5.
Tél. (212) 245-9126.

Temple Bar
332 Lafayette St.
Plan 4 F4.
Tél. (212) 925-4242.

BOUTIQUES

Apple Store
767 5th Ave.
Plan 12 F3.
Tél. (212) 336-1440.

Duane Reade Drugstores
224 W 57th (Broadway).
Plan 12 D3.
Tél. (212) 541-9708.

1279 3rd Ave at E 74th St.
Plan 17 B5.
Tél. (212) 744-2668.

Macy's
Voir p. 134.

Rite Aid Pharmacy
Voir p. 373.

Trash and Vaudeville
Voir p. 324.

TRAITEURS ET ÉPICERIES

Bagels on the Square
7 Carmine St.
Plan 4 D3.
Tél. (212) 691-3041.

Gristedes Food Emporium
Consultez les Pages Jaunes pour les boutiques.

H & H Bagels
Voir p. 337.

H & H Midtown Bagels East
1551 2nd Ave.
Plan 17 B4.
Tél. (212) 734-7441.

Jumbo Bagels and Bialys
1070 2nd Ave.
Plan 13 B3.
Tél. (212) 355-6185.

West Side Market
2171 Broadway.
Plan 15 C5.
Tél. (212) 595-2536.

OÙ DÎNER

Balthazar
80 Spring St. **Plan** 4 E4.
Tél. (212) 965-1414.

Bereket Turkish Kebab House
187 E Houston.
Plan 5 A3.
Tél. (212) 475-7700.

Blue Ribbon
Voir p. 300.

Caffè Reggio
119 MacDougal St.
Plan 4 D2.
Tél. (212) 475-9557.

Carnegie Delicatessen
Voir p. 314.

Coffee Shop
Voir p. 314.

The Dead Poet
450 Amsterdam Ave.
Plan 15 C4.
Tél. (212) 595-5670.

Empire Diner
Voir p. 138.

Gray's Papaya
Broadway at 72nd St.
Plan 11 C1.
Tél. (212) 260-3532.

Les Halles
Voir p. 314.

Odeon
Voir p. 298.

SPORTS

24-7 Fitness Club
47 W 14th St.
Plan 4 D1.
Tél. (212) 206-1504.

Bowlmor Lanes
110 University Pl.
Plan 4 E1.
Tél. (212) 255-8188.

Lucky Strike Lanes and Lounge
624-660 W 42nd St.
Plan 7 B1.
Tél. (212) 646-0170.

Slate Billiards
Voir p. 361.

SERVICES

Dean & DeLuca
576 2nd Ave.
Plan 9 B3.
Tél. (212) 696-1369.
Plusieurs boutiques.

General Post Office
Voir p. 135.

George Michael of Madison Avenue/Madora Inc.
422 Madison Ave.
Plan 13 A5.
Tél. (212) 752-1177.

Juvenex Spa
25 W 32nd St, 5th floor.
Plan 8 F3.
Tél. (646) 733-1330.

Midnight Express Cleaners
Tél. (718) 392-9200.

Mr Locks Inc.
Tél. (888) 675-6257

VISITES GUIDÉES ET PANORAMAS

Arthur's Landing
Port Imperial Marina, Pershing Circle, Weehawken, NJ.
Tél. (201) 867-0777.

Battery Park City
West St. **Plan** 1 A3.

Beekman Tower Hotel
1st Ave 49th St.
Plan 13 C5.
Tél. (212) 355-7300.

Château Stables
608 W 48th St.
Plan 15 B3.
Tél. (212) 246-0520.

Circle Line
W 42nd St.
Plan 15 B3.
Tél. (212) 563-3200.

Marvelous Manhattan Tours
Tél. (718) 846-9308.

Harbour Lights
89 South St Seaport, Pier 17. **Plan** 2 D2.
Tél. (212) 227-2800.

Liberty Helicopters
Tél. (212) 487-4777.

Rise
Ritz-Carlton, Battery Park.
Plan 1 B4.
Tél. (212) 344-0800.

River Café
Voir p. 311.

Staten Island Ferry
Voir p. 76.

Le sport

Les New-yorkais sont de grands amateurs de sport. Toute l'année, vous pourrez vous rendre à de nombreux événements sportifs, en tant que spectateur ou qu'acteur. La ville compte deux équipes de base-ball professionnel, deux équipes de hockey, une équipe de basket et deux équipes de football américain. Madison Square Garden accueille une extraordinaire variété d'événements sportifs – basket, hockey, boxe et athlétisme. L'US Open et les Virginia Slims font le bonheur des amateurs de tennis. Et en athlétisme, les meilleurs athlètes mondiaux se rencontrent aux Millrose Games.

BILLETS

Pour assister aux événements sportifs, achetez vos billets chez **Ticketron** ou **Ticketmaster.** Pour les grandes rencontres, passez par une agence, ou achetez vos tickets directement aux guichets du stade, mais ils sont vite épuisés. Vous devez vous y prendre longtemps à l'avance. Les hebdomadaires gratuits distribuent régulièrement des tickets dans toute la ville.

FOOTBALL AMÉRICAIN

Les deux équipes professionnelles, les New York Giants et les New York Jets, jouent toutes deux au **Giants Stadium,** dans le New Jersey. Un nouveau stade est en projet dans West Side. Il est presque impossible d'obtenir des billets pour un match des Giants tellement le nombre de leurs victoires à la National Football League et au Super Bowl est impressionnant, mais il vous reste une chance pour les Jets.

BASE-BALL

Pour comprendre l'esprit de cette institution américaine, allez voir les New York Yankees au tout nouveau **Yankee Stadium,** dans le Bronx. Leur palmarès est légendaire. Ils ont remporté la plupart des World Series et leurs joueurs, de Joe DiMaggio à Jackie Robinson, sont adulés. L'autre grande équipe, les New York Mets, joue au **Shea Stadium,** dans le Queens. Assister à un match du « loisir favori de l'Amérique » dans le sacro-saint New Yankee Stadium est un moment mémorable, du craquement de la batte et de l'envol de la balle dans le ciel bleu clair aux glissades et au grondement de la foule. Essayez d'assister à un match entre les Yankees et les Boston Red Sox. La saison dure d'avril à octobre.

BASKET

Les New York Knicks jouent au **Madison Square Garden.** Les tickets sont chers et difficiles à obtenir. Il faut réserver longtemps à l'avance par le Ticketron ou le Ticketmaster. C'est aussi là qu'évoluent les légendaires Harlem Globetrotters.

BOXE

Vous avez plus de chances d'assister à un match de boxe professionnelle sur une télé grand écran qu'au Madison Square Garden, où se déroulent aussi, mi-avril, les Daily News Golden Gloves. Le plus grand et le plus vieux tournoi de boxe amateur des États-Unis réunit des boxeurs des cinq *boroughs* de Manhattan. Parmi les vainqueurs des Golden Gloves, de Sugar Ray Robinson à Floyd Patterson, beaucoup sont aussi médailles d'or olympiques et champions du monde.

COURSES HIPPIQUES

Les courses ont peut-être perdu de leur lustre, mais certaines attirent toujours le gratin – en chapeaux, robes d'été, *etc.* – ainsi qu'un public fébrile venu encourager, conspuer et parier sur les chevaux. Le **Yonkers Raceway** accueille toute l'année des courses de trot attelé. Les épreuves de plat se déroulent chaque jour, sauf le mardi, à l'**Aqueduct Race Track,** dans le Queens (d'octobre à mai), et au **Belmont Park Race Track,** à Long Island (de mai à octobre).

HOCKEY SUR GLACE

La glace et les coups volent quand les New York Rangers rencontrent leurs adversaires au Madison Square Garden. Les New York Islanders forment eux aussi une solide équipe. Ils jouent au **Nassau Coliseum,** à Long Island. La saison de hockey dure d'octobre à avril.

PATIN À GLACE

New York compte trois patinoires d'extérieur. La première est le **Rockefeller Plaza Rink,** qui est magnifique à Noël. Les autres, toutes deux à Central Park, sont le **Wollman Memorial Rink** et le **Lasker Ice Rink**. Pour patiner à l'intérieur, rendez-vous au Sky Rink de **Chelsea Piers.**

MARATHON

Pour être l'un des 30 000 heureux participants au marathon de New York, le premier dimanche de novembre, il faut s'inscrire six mois à l'avance. Renseignements téléphoniques au (212) 423-2249.

TENNIS

L'US Open est le principal tournoi de tennis de New York. Il a lieu en août au **National Tennis Center** de Flushing Meadows. Le tournoi féminin de Virginia Slims se déroule en novembre au **Madison Square Garden** *(p.135).* Si vous ne voulez pas vous contenter d'être spectateur, consultez dans l'annuaire la rubrique « Tennis Courts : Public and Private ». Pour des courts privés, comptez de 50 à 70 $ l'heure. Le **Manhattan Plaza Racquet Club** propose des courts et des leçons à l'heure. Pour les courts publics, il vous faut un permis acheté 50 $ au **NY City Parks & Recreation Department,** plus une carte d'identité et un coupon de réservation.

ATHLÉTISME

Début février, de grands athlètes du monde entier viennent participer aux Millrose Games au **Madison Square Garden**. Les épreuves du 100 m, du saut à la perche et du saut en hauteur sont particulièrement excitantes. Les championnats de l'Amateur Athletic Union

(AAU), où concourent des athlètes étudiants de haut niveau, se déroulent fin février au Garden. **Chelsea Piers** possède aussi un stade d'athlétisme complet.

BARS SPORTIFS

New York ne compte plus ses bars sportifs, avec leurs grands écrans, leurs fanions et leurs supporters bruyants. Pour participer à la vie sportive américaine, rendez-vous dans l'un de ces bars un jour de grand match et laissez-vous gagner par la fougue des supporters. **Mickey Mantle's** a des panneaux d'affichage géants. **ESPN Zone,** à Times Square, est équipé d'une pléthore d'écrans qui vous permettent de ne rien perdre de l'action, même aux toilettes. L'ambiance du **Bounce** dans l'Upper East Side

est toujours sympa. Le **Bar None** et le **Pioneer Bar,** accueillant pub irlandais, sont réputés. Pour le football, rendez-vous au **Nevada Smith's,** dans East Village, où la clientèle met une ambiance contagieuse.

AUTRES ACTIVITÉS

À Central Park, vous avez le choix entre louer une barque au **Loeb Boathouse** ou faire une partie d'échecs – empruntez les pièces au Dairy *(p. 208).* Vous pouvez aussi louer des rollers chez **Blades Board & Skate** et prendre une leçon de freinage gratuite à Central Park avant de faire un tour. New York compte quelques bowlings, dont un à **Chelsea Piers.** Pour jouer au billard ou aux fléchettes, rendez-vous au **Slate Billards** et dans divers bars.

ADRESSES

Aqueduct Race Track
Ozone Park, Queens.
Tél. (718) 641-4700.

Bar None
98 3rd Ave.
Plan 4 F1.
Tél. (212) 777-6663.

Belmont Park Race Track
Hempstead Turnpike,
Long Island.
Tél. (718) 641-4700.

Blades Board & Skate
120 W 72nd St.
Plan 12 D1.
Tél. (212) 787-3911.

Bounce
1403 Second Ave.
Plan 13 B1.
Tél. (212) 535-2183.

Chelsea Piers Sports & Entertainment Complex
Piers 59-62 sur 23rd St et 11th Ave (Hudson River).
Plan 7 B4-5.
Tél. (212) 336-6000.
www.chelseapiers.com

ESPN Zone
1472 Broadway et

W 42nd St.
Plan 8 E1.
Tél. (212) 921-3776.

Giants Stadium
Meadowlands,
E Rutherford, NJ.
Tél. (201) 935-8111.
www.giants.com

Tél. (516) 560-8200.
www.newyorkjets.com

Lasker Ice Rink
Central Park Drive East et 108th St.
Plan 21 B4.
Tél. (212) 534-7639.

Loeb Boathouse
Central Park.
Plan 16 F5.
Tél. (212) 517-2233.

Madison Square Garden
7th Ave et 33rd St.
Plan 8 E2.
Tél. (212) 465-6741.
www.thegarden.com

Manhattan Plaza Racquet Club
450 W 43rd St.
Plan 7 C1.
Tél. (212) 594-0554.

Mickey Mantle's
42 Central Park South.
Plan 12 E3.
Tél. (212) 688-7777.

Nassau Coliseum
1255 Hempstead Turnpike.
Tél. (516) 794-9303.
www.nassaucoliseum.com

National Tennis Center
Flushing Meadow Park,
Queens.
Tél. (718) 595-2420.
www.usta.com

Nevada Smith's
74 3rd Ave.
Plan 4 F1.
Tél. (212) 982-2591.

NY City Parks & Recreation Department
Arsenal Building,
64th St et 5th Ave.
Plan 12 F2.
Tél. (212) 408-0100.

Pioneer Bar
218 Bowery.
Plan 4 F3.
Tél. (212) 334-0484.

Rockefeller Plaza Rink
1 Rockefeller Plaza,
5th Ave. **Plan** 12 F5.
Tél. (212) 332-7654.

Shea Stadium
126th St et Roosevelt Ave,
Flushing, Queens.
Tél. (718) 507-8499.

Slate Billiards
54 W 21st St.
Plan 8 E4.
Tél. (212) 989-0096.

Ticketmaster
Tél. (212) 307-4100.
www.ticketmaster.com

Ticketron
Tél. (212) 239-6200,
1-800-432-7250.
www.telecharge.com

Wollman Memorial Rink
Central Park,
5th Ave et 59th St.
Plan 12 F2.
Tél. (212) 439-6900.

Yankee Stadium
161st at 164th St,
The Bronx.
Tél. (718) 293-4300.

Yonkers Raceway
Yonkers,
Westchester County.
Tél. (914) 968-4200.

Sport et remise en forme

New York est (tristement) réputée pour son béton, sa foule et sa cacophonie. Pourtant, cette jungle urbaine est une aubaine pour les amateurs de sport et de remise en forme. On peut, au choix, faire du vélo sous le soleil au bord du fleuve, courir à l'ombre des célèbres gratte-ciel de Manhattan autour du réservoir de Central Park, gravir un mur d'escalade dans l'un des nombreux et excellents clubs de gym de la ville, s'offrir un massage dans un somptueux spa jonché de pétales de rose et trouver son Om intérieur dans la position du lotus dans un cours de yoga.

CYCLISME

Rien de tel que d'être coincé dans les embouteillages de Midtown pour rêver d'une promenade à vélo sur une route déserte. Manhattan a beau être l'une des îles les plus peuplées de la planète, elle ne compte pas moins de 120 km de pistes cyclables et plus de 110 000 cyclistes quotidiens. Central Park est l'un des endroits les plus agréables pour pédaler le week-end, quand la circulation est fermée aux voitures. Vous pouvez louer des vélos au **Central Park Bike Rentals**, sur Columbus Circle. Si vous préférez l'air marin, empruntez la piste cyclable bien entretenue qui longe West Side Highway, parallèle à la Hudson River, ou celle de Riverside Park. Les week-ends d'été, ces pistes sont parfois très encombrées, mais tôt le matin ou tard le soir, ou en hiver, elles sont souvent désertes.

Bicycle Habitat, sur Lafayette Street, loue des vélos et se fait un plaisir de vous donner des tuyaux pour circuler en ville.

CENTRES DE REMISE EN FORME ET GYMNASES

À New York, même les plus accros au travail font au moins une séance de remise en forme par semaine. Les clubs ont germé dans toute la ville pour répondre à la demande et proposent des séances à toute heure du jour et de la nuit. Vous n'aurez que l'embarras du choix : décharger votre agressivité sur un sac de sable, améliorer votre rythme cardiaque sur un step ou soulever de la fonte. Les grands hôtels ont généralement leurs propres centres de fitness. Les salles de sport sont souvent réservées aux membres, mais de plus en plus proposent des forfaits à la journée. Renseignez-vous auprès du **Chelsea Piers Sports & Entertainment Complex,** un immense complexe multisports situé Piers 59 à 62, sur la Hudson River. Le **May Center for Health, Fitness and Sport at the 92nd Street Y** abrite plusieurs étages de salles de gym et d'haltérophilie, de courts de jeux de raquette, une salle de boxe et une piste extérieure. Le forfait coûte 30 $ la journée. Avec sa salle de gym bien entretenue et ses programmes de nutrition et de remise en forme personnalisés, le **Casa Spa & Fitness at the Regency Hotel,** sur Park Avenue, tient sa promesse : c'est un véritable « havre de santé et de remise en forme quand vous êtes loin de chez vous. »

Vous pouvez également profiter des excellentes installations du **YMCA** (West Side ou 47th Street) : matériel moderne, plusieurs salles, piscines, salles d'aérobic, pistes de course/marche et toutes sortes de courts. De quoi stimuler votre enthousiasme. Sans oublier des programmes spécialement étudiés pour les personnes âgées.

GOLF

Travaillez votre swing au **Randalls Island Golf Center,** sur Randalls Island, ou au **Chelsea Piers Golf Club,** sinon jouez au mini-golf au **Wollman Memorial Rink** de Central Park. La ville possède plusieurs parcours dans les *boroughs* – le **Pelham Bay Park** dans le Bronx et le **Silver Lake** à Staten Island.

JOGGING

Certains parcs sont dangereux pour les coureurs. Demandez conseil au concierge de votre hôtel. Attention, aucun parc n'est sûr la nuit, à l'aube ou au crépuscule. La piste la plus courue fait le tour du réservoir de Central Park. Chaque semaine, le **NY Road Runners**, sur la 89e Rue, organise des compétitions, tout comme le **Chelsea Piers Sports & Entertainment Complex.**

MÉTHODE PILATES

Vous n'avez rien à perdre, à part vos poignées d'amour, en essayant la méthode Pilates, qui repose sur le principe selon lequel le corps possède une « centrale énergétique » qui commande toutes les fonctions périphériques. Étirer et tonifiez les muscles de vos abdos et de votre buste sous la direction d'un danseur professionnel dans un loft de TriBeCa (20 $ la séance) au **Grasshopper Pilates,** sur Franklin Street. **Power Pilates** propose aussi des séances de raffermissement (15 $) un peu partout dans la ville.

YOGA

Quoi de plus facile que d'entrer en contact avec son cœur spirituel dans un endroit comme l'**Exhale Mind Body Spa**, sur Madison Avenue, vaste centre avec hauts plafonds, parquets en bois et séances multiples. Le yoga est le meilleur antidote à la folie de cette ville. Et si vous pensez qu'il n'est pas assez physique, essayez donc la séance abdominaux. **YogaMoves**, sur la 6e Avenue, propose également un grand choix de séances pour tous les niveaux.

SPAS

Faites-vous choyer dans l'un des excellents spas de New York. Vous en sortirez aussi frais qu'une rose, prêt à affronter la jungle urbaine. Il existe des forfaits. Si vous voyagez avec votre moitié, optez pour un massage de couple. Les senteurs des encens amérindiens qui vous enveloppent à l'entrée du **Clay** ne sont qu'un avant-goût du massage exquis qui vous attend sous un doux éclairage.

À la fois confortable et convivial, l'**Oasis Day Spa** d'Union Square propose six massages à l'aromathérapie (100 $) – tonique, rafraîchissant, équilibre, passion, calme et détente. Pour les hommes, gommage au sel de la mer Morte, soin du visage aux algues ou massage musculaire (100 $ pour une heure). Pour un petit goût de paradis à la balinaise, plongez dans l'**Acqua Beauty Bar**, sur la 14e Rue, pour un soin du visage botanique purifiant (115 $), un soin pédicure à l'orchidée (45 $) ou un rituel de beauté indonésien (170 $), avec gommage au riz et massage aux huiles parfumées. Chez **Bliss**, dans la 57e Rue, vous découvrirez qu'il n'y a rien qu'un gommage à la carotte et au sésame (195 $) ou un soin du visage complet (195 $) ne peuvent soigner. Et ajoutez-y un soin pédicure aux deux chocolats accompagné d'une tasse de cacao crémeux. Un pur bonheur.

Les célébrités, d'Antonio Banderas à Kate Moss, ne jurent que par **Mario Badescu**, sur la 52e Rue. Leurs soins du visage et leurs gommages corporels, dont un à la framboise et à la fraise, sont aussi légendaires que les produits de beauté, qui font de merveilleux cadeaux.

NATATION

Plusieurs hôtels de Manhattan ont leur propre piscine. Vous pouvez aussi nager et faire du surf au Surfside 3 Maritime Center de **Chelsea Piers**. À moins de partir passer la journée au Jones Beach State Park *(p. 255)* à Long Island.

SPORTS D'INTÉRIEUR

Chelsea Piers propose un large choix d'activités : pistes de roller, bowling, football en salle, basket, murs d'escalade, clubs de remise en forme, golf, salle de gymnastique, spas, piscines et, en plus, un médecin du sport. Cet immense complexe qui s'étend sur quatre anciens embarcadères de West Side est ouvert à tous.

En plus de ses clubs de remise en forme, le **YMCA** propose des séances d'entraînement, d'équilibre et de souplesse, organise des excursions à la journée et des événements spéciaux, sportifs et caritatifs. Si vous voulez offrir une journée d'aventure et de sport à vos enfants, ou si vous cherchez à brûler quelques calories, venez donc y faire un tour.

ADRESSES

Acqua Beauty Bar
7 E 14th St.
Plan 8 F5.
Tél. (212) 620-4329.

Bicycle Habitat
244 Lafayette St.
Plan 4 F3.
Tél. (212) 431-3315.

Bliss
19 E 57th St.
Plan 12 F3.
Tél. (212) 219-8970.
(Autre magasin à SoHo.)

Casa Spa & Fitness at the Regency Hotel
540 Park Ave.
Plan 13 A3.
Tél. (212) 223-9280.

Central Park Bike Rental
2 Columbus Circle.
Plan 12 D3.
Tél. (212) 541-8759.

Chelsea Piers Sports & Entertainment Complex
Piers 59-62, à la hauteur de 23rd St et 11th Ave (Hudson River).
Plan 7 B45.
Tél. (212) 336-6000.
www.chelseapiers.com

Clay
25 W 14th St.
Plan 4 D1.
Tél. (212) 206-9200.

Exhale Mind Body Spa
980 Madison Ave.
Plan 17 A5.
Tél. (212) 561-6400.

Grasshopper Pilates
116 Franklin St.
Plan 4 E5.
Tél. (212) 431-5225.

Mario Badescu
320 E 52nd St.
Plan 13 B4.
Tél. (212) 758-1065.

May Center for Health, Fitness and Sport at the 92nd Street Y
1395 Lexington Ave.
Plan 17 A2.
Tél. (212) 415-5729.

NY Road Runners
9 E 89th St.
Plan 17 A3.
Tél. (212) 860-4455.

Oasis Day Spa
108 E 16th St.
Plan 9 A5.
Tél. (212) 254-7722.
Fait partie d'une chaîne.

Pelham Bay Park
The Bronx,
870 Shore Rd.
Tél. (718) 885-1461.

Power Pilates
49 W 23rd St,
10e étage.
Plan 8 F4.
Tél. (212) 627-5852.

Randalls Island Golf Center
Randalls Island.
Plan 22 F2.
Tél. (212) 427-5689.

Silver Lake
915 Victory Blvd.
Staten Island.
Tél. (718) 447-5686,

Wollman Memorial Rink
Central Park, 5th Ave et 59th St. **Plan** 12 F2.
Tél. (212) 439-6900.

YMCA 47th St
224 E 47th St.
Plan 13 B5.
Tél. (212) 756-9600.

YMCA West Side
1395 Lexington Ave.
Plan 17 A2.
Tél. (212) 415-5500.

YogaMoves
1026 6th Ave.
Plan 8 E1.
Tél. (212) 278-8330.

NEW YORK AVEC DES ENFANTS

Les jeunes visiteurs adorent le mouvement perpétuel de la ville : toujours quelque chose à regarder ou à faire. De multiples attractions leur sont destinées. Plus d'une douzaine de troupes de théâtre, deux zoos et trois musées les attendent, ainsi que des divertissements et programmes spéciaux dans de nombreux musées et parcs. Les enfants adorent gambader dans les studios de télévision et quelle joie d'aller voir le Big Apple Circus ! Un seul séjour ne suffit pas à épuiser les plaisirs. En outre, il n'est pas nécessaire de dépenser une fortune pour bien s'amuser.

New York, une remarquable aire de jeux pour les enfants

CONSEILS PRATIQUES

New York aime bien la famille. Dans la plupart des hôtels, les enfants sont logés gratuitement dans la chambre des parents. Pour eux, les musées sont gratuits ou demi-tarif. Les enfants qui ne dépassent pas la taille de 1 m 12 n'ont pas besoin de billet dans le métro ou l'autobus (déplacez-vous entre 9 h et 16 h pour éviter l'affluence).

On se procure facilement des couches et des médicaments ; la pharmacie Rite Aid *(p. 373)* reste ouverte 24 h sur 24. Vous ne disposerez pas toujours de tables à langer dans les toilettes mais on en trouve dans les bibliothèques, les hôtels et les grands magasins. Pour faire garder votre enfant, adressez-vous à votre hôtel, à la **Baby Sitters' Guild** ou à **Pinch Sitters**.

Demandez un exemplaire du calendrier trimestriel gratuit des activités enfantines du New York Convention and Visitors Bureau *(p. 368)*. Les magazines *New York* ou *Time Out New York* indiquent le programme de la semaine.

EXPLORER NEW YORK

La cité est un grand parc d'attractions pour les enfants. L'ascenseur les emporte jusqu'au sommet des plus hautes « maisons » du monde. On peut leur faire faire le tour de Manhattan en bateau, avec le **Circle Line** ou à bord du voilier **Pioneer** *(p. 84)*, visiter un navire à roue sur 23e Rue Est Marina ou encore débarquer sur Staten Island par le ferry *(p. 76-77)*. Un téléphérique – le Roosevelt Island Tram *(p. 181)* – traverse East River. Dans Central Park *(p. 204-209)*, les enfants ont à leur disposition un manège,

Même le Père Noël patine au Rockefeller Center !

des chevaux et des poneys. Le week-end, les plus sportifs se lancent sur leurs planches à roulettes.

Fraîcheur estivale autour d'une fontaine de Central Park

MUSÉES

La majorité des musées new-yorkais sont destinés au grand public, mais certains sont spécialement réservés aux jeunes. Au Children's Museum of Arte *(p. 107)*, les enfants peuvent peindre et sculpter, tandis que le Children's Museum of Manhattan *(p. 219)* est un univers de sons et d'images où ils produisent leurs propres vidéos et émissions. Hors du centre, pensez au **Staten Island Children's Museum** et au Brooklyn Children's Museum *(p. 247)*. L'*Intrepid* *(p. 149)* est un porte-avions converti en musée. Ne manquez pas les dinosaures de l'American Museum of Natural History *(p. 216-217)*.

ACTIVITÉS EN PLEIN AIR

En été, tous les New-Yorkais jouent dehors – petits et grands ! Central Park est un vrai pays des merveilles avec ses patinoires, ses lacs, ses sentiers pour bicyclettes et son golf miniature. Les gardiens du parc proposent des visites guidées le samedi ; on peut y regarder des courses de bateaux miniatures ou écouter des conteurs. Le Central Park Widelife Center et le Tish Children's Zoo sont les lieux de prédilection pour les enfants. Le Bronx Zoo/ Wildlife Conservation Park, avec ses 500 espèces d'animaux, fascinera grands et petits (p. 244-245).

À seulement une station de métro, se trouve Coney Island (p. 249). L'hiver, on patine au Rockefeller Center (p. 144) ou dans Central Park.

ACTIVITÉS COUVERTES

Les nombreux théâtres pour enfants rivalisent de qualité avec ceux des adultes. Ne manquez pas les spectacles des troupes **Paper Bag Players** et **Theaterworks, USA.**

Les spectacles du **Swedish Marionette Theater** ont lieu du mardi au vendredi à 10 h 30 et midi et le samedi jusqu'à 13 h. Pensez à réserver vos places tôt.

Au moment de Noël, le New York City Ballet présente *Casse-Noisette* au Lincoln Center (p. 212), et le **Big Apple Circus** monte son chapiteau à proximité. Chaque printemps, les Ringling Brothers et le cirque Barnum & Bailey sont la grande attraction de Madison Square Garden (p. 135).

En hiver, à **Chelsea Piers**, bowlings et patinoires occupent les jeunes New-Yorkais. Au **Sony Wonder Technology Lab,** les enfants peuvent créer leurs jeux vidéos, leurs films et leur musique gratuitement.

L'horloge du magasin de jouets FAO Schwarz

ACHATS DE JOUETS

Les enfants vous suivront volontiers chez **FAO Schwarz** ou **Toys 'R' Us,** deux immenses temples du jouet. Pour plus de renseignements sur les autres magasins de jouets, rendez-vous à la rubrique Les curiosités de New York, pages 322 à 324. Des conteurs animent la librairie pour enfants **Books of Wonder.**

OÙ MANGER

Les hamburgers garnis de pâtes servis à **Ottamanelli's Café** plaisent beaucoup aux enfants. Ne ratez pas non plus le S'MAC, son décor acidulé et son célèbre *macaroni and cheese*. **Hard Rock Café** a toujours du succès et beaucoup d'enfants sont gourmands de cuisine chinoise et italienne.

Pour des saveurs plus étranges, allez à **Chinatown Ice Cream Factory**. Les bretzels, hot dogs et pizzas vendus dans la rue font également très bien l'affaire.

ADRESSES

CONSEILS PRATIQUES

Baby Sitters' Guild
Tél. (212) 682-0227.

Pinch Sitters
Tél. (212) 260-6005.

EXPLORATION

Circle Line
Pier 83, W 42nd St. **Plan** 7 A1.
Tél. (212) 563-3200.

MUSÉES

Staten Island Children's Museum
1000 Richmond Terr, Staten Is.
Tél. (718) 273-2060.

ACTIVITÉS COUVERTES

Big Apple Circus
Tél. (212) 268-2500.

Chelsea Piers
Tél. (212) 336-6800.
www.chelseapiers.com

Paper Bag Players
Tél. (212) 663-0390.

Sony Wonder Technology Lab
550 Madison Ave. **Plan** 13 A3.
Tél. (212) 833-8100.

Swedish Cottage Marionette Theater
Tél. (212) 988-9093.

Theaterworks USA
787 7th Ave. **Plan** 12 E4.
Tél. (212) 627-7373.

ACHATS DE JOUETS

Books of Wonder
16 W 18th St. **Plan** 8 C5.
Tél. (212) 989-3270.

FAO Schwarz
767 5th Ave. **Plan** 12 F3.
Tél. (212) 644-9400.

Toys 'R' Us
Voir p. 324.

OÙ MANGER

Chinatown Ice Cream Factory
65 Bayard St. **Plan** 4 F5.
Tél. (212) 608-4170.

Hard Rock Café
1501 Broadway. **Plan** 8 E1.
Tél. (212) 343-3355.

Ottamanelli's Café
1626 York Ave. **Plan** 17 C3.
Tél. (212) 772-7722.

Un compteur en action à South Street Seaport

RENSEIGNEMENTS PRATIQUES

NEW YORK MODE D'EMPLOI

**Touristes se reposant
sur les marches de Metropolitan
Museum of Art**

À New York, les touristes sont traités comme tout le monde, mais si vous respectez quelques consignes essentielles de sécurité *(p. 372-373)*, vous pourrez explorer la ville aussi librement qu'un New-Yorkais d'origine. Les bus et les métros *(p. 388-391)* sont sûrs et bon marché. Il y a de nombreux distri-buteurs automatiques *(p. 374-375)* et l'on peut facilement changer de l'argent dans les banques, les hôtels et les bureaux de change. Un voyage à New York ne vous ruinera pas, car vous trouverez toujours des hôtels *(p. 280-291)*, des cafés, des restaurants *(p. 296-311)* et des spectacles *(p. 340-365)* abordables.

CONSEILS PRATIQUES

À New York, les heures de pointe s'étalent entre 8 h et 10 h, 11 h 30 et 13 h 30 ainsi que 16 h 30 et 18 h 30, du lundi au vendredi. Tous les transports publics sont alors bondés et les trottoirs très encombrés.

Pour ne pas s'épuiser inutilement, il vaut mieux regrouper les endroits intéressants à visiter et étudier les plans de chacun en tenant compte des distances. Les autobus, confortables et pratiques, constituent le meilleur moyen de transport. Ils vous permettent aussi de découvrir la ville pendant le trajet.

Il vaut mieux s'abstenir de traverser certaines zones, en particulier la nuit *(p. 372-373)*. Évitez les toilettes publiques des arrêts d'autobus et des métros, ce sont les lieux de prédilection des drogués et sans-abri, même s'il y a un gardien. En cas de besoin, mieux vaut se rendre dans un hôtel, un grand magasin ou une librairie.

Si vous avez besoin d'un renseignement quelconque, adressez-vous à un policier ou à un portier d'hôtel. Ces dreniers sont généralement de service jour et nuit.

HEURES D'OUVERTURE

En général de 9 h à 17 h, sans pause à l'heure du déjeuner. Quelques banques ferment plut tôt, à 16 h, mais d'autres ouvrent de 8 h à 18 h, ainsi que le samedi matin. Les musées sont souvent fermés le lundi et les jours fériés. Certains restent ouverts tard le mardi ou le jeudi soir ; renseignez-vous.

MUSÉES

À New York, le terme *museum* comprend aussi ce que les Européens appellent « galeries ». Le prix d'entrée le plus bas est de 2 $; s'ils sont gratuits, on vous demandera une *donation* pouvant aller de 6 $ à 12 $. Il y a des réductions pour les personnes âgées, les étudiants et les enfants. Les principaux musées proposent des visites guidées et des conférences gratuites. L'avenue des musées (Museum Mile, *p. 184-185)* en rassemble le plus grand nombre.

Portier d'hôtel

ÉTIQUETTE

Il est maintenant interdit de fumer dans *tous* les lieux publics ou bâtiments de New York. Certains restaurants réservent des espaces fumeurs, mais mieux vaut se renseigner avant.

Les pourboires sont indispensables. Comptez de 10 à 15 % pour le taxi, de 15 à 20 % pour les serveurs, 15 % dans un bar, 1 ou 2 $ par jour pour une femme de chambre, 1 $ par valise pour un groom, et de 10 à 20 % pour un coiffeur.

CAFÉS INTERNET

Les cafés Internet offrent un accès sécurisé à la toile. Certains, comme **easyInternet café**, sont immenses. D'autres comme **Cyber Café** mettent plus l'accent sur leur service snack et café. Comptez environ 6 $ pour la demi-heure. **Web2Zone** propose des tarifs préférentiels aux heures creuses.

Cyber Café
250 W 49th St. **Plan** 11 B5.
Tél. (212) 333-4109

easyInternetcafé
234 W 42nd St. **Plan** B1.

Web2Zone
54 Cooper Square. **Plan** 4 F2.
Tél. (212) 614-7300

SYNDICAT D'INITIATIVE

Tous les renseignements souhaités peuvent être obtenus au New York Convention and Visitors Bureau, maintenant appelé **NYC & Co.** *(p. 341)*. Son répondeur fonctionne 24 h/24. Le **Times Square Information Center** fournit également informations et brochures.

Informations utiles
NYC & Co., 810 7th Ave.
Plan 12 E4. **Tél.** *(212) 484-1222.*
www.nycgo.com
Times Square Information Center :
1560 Broadway. **Plan** 12 E5.
⬚ t.l.j. 8h-20h.
www.timessquarenyc.org
Informations sur la ville de New York :
www.nyc.gov
Informations sur toutes les activités ayant lieu à New York :
www.jimsdeli.com
Informations sur l'État de New York :
www.state.ny.us

GUIDES DES SPECTACLES

On trouve partout dans les kiosques, les hôtels et les galeries, des publications gratuites ou bon marché qui indiquent les expositions ou les activités du moment.

Les plus populaires sont le magazine *New York* et la rubrique « Goings On About Town » du *New Yorker. Time Out New York* recense tous les musées, clubs, théâtres, galeries, restaurants, cinémas, collèges, bibliothèques et ventes aux enchères de la ville. Le magazine gratuit, *Village Voice,* recense les expositions majeures et les concerts. Les éditions du vendredi et du dimanche du *New York Times* donnent la liste des expositions et des spectacles dans ses rubriques « Week-end » et « Arts and Leisure ». Le mensuel *Art News* indique les expositions et les ventes aux enchères. On peut y lire des critiques des événements courants.

Les concierges d'hôtel donnent des magazines gratuits comme *Where,* qui liste les grands musées, leurs heures d'ouverture, leur emplacement et les expositions en cours. *Art Now/New York Gallery Guide* paraît chaque mois et est distribué dans les galeries d'art ; il décrit les expositions et fournit des plans pour s'y rendre.

Le magazine *New York* donne la liste complète des spectacles présentés à New York

VISITES GUIDÉES

Quoi que vous désiriez voir à New York, n'hésitez pas à suivre des visites guidées, en bateau, à pied, en fiacre ou en hélicoptère. Les agences sont nombreuses à en proposer. Souvent bien faites, elles peuvent vous faire gagner du temps et de l'argent.

En bateau

Circle Line Sightseeing Yachts, Pier 83, W 42nd St. **Plan** 7 A1.
Tél. *(212) 563-3200.*
Une promenade de 3h autour de Manhattan.

Circle Line Statue of Liberty Ferry South Ferry, Battery Park. **Plan** 1 C4.
Tél. *(212) 269-5755.*

Spirit of New York W 23rd et 8th Ave.
Plan 8 D4.
Tél. *(866) 211-3805.*
Croisières déjeuner ou dîner compris.

World Yacht, Inc Pier 81 W 41st St. **Plan** 7 A1.
Tél. *(212) 630-8100.*
Croisières avec déjeuner ou dîner et spectacle.

En fiacre

59th St et Fifth Ave et dans Central Park S.
*Les fiacres sont attelés près de l'hôtel Plaza (***Plan** 12 F3). *L'itinéraire habituel inclut Central Park.*

En autocar

Gray Line of New York 42nd St et 8th Ave.
Plan 8 D1.
Tél. *(212) 397-2620.*

Short Line Tours/American Sightseeing NY 166 W 46th St. **Plan** 12 F5.
Tél. *(800) 631-8405.*

À bicyclette

Bite of the Apple Tours, 2 Columbus Circle, 59th St et Broadway.
Plan 12 D3.
Tél. *(212) 541-8759.*
Un circuit de 2h dans Central Park pour 35 $ avec la location du vélo. Départs à 10h, 13h et 16h.

En hélicoptère

Liberty Helicopters W 30th St et 12th Ave South Ferry. **Plan** 7 B3.
Tél. *(212) 967-6464*

À pied

Adventures on a Shoestring 300 W 53rd St **Plan** 12 E4
Tél. *(212) 265-2663.*
Promenades à thème ou tour d'un quartier.

Big Apple Greeters 1 Centre St, Suite 2035.
Plan 4 F4.
Tél. *(212) 669-8159*
Balades gratuites par des autochtones.

Big Onion Walking Tours Columbia University.
Plan 20 E3.
Tél. *(212) 439-1090.*
Histoire et ethnologie.

Harlem Spirituals, Inc. 690 8th Ave.
Plan 8 D1.
Tél. *(212) 391-0900.*
Harlem, sa culture et son histoire (avr.-oct. seul.).

Circuits historiques.
Quatre itinéraires au départ de Federal Hall ; brochures disponibles au Federal Hall. **Plan** 1 C3.

Museum of the City of New York 103rd St et Fifth Ave.
Plan 21 C5
Tél. *(212) 534-1672.*
Architecture et histoire.

NBC Studio Tour 30 Rockefeller Plaza.
Plan 12 F5.
Tél. *(212) 664-7174.*

92nd Street Y 1395 Lexington Ave.
Plan 17 A2.
Tél. *(212) 415-5500.*
Culture et histoire.

Phototrek Tours
Tél. *(212) 410-2514.*
Création de CD de 75 à 125 photos de vous à New York.

Walkin'Broadway 1619 Broadway.
Plan 12 E5.
Tél. *(212) 997-5004.*
Audioguides sur Broadway.

Promenade en fiacre dans Central Park

VOYAGEURS HANDICAPÉS

New York ne leur simplifie pas la vie. Seules 21 stations de métro sont équipées d'ascenseurs, et si tous les bus sont accessibles, certaines aires d'accès ne le sont pas. De nombreux hôtels, restaurants et sites touristiques sont équipés, mais il est préférable de vérifier. Renseignez-vous également sur l'accessibilité des toilettes. Certains musées proposent des visites guidées aux sourds, aux aveugles et aux handicapés. Tous les théâtres de Broadway ont des systèmes pour malentendants. Procurez-vous l'excellent *Access Guide to New York City* auprès du **Mayor's Office for People with Disabilities.**

Information pratique Mayor's Office for People with Disabilities. *Tél.* (212) 788-2830. **www**.nyc.gov/mopd Hospital Audiences Inc. *Tél.* (212) 575-7660. **www**.hospaud.org

Un bus de New York « s'agenouillant » pour aider les personnes âgées

DOUANE ET IMMIGRATION

Les Belges, Français et Suisses voyageant en touristes, pour affaires, ou comme étudiants, n'ont pas besoin de visa s'ils restent aux États-Unis moins de 90 jours. Toutefois, ils doivent faire une demande d'entrée sur le territoire via l'ESTA (Electronic System for Authorization) au moins 72 heures avant la date du voyage (https://esta.cbp.dhs.gov).

D'autres nationalités doivent présenter passeport, visa et billet de retour.

Certains étrangers sont tenus de posséder sur eux 500 dollars ou plus. En cas de doute, vérifiez dans une agence de voyage. Sont admis à l'arrivée : 200 cigarettes, 100 cigares ou 2 kg de tabac. Pas plus d'un litre d'alcool et des cadeaux dont la valeur individuelle ne dépasse pas 100 $. Les viandes ou dérivés (même en conserve), les graines, les plantes ou les fruits frais sont interdits.

Dans les aéroports, vous devrez présenter votre passeport aux guichets du service d'immigration indiquant « Other than American passports ». Puis, vous récupérerez vos bagages en suivant les flèches. Vous serez arrêté par un douanier qui examinera la fiche de déclaration que l'on vous a distribuée dans l'avion et que vous avez remplie durant le vol. On vous indiquera la sortie ou bien l'on fouillera vos bagages. Il n'y a pas de couloir de douane rouge ou vert – vous pourrez partir dès que le douanier aura visé votre déclaration dûment remplie.

ÉTUDIANTS

De nombreux musées et théâtres font des réductions pour les étudiants mais vous devrez apporter la preuve de votre statut.

À condition d'y avoir droit, on peut facilement acquérir une carte d'étudiant internationale chez **STA Travel** (quatre bureaux à New York) Demandez aussi un exemplaire du *ISIC Student Handbook* qui vous donne la liste exhaustive des endroits qui accordent des réductions étudiants : musées, théâtres, visites guidées, attractions, night-clubs, restaurants et même les transports Carey (navette de Manhattan jusqu'aux ports new-yorkais). Il est très difficile d'obtenir un permis de travail aux

États-Unis – mais pas pour les étudiants. Les bureaux du centre de documentation de la Commission franco-américaine fournissent des détails sur les opportunités d'études pendant les vacances à New York. Pour y travailler (90 jours maximum), renseignez-vous auprès du **Council on International Educational Exchange.**

INFORMATION ÉTUDIANTS

Bunac Summer Camps USA
P.O. Box 430, Southbery, CT 06488. *Tél.* (203) 264-0901. *En été seul.*

Council on International Educational Exchange
633 3rd Ave. **Plan** 9 B1. *Tél.* (212) 822-2700. **www**.cieeg.org

39, rue de l'Arbalète, 75005 Paris, France. *Tél.* 01 43 36 33 30.

Dr. Van de Perrestraat 358, Geel 2440, Belgique. *Tél.* 32 14 72 4155.

Œuvres universitaires et scolaires (CROUS)
39, avenue Georges-Bernanos, 75005 Paris. *Tél.* 01 40 51 36 00.

TABLE DE CONVERSION

Système impérial :
1 inch = 2,5 centimètres
1 foot = 30 centimètres
1 mile = 1,6 kilomètre
1 ounce = 28 grammes
1 pound = 454 grammes
1 US pint = 0,47 litre
1 US gallon = 3,8 litres

Système métrique:
1 millimètre = 0,04 inch
1 centimètre = 0,4 inch
1 mètre = 3 feet 3 inches
1 kilomètre = 0,6 mile
1 gramme = 0,04 ounce

Carte d'étudiant internationale

Quotidiens new-yorkais

Un distributeur de journaux

JOURNAUX, TÉLÉVISION ET RADIO

On trouve des journaux étrangers de la veille chez **Universal News**, dans les aéroports, les hôtels et les kiosques à proximité de Wall Street. Le magazine *TV Guide* hebdomadaire et la rubrique télévision du *New York Times* du dimanche donnent les horaires des programmes. On peut capter de nombreuses chaînes de télévision à New York. CBS occupe la 2, NBC la 4 et ABC la 7. PBS propose des programmes culturels et éducatifs, sur la chaîne 13. Le réseau câblé offre un vaste choix d'émissions. WCBS News (880Hz) et WFAN Sports (660Hz) sont des stations AM. On trouve parmi les stations FM, WWFS contemporary (102,7Mz), WBGO jazz (88,3Mz) et WQXR musique classique (96,3Mz).

Information pratique
Universal News, 234 W 42nd St. **Plan** 8 D1. *Tél.* (212) 221-1809. *Plusieurs bureaux à New York.*

ÉQUIPEMENT ÉLECTRIQUE

Aux États-Unis, le courant standard est de 115-120 volts CA (courant alternatif). Munissez-vous d'un transformateur et d'une prise adaptable. Les prises américaines ont deux fiches plates. La plupart des hôtels modernes de New York ont des sèche-cheveux dans les salles de bains ; en outre, certaines sont équipées de prises murales où l'on peut brancher des rasoirs électriques de 110 et 220 volts, mais presque rien d'autre, même une radio. En fait, il peut être dangereux de brancher un appareil plus puissant. Si vous voyagez avec un équipement plus sophistiqué, n'oubliez pas les piles. Vous aurez aussi besoin d'un adaptateur pour recharger les batteries. Peu de chambres d'hôtel ont des presses à repasser automatiques, des cafetières ou théières électriques. Si vous désirez repasser vos vêtements, demandez un fer à la femme de ménage.

Prise standard

CONSULATS

Consulat général de Belgique
1065 Avenue of the Americas et 40th St, 22e étage. **Plan** 12 F5. *Tél.* (212) 586-5110.

Consulat général du Canada
1251 Avenue of the Americas. **Plan** 12 E4. *Tél.* (212) 596-1628.

Consulat général de France
934 Fifth Ave (entre 74th St et 75th St). **Plan** 16 F5. *Tél.* (212) 606-3600.

Consulat général du Luxembourg
17 Beekman Place. **Plan** 13 C5. *Tél.* (212) 888-6664.

Consulat général de Suisse
633 Third Ave, 30e étage. **Plan** 9 B1. *Tél.* (212) 599-5700.

SERVICES RELIGIEUX

Il existe environ 4 000 lieux de culte à New York, toutes confessions confondues. Tous les hôtels ont la liste, les adresses et les horaires des services religieux.

Baptiste
Riverside Church
122nd St et Riverside Dr.
Plan 20 D2.
Tél. (212) 870-6700.

Catholique
St Patrick's Cathedral
Fifth Ave et 50th St.
Plan 12 F4.
Tél. (212) 753-2261.

Épiscopalien
St Bartholomew's
109 E 50th St.
Plan 13 A4.
Tél. (212) 378-0200.

Juif non orthodoxe
Temple Emanu-El
Fifth Ave et 65th St.
Plan 12 F2.
Tél. (212) 744-1400.

Juif orthodoxe
Fifth Avenue Synagogue
5 E 62nd St. **Plan** 12 F2.
Tél. (212) 838-2122.

Luthérien
St Peter's
619 Lexington Ave. **Plan** 17 A4. *Tél.* (212) 935-2200.

Méthodiste
Christ Church United Methodist
520 Park Ave. **Plan** 13 A3.
Tél. (212) 838-3036.

Riverside Church

Sécurité personnelle et santé

Insigne policier

En 1998, New York a été classée comme la ville la plus sûre parmi les grandes villes américaines de plus d'un million d'habitants, et au 166e rang des villes de plus de 100 000 habitants. Les policiers effectuent des rondes à pied et à vélo dans les zones touristiques et le système de sécurité est renforcé dans le centre-ville, les transports et les aéroports. Mais certains lieux sont dangereux de nuit comme de jour, comme Harlem, le Bronx ou, passée une certaine heure, Central Park et China Town ; suivez nos indications et vous ne devriez pas avoir d'ennuis.

La police de New York utilise toutes sortes de moyens de transport

APPLICATION DE LA LOI

La police de New York patrouille jour et nuit à pied, à cheval, en vélo et en voiture, surtout dans le quartier des théâtres. Certains policiers verbalisent les stationnements interdits, d'autres parcourent les métros et les trains.

Vous rencontrerez aussi des jeunes portant des bérets rouges et des T-shirts avec l'inscription « Guardian Angels ». Ces milices de sécurité sont tolérées par la police et sont souvent rassurantes, mais ses hommes ne sont pas armés et n'ont aucun pouvoir officiel.

CONSEILS DE PRUDENCE

Grâce à l'action du maire Rudolph Giulani, New York est une ville relativement sûre. Mais il y a quand même des règles de sécurité élémentaires à respecter comme dans toutes les grandes villes.

Il vaut mieux éviter de se rendre dans certains quartiers après 18 h comme le Bronx,

East Harlem, Central Park, Chinatown, certaines rues de SoHo et TriBeCa et les zones désertes autour de Times Square. En général, évitez de vous promener la nuit dans les rues désertes, en particulier si vous êtes seul. Préférez le taxi à la marche à pied !

Le jour, si l'on ne souhaite pas être abordé en pleine rue, il est conseillé de marcher d'un pas décidé. Attention également aux personnes en rollerblades dans Central Park ; certaines sont les spécialistes des vols de sac à main et autres objets en bandoulière. Autres lieux sensibles : Times Square où il vaut mieux éviter de retirer de l'argent aux distributeurs, les gares, les *fast-foods* où il est déconseillé de laisser ses affaires sur le dossier des chaises.

Les parcs sont souvent le théâtre de trafics de drogue, mais vous pourrez vous y promener et faire du jogging en toute sécurité

quand il y a du monde. Vous pouvez demander au concierge de l'hôtel un plan des chemins les plus sûrs.

Laissez vos bijoux et objets de valeur dans le coffre de l'hôtel et ne laissez personne porter vos bagages excepté le personnel de l'hôtel.

Une dernière chose, quoi qu'il vous arrive, sachez que des policiers sont postés dans chaque quartier, et ils ont la réputation d'être les plus serviables des États-Unis. Et pensez aussi qu'à New York, la criminalité est proportionnellement moins élevée qu'à Boston ou Phœnix : restez donc vigilants sans être sur le qui-vive.

Police montée en patrouille pour assurer la sécurité

OBJETS TROUVÉS

Les chances sont assez maigres de retrouver un objet perdu à New York.

La plupart des compagnies de taxi et de transport ont aussi un service des objets trouvés.

En cas de perte ou de vol, déclarez tous les objets disparus à la police et gardez un exemplaire du rapport de police pour votre assurance. Notez les numéros de série de vos

D'une manière générale, restez vigilants quand vous marchez dans la rue

Casquette et insigne
de la police urbaine

objets de valeur et conservez
les reçus comme preuve
d'achat.

INFORMATIONS UTILES

Centres d'objets trouvés
Pour les bus et métros
Tél. (212) 712-4500.

Pou les Taxis *Tél. 31.*

*Depuis l'extérieur de New York
(212) NEW-YORK.*

**Cartes de crédit
perdues ou volées**
American Express
*Tél. (800) 333-AMEX
(appel gratuit).*

Diners Club *Tél. (800) 234-6377
(appel gratuit).*

JCB *Tél. (800) 366-4522
(appel gratuit).*

MasterCard *Tél. (800) 627-8372
(appel gratuit).*

VISA *Tél. (800) 336-8472
(appel gratuit).*

ASSURANCE VOYAGE

Nous vous recommandons
fortement de vous assurer,
compte tenu du coût élevé
sur place des frais médicaux.
Les polices varient selon la
durée du séjour et le
nombre de bénéficiaires
concernés.

Les clauses les plus
importantes couvrent
le décès accidentel, les
mutilations, les urgences
médicales et dentaires,
l'annulation de moyen de
transport et la perte de
bagages ou de billets
d'avion. Votre agence de
voyage doit vous conseiller
l'assurance appropriée.

SOINS MÉDICAUX

Soyez prêt à dépenser
beaucoup d'argent. Si les
soins sont excellents, les
honoraires ne sont pas

conventionnés. Prenez donc
une bonne assurance.
Certains médecins et dentistes
acceptent les cartes de crédit,
mais ils préfèrent
généralement les paiements
en liquide ou les chèques de
voyage. Les hôpitaux
acceptent la plupart des
cartes de crédit *(p. 374).*

Une des pharmacies de la ville
ouvertes la nuit

URGENCES

En cas d'urgence médicale,
allez immédiatement aux
urgences d'un hôpital. Pour
appeler une ambulance,
composez le 911. Si votre
police d'assurance est valide,
vous n'aurez pas à vous
préoccuper des coûts.

À moins d'être très démuni,
il vaut mieux éviter les
hôpitaux publics qui figurent
dans les pages bleues de
l'annuaire. Choisissez plutôt
l'un des nombreux hôpitaux
privés que vous trouverez
dans les pages jaunes. En
composant le 411, la
standardiste vous indiquera
l'hôpital public ou privé le
plus proche. Vous pouvez
également prier votre hôtel
de faire venir un dentiste ou
un docteur dans votre
chambre, ou téléphonez
vous-même aux **urgences
médicales pour visiteurs** ou
aux **urgences dentaires.** Le
Beth Israel Medical Center
possède une excellente
clinique où l'on peut se
rendre pour une urgence, le
DOCS. Pour toute information,
appelez **Travelers Aid,**
un organisme public
au service des
voyageurs.

EN CAS D'URGENCE

Toutes les urgences
*Tél. 911 (ou 0) : police,
pompiers et service médical.*

Agressions sexuelles
Tél. (212) 267-7273.

**Assistance voyageurs
(Travelers Aid)**
JFK Airport, Terminal 6
Tél. (718) 656-4870.

Centre antipoison
Tél. (212) 764-7667.

DOCS
55 E 34th St. **Plan** 8F2.
Tél. (212) 252-6000.
Trois antennes à New York.

**Ligne rouge pour
victimes de crimes**
Tél. (212) 577-7777.

**Organisation nationale
des femmes**
Tél. (212) 627-9895.

Pharmacie de garde
Rite Aid, 50th St. et 8th Ave.
Plan 12 D4.
Tél. (212) 247-8384.

The Samaritans (suicide)
Tél. (212) 673-3000.

**Urgences
dans les hôpitaux**
St Vincent's, 11th St et 7th Ave.
Plan 3 C1.
Tél. (212) 604-7998.

St Luke's Roosevelt 58th St
et 9th Ave. **Plan** 12 D3.
Tél. (212) 523-6800.

Urgences dentaires
345 E 24th St/1st Ave. **Plan** 9 B4
*Tél. (212) 998-9800 (lun.-jeu.
9h-18h30, ven. 9h-16h),
Tél. (212) 998-9828
(w.-e. et après 21h).*

**Urgences médicales pour
les visiteurs étrangers**
Tél. (212) 737-1212.

Ambulance new-yorkaise

Banques et monnaie

New York est le plus grand centre bancaire des États-Unis. Les banques nationales, régionales ou locales y sont représentées. On y trouve également les branches des principales banques étrangères, comme celles de Belgique, de Suisse, de France ou encore du Canada.

Cartes de crédit American Express

BANQUES

Les banques de New York ouvrent généralement en semaine de 9 h à 15 ou 16 h. Mais certaines peuvent ouvrir plus tôt ou fermer plus tard pour accomoder les usagers. Dans la majorité des établissements, les employés acceptent les chèques de voyage et changent les monnaies étrangères.

Distributeur automatique de billets (ATM)

DISTRIBUTEURS AUTOMATIQUES

Ces machines (ATM) se trouvent près de la plupart des banques et vous permettent de retirer de l'argent américain (généralement en billets de 20 $) 24 h/24.

Avant votre départ pour les États-Unis, demandez à votre banque quelles banques new-yorkaises et quels distributeurs automatiques acceptent votre carte bancaire, ainsi que les honoraires et commissions de chaque transaction. La plupart des distributeurs appartiennent aux réseaux Cirrus ou Plus qui acceptent différentes cartes bancaires américaines, la MasterCard, la VISA et quelques autres. L'un des avantages présentés par l'ATM est de pouvoir changer votre argent au taux interbancaire.

Il est prudent de regarder autour de soi lorsque l'on retire de l'argent et d'utiliser les distributeurs dans des rues fréquentées.

CARTES DE CRÉDIT

Les MasterCard, American Express, VISA, JBC et Diners Club sont acceptées dans tous les États-Unis, sans considération de la société ou de la banque émettrice. Elles servent aussi à retirer de l'argent dans les distributeurs jusqu'à un certain plafond. Aux États-Unis, on peut presque tout payer par carte de crédit : des denrées alimentaires au restaurant, notes d'hôtel ou réservations téléphoniques de billets de cinéma et de théâtre. Il vaut mieux régler les visites guidées, les voyages et les locations avec une carte de crédit. Évitez toujours d'avoir trop d'argent sur vous.

CHÈQUES DE VOYAGE

La plupart des grands magasins, boutiques, hôtels et restaurants acceptent, sans commission, les chèques de voyage en dollars émis par American Express et Thomas Cook. En revanche, les chèques personnels libellés dans d'autres monnaies peuvent poser des problèmes. Certains hôtels acceptent de les changer, mais l'idéal est de vous rendre dans une banque. Pour connaître les taux de change du jour, consultez le *New York Times* ou le *Wall Street Journal,* ou encore les panneaux affichés par les agences bancaires. Les chèques American Express sont toujours échangés sans commission supplémentaire aux guichets de l'American Express. De leur côté, les grands hôtels disposent tous d'un caissier en mesure de vous changer vos chèques de voyage.

Les grandes sociétés de change étrangères sont peu nombreuses à New York. Parmi les plus réputées, vous trouverez **Travelex Currency Services** et **American Express.** Les agences ouvertes tard le soir sont indiquées ci-dessous. Il en existe d'autres dans les pages jaunes de l'annuaire sous la rubrique « Foreign Exchange Brokers », mais elles exigent le plus souvent un supplément variable ainsi qu'une commission.

Chase Manhattan Bank regroupe plus de 400 bureaux de change. **Commerce Bank** a des agences dans tout Manhattan, ouvertes le week-end et jusqu'à 20 h en semaine. Toutes les adresses figurent dans les pages jaunes.

TRANSFERT D'ARGENT

En cas d'urgence, vous pouvez vous faire envoyer de l'argent par Moneygram ou Wertern Union.

Moneygram
Tél. (800) 926-9400.
www.moneygram.com

Western Union
Tél. (800) 225-5227.
www.westernunion.com

Pièces de monnaie

Elles ont pour valeur 50, 25, 10, 5 et 1 cents. De nouvelles pièces de 1 $, dorées, sont désormais en circulation, comme les quarters *(25 cents), ornés d'une scène historique sur chacune de leur face. Les pièces portent souvent des noms familiers : celles de 10 cents sont appelées* dimes, *celles de 5 cents* nickels *et celles de 1 cent* pennies.

**Pièce de 25 cents
(quarter)**

**Pièce de
10 cents (dime)**

**Pièce de 5 cents
(nickel)**

**Pièce de 1 cent
(penny)**

Billets de banque

Les unités monétaires américaines sont le dollar et le cent. Un dollar vaut 100 cents. Les billets (bills) *valent 1, 5, 10, 20, 50 et 100 $. De nouvelles coupures de 20 $ et de 50 $ ont été mises en circulation. Elles sont reconnaissables à leur couleur d'arrière-plan et à l'encre changeante utilisée pour la dénomination du billet (coin du recto en bas à droite).*

**Pièce de 1 dollar
ou buck**

Billet de 1 dollar (1 $)

Billet de 5 dollars (5 $)

Billet de 10 dollars (10 $)

Billet de 20 dollars (20 $)

Billet de 50 dollars (50 $)

Billet de 100 dollars (100 $)

Utilisation des téléphones

Téléphone public

Il y a des téléphones publics partout, dans les halls d'hôtels, restaurants, bars, théâtres et grands magasins. Ceux qui acceptent les cartes bancaires sont rares, mais on peut désormais acheter des cartes téléphoniques prépayées, plus pratiques.

La plupart des cabines fonctionnent avec des pièces (de 5, 10 et 25 cents). Certains quartiers ont des téléphones payants offrant également un accès à Internet, avec un écran couleur et un clavier.

HEURE DE NEW YORK

New York est à l'heure de la côte est. Avant de composer un appel international, calculez l'heure du pays que vous cherchez à joindre. Pour la Belgique, la France et la Suisse ajouter 6 h ; pas de décalage avec Montréal.

TÉLÉPHONES PUBLICS

L'appareil standard a un récepteur et un cadran de 12 touches. Ces téléphones appartiennent parfois à une société privée et les appels coûtent plus cher. La loi exige que chaque téléphone public indique clairement les tarifs, les numéros d'appel gratuits et la manœuvre à effectuer. Cherchez le logo Verizon sur le boîtier pour payer le prix standard. En cas de réclamation, appelez la **Public Service Commission.**

Téléphone privé

Informations pratiques
Public Service Commission
Tél. (800) 342-3355 (appel gratuit).
Pour vérifier ses e-mails
Times Square Information Center, 1560 Broadway
Plan 12 E5.

Beaucoup de bibliothèques ont des terminaux Internet, mais le temps d'utilisation est limité.
Voir aussi p. 368.

TARIF PUBLIC

Toutes les communications dans New York coûtent environ 25 cents les trois minutes. Si l'appel dure plus longtemps, la standardiste vous demandera un supplément.

Beaucoup de kiosques vendent des cartes téléphoniques pour les appels longue distance (cartes de 5, 10 et 25 \$).

Ces cartes permettent de faire des économies substantielles par rapport aux prix standard. Mais les appels, connectés sur Internet, peuvent être de moindre qualité. Les tarifs

UTILISATION D'UN APPAREIL À PIÈCES

1 Décrochez.

3 Composez le numéro.

Les pièces
Assurez-vous d'avoir suffisamment de monnaie avant de composer le numéro.

5 cents

10 cents

25 cents

2 Mettez la ou les pièces. Vous les entendrez tomber.

4 Si vous ne voulez pas poursuivre l'appel ou si la communication ne s'établit pas, récupérez la pièce en appuyant sur *coin return.*

5 Si la communication est établie et que vous parlez plus de trois minutes, l'opérateur interrompt l'appel et vous demande de rajouter des pièces. Les appareils ne rendent pas la monnaie.

Une borne téléphonique de la Bell Atlantic Telephone Company

internationaux varient selon le pays appelé. Pour la France, la réduction s'applique à partir de 14 h ; le tarif économique, de 19 h à 8 h le lendemain.

NUMÉROS UTILES

Poste centrale
Tél. (800) ASK-USPS.

Renseignements
Tél. 411 ; 10-10-9000.

Renseignements internationaux
Tél. 00.

Standard
Tél. 0.

Urgences USA
Tél. 911

OBTENIR LE BON NUMÉRO

• Il existe cinq indicatifs locaux à NYC : 212, 917, 646 pour Manhattan ; les autres municipalités utilisent le 718 et le 347. Les 800, 888 et 877 sont des appels gratuits.
• Pour appeler hors de votre zone : 1 + indicatif local + numéro. Pour appeler dans votre zone : indicatif local + numéro.
• Pour appeler un autre État d'un téléphone public : 0 + indicatif + numéro du correspondant. Un opérateur vous dira combien de pièces introduire.
• De New York vers l'Europe, pour un appel direct : 011 + code du pays (France : 33) + numéro du correspondant (sans le 0 initial).
• De New York vers l'Europe, pour un appel avec l'aide de l'opérateur : 01 + code du pays (France : 33) + numéro du correspondant (sans le 0 initial).
• De l'Europe à New York : 00 + 1 + indicatif local + numéro du correspondant.
• Renseignements internationaux depuis les États-Unis : 00. Opérateur international : 01.
• Renseignements internationaux depuis la France : 3212.
• **Urgences États-Unis : 911.**

Envoyer une lettre

Logo de la poste

On dépose son courrier à la poste, chez le concierge de l'hôtel (qui vend parfois des timbres), dans les boîtes postales de certains halls d'immeubles, gares ferroviaires ou routières ainsi que dans les aéroports et dans les rues – peintes en bleu ou en rouge, blanc et bleu. Le courrier n'est pas relevé pendant le week-end. Les bureaux de poste sont indiqués sur les cartes de l'Atlas des rues *(p. 394-425).*

SERVICE POSTAL

La **General Post Office** reste ouverte jour et nuit. Les timbres s'achètent à la poste ou bien dans les distributeurs automatiques des pharmacies, des grands magasins et des gares. Toutes les lettres sont acheminées en tarif normal.

La poste fédérale propose trois services rapides moyennant un supplément. **Express Mail** est l'équivalent d'un Chronopost, le **Priority Mail** demande deux jours pour la livraison et, si vous payez le prix, votre courrier partira même pendant le week-end. **International Express Mail** expédie le courrier pour l'étranger. Pour les messageries privées, adressez-vous au

Timbre américain

concierge de l'hôtel ou appelez l'un des services indiqués dans l'annuaire.
Informations pratiques
General Post Office, 421 8th Ave. **Plan** 8 D2. *Tél.* (800) ASK-UPS. Priority Mail et Express Mail : *Tél.* (800) 222-1811. FedEx : *Tél.* (800) 463-3339. DHL : *Tél.* (800) 225-5345. UPS : *Tél.* (800) 782-7892. **www.bigyellow.com www.usps.com**

POSTE RESTANTE

Le General Post Office's General Delivery garde lettres et paquets pendant 30 jours. On peut faire suivre le courrier vers d'autres postes. Le courrier doit être adressé ainsi : nom, c/o General Delivery, US Post Office, New York, NY 10001.

Express Mail

Priority Mail

Boîtes aux lettres
On en trouve un peu partout et notamment à la poste (voir Atlas des rues, p. 394-425). Sur chaque boîte sont affichées les instructions à suivre. Si vous utilisez Express ou Priority, pesez votre courrier pour connaître l'affranchissement.

Boîte aux lettres

ALLER À NEW YORK

De nombreuses compagnies aériennes proposent des vols directs pour New York. Aux États-Unis, la guerre des prix a provoqué l'augmentation du nombre des charters, et ceux-ci ont obligé les vols intérieurs à s'aligner sur leurs tarifs. En clair, il est souvent moins cher de voyager par avion que par le train

Grand Central Terminal

ou le bus. Le *Queen Mary 2* est l'un des navires de ligne qui desservent le port. Les trains de grandes lignes sont confortables et les autocars sont généralement climatisés, munis d'écrans vidéos et équipés de toilettes. Consultez le plan pages 382-383 pour toute information concernant l'arrivée à New York.

EN AVION

Il existe des vols directs au départ de presque toutes les grandes villes. De Paris, le voyage dure 7 heures.

Les principales compagnies aériennes sont **Air Canada, Air France, American Airlines, British Airways, Continental, Delta, Swiss et United Airlines**. Tous les vols internationaux arrivent à Newark ou à JFK *(p. 380-381)*.

Les billets APEX sont très intéressants – mis à part ceux pour les groupes. Ils s'achètent à l'avance et sont valables pour un séjour de 7 à 30 jours.

Voyages-sncf.com propose ses meilleurs prix sur les billets d'avion, hôtels, location de voitures, séjours clé en main ou Alacarte®. Vous avez également accès à des services exclusifs : l'envoi gratuit des billets à domicile, Alerte Résa qui signale l'ouverture des réservations, le calendrier des meilleurs prix, les offres de dernière minute et promotions. www.voyages-sncf.com

PRINCIPALES COMPAGNIES AÉRIENNES

Air Canada
Tél. 0 825 880 881.
www.aircanada.com

Air France
Tél. 0 820 820 820. **www**.airfrance.fr

American Airlines
Tél. 01 55 17 43 41
www.americanairlines.com

British Airways
www.britishairways.com

Continental Airlines
Tél. 01 71 23 03 35.
www.continental.com

Delta
Tél. 0 811 640 005.
www.delta.com

Swiss
Tél. (41) 848 700 700
www.swiss.com

United Airlines
Tél. 0 810 72 72 72.
www.united.fr

EN BATEAU

Le célèbre *Queen Mary 2*, en provenance de Southampton, accoste environ 25 fois par an

Car longue distance Greyhound

à Brooklyn. Il fait parfois escale à Cherbourg pour y embarquer des passagers français. Les bateaux accostent sur le quai de Hudson River, au centre de Manhattan.

EN AUTOCAR

Le **Port Authority Bus Terminal** est le terminus des cars longue distance, comme les **Greyhound Lines**. Les bus pour les trois aéroports partent aussi de là. Environ 6 000 autocars et 172 000 passagers transitent quotidiennement par cette gare routière.

Information pratique Greyhound Bus Lines : *Tél.* (800) 231-2222 *(24h/24).* **www**.greyhound.com Port Authority Bus Terminal : W 40th St et Eighth Ave. **Plan** 8 D1. *Tél.* (212) 564-8484 *(24h/24).* **www**.panynj.gov

EN TRAIN

Les trains Amtrak venant du Canada, des États du Sud, du Nord-Est et de l'Ouest arrivent à Penn Station *(p. 392)*. Les lignes Metro North et celles du Connecticut, à Grand Central Terminal *(p. 392)*.

Paquebots ancrés à Manhattan

Les aéroports de New York

Les trois aéroports principaux (Newark, JFK et La Guardia) sont bien reliés au centre de Manhattan. Cherchez les porteurs en uniforme et casquette rouge qui arborent des badges pour s'occuper de vos bagages (ne les confiez à personne d'autre, vous risqueriez de ne plus les retrouver). Les préposés aux taxis vous aideront à trouver une voiture et à y prendre place.

SE RENDRE À MANHATTAN

Le centre « Ground Transportation » de chaque aéroport vous indique comment procéder. Les navettes les plus pratiques de La Guardia et JFK sont le **New York Airport Service** et le **Super Shuttle.** La première vous dépose à Grand Central, Port Authority ou Penn Station, la seconde n'importe où dans Manhattan. Les bus du New Jersey Transit et **Olympia Airport Express** vont aussi à Manhattan.

On peut aussi partager un véhicule à JFK ou La Guardia avec **Classic Limousine** et **Connecticut Limo.** On peut aussi partager un taxi pour se rendre à Manhattan.

L'aéroport JFK est relié par la navette AirTrain aux stations de métro Jamaica (lignes de métro E, J et Z) et Howard Beach (ligne A). Comptez 1 h 15 pour gagner Midtown.

Préposé aux taxis

Le bus M60 part de/vers JFK. Il assure le même service avec La Guardia. Les sociétés de location de voitures ont des téléphones gratuits dans la zone de récupération des bagages. Les numéros de téléphone pour réserver sont page 386.

COMPAGNIES

New York Airport Service
Tél. (718) 875-8200.

Classic Limousine
Tél. (800) 666-4949.
www.classictrans.com

Super Shuttle
Tél. (212) BLUE-VAN ;
(800) BLUE-VAN.
www.supershuttle.com

Olympia Airport Express
Tél. (212) 6233. www.olympiabus.com

Connecticut Limo
Tél. (800) 472-5466.
www.ctlimo.com

LA GUARDIA (LGA)

Surtout fréquenté par les hommes d'affaires, La Guardia se situe à 13 km à l'est de Manhattan dans le Queens, sur le côté nord de Long Island.

À votre arrivée, prenez un chariot à bagages près des tapis roulants. Des porteurs sont là pour vous aider. La consigne se trouve dans le centre Tele-Trip, au niveau départ. Vous trouverez des bureaux de change dans l'aérogare principale.

Des préposés aux taxis sont de service aux heures d'affluence, mais vous pourrez aussi vous adresser à la Port Authority Police. N'utilisez que des taxis jaunes ayant une licence officielle. Le prix des péages, taxé d'un supplément après 20 h et le dimanche, s'ajoutent au prix du compteur (entre 25 et 35 $ pour le centre de Manhattan).

Informations pratiques Airport Information Service. *Tél.* (718) 533 3400. www.laguardiaairport.com www.panjny.gov

Vol long courrier

Plan de l'aéroport de La Guardia

Toutes les 10 à 15 min, de 5 h du matin à 2 h du matin, un service gratuit de navettes relie les terminaux et les parkings. Les bus et les taxis allant dans Manhattan et la banlieue partent de devant chaque terminal.

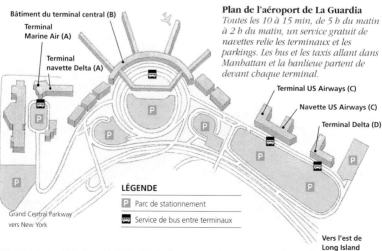

Bâtiment du terminal central (B)

Terminal Marine Air (A)

Terminal navette Delta (A)

Terminal US Airways (C)

Navette US Airways (C)

Terminal Delta (D)

LÉGENDE

P Parc de stationnement

Service de bus entre terminaux

Grand Central Parkway vers New York

Vers l'est de Long Island

AÉROPORT JFK

JFK, le principal aéroport international de New York, est à 24 km au sud-est de Manhattan dans le Queens. American Airlines, British Airways, Delta, Continental et United ont leur terminal. Les autres compagnies utilisent les terminaux 1, 5 ou 6. La consigne se trouve dans l'International Arrival Building. Vous trouverez des bureaux de change dans les terminaux.

À l'arrivée des vols internationaux, les chariots

Arrivées internationales, JFK

Panneaux indicateurs à l'aéroport JFK

sont gratuits. Des bureaux de change sont situés dans tous les terminaux et on peut réserver une chambre d'hôtel au guichet Meegan Services, aux arrivées du terminal 3.

On peut se rendre à Manhattan 24 h/24. Le bureau d'accueil se situe au rez-de-chaussée, près de l'arrivée des bagages. On peut appeler gratuitement les sociétés de location de voitures qui ont une navette jusqu'à leurs parcs. Les taxis attendent devant les terminaux – la course jusqu'à Manhattan prend environ 1 h : le prix fixé est de 45 $ plus les charges. Les bus du

New York Airport Service desservent Grand Central, Penn Station et le Port Authority pour 15 $; le Super Shuttle coûte entre 17 $ et 19 $.

Grâce au AirTrain JFK, vous pourrez récupérer le Long Island Rail Road, le métro ou des bus locaux. L'AirTrain coûte 5 $ et le métro 2 $. L'hélicoptère qui vous mène en 10 min à 34e Rue Est coûte 850 $.

ADRESSES UTILES

Information aéroport
(718) 244-4444.

Best Western JFK Airport
144-125 153rd Ave, Queens.
Tél. *(718) 977-2100.*

Holiday Inn JFK
144-02 135th Ave, Queens.
Tél. *(718) 659-0200.*

Helicopter Flight Services **Tél.** *(212) 355-0801.* **www**.heliny.com Liberty Helicopters **Tél.** *(888) 692-4354.* **www**.libertyhelicopters.com

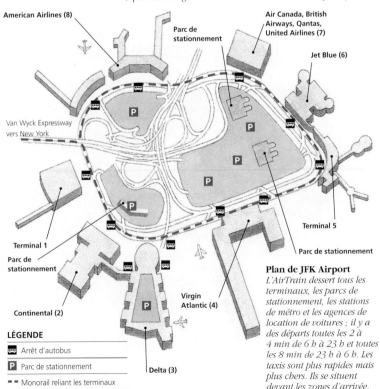

American Airlines (8)
Parc de stationnement
Air Canada, British Airways, Qantas, United Airlines (7)
Jet Blue (6)
Van Wyck Expressway vers New York
Terminal 5
Terminal 1
Parc de stationnement
Parc de stationnement
Continental (2)
Virgin Atlantic (4)
Delta (3)

Plan de JFK Airport
L'AirTrain dessert tous les terminaux, les parcs de stationnement, les stations de métro et les agences de location de voitures ; il y a des départs toutes les 2 à 4 min de 6 h à 23 h et toutes les 8 min de 23 h à 6 h. Les taxis sont plus rapides mais plus chers. Ils se situent devant les zones d'arrivée.

LÉGENDE

Arrêt d'autobus

P Parc de stationnement

■ ■ Monorail reliant les terminaux

AÉROPORT DE NEWARK

Arrêt de bus de Newark Airport

LÉGENDE

P Parc de stationnement

Arrêt d'autobus

Monorail reliant les terminaux

PLAN DE NEWARK AIRPORT

Gratuite, la navette AirTrain relie les terminaux et les parcs de stationnement entre eux. Les départs se font toutes les 3 minutes, de 5 h à minuit et toutes les 15 à 24 minutes, de minuit à 5 h. Il faut compter entre 7 et 11 minutes entre chaque terminal. Les taxis se trouvent à l'extérieur des zones d'arrivée.

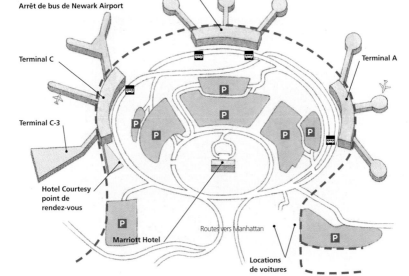

Terminal B (arrivées internationales)

Terminal C

Terminal A

Terminal C-3

Hotel Courtesy point de rendez-vous

Marriott Hotel

Routes vers Manhattan

Locations de voitures

C'est le second aéroport international de New York, situé à 26 km au sud-ouest de Manhattan dans le New Jersey.

La plupart des vols internationaux arrivent au terminal B. On trouve des chariots près de l'arrivée des bagages, au rez-de-chaussée. Il n'y a pas de consigne, mais un bureau de change dans chaque terminal.

Le bureau d'accueil, ouvert en permanence, est situé à côté de l'arrivée des bagages. On y trouve les téléphones gratuits des sociétés de location de limousines ou de voitures. Ils proposent souvent une navette gratuite jusqu'à leurs parcs.

Des taxis sont à votre disposition devant chaque zone d'arrivée. Si l'on vous accoste dans le terminal pour vous offrir de vous conduire à votre destination, n'acceptez jamais ; le chauffeur n'est certainement pas assuré et le prix sera sans doute exorbitant.

Le transport jusqu'à Manhattan prend environ 40 minutes et coûte 50 $ maximum.

Les autobus, dont Super Shuttle et Olympia Airport Express, mettent de 40 minutes à 1 heure pour faire le même trajet et le ticket coûte de 15 $ à 19 $. Des tableaux électroniques indiquent les horaires. AirTrain Newark (www.airtrainnewark.com) relie l'aéroport à NJ Transit, aux trains Amtrack, puis continue jusqu'à Penn Station. Le trajet dure 25 minutes et coûte 12 $, comme le NJ Transit. Amtrack revient 32 $.

On peut réserver une chambre d'hôtel en utilisant les téléphones gratuits situés dans les terminaux.

ADRESSES UTILES

Port Authority de Newark Airport
Tél. (888) 397-4636.
www.newarkairport.com

Holiday Inn International
1000 Spring St, Elizabeth, N.J.
Tél. (800) 465-4329.

Marriott Hotel
Zone de Newark Airport.
Tél. (800) 228-9290.

Écrans indiquant les heures de départs et d'arrivées à Newark

Comment se rendre dans le centre-ville

Cette carte indique les moyens de transport entre les trois aéroports de la ville et le centre de Manhattan. Elle montre aussi les liaisons ferroviaires entre New York, le reste des États-Unis et le Canada. On y précise le temps de trajet en métro, autobus ou hélicoptère. Le terminal maritime, autrefois la porte d'entrée des immigrants de l'après-guerre, se trouve près du centre de Manhattan. Le Port Authority Bus Terminal possède de nombreuses correspondances avec les transports urbains.

Paquebots à quai devant la gare maritime

🚢 GARE MARITIME
Les quais 88-92 sont réservés aux bateaux de croisière. Cunard & Princess utilise Brooklyn Cruise Terminal.

Gare maritime

LÉGENDE

✈	Aéroport *p. 379-381*
🚢	Gare maritime *p. 378*
🚉	Gare ferroviaire *p. 392-393*
🚌	Arrêt d'autobus *p. 378*
🚁	Service d'hélicoptère *p. 380*
▬	New York Airport Service et Super Shuttle *p. 379*
▬	Service d'hélicoptère *p. 380*
▬	Voie ferrée de Long Is. *p. 392-393*
▬	Bus New Jersey Transit *p. 379*
▬	Olympia Airport Express *p. 379*
▬	Navette de bus *p. 380*
▬	Métro A *p. 390*

🚌 PORT AUTHORITY BUS TERMINAL
Départ et arrivée des autocars longue-distance et des navettes vers les aéroports.

Port Authority Bus Terminal

🚉 PENN STATION
Trains en provenance du **Canada** et des autres États ; navettes quotidiennes vers **Long Island** et le **New Jersey**, AirTrain Newark vers **Newark Airport**. 🚉 *Navette Amtrak, Long Island Rail Road et New Jersey Transit.* Ⓜ *A, C, E, 1, 2, 3.*

Héliport West 30th St

Penn Station

Chelsea et le quartier du vêtement

Les bus Super Shuttle déposent les passagers à Manhattan entre Battery Park et 227th St.

Greenwich Village

East Village

SoHo et TriBeCa

Seaport et le Civic Center

Lower East Side

Lower Manhattan

Pier 11

✈ NEWARK
🚌 *Olympia Airport Express 4h-23h, toutes les 20-30 min vers* **Penn Station, Grand Central** *et* **Port Authority.**
🚌 **New Jersey Transit** *toutes les 15-20 min vers* **Port Authority.**
🚉 **AirTrain** *vers* **Penn Station** *5h-minuit toutes les 3 min ; minuit-5 h toutes les 15 à 24 min.*
🚁 **Héliport** *vers l'héliport 34th St.*

Les autorités portuaires de New York et du New Jersey, qui gèrent les aéroports de JFK, Newark et La Guardia ont investi 2,7 milliards de dollars dans AirTrain, une nouvelle navette qui relie JFK et Newark au métro new-yorkais.

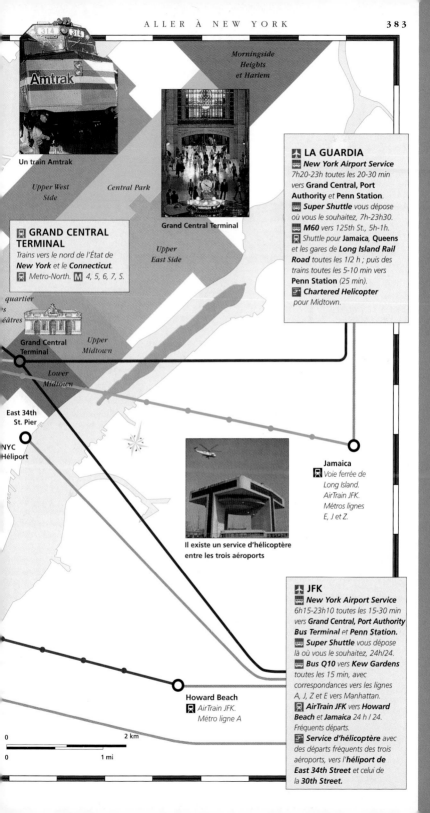

Un train Amtrak

*Morningside
Heights
et Harlem*

*Upper West
Side*

Central Park

Grand Central Terminal

🚉 GRAND CENTRAL TERMINAL
Trains vers le nord de l'État de **New York** *et le* **Connecticut**.
🚉 *Metro-North.* Ⓜ *4, 5, 6, 7, S.*

*Upper
East Side*

*quartier
es
éâtres*

**Grand Central
Terminal**

*Upper
Midtown*

*Lower
Midtown*

**East 34th
St. Pier**

**NYC
Héliport**

Jamaica
🚉 *Voie ferrée de
Long Island.
AirTrain JFK.
Métros lignes
E, J et Z.*

**Il existe un service d'hélicoptère
entre les trois aéroports**

✈ LA GUARDIA
🚌 *New York Airport Service*
*7h20-23h toutes les 20-30 min
vers* **Grand Central, Port
Authority** *et* **Penn Station**.
🚌 *Super Shuttle vous dépose
où vous le souhaitez, 7h-23h30.*
🚌 *M60 vers 125th St., 5h-1h.*
🚉 *Shuttle pour* **Jamaica**, **Queens**
et les gares de **Long Island Rail
Road** *toutes les 1/2 h ; puis des
trains toutes les 5-10 min vers*
Penn Station *(25 min).*
🚁 *Chartered Helicopter
pour Midtown.*

✈ JFK
🚌 *New York Airport Service*
*6h15-23h10 toutes les 15-30 min
vers* **Grand Central, Port Authority
Bus Terminal** *et* **Penn Station**.
🚌 *Super Shuttle vous dépose
là où vous le souhaitez, 24h/24.*
🚌 *Bus Q10 vers* **Kew Gardens**
*toutes les 15 min, avec
correspondances vers les lignes
A, J, Z et E vers Manhattan.*
🚉 *AirTrain JFK vers* **Howard
Beach** *et* **Jamaica** *24 h / 24.
Fréquents départs.*
🚁 *Service d'hélicoptère avec
des départs fréquents des trois
aéroports, vers l'***héliport de
East 34th Street** *et celui de
la* **30th Street**.

Howard Beach
🚉 *AirTrain JFK.
Métro ligne A*

0   2 km

0   1 mi

CIRCULER À NEW YORK

Il est certes difficile de parcourir à pied les 10 000 km de rues de New York, mais les sites principaux se visitent quartier par quartier. Pour les courtes distances, le taxi reste le meilleur moyen de transport malgré les embouteillages durant les heures de pointe.

Les autobus sont sûrs, mais souvent lents. Le métro est rapide, efficace et bon marché. On trouve des stations partout dans Manhattan. Il existe des cartes d'abonnement à la semaine ou à la journée valables pour tous les transports publics. C'est l'option recommandée pour visiter la ville.

La limousine, moyen de transport préféré de la jet-set new-yorkaise

TROUVER SON CHEMIN DANS LES AVENUES ET LES RUES

Les avenues de Manhattan s'étendent du nord au sud et les rues d'est en ouest, sauf dans les vieux quartiers. La 5e Avenue est utilisée pour distinguer les adresses à l'est et à l'ouest.

La plupart des rues du centre-ville sont à sens unique ; la circulation vers l'est se faisant dans les rues paires et vers l'ouest dans les impaires. Les avenues, également à sens unique, alternent les directions nord et sud. Les 1re, 3e (après la 23e Rue), Madison, 8e Avenues, Avenue of the Americas (6e) et

la 10e Avenue s'orientent vers le nord, alors que les 2e, Lexington, 5e, 7e, 9e Avenues et Broadway (avant la 59e Rue), se dirigent vers le sud. York, Park, la 11e Avenue, 12e Avenue et Broadway, à partir de la 60e Rue, sont à double sens.

Les pâtés de maisons de Manhattan, au nord de Hudson Street, sont rectangulaires mais pas uniformes. Un *block* est trois ou quatre fois plus long d'est en ouest que du nord au sud.

Ne pas confondre : Avenue of the Americas est encore appelée la 6e Avenue, Fashion Avenue la 7e, et Park Avenue South n'est pas la même chose que Park Avenue. De

nombreux carrefours et places commémorent des personnalités ou des événements.

Les plans de ce guide indiquent les noms les plus fréquemment utilisés.

Embouteillage à Manhattan

TROUVER UNE ADRESSE

Voici une méthode pratique pour trouver une **adresse dans les avenues**. Enlevez le dernier chiffre de l'adresse, divisez le reste par deux, puis ajoutez ou soustrayez le **chiffre clé** indiqué ci-contre – vous obtiendrez ainsi le numéro de la rue la plus proche. Pour trouver, par exemple, le 826 Lexington Avenue, retirez le 6, divisez 82 par 2 ce qui donne 41 et ajoutez 22 (le chiffre clé). La 63e Rue est donc la rue la plus proche.

Adresses sur une avenue	Chiffre clé	Adresses sur une avenue	Chiffre clé
1re Ave	+3	*9e Ave*	+13
2e Ave	+3	*10e Ave*	+14
3e Ave	+10	*Amsterdam Ave*	+60
4e Ave	+8	*Audubon Ave*	+165
5e Ave :		*Broadway, après la*	
- jusqu'à 200	+13	*23e Rue*	-30
- de 200 à 400	+16	*Central Park W, diviser*	
- de 400 à 600	+18	*le nombre par 10*	+60
- de 600 à 775	+20	*Columbus Ave*	+60
- de 775 à 1286,		*Convent Ave*	+127
ne pas diviser par 2		*Lenox Ave*	+110
- de 1286 à 1500	+45	*Lexington Ave*	+22
- de 1500 à 2000	+24	*Madison Ave*	+26
6e Ave of the Americas	-12	*Park Ave*	+35
7e Ave, avant la		*Park Ave South*	+08
110e Rue	+12	*Riverside Drive, diviser*	
7e Ave, après la		*le nombre par 10*	+72
110e Rue	+20	*St Nicholas Ave*	+110
8e Ave	+10	*West End Ave*	+60

MADISON AVENUE

Panneau au carrefour d'une rue, indiquant Madison Avenue.

PLANIFIER VOS DÉPLACEMENTS

Pendant les heures de pointe (de 8 h à 10 h, de 11 h 30 à 13 h 30 et de 16 h 30 à 18 h 30, du lundi au vendredi) il vaut mieux marcher, malgré la foule, plutôt que d'essayer de prendre un autobus, un taxi ou le métro. À d'autres moments et pendant les vacances, la circulation est moins dense et permet de se déplacer rapidement.

Il faut toujours soigneusement éviter la 5e Avenue les jours de parade (St Patrick's Day et Thanksgiving Day sont les pires). Les visites de personnalités ou les manifestations qui se déroulent fréquemment devant le City Hall *(p. 90)* provoquent d'énormes problèmes de circulation. Le quartier du vêtement, situé au sud de la 42e Rue le long de la 7e Avenue, se remplit de camions de livraison pendant la journée.

À PIED

Les intersections entre les avenues et les rues ont des feux de signalisation et lampadaires portant des panneaux qui indiquent les noms. Pour les véhicules, le rouge signifie arrêt *(stop)*, le vert passez *(go)* et *Walk-Don't Walk* (traversez ou non) s'adresse aux piétons. Vous remarquerez vite que les New-Yorkais, prudents,

Passage pour piétons

Ne traversez pas

Traversez

Un ferry de Staten Island quittant Battery Park

Bateau de la Circle Line

ne se fient pas souvent au signal *Walk,* mais plutôt à leur bon sens. Comme en Europe, les véhicules roulent à droite. Il n'y a pas de panneaux pour prévenir les piétons du sens de la circulation. Comme de nombreuses rues sont à sens unique, il vaut donc mieux regarder des deux côtés avant de traverser. On trouve des passages pour piétons à certains carrefours. Ils sont facilement repérables (au Rockefeller Center, par exemple) et sont surveillés de près par la police. La ville dispose de quelques passages souterrains à Central Park.

EN BATEAU-TAXI

Ils circulent entre East 90th Street Pier et Pier 84 (rens. : **www**.nywatertaxi.com).

EN FERRY

Deux d'entre eux intéressent les visiteurs *(p. 369).* Le ferry de la Circle Line fait plusieurs fois par jour le trajet de Battery Park (à l'extrémité sud de Manhattan) à la statue de la Liberté et à Ellis Island (**www**.circleline.com). Staten Island Ferry, quant à lui, en service jour et nuit, offre des vues magnifiques sur Manhattan, la statue de la Liberté, les ponts et Governors Island. Sur Staten Island Ferry, l'aller et retour est gratuit.

À BICYCLETTE

Vous pourrez facilement circuler sur les pistes aménagées à Central Park, le long de East River et de Hudson River. On loue des bicyclettes à Columbus Circle ou au Loeb Boathouse, à Central Park. **Informations pratiques** Central Park Bike Rental, 2 Columbus Circle. **Plan** 12 D3. *Tél. (212) 541-8759.* **www**.centralparkbiketour.com

Cycliste dans Central Park

Conduire à New York

Il est déconseillé de conduire à New York car la circulation y est particulièrement difficile et les voitures de location plutôt chères. La ceinture de sécurité est obligatoire et la vitesse en ville est limitée à 48 km/h (30 mph). La conduite est à droite et la plupart des rues sont à sens unique avec un feu à chaque carrefour.

Embouteillage sur la 6e Avenue

LOUER UNE VOITURE

Vous devez présenter un permis de conduire valide (le permis de conduire international n'est pas indispensable), un passeport et posséder une carte de crédit reconnue. Les moins de 25 ans paient plus cher.

Votre police d'assurance tous risques doit vous couvrir en cas de dommage matériel ou corporel, car les poursuites pour blessures sont onéreuses. Faites le plein avant de rendre la voiture sous peine de payer le double du prix normal du carburant. Il est moins cher de louer une voiture en ville que dans les aéroports.

Signalisation
Les passages pour piétons sont marqués par des bandes noires et blanches. Au centre des carrefours, des bandes identiques signalent la zone interdite aux véhicules lorsque le feu est rouge. Il est interdit aux automobilistes de tourner à droite au feu rouge, sauf indication contraire.

Sens unique

STATIONNEMENT

C'est un casse-tête coûteux à Manhattan. Les parkings et garages indiquent toujours leurs tarifs à l'entrée. Certains hôtels incluent un supplément pour le stationnement.

Dans certains secteurs, des parcmètres autorisent des arrêts de 20 à 60 min. Ne vous garez pas devant ceux qui sont en panne. Les bandes jaunes indiquent qu'il est interdit de stationner.

Le stationnement alterné est d'usage dans la majorité des petites rues. On peut se garer d'un côté toute la nuit à condition d'enlever sa voiture avant 8 h du matin. Pour tout renseignement, appelez le **Transportation Department.**

CONTRAVENTIONS

Si vous avez une contravention, il faut payer l'amende dans les 7 jours ou contester en écrivant aux autorités. Si vous avez un problème avec votre véhicule, appelez le **Parking Violations Bureau** entre 8 h 30 et 19 h les jours ouvrables.

Si vous ne retrouvez pas votre voiture, ne paniquez pas mais renseignez-vous d'abord à la fourrière, ouverte jour et nuit tous les jours, sauf

Entrée
interdite

Vitesse limitée à
80 km/h (50 mph)

Vous n'avez pas
la priorité

Arrêtez-vous à
l'intersection

le dimanche. Celles-ci sont très efficaces, mais ont tendance à maltraiter les véhicules enlevés. Pour récupérer votre bien, vous devrez payer une amende de 150 $ augmentée de 10 $ de gardiennage par jour. Les chèques de voyage, les virements et l'argent liquide sont acceptés. Il y a un distributeur ATM sur les lieux *(p. 374)*. S'il s'agit d'une voiture louée, présentez le contrat de location, seul le conducteur autorisé (ayez votre permis) peut reprendre la voiture. Si votre voiture n'est pas à la fourrière, prévenez la police.

Informations pratiques
Police *Tél. 911* ; Parking Violations Bureau *Tél. (718) 802-3636* ; Traffic Dept, Tow Pound (fourrière), Pier 76, West 38th St et 12th Ave, **plan** 7 B1 ; Uptown et 207th St *Tél. 311* ; Transportation Dept *Tél. 311.*

PÉAGES

La plupart des voies d'accès à New York sont à péage. Les tarifs varient entre 1,5 $ pour les plus petits ponts et 6 $ pour le George Washington Bridge, entre New York et le New Jersey. Pour les ouvrages dépendant de la Triborough Bridge Authority, ils sont fixés à 3,5 $. Ces sommes doivent être réglées en liquide. N'allez pas aux guichets E-Z Pass, réservés aux possesseurs de cartes spéciales.

AGENCES DE LOCATION

Si vous voulez louer une voiture, consultez l'annuaire à la rubrique « Automobile Renting ». Les principales compagnies de location sont :

Avis *Tél. (800) 331-1212.*
www.avis.com

Budget *Tél. (800) 527-0700.*
www.drivebudget.com

Dollar *Tél. (800) 800-4000.*
www.dollar.com

Hertz *Tél. (800) 654-3131.*
www.hertz.com

National *Tél. (800) CAR RENT.*
www.nationalcar.com

Les taxis à New York

Tous les taxis dotés d'une licence officielle sont jaunes. Si le numéro sur le toit est allumé, ils sont libres et peuvent être hélés. Les taxis en dehors des heures de service allument l'indication « Off-Duty ». Seuls les taxis officiels sont habilités à s'arrêter pour prendre un client. Il pourrait être non seulement cher, mais dangereux d'accepter de monter avec quelqu'un d'autre.

Taxi new-yorkais

PRENDRE UN TAXI

Il y a plus de 12 000 *Yellow Cabs* à New York, ils sont équipés d'un compteur et beaucoup donnent des reçus imprimés. Ils acceptent jusqu'à quatre passagers.

Les stations de taxis sont rares, les meilleurs endroits pour en trouver sont les hôtels, Penn Station et Grand Central Terminal.

Contrairement aux *gypsy cars*, les taxis officiels subissent des inspections techniques périodiques et sont assurés contre les accidents et les pertes.

Reçu imprimé

```
I ♥ NEW YORK
TRIP#   004653
09:11AM 11-15-92
MEDALLION# 6N64
DIST     2.30
FARE $   6.00
TLC:212-221-TAXI
```

immigrants, la communication peut donc poser quelques problèmes. Bien que les chauffeurs de taxi passent un examen portant sur leur connaissance de l'anglais et de la ville, ils ne comprennent pas toujours parfaitement cette langue. Assurez-vous de vous être bien fait comprendre avant de démarrer. Légalement, un taxi est tenu de vous conduire n'importe où dans la ville à moins qu'il ne soit pas en train de travailler ou qu'il n'y ait pas de lumière sur le toit.

LE PRIX DE LA COURSE

Dès le début de la course, le compteur démarre à 2,50 $ et le coût augmente de 40 cents tous les 267 m (soit environ 1 $/km). Comptez des suppléments pour le temps d'attente, les trajets entre 20 h et 6 h du matin et entre 16 h et 20 h en semaine. Certains taxis acceptent des cartes de crédit, mais la majorité préfère les espèces. Le pourboire ne dépasse pas 15 %.

INDIQUER LE TRAJET

Cette profession est traditionnellement réservée aux

RÉCLAMATIONS

Le chauffeur ne peut vous demander votre destination qu'après que vous soyez monté et doit accepter vos requêtes de ne pas fumer, d'ouvrir ou de fermer une fenêtre, de prendre ou déposer des passagers. S'il ne suit pas ces règles, vous pouvez adresser une réclamation à la **Taxi & Limousine Commission.**

Une avenue de New York où dominent les taxis jaunes

Chaque taxi doit en outre posséder la photographie du conducteur et son numéro d'enregistrement près du compteur. En cas de plainte, notez ce numéro et appelez la Commission.

RÉCLAMATIONS ET NUMÉROS D'APPEL

Taxi & Limousine Commission
Tél. 311.

Objets trouvés
Tél. 311

Si vous préférez appeler un radio-taxi plutôt que le héler dans la rue, vous pouvez appeler :

Allstate Car & Limousine
Tél. (800) 453-4099 (appel gratuit).

Chris Limousines
Tél. (718) 356-3232.

LimoRes.net
Tél. (212) 777-7171.

Le compteur montre le prix à payer, les suppléments sont indiqués séparément.

La lumière sur le toit indique le numéro du taxi et l'indicatif « *Off-Duty* ».

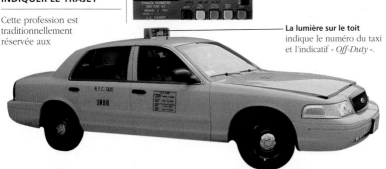

Se déplacer en autobus

Les 4 000 bus bleus et blancs de la ville parcourent plus de 200 itinéraires différents à travers les cinq quartiers. Nombre d'entre eux circulent 24 heures sur 24. Ils sont modernes, propres, climatisés, sûrs, spacieux et rarement bondés. Il est interdit de fumer à l'intérieur et les seuls animaux admis sont les chiens d'aveugles. L'autobus peut être un bon moyen de découvrir la ville.

La caisse se trouve à l'entrée près du chauffeur.

TICKETS

On paye son ticket à l'aide d'une MetroCard (p. 390) ou avec le montant exact en pièces. Les chauffeurs de bus ne rendent pas la monnaie et on ne peut mettre ni billet ni penny dans la machine.

La MetroCard est vendue dans toutes les stations de métro. Elle permet la correspondance automatique : on peut se déplacer en empruntant les correspondances de métro à bus, de bus à bus ou de bus à métro. En payant le montant exact, vous disposez d'une correspondance valable pendant une heure sur un trajet de bus ; demandez un « transfer ticket » au chauffeur.

Il existe des tarifs réduits pour le troisième âge et les handicapés. Tous les bus s'abaissent pour les aider à monter (p. 370) ; il y a un accès pour handicapés à l'arrière du bus ou à l'avant.

Reconnaître votre bus
Comme plusieurs lignes passent à chaque arrêt d'autobus, vérifiez bien le numéro indiqué à l'avant et sur le côté, près de la porte avant. Informez-vous auprès du conducteur pour savoir si le bus s'arrête bien à l'endroit où vous souhaitez aller.

Descendez du bus
par les portes arrière.

PRENDRE L'AUTOBUS

On ne monte qu'aux arrêts. Certains bus suivent des itinéraires nord-sud sur les avenues principales, s'arrêtant toutes les deux ou trois rues, d'autres empruntent une route est-ouest et s'arrêtent à chaque croisement (p. 384).

De nombreuses lignes sont desservies en permanence, mais à un rythme plus lent le soir et la nuit. Quelques autobus ne roulent que pendant les heures de pointe, de 7 h à 22 h. Les arrêts se reconnaissent aux panneaux bleus, blancs et rouges, et au marquage jaune qui longe le trottoir ; la plupart sont équipés d'abri. Une carte de l'itinéraire et des horaires sont affichés à chaque arrêt. Une fois que vous avez identifié votre autobus, montez par la porte avant et mettez votre MetroCard dans l'appareil prévu à cet effet. Demandez au chauffeur si le bus passe près de votre

Un arrêt d'autobus et son abri vitré.

Le plan de la ligne M15 sur un arrêt d'autobus.

destination et quel est l'arrêt le plus proche. Les conducteurs d'autobus de New York sont en général très aimables et vous préviennent lorsqu'il faut descendre.

Pour demander l'arrêt, appuyez sur la bande d'appel verticale jaune et noire, située entre les fenêtres ; un voyant « Stop Requested » s'allumera devant le conducteur.

Descendez par la double porte arrière ; le conducteur la débloque dès que le bus est arrêté, mais vous devez pousser sur la rayure jaune figurant sur la porte, afin d'ouvrir et de maintenir la porte ouverte.

Le numéro de la ligne se trouve sur le devant et le côté du bus.

Montez dans le bus par les portes avant.

VOYAGER EN AUTOCAR

Les autocars à destination de tout le continent nord-américain partent du **Port Authority Bus Terminal.** La gare routière située au bout du George Washington Bridge, du côté de Manhattan, dessert uniquement le nord du New Jersey et le Rockland County.

Les billets sont vendus au Port Authority Bus Terminal, dans le hall principal. Les compagnies d'autocar longue distance (Greyhound, Peter Pan et Adirondack), le bus de banlieue Short Line et New Jersey Transit disposent de leurs propres guichets. Aucune réservation n'est possible sur ces lignes.

Il y a des toilettes surveillées, ouvertes de 6 h du matin à 22 h.

Un autocar Greyhound arrivant à New York

INFORMATIONS SUR LES BUS ET AUTOCARS

Plans
Disponibles à MTA/NYCT. Service clients, 3 Stone Street, Lower Manhattan.

MTA Travel Information
Tél. (718) 330-1234 (6h-22h).
www.mta.info

Port Authority Bus Terminal
West 40th St et Eighth Ave.
Plan 8 D1. *Tél.* (212) 564-8484.
www.panynj.gov

George Washington Bridge Terminal
178th St et Broadway. *Tél.* (800) 221-9903. www.panynj.gov

Objets trouvés
Tél. (212) 712-4500.

VISITER NEW YORK EN AUTOBUS

L'autobus est un moyen confortable et bon marché de visiter New York et d'observer ses habitants. L'autobus M1 part de la 59e Rue, longe la 5e Avenue vers Battery Park et se dirige vers le nord par Wall Street et Madison Avenue. L'itinéraire M5 permet d'admirer le beau panorama de Hudson River. Il longe Riverside Drive jusqu'au George Washington Bridge près de la 178e Rue. Le M104 part du siège des Nations unies sur la 1re avenue, traverse la 42e Rue et Times Square, puis suit Broadway, avant de passer par Lincoln Center et de remonter jusqu'à Columbia University sur la 125e Rue.

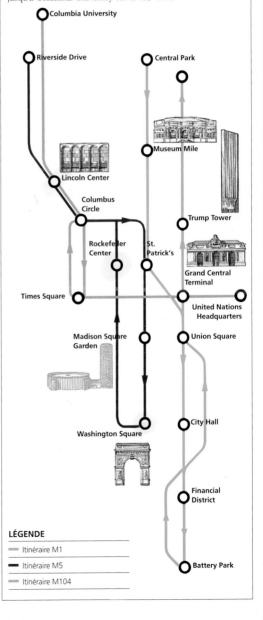

LÉGENDE

— Itinéraire M1
— Itinéraire M5
— Itinéraire M104

Se déplacer en métro

New York City Subway

Logo du métro de New York

Le métro est la manière la plus rapide et la plus efficace de se déplacer dans New York. Son réseau couvre près de 375 km et se compose de 468 stations. La plupart des lignes fonctionnent toute l'année, 24 h/24. Néanmoins, le service de nuit est moins fréquent et il y a moins de trains le week-end. Le métro vient d'être complètement rénové et les wagons sont tous climatisés, bien éclairés, plus sûrs et plus confortables.

MÉTRO NEW-YORKAIS

Certaines bouches de métro sont dotées de boules lumineuses vertes – quand des employés y vendent des tickets jour et nuit – ou rouges. D'autres portent des panneaux qui indiquent le nom de la station ainsi que les numéros ou lettres des lignes y passant.

Le métro fonctionne jour et nuit, mais certaines lignes ont des horaires précis, généralement de 6 h à minuit.

Il y a deux sortes de trains. Les locaux s'arrêtent à toutes les stations et les express, plus rapides, s'arrêtent moins souvent. Ces deux types sont signalés sur tous les plans.

La sécurité a été renforcée et on peut voyager sans danger n'importe où entre 7 h et 19 h au sud de Central Park. Ayez du bon sens : aux heures creuses, attendez le métro dans la zone « *Off-Hour Waiting Area* » et sachez toujours où vous allez. Vous pouvez vous rendre dans les différents *boroughs* de la ville,

mais nous vous déconseillons de prendre le métro seul après 22 h. Tenez-vous dans des endroits éclairés, utilisez les wagons du milieu et évitez de croiser le regard de personnages déplaisants.

En cas de difficulté, adressez-vous au gardien de la station ou à un membre du personnel dans la première voiture et la voiture du milieu.

23 Street Station
Uptown & The Bronx

La boule verte indique qu'il y a des employés en permanence

PRIX DU TICKET

Le ticket coûte 2,25 $ quelle que soit la distance. La MetroCard a remplacé les jetons. Pour 8,25 $ le Fun Pass est valable une journée pour autant de trajets souhaités. Avec la Pay-Per-Ride MetroCard, à partir de 7 $, vous ferez une économie de 15 %. Pour 27 $, la MetroCard Unlimited Ride offre des trajets illimités pendant 7 jours (51,50 $ pour 14 jours). La MetroCard, que l'on utilise aussi dans les bus (*p. 388*), est en vente dans 3 500 points de vente de la ville et dans les stations de métro. Tous ces titres de transport, à l'exception du ticket à l'unité, permettent de passer du métro au bus et vice-versa.

Information métro MTA/NYCT **Tél.** *(718) 330-1234.* Service clients MetroCard **Tél.** *(212) 638-7622.* www.mta.info

---

DÉCHIFFRER UN PLAN DE MÉTRO

Chaque ligne est identifiée sur le plan (*voir la page de garde en fin d'ouvrage*) par une couleur, par les noms des terminus et grâce à une lettre ou un nombre. Les arrêts locaux et express et les correspondances sont clairement marqués. Les lettres et les nombres sous le nom de station indiquent quelles lignes desservent celle-ci.

Une lettre ou un nombre écrit en caractères gras indique que les trains s'y arrêtent entre 6 h et minuit. Les caractères en maigre signifient un service partiel. Une lettre ou un nombre encadré indiquent le terminus de la ligne. Sur le plan, les trains express sont indiqués par un cercle blanc. Un plan détaillé est affiché dans toutes les stations de métro et précise les horaires.

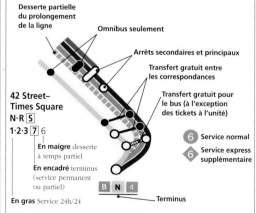

Desserte partielle du prolongement de la ligne

Omnibus seulement

Arrêts secondaires et principaux

Transfert gratuit entre les correspondances

Transfert gratuit pour le bus (à l'exception des tickets à l'unité)

42 Street– Times Square
N·R S
1·2·3 7 6

En maigre desserte à temps partiel

En encadré terminus (service permanent ou partiel)

En gras Service 24h/24

6 Service normal

6 Service express supplémentaire

B N 4 — Terminus

COMMENT PRENDRE LE MÉTRO

Le métro dessert New York du nord au sud sur Lexington Avenue, 6e Avenue, 7e Avenue/ Broadway et 8e Avenue. Les lignes N, R, E, F, V et W vers le Queens relient l'est à l'ouest.

1 Il y a un plan de métro sur la page de garde, à la fin de ce livre. De grandes cartes se trouvent en évidence dans chaque station, souvent près du guichet. Vous pouvez également les consulter sur **www.mta.info**

Guichet avec employé

2 Achetez une MetroCard au guichet ou dans un distributeur. Les distributeurs acceptent la plupart des cartes de crédit et les billets jusqu'à 50 \$, mais refusent les pièces. On peut aussi y recharger sa carte.

Plan de métro

3 Passez le tourniquet en glissant la MetroCard.

4 Suivez la direction indiquée. Ne prenez pas de risques inutiles et restez en vue du guichet en attendant votre train. La nuit, cantonnez-vous aux zones d'attente jaunes.

Tourniquet d'entrée

Zone d'attente en dehors des heures d'affluence

5 Sur chaque rame sont indiqués le numéro ou la lettre de la ligne, de la couleur appropriée et les noms des terminus.

6 Vous trouverez le détail de la ligne sur chaque quai et un plan des stations près des deux portes de chaque voiture. Dans les nouvelles rames, le nom de la station s'allume sur un plan électronique. Les arrêts sont annoncés par haut-parleur et le nom de la station est indiqué sur le quai. Le conducteur contrôle l'ouverture des portes.

Identification de la ligne

7 En descendant, suivez les panneaux indiquant la sortie. Si vous devez changer de ligne, suivez les indications de correspondance.

Voyager par le train

Il y a deux gares principales à New York. Grand Central est le terminus des trains des banlieues nord et du Connecticut. Pennsylvania (Penn) Station accueillent les trains des banlieues est, et les grandes lignes arrivant des États-Unis et du Canada On ne peut pas réserver de place sur les trains de banlieue, seulement sur les grandes lignes. La plupart des trains de banlieue n'ont pas de wagon-bar et il vaut mieux acheter boissons et nourriture avant le départ.

Un train Amtrak

GRAND CENTRAL TERMINAL

Grand Central Terminal *(p.156-157)*, sur Park Avenue entre la 41e et la 42e Rues, est le terminus des trains de banlieue **Metro-North Railroad** (Hudson, New Haven et Harlem), qui traversent le nord et l'est de Manhattan et se dirigent vers le Connecticut et Westchester County. On part de Grand Central pour aller au Bronx Zoo *(p. 244-245)*, au New York Botanical Garden ou dans la propriété du président Franklin D. Roosevelt à Hyde Park. Les métros 4, 5 et 6 de la ligne verte et 7 de la ligne violette desservent la station de métro Grand Central, située sous la gare. Une navette relie Grand Central à Times Square et de nombreux autobus s'arrêtent à Grand Central.

PENN STATION

Entre la 7e et la 8e Avenues et entre la 31e et la 33e Rues, Penn Station se situe sous Madison Square Garden *(p. 135)*. Y arrivent des trains de banlieue comme ceux de New Jersey Transit et les **Amtrak** venant du Canada et des autres États du pays. Vous ne trouverez pas de chariots à bagages mais des porteurs à casquette rouge sont à votre disposition.

On trouve des taxis au niveau de la rue. Des autobus partent de Penn Station, en direction de la 7e et de la 8e Avenues. Les stations de métro pour les lignes bleues A, C et E sont situées non loin de la 8e Avenue, à côté de la gare ; celles des lignes rouges 1, 2 et 3, près de la 7e Avenue. Les guichets et salles d'attente sont au niveau de la rue, les trains en sous-sol.

Il faut se rendre à Penn Station pour aller dans le New Jersey, à Long Island, ou plus loin encore vers les Amtrak, vers le Canada, Philadelphie ou Washington. Près de Penn Station, on

Grand Central Terminal

MTA
Long Island Rail Road
Logo de Long Island Rail Road

trouve les guichets et stations de **Long Island Rail Road (LIRR)**, ligne de banlieue qui conduit aux sites touristiques de Long Island, comme The Hamptons, Montauk Point et Five Island.

TRAINS DE BANLIEUE

Ces trains (les Trains Path) fonctionnent en permanence, entre le New Jersey (Harrison, Hoboken, Jersey City et Newark) et Penn Station. Ils s'arrêtent à Christopher Street, au World Trade Center, à la 9e Avenue, aux 14e, 23e et 33e Rues et à l'Avenue of Americas (6e Avenue).

Un train de banlieue à Penn Station

AMTRAK

C'est la compagnie nationale de chemins de fer qui relie New York aux autres villes américaines et au Canada. Quelques trains disposent de sièges inclinables, d'autres, sur les grandes lignes, de wagons-restaurants et de couchettes. Les nouveaux trains express voyagent sur certaines lignes Amtrak, comme **l'Acela** qui relie Washington à Boston via New York.

Les billets s'achètent à Penn Station et dans les Amtrak Travel Centers. On peut acheter son billet dans le train à condition d'acquitter un supplément. Les personnes âgées bénéficient d'une réduction de 15 %, mais il n'y a pas de tarif étudiant. Si vous réservez par téléphone, avec une carte de crédit, il faut vous y prendre au moins dix jours à l'avance ; les billets sont expédiés.

Amtrak propose des tarifs réduits pour les touristes du Great American Vacations et des tarifs promotionnels divers. Renseignez-vous en réservant.

**Tableau d'informations,
Penn Station**

TITRES DE TRANSPORT

Les guichets de gare sont sans cesse pris d'assaut par les New-Yorkais. Les paiements par cartes de crédit et en espèces sont acceptés. Il existe plusieurs sortes de billets, la plupart sont calculés sur la base d'un aller simple. Si vous avez l'intention de faire plusieurs voyages, Metro-North et LIRR proposent des cartes hebdomadaires et des cartes heures creuses à des prix intéressants.

De grands tableaux électroniques présentent en continu les horaires des trains, leurs destinations et numéros de quai. Vérifiez la liste des arrêts et les gares de correspondances affichées près de l'entrée du quai de départ. Attendez l'ouverture du quai. Il n'y a qu'une seule classe et pas de places réservées. Le contrôleur ne vérifie les billets qu'après le départ du train.

Penn Station et Grand Central Terminal sont bien équipées en toilettes, banques, magasins, bars et restaurants.

RENSEIGNEMENTS FERROVIAIRES

Amtrak Travel Centers
Tél. (800) USA-RAIL ou (800) 872-7245.
www.amtrak.com

Acela
Tél. (800) 523-8720.
www.amtrak.com

Long Island Rail Road (LIRR)
Tél. (718) 217-LIRR (information).
Tél. (212) 643 5228 (objets perdus).
www.mta.info

Metro-North Railroad
Tél. (212) 532-4900 (information).
Tél. (212) 340-2555 (objets perdus).
www.mta.info

PATH Trains
Tél. (800) 234-7284.
www.panynj.com

EXCURSION D'UNE JOURNÉE

De nombreux sites, en dehors de la ville, valent une visite. Ceux indiqués ci-dessous se situent dans un périmètre de 200 km autour de Manhattan. Si vous avez le temps, allez-y. Renseignez-vous auprès du NYC & Co. *(p. 368).*

Une vue pittoresque de Tarrytown

Stony Brook
Un paisible village côtier. Entrée du Three Villages Historic District.
🚆 *93 km à l'est.*
Long Island Rail Road à partir de Penn Station. 2 h.

The Hamptons
Des bars élégants et des boutiques dans un décor historique. Le Beverly Hills de Long Island.
🚆 *161 km à l'est.*
Long Island Rail Road à partir de Penn Station. 2 h 50.

Montauk Point
Parc situé à l'extrémité est de Long Island. Belles vues sur l'océan.
🚆 *193 km à l'est.*
LIRR à partir de Penn Station. 3 h.

Westbury House, Old Westbury
La copie par John Phipps, en 1906, d'un manoir Charles II, avec de jolis jardins à l'anglaise.
🚆 *39 km à l'est.*
Long Island Rail Road à partir de Penn Station. 40 min.

Tarrytown
La demeure « Sunnyside » de Washington Irving et la résidence de Jay Gould. 🚆 *40 km au nord. Metro-North à partir de Grand Central, puis taxi. 40-50 min.*

Hyde Park
« Springwood », la propriété de Franklin D. Roosevelt et la résidence Vanderbilt.
🚆 *119 km au nord. Metro-North à partir de Grand Central jusqu'à Poughkeepsie, puis bus. 2 h.*

New Haven, Connecticut
Yale University.
🚆 *119 km au nord. Metro-North à partir de Grand Central Terminal. 1 h 46.*

Hartford, Connecticut
Maison de Mark Twain, Atheneum Museum et Old State House.
🚆 *180 km au nord. Amtrak à partir de Penn Station. 2 h 45.*

Winterthur, Delaware
Collection d'art primitif américain de Henry du Pont, musée et jardins.
🚆 *187 km au sud. Amtrak à partir de Penn Station jusqu'à Wilmington, puis bus vers Winterthur. 2 h.*

Yale University à New Haven, Connecticut

ATLAS DES RUES

Les références accompagnant les indications sur les sites, hôtels, restaurants, bars, boutiques et spectacles se rapportent aux plans de cette partie du guide *(voir ci-contre, Comment utiliser le plan)*. Ces plans couvrent la totalité de Manhattan. Le répertoire des noms de rues et de lieux se trouve dans les pages suivantes. Le plan d'ensemble, ci-dessous, correspond aux différentes zones de l'Atlas. Les sites touristiques – et tout ce qui peut être intéressant à découvrir à Manhattan – y sont indiqués selon un code de couleurs.

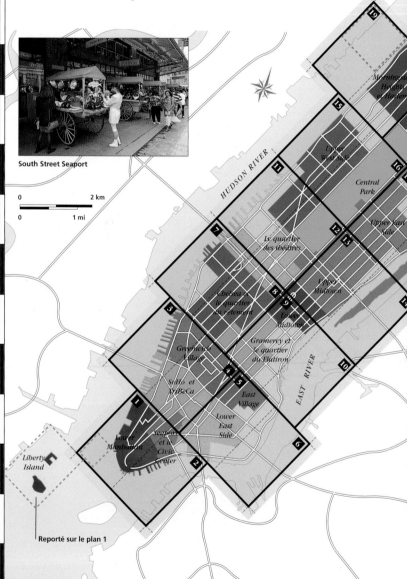

South Street Seaport

0 ————————— 2 km
0 ————— 1 mi

Reporté sur le plan 1

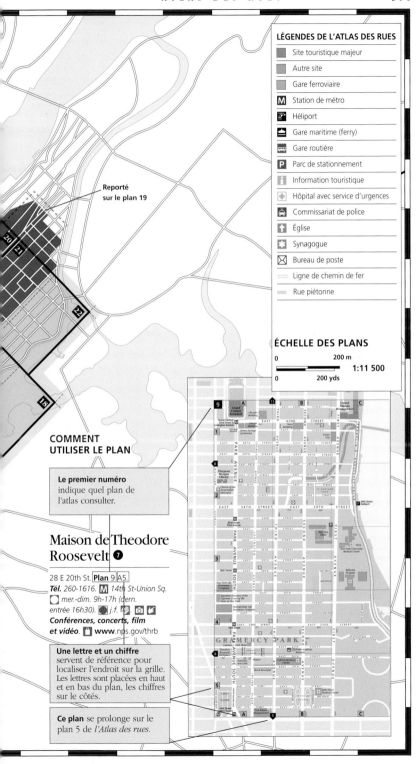

LÉGENDES DE L'ATLAS DES RUES

Site touristique majeur

Autre site

Gare ferroviaire

M Station de métro

Héliport

Gare maritime (ferry)

Gare routière

P Parc de stationnement

Information touristique

Hôpital avec service d'urgences

Commissariat de police

Église

Synagogue

Bureau de poste

Ligne de chemin de fer

Rue piétonne

ÉCHELLE DES PLANS

0   200 m

1:11 500

0   200 yds

Reporté
sur le plan 19

COMMENT
UTILISER LE PLAN

Le premier numéro
indique quel plan de
l'atlas consulter.

Maison de Theodore
Roosevelt ❼

28 E 20th St. **Plan 9** A5.
Tél. 260-1616. **M** 14th St-Union Sq.
mer.-dim. 9h-17h (dern.
entrée 16h30). j.f.
**Conférences, concerts, film
et vidéo.** www.nps.gov/thrb

Une lettre et un chiffre
servent de référence pour
localiser l'endroit sur la grille.
Les lettres sont placées en haut
et en bas du plan, les chiffres
sur les côtés.

Ce plan se prolonge sur le
plan 5 de *l'Atlas des rues*.

Répertoire des noms de rues

Chaque nom de lieu est suivi par son quartier (sauf pour Manhattan) et par son report au plan.

Chaque nom de lieu est suivi par son quartier (sauf pour Manhattan) et par son report au plan.

Chaque nom de lieu est suivi par son quartier (sauf pour manhattan) et par son report au plan.

West 93rd St	**15 B2**	*suite*	**21 A3**	West 137th St	**19 B2**	West side Highway 9A
West 94th St	**15 B2**	West 119th St	**20 D3**	West 138th St	**19 A2**	(West St) **1 B2**
West 95th St	**15 B2**	*suite*	**21 A3**	West 139th St	**19 A2**	White St **4 E5**
West 96th St	**15 B2**	West 120th St	**20 E2**	West 140th St	**19 A2**	Whitehall St **1 C4**
West 97th St	**15 B1**	*suite*	**21 A2**	West 141st St	**19 A1**	Whitney Museum of
West 98th St	**15 B1**	West 121st St	**20 E2**	West 142nd St	**19 A1**	American Art **17 A5**
West 99th St	**15 B1**	*suite*	**21 A2**	West 143rd St	**19 A1**	W.H. Seward Park **5 B5**
West 100th St	**15 B1**	West 122nd St	**20 D2**	West 144th St	**19 A1**	Willett St **5 C4**
West 101st St	**15 B1**	*suite*	**21 A2**	West 145th St	**19 A1**	William St **1 C2**
West 102nd St	**15 B1**	West 123rd St	**20 E2**	West Broadway	**1 B1**	Williamsburg
West 103rd St	**20 E5**	*suite*	**21 A2**	*suite*	**4 E3**	Bridge **6 D3**
West 104th St	**20 E5**	West 124th St	**21 A2**	West Channel	**14 D1**	Willis Ave
West 105th St	**20 E5**	West 125th St	**21 A1**	*suite*	**18 D4**	Bridge **22 E1**
West 106th St (Duke		*suite*	**20 F2**	West Dr	**12 E1**	Wollman Rink **12 F2**
Ellington Blvd)	**20 E5**	West 125th St (Martin		*suite*	**16 E1**	Woolworth
West 107th St	**20 E5**	Luther King,		*suite*	**21 A4**	Building **1 C2**
West 108th St	**20 E4**	Jr Blvd)	**20 D1**	West End Ave	**11 B1**	Wooster St **4 E3**
West 109th St	**20 E4**	West 126th St	**20 E1**	*suite*	**15 B1**	World Financial
West 111th St	**20 D4**	*suite*	**21 A1**	*suite*	**20 E5**	Center **1 A2**
suite	**21 A4**	West 127th St	**20 F1**	West Houston St	**3 C3**	World Trade
West 112th St	**20 D4**	*suite*	**21 A1**	West Rd (Roosevelt		Center **1 B2**
suite	**21 A4**	West 128th St	**20 F1**	Island)	**14 D2**	Worth Monument **8 F4**
West 113th St	**20 D4**	*suite*	**21 A1**	West St	**1 A1**	Worth Sq **8 F4**
suite	**21 A4**	West 129th St	**20 E1**	*suite*	**3 A1**	Worth St **1 C1**
West 114th St	**20 D3**	*suite*	**21 A1**	West St		Wythe Ave
suite	**21 A3**	West 130th St	**20 D1**	(Brooklyn)	**10 F3**	(Brooklyn) **6 F1**
West 115th St	**20 D3**	*suite*	**19 A1**	West St Viaduct	**6 D5**	
suite	**21 A3**	West 131st St	**19 B3**	West Thames St	**1 B3**	**Y**
West 116th St	**20 D3**	West 132nd St	**19 B3**	West Washington Pl	**4 D2**	York Ave
suite	**21 A3**	West 133rd St	**19 B3**	West ern Union		1113-1369 **13 C1-C3**
West 117th St	**20 F3**	West 134th St	**19 B3**	Building	**1 B1**	*suite*
suite	**21 A3**	West 135th St	**19 A3**	West ern Union		1370-1694 **17 C2-C5**
West 118th St	**20 F3**	West 136th St	**19 A2**	International Plaza	**1 B4**	York St **4 D5**

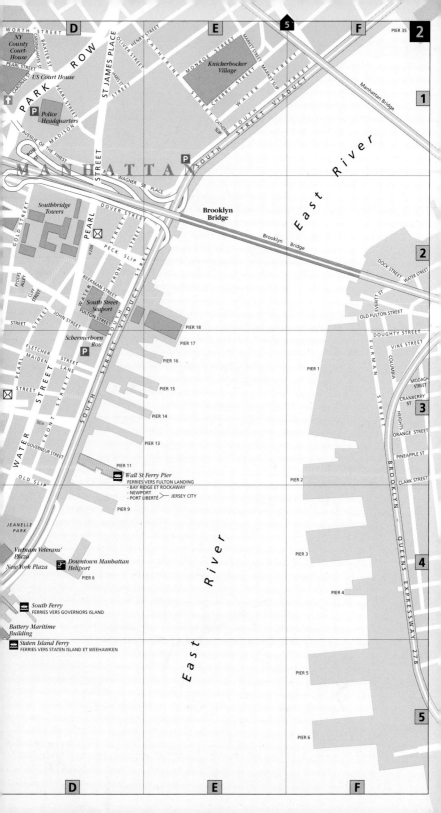

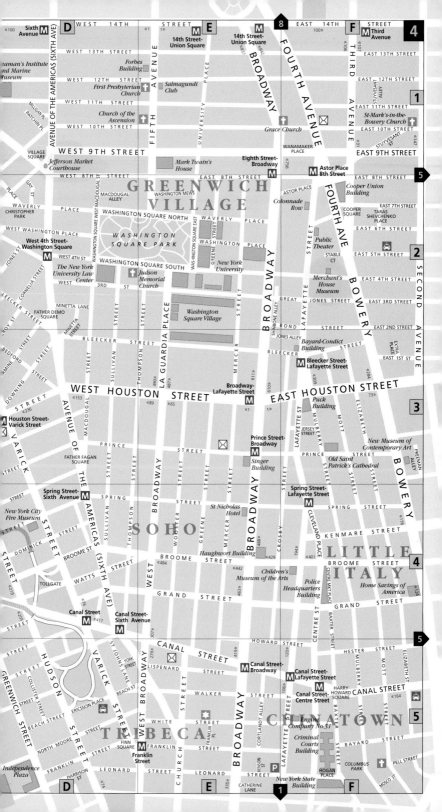

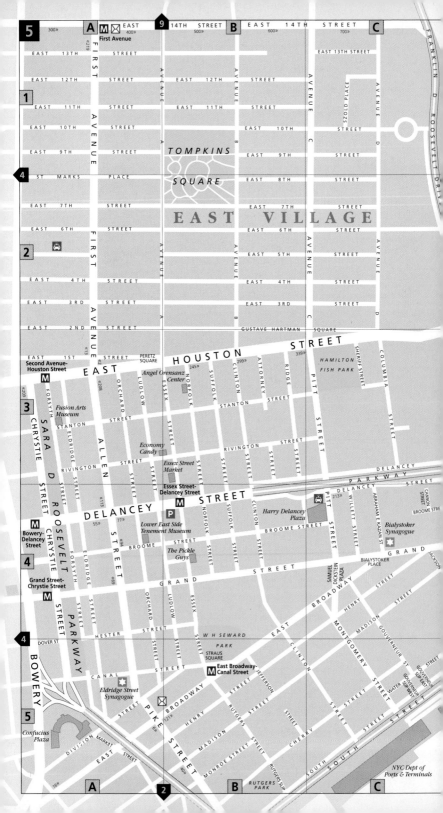

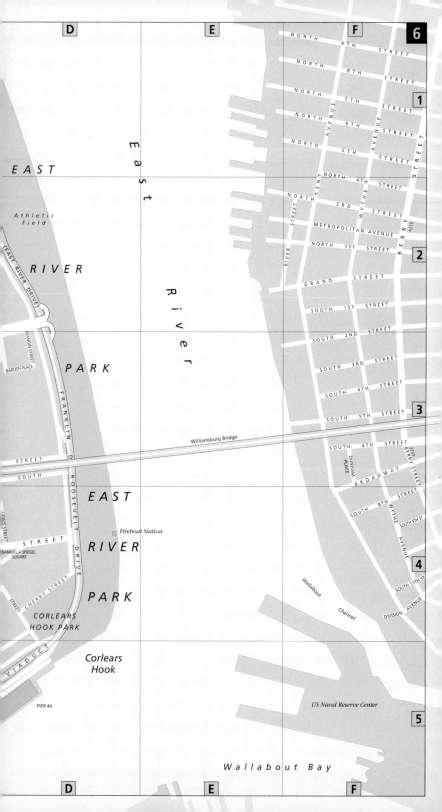

1

2

3

4

5

D

E

F

E A S T

Athletic Field

R I V E R

P A R K

E a s t

R i v e r

E A S T

R I V E R

P A R K

CORLEARS
HOOK PARK

*Corlears
Hook*

PIER 44

(EAST RIVER DRIVE)

MARION STREET

BARUCH PLACE

FRANKLIN

D

ROOSEVELT

DRIVE

JACKSON STREET

STREET

CHERRY STREET

SAMUEL A SPIEGEL
SQUARE

STREET

STREET

VIADUCT

Williamsburg Bridge

STREET

SOUTH

Fireboat Station

NORTH 9TH STREET

NORTH 8TH STREET

NORTH 7TH STREET

NORTH 6TH STREET

NORTH 5TH STREET

NORTH 4TH STREET

NORTH 3RD STREET

METROPOLITAN AVENUE

NORTH 1ST STREET

GRAND STREET

SOUTH 1ST STREET

SOUTH 2ND STREET

SOUTH 3RD STREET

SOUTH 4TH STREET

SOUTH 5TH STREET

SOUTH 6TH STREET

BROADWAY

SOUTH 8TH STREET

SOUTH 9TH ST

SOUTH 11TH ST

DIVISION AVENUE

KENT AVENUE

WYTHE AVENUE

BERRY STREET

5TH STREET

RIVER STREET

3RD STREET

DUNHAM
PLACE

WYTHE AVENUE

*Wallabout
Channel*

US Naval Reserve Center

W a l l a b o u t   B a y

D

E

F

Belmont
Island

Queens - Midtown Tunnel 495

50TH · AVENUE

2ND · STREET

51ST · AVENUE

VERNON · BLVD

BORDEN · AVENUE

JACKSON · AVENUE

Pulaski Bridge

M Vernon Jackson
Boulevard

**Long Island City
Station**

(FRONT) · STREET

54TH (FLUSHING) AVENUE

55TH · STREET · AVENUE

56TH AVENUE

Newton Creek

MANHATTAN AVENUE

BOX · STREET

COMMERCIAL · STREET

CLAY · STREET

DUPONT · STREET

FRANKLIN · STREET

EAGLE · STREET

WEST · STREET · FREEMAN · STREET

GREEN · STREET

HURON · STREET

STREET

INDIA

JAVA STREET

KENT STREET

GREENPOINT
AVENUE

E   *a*   *s*   *t*

R   *i*   *v*   *e*   *r*

Manhattan
Marina

PIER 70

PIER 69

PIER 68

PIER 67

FRANKLIN D ROOSEVELT DRIVE (EAST RIVER DRIVE)

FRANKLIN AVENUE

AVENUE C

EAST 16TH STREET

EAST 15TH STREET

1

2

3

4

5

A EAST 73RD STREET **B** EAST 72ND STREET **C**

EAST 72ND STREET

EAST SIDE

EAST 71ST STREET

Asia Society

1 ✚ EAST 70TH STREET 71ST STREET

EAST 69TH STREET 70TH STREET

Hunter College

EAST 68TH STREET 69TH STREET

12 Ⓜ 68th Street Hunter College-Lexington Avenue

Memorial Hospital

New York Hospital ✚

EAST 67TH STREET

Seventh Regiment Armory

EAST 66TH STREET ✚ 67TH STREET

2 EAST 65TH STREET 66TH STREET

EAST 64TH STREET 65TH STREET

EAST 64TH STREET

Museum of American Illustration

Society of Illustrators

EAST 63RD STREET
Ⓜ *Lexington Avenue*

Mount Vernon Hotel Museum

EAST 62ND STREET 62ND STREET

EAST 61ST STREET 61ST STREET

Héliport East 60th Street 🚁

3 Ⓜ 59th Street-Lexington Ave EAST 60TH STREET EAST 60TH STREET

Bloomingdale's Ⓜ EAST 59TH STREET 59TH STREET

Fuller Building EAST 58TH STREET 58TH STREET

EAST 57TH STREET EAST 57TH STREET

EAST 56TH STREET

Central Synagogue ✚

EAST 55TH STREET

Lever House

Citigroup Center ✚
Ⓜ Lexington Avenue-Third Avenue EAST 54TH STREET

4 EAST 53RD STREET
Seagram Building

Villard Houses EAST 52ND STREET 52ND STREET
General Electric Building

EAST 51ST STREET 51ST STREET
Ⓜ 51st Street-Lexington Avenue

St Bartholomew's Church

12 *Waldorf-Astoria* EAST 50TH STREET 50TH STREET

EAST 49TH STREET 49TH STREET

EAST 48TH STREET

Japan Society ✚

5 EAST 47TH STREET HAMMARSKJOLD PLAZA

Siège des Nations unies

EAST 46TH STREET

Helmsley Building

EAST 45TH STREET

MetLife Building

1&2 United Nations Plaza

A EAST 44TH STREET **B** **C**

MADISON AVENUE · PARK AVENUE · LEXINGTON AVENUE · THIRD AVENUE · SECOND AVENUE · FIRST AVENUE · YORK AVENUE · SUTTON PLACE · SUTTON PLACE SOUTH · FRANKLIN D ROOSEVELT DRIVE (EAST RIVER DRIVE) · UNITED NATIONS PLAZA · VANDERBILT AVENUE · BEEKMAN PLACE

BLACKWELL
PARK

Roosevelt   Island   Bridge

36TH   AVENUE

VERNON BOULEVARD

9TH STREET
10TH STREET
11TH STREET
12TH STREET
13TH STREET

1

37TH   AVENUE

38TH   AVENUE

FRANKLIN D ROOSEVELT DRIVE (EAST RIVER DRIVE)

West   Channel

MAIN STREET

East   Channel

LONG ISLAND
CITY

13TH STREET

10TH STREET   12TH STREET

2

40TH   AVENUE

VERNON BOULEVARD

ROOSEVELT
ISLAND

QUEENSBRIDGE

41ST   AVENUE

10TH STREET   12TH STREET

QUEENS
COUNTY

PARK

41ST ROAD

AERIAL TRAMWAY

Queensboro Bridge

QUEENS   PLAZA   NORTH

WEST ROAD   EAST ROAD

Queensboro   Bridge

QUEENS   PLAZA   SOUTH

3

VERNON BOULEVARD

9TH STREET
10TH STREET
11TH STREET
12TH STREET
13TH STREET
21ST STREET

43RD

43RD   AVENUE

43RD   ROAD

West   Channel

East   Channel

WEST ROAD   EAST ROAD

44TH   AVENUE

4

44TH   ROAD

Ⓜ 44th Drive

44TH   DRIVE

5TH STREET

45TH   AVENUE

11TH STREET

45TH   ROAD

46TH   AVENUE

VERNON

46TH   ROAD

47TH   AVENUE

5

5TH STREET

47TH   ROAD

STREET

48TH   AVENUE

JACKSON AVENUE

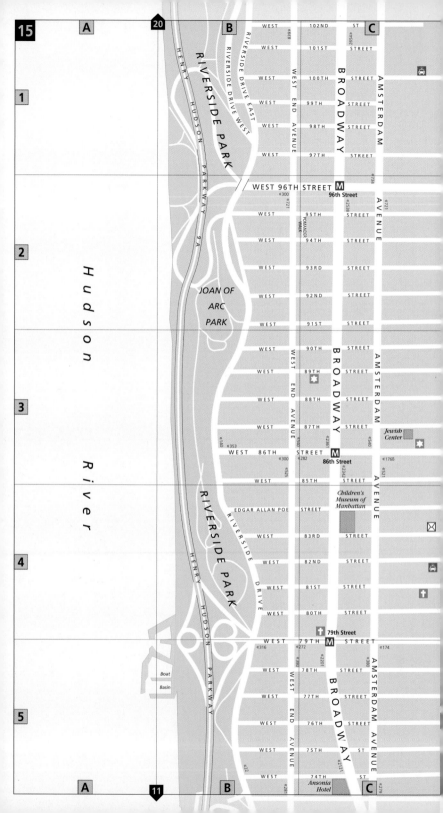

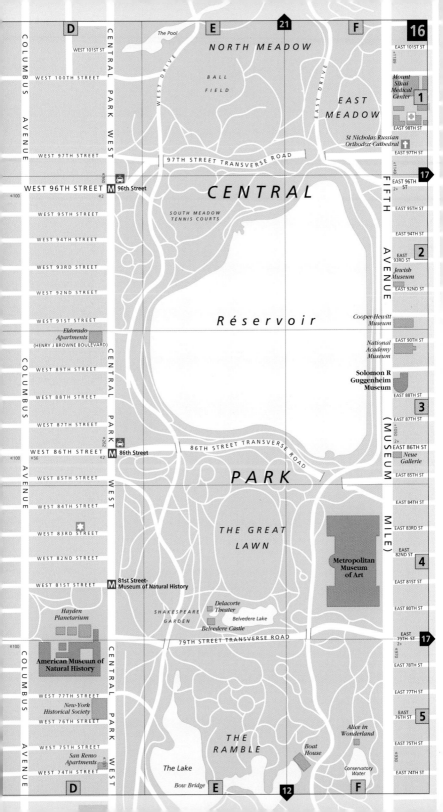

16

COLUMBUS AVENUE

WEST 101ST ST

The Pool

NORTH MEADOW

EAST 101ST ST

WEST 100TH STREET

BALL FIELD

Mount Sinai Medical Center

1

EAST 98TH ST

EAST MEADOW

WEST 97TH STREET

St Nicholas Russian Orthodox Cathedral

EAST 97TH ST

97TH STREET TRANSVERSE ROAD

17

WEST 96TH STREET Ⓜ 96th Street

CENTRAL

EAST 96TH ST

WEST 95TH STREET

SOUTH MEADOW TENNIS COURTS

EAST 95TH ST

WEST 94TH STREET

EAST 94TH ST

WEST 93RD STREET

EAST 93RD ST

2

WEST 92ND STREET

Jewish Museum

EAST 92ND ST

WEST 91ST STREET

Réservoir

Cooper-Hewitt Museum

Eldorado Apartments
(HENRY J BROWNE BOULEVARD)

National Academy Museum

EAST 90TH ST

WEST 89TH STREET

Solomon R Guggenheim Museum

WEST 88TH STREET

WEST 87TH STREET

EAST 88TH ST

3

EAST 87TH ST

WEST 86TH STREET Ⓜ 86th Street

86TH STREET TRANSVERSE ROAD

EAST 86TH ST

Neue Gallerie

WEST 85TH STREET

PARK

EAST 85TH ST

WEST 84TH STREET

EAST 84TH ST

(MUSEUM MILE)

WEST 83RD STREET

THE GREAT LAWN

EAST 83RD ST

WEST 82ND STREET

EAST 82ND ST

Metropolitan Museum of Art

4

WEST 81ST STREET Ⓜ 81st Street-Museum of Natural History

EAST 81ST ST

EAST 80TH ST

Hayden Planetarium

SHAKESPEARE GARDEN

Delacorte Theater

Belvedere Lake

Belvedere Castle

79TH STREET TRANSVERSE ROAD

EAST 79TH ST

17

American Museum of Natural History

EAST 78TH ST

WEST 77TH STREET

New-York Historical Society

EAST 77TH ST

WEST 76TH STREET

Alice in Wonderland

EAST 76TH ST

5

WEST 75TH STREET

THE RAMBLE

EAST 75TH ST

San Remo Apartments

WEST 74TH STREET

The Lake

Boat House

Conservatory Water

EAST 74TH ST

Bow Bridge

D

E

12

F

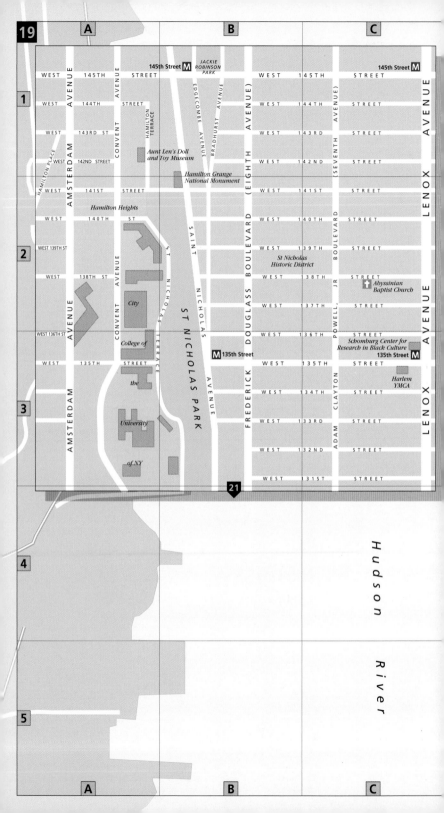

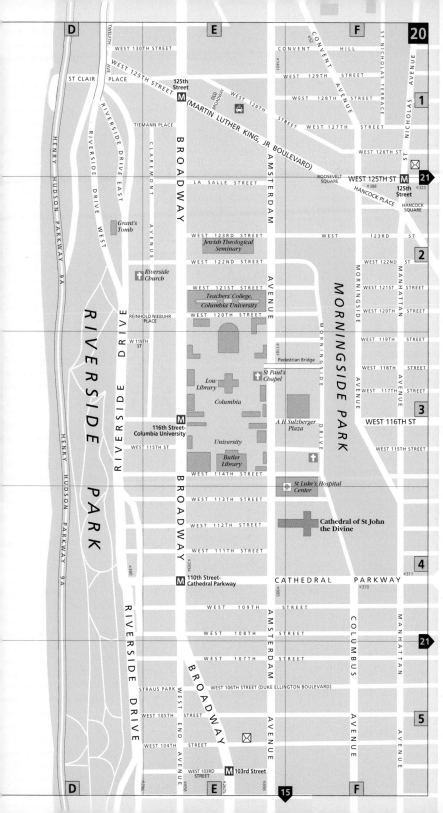

Index

Remerciements

L'éditeur remercie les organismes, institutions et particuliers suivants dont la contribution a permis la préparation de cet ouvrage.

Auteur

Habitant New York, Eleanor Berman est l'auteur de nombreux guides de voyage anglo-saxons. Son ouvrage *Away for the Weekend · New York* est un best-seller depuis 1982. Parmi ses autres guides, citons, dans la collection *Away for the Weekend : Mid-Atlantic, New England* et *Northern California*.

Collaborateurs

Michelle Menendez, Lucy O'Brien, Heidi Rosenau, Elyse Topalian, Sally Williams. L'éditeur exprime également sa reconnaissance aux documentalistes et chercheurs de Websters International Publishers : Sandy Carr, Matthew Barrell, Sara Harper, Miriam Lloyd, Ava-Lee Tanner, Celia Woolfrey.

Photographies d'appoint

Rebecca Carman, Rachel Feierman, Edward Heuber, Andrew Holigan, Eliot Kaufman, Karen Kent, Dave King, Norman McGrath, Howard Millard, Ian O'Leary, Susannah Sayler, Paul Solomon, Chuck Spang, Chris Stevens.

Illustrations d'appoint

Steve Gyapay, Kevin Jones, Arshad Khan, Dinwiddie MacLaren, Janos Marffy, Chris D. Orr, Nick Shewring, John Woodcock.

Cartographie

Cartographie : Uma Bhattacharya, Andrew Heritage, Suresh Kumar, James Mills-Hicks, Chez Picthall, John Plumer (Dorling Kindersley Cartography), Kunal Singh.
Cartographie dessinée (Cheshire), Contour Publishing (Derby), Europmap Ltd (Berkshire). Plan de l'atlas des rues : ERA-Maptec Ltd. (Dublin) adapté à partir des cartes originales Shobunsha (Japan), avec leur autorisation.

Recherche cartographique

Roger Bullen, Tony Chambers, Ruth Duxbury, Ailsa Heritage, Jayne Parsons, Laura Porter, Donna Rispoli, Joan Russell, Jill Tinsley, Andrew Thompson.

Collaboration artistique et éditoriale

Directeur éditorial : Douglas Armine
Directeurs artistiques : Stephen Knowlden, Geoff Manders
Éditeur : Georgina Matthews
Conseiller artistique : Peter Luff
Responsable éditorial : David Lamb
Responsable de la fabrication : Hilary Stephens
Documentation : Susan Mennell, Sarah Moule
Maquettiste : Andy Wilkinson

Keith Addison, Eleanor Berman, Lydia Baillie, Eleanor Berman, Vandana Bhagra, Ron Boudreau, Jon Paul Buchmeyer, Linda Cabasin, Rebecca Carman, Michelle Clark, Sherry Collins, Carey Combe, Diana Craig, Maggie Crowley, Guy Dimond, Nicola Erdpresser, Rhiannon Furbear, Fay Franklin, Tom Fraser, Anna Freiberger, Jo Gardner, Alex Gray, Michelle Haimoff, Marcus Hardy, Sasha Heseltine, Rose Hudson, Pippa Hurst, Kim Inglis, Jacqueline Jackson, Claire Jones, Mathew Kurien, Shahid Mahmood, Susan Millership, Jane Middleton, Helen Partington, Pollyana Poulter, Leigh Priest, Nicki Rawson, Marisa Renzullo, Amir Reuveni, Ellen Root, Liz Rowe, Sands Publishing Solutions, Anaïs Scott, Shailesh Sharma, Meredith Smith, AnneLise Sorensen, Anna Streiffert, Clare Sullivan, Andrew Szudek, Alka Thakur, Shawn Thomas, Ros Walford, Lucilla Watson.

Avec le concours de : Beyer Blinder Belle, John Beatty du Cotton Club, Peter Casey de la New York Public Library, Nicky Clifford, Linda Corcoran du Bronx Zoo, Audrey Manley de la Morgan Library, Jane Fischer, Deborah Gaines du New York Convention and Visitors Bureau, Dawn Geigerich du Queens Museum of Art, Peggy Harrington de St John the Divine, Pamela Herrick de la Van Cortlandt House, Marguerite Lavin du Museum of the City of New York, Robert Makla de Friends of Central Park, Gary Miller du New York Stock Exchange, Laura Mogil du American Museum of Natural History, Fred Olsson de la Shubert Organization, Dominique Palermo de la Police Academy Museum, Royal Canadian Pancake House, Lydia Ruth et Laura I. Fries de l'Empire State Building, David Schwartz de l'American Museum of the Moving Image, Joy Sienkiewicz de South Street Seaport Museum, Barbara Orlando Metropolitan Transit Authority, l'équipe du Lower East Side Tenement Museum, Mgr Anthony Dalla Valla de St Patrick's Cathedral.

Assistance recherche

Christa Griffin, Bogdan Kaczorowski, Steve McClure, Sabra Moore, Jeff Mulligan, Marc Svensson, Vicky Weiner, Steven Weinstein.

Références photographiques

Duncan Petersen Publishers Ltd.

Crédits photographiques

L'éditeur remercie les responsables d'institutions qui ont autorisé la prise de vues dans leur établissement. American Craft Museum, American Museum of Natural History, Aunt Len's Doll and Toy Museum, Balducci's, Home Savings of America, Brooklyn Children's Museum, The Cloisters, Columbia University, Eldridge Street Project, Federal Hall, Rockefeller Group, Trump Tower.

h = haut ; hg = en haut à gauche ; hc = en haut au centre ; hd = en haut à droite ; chg = centre haut à gauche ; ch = centre haut ; chd = centre haut à droite ; cg = centre gauche ; c = centre ; cd = centre droit ; cbg ; centre bas à droite ; bg = bas à gauche ; b = bas ; bc = bas au centre ; bd = bas à droite.

Les œuvres d'art ont été reproduites avec l'aimable autorisation de : © ADAGP, Paris et DACS, London 2006 : 67cg (*Quatre Arbres*, avril 1971-juillet 1972, par Jean Dubuffet), 107cg, 172bg, 188hg, 201cdh ; © ARS, NY and DACS London 2006 : 185cd, 201cdh ; Jose de Creeft © DACS, London/VAGA, New York 2006 : 53cg, 207cg ; © DACS, London 2006 : 161cd, 163hc ; Charging Bull © Arturo Di Modica 1998 73hg ; © Succession Picasso/DACS, London 2006 : 36hd,115hc, 173cb, 174cd, 188bg, 189bg, 190cgh ; DK Images : Judith Miller/Wallis & Wallis, Sussex 58bd ; © Royaume d'Espagne, Gaia - Salvador Dali Foundation, DACS, London 2006 : 174cg ; © Marisol Escobar/DACS, London/VAGA, New York 2006 : 55bc ; © Jasper Johns/DACS, London/VAGA, New York 2006 : 201ch ; © Roy Lichtenstein/dacs London 2006 : 175hg, 200cbg ; © 1993 Frank Stella/ARS, New York and DACS, London 2006 : 192hd. Avec la

permission de E. Jan Nadelman: 201bd. Imprimé avec la permission de la Norman Rockwell Family Trust © 1961 The Norman Rockwell Family Trust: 163bd; © permission de The Andy Warhol Foundation of the Visual Arts, Inc/ARS, New York and DACS London 2006: 200cgh. © The Whitney Museum of American Art, NY: 37bd, 200bg.

L'éditeur remercie les particuliers, les organismes ou les agences de photos qui l'ont autorisé à reproduire leurs clichés:

AGENCE FRANCE PRESSE: Doug Kanter 33hd;

ALAMY IMAGES: Ambient Images Inc./Joseph A. Rosen 171c; E. J. Baumeister Jr. 387hg; Comstock Images 295c; Wendy Connett 96cd; Kevin Foy 73hg; Jeff Greenberg 268cgh; Bob Jones 111b; PCL 295hg; Yadid Levy 366-367; Pictures Colour Library 108; Alex Segre 286cgh; tbkmedia.de 340bc;

ALGONQUIN HOTEL, NY: 280bg;

AMERICAN AIRLINES 379hg;

AMERICAN MUSEUM-HAYDEN PLANETARIUM, NY: D. Finnin 218h;

AMERICAN MUSEUM OF THE MOVING IMAGE: Carson Collection © Bruce Polin 247h;

AMERICAN MUSEUM OF NATURAL HISTORY, NY: 39bg, 216ch; D. Finnin 216bg;

ANGEL ORENSANZ CENTER: Lazlo Regas 101cg;

AQUARIUS, UK: 171hd;

ASHMOLEAN MUSEUM, Oxford: 17hc;

ASIA SOCIETY, NY: 187cg;

AVERY FISHER HALL: © N. McGrath 1976 351hd.

© GEORGE BALANCHINE TRUST: Apollo, chorégraphie de George Balanchine, photo de P. Kolnik 5hc; Concerto pour violin de Stravinsky, chorégraphie de George Balanchine, photo de P. Kolnik 340hc; Casse-Noisette, chorégraphie de George Balanchine, SM, photo de P. Kolnik 343cb;

BETTMANN ARCHIVE, NY: 18bcg, 19cgh, 19cd, 19bg, 20cg, 22cbd, 22bg, 22-23, 25bd, 27cdh, 28cgh, 28cdh, 28cdb, 32cgh, 33hg, 43hg, 45cbg, 49c, 54-55b, 71hg, 74cgh, 79cdb, 79bd, 111bg, 177cgh, 185bd, 209h, 212cgh, 225cd, 231h, 241hd, 267hd;

BETTMANN NEWS-PHOTOS/REUTERS: 33hd;

BETTMANN/UPI: 29cdh, 29cbc, 30bcd, 31bd, 32cdh, 32bg, 32bd, 46cg, 48cg, 49bg, 72c, 72ch, 78cg, 153c, 163c, 266bd, 267cd;

BLOOMINGDALE'S: 29cbd; © Roy Export Company Establishment 173hd;

BRITISH LIBRARY, London: 16;

BROOKLYN HISTORICAL SOCIETY: (détail) 89hg;

BROOKLYN MUSEUM: 38bg, 39c, 250c, 250cdh, 250bg, 251h, 251cdh, 251c, 251bg, 251b, 252h, 252bd, 253cd, 253bg; Lewis Wick Hine, Climbing Into The Promised Land, 1908 – 36cgb; photo de J. Kerr 250c, 252bg; photo de P. Warchol: 251cd; Cantor Collection 253cg; Adam Husted 250h;

BROWN BROTHERS: 67bd, 71bg, 82cdh, 90h, 106bd.

CAMERA PRESS: 30cbd, 30bg, 33ch, 127cd; R. Open 48hd; T. Spencer 32cb;

CARLYLE HOTEL, NY: 281hd, 340bc;

CARNEGIE HALL: © H. Grossman 343bd;

J. ALLAN CASH: 33bg, 378cd;

CATHEDRAL OF ST JOHN THE DIVINE: Greg Wyatt 1985, 227hg;

CBS ENTERTAINMENT/DESILU TOO: « Vacation from Marriage » 171bd;

CHELSEA PIERS: Fred George 33bg;

CHILDREN'S MUSEUM OF THE ARTS: 107cg;

COLORIFIC!: A. Clifton 389cg;

COLORIFIC/BLACK STAR 79cdh; T. Cowell 223cd; R.

Fraser 74h; H. Matsumoto 384cd, 387hd; D. Moore 31bg; T. Spiegel 15cd, 364hd;

CORBIS: Bettmann 137cg, 273ch, 383c; Jacques M. Chenet 272hg; Randy Duchaine 99cg; Kevin Fleming 271hg; Bob Krist 10cdh; Todd Gipstein 75h; Gail Mooney 207b, 269hd, 271bd; Bill Ross 12h; Michael Setboun 268hd; Steven E. Sutton 51b; Michael Yamashita 273cb; Mike Zens 262-263;

CULVER PICTURES, INC.: (médaillon) 9, 19cdb, 20cbg, 21bg, 23hg, 23bd, 26hg, 26cg, 29cb, 29bg, 48bd, 49hd, 74bg, 75cd, 75cb, 76hg, 78cdb, 83c, 121bg, 124hc, 127bg, 137cd, 147cc, 149cg, 229h, 229bc, 229cd, 261cdb.

DAILY EAGLE: (détail) 89cg;

DAILY NEWS: 370hg, 370hd.

ESSEX HOUSE, NY: 276cd;

ESTO: P. Aaron 342bg;

MARY EVANS PICTURE LIBRARY: 24bd, 87bd, 106bg.

CHRIS FAIRCLOUGH COLOUR LIBRARY: 385bcg;

FORBES MAGAZINE COLLECTION, NY: 114hg;

FOUR SEASONS HOTEL: Peter Vitale 281cd;

FRAUNCES TAVERN MUSEUM, NY, exposition « Come All You Gallant Heroes » The World of Revolutionary Soldier (4 déc. 1991-14 août 1992): 22cgh;

© THE FRICK COLLECTION, NY: 37bg (Saint François dans le Désert par Giovanni Bellini), 202ch, 202cg, 202cgb, 202b, 202hd, 203ch, 203cd, 203bc, 203bd.

GARRARD THE CROWN JEWELLERS: 145c;

GETTY IMAGES: Michael Funk 341cb;

SOLOMON R. GUGGENHEIM MUSEUM, NY: photo de D. Heald 188tg, 188bg, 188bc, 188bd, 189h, 189cdh, 189cdb, 189bg.

ROBERT HARDING PICTURE LIBRARY: 378hc;

HARPERS NEW MONTHLY MAGAZINE: 87hg;

HARPERS WEEKLY: 367c;

MILTON HEBALD: Prospero and Miranda 205h, Romeo and Juliet 343cmd; IMAGE BANK: page de garde avant, 89bd; P. McConville 393c; M. Melford 393bd; P. Miller 383hd; A. Satterwhite 75bd.

JEWISH MUSEUM, NY: 184bd, 186c.

K-III MAGAZINE CORPORATION: © 1993, tous droits réservés; reproduit avec la permission du New York Magazine 368bd;

KOBAL COLLECTION: 213hc.

LEBRECHT MUSIC: Toby Wales 149h;

FRANK LESLIE'S ILLUSTR. NEWSPAPER: 86bd, 87hd, 275c;

LIBRARY OF CONGRESS: 20bc, 23cgh, 27bg, 27bd;

LIFE MAGAZINE © Time Warner Inc./Katz/A. Feininger: 8-9;

Georg JOHN LOBER: Hans Christian Andersen, 1956, 206bd;

LEONARDO MEDIA LTD: 276bd, 276cg, 277cbd, 277hg;

LOWELL HOTEL, NY: 281cg;

MARY ANN LYNCH: 318bc, 372cg.

MADISON SQUARE GARDEN: 134d, 342cd;

MAGNUM PHOTOS: © H. Cartier-Bresson 175c; Erwitt 35cd; G. Peres 14bd, 92;

JACQUES MARCHAIS CENTER OF TIBETAN ART: 254bc;

MASTERFILE UK: Gail Mooney 33bd;

METRO-NORTH COMMUTER RAILROAD: F. English 156hd, 156cg;

METROPOLITAN MUSEUM OF ART, NY: 35bg (Jeune Femme à l'aiguière par Jan Vermeer), 37cdb (Figurine d'Hippopotame, faïence, Égypte, XIIᵉ dynastie), 182hc, 190cg, 190cgb, 190bc, 190bd, 191hg, 191hd, 191cd, 191bg, (photo Al Mozell) 191bd, 192hd, 192c, 192bg, 192bd, 193hg, 193hd, 193c, 193bg, 194hg, 194hd, 194b, (détail) 195hg, 195hd, 195b, 196h, 196cg, 196cd, 196b, 197hg, 197cd, 197bg, 236hd, 236cg, 236cd, 236b,

237ch, 237cd, 237bg, 237bd, 238hg, 238hd, 239hd, 239c, 239b;
METROPOLITAN TRANSIT AUTHORITY: 388bch, 390hg, 391cgh/ch, 392c;
MORGAN LIBRARY, NY: 36cd (*Blanche de Castille et le roi Louis IX, écrivain dictant à un scribe*, Bible, v. 1230), 164bd, *Song of Los* David A.Loggie (don de Mme Landon K. Thorne 164gb, *Biblia Latina* David A.Loggie 164gb, 165hg, 165c, 165bg, 165bd);
MORRIS-JUMEL MANSION, INC. NY: 19hg; A. Rosario 23cdb;
MUSEUM OF THE CITY OF NEW YORK: 17b, 18cdh, 18-19, 19hd, 20ch, 21cdb (photo J. Parnell), 22hg, 22cbg, 24hg (attribuée à Samuel Lovett Waldo), 24cgh, 24cgb, 25cd, 25cdb, 25bc, 26cb, 27hg, 27cdb, 27cb, 28bg, 29hd, 30hg, 30cd, 31hc, 31c, 32hd, 37hd (écuelle en argent), 87cd (Talfour);
MUSEUM OF MODERN ART, NY: 172c, 172bg, 173hc, 173cdh, 173cdb, 173cb, 173bg, 174cg, 174cd, 175hg, 175b; *Le Baigneur*, v. 1885, Paul Cézanne 174bc; Cisitalia « 202 » GT (voiture) 167hc; © 2004 Photo Elizabeth Felicella, rendu architectural Kohn Pedersen Fox Associates, composé numérique Robert Bowen 172hg; © 2005 Timothy Hursley 168cd, 172hd; *La Chèvre* par Pablo Picasso, 1950, 36h; *Portrait de Joseph Roulin, le postier* par Vincent Van Gogh, 1889, 35ch.
NATIONAL BASEBALL LIBRARY, Cooperstown, NY: 4hd, 25bg, 30cg;
NATIONAL MUSEUM OF THE AMERICAN INDIAN/ SMITHSONIAN INSTITUTION: 18c;
NATIONAL PARK SERVICE: Ellis Island Immigration Museum 78ch, 78bd; Statue of Liberty National Monument 75bg;
NEW MUSEUM OF CONTEMPORARY ART, NY: 107cg;
NEW YORK BOTANIC GARDEN: Tori Butt 242b, 243h, 243cg, 243b; Jason Green 242cd; M. Weinerman 243b;
NEW YORK CITY FIRE DEPARTMENT: 359bd;
NEW YORK CITY TRANSIT AUTHORITY: 390bc; Phil Bartley 391hc, 391ch, 391cg;
NEW YORK POLICE DEPARTMENT: Photo Dept 372cg;
NEW YORKER MAGAZINE INC: dessin de couverture de Rea Irvin, © 1925, 1953, tous droits réservés, 30bcg;
NEW YORK PALACE, NY: 27hd;
NEW YORK POST: 370hg;
NEW YORK PUBLIC LIBRARY: Special Collection Office, Schomburg Center for Research in Black Culture 30ch, 31cgb; collection Stokes 23hd;
NEW YORK STATE DEPARTMENT OF MOTOR VEHICLES: 386b;
NEW YORK STOCK EXCHANGE 71DH;
NEW YORK TIMES: 370hg; NPA: © CNES 1993 12b.
THE PENINSULA, NY: 279bc;
PERFORMING ARTS LIBRARY: Clive Barda: 212bg;
THE PICKLE GUYS: Alan Kaufman 100bg;
POPPERFOTO: 31cdh, 31cd, 262cgb;
PLAZA HOTEL, NY: 280hd.
COLLECTION DU QUEENS MUSEUM OF ART: achetée grâce aux fonds de la fondation George et Mollie Wolfe 31cbd; souvenir officiel, achat 32cbd.
RENSSELAER POLYTECHNIC INSTITUTE: 86-87, 87bg;
REX FEATURES LTD.: 392hg; Sipa-Press 52hd, 52bd;
ROCKEFELLER CENTER © The Rockefeller Group, Inc. (avec la permission de): 31cbg.
LUIS SANGUINO: *Les Immigrants*, 1973, 258b;
ST REGIS, NY: 278c;
SCIENTIFIC AMERICAN: édition du 18 mai 1878, 86hd; éd. du 9 nov. 1878, 88bg;

SKIDMORE, OWINGS & MERRILL LLP, Chicago: 54cd;
SKYSCRAPER MUSEUM: Robert Polidori 268bg;
SOCIETY OF ILLUSTRATORS: 198hg;
SOUTH STREET SEAPORT MUSEUM: R.B. Merkel 83bg, 84bg;
SPECTRUM COLOUR LIBRARY: 392bg;
FRANK SPOONER PICTURES: Gamma 160cg; Gamma/ B. Gysenbergh 383hg; Liaison/Gamma/ Anderson: garde avant cgb, 160hg, 161cgh; Liaison/Levy/Halebian: 44hd, 47c;
STA TRAVEL GROUP: 370bd;
THEATER DEVELOPMENT FUND: David LeShay 340cg;
TURNER ENTERTAINMENT COMPANY: 137bd, 185bd.
UNITED NATIONS, NY: 161cdh, 162hd, 162bc, 163hc, 163cg, 163bd;
UNITED NATIONS PHOTO: 160hd; © 2007 USPS. Tous droits réservés: 377c, 377h;
UN PLAZA HYATT HOTEL, NY (avec la permission de): 281bg.
© JACK VARTOOGIAN, NY: 61bc, 158h.
JUDITH WELLER: *Ouvrier du vêtement* 130h;
LUCIA WILSON CONSULTANCY: Ivar Mjell 2-3, 15bd, 166;
WHITNEY MUSEUM OF AMERICAN ART, NY: 200cgh, 200c, 200cgb, 201h, 201ch, 201cd, 201cdb (grâce aux fonds recueillis lors d'une campagne de souscription en mai 1982. La moitié de ces fonds a été donnée par le Robert Wood Johnson Junior Charitable Trust. D'autres sommes importantes furent offertes par les Lauder Foundation, Robert Lehman Foundation, Inc., Howard and Jean Lipman Foundation, Inc. et un mécène anonyme, TM Evans Foundation, Inc., MacAndrews & Forbes Group Incorporated, DeWitt Wallace Fund, Inc., Martin & Agnes Gruss, Anne Phillips, Mr et Mrs Laurance S. Rockefeller, Simon Foundation, Inc., Marylou Whitney, Bankers Trust Company, Mr et Mrs Kenneth N Dayton, Joel et Anne Ehrenkranz, Irvin et Kenneth Feld et Flora Whitney Miller. Plus de 500 personnalités provenant de plus de 26 états et de l'étranger ont également contribué à cette campagne), 201bg, 201bd (grâce aux fonds du Mr and Mrs Arthur G. Altschul Purchase Fund, du Joan et Lester Avnet Purchase Fund, du Edgar William and Bernice Chrysler Garbisch Purchase Fund, du Mrs Robert C. Graham Purchase Fund en souvenir de John I. H. Baur, du Mrs Percy Uris Purchase Fund et du Henry Schnakenberg Purchase Fund en souvenir de Juliana Force); 200 hd Krause/Johansen; 201bc don de Flora Whitney 86.70.3; 200c grâce aux fonds de Louis et Bessie Adler Foundation, Inc., Seymour M. Klein, Président 78.34; 210cd don anonyme 58.65.
WHEELER PICTURES: 78h;
WILDLIFE CONSERVATION SOCIETY, BRONX ZOO: Dennis DeMello 244bg; Julie Maher 244hd, 244cg, 245bd, 245bg;
ROBERT WRIGHT: 43h, 140b, 142hd, 142cd, 142bg, 143hg, 143bd, 156bd, 157hg, 157d, 293hd, 372cg, 373c. YU YU YANG: *Sans titre*, 1973, 57bd.

COUVERTURE: Première de couverture: Alan Schein Photography/Corbis (visuel principal et dos); Dorling Kindersley (détourage). Quatrième de couverture: Image Source/Corbis (hg); Adrian Wilson/Beateworks/ Corbis (cg); Rieger Bertrand/hemis.fr (bg).

Toutes autres photographies: DK images.
Pour plus d'informations: **www.dkimages.com**

GUIDES 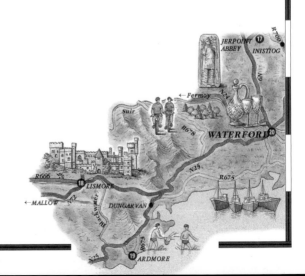 VOIR

Le métro de Manhattan

COMMENT UTILISER CE GUIDE

Le réseau métropolitain de New York fonctionne 24 h/24. Sur cette carte, sous le nom des stations, une lettre ou un numéro en **gras** indique un service permanent. Une lettre ou un numéro normal indique au contraire un service partiel. Pour plus d'informations et pour vérifier les horaires des derniers trains, renseignez-vous auprès du MTA en composant le (718) 330-1234 ou bien regarder son site : **www**.mta.info. Pour chaque site, dans ce guide, la station de métro la plus proche est indiquée. Pour plus de détails sur les transports de New York reportez-vous aux pages 390-391.

STATIONS ACCESSIBLES AUX HANDICAPÉS

Pour plus d'informations sur les stations accessibles en fauteuil roulant, téléphonez au (718) 596-8585 (t.l.j. 6 h-21 h). Pour connaître les stations équipées d'escalators et d'ascenseurs, appelez le (800) 734-6772 (24 h/24).

Routes	Station
MANHATTAN	
A C E L	14 St/8 Av
L N Q R W	14 St/Union Sq
B D F N Q R V W	34 St/Herald Sq
1 2 3	34 St/Penn Station
A C E	34 St/Penn Station
A C E	42 St/8 Av (Port Authority Bus Terminal)
N R W	49 St (vers le nord uniquement)
C E	50 St/8 Av (vers le nord uniquement)
E	51 St
1	66 St/Lincoln Center
1 2 3	72 St
A B C D	125 St
4 5 6	125 St
2 3	125 St
A C	168 St
A	175 St
4 5	Bowling Green
4 5 6	Brooklyn Bridge/City Hall
6	Canal St
R W	Cortlandt St (vers le sud uniquement)
4 5 6 7	Grand Central/42nd St
A	Inwood/207 St
E V	Lexington Av/53 St
4 5 6	Lexington Av/63 St
F	Roosevelt Island

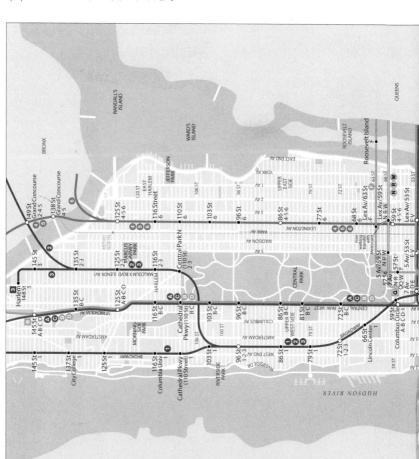